내가 살아온 이야기

인천에서 올곧게 살아 온 내 삶의 이야기

내가 살아온 이야기

2024년 7월 16일 발행

엮은이	인천민주화운동센터
지은이	김명종 박남수 박종렬 방현석 안재환
	양재덕 이남희 이우재 이형진 장현자
펴낸이	김영호
펴낸곳	도서출판 동연
주 소	서울시 마포구 월드컵로 163-3, 2층
전화/팩스	(02) 335-2630 / (02) 335-2640
이메일	yh4321@gmail.com
인스타그램	https://www.instagram.com/dongyeon_press

978-89-6447-007-7 03040

내가 살아온 이야기

인천에서 올곧게 살아 온 내 삶의 이야기 3

인천민주화운동센터 엮음

김명종 박남수 박종렬 방현석 안재환
양재덕 이남희 이우재 이형진 장현자 함께 씀

동연

책을 펴내며

　인천 지역 민주화운동 활동가들의 살아온 이야기를 음성으로, 영상으로, 글로 채록한 지 벌써 5년째이다.

　돌아보면, 첫해인 2019년에 일곱 분(유동우, 이총각, 박남수, 장정구, 박종렬, 황영환, 오순부)과 이야기를 나누었고, 2020년에 여덟 분(조옥화, 원학운, 김정택, 이민우, 인재근, 정명자, 김지선, 나지현)과 2021년에도 역시 여덟 분(황선진, 장정옥, 이선균, 강우경, 박종숭, 유동우, 한상희, 최영희)과 대담을 진행했다. 이어 2022년에는 아홉 분(조용명, 황진도, 하인호, 이세영, 박우섭, 정성렬, 성효숙, 허용철, 양원모)과 이야기를 나누었으며, 지난 2023년에 아홉 분(방현석, 박종렬, 박남수, 양재적, 장현자, 안재환, 이우재, 이남회)과의 대담이 이루어졌다.

　이로써 5년에 걸쳐 총 41회의 인터뷰가 진행되었다. 그중 두 차례의 인터뷰가 이루어진 세 분(유동우, 박종렬, 박남수)이 있으니, 인물로는 총 서른여덟 분인 셈이다. 인천 지역 민주화운동가가 서른여덟 분이 전부일 리는 없다. 따라서 지금까지는 이른바 '유명 인사' 대상으로 진행되었다고 볼 수 있다. 이우재 이사장과 이형진 진행자, 고인이 되신 강병수 전 의원과 센터장인 저까지 네 사람 중심으로 일을 해오면서 일정한 한계가 있었던 것 같다. 앞으로 논의의 폭을 넓혀서 더 많은 분과의 대담 자리를 마련하려고 한다.

　그동안 시기적으로는 멀리 6.3 한일협정 반대운동으로까지 거슬러 올라가 박정희, 전두환, 노태우로 이어지는 폭압적 권위주의 정권 시기 40여 년 동안 분야별로는 정치투쟁과 노동운동, 학생운동을 비롯하여

종교, 문화, 예술 운동과 교육운동에 이르기까지 다방면에서 활동했던 인사들을 만나왔다.

하지만 누락된 역사도 있어서 특히 4.19혁명 세대의 경험을 담아내지 못했다. 분야별로는 빈민운동과 여성운동, 인권운동 그리고 농민운동이 빠져있다. 또 굴업도 핵폐기장 반대운동과 계양산 골프장 건설 반대운동 등도 담기지 않았다. 선인학원 민주화운동은 교육운동 분야의 활동으로 일부 다루어졌으나 별도로 채록 작업을 해야 한다.

지금까지 진행 형식에서도 변화가 있었다. 초기에는 이우재 이사장과 강병수 의원의 사회로 청중이 함께하는 가운데 공개 대담 형식으로 진행되었다. 그러다가 코로나 정국 이후로 이형진 진행자가 일대일로 만나 대담을 이어오면서 지금에 이르고 있다. 앞으로 분야별 집담회 방식을 기획해 볼 필요도 있다고 본다.

인천 지역 민주화운동 구술 채록 사업이 오늘에 이르게 된 공은 전적으로 이형진 진행자에게 돌아가야 한다고 생각한다. 긴 시간에 걸쳐 그리고 다양한 분야에서 이루어진 인천 지역 사회운동의 내밀하고 복잡한 지점들을 사전에 꼼꼼히 검토하고 연구함으로써, 대담자에게 지난날의 기억을 일깨워 그것들을 생생하게 풀어낼 수 있게 해주었다. 진심으로 감사드린다. 또한 구술 채록 촬영 전 과정을 옆에서 함께하고 유튜브에 탑재할 수 있도록 편집에 힘써준 정보라 선생에게도 감사의 말을 전한다.

인천민주화운동센터장
오경종

책 머리에

인천 민주화운동의 구술 채록 작업이 4년에 이르렀다.

2023년 구술 작업의 구상은 인천 지역의 사회운동과 민주화운동이 태동하기 시작하는 1970년대 후반부터 1980년대 상반기의 격렬한 투쟁으로 전환하는 시점의 내용을 잡아내는 것이었다.

1년간 인터뷰에 참여한 아홉 분―김명종, 박남수, 박종렬, 방현석, 안재환, 양재덕, 이남희, 이우재, 장현자(가나다 순, 이후 존칭 생략)―은 70년대부터 인천 지역에서 민주화운동과 사회운동의 각 영역에서 큰 족적을 남겼으며 지금까지도 자신의 위치에서 왕성하게 활동하고 있다.

아홉 분의 인적 구성을 살펴보면, 인천에서 고등학교까지 다닌 경우는 김명종과 이우재 정도에 불과하여 인천과 수도권이 외부로부터 인구의 유입으로 급격한 산업화를 이루게 되는 과정과 80년대 민주화운동, 노동운동의 중심적 역할을 했던 인천의 역사적 의미를 잘 보여준다.

장현자와 박남수의 경우 생업을 목적으로 경상도, 강원도에서 가족과 상경하여 일자리를 찾아 정착하였다. 박종렬, 안재환, 양재덕, 이남희, 방현석은 민주화운동과 사회 변혁을 꿈꾸며 인천으로 내려와 활동을 시작한 운동가였다. 이들은 70년대부터 언제 끝날지 알 수 없는 박정희 정권에 대항하여 투쟁하다 옥고를 겪기도 하고, 광주항쟁 이후 근본적인 사회 변혁을 염두에 두고 노동자와 함께 변화의 씨앗을 만들기 위해 한 알의 밀알이 되었다.

인천 지역의 사회운동과 노동운동은 인천 사회의 문제를 해결하기 위한 과정이라기보다 전국적 차원의 반독재 민주화 투쟁과 노동운동의 필요에 따라 제기된 측면이 강하다. 특히 한국전쟁 이후 수도권의 공업 도시로 성장하면서 유입된 노동력에 의하여 도시화가 진행된 인천 지역은 전형적인 노동자 밀집 도시였다. 60년대 서울 구로구에서 시작된 공단의 형성 과정에서 부평의 4공단부터 주안의 5, 6공단과 하인천에 이르는 공업단지는 일자리를 찾아 상경한 농민 가족들에게 노동을 제공하여 임금을 벌어야 하는 노동자로서 자식들과 함께 생존을 위해 고군분투한 삶의 터전이 되었다.

인천 지역이 수도권에서 노동운동의 가능성과 변혁적인 사회운동의 집결지로 주목을 받기 시작한 것은 광주항쟁 이후이다. 학생 세력을 중심으로 재야운동적 성격이 강했던 70년대 민주화 투쟁으로는 군사독재에 대항할 수 없다는 뼈저린 각성으로 노동자, 민중과 함께하는 광범한 대중투쟁으로 군사정권의 물리력에 맞서야 한다는 전략적 판단은 학생운동권의 광범한 노동 현장 투신으로 나타났다. 이러한 현상은 일제 강점기 이후 한국 사회의 특기할 사회적 변화의 계기가 되었다. 20대 초중반의 젊은 청년들이 경험하지 못한 공장에서 작업복을 입고 노동자와 함께 노동하고 생활하면서 사회의 모순을 이야기하고 캠퍼스가 아닌 공단과 도심의 시위 현장에서 함께 최루탄 가스를 뚫고 군부에 맞서 싸웠다. 그 투쟁의 절정이 5.3인천민주항쟁이었다.

70년 초반에 부평 4공단의 반도상사에 입사하여 노동조합을 건설하고 80년 전두환 정권에 의하여 노동조합이 해산되는 과정까지 함께했던 장현자, 70년대 말 선반 기술자로 코리아스파이서에 입사하여 노동조합 부위원장으로 투쟁하다 해고당하고 '나홀로 소송'으로 회사를 굴복시킨 박남수, 광주항쟁 이후 폭압적인 권력으로 살벌했던 80년 초반 경신공업에서 인천 지역 최초로 노동조합 설립을 시도한 김명종은 노동자로서 인간다운 삶을 지향했고, 그들의 희망을 이루기 위해서는 사업장의 투쟁만이 아니라 사회의 근본적인 변화를 이루어야 한다는 것을 느끼고 실천하였다.

70년대 유신 반대 투쟁과 기독교 운동의 민중성을 지향하며 인천 지역으로 활동 무대를 옮겨 교회를 짓고 가난한 노동자, 빈민들과 함께 투쟁한 박종렬, 지식인으로 노동자들과 함께 투쟁을 모색하고 노동운동의 역량을 키우기 위해 직접 노동 현장에 투신했던 양재덕과 그 뒤를 이어 이남희, 안재환, 방현석 등 수많은 젊은 활동가들이 인천 지역의 공장과 공단에서 노동자들과 함께 새로운 세상을 희구하며 자신의 위치에서 투쟁을 준비하고 실천하였다.

노동운동의 성장과 사회운동의 투쟁성이 5.3인천민주화운동으로 폭발하였고, 여기에 천주교, 기독교의 지원과 인천 사회운동을 이끈 이우재의 역할이 있었다.

2023년 3월경에 이우재 이사장, 오경종 센터장, 강병수 전 시의원과 함께 구술 작업에 대한 평가와 올해 계획을 논의한 바 있었다. 당시 건강한 모습으로 앞으로 구술사를 지역 전체 민주화운동의 산 역사로 만들어야 한다는 계획을 함께 토론하던 강병수 님이 2023년 6월에 불귀의 길로 가고 말았다. 그의 육성과 80년대 활동을 미리 담아두지 못한 아쉬움이 크다.

황영환 선생은 70년대 산업선교회 활동의 초기에 조지 오글 목사에게 발탁되어 부평을 중심으로 노동운동을 시작한 1세대 활동가로 볼 수 있다. 황영환 선생은 한국베어링에서 근무하다 해고당하였는데 법정 투쟁을 진행하면서 부평 지역에서 신진자동차, 삼원섬유, 반도상사 등에서 민주노조 설립과 이후 투쟁에 직접적인 도움을 주었다. 2020년에 황영환 선생을 모시고 70년대 인천의 노동운동에 대한 이야기를 듣는 토크쇼를 진행하였는데, 그것이 후배들과 함께한 마지막 자리였다. 황영환 선생도 2023년 7월에 세상을 떠났다. 이 자리를 빌려 두 분의 명복을 빈다.

2023년 3월부터 매월 인터뷰를 진행하면서, 주안미디어센터의 공간을 제공하고 기자재를 지원한 남두현 대표와 촬영 기록을 만들 수 있도록 기술적 지원을 아끼지 않은 최진석 님에게 먼저 감사를 드린다. 구술이 끝난 후 기본적인 정리 작업을 도와준 정보라 님은 놀랄만한 에너지로 인터뷰 전 과정에 함께하면서 구술의 기본 텍스트를 만들어 냈다. 오경종 센터장은 면담 과정을 통하여 구술자들의 결심을 이끌어내는 데 큰 힘이 되었다. 구술 작업을 전체적으로 지원해 준 이우재 이사장님의 격려는 이 작업을 끝까지 진행하는 동력이었다.

본 것을 말하고, 말한 것은 기록된다. 그러나 어떤 말들이 현실의 무게를 이기고 세상에 살아남아 이후에도 힘을 가질 수 있을지. 우리는 말의 힘을 믿는다. 그것은 말이 사람을 통하여 살아남아 다른 사람들에게 힘을 주고 끌어모아 낼 때. 이들의 말은 폭력과 불의가 판치던 세상에서 혼탁함을 이겨낸 말이었다. 그 말을 구술로 담아내지 못하는 것은 오로지 인터뷰 진행자의 능력 부족이다. 힘들게 말을 쏟아주신 구술자들에게 다시 한번 감사드린다.

2024. 1.
구술 진행자
이형진

차례

노동조합운동에서
지역 조직 활동까지
김명종

대담 이형진이 묻고
김명종이 답하다

주요 약력

1958년	전남 여수 출생
1977. 2.	인천고등학교졸업
1980. 9.~1982. 4.	(주)경신공업 근무, 노동조합 결성 관련으로 해고
1985. 2.	한국노동자복지협의회 인천 지역협의회 실무자로 근무
1985. 8.	인천 지역협의회 근무 중 구속
1990.~1992.	(주)서울경금속 근무, 노동조합 결성 관련으로 해고
1992.~2017. 6.	변호사 사무실에서 노동 상담역, 사무장으로 근무
2017. 6.~	전라북도 무주로 귀촌, 밭작물 및 벼농사

김명종 선생은 70년대 말 인천 지역에서 야학 활동을 통하여 노동운동에 관심을 갖게 되었고, 이후 80년대 주안공단에서 2번씩이나 노동조합을 결성하고 군사정권의 폭압적 탄압에 맞서 노동자의 권리를 지키기 위해 투쟁하였습니다. 80년대 노동자들과 함께 사회운동과 조직 활동으로 반독재 민주화 투쟁을 지속하였으며, 이후 법률 사무소에서 노동문제 상담 및 시민사회운동을 통하여 인천 지역 시민사회의 발전을 위해 노력하였습니다.

김명종 선생과 인터뷰는 2023. 11. 23. 주안미디어센터에서 진행되었으며 70~80년대 인천 지역의 야학 운동 및 민주화운동과 노동 현장 활동 과정에 초점을 맞추었습니다. 김명종 선생의 구술을 통하여 80년대 최초의 노동조합 설립 시도였던 경신공업 사례를 확인할 수 있으며, 노동조합 설립을 위한 현장 소모임 활동, 김근태 선생 등 도시산업선교회의 역할, 노동자 정치활동의 발전 과정, 80년대 노동자들의 생활상을 확인할 수 있습니다. 또한 87년 이후 노동조합의 성장과 지역 주민 활동에 대한 증언을 접할 수 있습니다.

▶ 오늘 2023년 11월 23일입니다. 김명종 선생을 모셨습니다. 김 선생 안녕하십니까?

김명종 안녕하세요.

▶ 김명종 선생은 70년대 말 인천 지역에서 인천제일교회와 한국기독청년협의회 (EYC) 활동 그리고 야학을 하면서 삶에 대한 고민을 하셨고, 노동운동에 관심을 갖게 되면서 80년대에는 쉽지 않은 일인데 인천에서 최초로 노동조합 결성을 시도했고요. 두 번이나 노동조합을 결성한 바 있습니다. 군사정권 시대 때 폭압적인 탄압에 맞서서 노동자 권리를 지키기 위해서 투쟁하셨습니다. 김명종 선생은 1958년 전남 여수 출신이거든요. 인천으로 오시게 되는 과정까지 학창 시절부터 말씀해 주시겠습니까?

유년 시절

김 예, 저는 58년 6월 27일생이고요. 아버님 어머님이 전남 여수에서 배 타고 예전에는 중선배라고 그랬는데, 한 5시간 정도 가면 여수 손죽도라고 있습니다. 거기가 아버님 고향인데 거기서 아버님, 그 옆에 섬이 초도라고 있고 거기에 어머님이 사셨는데 두 분이 결혼을 해서 2남 3녀 중에 셋째 장남으로 제가 태어났습니다. 아버님 형제들이 전부 배를 타시니까 형제들이 회의를 해서 한 사람 정도는 육지 생활을 하는 게 어떠냐 그러셨답니다. 그래서 아버님이 육지에서 생활하기 시작하셨는데 아버님 결혼할 즈음에 전쟁이 나고 그런데 군대를 안 가셨어요 그것 때문에 계속 회사 생활하시면서 문제가 돼서, 군사정권 시절이었잖아요? 군 미필자들이나 군 회피자들에 대해서 굉장히 불이익이 많았고 그래서 강제로 회사를 퇴직할 수밖에 없어서 여수, 부산을 거쳐 평택에서 잠깐 정착해서 평택 초등학교 1학년 다니다가, 제가 인천으로 와서 송림동에 있는 송림초등학교 그다음에 도원동에 있는 광성중학교, 석바위 인천고등학교를 졸업하고 그 사회생활을 시작하게 되죠.

▶ 그럼 인천에 오시게 된 거는 1970년대 초반이었습니까?
김 60년대 후반이죠. 초등학교 6년 중학교, 고등학교 3년, 12년 해서요.

▶ 주로 인천의 송림동 일대에 살았나요?
김 저기 송림동 105번지 로터리 송림시장, 속칭 방석집 근처 술집 쫙 있고 이제 또 여관 있고 전당포 있고 뭐 그런 동네였습니다.

▶ 그쪽 동네 분위기 어땠어요? 기억나시는 대로 좀.
김 살기가 좀 어려웠던 동네고 그다음에 시장이 있고, 시장 바로 옆으로 방석집이라고 하는 집이 있어서 들어가면 이제 한상차림 나오고 그다음에 이제 접대하시는 여자분들 있고.

▶ 그러니까 수문통은 아니고 송림 로터리 근처군요.
김 예, 송림 로터리, 송림시장하고 술집이 연이어 있는 거기에, 주택가들도 이렇게 형성이 돼 있고.

▶ 교육 환경이 별로 좋지 않은 데죠?

김 그렇죠. 그래서 저는 이제 담배 피우는 여성들을 굉장히 어려서부터 봤어요.

▶ 아버님은 그 동네에서 일을 하셨고요.

김 아니 일은 못 하시고 거기서 고등학교 때까지 어머님하고 아버님이라면, 만두 뭐 이런 거를 파시면서 생계를 유지했었죠. 부모님들은 생계 유지와 아울러 5남매 교육하는 데 초점이 가 있어서, 고등학교까지는 다녀야 사회생활을 원만하게 할 수 있다고 생각하셨는지 굉장히 학교 보내는 데 좀 열심이셔서 저희 5남매는 고등학교까지는 다 졸업을 했지요.

▶ 김명종 선생은 그러면 78년에 인천고등학교를 졸업하시네요.

김 77년 3월에 졸업한 걸로 기억됩니다.

▶ 졸업하시고 나서 혹시 대학 진학할 형편이 안 됐나요?

김 제가 형편이 어려워지고 중학교 때 월사금인가, 지금 말하자면 등록금이죠. 그걸 못 내면 복도에서 벌도 서고 집에서 갖고 오라고 가기도 하고, 그리고 이제 2학년 때 속리산으로 여행을 가는데 여행비를 못 내서 학교에서 못 가는 사람들만 모여서 공부를 따로 하는 그런 어려움이 좀 있었어요. 고등학교는 인천고등학교를 들어갔는데 학비가 또 걱정이 되어 고민하고 있었어요. 학교에서 특기생들로 검도 선수들을 뽑으면서, 중학교 때 상인천중학교에서 검도한 사람들을 뽑으면서 숫자가 좀 모자라니까 입학할 학생 중에 검도할 사람을 모집해서 제가 지원을 해서 3년간 학비를 면제받고, 그다음에 인문계 고등학교니까 이제 그 정기수업 끝난 다음에 이제 보충수업이 2시간 3시간씩 있었는데 정규 6시간 하고 운동하러 가게 되니까 나머지 시간에 영어 수학 뭐 그런 중요 과목 부분이 빠지면서 학교에서 이제 등수는 맨 뒤쪽으로 해서 3년 졸업하고 했죠.

▶ 검도를 취미로 하신 게 아니고 학교에서 육성한 선수였습니까?
김 선수들하고 같이 선수가 되라고 했는데 뭐 잘하지 못했어요.

인천제일교회에서 사회에 눈뜨다

▶ 졸업할 무렵에는 혹시 교회 같은 데를 다녔나요?

김 예, 초등학교 3학년 때부터 아마 교회를 나가게 된 것 같아요. 제가 나가게 된 교회는 송림동에 있는 금곡교회라고 보수 성향의 성결교회였어요. 나중에 알게 된 게 고등학교 졸업할 무렵에 일반적으로 청년들이 고민하잖아요. 내가 믿는 종교는 어떤 종교인지, 그다음에 사회 나가면 어떻게 제 삶을 살아가야 하는지 이런 고민을 하던 단계였는데, 당시에 아마 기독교 쪽에서 나온 문동환 목사님 문고판 책들도 이제 접하게 되고 그다음에 졸업하고 이제 서울의 학원을 좀 다녔어요. 그 학원에서 또 항공대학교에서 제적되신 분이 강사로 나오셔서 '월간 대화' '씨알의 소리'도 소개해 주고, 그래서 그런 것들에 눈을 조금씩 뜨게 되면서 저희 교회 어렸을 때 같이 다니던 친구가 학교에서 학생운동하고 서클 쪽에 관여를 좀 했던 것 같아요. 그 친구가 인천 제일교회를 소개해 줘서 인천제일교회를 나가게 됐죠. 그래서 거기서 김성수 선배님 김성열 선배님, 정세일 선배님들을 만나서 청년회 활동을 하게 됐고 그다음에 청년회 활동, EYC 기독청년회 활동하고 연결이 되면서 인명진 목사님 초청해서 강연을 듣는다든지 했어요. 그때는 버스 안내양 생활에 관해서 굉장히 좀 소상하게 전달해 주시고 그래서 좀 충격도 받고 그랬었는데 청년회에서 쭉 이제 그런 프로그램들을 좀 진행했어요. 인명진 목사님 외에 사회생활에 관한 거라든지 정치적인 상황에 관한 강연이라든지 그런 강연을 좀 많이 듣게 됐고 그다음에 EYC 기독청년회에서 2박 3일 또는 3박 4일 이렇게 연수 프로그램 진행할 때 가서 한완상 선생이라든지 김동길 선생 등이 오셔서 우리나라 정치 상황이나 노동 상황 사회 상황들 설명해 주시고 그래서 조금씩 조금씩 이제 그런 사회에 대해서 눈을 뜨기 시작했죠.

▶ 70년대 후반이면 사실 그게 유신 시대 말기였지 않습니까? 고등학교 때까지는 아마 적극적으로 못 하셨을 텐데 졸업하시고 나서 좀 자유로워진 상태에서 교육 활동을 통해서 이렇게 사회의식이 깨게 됐다는 말씀이죠?

김 그렇죠.

▶ 그럼 야학은 언제쯤 하셨어요?

김 야학은 제일교회에 나가서 청년회 활동을 하면서 70년대 말경에 아마 그 사회에 활동하는 청년들이나 대학생들에 대한 탄압이 좀 심해지면서 일부 청년들이 교회 쪽으로 이렇게 아마 들어왔던 것 같아요. 그때 인천에서 지역 활동을 하시던 무슨 통학생 모임인가 아마 그런 것 같아요 거기에 있었던 선배님들을 만났죠 그래서 이우재 선배님 그다음에 조용호 선배님.

▶ 정세일 선생도 당시에 만났나요?

김 예, 정세일 선배님은 저 EYC가 인천 지역 청년 감리교회에서 창립되었는데 그때 김성수, 김우경, 강우경, 이민우, 정세일, 김성복 목사 등등 그때 만났었죠.

▶ 야학하자는 제안을 받았나요?

김 이우재 선배님 제안으로 그때 강의를 받고 있었는데, 제가 방위 근무를 하고 있었는데 야간 방위여서 이틀에 한 번씩 들어가서 2년을 근무했어요. 그때 송림동 성당에 호인수 신부님 계시는 곳에서 서해야학을 하고 있었고 거기에 주도하신 분이 장정옥 선배님이었어요. 장정옥 선배님 만나고 그다음에 부평에는 갈산야학이라고 있었는데, 거기 아마 갈산동에서 현재 민주당 국회의원 남인순 씨 하고 그다음에 남인순 씨 남편 서주원 씨 하고 몇 분들이 같이 운영하다가 노경삼 신부님이 이제 성당을 떠나면서 83년경에 문을 닫게 됐던 것 같아요.

▶ 그러면 야학을 두 군데나 하셨어요?

김 두 군데를 하는 게 아니고, 야학을 하게 되니까 연대를 했었죠. 서로
만나게 하고 교류가 있었으니까요, 선생들끼리.

▶ 김명종 선생도 학생들을 가르쳤나요?

김 저는 노동 쪽을 맡으면서 광민사 쪽에서 나온 책 가지고 같이 읽어가면서
서로 공감하는 부분을 얘기하고 보충 설명하고 하는 형식으로 역할을
했지요.

▶ 학생들하고 나이가 비슷했을 거 아니에요?

김 비슷했는데 한두 살은 좀 많았어요. 그렇죠.

▶ 거기 가르치는 선생들하고도 나이가 비슷하네요?

김 예, 선생들하고는 좀 비슷했었고요.

▶ 송림동 야학에 대해서 조금 더 물어보겠습니다. 서해야학은 그 규모가 어느
정도 됐나요?

김 규모가 크지는 않았던 것 같아요. 학생들이 한 20~30명 정도 있었고
선생들도 한 7~8명 정도였죠.

▶ 장정옥 선생은 국어 가르쳤다고 합니다. 학생들이 오는 날은 저녁에 한 3시간
정도씩 이렇게 수업을 진행하는 거였나요? 그러면 10여 명 앉혀놓고 강의하고
그리고 얘기하고 이런 거였나요?

김 그렇게 진행했던 것 같습니다.

▶ 뒤풀이 다 하셨어요?

김 뒤풀이도 가끔 했죠. 대부분이 공장 다니는 노동자였으니까. 주로 그때는 자동차 정비하는 쪽에 장정옥 선배님 동생이 기철이라고, 장기철 씨하고 유재웅 씨, 인천 남구 쪽에서 박우섭 청장님 도와서 역할을 많이 했던 친구인데, 그 친구들이 그때 자동차 정비공장에 있었어요. 그래서 정비 공장에 있는 친구들이 좀 많이 있었고 그다음에 이민우 선배님 동생이 있었어요.

▶ 이생우요?

김 아니 이생우 말고, 여자 동생인데 형님은 대학생이었는데 동생은 중학교 졸업을 못 했던 것 같아요. 아마 그때 집은 괜찮았었는데 남녀 차별에 대한 부모님들의 생각이 그런 게 많으셨던 것 같더라고요. 그래서 같이 올라와서 자취하면서 동생이 민우 형 공부하는데 많이 뒤에서 보살펴 줬던 것 같아요.

▶ 야학 활동 같은 걸 하면서 김명종 선생은 노동 현장에 관심이 생겼나요?

김 선배님들 만나고 독서를 통해서 조금 사회 돌아가는 내용들, 그다음에 어떻게 살 건가 하는 고민을 하면서, 제 조건 자체가 고등학교 학력이고 사회 나가 취업을 하려면 이 사람 저 사람 통해서 사무직으로 들어가든지 공단 쪽에 취업할 수밖에 없는 처지에 있었고, 그래서 자연스럽게 공장으로 취업하는 걸 생각하고 있었던 거죠.

▶ 방위 생활 2년은 언제부터 언제까지였나요? 79년부터인가요?

김 78년 말인 것 같아요. 78년 말부터 79년 12.12 사태 나고 나서 제대했으니 까요.

▶ 80년대 광주항쟁 기준으로 그러니까 5월 이후에 방위 생활이 끝났습니까?

김 5월 전인 것 같아요. 80년 5월, 그러니까 5.18 나기 전에 바로 제대한 것 같네요.

▶ 김 선생은 그때 광주항쟁이 일어나는 걸 보면서 어떻게 생각하셨나요?

김 그때 지역의 선배들과 친구들 이렇게 만나면서 초기에도 그리고 상당 기간 참 두려웠죠. 두렵고 얘기하는 것 자체만으로도 잡혀갔던 사람들도 꽤 있었고, 소식 전하고 그러는 것 때문에요. 그래서 굉장히 좀 두려운 상태 있었고, 간혹 선배들을 통해서 내가 실상들을 조금씩 듣고 했었죠.

경신공업에서 노동자로 첫발을 딛다

▶ 충격적이었을 것 같습니다. 근데 80년대 말경에는 취업하게 되는 건가요?

김 1980년 9월에 이제 경신공업에 입사를 하는데 이제 그전에 야학을
하면서 장정옥 선배님이 인천 도시산업선교회에서 실무자로 일하고
계시는 김근태 선배님을 소개해 줬어요. 그래서 김근태 선배님 만났고,
김근태 선배님은 나름대로 그 지역의 노동자들을 쭉 만나고 계셨었던
것 같아요. 그래서 이제 저하고 만나면서 부평 쪽에 가톨릭 노동사목
쪽으로 연결을 시켜줬어요. 그래서 코리아스파이서 다니던 이교일,
그다음에 현재 결혼해서 같이 생활하고 있는 이혜란 등등 친구들을
만나게 됐고, JOC, 노동사목에서 같이 활동하고 있는 가톨릭 노동청년
회 친구들을 소개해 줬던 거죠. 79년도에 그래서 그 친구들하고 같이
소그룹을 구성해서 학습하는 모임들을 만들어 같이 학습했어요.

▶ 소모임 활동하면서 혹시 읽은 책은 기억이 나시는지?

김 그때 갑오농민전쟁 이런 소책자가 있어서 그 책 가지고 읽어가면서
학습을 같이했어요.

▶ 학습은 누가 지도했습니까?

김 제가 했어요.

▶ 그러니까 책을 선정해서 같이 돌려 읽고 토론하고 이런 거였네요.

김 그래서 그때 모임에 같이 참여했던 이혜란 씨하고 나중에 결혼하게
된 거죠.

▶ 그러면 취업은 그러니까 80년 9월에 경신공업이 최초였나요?

김 그렇죠. 경신공업에서 최초로 고등학교 졸업하고 직장생활을 시작하게
된 거죠.

▶ 3년 만이네요. 취업할 때 남다른 각오가 있었습니까?
김 남다른 각오보다는 굉장히 좀 가슴이 답답하기도 했고요. 어떻게 할
수 있을까, 공장 생활이 참 힘들다고 하는데, 그래서 취업 서류를 들고
4공단 5공단 6공단이 쭉 같이 돌았어요. 집사람은 제가 만날 때 반도상사
조합원으로 활동하고 있었고 동시에 이제 가톨릭 노동청년회 활동하고
있었어요. 그런데 반도상사가 마지막 싸움 정리하고 마무리되기 전에
미리 나와서 소규모 봉제공장 다니면서 조직 활동을 해보겠다고 나와
있는 상태였어요. 그래서 결혼 전이긴 하지만 처하고 같이 공장을
좀 알아보러 다니다가 저는 경신공업에 입사하게 됐죠. 입사하게 된
것도 참 입사 서류를 내는 것도 좀 어렵더라고요. 안경도 쓰고 뭐
그래서 처가 먼저 들어갔어요. 경신공업에 들어가고 며칠 후에 입사
서류 내고 들어갔죠.

▶ 두 분이 같이 경신공업에 다닌 건가요?
김 한 1년 정도? 6개월 정도인가 같이 다니다가 집사람은 봉제공장 쪽에서
쭉 일을 하다 보니까 주로 여성 사업장이었어요. 그런데 여기는 여성,
남성 섞여 있고 업무 성격도 좀 다르고 하니 견디기가 좀 어려웠던
것 같아요. 그래서 퇴사하고 다시 봉제공장으로 갔어요.

▶ 김 선생은 9월에 입사했는데 공고를 나오신 것도 아니잖아요. 사실 굉장히
어색했을 것 같은데요.
김 경신공업은 주안5공단에 소재하고 있고, 74년에 공단에 입주한 중소기
업이에요. 그리고 상시 고용 인원이 한 200명 되고 80년 9월 당시에

남자 기본급이 1,900원 그리고 현역 제대한 사람이 2천5백 원, 보충역 제대한 사람이 2천2백 원, 여자 기본급은 천팔백오십 원이었어요 근데 여자들은 대부분 한 20세 전후 젊은 여성들이고 월급이 6~7만 원이죠 그리고 잔업 특근해야 10만 원 받을까 말까이고, 생산 1과와 2과로 나뉘어 있었고 제품은 특수전선하고, 현대자동차에 납품하는 배선 소형, 중형, 대형, 특장 뭐 이렇게 나눠서 배선을 만들어서 전량 현대자동차에 납품하는 하청 계열화된 납품업체였어요.

▶ 일은 많이 빡셌나요?

김 제가 들어가서 맡게 된 일이 프레스가 두 대에 있었는데, 프레스에 배치돼서 두 사람이 주야 맞교대로 근무하는 직장이었어요 군부대서 방위할 때도 주야간 도는 방위여서 굉장히 힘들게 생활했는데, 직장에 들어가서 또 2교대가 돼버리니까 고민을 굉장히 좀 많이 했어요 그리고 육체적으로 견디기도 주야로 바뀌어 계속 맞교대니까 좀 힘들었고요

▶ 일주일마다 교대했나요?

김 그렇죠. 일주일에 한 번씩 교대했죠. 굉장히 힘들어서 고민을 좀 많이 했죠. 그만둬야 하나. 그만두는 게 아니라 도망가야 하느냐, 말아야 하느냐 고민을 좀 많이 했었죠.

▶ 당시에 20대 초반이었고, 고등학교 졸업하고 준비해서 좀 더 좋은 공장으로 가는 것도 생각을 해보셨을 것 같은데, 직업훈련을 받는 다던지?

김 거기까지는 생각을 좀 못했어요. 뭐 훈련받아서 기능을 가지고 갈 생각 못했는데, 나중에 생각해 보니까 제가 기능하고는 좀 거리가 멀더라고요. 나중에 해고돼서 선반을 6개월 배웠는데 동생들은 용접 배우고 그래서 용접 배운 동생들은 2급 자격을 땄는데 저는 3급 기능사

그것도 시험에 떨어지고 나중에 제 경력으로 해서 부천에 있는 공장에 들어갔는데 못 견뎌서 기능이 못 따라가고 힘들고 그래서 병이 나버리더라고요.

▶ 하여튼 이제 80년 초부터 공장 생활을 하게 됩니다. 81년경에 회사 내에 좋은 친구들을 좀 만나신 것 같습니다. 이게 본격적으로 이제 계기가 된 것 같거든요.

김 네, 그렇죠.

▶ 처음에 만났던 사람들이나 모임을 결성하게 되는 과정을 좀 말씀해 주시죠.

김 처음 들어갔던 경신공업이 아까 일당이 그 정도, 1,860원 정도로, 청년들이 꽤 있었어요. 같이 거기서 만났던 친구의 설명을 보면 일당이 한 1,800원 되고 그다음에 잔업을 해야 하루 일당이 2천 원 정도 올라서 한 달 하면 6만 원 정도, 5만 6천 원 정도 받게 되니까 이거 가지고는 출퇴근하기도 어려워서 기숙사 생활을 했어요. 그런데 시골에서 온 친구들이 많으니까, 특별히 기숙사비는 받지 않았던 것 같아요 기숙사가 있으니까 또 식당에서 밥을 먹어야 하는데 당시에 짜장면이 500원이었는데 식대가 250원이에요. 굉장히 식사 질이 떨어지는 형태여서 가끔 고기를 그 회사 근처 식당에 가서 먹으면 월급 타서 내가 외상으로 했던 고깃값을 내고 나면 얼마 안 남는 생활들이 반복됐어요.

▶ 실제로 6~7만 원이면 월세 내기도 빠듯했을 텐데요.

김 예, 그래서 기숙사 생활을 많이 했죠. 젊은 친구들이 제가 입사해서 처음 맡았던 게 아까 설명한 대로 프레스를 하게 되고 그래서 프레스를 같이 하는 이명호 친구 만나게 됐고, 이명호 다음에 옆에서 로라간이라고 고무를 만들기 로라를 돌려요. 고무 로라를 돌려서 고무 반죽을 하는 데 있던 강종훈이라고 하는 형님도 만나게 되고, 그래서 오랫동안 좀 친해지면서 노동조합 얘기를 좀 하게 되고 우리 생활 조건 얘기하면서 그러다가 박병영, 김창덕 그다음에 김현섭 등 친구들을 만나게 됐죠. 그래서 이러저러하게 좀 얘기가 되면서 한 1년 이상 사귀고 부대끼고 하면서 이제 자연스럽게 젊은 친구들은 강정훈 형 빼고는 나머지 제가 얘기했던 분들은 공장 생활들이 처음이었어요. 20살 안 된 친구도 있었고 완전 20대들이었죠 공장 생활이 처음이니까 굉장히 좀 힘들어했고.

김근태의 지도로 노동조합을 준비하다

▶ 김 선생도 처음이잖아요. 나이가 조금 많은 정도.

김 나이 많았죠. 23살이었으니까, 그러다 보니까 오히려 얘기하기가 좀 잘 됐던 것 같아요. 현실에 대해서 참 힘들게 느끼고 이런 현실 속에서 어떻게 계속 살아가야 하나, 뭐 이런 고민을 하게 된 거죠. 자연스럽게 이런 것들을 개선하기 위해서는 뭔가 필요하지 않는가, 그렇게 쭉 얘기가 되면서 노동조합이라고 하는 조직을 만들어서 이런 것들을 극복해 볼 수 있지 않겠느냐, 이런 생각에 공감하게 되고 해서 노동조합 결성 준비를 하게 됐죠.

▶ 김 선생 빼고 나머지 방금 말씀하셨던 박병영, 김창덕, 김현섭 이런 친구들은 20대 초반이잖아요? 그러면 군대도 안 간 거죠. 정말 사회 초년생이 세상 무서운 게 뭔지 모를 때였지 않습니까? 근데 얘기가 잘 통했다는 거지요.

김 그렇죠. 젊어서 그랬던 것 같아요. 순수하고.

▶ 그래서 곧바로 소모임 같은 걸 준비할 수 있었던 것이죠?

김 그렇죠. 한 1년 정도 지나면서 그런 이러저러한 얘기들을 나누고 결론으로 노동조합을 만들어 보자고 결론을 만들고 그래서 같이 사람들을 묶어서 소모임을 만들었죠.

▶ 사실 김 선생도 그랬겠지만 80년대 초반에 다른 노동조합들이 깨져 나갔던 상황인데, 새로운 노동조합 만든다는 것은 상상하기 쉽지 않을 때였거든요. 그런데 순순히 노동조합을 우리가 한번 해보자고, 그것도 200명 정도밖에 안 되는 5공단에서 그런 결심이 서로 가능했다는 건데요.

김 오히려 사회 초년생들이고 해서 지금 지적하신 사회적 분위기는 있는데 그거와 또 좀 많이 떨어져 있었던 것 같아요. 바쁘게 돌아가는 공장 생활 왔다 갔다하고 그래서 사회정치적 상황에 대해 구체적으로 몸으로 느끼는 부분들은 저보다는 좀 덜했죠. 그러니까 저는 사회 돌아가는 걸 좀 눈여겨보고 또 친구들이나 선배들을 통해서 같이 얘기도 하고 하니까 그런 것들에 굉장히 크게 압박감을 가졌는데, 젊은 친구들은 그런 사회적 흐름하고는 약간 좀 떨어져 있었던 것 같아요.

▶ 소모임을 만들고 토론을 하는 것은 김 선생은 상당히 익숙하셨을 텐데 모임을 구성하면서 바깥에 그러니까 산선에 계셨던 분들이나 아니면 김근태 선생과도 상의를 하셨나요?

김 그렇죠. 김근태 선배님하고 계속 긴밀하게 연락하면서 이렇게 진행 상황을 얘기 드리고 진행 상황에 대한 향후 대책이나 이런 것들을 의논해 나가면서 계속 진행했었죠.

▶ 김근태 선생은 그때 공식적으로도 수배 상태였지 않습니까?

김 수배 상태였던 건 당시는 아니었던 것 같아요. 산업선교회 실무자로 일하고 계셨던 건데 그 당시에는 80년 전두환 정권 들어서고 나서 제3자개입금지법이 있었고, 그래서 좀 조심스럽기는 했었죠.

▶ 그러니까 반공개 정도였다고 보이네요. 공식적인 실무자였습니까?

김 공식적으로 산선에서 실무자로 근무하고 계셨는데, 만나는 것은 제3자 개입금지가 있었기 때문에 비공식적으로 바깥으로 드러내지 않고 별도로 관계를 맺고 있었죠.

▶ 소모임에 김근태 선생을 모셔서 같이 논의도 하셨나요?

김 초반에는 그럴 수가 없었어요. 어느 정도 내부의 동료들이 공감대를 형성해 나가는 적정한 시점에, 도움을 주는 분이 계신다, 그렇게 소개하고 학습 모임 때 오셔서 해설도 해주고 그러셨죠.

▶ 소모임 규모는 5명이었습니까?
김 초기에는 5명이었어요.

▶ 이 모임이 노동조합 결성과 이후 마무리까지 쭉 일관되게 진행을 하는 거죠?
김 예, 그렇죠.

▶ 중간중간에 여러 가지 일은 좀 있었던 것 같습니다. 설립하기까지 과정에서 그런데 제일 어려웠던 대목은 박병영이 노조 결성 전에 해고당한 일인가요?
김 박병영 씨가 해고되기 전에 '젊은 예수' 노래책 사건이 있었어요. 그게 노래책이었어요. 기독청년에서 나온 '젊은 예수'라고 표지에 예수가 웃고 있는 모습으로 나오고 책 내용은 그 당시에 기독 청년들이 불렀던 홀라송 있고 농민가, 상록수 등의 노래들이 있었어요. 강종훈 형님 생일 때 김근태 선배님이 선물로 주신 책이었어요.
　기숙사에 있다 보니 보관하고 있었는데, 기숙사에서 보니 좀 재미있잖아요. 그래서 동생들이 보다가 그걸 현장에 갖고 들어가서 야간 근무 시간에 어떻게 슬쩍 보다가 순회 도는 회사 간부한테 눈에 띄어서 압수당한 거예요. 그런데 보니까 좀 이상해서 부평경찰서에 신고를 해버렸고, 부평경찰서에서는 딱 보니 무슨 책인지 알잖아요? 그래서 강종훈 씨가 연행돼서 조사받고 서울에 아는 형님이 서울 가서 놀러 갔다가 줬다, 그렇게 해서 뭐 배후는 안 밝혀지고 넘어갔는데, 그때 종훈이 형님이 정직을 받는 일이 생기고 그 후에 박병영 씨가 속해 있던 반이 신선반이라고 전선을 얇게 뽑아내는 반이었었는데 거기에 저희가 주도하지는 않았는데 하도 힘들다 보니 철야 지시를 집단으로 거부하는 일이 있었어요.

　　그래서 병영이도 동조하고 이렇게 됐는데 병영 씨가 눈에 띄었던 것 같아요. 그래서 해고되고 그래서 출근 투쟁을 하면서 정직으로 바뀌고 해서 다시 조합 결성 준비를 계속 진행했었죠.

▶ 당시에 모임을 시작할 때 상록수 노래를 불렀나요?
김 네, 불렀었죠.

▶ 그러면 자취방에 모여서 시작할 때 노래를 부르면 분위기가 잡혔나요?
김 좀 엄숙해지죠 그러니까 저희 모임에 이명호 씨라고 키도 크고 훤칠해요. 멋있게 생겼어요. 그분이 기타를 좀 쳐요. 그래서 기타 반주에 맞춰서 노래를 자그맣게 부르면 분위기가 좀 차분해지고 그랬죠.

▶ 라면 끓여 먹고 기타 치면서 노래 부르고 그렇게 해서 시작했던 거죠?
김 모임의 형식은 지난번 모임에서부터 현재 모임까지 생활 나눔을 좀 하고, 그다음에 이제 각자들이 맡아서 만나기로 했던 사람들의 진행 상황을 점검했어요. 그다음에 이제 앞으로 조합을 결성해야 하니까 조합 관련 노동조합법 관련해서 제가 해설하고 공감하고 이렇게 점검하는 형식으로 쭉 진행했죠.

▶ 회의록도 매번 쓰셨더라고요.
김 예, 회의록도 박병영 씨가 글솜씨가 있어서 정리를 쭉 해나갔던 것 같아요.

▶ 82년 4월에 노동조합을 결성합니다. 그러니까 원래는 이제 3월 10일 정도로 예상했는데 좀 미뤄졌어요. 그래서 4월에 결성하게 되는데 그때 박병영 씨는

해고된 상태였지만 밖에서 계속 싸웠던 거죠?

김 출근해서 80일 정직으로 바뀐 상태예요. 당시에 80년 전두환 정권이 들어서고 나서 노동조합법이 제3자 금지, 그다음에 노동조합 결성할 때 임원이 될 사람은 당해 사업장에 1년 이상 근무, 그다음에 30인 이상 또는 5분의 1 이상 전체 근로자 수에 해당하는 조합원 가입이 되어야 신고를 할 수 있고, 신고필증이 교부되는 법체계였어요.

▶ 그날 결성식에 몇 명 모였던 것 같습니까?

김 37명인가, 거의 한 40명가량 조합원 가입 원서를 받았어요.

▶ 사실 처음 보는 사람, 처음 모이는 사람들이 한 20명은 됐을 거 아니에요?

김 다 처음으로 보이지는 않고, 그러니까 이제 저희가 중심적인 역할을 하는 사람 모임이 있었고 그다음에 이제 몇 가지 모임들이 좀 구성이 됐어요. 그랬죠. 거기에 독서회도 있었고 여성 모임도 있었고 조장 모임도 있었고요. 그다음에 문학회는 중간에 조직은 안 됐고 다른 분이 주도했는데, 그다음에 이제 기숙사에 있는 친구들이 많아서 기숙사 방에 같이 숙식하는 친구들 이렇게 해서 왔었죠. 그래서 처음에 이렇게 소모임에 다 속해 있거나 친분들이 좀 깊은 사람들 중심으로 했었으니까 처음 오는 사람들은 없었던 것 같아요.

▶ 결성하자마자 처음 내걸었던 싸움은 국경일 임금 못 받은 체불 건을 성공시킨 건가요?

김 예 그랬었죠.

▶ 사람들이 그걸 이기면서 굉장히 분위기가 떴겠습니다.

김 분위기는 떴는데, 저희가 창립총회하고 서류 갖춰서 접수했는데 조금 전에 말씀드린 노동조합법 제약을 관이나 이런 부분에서 활용해서 바로 회사 쪽에 조합원 명단을 통지해서 회사에서는 개별적으로 불러서 상당한 압박을 하면서 탈퇴원서를 일부 받아내 30인 미만으로 만들고, 그 탈퇴서를 직접 회사가 시청에 접수했고 접수한 이후에 이제 신고필증 발급 기간이 또 30일이었어요.

▶ 한 달 기다려야.

김 한 달 기다려야 하니까, 그 사이에 조합원 탈퇴를 받아낸 거죠. 그래서 조합원이 30인 미만이라고 해석해서 조합 설립신고서를 반려해 버렸죠.

해고, 좌절을 딛고

▶ 그다음에 어떻게 했어요?

김 그다음에 해고가 된 거죠. 저를 비롯해서 박병영, 김창덕, 김현섭 등이
　해고가 된 거죠. 사실 노조 설립하고 나서 조합 활동을 정상적으로
　하지 못했어요.

▶ 신고필증을 못 받아서 반려되고 곧바로 해고당하셨다고요?

김 그렇죠.

▶ 그럼 노조 결성하고 나서.

김 노조 결성하고 나서 30일 이내에 해고된 거죠.

▶ 몇 명이 해고됐습니까?

김 그때 하나, 둘, 셋, 넷, 다섯 명인가? 박병영 씨는 정직 상태에서 해고됐고
　요. 김창덕, 김현석 이렇게 해서 5명요.

▶ 핵심 다섯이 해고된 건가요? 그러면 다섯 분이 어떻게 정리를 하셨어요?

김 한 6개월간 아침에 출근해서 사업장에 들어가겠다, 해고 철회하라,
　그렇게 6개월 정도 싸우면서 인천노동위원회에 구제 신청하고 다음에
　중노위 구제 신청하고 이런 절차들을 거쳤고, 나중에 노조법 개정될
　때 저희 싸움이 계기가 되어 이 사건 직후에 노동법 개정될 때 이걸
　받아서 금속노련에서 같이 보조를 해줬어요. 그래서 1년 이상 삭제,
　그다음에 30인 이상 5분의 1 이상 삭제, 그런 조건들로 법 개정이
　이루어졌죠.

▶ 본인들은 혜택을 못 받았죠? 6개월 동안 지방노동위원회, 중앙노동위원회는

다 진행된 거죠. 6개월간 출근 투쟁을 일관되게 했습니까?

김 예, 6개월 동안 했죠. 아침에 출투하고 나서 모임을 정기적으로 가지면서 앞으로 어떻게 생활해 나갈 건가, 고민하면서 기능을 갖고 생활하자, 이제 초년생들이니까 여기는 단순직이고 앞으로도 노동자로서 살아야 하니 기능을 갖자고 했어요. 또 기능을 가져야 사업장 내에서도 발언권이나 이런 것들이 생길 수 있다고 생각했고, 김근태 선배님도 그런 조언을 해줬죠. "어쨌든 사회 20대 초반의 청년들이고 하니까 기능을 갖고 생활 기반도 만들고, 어느 사업장을 가든지 사업장 내에서 발언권을 갖추려면 기능을 가지고 있어야 된다." 이 조언을 해 주셔서 서울 영등포에 있는 서울직업학교에 등록했어요.

▶ 전부 다 그렇게 정리했나요?

김 저는 선반으로 등록하고 병영 씨, 창덕 씨, 현섭 씨는 용접 등록을 하고 그래서 6개월간 교육 끝나고 자격증도 취득하고 그래서 병영이는 용접으로 계속 사업장 생활을 했고, 창덕 씨도 일부 했고, 현섭 씨는 용접을 좀 하다가 주물 공장으로 들어갔죠.

▶ 사실 노동조합을 성공시키고 운영을 한 경험은 없었지만 그게 당사자들한테 좌절로 다가온 것 같지는 않습니다.

김 그렇죠. 좌절로 남지는 않았고 초기에 중심적인 역할을 했던 동생들하고 형님들은 계속 다른 사업장에 가서도 조합 활동을 하셨고 조합장도 했었죠. 그다음에 중심적인 사람들 말고도 김창수 씨라고 하는 분은 또 다른 데 나중에 가서서 조합 활동을 하시기도 했고요. 그리고 이제 계속 만남이 이어졌죠. 조합 활동 이후에 80년 초에 서울이나 지역에서 학생들이 지역에 많이 내려와서 노동 활동하고 하는 부분에 결합도 해서 나름대로 이렇게 활동들을 계속하면서 현재도 만나고 있죠. 그래서 좌절하거나 그러지는 않고 지속적으로 만나고 있습니다.

▶ 역사적인 측면에서 한번 평가해 보도록 하겠습니다. 80년대 중반까지만 해도 노동조합 무용론이라는 게 있었거든요. 아시잖아요? '전두환 정권하에서 기왕의 노동조합들도 다 깨졌고 민주노조들 그리고 노동조합 만드는 거는 불가능하다' 이런 인식들도 많았단 말입니다. 근데 경신 사례는 어떤 영향을 미쳤을까요? 불가능하다던가 아니면 해볼 만하다는 건가요? 본인은 어떻게 생각하세요?

김 저는 노동자들의 각성이나 이런 것들은 현장에서 구체적으로 동료들하고 부딪히면서 일어나고, 조직은 잘 될 수도 있지만 깨질 수도 있다고 봅니다. 그런 과정들을 거치지 않고 바깥쪽에서 어떤 형태로 조직이 가능할까? 그리고 조직된다고 하더라도 실제 현장과 분리된 상황 속에서의 어떤 의식의 발전이라든가 그런 것들이 구체적으로 어느 정도 주어질 수 있을까 그런 생각은 했던 것 같아요.

그리고 같이 대화를 나눴던 김근태 선배님 영향도 많이 받고 했지만 어쨌든 간에 제가 처해 있던 상황 자체가 현실적으로 노동 생활을 해서 먹고살 수밖에 없었던 상황이었고, 그래서 현장에서 노동조합 하는 거는 그냥 당연하게 느껴졌던 거죠. 그리고 해고 이후에 지역에 내려와서 공장 생활을 하든지 바깥에서 노동자 정치 조직을 만들었던 동료들이나 학생 출신의 활동가들을 만나면서 나중에 그런 부분들이 뭐 많이 논의는 했고, 그래서 조직들의 부침이 많이 있었던 것 같은데요. 어쨌든 제 생활 자체가 공장 생활을 할 수밖에 없었기 때문에 공장 생활에서 어떻게 각성한 노동자들을 노동조합을 통하지 않고 성장해 나갈 수 있을까 하는 거는 좀 의문이죠.

▶ 노동조합이 유용하다. 그리고 노동조합을 준비하는 과정이나 이런 부분을 1년 이상 해보면서 이것이 갖는 그 효능이나 의의에 대해서는 충분히 이해하게

됐다고 볼 수 있겠지요?

김 그렇죠. 그리고 거기서 중심적인 역할을 했던 친구들이 그런 과정들을 거쳤기 때문에 이후에 다른 곳으로 가서도 노동조합 활동을 했고, 현재까지 지속하지는 못하지만, 사회를 보는 눈, 뭐 이런 부분들을 자기 것으로 하는 데 큰 역할을 했던 것 같아요.

▶ 경신공업 노동조합이 사실 80년을 지나면서 의식적인 노동조합의 설립 시도로는 최초였다고 보입니다.

김 다른 지역에서는 한 건이 먼저 있었다고 얘기를 들었어요. 인천 쪽에서는 처음이었던 것 같은데요.

▶ 출근 투쟁하실 때 내부에 같이 했던 분들, 그러니까 노동자들의 반응이나 혹시 또 바깥에서의 지원 같은 게 있었습니까?

김 바깥에서 지원은 당시에는 없었고요. 내부의 노동자들은 인사하고 들어갔고, 바깥에서 이어지는 움직임은 못 가졌던 것 같아요.

▶ 같이 일하시던 분들이 출근 투쟁을 지켜보고 출근하고, 저녁에 간간이 만나고 그러셨을 거 아니에요? 그러니까 6개월 기간은 지방노동위원회나 중앙노동위원회의 결론이 나는 그 정도 기간이었거든요. 그동안에 내부 사람들이 마찬가지로 밖에서 투쟁하시는 분들과 함께 교감을 했을 것 같거든요.

김 교감은 해도 구체적인 움직임을 갖지는 못했던 것 같아요.

▶ 쉽지 않죠.

김 당시에 그 도시산업선교, 노동계 전반을 다 도산으로 몰았잖아요. 그러니까 저희가 노동위원회 조사받을 때 뒤에 첨부된 서류를 보니까 "도시산업선교회에서 조화순 목사와 정기적으로 만남으로 교화된 자임" 이렇게

리스트가 작성돼 있어요. 그때 분위기가 섬유 쪽에 김영태 조합장인가가 물의를 많이 일으키면서 동일방직 분들이 싸움을 이어갔었잖아요. 그리고 회사 쪽도 "도산이 들어가면 도산한다" 그런 구호가 있을 정도로 분위기가 험하니 내부에서 구체적인 움직임을 갖기가 좀 어려웠죠. 정치 상황도 있었고요.

▶ 김 선생도 사실 사회생활이 처음이었고 이제 한 2년 남짓 일을 겪으면서 현실에 대한 인식이나 이후의 계획 이런 것들을 다시 고민하셨을 것 같아요. 왜냐하면 20대 초반이었잖아요. 그래서 이제 직업 훈련받고 이렇게 된 건가요?

김 그러니까 해고 싸움을 하면서 동생들하고 근태 형하고 같이 만나면서 광민사에서 나온 노동 관련 서적들 『노동의 역사』, 『노동의 철학』 이런 걸 가지고 같이 학습했어요. 학습도 하고 그다음에 기능 훈련도 하고, 저도 실의에 빠지거나 좌절해서 주저앉지는 않았던 것 같아요. 기능을 배워서 부천에 모 회사에 들어갔는데 기능에는 약해서 병이 났고, 다시 단순직으로 생계를 유지하면서 움직임을 가져야겠다고 생각해서 삼익악기에 들어갔어요. 삼익악기는 부평에 있는 사업장인데 그전에 가톨릭 노동청년회 친구들을 만났었잖아요. 거기에 다니는 친구들이 몇몇 있었어요. 당시 노동조합이 있었던 것 같기는 한데 아마 그때 제 역할을 못 했던 것 같아요. 그래서 어용노동조합을 활성화해 보자고 움직임을 가졌었는데 그게 삼익 사측에 파악이 돼서 몽땅 들려 나와 버렸지요.

▶ 그때 또 해고되었나요?

김 해고라기보다는 그냥 쫓겨난 거죠.

▶ 그것은 그러면 83년 일이었습니까?

김 83년이 아니고 84년 9월경이에요. 84년 9월에 입사해서 85년 초의 일이었어요.

▶ 85년 초 삼익악기에서는 무슨 일을 하셨어요? 나무 깎는 일을 하셨어요?
김 삼익악기에서는 피아노 줄을 거는 프레임이 있어요. 프레임에 핀 박는
   건데 위에 올라가서 쏘는 총으로 핀 박는 일, 단순 조립공이죠.

▶ 그 일은 할 만했습니까?
김 힘들었죠.

▶ 삼익악기 무지하게 노동강도가 센 사업장이죠. 그리고 먼지 심하고 사실
   힘들었을 것 같습니다.

결혼과 함께 지역에서 조직 활동에 투신하다

김 그때 다행이었던 게 83년에 해고되고 나서 결혼했어요 그때 결혼하고, 해고된 상태에서 사업장 들어가기 전에 해야 한다고 생각하고 결혼을 추진해서 장모님한테 엄청나게 혼났죠 장모님이 직업도 없는 청년한테 장가간다고 결혼을 반대해서요.

▶ 결혼해서 어디 사셨나요? 산곡동?

김 결혼해서 처음에는 저기 어디야 저쪽에 발전소 있는 데가 어디예요? 율도, 서구 율도에 월세방 얻어서 살다가, 나중에 윤수를 84년에 출산하고 나서 부평으로 옮겼죠.

▶ 그 무렵에 삼익악기 들어가신 거군요.

김 다행스럽게 보험 적용을 받아서 출산했는데, 출산할 때 제왕절개를 했어요 그때 비용이 많이 들어갈 뻔했는데, 다행스럽게 삼익악기에서 보험 적용을 받아 제왕절개도 가능했지요.

▶ 생활인이 된 거네요. 일단 아이도 생겼고, 그런데 또 해고됐어요. 이 무렵에 인천에 그러니까 블랙리스트 철폐 투쟁이 있었고, 84년 3월에는 한국노동자복지협의회가 발족했고, 84년 말에는 인천에도 인천지부, 그러니까 노복 인천지부 같은 게 만들어졌거든요.

김 83년 말에 조금 전에 얘기하신 블랙리스트가 작성되면서 83년 10월경에 태평 특수섬유에서 김용자, 김옥섭 등이 해고되고 그다음에 같은 해 12월경에 삼익가구에서 서기화, 또 신도실업 신정희 등이 해고되어 그때 블랙리스트 싸움을 했죠 이분들이 노동부 인천지방사무소 근로감독관실을 점거해서 농성에 들어갔다가 구속됐었잖아요. 그 투쟁도 같이했고요.

▶ 김 선생은 그때 회사 다니던 중 아닌가요?

김 그때는 경신공업에서 해고되어 해고 싸움하며 이것저것 하고 있었을
때예요. 그리고 84년 3월 10일 서울 홍제동성당에서 한국노동자복지협
의회 발족을 했고 여기에 같이 해고됐던 동생들하고 참여했던 거죠.

▶ 그 이후에 삼익악기.

김 84년 9월에 입사했고 85년 초에 해고됐어요.

▶ 혹시 그때 해고될 때 블랙리스트에 의한 건가요?

김 블랙리스트는 작동을 안 했던 거고, 그때 가톨릭 노동청년회 활동하던
친구들하고 결합이 돼서 반도상사에 조금분 선배님이 부평 쪽에 공간을
갖고 있었어요. 부평 사목이었나요? 부평 사목 거기 드나들면서 회사
쪽이 이제 계속 감시하고 있던 거를 저희가 인지하지 못하고 회사에서는
미리 알고 딱 준비하고 있다가 그냥 한꺼번에 딱 덜어냈던 거죠.

▶ 혹시 모임할 때 덮쳤나요?

김 모임할 때 덮친 건 아니고 인원 파악이 다 돼서 회사에서 해고할
때 한꺼번에 해고됐죠.

▶ 해고 사유가 뭐였습니까?

김 해고 사유는 그때 기억이 잘 안 나네요.

▶ 어쨌건 그 모임 사람들 그걸 찍어낸 거였어요.

김 그리고 84년에 한국노동자복지협의회가 만들어지고 인천에서는 85년

2월 7일 한국노동자복지협의회 인천 지역협의회가 만들어졌죠.

▶ 그 무렵 해고되고 하면서 그 활동을 하시게 되나요?

김 예, 이때 인천 지역협의회는 청계피복 지부장으로 활동하셨던 양승조 선배가 대표를 맡았었고 참여했던 중심적인 사람들이 코리아 스파이서의 서기화, 이교일, 진금숙, 삼원섬유 해고자 김지선, 김명종 처, 학생 출신 진도 해고자 김일섭, 대우자동차 해고자 전희식, 동일방직 해고자 정명자, 경동산업 해고자 한덕희, 대우중공업 해고자 박윤배, 이런 분들이 중심이 돼서 인천 지역노동자복지협회를 만들어요.

▶ 그게 나중에 인노련이 되는 건가요?

김 1년 후쯤 한계를 좀 느껴서 비공개 조직인 인노련으로 전환했죠.

▶ 그 과정을 좀 설명해 주시겠습니까? 그러니까 노동자복지협의회 인천지부가 만들어졌고 85년에는 쭉 활동했던 거잖아요.

김 네, 여기에 제가 실무자로 근무하게 됐었죠. 공간은 백운역에 부평 3동 성당 내에 사무실을 하나 배정받았죠. 그때 가톨릭 쪽에서도 노동청년회나 노동 사무국을 운영하고 있었고 그다음에 한국노동자복지협의회 서울본부가 가톨릭 쪽 신부님들이 그 후원 자문위원으로 많이 참여하고 계셨고 해서, 또 인천에서도 노동 쪽이나 정권에 비판적인 신부님들이 많이 계셔서 자연스럽게 여기서 공간 확보를 해주셔서 사무실을 운영하고 있었습니다.

▶ 1년 정도 활동하는 과정에서 이제 인노련으로 전환하게 되는데 그 논의는 어떤 내용이었나요?

김 전환할 때는 제가 없었어요. 만들어서 85년 말경에 제가 구속되는데,

실무자로 일하고 나오다가 야간에 불심 검문으로, 밖에서 지키고 서 있던 형사들한테 잡혀서 연행하려고 하는 거 옥신각신하다가 공무집행 방해 혐의, 폭력 행위로 해서 구속이 돼버려요. 그때 구속된 상태에 있었을 때 인노련으로 전환했어요. 그래서 논의 과정에는 구체적으로 참여를 못 했었죠. 인천 지역협의회 만들 때는 블랙리스트 싸움 하셨던 분들이 주축이어서 산선 쪽에서 보조를 많이 해줬었고 기독 노동청년회 로 만드는 게 어떠냐고 제안을 받았었는데, 그때 양승조 선배님, 김지선 선배님이 의논하면서 어쨌든 뿌리가 그쪽에 있기는 하지만 그 틀을 벗어야 지역 노동 쪽하고 쉽게 결합이 가능하다고 하는 판단에 따라 인천 지역협의회를 구성했고 그때도 논란들이 많이 있었죠. 지역에 내려와 있던 학생 출신들의 조직론들은 좀 달랐죠. 지역 노동자 정치 조직을 만들어야 하지 않느냐? 왜냐하면 아까 지적하셨듯이 노동조합 무용론이 많이 번져 있었기 때문에 정치 조직 형태로 만들어야 한다고 했고, 저희는 노동조합 활동을 지원하거나 해고된 분들을 묶어서 노동자 들의 활동을 지원할 수 있는 조직 성격을 가져야 한다, 이렇게 논란들이 좀 있었어요. 아마 그 논의가 발전해서 정치 상황들이 더 악화될 때 비공개 조직인 인노련으로 발전하게 된 것 같아요.

▶ 김 선생은 공무집행방해로 구속돼서 1년 정도 징역을 살았나요?

김 1년은 아니고 6개월 정도, 통상적으로 공무집행방해로 되면 1심에서 합의가 돼서 그냥 집행유예로 나오는데, 저는 전에 블랙리스트 싸움도 있었고 그다음에 신정희, 서기화 선배님 처가 그때 형사와 싸우다가 고막을 쳐서 고막이 터지면서 형사 사건이 되고 아마 그 합의 봐주고 그런 일이 있었어요. 그래서 주목을 받고 있었죠. 그래서 실형을 받아서 항소해서 항소심에서 집행유예로 나오게 돼요. 다음 해 4월경에 석방됐 던 것 같아요. 그전에 85년 4월 10일에도 부평1동 성당에서 노동운동 탄압 저지 투쟁위원회를 결성하고, 노동자 20여 명이 민주노조 운동을 지지한다고 하는 농성이 있었죠. 그때 이 부분 때문에도 좀 미움을 샀죠.

▶ 그러니까 이런 활동들에 실무적인 역할을 계속하셨다는 거죠.
김 그리고 85년 4월, 5~6월인가 대우자동차 파업이 있었을 때 지원 투쟁하러 가서 대우차 앞에서 동네 주민들하고 응원하러 나갔다가 붙잡혀 구류를 29일 살기도 했어요.

▶ 지원 투쟁 광경을 좀 설명해 주세요.
김 동네 사람들이나 대우자동차 가족들이 청천 산곡동에 많이 살고 있었잖아요. 그 당시에는 동네 분들이자 대우자동차 직원들이었죠. 농성하는 직원들이 이제 바깥에서 큰 솥에다 밥하고 반찬 만들어서 들여보내고 그다음에 일부는 지역에서 활동하신 분들이 개별적으로 참석해서 바깥에서 지원 시위를 해주고 했었죠.

▶ 그때 경찰들하고 뭐 실랑이를 벌이신 건가요?
김 저지선이 형성돼서 막 밀고 당기고 하다가 밀려서 잡힌 거죠.

▶ 최루탄은 쓰지 않았습니까?
김 그때 최루탄을 안 쏜 것 같아요. 그냥 밀고 당기고 하다가 잡혀서….

▶ 구류를 29일, 한 달 꽉 채워요?
김 네, 한 달 꽉 채워서요.

▶ 이미 많이 찍히셨네요. 그러면 86년 4월에 다시 출소하셔서 곧바로 5.3인천민주

항쟁이네요.

김 예, 인천에서 이제 5.3민주항쟁이 일어났는데 이때는 저는 참여하지 못했어요. 그때 부모님하고의 관계가 악화돼서 제가 구속된 6개월 동안 면회를 한 번도 안 오셨어요 그다음에 집사람이 부모님 모시느라고 합가를 해 있는 상태에서 저도 굉장히 곤란을 겪고 엄한 시집살이가 되었어요. 왜냐면 제가 구속된 시기에 동생이 사법 고시에 합격해서 3차 면접 기간 중이었어요. 그러니까 지지리 어렵게 살던 집 안에서 희망이 하나 솟아, 오르락 말락 하는 시기에 형님이라고 있는 게 훼방을 놓는다고 생각해서 부모님이 난리가 났죠. 그래서 면회를 한 번도 안 오고 저하고 결혼한 집사람이 시집살이를 호되게 했어요. 그때는 뭐 연좌제가 있느냐 없느냐 그런 논의가 있었는데, 뭐 그 정도까지는 아니라도 그건 과한 염려이기는 했지만, 안 할 수도 없는 상황이었고요 부모님은 그런 생각을 할 수밖에 없어서 그때 굉장히 곤란을 겪었죠. 나와서 집사람 얘기를 들어보니까 진짜 시집살이를 시켰더라고요.

▶ 그래서 부모님들과의 관계를 그때 집중적으로 해결을 하셨습니까?

김 못 했죠 나와서 분가를 했어요 계속 살면 부딪히니까 분가했죠 그리고 구속되는 당시에 송림동에 살고 있었는데 동부경찰서 앞이라 구멍가게를 하고 있었는데, 수시로 형사들이 찾아와서 괴롭히니까요.

▶ 가족들도 고초가 심했네요.

김 그래서 86년 6월경에 산곡동 화랑농장 쪽으로 이사를 했어요.

▶ 이사를 해서 분가를 했고요. 한동안 회사 생활을 하지 못하시죠? 86년부터 87년 투쟁까지요.

김 예, 쭉 현장 들어가서 생활하는 건 하지 못하고 부평으로 이주하면서 집사람이 부평 청천동 쪽에 구멍가게를 하나 냈어요. 생계를 유지하기 위해서 처하고 저하고 구멍가게를 1~2년 운영했었죠.

▶ 구멍가게는 부인한테 맡겨두고 또 나돌아다니셨을 거 아니에요?
김 그러기도 했지만, 같이 운영을 좀 했었죠.

▶ 일상용품 취급했나요?
김 잡화점이죠. 영아 다방 사거리에서 조금 위로 올라가면 인우아파트라고 있는데, 인우아파트 앞에 인우슈퍼요. 거기가 시장통은 조금 벗어나고 아파트 입구 쪽이었죠.

▶ 그걸로 생활은 유지되었나요?
김 생활은 그럭저럭 유지했습니다.

87년 투쟁과 지역 활동

▶ 87년 투쟁이 본격화되는 시점이 5.3인천민주항쟁 이후 87년 1월에 박종철의
  죽음으로 촉발되기 시작했습니다. 그래서 6월항쟁 그리고 7, 8월 노동자대투쟁
  이렇게 가거든요. 그 과정에서 김 선생은 어떻게 보내셨는지요?

김 이때는 개별적으로 시위나 집회 참석을 했던 걸로 기억이 나요.

▶ 근데 공간은 그러니까 어디 모여서 회의도 하고 그러셨을 거 아니에요?

김 그때는 못 했던 것 같아요. 87년에는 어떤 조직이나 모임에 속해서
  조직적으로 움직이지는 않았어요. 그때 87년 7월에 인천 지역 해고노동
  자협의회도 출범해요.

▶ 인천 지역 해고노동자협의회, 공실위(민주노조공동실천위원회)가 만들어지고
  87년 6월항쟁 과정에서 인민노련이 결성되거든요. 인노련 해소 이후에 인민노
  련에 참여하셨지요?

김 잠깐 참여했던 것 같아요.

▶ 그 논의 과정은 좀 어땠습니까?

김 논의 과정은 기억나지 않는데, 제가 참여를 구체적으로 못 했던 것
  같아요.

▶ 결성하는 부분에 대해서 알고 같이 참여했다는 거죠. 그 6월항쟁을 거치면서
  7~8월에 이제 4, 5, 6공단 전체적으로 노동자대투쟁이 일어난단 말이에요.
  그때 김 선생은 어떻게 하셨나요?

김 해협이나 그전에 이러저러하게 활동 과정을 통해서 만났던 분들을
  통해서 지원 투쟁을 좀 같이 다녔던 것 같아요. 특별히 기억나는 건

대림산업 주안 공장 지원 투쟁 나갔다가 몽둥이 들고 쫓아오는 사람들에 쫓겨서 도망 다녔던 기억도 납니다.

▶ 대림통상 지원 투쟁 나갔던 사람들이 다 도망 다녔던 기억밖에 없더라고요.
김 그때 거기는 좀 무식하게 각목 몽둥이를 들고 쫓아 나왔어요.

▶ 파업 현장을 가서 지켜본 기억들은 있습니까?
김 파업 투쟁은 주안 쪽 몇 군데 기억나는데, 가서 1박 2일 농성도 했어요

▶ 그런데 김 선생 경신공업에서 노조 만들다가 실패한 후에 한 5년 정도 시간이었지 않습니까? 그런데 세상에 이런 일이 생길 거라고는 생각 못 하신 거죠?
김 못했죠 나중에 쭉 정리된 연보들을 보니까 그 분위기들이 있었더라고요. 쭉 사건들이 진행되는 걸 보니까 '아, 이런 부분들이 쌓여서 87년이 오는 거구나' 그렇게 느끼게 되더라고.

▶ 사실 감격스러웠겠어요.
김 당시에는 전혀 생각하지 못했죠 그 어렵다고 하는 노동조합들이 그냥 곳곳에서 만들어지고 그다음에 노동자들이 집단으로 거리로 플래카드 들고 나서고 경신공업에서 해고됐던 후배 중에 박병영은 부평의 진도산업에서 파업을 성공시켰어요.

▶ 조금 쉬었다 다시 이야기를 이어가도록 하겠습니다.

(10분 쉬고 나서 다시 시작함)

▶ 김 선생 7~8월 투쟁 노동자대투쟁까지 쭉 정리하셨는데요. 사실 아무도 예상치

못한 격변이었지 않습니까? 본인 스스로 그런 사회적 변화를 보면서 새롭게 뭔가를 해야겠다는 생각을 하셨을 것 같아요. 그리고 조직 활동에 대한 모색도 있었고요. 당시에 인민노련이 결성됐습니다. 그리고 87년 대통령 선거를 기점으로 해서 또 쪼개지는데 그 과정부터 좀 생각을 해보시죠?

김 그 과정에서는 기억이 별로 없습니다.

▶ 집안일로 정신없었나요?

김 참여를 실질적으로는 잘 못 했던 것 같아요. 그냥 만들어진 상태에서 시위 현장에서 현수막 한 번 들기로 했는데, 그것도 잘 안됐고 부평대로에서 결성식, 근데 그것도 그때 잘 안됐죠.

▶ 결성식을 부평 백마장 쪽에서 하기로 한 거 아니었나요?

김 시위 현장에서요.

▶ 이남희 선배님이 그때 주동을 떴다고 하시더라고요. 그러면 인민노련 쪼개지고 88년으로 넘어가면서 이제 인부노회를 결성하게 되잖아요?

김 88년 3월경에 참여했었죠.

▶ 어떤 차이가 있었던 것 같습니까? 인민노련에서 인부노회로 갈라지는 과정의 논의는 어떻게 진행되었는지?

김 인민노련 단위에서 구체적으로 활동한 기억은 잘 안 나요. 바로 인부노회 쪽에 참여했는데 어쨌든 인부노회에 참여하게 된 거는 그동안 같이 주변에서 움직이던 동료나 선배들이 그쪽에서 활동하면서 자연스럽게 공감대가 형성되고 해서 참여했었고, 활동하면서 '다른 활동과 뭐가 차이 나는가' 뭐 이런 부분들은 처음에는 구체적으로는 잘 몰랐죠. 인맥 관계와 전체적인 공감, 사람에 대한 공감이겠죠. 그 당시에는

어떻게 보면 그렇게 활동하면서 인부노회가 가지고 있는 활동 내용이라
든지 이런 것에 대해서 더 깊이 공감하게 되고 그런 거지요.

▶ 그때 주요하게 만났던 분 중에 혹시 기억나시는 분이 누가 있을까요?
김 안재환, 그다음에 조금 전에 얘기하던 이남희, 다 가물가물하네요.
고남석, 그다음에 부천에 신정길 선배님 이렇게 기억나네요.

▶ 회의를 같이 하셨나요?
김 저희는 이제 그쪽이 상급이라고 보면 그쪽에는 속해 있지 않았고 하부
단위 지역 분회, 제가 주안 쪽에 사업장이 있었으니까 주안 쪽에서
주안분회에 속해서 활동했었죠.

▶ 활동 내용은 주로 어떤 거였습니까?
김 분회 활동은 만나면 사업장에 있는 분들은 사업장 활동 점검하고 그랬는
데, 별로 기억이 나지 않네요.

▶ 본인도 그러면 다시 현장으로 들어가야겠다는 생각을 다시 하게 되는 거네요.
김 그래서 89년경에 6공단에 있는 서울경금속에 다시 또 입사하게 됐죠.
89년 몇 월이냐? 89년 중반인가, 알루미늄 새시를 제작하는 공장이었어
요. 88년 3월에 인부노회 만들어지면서 인부노회 활동했고, 그다음에
88년경에 인천 도화동에서 '일하는 여성 나눔의 집'이라고 개원했어요.
2층에는 여성 활동가들이 주로 공간을 활용했고 그다음에 이제 1층에는
탁아를 위한 어린이집을 만들었어요. 그러니까 조화순 목사님이 개인적
으로 지원받은 재원으로 주택을 구입해서 목사님하고 몇몇 분이 공동으
로 소유하는 형태로 되어 있었어요. 그래서 어린이집을 만들 때 부평으
로 가느냐, 주안 도화동에 자리 잡을 거냐, 이렇게 논란이 좀 있었는데

어쨌든 간에 주안 도화동 쪽으로 갔어요. 5, 6공단이 부평공단보다는 더 친근했던 모양이에요. 그래서 그쪽에 집을 만들었는데 1층에는 주로 그 지역에서 활동하시던 분들의 자녀들을 돌보게 됐어요. 그때 첫 활동 시작할 때 부모로 저하고 결혼한 이혜란이 여기에 역할을 하게 됐고 2층은 여성노동자회로 발전했죠. 그다음에 89년 중순경에 6공단 서울경금속에 입사하게 된 거죠.

서울경금속에서 다시 노동조합을 시도하다

▶ 89년 서울경금속 입사하시기 전까지는 그러니까 지역에서 활동을 쭉 하셨던 거죠. 인부노회가 이후에 인사련 노동위원회로 90년에 통합되거든요. 그런 과정에 서울경금속에 다시 취업하신 건데 서울경금속에서 활동은 좀 어땠습니까?

김 서울경금속도 마찬가지로 아주 열악한 사업장이었어요. 나이들이 좀 많으신 분들이 근무하고 단순직이고 해서, 나중에 알고 보니까 알루미늄 사업장들이 몇 군데 있었는데 공단 내에 대체로 사업장 근로조건이 열악하더라고요. 나이들이 많고 해서 같이 할 사람들을 모으기가 조금 힘들었어요.

▶ 새시 제조하는 일이 당시에 아파트 건설 붐이 있고 해서 수요가 있었겠네요.

김 예, 그래서 창문 새시 쪽이 서울경금속 제품들이 많았죠. 그래서 거기서 이리저리 동료, 친구들, 후배들 이렇게 묶어서 노동조합까지는 만들었어요. 만들어서 제가 위원장을 해서 한 6개월인가 1년 활동했어요.

▶ 90년이었나요? 90년에 그럼 노조 결성을 한 거네요.

김 91년에 결성을 해서 1년 운영하고 총회 때 다른 친구가 위원장이 됐어요. 회사 쪽에서 당시에는 조합을 없애기는 좀 어렵고 임원 교체를 통해서 무력화시키는 작업을 하고, 같이 했던 친구가 설득당해서 저를 밀어내고 조합장을 하면서 서울로 발령을 내고 그 발령에 처음에는 불응했는데, 올라갔다가 복귀를 못 하면서 해고됐어요.

▶ 서울경금속노동조합은 당시에 한국노총으로 가입을 한 거죠?

김 그렇죠.

▶ 서울 발령에서 복귀를 못 하셨다는 거는 서울에 사무직으로 발령이 났던 것인가요?

김 노역장인가? 자재 쌓아놓은 작업장으로 발령이 났는데 일정하게 출근하다가 도저히 안 되겠다 싶어서 복귀 싸움을 하다가 결국 해고가 됐죠.

▶ 노조 위원장으로서 재직한 건 1년 정도, 그러면 위원장 재직 과정에서는 단체협약은 체결할 수 있었나요?

김 단체협약까지는 못 갔어요. 1년 정도 하긴 했는데 수익률이 좀 낮아서 회사 쪽에서 인정을 안 했죠. 조합 사무실은 받았어요. 사무실까지는 받았는데 단체협약까지는 체결하지 못했고요.

▶ 김 선생, 87년 투쟁을 보면서 분위기는 떴다고 보이고, 5, 6공단에도 당시 인노협 사업장들이 좀 있었죠. 그런데 사업장은 여전히 쉽지 않은 조건이네요. 경신공업하고 비교했을 때 일했던 동료들과 비교해서 구체적으로 좀 말씀해주시겠어요.

김 경신공업하고 비교했을 때는 경신공업은 사회 초년생 이십 대 초반이었고, 여기는 나름대로 직장생활을 한 30대. 젊은 친구들이 30대인데, 30대가 몇 명 있고 나머지는 다 60대였어요.

▶ 그러니까 김 선생도 30대 초반이었잖아요.

김 이때는 30대가 넘었죠. 90년이면 몇 살이냐? 하지만 제일 어린 친구들이 그 나이들이 꽤 있고 그 계통에서 꽤 일한 경력들이 있는 친구들이었어요. 그러니까 기술력도 떨어지고 저는 단순직이고 그 친구들은 나름대로 거기서 짬밥들이 상당히 있는 친구들이었어요. 젊은 친구들이어서 승진 얘기들도 있고, 다른 데로 옮길 수 있는 기회도 충분한 친구들이었고 그리고 또 나머지는 너무 연배들이 많으신 분들이어서 다른 데

가기는 어려운 분들이었고, 그다음에 선반하고 금형 하는 쪽에 있었는데 그쪽은 또 기술을 가졌다고 하는 측면에서 잘 안 움직이더라고요. 그래서 조합원 확보가 좀 어려웠고 확보된 인원 중에서도 기능 있는 친구들이 회사 쪽이 설득되면서 제가 밀렸죠.

▶ 나름 노동조합이 가능하긴 했지만, 내용적으로는 참 어려웠네요.
김 열악한 사업장들이 또 있기는 있었던 거죠.

인천부천노동자회 활동

▶ 결국 그러면 이제 90년대 초, 여기 정리하고 나왔을 텐데 그때는 아이도 하나 있고, 나름 생활을 책임져야 할 시기였지 않습니까?

김 당시에 아들이 윤수인데 7살 정도 됐었네요. 도화동 쪽에 탁아 형태로 집사람이 보다가 부평으로 옮겨가면서 부평 쪽에는 꽤 오래전서부터 자리 잡았던 친구들이 좀 있었던 것 같아요. 그래서 햇살 어린이집이 있었고 거기에 윤수를 맡겼는데, 윤수는 초기부터 초등학교까지 탁아소에서 보냈죠.

　　처음 출산해서 노동자복지협의회 활동하고 집사람이 가정 경제를 이끈다고 미싱을 타고 그랬을 때 서울에서 일주일 단위로 탁아를 했어요. 개봉동에서 한 6개월 동안 탁아를 했고, 그래서 91년에 탁아법제정 운동이 시작됐을 때 동네에서 어린이집에 애들 맡긴 부모님들하고 서울로 상경 투쟁하러 많이 다녔었죠. 그때 그래서 "북한식 탁아소를 만들자는 거냐?", "능력 없으면 애 낳지 말라" 그 별별 얘기들이 막 떠돌고 그랬었지요. 이후에 정부 재정이 식사비 제공 형태로 하고, 공간이 어느 정도 확보되면 운영비를 식비 제공 형태로 하고, 교사들의 임금도 좀 보조되기 시작하고 그랬었어요.

　　그리고 92년에는 인부노회가 해산되고 한겨레노동자회로 바뀌면서 한겨레노동자회 활동을 했었어요.

▶ 그러면 인부노회는 인사련 노동위원회에 들어갔다가 한겨레노동자회로 전환한 것인가요?

김 아니요, 한겨레노동자회는 인부노회 해산되고 한겨레노동자회 활동을 하다가, 한겨레노동자회가 인천 지역 사회운동연합하고 결합했어요. 주로 북부지부에 많이 속해 있었죠.

▶ 북부지구라고 하면 어디를 뜻하는지요?

김 인사련 북부지구 명칭은 그대로 썼어요. 거기에서 활동하던 사람이 김우경 씨가 있었어요.

▶ 그러니까 북부지역이 부평을 중심으로 했던 건가요?

김 예, 부평을 중심으로 주로 한겨레노동자회에 속해 있던 사람들은 그쪽에서 활동을 많이 했었죠. 잠깐만요, 인사련과의 통합은 90년대네요. 인부노회와 인사련이 90년에 통합을 했고, 그 이후에 사건이 있었어요. 90년 초에 통합해서 인사련 사무실에서 회의하다가 유재관이 경찰들이 온다고 연락받고 피신하다가 주방에서 떨어져서 추락사한 사건 이후에 활동이 정지되면서 한겨레노동자회로 활동을 재개했죠. 92년에 조합장에서 밀려나면서 해고됐어요. 해고된 이후에 같이 활동하던 김남근, 윤관석, 박인규 등과 함께 남동공단에서 라지에이터 산소 용접하는 걸로 일정 기간 생계를 유지했고, 이후에 청천동에서 오랫동안 자리잡고 있던 김환기 씨와 노가다를 같이 했어요. 김환기 씨가 노가다 팀의 오야지(책임자)로 함께 작업을 했는데 해고되신 분들 생계유지하는 데 일정 역할을 해서 함께 용접공으로 일정 기간 일했죠. 93년경부터 서른이 넘어가니까 취업도 잘 안되는 데다가 블랙리스트까지 있어서 생산 현장에 취업하기는 어려웠어요. 생계유지를 위해서 변호사 사무실에 노동 상담역으로 들어갔죠. 당시 부평에 최원식 변호사와 문병호 변호사가 합동법률사무소를 내면서 노동 상담실을 운영했죠. 거기 신중현 소장, 김치걸 씨도 있었어요. 5공단인가 6공단에서 해고된 그 친구가 상담역으로 있었는데, 저는 그것과 별개로 김문종 변호사와 진영광 변호사가 부평에 우리 법률을 설립해서 거기에 노동 상담역으로 갔다가 사무장 역할을 하면서 쭉 생활하게 됐죠. 한겨레노동자회 활동을 변호사 사무실 다니면서 계속했어요. 활동하다가 이제 한겨레노동자회와 인천연대가 활동들이 겹치면서 통합 논의가 진행되어 통합했어요. 통합 이후에 인천연대 친구들이 주축이 돼서 한겨레노동자회에서 활동하던 사람들에 대한 대대적인 공격이 있었고, 이 과정에서 견디지 못하고 흩어지면서 지역 활동으로 다 들어갔던 것 같아요. 그래서 인천참여자치연대를 구성해서 지역 활동을 시작했죠.

▶ 지역 활동은 대략 어떤 내용이었습니까?

김 참여연대 활동을 어떻게 표현해야 하나? 지역에서 생활 그리고 사회운동, 그러니까 노동 쪽보다는 사회 활동 쪽에 비중을 두는 활동들이 주였던 것 같아요. 지역 활동을 하다가 제 처인 이혜란 씨가 1999년 6월부터 부평 청천동 김환기 씨 집에서 지역 활동을 하던 이혜정, 환기 씨의 처 김종숙 등과 함께 결손 가정 아동들을 대상으로 청소년 공부방을 시작했어요. 생활이 어려운 청천동 공장지대의 저소득층 자녀들이 많잖아요. 산곡동 초등학교에서 방과 후 교실을 하던 아이들이었는데, 방학하면서 학생들을 맡아줄 데가 없었어요. 그때의 제안으로 김종숙 씨가 자기 집을 주간에 내놓기로 해서 초등학생들과 중학생들 공부방으로 현재까지 운영하고 있어요.

제 처는 1999년 2월 8일부터 2015년까지 17년 정도 하다가 정리하고 현재는 2017년 6월에 전라북도 무주로 귀촌해서 밭작물하고 벼농사를 짓고 있죠.

▶ 1990년 전후로 "노동 현장에 정치 조직을 건설하는 문제들은 실패로 돌아갔다" 이렇게 보지 않습니까? 대신 정당 활동이나 이런 부분들은 새롭게 발전을 하는 부분이 있고요. 그 과정에서 정치활동 같은 부분에 대해서는 특별히 생각해 보지 않았습니까?

김 정치활동은 특별하게 생각하지 않았어요.

▶ 불가피하게 변호사 사무실에서 노동 상담을 하게 되는데, 그럼 이전까지 계속 노동 현장에 대한 지향을 갖고 활동하신 거죠?

김 그렇죠. 변호사 사무실에 취업하기 전까지는 현장에 있거나 현장 주변에 있었죠.

▶ 실제로 본인 스스로가 많이 힘들다고 판단하게 됐던 건가요?

김 사업장에서 몇 차례 해고되면서 다시 단순직으로 취업하기에는 나이도 좀 들고 블랙리스트 문제도 있고 해서 취업이 계속 안 됐어요. 노동조합 조직 과정에서 노동법이라든지 이런 것에 일정 정도 공부된 부분들이 좀 있고, 또 동생이 변호사를 하게 되면서 노동 상담역을 필요로 한다고 해서 그쪽으로 가서 상담역할을 하기로 해서 들어갔는데, 일정 기간 일하다가 사무장이 되어 버렸죠. 그다음부터는 제가 1980년 초에 경신공업, 서울경금속을 거쳤어요.

주로 제 처가 미싱 일을 해서 생활비를 충당했지만, 어느 날 류마티스 관절염이 생겨서 일을 하기가 굉장히 어렵게 됐어요. 제가 변호사 사무실에 취업하게 된 계기였죠. 처가 직장생활을 할 수 없게 되어 제가 생계를 책임져야겠다고 생각할 수밖에 없었어요. 그래서 변호사 사무실에서 상담과 사무장으로 오랫동안 일하게 된 거죠.

김근태 선생과 함께했던 분들

▶ 김 선생 아까 말씀을 하시면서 1980년대 중반, 후반에 인천 지역의 양상이나 이런 부분들에 대해서는 많이 놓치고 본인 중심으로 말씀하셨는데요. 가능하면 그 부분들을 복원해 두는 게 좋을 것 같아서 제가 다른 각도에서도 물어보겠습니다. 생각나는 대로 편하게 말씀해 주시면 좋겠습니다.

김근태 선배님부터 짚어보면, 민청련 활동을 1984년부터 하게 되면서 인천을 떠나지 않았습니까? 그런데 그전까지는 아주 밀접한 관계를 갖고 활동을 하셨던 것 같습니다. 김근태 선생에 대한 일화나 생각들, 이런 걸 좀 확인해 주시겠습니까?

김 야학 활동을 하면서 장정욱 선배님께서 김근태 선배님을 소개해 주셨어요. 조합 활동 혹은 조직 작업을 할 때나 해고 이후에 중심이 됐던 동생들하고 모임을 할 때 학습 모임에 참석하셔서 지도를 해주셨습니다. 당시에는 노동조합 활동도 쉽지 않았고 개별적으로 존재하는 노동자들이 많아서 김근태 선배님이 여기저기에 노동자들을 연결해 주는 역할을 해주셨어요. 코리아스파이서에서 해고됐던 박남수 선배님, 서기화 선배님, 동일방직 선배님들도 만나게 해주고 함께 어울려 성장할 수 있도록 해주셨어요. 제가 1983년 3월 6일에 결혼했는데, 당시에는 모임 갖기가 좀 어려웠잖아요? 부평 산곡성당에서 결혼식을 했는데 서울에 청계 식구들, 원풍 식구들 등등 서울, 인천에서 노동운동을 하셨던 얼굴도 모르는 분들이 축하해 주러 많이 오셨었어요. 공식적으로 만날 기회가 적어 결혼식을 빙자해서 만났던 기억이 납니다. 서울에 올라가시기 전에 저하고 박남수 선배님하고 산업선교회에서 일했던 강화에 계시는 김 목사님, 김정택 목사님, 이교일 이렇게 술자리를 만들었었는데, 서울에 민청련 역할을 맡게 돼서 올라간다고 이야기하셔서 멍했었죠. 지역에서 노동 쪽 역할을 해주시는 선배님으로 계속 계시려니 생각했는데, 인천을 떠난다고 하셨어요.

▶ 서울로 올라가는 문제에 대하여 반대하셨습니까?

김 저는 전체적인 상황을 못 읽었으니까 반대하지는 못했어도 굉장히
섭섭했죠. 논란이 많이 있었어요. "뭐 하러 가냐" 반대하시는 분들도
많았었고 또 한편으로는 "상황을 돌파하려면 그런 조직도 필요하지
않느냐?" 해서 찬성하시는 분들도 계셨었고, 이후에도 가끔 만나긴
했는데 그땐 그렇게 가셨어요.

▶ 김근태 선생은 그분들을 설득하셨어요?

김 설득이 아니고 설명을 한 거죠. "이렇게 할 수밖에 없다, 이해해달라"
뭐 그런 취지로 설명하셨어요. 서울노동자복지협의회에 가끔 참여했
을 때, 방용석 선배님과 지금 노사정위원회 김문수 씨가 사사건건
부딪혔어요.

▶ 방용석 선배는 어땠습니까?

김 방용석 선배님은 차분하셨던 것 같아요. 어쨌든 대별하면 "노동조합주의
냐, 정치적인 노동 활동이냐"였어요. 그래서 김문수 선배님과 방용석
선배님이 많이 부딪혔죠. 김근태 선배님이 중간에서 의견을 조율하고
안건을 만들어서 진행하는 역할을 많이 하셨어요.

▶ 인천에 유동우 선배도 그때 계셨죠?

김 예, 그랬죠.

▶ 유동우 선배님은 굉장히 어려우셨나요?

김 유동우 선배님의 형수님이 동일방직 출신이잖아요? 경제적으로 굉장히

어려웠고 출판사에서 영업사원으로 일하시면서 생활하셨던 것 같아요. 경제적으로 어려우니까 집안 내부에서 형수님하고도 관계가 어려워지고, 그리고 그게 상당히 오랫동안 지속됐잖아요? 그랬었던 것 같아요.

▶ 서기화 선배는 삼익가구 출신이죠?

김 삼익가구에서 해고됐었죠. 나중에 한일스텐레스에 들어갔다가 한일스텐레스에서도 해고됐죠. 블랙리스트 투쟁으로 구속됐었어요.

▶ 산업선교회 말입니다. 동인천에는 조화순 목사님이 일꾼 교회에 계셨고, 그리고 부평 쪽에는 황영환 선생도 활동하셨거든요.

김 동인천에서는 조화순 목사님, 김동환 목사님 그 이후에 김정택 목사님 그다음에 박일성 목사님도 나중에 역할을 하셨죠.

▶ 부평에 광야교회, 즉 백마교회에서 황영환 선배님은 활동을 하셨나요? 그때 한국베어링이나 현장 투쟁, 이런 부분들을 같이 공유했나요?

김 저는 한참 후죠. 한국베어링 활동하실 때는 제가 황영환 선배를 몰랐어요. 조합 만들고 그럴 때 산업선교회에 가서 황영환 선배님을 만났어요. 경신공업 할 때 실무적인 부분들이나 이런 역할들에 대해서 황 선배님이 조언을 많이 해 주셨죠.

▶ 노동조합 설립 준비 과정, 그러니까 서류 작성이나 이런 것까지요?

김 서류 작성이나 그렇게 구체적인 부분은 아니고 흐름을 잡는 부분들, 어떻게 생활해야 할 건가, 이런 조언을 해주셨어요.
경신공업에서 중간에 산재 사고가 한번 발생했어요. 고무 로라를 돌려서 배합하는 곳인데, 거기에 16살인가 17살짜리 젊은 친구가 작업하다 로라에 손이 말려 들어가서 손가락이 절단된 사고였어요.

노동조합을 한참 준비하던 때였는데, 증인을 서야 하는 문제가 생겼죠. 제 바로 옆에서 비명 소리가 났어요. 그 친구 구조를 제가 도왔기 때문에 증인 서줄 사람이 저밖에 없었어요. 그래서 이 문제를 가지고 선배님들과 많은 의논을 했어요. 선배님들께서는 "노동조합을 만들려면 증인을 서지 말라"고 했는데, 그 친구가 너무 안타까워서 그걸 어기고 그냥 증인을 섰어요. 그것도 조금 찍힌 계기 중 하나였죠.

▶ 아까 못 물어봤는데 그럼 노조 설립 때, 경신공업은 김명종 선생이 위원장을 하신 건가요?
김 서울경금속도 그랬고 처음에 위원장을 했어요.

▶ 두 번 다 위원장을 하시긴 했는데 참 쉽지는 않았네요.
김 제대로 유지된 조직으로 못 갔던 게 아쉽죠.

▶ 조화순 목사님은 성격이나 이런 부분들이 어땠나요? 조화순 목사님에 대한 증언들이 그렇게 많지 않아서요. 만나 뵈면서 구체적으로 기억나는 일들이 있으면 이야기해 주시겠어요?
김 뭐라고 이야기해야 하나? 여장부셨죠. 확신 있게 이야기하셨고, 제가 초반에 말했듯이 교회 청년회 활동에서 기독교에 대한 고민을 시작했던 거니까요. 어떻게 살 건지, 예수는 어떻게 살았는지, 예수가 들려주는 복음에서 이웃을 내 몸과 같이 사랑하라든지 이런 고민을 하게 됐죠. 구체적인 예로 바리새인 강도 만난 사람을 도와주는 에큐메니컬 청년 활동과 같은, 공부를 많이 했던 것 같아요. 그런 설득력 있는 얘기를 많이 해주셔서 청년 시절까지는 교회를 나갔으니 공감했죠. 그러다가 어느 시기에 교회를 떠났죠.

▶ 박남수 선생은 당시에 코리아스파이서에서 해고되지 않습니까? 그리고 밖에서 해고 투쟁을 하셨고 1987년 투쟁 지나면서 복직합니다. 내부에 이교일 씨나 이런 동년배 친구들과 함께 교류하셨나요?

김 이교일, 진금수 등 동년배와 교류했죠.

▶ 그러면 1980년대 초반부터 쭉 조합 활동을 준비한 거네요.

김 거기는 조합이 좀 우연히 만들어졌다고 그래요. 조직적으로 준비를 했던 건 아니고, 내부의 임원들 사이에 뭔가 갈등이 생기면서 누군가를 시켜서 노동조합을 만들었어요. 나름대로 생각을 가지고 있던 분들이 노조로 진출했고 조합장을 맡아 노동자적 권리를 주장하면서 회사하고 싸움이 생겼던 거로 기억이 나요.

▶ 이교일 씨는 나중에 회사를 정리하고 낙향하시는 거죠?

김 이교일 씨는 노동자복지협의회에서 회보 만드는 역할을 많이 하셨어요. 글을 쓰거나 정리하는 걸 잘하셔서 역할을 많이 했죠.

▶ 김 선생 1980년대 중반 정도까지 노동자 출신 선배들과 김근태 선생들 같은 분도 계셨습니다만 1980년대 중반 정도 됐을 때는 소위 학생 출신 활동가들이 많이 등장하지 않습니까?

김 많이 있었죠. 예,

▶ 이분들하고 부딪히기도 하셨잖아요. 근데 어땠습니까? 이질감 같은 것도 있었을 것 같아요. 그리고 그들의 주장에 대해서 어떻게 생각하셨는지?

김 그 당시의 주장은 지금은 별로 놀라지 않아도 될 것 같아요. 그때 당시에는 잘 몰랐죠. 무슨 차이가 이렇게 커서 싸우고 조직을 따로 하나 하는 생각이 컸어요. 왜냐하면 구체적인 주장의 내용을 이해하기는 좀 힘들었던 거죠. '뭐가 저렇게 차이가 크게 나는가?' 왜냐면 저는 공장 생활이 주였으니까, 공장 생활로 들어오면 별로 차이가 안 나는데 그것이 묶여서 바깥으로 나왔을 때는 좀 차이가 났어요. 그래서 '왜들 저렇게 싸우고 있나?' 그런 생각을 그 당시에는 많이 했던 것 같아요.

▶ 사실 1987년에는 논쟁이 치열했죠?

김 굉장히 심했죠. 그것이 구체적인 사업장에서 실천적 차이로까지 보이지는 않았었고, 어느 정도 조직이 되고 난 후에 그 조직들이 뭉쳐서 활동 방향을 정하면 몰랐을 텐데 단위 사업장 자체의 노동조합 활동 자체가 좀 어려웠던 거잖아요. 그러니까 그것으로 차이점을 구분하기는 굉장히 어려웠던 것 같아요.

▶ 다시 한번 상기해 보시기 바랍니다. 1987년에 인민노련과 인부노회 활동 중에서 인부노회 모임에 속해서 일을 하셨잖아요. 그것은 지역을 중심으로 구분해서 분회 활동을 하신 건가요? 구체적으로 선생은 어떻게 분회 활동을 하신 건가요?

김 주안 쪽에 주안 분회에서 사업장에 있는 친구들하고, 중심이 되는 실무 역할을 하는 분이 있었어요.

▶ 주안 쪽 사업장 그리고 노동자들 분회, 이렇게 됐는데 그럼 그 규모는 어느 정도였습니까?

김 네다섯 정도씩 된 것 같아요. 이렇게 소규모 단위로 쪼개져 있었으니까요, 안 드러나게. 그러니까 저는 그 이상을 잘 몰랐죠.

▶ 그럼 한번 회고를 해보시겠어요? 사업장 활동했던 친구들이 어느 사업장에서 어떤 일을 했는지 혹시 노조의 설립팀이나 이런 것들을 같이 논의했는지?

여성도 있었습니까?

김 예, 여성도 있었던 것 같아요.

▶ 인천에서 1987년 이후에 노조가 활성화되는 데 조직 활동을 했던 분들과 현장의 노조 활동으로 결합하는 부분이 있었을 텐데 잘 안 나오거든요. 그래서 제가 자꾸 물어보는 겁니다. 사업장에서 만나는데 각자 자기 조직이 있어요. 그러면 그 조직은 각자 어떤 식으로 활동했나요?

김 저도 잘 못 들었던 것 같아요. 뭐 있기는 있었을 텐데.

▶ 모임을 할 때 문건 같은 걸 돌려보거나 토론을 하셨을 거 아니에요?

김 했던 것 같은데 기억은 잘 안 나요. 그리고 마지막에 서울경금속에 있을 때도 학생 출신들이 몇 명 있었어요. 그런데 워낙 조건이 어려우니 까 못 견디고 나가고, 못 견뎌서 지붕 올라가고 농성하는 그때 그런 분위기 많이 있었잖아요? 영창악기에서 식사 중에 올라가는 분위기도 있었고, 그런 분위기들이 계속 이어지는데 이걸 반대하니까 회사를 관두고요.

▶ 1980년대 말, 1990년 시점의 공단을 생각해 보면 1989년에 경동산업의 9.4투쟁 극단적인 싸움이 있었거든요. 그것 때문에 아마 굉장히 위축됐을 것 같아요. 서울경금속도 그 소식을 들었지요?

김 예, 들었죠.

▶ 당시에 도화오거리에 서기화 씨가 하던 새날 상담소가 있었잖아요? 여성 노동자회도 도화동에 있었고 경동산업이 있고, 서울경금속만 하더라도 멀지 않은 곳이었단 말입니다. 그러니까 노동조합에서 도움을 받을 수 있는 곳은 여러 군데 있었습니다. 그걸 활용하기가 쉽지 않았나요?

김 노동조합 조직하는 부분은 제가 1980년 초에 했고, 이후로도 이런저런 과정들을 통해서 도움을 안 받아도 자체적으로 조직할 수 있었죠. 그리고 인노회 활동을 했었으니까 거기서 또 좀 보충할 수 있었고요.

▶ 1987년 투쟁 이후에 1988년에는 인노협이 공식적으로 출범하게 됩니다. 한국노총이 아닌 민주노총 세력이 등장하고 정치 조직들도 정비되거나 아니면 새롭게 재편됐죠. 그 과정에서 선생은 현장을 지향했고, 인부노회 내지 노동자 조직을 움직였거든요. 그 노동자 조직은 이후 전망을 어떤 식으로 세웠습니까?
김 저는 사업장 단위에 속해 있었으니까 그런 논의까지에는 참여하기 어려웠던 것 같습니다.

지역사회에서 주민 활동을 모색하다

▶ 1987년 이후에 만나서 같이 활동했던 분 중에 혹시 기억나시는 분들이 있으면 말씀을 좀 해주시죠.

김 이름을 기억하려고 하는 데 잘 안되더라고요. 그리고 또 무주로 내려가 버리니까 전화번호를 봐야 가까이 있었던 사람들도 생각이 나고 그래요. 앞에 계시는 형진 씨도 그런 흐름 속에서 만났던 거고요. 해협에 계실 때였고, 이후로도 조직 활동에 본인은 어느 쪽에도 안 들어갔잖아요. 제가 부평의 청천동, 산곡동에 오래 있으면서 그곳을 거쳐 간 수많은 학생 출신이 있었잖아요? 전국에 다 가 있더라고요. 나중에 보니까 거기가 페테르부르크였었던 것 같아요. 그 정도로 많은 학생 출신이 현장 활동을 하러 들어왔어요. 주변에 공장들이 많았으니까.

▶ 묏골공원과 청천동 그 일대죠.

김 당시에는 대우자동차 분들이 거기에 집단으로 많이 거주했어요. 나중에 파업 투쟁 이후에 생활 수준이 높아지면서 아파트 쪽으로 이사를 많이 갔는데, 그 당시에는 거기가 대우자동차 노동자들과 주변 공단 노동자들의 밀집 지역이었죠.

▶ 그러고 보니 생각이 나는데 '동네야 놀자' 있지 않습니까? 그걸 보면서 그때 지역 활동이랄까, 특히 부인은 지역 탁아 활동을 했단 말입니다. 지역 운동이나 이런 부분의 새로운 시도라고 보이는데요. '동네야 놀자'는 어땠습니까?

김 주도했던 활동가 이름이 갑자기 기억이 안 나네요. 그 중심 역할을 하시는 분들이 인부노회의 구성 멤버들이었어요. 그러니까 지역 활동을 준비해서 이 친구들이 그 지역에 와서 지역 활동을 했어요. 청천동, 산곡동에서 활동하면서 어린이집 활동하신 분들하고 결합하고, 여기에 또 성광기업 대표분하고 결합이 되면서 이분이 어린이집과 지역 활동에 인적, 물적 지원을 많이 해요. 그러면서 '동네야 놀자'가 활성화되기 시작했죠. 동네 주민들을 모으고, 역할하고 지금도 계속 지역 사업을 이어가고 있죠.

▶ 근데 그게 새로운 시도라는 생각이 들지 않았습니까?

김 새로운 시도이기도 했고, 어린이집하고 지역 활동을 일정 기간 해오면서 상당히 모범적으로 진행이 됐던 것 같아요. 여기 토대가 어찌 됐든 청천 산곡동이고 지역 노동자들이나 이런저런 활동에 있던 분들도 많았고, 그래서 활동의 토대가 됐던 것 같아요.

▶ 노동운동이 아니지만 새로운 시도로 보이잖아요?

김 주요 구성원들이 노동운동을 하다가 이러저러한 계기들을 통해서 지역 활동에도 눈을 뜨게 되어 활동하게 됐어요.

▶ 그런데 지역 주민과의 결합은 노동조합이나 노동운동하고는 좀 다른 차원이었는데, 김 선생 보시기에는 그게 좀 어렵지 않았습니까?

김 초기에는 좀 어려웠죠. 신뢰 관계가 형성이 안 돼 있잖아요. 어쨌든 간에 어린이집은 필요에 의해 자녀들을 맡기게 되고, 그 자녀들을 통해서 부모들은 선생들하고 만나게 되죠. 선생들이 거기에 주도적으로 참여하게 되고, 거기에 참여한 부모 모임들이 만들어져요. 어린이집 부모 모임을 통해서 이러저러하게 교류하던 사람들과 주민들이 '동네야 놀자'에 같이 결합하게 되고 활동이 점차 대외적으로 되면서 '괜찮은 사람들이네' 해서 동네 분들이 결합하기도 했고 그래서 동네 분들하고도 상당히 밀착도가 높게 지역 활동이 전개되고 있죠.

▶ 나중에는 노인들 지원 분야로도 확대돼요. 1980년대에 페테르부르그였던 청천동과 산곡동 일대에 활동가들이 떠나긴 했지만, 그 동네에서 사회를 변화시키기 위해서 치열하게 고민했단 말입니다. 거기에서 20여 년 넘도록 사신 거잖아요.

김 거기 흔적들이 다 남아 있죠. 초기 공부방 할 때 집을 내준 사람, 김환기, 김종숙. 김종숙 씨는 청계피복 출신이고 그런 흔적들이 곳곳에 남아 있었죠.

▶ 지금은 그곳에 아파트가 들어서고 있어요.

김 아파트가 들어서면서 어마어마하게 변화되었죠.

▶ 뭣골공원은 사무실 정도 남아 있고 그 주변은 완전히 다 바뀌었어요.

김 다 바뀌었죠. 청천 1구역, 청천 2구역, 산곡 4구역, 5구역 이렇게 해서 그 일대가 다 변화되죠.

▶ 선생은 종교 단체 그러니까 1970년대나 1980년대 노동사목이라든가 산업선교회의 지원에 대해서는 어떻게 평가하시나요?

김 그 시기에 굉장히 적극적인 역할을 했다고 생각해요. 왜냐면 1970년대에 노동조합 활동이 원풍, 콘트롤데이타, 반도, 와이에이치 등등 역할은 있었는데, 그 후에 굉장히 극심한 탄압이 주어지면서 노동조합을 조직하는 것 자체도 어려워졌어요. 그런 지원 활동을 산업선교회나 가톨릭 노동청년회, 노동사목이 상담소 역할을, 말하자면 상급 단체 비슷하게 노동조합과 노동자 의식을 갖게 해요. 노동조합을 만드는 데 지원하고 또 노동자들 사이에 연대의 자리를 만들고 해서 굉장히 적극적으로 시대적인 역할들을 감당했다는 생각이 들어요.

▶ 백마교회나 부평 노동사목에서 모임 같은 것들을 많이 했나요?

김 백마교회도 일부 했었고, 제가 관여했던 산업선교회 쪽에서는 동일방직을 중심으로 이천전기도 관련이 있었어요. 여러 사업장에서 모임의 장소로 이용하고 자료를 제공하고, 선후배를 만나게 하고, 그래서 노동자 의식을 지속할 수 있게 해주는 역할들을 많이 했거든요. 부평의 노동사목도 기본적으로 장소를 제공했어요. 가톨릭 노동청년회에서는 노동조합 프로그램이나 피정의 집 이런 데를 공식적으로 제공할 수 있어서 안정적으로 장소들을 활용할 수 있었고요.

▶ 이천전기 말씀하셨는데, 유순조 선배 기억나시죠? 언제쯤 만나게 되나요?

김 선배가 이천전기에 계실 때 만났던 것 같아요.

▶ 그 선배가 해고된 거는 1987년이거든요.

김 그전에 아마 산업선교회 쪽에서 만난 것 같아요. 일꾼교회에서요. 그래서 해고되고 그러시면서, 해고 싸움하실 때도 만났어요.

▶ 혹시 유순조 선배님과 소모임 같은 걸 같이 하신 건 아닌가요?

김 했어요. 그때 양승조 선배님하고 유순조 형님하고 따로 만나서 학습했어요.

▶ 그랬죠. 학습 모임이었죠. 혹시 그건 누가 지도했나요?

김 양승조 형님, 그러니까 저하고 순조 형님하고 이천전기에 또 한 분 있잖아요? 저하고 동갑내기 김성환. 이렇게 공부를 좀 했어요. 말하니까 기억나네요.

▶ 유순조 선배님의 그 면면에 대해서 기억나는 게 있으면 얘기해 주시겠어요?

김 조용하고 차분하고, 저보다 더 조용했던 것 같은데 묵묵하게 역할을
　다해 주시고 그러셨죠.

▶ 혹시 그 집에서 모임을 하셨나요?
김 형님 집에는 못 가본 것 같아요.

세월을 뒤로하고 무주로 귀촌하다

▶ 김 선생은 1980년대 격변의 과정에서 노동자로서 조합을 만들고 투쟁하고 그러면서 지역의 정치운동이나 이런 부분들을 같이 쭉 해오셨는데, 1980년대 초부터 1980년대 말까지 전적으로 매진하셨습니다. 개인적인 소회랄까, 그 시절에 대한 평가를 하신다면 어떻습니까?

김 저는 초기의 출발점이 신앙적인 측면, 기독교는 어떤 종교인지? 어떤 삶을 살도록 가르치는 건지? 그런 의문들을 가지고 청년기를 시작했어요. 어렸을 때 만화를 많이 봤는데, 만화 중에 각시탈이라든지 독립운동 하던 만화들을 꽤 좋아했어요. 우리가 이렇게 하는 것은 독립운동을 하는 거라고 생각했어요. 어쨌든 종교적인 심성들이 뒷받침되고 그런 두 부분이 결합하면서 나도 우리 사회에서 저런 삶을 사는 게 올바르고 보람 있는 삶인 것 같다고 생각했어요. 선배님과 후배들 만나서 쭉 발전했고요. 그래서 활동하는 사람의 삶을 존경했어요. 한 10여 년 생활하고 그다음 시기에는 제 처가 생계를 유지했는데, 이후에 처가 류마티스 관절염이 생기면서 제가 경제적인 책임을 위해 생계에 전념하고 쭉 열심히 살아왔던 것 같아요. 아들 또한 다행스럽게 열심히 사는 것 같아서 참 마음이 뿌듯해요. 아들은 공공운수노동조합, 서비스연맹 쪽에서 조직부장을 맡아 학교를 졸업하고 한결같이 그쪽에서 계속 근무하고 있어요. 뿌듯하게 느끼고 있어요.

▶ 마지막으로 선생께서 노동 상담을 하시면서 법률적인 문제나 이런 것들로 사람들을 만나지 않습니까? 그런데 노동자들이 만약에 노동조합을 하고 싶다든가 이런 생각을 얘기하면 노동운동을 하도록 적극적으로 설득하실 생각인가요?

김 그렇죠. 실무 경험이 있으니까 조직 활동에 대해 조언하고, 그런 과정들 속에서 어떻게 살아갈 것인가? 하는 문제들을 좀 고민하게 하면서 사회 전체를 보는 눈도 좀 갖게 하는 역할을 하고 싶었죠.

▶ 낙향하신 생활에 대해서도 조금 얘기해 주시겠습니까?

김 얘기한 대로 2017년 6월에 전라북도 무주로 귀촌했는데 처하고 혼자 사는 셋째 처제가 먼저 무주 쪽에 자리를 잡았어요. 처음에는 처의 건강 문제 때문에 정리하고 내려가게 됐는데, 생활하면서 생태 문제나 환경 문제 이런 문제들을 느끼고 결과적으로는 농사를 짓는 게 잘 선택했다 싶어요. 농사는 지금 가족 먹거리 농사예요. 제가 오 남매고 처가로 다섯 자매라 농사지으면 형제들, 친구들한테 보내고 판매는 안 해요. 나눠 먹는 가족 먹거리로 밭농사와 논농사를 조금 짓고 있어요.

▶ 10여 가구를 책임지는 거잖아요.

김 책임지는 건 아니고 조금 보조를 하는 거죠. 받으면 또 형제들이 시골 생활에 필요한 것들을 장만해서 보내주기도 해요. 도시에 있을 때도 「녹색평론」 통해서 김종철 선생 생각을 많이 접했었는데, 시골에 내려가서 김종철 선생 책을 쭉 읽게 됐어요. 그리고 창작과 비평을 구독해서 백낙청 선생 글들이나 주장하는 내용들을 쭉 더듬어 농사짓는 사이사이에 생각을 다듬고 정리하고 그러지요.

▶ 무주에서의 삶이 충분히 만족스러우신가요?

김 그렇죠. 도시 친구들은 퇴직 이후에도 직장생활을 해야 생계를 유지하는데, 취직할 수 있는 일이 경비밖에 없는 것 같아요. 그리고 도심에서는 주택에 갇혀 사는데 시골에서는 농사로 자연과 접하면서 육체적으로는 힘들지만 마음은 편안해져요. 익숙하지 않아서 노동하는 게 어렵지만 그래도 이겨내면서 굉장히 편안하고 풍부하게 지내고 있어요.

▶ 부인하고 건강하게 잘 지내시기를 바랍니다. 오늘 장시간 동안 말씀해 주셔서
감사드리고, 계속 건강하시기 바랍니다.

김 네, 고맙습니다.

나의 별칭,
코리아스파이서 노조위원장
박남수

대담 이형진이 묻고
박남수가 답하다

박남수 선생은 1975년 부평 4공단의 코리아스파이서에 입사하여 노동운동을 시작한 이후 해고, 복직, 노동조합 위원장 활동을 통하여 80년대 사업장에서 민주노조운동의 모범을 만들었습니다.

이후 1995년에는 최초의 지방자치 도입과 함께 2차례 부평구 구의원에 선출되었으며, 구의원 활동을 통하여 지역 풀뿌리 정치의 활성화, 굴포천살리기운동 등 부평구의 환경 문제를 시민운동 차원으로 확산시키는 역할을 했습니다.

박남수 선생의 인터뷰는 2023. 4. 5. 주안미디어센터에서 진행하였으며, 80년대 초반 인천 지역의 노동 현장 상황과 노동운동 과정을 중심으로 엄혹한 시절의 노동조합 활동과 해고 투쟁 및 노동운동을 통한 민주화운동에 대하여 초점을 맞추었습니다. 박남수 선생의 구술을 통하여 80년대 초반 부평공단의 자동차 부품 사업장이었던 코리아스파이서의 노동 환경 및 노동조합 상황과 해고 반대 투쟁 및 복직, 노동조합 민주화 투쟁, 87년 노동자대투쟁 등의 과정을 확인해 볼 수 있습니다.

▶ 오늘 2023년 4월 5일입니다. 오늘은 주안 미디어센터에서 노동자들의 큰 선배님, 박남수 선생을 모시고 1970년대 노동 투쟁과 1980년대 그리고 1990년대까지 선생께서 살아오신 과정과 1980년대의 노동운동에 대한 이야기를 들어보는 시간을 갖도록 하겠습니다. 박남수 선생 반갑습니다.

박남수 반갑습니다.

▶ 건강하시죠.

박 그럼요. 아직은 몇 년 더 살 것 같은데요.

▶ 박남수 선생 1975년에 입사하신 걸로 확인했는데, 선생께서는 강원도 출신이지 않습니까? 고등학교를 졸업하기까지의 과정을 말씀해 주시죠.

강원도에서 태어나, 서울에서 노동자 생활을 시작하다

박 해방둥이고, 고향이 강원도 원주였는데 6.25 때는 피난을 간다고 멀리 가진 않았지만 제천을 갔다가 다시 돌아오고 그러면서 어린 시절은 원주에서 보냈어요.

▶ 그럼 학교는 원주에서 쭉 다니신 건가요? 혹시 공업 고등학교 다녔나요?

박 아니요, 제가 다니던 학교는 원주에서 사립학교로 유명한 대성학원인데, 장일순 선생이 설립하셨어요 그분이 훌륭한 거는 졸업하고 나서 한참 있다가 나중에 알게 됐죠. 하여튼 그 학교를 다녔어요.

▶ 장일순 선생을 학교 다닐 때 봤나요?

박 그럼요. 우리 학교 이사장님이요.

▶ 그럼 훈화도 들으셨겠네요?

박 예, 특별히 장일순 선생이 이사장으로 계실 때 기억에 남는 거는 가끔 전교생을 불러놓고 강연회를 열어요. 근데 물론 굉장히 유명한 사람들을 불렀을 거예요.

내가 어려서 기억을 잘 못하는데, 한 번은 두루마기를 입은 수염이 있는 분이 다가와서 한참 얘기하고 갔어요. 특별한 얘기는 아니고 한 시를 긴 칠판에 세 번을 쓰면서, 그 시에 대해 설명을 하고 가셨어요. 나중에 졸업하고 난 다음에 한참 있다가 알았는데 함석헌 선생이었어요. 이런 분들을 모셔다가 학생들한테 강연도 해주고 그런 적이 있지요. 우리는 볼 수 없었던 깊은 뜻이 있었겠죠.

▶ 선생은 그러면 고등학교 때 대성학원을 다니면서 민족의식이 싹텄다고 생각하시나요?

박 저는 사실은 공부도 별로 신경 안 썼어요. 왜냐하면 우리 집이 너무 가난해서 도시락을 한 번도 싸간 적이 없고 내가 신문 배달을 했는데 그때 신문은 신문사 하나가 조간, 석간을 발행해 아침, 새벽에도 돌려야 되고 또 저녁에도 돌려야 했어요. 하루에 두 번 쉬면 배달해야 했거든요. 늘 잠자는 시간도 부족하고 도시락은 아예 엄두도 못 내니까 학교 가서 점심시간에는 그러니까 남들 도시락 먹고 그럴 때 저는 그냥 자는 거예요. 책상에 엎드려서. 하도 고생을 많이 하고 그래서 학교는 별로 재미가 없었어요. 그래서 결석도 많이 하고 그랬었죠.

▶ 졸업하시고 나서 진로 문제에 대해서 어떻게 고민하셨는지?

박 학교 다니는 게 너무 고생스러웠고, 빨리 돈벌이를 해야 했어요. 학교 다닐 때도 신문 돌리고 그랬으니까, 돈이 필요하다는 생각을 굉장히 어려서부터 한 거죠. 어디 공장이라도 빨리 다녀야지 생각했어요. 마침 그때 누님 되시는 분이 영등포로 시집을 와서, 덕분에 영등포에서 공장을 엄청 돌아다녔죠. 군대 가기 전까지요.

▶ 과정을 말씀해 주시겠어요. 몇 년도에 올라오셨습니까?

박 1965년도쯤인데, 방금 얘기했지만 철들기 전부터 가난했기 때문에 처음에는 영등포 시장에 봉제공장도 한번 들어가 보고 그건 내 마음에 안 차고 그래서 노량진의 어느 조그만 공장에 갔어요. 기름이 엄청 범벅 되는 작업이었는데, 그걸 하다가 마침 용산 문래동이라는 데서 누군가 선반을 배우라고 그러더라고요. 그래서 조금 컸었어요. 그게 옛날 상명중고등학교 옆에 있었는데 거기 가서 선반을 배웠죠. 거기서부터 선반을 배우면서 군대 갈 때까지 열심히 했어요.

▶ 군대는 1960년대 후반 말기에 가셨나요?

박 1960년대 후반쯤에 갔었어요.

▶ 해병대로 지원하셨었나요?

박 육군 영장이 나왔는데 내가 어쩌다가 그 입대 날짜를 놓쳤어요. 그래서 자연스럽게 기피자가 됐는데, 기피자가 그때 좀 불안하잖아요? 옆에서 겁도 주고 그래서 얼른 군대 간다고 간 거예요. 그때 보니까 해병대는 한 달에 한 번씩 뽑더라고요. 그래서 얼른 해병대에 가서 시험 보고 그날에 바로 입대했어요.

▶ 군대 생활하면서는 배고픈 걱정은 안 했겠습니다.

박 아니요, 지금은 어떨지 모르지만, 그때만 해도 군대가 그렇게 넉넉하지 않았어요. 말이 길어지는지 모르겠는데, 훈련소에서 어떤 병사가 훈련받다가 탈영했어요. 너무 고생스럽다고 탈영했는데 잡혔어요. 잡혀 들어왔는데 "탈영한 이유가 뭐야" 하고 물으니까 배가 고파서 탈영했습니다. 이렇게 대답하는 바람에 우리는 그날 밤새도록 기합받았어요. 그다음 날 점심때 식당에 갔는데, 식당 앞에 밥 먹으러 들어가기 전에 도열해 있는데 조교가 앞에 서더니 "이 기합 빠진 놈들, 배고파서 탈영을 해?" 한마디하고 난 다음에 "야, 여기 배고픈 놈 있어?" 하더라고요. 그 소리 함부로 하지 말라는 뜻이죠. 근데 제가 저 뒤에 서 있다가 안 들릴 줄 알고 "배고픈 건 맞는데" 그랬더니, "누구야, 나와 봐" 하는데 거기서 아무도 안 나가고, 저도 모른 척하고 있으면 단체 기합받잖아요? 그러니까 어쩔 수 없이 나갔죠. 그랬더니 "뭐라 그랬어?", "배고픈 건 맞다"고 했습니다. 그랬더니 "너 그럼 고생 좀 해봐, 또 배고픈 놈 있어?" 그러니까 이제 한 놈이 더 나와서 나를 보고는 앞에 섰어요. 그랬더니 "다른 놈들 다 들어가 밥 먹어. 너희는 남아 있어" 그러면서 우리 두 명을 남겨놓더라고요. '오늘 점심은 굶었구나, 한 끼 굶을 수도 있지'라고 생각했는데, 다 들어가고 난 다음에 조교가 둘 데려오라고 하더니 (식통 있잖아요, 밥 식통 뚜껑을 들어 뒤집으면 굉장히 크잖아요) "너 먹고 싶은 대로 퍼먹어" 그러더라고요. 그걸 들고 다시 돌아오니까 사람들이 얼마나 부러웠겠어요? '저 새끼들 배 터졌다' 부러워했죠. 그러니까 기합을 안 받고 그런 경우가 있었어요. 배고팠어요, 그때는요.

▶ 월남 파병하신 적도 있죠? 그 얘기도 잠깐 해주세요.

박 제가 병기 병과인데, 거기다 세부 담당은 해병대 상륙사단의 전체

탄약을 취급하는 탄약 수불병이었어요. 해병대 전체 상륙사단 창고니까 탄약을 주거나 받거나 하는 탄약 창고가 40개가 넘어요. 그 모든 탄약을 취급하는 병사가 됐어요. 그거는 아무나 시키는 게 아니거든요. 월남에 탄약을 취급하는 병사가 없다고 제가 거의 병장 달 때 임기가 다 돼서 월남에 들어온 거예요. 그때는 해병대 병장이 없었던 시절이에 요. 병장 달 때쯤 되면 제대해야 하거든요. 그런데 월남에 그 탄약 담당 병사가 없다고 그래서 갔죠.

▶ 월남에 일 년 계셨습니까?

박 그럼요, 일 년. 일 년 갔다 오고 갔다 오자마자 바로 제대했어요. 1971년도에 월남에 갔는데 사실은 탄약병이 아니었고 가니까 보병으로 들어갔어요. 들어가서 다시 훈련을 받았요. 월남 현지 훈련을 받는데, 한 달 훈련 받고 부대에 소총 중대 배치 받았어요. 그런데 1개월 만에 다쳤어요. 왼팔 부상을 당하면서 병원에서 한 4개월 있었어요. 한 번 이렇게 부상을 당하면 전투에 안 보내고 안전 배치를 시켜 주거든요. 나머지 6개월은 진짜 안전한 데 있다가 왔으니까 어떻게 보면 무척 행운아였죠. 그런데 월남에 차출됐을 때도 제가 거부감을 안 느낀 이유는 어렸을 때 살아왔던 것들이 충분히 고생스러웠거든요 차출되면서 '죽겠다'는 생각도 했지만, '행여 내가 살아 돌아온다면 그건 세상을 살라는 운명이겠구나'라고 생각했어요 만약 살아서 돌아온다면 자신만만하게 살아보자는 마음으로 갔는데, 다행히 초기에 부상을 당한 게 운이 좋았죠.

75년에 코리아스파이서에 입사하다

▶ 귀국하셔서 제대하고, 1975년에 코리아스파이스에 입사하기까지 한 3년 정도 공장 생활을 하셨네요.

박 그렇죠. 귀국해서 1971년도에 제대했으니까요. 한국에 들어와서 군대 갈 때까지도 방황했던 이유는 당시에 부모님이 돌아가시고, 잠자리도 불안정해져서 형님네 집으로 갔어요. 근데 그것도 영 여의치 않고 그래서 처음에는 이 공장 저 공장 다니다가 당장 먹고 자는 게 필요하겠다고 생각해서 오랫동안 사귀었던 지금의 집사람하고 결혼을 서둘러서 했죠. 그러면서 독립하고 가장이 되니까 무조건 공장에 들어가야 했고요.

▶ 결혼은 1974년인가요?

박 1972년도요. 그리고 공장도 굉장히 많이 다녔는데 그때만 해도 조그만 소자본을 가지고 운영하는 기업주들에게 저임금, 체불 이런 거 많이 당했어요. 그렇게 헤매다가 문래동에 동양원호라는 좀 큰 데 들어갔어요. 동양원호공업주식회사요. 그 공장이 이후에 통일산업 또는 세일중공업이 됐어요. 자동차 부품을 생산하는 공장을 다니다가, 군포 공장은 현대양행이 두 개가 있었는데 안양공장, 군포 공장이었어요. 현대 안양공장은 양식기, 스텐 그릇, 스푼, 포크 이런 거 만드는 데고, 군포 공장은 대형 기계를 만드는 데예요. 현대양행의 군포 공장은 이후에 만도기계가 돼서 지금은 자동차 부품사죠. 어쨌든 군포가 너무 멀었어요. 그리고 겨울에는 엄청 추워요. 공장 층고가 높기도 했고, 기온이 영하인데 밤에 야근할 때 쇠를 만지면서 가공하잖아요, 그 고통이 보통 아니었어요. 그러니까 야간 출근하면 버스 타고 군포 사거리에서 내려서 대포 집에 가서 막걸리 한두 잔 마시고 들어가야 그날 밤을 새웠어요. 너무 춥고 고생이 심했어요. 당시에 집은 영등포에 있었고 시흥 쪽으로 가까운 데 조그마한 공장에서 반장이라는 책임자를 맡았어요. 그때 현대에 같이 다니던 친구가 "부평에 가면 괜찮은 회사가 있는데, 가자" 그래서 생전 처음 부평에 코리아스파이서 시험을 보러 갔어요. 그렇게 코리아스파이서에 1975년도 말에 시험을 봐서 입사했죠.

▶ 선반은 숙련공이 되셨네요.

박 그렇죠. 코리아스파이서 들어올 때는 동양원호공업주식회사와 경쟁업체였어요. 우리나라에서 자동차 부품을 딱 두 군데서 생산했는데, 그때 코리아스파이서는 신진그룹의 한 부분이었죠. 대우자동차나 대우중공업이 다 신진그룹 회사예요. 자동차 부품 중에 가장 중요한 역할이 동력 전달 장치인데 그 공장이 코리아스파이서예요. 거기에서 공장을 확장 하려고 사람을 많이 뽑아야 했어요. 그중에서도 경쟁업체에서 그런 기술을 가공해 왔던 사람이 필요했던 거죠. 그래서 제가 동양원호에 있었던 경력을 인정받아서 굉장히 고단가로 코리아스파이서에 입사했어요.

▶ 코리아스파이서 자체도 당시에 부평에서 꽤 단가가 높은 회사였죠. 자동차보다 셌죠.

박 자동차 부품은 동력 전달 장치인데, 그거는 자동차의 소음이 나지 않을 정도로 정밀하게 해야 하는 거예요. 기아가 맞물리면서 대개는 쇠와 쇠끼리 부딪치니까 소리가 나요. 그래서 소음이 없어야 좋은 자동차인 거죠. 이거를 생산하는 공장이었는데 기술이 미국에서 수입하는 것만큼 좋아야 하거든요. 그러니까 고기능이 필요한 거예요. 임금을 거기에 맞게 줘야 하고 특히 부평이잖아요. 그런 고기능자는 대개 서울에 있어서, 그런 사람들을 유인하기 위해서는 당연히 임금이 비싸고 실제 코리아스파이서 안에서도 조립공하고 가공 파트는 임금 차가 있었어요. 조립 부분은 라인 조립이기 때문에 단순 작업을 하면서 특별한 기능이 없다고 하더라도 그렇게 작업에 지장을 주지 않아요. 그런데 기계 가공하는 사람들은 개인 기능 여하에 따라서 품질이 적용받기 때문에 공장 안에서도 편차가 있어요. 가공반이었죠.

▶ 입사하면서부터 대우를 받으셨네요.

박 그러니까 제가 입사번호가 기능직 칠십육 번이었어요. 일흔여섯 번째 들어갔네요. 그 이전에 코리아스파이서가 현대기아라는 가공 공장을 인수해서 그 인원을 기반으로 공장을 창설했어요. 현대기아 출신들이 아닌 기능직들이 들어간 경우가 거의 처음이었어요. 사원 순번도 굉장히 빠른 편이었어요, 제가.

▶ 취업이 되고 나서 부평으로 이사하셨나요?

박 그렇죠. 영등포에서 출퇴근 버스가 왔다 갔다 하는데 굉장히 어렵더라고요. 그런데 마침 회사 인근에 연립주택 단지가 하나 생겼는데 그 뒤로 이사했어요.

▶ 혹시 지금 살고 계신 그 동네인가요?

박 그 동네인데요. 처음 이사 왔던 집에서 나왔어요. 지금 살고 있는 집은 제가 1980년도에 직접 지었어요.

▶ 그러면 부인께서도 일을 하셨을 거 아니에요?

박 저의 집사람이 그때 제가 제대하고 나서 거처가 불안했어요. 결혼을 빨리 한 이유는 집사람이 그때 체신 공무원이었거든요. 그래서 지금은 KT인가 뭐 이랬을 것 같은데 을지 전화국에 다녔어요. 을지 전화국

114 안내원 출신이에요. 그런 직장이 있었기 때문에 '내가 실업자여도 걱정이 없겠다'고 생각해서 결혼한 거죠.

▶ 인천 부평에 자리를 잡으시고, 그때 가족이 있었죠?
박 그럼요. 큰아들이 그때 있었죠.

▶ 몇 살이었나요?
박 두 살이었어요.

▶ 가장이 되셨던 거네요.
박 그래서 아들이 태어나면서 집사람이 직장을 그만뒀죠. 지금은 뭐 애 맡기고 직장 다니는데, 그때만 해도 직장보다는 아이를 키운다는 게 더 중요한 엄마의 의무라고 했었던 시절이었죠.

▶ 1975년에 입사해서 상당한 기량도 있었고 회사 생활하는 데 큰 어려움은 없었을 것 같은데요. 당시에 코리아스파이어 노동조합은 없었던 걸로 아는데요. 그런데 1970년대 말에 노동조합이 만들어지게 되지 않습니까? 과정을 좀 말씀해 주시겠어요. 당시의 노동 현실이나 이런 부분들까지요.
박 코리아스파이어서가 가지고 있는 회사 특성상 고급 기능자를 서울 쪽에서 이쪽으로 유인해야 한다는 환경 때문에 임금이 무척 비쌌고, 아까 얘기했던 현대기아라는 공장도 영등포 둔촌동에 있었기 때문에 거기 일원들을 전부 끌고 오다 보니 임금을 굉장히 높게 책정했었죠. 임금도 높았고, 얼마 되지는 않아도 보너스도 줬거든요. 그런 회사에서 단 한 차례도 체불하지 않았어요. 그때만 해도 거기가 신진그룹이었어요. 신진그룹은 당시 「경향신문」, 대우자동차, 대우중공업, 쌍용자동차 이런 회사를 거느린 자동차 종합 그룹이었거든요. 그중에서도 가장 고기능이 필요한 공장이 코리아스파이서였어요. 그러고 보니까 임금이 비싸고 근로조건도 상당히 대우를 해줘서 부평 쪽에서는 어느 음식점이나 술집 같은 데 가서 "코리아스파이서 다니는데 외상합시다, 돈 없어요" 하면 거절하지 않았어요.

게다가 술 먹고 이러저러한 경범죄를 저지를 수가 있잖아요. 그 경우에 안 잡아가는 데가 부평의 공수부대가 유명했어요. 그다음에 동양철관이었죠. 거기는 박정희 조카가 했던 공장이에요. 다음에 코리아스파이서, 그러니까 공수부대와 동양철관은 정치적 끗발이 있었고 코리아스파이서는 어쨌든 이러이러한 연줄을 많이 맺으려고 노력했던 거예요.

예를 들면 1987년도 대투쟁 때, 서울에서 많은 운동이 있었지만 부평 쪽에서도 운동이 있었어요. 부평 대로에서 집회를 했는데 한 번은 경찰 진압이 들어왔어요. 노동자들이 막 쫓겨가서 산곡동까지 갔는데 어느 막다른 골목에서 잡혔어요. 다가오더니 "너 어디 다닌 놈들이야?" 그랬더니 그중에 한 놈이 "코리아스파이서", 그랬더니 사복형사가 "얘들 풀어줘" 한 거예요. 나중에 알고 보니까 그 형사 아들이 코리아스파이서를 다녔던 거죠. 정보과 형사 끗발로 아들을 거기다 취업시킨 거예요. 기관에서 이리저리 연줄로 들어오는 사람이 많았어요. 그러니까 경범죄에 걸려도 "아, 얘 그냥 봐줘", 이랬을 정도로 괜찮은 회사였어요. 그러다 보니까 봉급 잘 나오고 주변에 인기도 좋고 그러다 보니까 총각들이 없었어요. 거기는 처음에 결혼한 사람만 뽑았어요. 혹시나 노총각이 있었다 치더라도 이후에 공장 여성 노동자들하고 굉장히 결합이 잘 돼 결혼하지 못한 노총각이 없었어요. 그럴 정도로 회사가 잘 돌아갔기 때문에 노동조합이 필요하다는 걸 별로 못 느꼈어요.

그리고 특히 나 같은 경우에는 아까 얘기한 현대양행 군포 공장에 있을 때 노동조합이 창설됐다가 없어졌어요 오늘 야간에 들어가는데 내일 노동조합이 창설되는 거야. 그러면서 현장에서 일하는 우리는 퇴근하지 말고 여기서 뭐 어쩌고저쩌고 그러더라고요 그렇게 오더를 받고 야근했는데, 아침에 퇴근을 안 하려고 하니까 회사 관리직이 "야, 왜 퇴근 안 해?" 눈을 부릅뜨고 그러는 거예요, 그래서 "우리 여기 기다려야 되는데" 했더니 그 관리자가 "야, 노동조합 어쩌다 다 망가졌어?"라고 했어요 그 얘기를 후에 들었는데, 비밀 조직 결성하듯이 그중 책임자가 미리 노동조합 지부에다가 얘기해주고, 지부는 (회사와) 썸씽이 있었던 거예요 그렇게 정보는 사전에 회사로 들어갔고, 그 간부들은 그날 저녁에 어디로 끌려가서 회유를 당했죠 듣기로는 굉장히 기분 나쁜 회유를 당한 것 같아요. 그때 저는 '노동조합 이건 같은 공돌이끼리 등쳐먹는 놈들이구나.' 이런 부정적인 이미지가 초기에 깔려 있었어요 그러니까 코리아스파이서 와서도 노동조합이 필요하다 생각도 안 하고 노동조합에 대한 부정적인 시각이 있었죠 그러다가 1980년도 서울의 봄, 그 시절에 노동조합이 생겼어요.

회사에 노동조합이 결성되고

▶ 1980년 5월 1일이에요.

박 아주 이상하게 노동절에 노조가 창립됐어요. 알고 한 건 아닌데 나중에 창립하고 보니까 그날이 노동절이었어요. 1980년 5월 1일이요.

▶ 사전에 선생도 알고 계셨습니까?

박 분위기가 조금 어색했어요. 왜냐하면 조합을 만들자고 주동한 주동자가 부평의 신촌 건달 출신이었어요. 그런데 신촌에 대우자동차 노동조합의 핵심 간부가 살고 있었어요. 그 양반 나중에 시의원까지 했는데 이진우 이 양반하고 친구였어요. 그러니까 노동조합 설립에 대하여 그 사람의 지도를 받았죠. 그리고 당시에 대우자동차, 당시에는 아마 새한자동차 였을 텐데요. 대우 노조 지부에 노조 지부장이었을 거예요. 노조 지부 지부장에게도 지도받았어요. 그런데 이후에 지부장이라는 사람한테 제가 들은 얘기로는, 코리아스파이서의 공장장이 자기한테 코리아스파 이서에서 노조를 만들어 달라고 부탁해서 자기가 지원해 줬대요.

▶ 혹시 이성균 선생이나 이진엽 선생이었습니까?

박 이진엽 씨는 그때 해고됐었고, 이성균 씨였어요. 그런데 코리아스파이서 의 공장장이 바로 지엠의 신진 때 공장장을 했던 사람이에요. 그 사람이 신진에서 산업은행으로 넘어가는 과정에서 잘리고 코리아스파이서 공장장으로 온 거예요. 그러니까 지엠 노동조합의 간부들을 이 공장장이 다 알았어요. 그러면서 "우리 공장에도 노동조합 하나 만들어줘"라고 했대요. 어떻게 경영진이 노동조합을 만들어 달라고 할 수 있어요? 의아하게 볼 수밖에 없는 게, 5월 1일에 노동조합 창립하러 암암리에 금속노조 인천지부 사무실로 가는 거였어요. 그때만 해도 제가 아까 말한 대로 선입견은 있었지만, 그래도 해야 하는 것이 아닌가? 하고 주춤했는데, 가려고 보니까 회사 통근 버스가 거기 갈 사람 타라고 딱 나와 있는 거예요. 노조 설립하러 가는데 이게 비밀 결사가 아니고 회사 통근 버스가 나와서 태우는 거죠. 그러니까 이거 옛날 생각이 딱 나잖아요. 뭔가 수상했어요. 그래서 저는 안 갔어요. 하여튼 수상하게 설립됐어요.

그리고 다음 날부터 노동조합 설립됐다고 3일간 농성하고 결국은 쇼 비슷하게 만들어졌어요. 코리아스파이서 노동조합은 현장에서 열기가 올라와서 만든 게 아니고, 그 시점은 1980년 5월이어서 만약에 이쪽에서 주도적으로 준비를 한 거였다면 굉장히 위험한 거였죠. 사실 1980년 서울의 봄, 코리아스파이서에서도 5.18 이후에 그걸 했으면 하지 못했을 겁니다. 5.18 딱 터지면서 계엄령이 선포됐잖아요. 그래서 그 이후에 노동조합 활동 자체가 딱 중단되니까 못했죠. 그러니까 5.18 직전에 그나마 노동조합이 만들어졌는데, 신군부가 연맹을 전부 작살내고 정화 조치하고 노동법을 개정해서 전국 단위 연맹이 아니라 직장별 단위조합으로 개편해요. 그러면서 다시 연말에 집행부 선거를 하라고 하죠. 법에 의해서 기존의 조합 집행부가 물러나고 새로운 집행부 때 제가 참여했어요.

▶ 선생은 그러면 1980년 말에 조직 개편 과정에서 임원으로 선출됐습니까? 직책이 어떻게 되셨나요?

박 부위원장이었어요. 그것도 제가 자발적으로 들어간 게 아니었고, 회사가 대개 그렇겠지만 그룹들이 있어요. 거기에는 아까 얘기한 현대, 기아, 원래 전신이었던 현대양행 쪽 공장의 고참들로 이루어져 있어요. 나보다 선배가 되죠. 고참들 패거리가 있고, 부평 현지에서 취업한 부평 토박이들로 채용된 사람들이 있어요. 그런데 나처럼 시험 봐서 왔던 패들은 양쪽에 근거가 없어요. 기술자인데 이쪽 근거도 아니고 저쪽 근거도 아니에요, 토박이도 아니고 원래 현대 기아 출신도 아닌 그룹이죠. 근데 쪽수도 별로 많지 않았어요. 그러니까 함부로 거기서 주도권을 잡을 수 없었어요. 신촌 그룹은 토박이 그룹이고, 고참 그룹에서 자기들끼리 의논하다가 저거 우리가 차지하자 그랬겠지. 그러면서 작업을 하는데 중간 그룹 중에 한 놈은 잡아야 했던 거죠. 그중에 박남수가 제일 만만해서 고참들이 한 서너 번은 우리 집에 찾아왔어요. 노조하라고요. 그래서 처음에 고개 흔들다가 고참들이 적극적으로 밀어준다고 그래서 끌려 들어가다시피 거기에 참여했고요.

▶ 부위원장이죠. 선생은 6년 정도 근무하셨거든요. 신참은 아니었고 그렇다고 고참도 아니었죠. 지금 그 대목에서 1970년대 말부터 1980년 그러니까 광주항쟁 때까지 부평에서 일하면서 겪었던 그 동네 분위기랄까 노동 현실은 좀 어땠던 것 같습니까?

박 회사 내부의 분위기는 아까 얘기한 대로 별 불만이 없었어요. 회사의 내적인 문제를 가지고 튀어나올 상황은 아니었어요. 예를 들어서 1985년도 이후에 소위 학생운동권이 현장에 많이 들어왔잖아요. 코리아스파이서도 들어왔겠죠. 나중에 들리는 얘기는 한 명 들어왔다가 포기하고 6개월 만에 관뒀대요. 그러니까 여기는 안 된다 무슨 불만이 있어야죠. 다만 박정희가 죽고 난 다음에 신군부가 들어오고 서울의 봄, 분위기가 떴을 때, 대개 노동 환경이나 조건이 좋든 나쁘든 새로운 것들을 맞이했어요. 다른 곳들을 쭉 돌아보니 인근에 있는 대우자동차와 같은 계열사였는데, 거기는 노동조합이 있는데 우리는 없었던 거죠. 신진그룹 내에서도 노동조합이 없다는 거, 뭐랄까 자격지심이라든가 이런 거는 있었을 것 같은데. 어쨌든 그러면서 정치적인 변화에 대해서 굉장히 관심을 갖기 시작했던 것 같아요. 그래서 조합을 만들 때 대우자동차에 워낙 자주 왔다 갔다 하기도 했고, 그리고 어차피 납품하러 다니는 직원들이 있어요. 직원들은 다른 공장의 얘기를 많이 듣잖아요. 다른 데 가서 얘기 듣고 와서 공장에 전달해 주고, 그런 식으로 정보들을 많이 받을 수 있는 환경이 있어서 노동조합을 어렵지 않게 만들 수 있었던 것 같아요. 그렇지만 4공단이나 이쪽 부분은 참 열악했죠.

▶ 코리아스파이서는 4공단에서 약간 떨어져 있지 않습니까? 4공단은 노조가 전혀 힘을 못 썼을 때고, 있던 노동조합들도 1970년대 지나면서 반도상사 같은 경우에도 해산되던 과정이었거든요.

박 그리고 소위 그룹 미팅을 하잖아요. 남자 사업장 여자 사업장이 그룹 미팅을 하면, 여성 사업장 얘기를 좀 듣게 돼요. 그런데 회사 자랑을 잘 안 했어요. 4공단 자체가 상당 부분 저임금에 시달렸어요. 또 노동자 만나서 결혼한 사람들이 그 주변에 깔려 있었고요. 아침에 공장 출근할 때 보면, 우리 집 앞에 조그만 골목에서 어깨가 부딪힐 정도로 밀려갔어요. 전국에서 올라온 노동자들이 보통 우리 동네하고 조금 벗어난 삼산동이라는 데서 조그마한 방에 여럿이 모여서 자취 생활을 했어요. 그랬기 때문에 1987년도 이후에 터지는 거는 필연적이었을 거예요.

80년 초, 어용노조에 발을 딛다

▶ 선생, 1980년 말에 노동조합이 일단 자리를 잡았고 선생께서 노조 부위원장이
되지 않습니까? 해고되기까지 내부에서 싸웠던 과정을 이야기해 주시겠습니
까?

박 어쨌든 고참들이 "너, 노동조합에 들어가야 해"라고 했었고 고참 그룹에
서 나온 사람 중에 리더십이 좀 있었던 사람이 있었어요. 근데 '쟤는
승진이 너무 급하니까 네가 가서 이렇게 딱 차분하게 잡고 있어야
되는 거야' 뭐 이런 시각들이 있었어요. 그렇게 해서 부위원장을 했는데
곧바로 1981년 임금 교섭에 들어가요. 노동조합 공부를 그냥 번갯불에
콩 구워 먹기로 해놓은 거예요. 금속연맹 등과 같은 교육 때 제가
가서 교육받고 들어오고, 그렇게 해서 참여했는데 이때쯤 1980년 노조
가 설립되고 1월부터 현장 내에 젊은 공업고등학교 출신의 병역 특례병
이 입사하기 시작했어요.

▶ 병역 특례 사업장이었네요. 방위산업이니까.

박 기간산업이죠. 방위산업은 아니고 기간산업인데 자동차 부품을 만든다
고요. 김근태 씨도 아마 그쯤에서 만났을 거예요.

▶ 선생은 그러면 그때 당시에 지오세 회원도 아니셨나요?

박 지오세(JOC: 가톨릭노동청년회)는 열심히 왔다 갔다 했지만, 성당을
다니거나 지오세 선서를 하거나 등록을 해서 교육받거나 그런 건 없었어
요. 그냥 열심히 다녔어요. 그런데 가서 신부님들이나 사람들하고 잘
어울리고 그랬죠.

▶ 조합 활동을 하면서 사회적인 관계가 좀 늘어나신 거네요.

박 그리고 그건 또 필연적일 수밖에 없어요.

▶ 근데 그 무렵에 김근태 선생이 찾아오신 건가요?

박 찾아왔던 건지, 하여튼 술자리에 여럿이 앉았는데 거기에 저는 모르는 사람이 하나 앉아 있었어요. 그 사람은 나를 알았겠죠. 그래서 처음 만났는데 이후에 아는 척을 하더라고요, 잘 아는 것처럼. 내가 지금도 기억하고 있는 게 그분이 나보다 두 살 어리거든요. 그런데 저를 "박 형" 그렇게 불러요. "그 부가가치에 대해서 좀 알아요?" 그래요. "부가가치가 뭔데? 몰라." 그러면서 부가가치에 대해서 개인 학습을 받았던 거죠.

▶ 정치 경제학 공부를 시키셨네요, 그때.

박 그래서 이제 노동의 생산 과정, 분배 뭐 이런 거를 거의 개인 강습을 받았다 그럴까요? 저는 진짜 급했으니까요. 전혀 관심 없다가 갑자기 간부가 됐으니까. 그래서 자주 술을 먹게 되고, 주로 단둘이 만나기도 하고 동인천 와서 술도 먹고 막 그랬는데. 저는 배우고 공부해야죠. 연맹 차원에서 또 교육 프로그램들이 있었어요.

그래서 '임금 교섭은 그냥 이렇게 하는구나, 하면 되네' 노조도 사장도 이러다 보니까 끝났는데 만족하지 못했어요. 그런데 위원장과 집행부 장악한 사람도 무슨 조폭의 우두머리 차지하듯이 들어왔던 사람이어서 노동조합, 조직 이런 거 전혀 모르고 참여했거든요. 노동에 관한 기본이 없어서 회유를 빨리 당한 것 같아요. 지금 생각에 회유를 빨리 당했고, 특히 회사 부사장이라는 사람이 신진에서 노동조합 상대를 해봤던 사람이어서 프로예요. 그런데 여기에 조합 간부들도 위원장도 조금 휩쓸렸고, 그다음에 관에서 정보과, 보안사, 안기부, 노동부 북부지방사무소 이것들이 들락날락하면서 회유하는데 아마 감당이 안 됐을 거

같아요. 회계 특히 돈 쓰는 거에 대해서, 조합비를 걷잖아요? 회계도
기본 원칙이 없고 '이건 조합장 내 마음대로 써도 되는 거야', 아마
이런 생각을 했나 봐요. 술값이 많이 나가고 그러다가 나하고 부딪혔어
요. "그건 그렇게 안 된다" 하다가 교섭 끝나고 그 부분 가지고 상당히
심하게 다투면서 "내가 당신하고 같이하다가 당신 같은 도둑놈 소리
듣겠냐, 난 못 하겠어" 그래서 이제 노조에 사표를 써요, 81년에요.

그런데 이제 좀 지나니까 그 소문이 퍼지면서 조합원들이 "그렇게
개판으로 두면 안 된다" 그러면서 이제 "라인의 대의원으로 나가라"
그래서 대의원으로 나갔어요. 그렇게 대의원이 됐다가 또 운영위원이
됐어요. 대의원 중에 또다시 운영위원 뽑잖아요? 그 운영위원이 되고
나서, 운영위원회에서 또 대표가 됐는데, 위원장 불신임이 제기된
거죠. 이때 위원장이 조합비 유용으로 불신임이 제기됐고, 그러자
타협안이 들어온 거예요. 임금 교섭을 하는데, 지금 위원장을 자르고
새로운 집행부 구성하면 안 되는 거잖아요? 그러면 "대의원대회를
휴회하고, 임금 교섭 끝나고 난 다음에 개회를 다시 해서 그때 신임
투표를 하자" 그래서 안건은 상정됐어요. 그리고 표결하자는 타협안이

나오면서 불신임을 유보시킨 거죠. 그러면서 다시 내가 교섭 대표가 됐어요. 그러니까 집행부에 3명 대의원 측에 두 명 집행부에 위원장, 부위원장, 사무장, 교선부장 그리고 대의원 측 관리직 하나, 기능직 하나 그렇게 들어갔어요. 그런데 관리직은 안 들어갔죠. 그래서 대의원 측이 나 혼자 들어간 것인데 그렇게 해서 82년도 임금 교섭에 들어간 거예요. 그러니까 조합이 사전에 간부들이 기본 교육도 받지 않은 상황에서 조직에 참여하고, 그다음에 관이 회유시키고 회사가 회유시키고 그러니까, 이게 그런가 보다 하고 그냥 휘말려 들어가면서 80년대 산별처럼 어용 조직으로, 변화는 이루어지지 않고 그냥 답습해 가는 그런 상황인 거죠.

▶ 그런데 임금 교섭 과정에서 경찰서 정보과에서 와서 간부들한테 협박도 하고 그랬다는 건가요?

박 간부들은 노골적으로 경찰 간부들이 개별적으로 다가가서 "너, 내가 누군데" 이러지 않아요? 나중에 보니까 회계 장부를 압수했어요. 조합비 유용 건에 관해서 고발을 했다고요, 경찰에. 고발장이 들어가서 경찰이 고발을 받은 거예요. 그럼 와서 회계 장부를 압수했어요. 노동조합의 회계 장부를 압수해서 갖다 놓고 "우리, 이거 숫자 볼 줄 몰라, 너희들이 이거 분석해 봐", "우리가 우리를 어떻게 분석합니까?" 그러니까 "회계사 시키면 되지" 그래서 생각한 것인데요. 그걸 회계사 갖다줘 봐요, 이거 돈 많이 들거든요. 회계 분석 그거 못할 거예요. 그러니까 그게 안 되면 그냥 혐의 없다고 처리할 거예요. 이런 핑곗거리를 만들기 위해서 우리한테 "장부 가지고 가서 너희들 마음대로 해" 이렇게 된 거예요. 근데 그걸 어떤 회계사가 굉장히 싸게 맡아서 쫙 분석했는데 그 내용 중에 아까 얘기한 4개 기관이 1만 원씩을 가져간 것이 나온 거죠. 조합비를 기관에서 가지고 가면 안 되잖아요. 분기마다, 그건 뇌물이잖아요. 이제 조합에다 물어볼 거 아니에요? 연맹에서 "이런데 이럴 때 얼마 집어줘" 이랬겠죠. 경찰서 정보과, 보안사 그다음에 안기부 노동부 그게 나온 거예요. 그렇게 주고 그러면 자기들도 안전하고, 조합이 그렇게 써도 되는 것 같고, 그렇게 아주 기본적인 관리 체계도 안 되어 있는 상황에서 노동조합을 맡은 상황이 되었죠.

▶ 임금협상이 진행되는 과정에서 박 선생은 집행부의 교섭에 개입하기가 쉽지 않았을 거 아니에요?

박 이제 말이 조금 뒤로 가는 건데요. 대의원대회에서 노조 불신임안이 안건에 상정됐지만, 임금 교섭이 더 중요하니까 이걸 먼저 하고 난 다음에 불신임 건은 나중에 하자, 이래서 그거에 동의했거든요. 그러면서 대의원들이 박남수 넣어서 "집행부끼리 하지 못하게 네가 들어가" 물론 이교일이 교선부장으로 들어가 있었어요. 그 친구는 워낙 유능해서 그 친구를 빼면 자료 정리를 못 했어요.

▶ 이교일 선생이 지오세 출신이었나요?

박 그렇죠. 그 사람도 선서는 안 했을 거예요. 대의원 케이스로 유일하게 제가 들어가게 되었는데, 저도 노동조합이라는 게 기본적으로 근로조건 향상, 노동조건 향상이기 때문에 임금만 잘 올리면 조합장 횡령했기로 서니 뭐 그런 생각도 갖지 않을 수 없지 이랬는데, 회사의 비밀문서를 보니까 문서에는 9% 정도 올려준다고는 예상을 하더라고요. 기획 문서에 나와 있는데 노사 교섭 석상에서는 발표하지 않은 거죠. 우연히 그 문서를 입수하게 되었어요. 그래서 내가 위원장한테 그랬거든요. "내가 당신 불신임 제기하려 했는데 이미 회사가 9% 나왔잖아? 물론 그거 굉장히 높아, 그래서 이 정도쯤 하면 조합원들이 인정할 거 같으니까, 이것만 성공시키면 그냥 나도 없었던 걸로 돕겠다" 이렇게까지 얘기를 했어요. 그걸 고맙다고 그랬어요. 그 비밀문서는 내가 혼자 본 게 아니라 저기서 가져와서 이쪽 임금 교섭 위원이 다 봤어요.

그래서 뭐 "괜찮네, 올해는 그냥 쉽게 넘어가겠네"라고 했는데 회사도 불안한 거죠. 사장이 바뀌어서 오지도 않고 주주총회에서는 바뀌었는데 이낙선인가 국세청장 건설부 장관 하던 5.16 주체세력이 사장으로 들어왔다가 며칠 만에 관두고 또 경제기획원 차관 출신이 왔고, 부사장은 그 김창원의 넷째 아들 김준식이라는 사람이 부사장으로 있는 이런 상황에 신임 사장이 회사 출근도 안 하고 임금 교섭 뒤에서 조종하는 거 같은 거죠. 그래도 어쨌든 회사 기획안에는 한 10% 정도까지 올려준다고 했고 실제는 5%까지 올라갔어요. 우리는 한 20% 정도까지 처음에는 내놨죠. 근데 회사가 기능직은 5%, 관리직은 동결, 관리직도 우리 조합원이었거든요. 그러면 안 되잖아요?

그러니까 "그게 무슨 소리야" 그러다가 나중에 임금 동결 이런 상황으로 이게 올라갔다가 하향 조절하는 식으로 해놓은 거예요. 여기에 조합장이 "오케이 나 거기에 동의하겠어" 이러니까 이제 교섭 석상에서 우리끼리 싸우는 거잖아요. 우리하고 합의된 내용이 아니에요. 이거는 그냥 전날 밤 이게 어디 가서 당했나 봐요. 그러니까 여기는 노조 측 교섭 위원까지는 합의해서 거기 들어가 있어야 되잖아요. 그런데 위원장 권한으로 "동결하겠어" 이러면서 교섭 석상에서 저쪽에다 사측 교섭 위원을 놓고 이쪽에서 싸움이 벌어진 거죠. 그러다가 지금 이거 어제 뭐 당했거나 "이거 변경이 안 되겠다, 이건 회의를 끝내야지" 그래서 "나 이 회의 무효로 생각하고 퇴장하겠어" 그러면 저는 다 줄줄 날 따라 나올 줄 알았어요.

▶ 교섭 중단 선언을 하셨는데요.
박 따라 나올 줄 알았거든요. 그게 안 나와요.

▶ 선생만 나오신 건가요?

박 꽉 차고 나왔는데 안 따라 나오는 거예요. 내가 다시 들어갈 수는
없잖아요. 하여튼 "그냥 파투야" 이러고 나왔는데, 그 자리에서 "저거는
옛날부터 말 안 듣는다"고 그러면서 그냥 빼고 그러면서 이제 이교일하
고 싸움이 붙은 거예요. 그 이교일도 하도 고집이 세니까 막지 못했죠.
그래서 그게 1982년도 4월 2일이에요. 아마 금요일이었을 텐데, 대의원
소집해서 결과 보고해야 할 거 아니에요? 실상 보고 해야죠. 불가능한
얘기 아니냐고요, 세상에 어디 이렇게 올라갔다가 계속 올라가야지
갔다가 내려오는 게 어디 있냐고요, '안 되는 거 아니냐' 이런 논리였고
하여튼 그래서 분위기가 빵 떴는데 말 그대로 이제 대의원회 열리면
당연히 그건 불신임이잖아요. 안건이 상정되어 뒤로 미뤄놓은 건데요.

▶ 대의원대회 소집하셨어요?

박 그 대의원대회 소집하기 전에 제가 먼저 해고됐죠.

▶ 그러면 박차고 나온 날 바로 해고 통지받았어요?

박 아니요, 그게 금요일이거든요. 그러니까 회사는 물론 그때 토요일 다 근무하겠지만 회사 임원들은 토요일에 안 나오잖아요? 그런데 이제 4월 5일이 월요일이었어요. 식목일이잖아요. 지금은 아니지만 그때 식목일은 휴일이었어요.

▶ 그때는 휴일이었고 지금은 아닙니다.

박 그래서 그날 또 임원들 안 나왔죠. 4월 6일 됐는데 아침에 KBS인가, 텔레비전 카메라가 들어오더라고요. 뭘 찍는 거야 보니까 공장에 들어와서 갑자기 노조위원장이 작업복을 입고 어디 기계 하는 데 가서 자기 일하는 척하더니 이 카메라가 거기 딱 인터뷰를 하는 거예요. 저쪽에서 하는 거니까 뭐 여기서 들리겠어요. '저거 무슨 지랄이야' 했죠. 근데 그날 저녁인가 보니까 "이 어려운 시국에 노사 협조가 잘 이루어져서 임금 동결을 선언한 사업장이 있어서 찾아왔습니다" 그러고 위원장과 인터뷰는 끝났는데, 나한테 이제 "시말서 써" 이렇게 나오더라고요.

▶ 바로 해고 통지는 아니었군요.

82년 임금협상 끝에 해고당하다

박 절차가 시말서였어요. 그런데 측정 공구 중에 마이크로메타가 있어요 그걸 개인한테 지급해 주거든요. 근데 잃어버리면 본인 변상을 해야 해요. 그거 잘 잃어버리죠. 비싼 거니까 측정 공구를 지급을 안 받아요 누가 갖고 있냐면 검사 담당 QC라고, QC 담당자가 갖고 있어요. 그러면 측정할 일이 있으면 가서 그걸 빌려다가 했어요. 그래서 빌리러 갔는데 좀 멀었어요. QC 담당자가 있는 곳이 조금 멀었어요. 갔는데 분위기가 분위기니까 그때 상황에서 가면 그냥 "그거 줘" 그러면 여기서 주는 게 아니라 "임금 왜 그래?" 그러면서 자꾸 물어봐요. 내가 교섭 위원이었으니까 좀 떠들다가 오죠. 그 사이에 공장장이 왔다 갔대, 공장장이 와서 나를 찾았는데, 그 사람이 찾은 건 "야, 너 이해 좀 해라" 이러려고 왔는데 오니까 없어서 한참 기다렸대요. 그리고 갔는데 이사가 공장장이 저 박남수 자리에 가서 가만히 있다가 그냥 가더라고요. 그래서 "박남수 어디 갔어?" 부르니까 "갔지. 왜요?" 그랬더니 "너 어디 갔다 왔어?" "저기 이거 빌리러 갔다 왔다"고 그랬는데 그날이 아니고 며칠 전에 그런 일이 있었는데 그 사건을 끝나고 난 다음에 "그때 그런 일이 있었잖냐? 너 그거 가지고 시말서 써" 이런 거죠. 그래서 왜 쓸려면 그때 써야지 왜 지금 쓰라고 그러냐고요. 뭐 제가 임금 교섭에서 나왔다고 악살 먹으려고 지금 이거 쓰라는 거 아니에요. 솔직히 제가 대들었거든요, 못 쓰겠다고. 그다음 날 또 부르더라고요. "안 쓰면 이건 또 명령 불복종이다" 그래서 알았다고 부르러 온 사람한테 알았다고 내가 시말서 써서 가겠다고 그랬죠. 그래서 앉아서 시말서 썼어요. 그래서 갖다줬어요.

근데 그 사람이 다음 주 월요일 날 안 나오더라고요. 12일날 그 이사가 안 나오더라고요. 그리고 4월 13일 화요일인데, 그 사람이 나오니까 징계위원회가 열린 거예요. 오전까지 일했는데 오후에 일하지 말라 대기하고 있으래요. 오후에 징계위원회에 갔어요. 갔는데 징계위원장이 부사장이예요. 부사장이 김창원의 넷째 아들이잖아요. 넷째 아들이 박정희 남미 저쪽에 대사도 하던 5.16 주체세력 한병기의 사위예요. 그렇게 인척 관계가 되어 있어 그 사람이 인사위원장을 맡았어요. 내가 그래도 박정희 외손녀 사위한테 해고당했어요.

▶ 자리 비웠다는 그 사유로 해고되고, 그러면 4월 13일부터 일단 출근을 못 하게 되었나요?

박 13일까지 출근하고 오후에 징계위는 열렸고, 집에 가기 전에 해고 통지를 받았어요. 그래서 저는 그냥 4월 13일에 해고됐다고 하죠.

▶ 어떻게 보면 되게 사소한 일이었거든요. 해고 통지서를 받아 드니까 좀 기분이 어땠습니까?

박 '나는 정직 정도야 하겠구나' 이런 정도는 이해하려고 그랬죠. 그런데 해고 딱 되니까 거기는 해고라는 사례가 없었어요. 그 이전까지 한 명도 해고하지 않았어요. 도둑질하다 훔쳐 간 놈도 자진 사퇴를 권유하거나 그랬지 해고 자체를 안 시켰어요. 그리고 뭐 감봉 정도는 있었죠. 회사 간부들도 감봉 정도는 있었는데 해고는 없었거든요. 그러니까 누가 설마 해고되리라고 생각했었나. 그런데 이제 해고되니까 그건 뭐 그때 현실감도 안 나더라고요.

▶ 그 이후에 노동조합장에 대한 불신임 문제도 흐지부지돼 버렸습니까?

박 그러니까 '내가 해고되고 그러니까 저렇게 회사가 강하게 나오네', 이러는 것보다는 '이거 개판이잖아' 이런 분위기가 빵 뜨잖아요. 그래서 오히려 '저 위원장 잘라야겠네' 이 분위기가 떴죠. 그런데 투표가 들어갔

어요. 그런데 회유가 되고 대의원들도 고참 대의원들도 있잖아요? 직·
반장도 대의원이고 이런 사람이 있으니까 3분의 2 정족수가 안 됐어요.
과반수는 됐지만요.

▶ 대의원들이 한 50명 정도 됐나요.
박 아니요, 30명 정도요.

▶ 실제로 코리아스파서 당시에는 1천 명 정도 됐죠. 사업장이 30명당 한 명이었고요.
박 950명이요.

▶ 그런 것 같습니다. 근데 3분의 2를 못 채워서 이제 불신임은 안 됐겠어요?
박 안 됐죠. 안 됐는데, 그것도 실패하니까 다시 이제 밑에서 작업이
  나오는 게 "총회를 열어서 불신임 놓자" 총회 소집 전에 먼저 작년에
  문제가 됐던 조합비 유용 그거를 진짜 고소 들어갔다니까요. 경찰이
  압수수색을 하게 된 거거든요. 고발은 해놓고 탄원서를 만들어 정부를
  향하는 거예요. 국무총리실, 경찰청장, 내무부 그리고 보안사까지는
  안 갔는데 어쨌든 뭐 그렇게 해서 탄원서를 올렸어요. 명분이 있잖아요.
  노동조합서 "너희들이 돈도 뜯어 가냐" 신문에 물론 안 났어요. 신문에
  내주는 놈도 없었지만 하여튼 공개는 할 수 있었죠.

▶ 일단 해고되고 이제 고난의 세월이 시작되는데 좀 쉬었다가 다시 하도록
  하겠습니다. 잠깐 쉬겠습니다.

(10분 쉬고 다시 시작함)

▶ 선생, 1981, 1982년이 회사 내부의 투쟁이 고조되면서 해고되는 과정을

밟게 되는데 그 직전에 지오세라든가 노동사목 그리고 김근태 선생과의 만남, 이런 부분들이 이루어졌습니다. 어떤 과정이었는지 정확히 잘 모르시겠다고 하시는데 1980년대 초에 해고되기 전에 산업선교회도 가보셨을 거 아니에요?

박 그냥 이렇게 무슨 행사 있을 때 구경삼아 가는 거여서 거기 가서 무슨 교육을 받거나 이런 건 없었어요.

▶ 그런 흐름에 대해서 조금씩 익혀가는 과정이었다고 볼 수 있겠죠. 특히 김근태 선생과의 만남 과정에서 민주화 운동가, 당시 김근태 선생은 수배 중이었거든요. 그런 거 알고 계셨어요?

박 그건 몰랐어요. 이후에 민청련 운동하면서 한 번 또 수배되었을 때 한번 우리 집에 왔었죠. 우리 집에서 며칠 자고 갔어요. 그때는 수배 중인 줄 알았죠.

▶ 선생께서도 전두환 정권 초기에 탄압이 있을 거라는 그런 정도의 예상을 하면서 이런 일들을 했고, 해고됐단 말입니다. 그래도 상당히 막막하셨을 것 같아요. 처음에 어떤 생각이 드셨는지 그리고 곧바로 어떻게 투쟁해야 할지에 대해서 고민하셨을 거 아닙니까?

박 실질적으로 '해고까지는 아니다'라고 예상을 나름대로 했었는데 해고가 되니 예상 밖이었으니까 집에서 한동안 두문불출했죠.

▶ 1982년 5월이지 않습니까? 이제 꽃피는 봄이에요. 마음은 참 괴로우셨을 것 같아요.

박 한번은 '어떻게 해야 하지' 이런 고민을 하는 과정에서 아침에 우리 아들이 초등학교 3학년이 올라가고 우리 딸이 초등학교 1학년에 입학했는데, 입학해서 얼마 안 된 거죠. 뭐 한 4월이니까 3월에 입학해서 한 달 조금 넘었는데 딸은 이제 학교 다니는 게 기분이 좋아서 팔짝팔짝 뛰어가고 그러는데, 이전에는 아침에 자기가 학교 가기 전에 내가 밥 먹고 먼저 가잖아요? 근데 보니까 자기가 학교 가는데도 아빠는 그냥 퍼지고 있는 거죠. 궁금했던가 봐요. 그래서 어느 날 신나게 밥을 먹으면서 그냥 지나가는 소리로 나한테 물어보는 거예요. "요새 아빠는 왜 회사 안 가?" 그래서 갑자기 질문하기 때문에 뭐라고 답변을 해야 하는데, 물론 집사람하고는 뭐 이렇게 됐다. 어쩔 수 없이 됐다고 했죠. 그래서 집사람도 뭐 황당하잖아요. 대책이 안 나오잖아요.

▶ 그때 37살이었어요.

박 그렇죠. 대답도 하지 못하고 밥 먹다가 이러고 있는데, 3학년 올라간 아들이 저 대신 대답을 하는 거예요. "아빠, 해고됐어" 근데 내가 애들한 테 얘기 안 했는데 얘는 어떻게 알고 있는 거예요. "너, 어떻게 알았어?" 이 말도 물어보지 않았다니까요. 그냥 멍하고 있었어요. '애가 어디서 이 소리를 들었지' 말도 못 하고 가만히 있었죠. 그리고 애들 가고 난 다음에 '어떻게 알았을까?' 지금 물어봐도 개는 어떻게 알았는지 잘 모를 텐데, 대략 아마 빠삭한 동네니까 학교 갔다 오면서 동네 사람이 개 뒤통수에 "쟤네 아빠 해고되었어" 아마 이랬을 거 같아요. 그러니까는 해고가 뭔지를 몰라 뭔지 모르고 하여튼 아빠가 해고되는데 그게 무슨 불편한 얘기인가 보다고 감을 잡았겠죠.

그래서 집에 와서 물어보지도 않고 그런데 뭐 좀 심상치 않은 분위기 같다고 아마 지레짐작했을 텐데 동생이 물어보니까 그렇게 대답을 한 거예요. 그래서 '아, 이거 진짜 좀 심각하구나' 싶었죠. 문제는 애가 지금은 해고라는 낱말의 뜻을 모르지만, 나중에 철이 들어서 알았을 때 해고라는 건 참 불명예스러운 멍에잖아요. '우리 아빠가 얼마나 회사에서 불성실했으면 해고됐을까', 이렇게 생각하고 있다면 다른 걸로 이게 보상이 안 되잖아요? 다른 걸로 또 변명도 안 되잖아요?

'이건 바로 잡아야 된다.' 그전에는 이제 어떡하지, 해고됐으니까 다시 공장을 다녀 어쩌고저쩌고, 그것참 억울한데 그렇게 집사람하고 얘기 나누는 거죠. 다른 사람들은 회사 문 앞에서 출근 투쟁한다고 가서 뭐 깃발 들고 이래야 하는데, 이런 얘기를 하는데요.

아까 얘기했지만 우리 집을 내가 지었다고 그랬잖아요? 그러니까 공장 다니면서 집을 지었어요. 그러니까 집사람이 그 집을 지어본 경험이 있으니까 내가 현대양행 다닐 때도 집을 지었어요. 굉장히 빠른 시절에 집을 지었어요 그래서 그 집이 세 번째 짓는 집이었어요 이게 집 짓는 기술이 있었네요 그래서 아예 공장 다녀도 맨 날 그러니까 당신이 그래도 세 번이나 집을 지어봤으니까 아예 건축업 쪽으로 빠져라 이런 얘기를 했어요. '그게 가능하지 않냐 그래서 '그럴 수도 있겠다' 하다가… 근데 그냥 멍하고 있는데 아까 얘기한 아들의 그런 질문과 답변을 듣고 '이건 굉장히 불명예를 평생 지고 가야 한다', '해고자, 이걸 해결하지 아니하면 이걸 벗어내든지 이걸 어떻게 하는 방법이 뭐지'라고 했는데, 출근 투쟁을 해서 안 되잖아요? 출근 투쟁해서 며칠 피곤하지 되겠어요? 요즘 아주 끈질기게 하는 사람이 있지만, 이게 그때만 해도 한 달을 하려면 하겠어요? 근데 그게 회사 가서 동냥하는 것 같고, 구걸하는 거 같고 부끄럽죠 그리고 그게 정당하다는 것보다도 손가락질하면서 '네가 잘못해서 해고 당해놓고 여기 와서 개소리야 이렇게 나올 것 같기도 하고 이런 고민이었는데, 이때 이제 다시 김근태를 만나고 어떻게 했으면 좋겠냐고 한 거죠.

▶ 그래서요?

박 해고 투쟁을 해야 하는데, 이거 뭐 정문 앞에 가서 출투하는 거냐, 그건 성공할 수도 없고, 내가 듣기로는 복직이 불가능하다, 그거 가지고 회사가 겁낼 사람들이 아니잖냐, 그러면서 "다른 방법이 뭐냐?" 그랬더니 '법정 투쟁'이라고 하더라고요. 그때 부당노동행위 구제 신청 정도, 노동조합의 기본적인 교육이니까 그것까지는 알았죠. 해고 무효 소송은 그렇다는 얘기였지 "그거 이렇게 하면 됩니다"라고 한 적은 없어요. 부당노동행위 구제 신청에 대해서는 조합 간부의 경우, 부당노동행위 구제 신청으로 하는 것이고, 그래서 처음에 권유가 들어왔는데 그렇다면 자문을 구해야 될 거 아니에요? 근데 다른 사람들한테 묻기 시작하니까는 "그것도 크게 기대는 할 수 없다", "그거 뭐 확률 10%로도 안 된다" 이런 얘기를 들으니 기분이 그냥 넉넉지 않잖아요. 그러면 민사소송, 그런 복잡한 법률관계도 또 그렇고요.

▶ 변호사님을 소개를 받았나요?

박 처음에 김근태하고 하니까 그러면 민사소송을 하는 것이래요. 민사소송의 문제는 뭐냐 하면 변호사를 선임해야 하고, 변호사를 선임하려면 돈이 있어야 하고, 이런 게 또 앞에 콱 막히는 거죠. 그러면서 소개해서 이 사람하고 상담을 해보라고 한 게 김상철 변호사였어요.

▶ 혹시 인천에 개업을 하셨나요.

박 아니요, 서소문 입구였어요. 서울시청 거기 광학빌딩이라고 굉장히 번화가가 있었어요. 김상철 변호사가 서울시장 김영삼 대통령 때 6일 서울시장 했잖아요. 아마 사법시험 수석 합격자인가 이럴 정도로 머리도 좋은 사람인데 처음에는 민주화운동에 좀 기여해서 이름이 났는데 서울시장 하면서 정치권에 살짝 들어가요. 하여튼 그분 사무실에 상담사가 있다고 찾아가 보라고 그러더라고요. 그래서 찾아갔지요. 김정환이라는 사람인데 저도 그때는 몰랐지만, 서울 법대 출신인데 서울 법대를 나와서 현장 활동을 한 사람이었어요. 나중에 알고 보니까 현장에 들어간 게 시내버스 정비사로 들어가서 일했어요. 요즘은 실내에서 지하로 파놓고 서서 작업하게 되잖아요 리프트로 올리고 했는데 전에는 버스 회사 종점에 버스가 쭉 밤에 주차장에 들어와 있으면 등판 깔고 들어가서 밑에서 이렇게 작업을 해요. 근데 겨울에 등판이 추워서 힘들다는 거예요 그리고 퇴근 때 버스가 밤에 종점에 들어와서 정차하고 있을 때 보수해야 하는데, 그 야밤중에 해야 하는 거죠 그러니까는 그때 할 수 있는 게 술을 잔뜩 먹고 술김에 그 등판에 차가운 걸 견뎌야 한다는 거예요. 이러다가 이 사람이 간경화증에 걸려서 그걸 못하고 그래도 서울대 법대 출신이니까 김상철 변호사 후배니까 거기서 노동법률 상담을 해요. 그리고 이 사람은 이후에 돌아가셨는데, 그 사람을 찾아가라고 해서 갔어요. 얘기를 듣더니 "그러면 한번 해보자, 변호사 그냥 뭐 쓰지 말고"라고 했어요.

회사를 상대로 나홀로 소송

▶ 나홀로 소송을 시작하셨습니다.

박 그래서 "그게 가능하냐 한 번도 해본 사람이 없는데?", "그래도 그런 방법 중 하나가 있다. 혼자 소송해도 되는 거다. 뭐 그거 그냥 해보지 않겠냐"고요. 그러니까 뭐 돈 없지, 변호사 선임 비용 없지, 그래서 할 수 있는 방법이 그것밖에 없어서 그게 나홀로 소송이었어요. 그러면서 이제 그 사람한테 매일 출근한 거죠. 서울로 출근해서 사연 얘기하고 그다음에 소장 쓰는 양식 받아오고 집에서 써서 갖다주고, 그 사람이 다시 체크하고 막 이래서 소장 쓰는 것부터 그냥 완전 학습이죠. 고치고 쓰고 워낙 문장이 안 되고 그러면 그 사람이 뜯어고치고 해서, 그때 그 사람이 썼던 육필도 아직 있네요. 하여튼 그렇게 해서 나홀로 소송을 시작한 거죠.

▶ 첫 1심 결과는 한 2~3년 만에 나지 않았습니까?

박 1년 조금 더 걸렸는데 1982년, 그러니까는 이제 처음 소장 내고 한참 기일 잡아요. 소장 넣자마자 재판이 열리는 게 아니라 법원에서 재판부 배정하고, 그 재판부에 들어오면 또다시 이리저리 해서 그 날짜를 잡아주거든요. 그래서 2년, 1982년도 6월에 첫 기일이 잡혔어요. 소장도 빨리 썼다는 거예요. 그래서 그다음 해 5월에 선고가 났으니까 1년 해고되고서는 1년 1개월 조금 걸리고 자그마치 한 19번이나 재판을 받았으니까요.

▶ 많이 했네요. 재판부에서 아주 적극적으로 판단을 해주셨네요.

박 그러니까 적극적으로 관여한 거죠. 원래 재판은 뭐 할 얘기 있어요, 할 얘기 있으면 그냥 할 때까지 두는 거죠. 재판부가 그만해 이렇게 안 하거든요. 그 재판부가 "다 낼 거 냈죠? 증거 다 냈죠? 할 말 다 했죠?" 끝냈는데 이렇게 의견을 물어보잖아요. 그러니까 계속 증인을 대고 회사도 증인 나오고 증거 제출 계속하고. 그리고 사실은 여기서 결론부터 얘기하면 이게 나홀로 소송이기는 하지만 나 혼자 싸운 게 아니고 굉장히 많은 사람들이 같이 참여해 준 거예요. 저는 해고됐지만 회사에서 똑같은 상황을 당할 것 같다고 생각하는 이교일, 그런 사람이 아니면 또 다른 패거리가 와서 법정에서 증언을 섰다니까요.

▶ 조합원들이요.

박 이교일이나 이런 사람들이요. 나 해고되자마자 얘들도 잘라야 하는데 나가서 보니까 이게 소송을 해버리거든요. 재판 이건 피곤해, 다른 방법이어야 하는 거예요. 걔들은 그래서 계속 자진 사퇴, 자진해서 퇴사하도록 하는 것이죠. 반공으로 먹고사는 홍지영 박사, 그때 팔십 년대 중반에 지오세(JOC: 가톨릭노동청년회) 이렇게 작살을 낸다고 전국을 돌면서 강연하던 친구 하나 있어요. 코리아스파이서 와서 강연회하고 저기 빨갱이들이다. 그것들이 들어오면 나라가 망하고 도산이나 지오세가 공장 들어가면 공장이 망한다. 그래도 컨트롤데이타, 이게 다 지오세 이런 것들이 한 거다. 간첩 몰아내자 이렇게 회사 마당에서 간첩 몰아내자 그리고 이교일 나가라 이랬다니요. 그리고 몰아놓고 고참들이 빙 둘러서 안 나가면 험악한 협박을 하는 거예요. "해를 주겠다" 이런 협박을 하면서 박남수처럼 해고는 안 시키고 어떤 식으로 해서든지 자진 사표 쓰는 방법으로 전략을 바꾼 거죠. 내가 해고 무효 소송을 할 때 목적이 저는 혹시나 건축으로 빠진다 치더라도 반드시 걔들이 또 잘리는 거거든요. 그것들을 안 잘리는 거가 '이거다, 이 소송을 걸고 들어가자, 그러면 못 자를 것이라는 게 첫 번째 내가 해줄 수 있는 동지적 입장이고 의무감이다', 그것도 작용했거든요.

그래서 어쨌든 그 효과는 봤죠. 그리고 나만 혼자 방방 뜬 것이 아니고 나오고 난 다음에 이제 다른 문서에 나오지만 "박남수 부당해고다. 야, 복직시켜"라고 연대 서명을 안에서 받고 그다음에 이런 식으로 조합장이 회사와 내통해서 "자르면 안 된다" 그러면서 조합장이 조합비 유용한 거 "이거 걸겠어" 하고 고발하고 아까 얘기한 대로 회계 장부 압수시키고 그거 돈 들여 회계사 사서 분석해서 자료 가지고 저기 각 기관에다가 탄원서 넣고 이러면서 사건을 확대해 내는데 그게 제가 바깥에서 불가능하잖아요? 안에 있는 사람들이 해야 하잖아요. 그런 것들이 안에서도 굉장히 활발하게 이루어지면서 내가 소송하는데 회사는 그거 막아야 하고 이거는 이건 변호사한테 맡겨 이런 식으로요.

▶ 공조가 됐네요.

박 회사의 전력을 분산시키는 쪽이고, 또 일정 정도 목표에는 성공했고 이런 상황이었어요.

▶ 1년 만에 1차 지방법원에서 이제 판결을 승소하고 나서 힘을 받았겠습니다.

박 그래서 이제 얘기하는데, 그때 지오세의 훈련받은 멤버들이 아닌 사람들이에요. 지오세의 훈련받은 사람은 지금 자기가 급해, 자기들이 잘릴 거가 더 급한데 제 재판까지 나와서 떠들면 안 되잖아요? 그러니까 다른 사람들이 나와서 증언을 서 준 그런 사람들, 그다음에 법률 자문을 해 줬다든가 이런 사람들, 물론 김상철 변호사 사무실 쪽만 간 것이 아니고 아까 얘기한 김정환이라는 사람이 다시 병이 도져서 휴양을 가서 안 나왔거든요. 그러면서 이제 그때는 진짜 동냥하듯이 서소문 쪽에 아무 변호사 사무실에 가서 "나 이러이러한 사정이 있는 사람인데 저기 돈은 없다. 그러나 재판을 이렇게 하고 있으니까 좀 도와달라" 이렇게 해서 "상담료 내야 해요"라고 하는 사람은 아예 뭐 말도 못 꺼내고 돌아 나오고, 어쩌다가 "뭐 한번 들어나 봅시다"라고 해서 사무장이 착해서 변호사한테 인사시켜 주고 만나고 이랬던 사람 중에 이상수 변호사도 그때 만났고, 조영래 변호사는 김근태가 소개해 줬어요 조영래 변호사가 김앤장에 있었어요. 제가 지방법원 이겼을 때 조영래 변호사가 변호사들 몇 사람 끌고 오더니 같이 축하 저녁도 사주고 그럴 정도로 굉장히 관심이 많았고, 이상수 변호사 밑에서 "새끼 변호사가 누구냐" 새끼 변호사라는 표현이 이상하지만, 그 밑에 박원순 변호사 있거든 그렇게 해서 만났던 변호사가 한 대여섯 명 정도 돼요 그러니까 한 사람한테 가서 계속 치근덕거리면 그것도 아니잖아요 증인 신문을 하는데 처음에 김정환 씨가 그러더라고요.

재판부는 그 요일 그 법원에서만 한다고요, 그러니까 수요일 날인데 자기 재판 아니어도 수요일 날 그 시간대에 가면 판사들이 똑같은데, 가서 잘 보고 어떻게 하는지를 성향이라든가 이런 거 아는 것도 굉장히 중요한 포인트가 돼요. 그래서 그냥 수요일쯤 법정에 가서 그냥 뒤에 앉아서 재판하는 거 구경하고 그랬었죠. 그러면서 증인 신문 어떻게 하더라 그리고 그 변호사가 그 증인한테 뭐 답변 좀 이상하게 하잖아요 그러면 소리를 빡 지르더라고 "증인 묻는 말에만 답변해, 왜 딴소리를 하고 있어" 이러더라고요 내 재판에 회사 중역이 왔어요 와서 묻는데 딴소리를 하더라고요. 그래서 내가 배운 대로 "아니 증인, 묻는 말에 답해야지 왜 딴소리를 하는 거예요, 묻는 말에만 답변을 하란 말이오" 그랬더니 판사가 증인 심문할 때는 그냥 이렇게 기대고 자는지 듣는지 몰라요. 의자에 이렇게 기대고 있던 재판장이 고개를 번쩍 들더니 "증인 보고 하는 소리야, 증인 묻는 말에만 답변하라 하라잖아" 그렇게 했거든요. 그랬더니 이제 우리 쪽 증인이 들어왔어요. 그러니까는 딱 하나 하고 우리 같이 왔던 동료가 끝나고 나서 "형님, 그냥 이거 다 때려치우고 변호사로 가버려" 그래도 불안했는데 이제 선고가 나는데 우리 집사람에게 같이 가자, 그랬어요. 재판할 때 가면 고통이에요. 재판받는 그 내내요. 기다리는 것도 고통이고 지나가는 것도 그러고, 나오면서도 '이거 잘 될까? 안 됐을까?' 어떤 때는 제가 얘기하면 잘될 것 같고 또 회사 증인이 나오면 증거 갖고 막 왔다 갈 때 그 고통은 제가 혼자 받는 게 낫지, 집사람 같이 갔다고 해서 그 고통이 나눠지진 않아요. 괜히 고통 하나가 더 그쪽으로 갈 뿐이에요. 그래서 안 데려갔어요.

그런데 이제 선고하는 날인데 딱 가서 선고는 매일 재판하기 전에 아침에 쫙 불러줘요. 그래서 쫙 앉아 있는데 아니 안 부르는 거예요, 내 번호를. 뭐야 '이거 내가 잘못 들었나?' 이거 맨 끝에 가더니 내 번호를 딱 부르더라고요. 그런데 가슴이 팍 내려앉는 거예요. 맨 끝에 선고도 아니고 번호만 불렀는데, 재판 번호만 불렀는데 딱 내더니 "박남수 청구권은 다음 재판 기일로 넘기겠습니다." 이게 뭐 혈압이 쫙 뒤통수가 뚜렷해지는 게 그런 느낌이었어요. 진짜 이제 선고할 때는 진짜 안 되겠더라고요. 선고하는 날은 내가 지난번에 보니까 '이게 보통 힘들지 않다. 혼자 가자' 선고하는 날 갔어요. 거기는 이제 두 번째 가서 했는데 이제 나오더라고 중간쯤에 딱 내 번호가 탁 나와요. 사건 번호, 원고 누구, 피고 누구, 변호사 누구, 원고 청구 기각, 원고 승소, 이러거든요. 그러니까 오늘 원고 박남수 피고 코리아스파이서 "원고 승소" 이래요. "승소"라고 그러는 거 같았어요. 그러니까는 그 소리에 정숙해야 하잖아요. 재판대에서 선고하는 거예요. 거기 떠들면 안 되는 거예요. 그런데 "감사합니다" 큰 소리가 나왔어요. "감사합니다"가 큰 소리로 나오더라고요. 그리고 딱 나왔는데 이게 눈물이 쫙 쏟아지잖아요. 그래서 교회에 갔다니까요, 교회 가서 한참 울었어요. 그리고 나오자마자 공중전화로 갔어요. 부산으로 쫓겨난 사람들이 A/S 하고 있어요. 그러니까 A/S는 옆에 전화기가 있는 거예요. 그리고 부산 대우자동차 버스 회사에 있는 A/S였어요. 그러니까 거기는 버스 공장 노동자들도 있고 거기에 코리아스파이어 이런 외주 업체에서 불량 난 거 정리하는 파견자들이 거기 있는 거예요. 그러니까 거기 전화기 놓고 이런저런 사람들이 다 써요. 그래서 그리로 전화를 하는 거죠. "승소했지?" 그러니까 몇 번을 반복해서 물어보더라고요. "이겼다니까." 그런데 전국에 쫓겨난 애들 부산 가 있고 울산, 광주, 양평, 쌍용 거기서 다 통하니까 그러니까 이제 회사 쪽으로 들어온 거죠.

그 라인을 통해서 제가 집에 들어가기 전에 이미 공장에서 소문이 다 난 거예요. 순간적으로 그랬는데 이제 명예는 건졌는데도 좋다 이런 거예요. 고등법원에 들어가면서 김창원이라는 회사 그룹 회장이 노동자를 잘랐더니 그게 재판에서 이겼대요. 그러니까 이 회장이라는 사람이 "무슨 일을 이따위로 처리하냐, 내가 직접 경영해야 되겠다"면서 공장에 내려와 자기 아들도 부사장 시켜놨는데 내려와서 "지금부터 내가 공장 직접 경영한다"고 종업원 전체 모아놓고 일장 훈시하고 올라가서 변호사를 또 하나 추가시켜요. 그게 누구냐 하면 허형구 검찰총장이었어요. 전두환 시절에 검찰총장 관둔 지 6개월째 된 전관 예우받는 사람이었어요.

▶ 낙심하셨을 것 같은데요.

박 큰일 난 거죠. 제가 다시 고민을 하죠. 근데 방법 없었어요. 변호사들은 많이 알았잖아요? '어떻게 하면 되냐' 그리고 임금 가집행으로 확정판결 나기 전까지도 돈을 받을 수 있다. 조영래 변호사는 지더라도 당신 전직 검찰총장을 옆에다 놓고 피고, 피고, 부르면 그게 얼마나 좋은 건데 한번 해보라'고요. 그래 그게 쉬운 얘기인데 확 들어오더라고요. 그러니까 노동자가 검찰총장 한 변호사에게 피고, 피고, 피고인하고 피고와는 좀 다르지만, 일반적으로 다 비슷하잖아요? 피고 그러면 죄지은 놈이랑 비슷해요. 피고인하고 같은 개념으로 그래서 조영래 변호사 등에 권유받고 다시 그냥 본인 소송 들어가는 거예요. 고등법원 이겼잖아요. 그 검찰총장도 아웃 됐잖아요. 대법원 가는 데 그냥 뭐, 그거야 뭐 방법이 없죠. 그래서 거기까지 이겼잖아요.

▶ 그 과정에서 물론 변호사들의 조력이 컸을 텐데 사실 현장에 조합원들과 지속적으로 만나면서 같이 풀어나갔을 거 아닙니까?

박 못 봤다니까요. 1심 재판 때 증인으로 끌어왔잖아요? 증인으로 끌어오니까 그렇게 풀어줘서는 저렇게 가는구나, 했던 것 같아요. 그러니까 지나가다가 내가 해고됐지만 길거리에서 만날 수 있잖아요? 지나가다 누가 그걸 보면 곧바로 그 사람은 다음 날 호출 당한다니까요. 왜 박남수하고 만나서 무슨 얘기한 거냐고 그러면서 자꾸 통제하고 소문을 쫙 퍼뜨려 놓으면 만나려고 해도 저만치서 그냥 가라고 그러죠. 대포 한 잔 먹자고 해도 "아, 나 바빠" 이러고 그랬어요. 누가 솔직히 또 그렇게 얘기를 해줘서 제가 알잖아요. "야, 저기 너 어제 지나가다 너하고 이렇게 했잖나? 그다음 날 불려 가 혼났다" 이렇게 얘기해주는 사람이 있어서 제가 사실을 확인하잖아요. 그러니까 저 스스로도 좀 피하게 되잖아요. 고의적으로 만나고 이래서 '그 사람들한테 피해주는 거는 마땅치 않다'.

그래서 1987년도에 들어갔잖아요? 5년 동안 그렇게 격리되어 있다가 들어가니까 알게 되죠, 그런데 5년 동안 개별적인 교류가 차단되어 있으니까, 조직이 불가능한 거잖아요. 그래서 1987년 투쟁 끝나고 해고자로 조합장 선거에 입후보했는데 떨어졌다니까요. 그랬었어요.

▶ 1983년은 법정 투쟁으로 굉장히 바쁘셨을 텐데 그쯤에는 인천의 노동운동 세력들과도 교류를 시작하셨나요?

박 내가 어디를 찾아가고 그러는 것보다는 그때는 '이겨야 한다' 이게 중심이었기 때문에 조직적으로 누구를 만나는 것보다는 '나는 이 재판을 반드시 이겨야 해'였어요 모든 걸 거기에 쏟는데 아까 얘기한 한국노동자복지협의회 방용석, 김문수 이런 사람을 만난 거예요 초기에는 김문수를 먼저 만났어요 서울대학교 앞에 서점에 찾아가고 그랬죠 그렇게 합류했어요 운영위원들이 보기에 유일하게 복직이 가능한 사람이었으니까 노출시키지 말고 여기서 활동하는 걸 비공개로 하는 걸로 한 거예요. 이름도 내가 그때 박달재라는 가명을 썼다니까요. 박남수가 아니고 박달재로요.

▶ 그것이 1986년 정도 됐던 건가요? 그러니까 노동법 개정을 위한 그 모임 같은 것들을 노협 내에서 꾸렸던 거죠?

박 네, 꾸렸고요. 그다음에 국회 청원을 넣었어요. 그때 청원 발의자가 노동부 장관 했던 이인제인가 그랬을 거예요. 추상적으로 말고 이런 문안을 이렇게 바꿔야 한다, 그랬더니 노동위원회에 들어가서 청원서 제출하라고 하더라고요.

▶ 1984년 이후에 인천에서도 사업장 투쟁들이 조금씩 생겨나거든요. 그리고 1985년 대우자동차 투쟁, 1986년에 5.3인천민주항쟁 이렇게 갑니다. 그 과정에서 박 선생도 지역에 있는 동지들하고 교류하시면서 직간접적으로 참여하셨을 것 같은데요.

박 그때는 나홀로 소송으로 이겨둔 거고요 또 아까 얘기한 대로 검찰총장 출신 변호사 전관예우를 무시하고 이겼다는 것은 어쨌든 여러 사람한테 호감 가는 주제였을 것 같고요 그래서 만나는 사람들이 주로 해고자들이나 이런 경우였죠 이후에 변호사 사무실에서 노동 상담을 몇 년간 했어요 거기서는 해고 그리고 특히 산재 부분에 대해서는 거의 이게 뭐 젬병 수준이었습니다.

서울에서 노동 상담 활동

▶ 본격적으로 노동 상담을 하신 거는 그럼 85년부터인가요? 85년 조영래 변호사 사무실이었습니까?

박 박원순 변호사하고 친했거든요. 내가 박원순 변호사 사무실에 들락날락 하니까 이경우 변호사가 가끔씩 술을 사줬단 말이죠. 그 사람들 초짜 변호사들이었잖아요. 그냥 술 먹다가 내가 취해서 "경력 없는 변호사가 뭐라도 해 봐야 하지 않겠냐, 그런데 괜찮은 시장이 하나 있는데 그게 노동 시장이다, 그런데 해고 문제로 변호사가 밥 벌어먹겠냐, 해고는 그냥 봐주는 거고 산재 문제 이게 대단한 거다, 무지무지한 시장이다"라고 했어요. "이거 아무도 안 건드린다, 왜 전문가가 없으니까, 우리나라가 산재로 세계에서 최고라고 그러지 않냐, 산재 시장이 얼마나 넓은데 그렇게 독보적인 거 차지하면 떼돈 버는 거지"라고 한 거죠. 그 사람이 나 술 사주니까, 술값 해준다고 내가 그 말을 탁 던진 거예요. 그랬더니 그 양반이 "그러면 내가 독립할 때 박 선배님 좀 도와줄 수 있겠어요?"라고 해요.

그래서 어느 날 갑자기 문래동에 사무실 하나 얻어놨다고 가서 보러 가재요. 그거 괜찮다고, 문래동 법원 앞에 괜찮다고 했어요. 인테리어를 하는데 내가 칸막이 이런 거는 다 할 수 있는데 그걸 돈 들여서 하냐고, 그거 내가 해주겠다고 그랬죠. 그래서 그거 해줬어요. 그랬더니 또 을지로에 가서 집기를 사자고 하잖아요. 그러면 변호사 책상은 좀 멋있고 커야 하잖아요? 그다음에 사무장이 있어야 하잖아요. 그다음에 타이피스트도 필요하고요. 지금은 컴퓨터 하지만 그때 변호사는 열심히 육필로 쓰고 타이피스트가 그걸 작성하던 때잖아요. 그래서 타이피스트가 있어야 했어요. 사무장 책상 하나, 변호사 책상 하나, 타이피스트 책상 하나로 충분한데 왜 더 사려고 하냐며 절약하라고 내가 그랬거든요. 그랬더니 "아니, 선배님도 거기 자리에 있어야 하지"라고 해요. 그래서 운명적으로 변호사 사무실 책상에 앉아서 상담하는 직업이 됐죠. 그런데 그때도 소송은 이겼더라도 다른 회사에서 급여를 받으면 이중 취업이었어요.

그래서 거기서도 이름은 가명으로 박종일이었어요. 박종만 택시 기사 분신한 분과 전태일 일자로 박종일이란 이름으로 했는데, 얘기한 대로 노동자들이 의외로 법률 상담할 공간이 적었어요. 김상철 변호사 사무실에 상담 공간이 하나 있었는데 김정환 씨가 죽고 나서는 거기를 안 썼어요. 그다음에 조영래 변호사 사무실에서 박석운이 노동 상담을 했어요. 그다음에 이상수 변호사 사무실에서 노동 상담을 했어요. 그래서 이상수, 조영래 사무실만 노동법률 상담자가 있었고, 이경우 변호사 사무실에 내가 있었던 것이죠. 변호사들이 더 이상 노동 상담실을 확대하지 않고, 학생운동권이 현장 갔다 나와서 노동 상담소를 굉장히 많이 만들었어요. 한때 그것도 유행했던 거죠. 여기 이진엽 선배도 노동 상담소를 노총에서 만들고 그랬죠. 한동안 노동 상담실이 굉장히 많이 늘어나기도 했었어요.

▶ 이경우 변호사님하고는 그러면 한 3년 정도 같이 하셨나요? 그 과정에서 이제 1987년 투쟁도 보셨겠네요.

박 이경우 변호사는 우선 내가 회사에서 급여를 받기 때문에 물론 자기가 여비조로 주기는 하지만 나한테 큰 경제적 부담이 없는 거예요. 또 받아서는 안 돼요. 받으면 이중 취업이 되기 때문에 부담 없이 나도 일을 한 상황이 됐고요. 상담이라는 게 참 어려운 역할이더라고요. 왜냐하면 억울한 사람의 얘기를 듣잖아요. 그럼 억울한 사람 얘기를 내 가슴에 끌어안고 머릿속에 뱅뱅 돌아 끝날 때까지 이 고민이 있고 한 사람만 아니라 이 사람 저 사람 그러면 온통 그냥 모든 고민을 다 끌어안고 있어야 해요. 그래서 잘해서 해결이 한 건 되어 한 건 빠지면 다른 분야가 계속 들어오면서 이게 굉장히 머릿속에 복잡한 직업이더라고요. 한참 하다 보니까 '이게 힘들구나, 만만한 게 아니다'라고 생각했죠. 상담이 그랬는데, 그때 하종강이 일꾼교회, 산선 들락날락해서 알고 지냈어요. 이 친구가 황영환 선생 따라서 조승혁 목사가 하던 기독교사회문제연구소에 있었는데, 기사연에 있다가 잘렸대요.

그래서 날 찾아오더니 취직을 부탁했어요. 그때 김영삼 때 민주당에서 노동 담당 전문위원을 뽑겠다고 했어요. 그때만 해도 내가 연맹이나 간부들하고 연줄이 쫙 됐잖아요. 민주당 전문위원 한 사람이 연락이 왔어요. 당신 아는 사람 중에 만만한 사람 추천하라고 그랬는데, 하종강이 왔길래 거기다 딱 소개했어요. 면접을 봤어요. 그거 끝나고 영등포에 나와 다방에 들어가서 어떠냐고 물었더니, 하종강이 "글쎄, 마음이 좀 그런데요"라고 해요. 그래서 "전문위원은 정당 가입하지 않고 일하니까 월급쟁이요. 괜찮아요." 그랬더니 딱 하는 소리가 "아, 뭐 형님 같은 그런 자리 없어요?" 그래요. 그래서 하종강을 오라고 해서 거기다 집어넣고, 이경우 변호사한테 연결해 주고 저는 빠져나왔죠. 하종강이 들어가서 끝까지 쫙 버텨서 상담 활동을 하는 쪽으로 남았고, 이후에 직업병 사건들이 터지면서 원진레이온 사건으로 대단히 유명해졌죠.

▶ 말씀이 나온 김에 노동과 건강연구회 설립까지 얘기를 좀 해주시죠.

박 그때만 해도 산재는 고공에서 추락해서, 또는 프레스에서 절단되거나 탄광에서 진폐 문제 이런 정도였어요. 직업병 영역이 구체적으로 부각되지 않은 때였죠. 그때 직업병의 심각성, 화학약품 등 화학물질 이런 게 대두되면서 그런 것을 정확히 분석하고 따질 수 있는 의료 쪽이 앞장섰어요. 그다음에 법률적으로 완성하려면 박석운 같은 사람들 그리고 내가 노동계, 그렇게 준비해서 양길승이라는 분하고 내가 공동대표가 된 거예요.

▶ 창립이 1980년대 말이죠?

박 1987년, 산재 부분에 올인을 했죠. 해고됐을 때 나는 산재보다는 해고가
노동문제 중에 가장 큰 문제라고 생각했어요. 내가 당했으니까, 부당노
동행위 이런 게 큰 거라고 봤죠. 그런데 실제 상담을 하다 보니 그것보다
더 큰 게 이쪽 산업재해예요. 이게 더 뻥 뚫려 있고 여기에 아무런
대책이 없었어요. 산업재해는 함부로 건드리지도 않던 시절이에요.
그래서 직업병 문제가 나오고, 내가 직접 상담하다 보니 굉장히 진짜
뚫려 있는 분야였어요. 그래서 집중적으로 관심을 가지면서 '노동과건
강연구회'가 결성될 때 참여하고 공동대표 하면서 우선 저는 "의료계
쪽 전문가는 아니고 또 그렇다고 법률적으로도 그냥 내 것만 알 뿐
다른 건 내가 자신을 못하고 다만 현장에서 산재 부분에 대한 의식이
제대로 돼야 하고 조직 차원에서의 산업안전 보건이 단체 협상으로
확보되어야 된다" 그러면서 내가 선택한 건 전국의 노동조합에 산업안
전부서를 만들게 하고 산업안전부장들을 불러 '노동과건강연구회'에서
집단으로 2박 3일 교육시키는 것이었어요. 다시 현장으로 가서 전국을
돌면서 산재 예방 강연, 산업안전 강연, 그렇게 해서 분위기를 잡았죠.

▶ 선생, 해고 투쟁과 그 이후 법률을 활용한 활동에 대해서 말씀하셨는데요.
다시 좀 중반으로 돌아가서 인천에 노동운동이 본격화되는 1986년, 1987년
그리고 복직하게 되는 과정, 이런 부분들로 다시 정리를 해 볼까 합니다.
왜냐하면 박 선생의 투쟁은 개별 노동자들의 아픔을 해결하고 산재 문제나
이런 과정까지 나가는데, 사실 1987년에 인천 지역은 노동자대투쟁으로 분위기
가 뜨겁거든요. 1986년 5.3인천민주항쟁도 그랬고요. 그래서 그 시점에 복직
투쟁도 계속하셨단 말입니다. 우선 이렇게 한번 접근을 해보겠습니다.

1985년, 1986년을 지나면서 한국노협 활동 과정에서 지역의 노동자들을 만나게 됩니다. 1970년대 노동자들 선배들도 있었고 80년대에 투쟁하다가 해고되는 사람들 그러니까 대표적으로 이제 유순조 씨나 김명종 선배 같은 경우들도 이때 만났을 거 아니에요. 그리고 5.3인천민주항쟁 과정에도 참여하셨단 말입니다. 그때 상황은 좀 어땠습니까?

박 우선 거꾸로 돌아가서 5.3 때는 노동자복지협의회에서 노동법 개정 운동에 참여하는 상황에서 비공개된 장소에 합숙 비슷하게 하면서 작업을 했어요. 나한테 던져진 역할은 개정안 문안 작성이었고, 그래서 거의 합숙 비슷하게 작업을 했어요. 그러는 과정에서 5.3을 봤고요. 그런데 그 이전까지 우리가 본 노동운동은 남성 사업장의 투쟁이 별로 없었어요. 그냥 뭐 말하는 게 사북 광산 노동자들, 다음에 대구 쪽 택시 노동자들의 투쟁, 그냥 순간적으로 했던 이런 거였고 그게 무슨 체계적인 조직 투쟁은 아니었죠. 그래서 나같이 전술을 집중적으로 연구하거나 분석할 상황이 아닌 입장에서는 대략적으로 남성 사업장에서 이건 안 되는가보다, 투쟁이 좀 치열하지 못한가 보다, 이렇게 선입관을 갖고 있었어요. 그런데 그것이 가능하다고 본 게 85년도 대우자동차였거든요.

그때 지금 영아다방 그쪽에, 세월천이라는 데가 거기에 복개 안 했을 때예요. 그리고 거기에 기술연구소라고 서문 쪽에 거기에 있었을 때 거기서 점거 농성하는데 이쪽에서 한 블록 쭉 와서 영아다방 그쪽에 대우자동차까지는 그냥 개울이에요. 개천 양쪽으로 차 하나 왔다 갔다 하고 동양철관 쪽 가면 북쪽으로 올라가고 겨우 뚝방으로 이제 차 하나 왔다 갔다 할 정도였어요. 그래서 서문 앞에서는 안 되잖아요. 경찰들 있고 페퍼포그 있어요. 그러니까 거기까지 못 가고 영아다방 앞에서 사람들이 북치고 막 거기서 응원하고 그랬거든요. 그럴 때 한노협이 노동자 조직으로는 거의 유일했을 테니까, 계훈제 선생을 비롯해 전국적인 유명 인사들이 거기에 합류했거든요. 낮에 쭉 모이고 그러면 저쪽에서 막 페퍼포그를 쏴요. 그러면 푸른치과 자리에 구멍가게 있었거든요, 구멍가게로 들어가면 막 얼굴이 최루가스 때문에 따갑잖아요. 거기 들어가면 마당이 넓은데 빨랫줄에 수건이 쫙 걸려 있고 세숫대야가 한 이십 개가 쭉 있어요. 세숫대야 물 담아서 가게 주인이 그러려니 하고 거기다 씻죠. 물어보지도 않고 저기 얼굴 씻고 가라고 하길래 미안해서 내가 물어봤어요. "아, 이렇게 이거 하루 이틀도 아니고 계속하는데 이렇게 물도 떠다 주고 뭐 수건도 이렇게 놓는데, 아이고, 굉장히 불편을 끼쳐 드려서 죄송합니다" 그랬더니 그 가게 주인이 "아니, 괜찮아. 그거 해야 해" 그래서 "왜요?" 그랬더니, "쟤들이 봉급이 올라야 우리 집 가게가 잘 돼" 그러는 거예요. 그래서 조금 더 물어봤거든요. "봉급 올라가면 우리 가게가 한 두세 배 매상이 올라가고, 봉급 인상이 안 되면 매출이 그냥 반으로 뚝 떨어져요. 해야 해, 저거" 그런 게 또 하나의 이론이에요, 체험적 이론요. 노동자 봉급 올리면 쟤들만 먹고사는 게 아니라 여기 있는 사람들도 같이 먹고 사는 거라는 말이죠. 그게 노동자의 임금 체계라는 거죠. 거기서 가능성을 보는 거죠.

▶ 백마교회 앞이었죠?

박 그렇죠. 백마교회는 이쪽이고 그러니까 거기에서 사람들 모이기도 좋고 그래서 페퍼포그가 몇 번 쏘고 나서 여기서 소리 빽빽 지르면 저쪽에서 듣겠지. 그러면서 남성 사업장으로 완전히 운동의 주도권이 넘어오잖아요, 주변의 변화된 상황에 따라서요.

▶ 그 시점에 코리아스파이서에서 투쟁해야겠다고 생각하셨어요?

박 엄두가 안 났죠. 내가 코리아스파이서 반드시 돌아가면 어쨌든 한노협에서 만났던 이러저러한 사람들이 있잖아요? 그 사람들이 싸워왔던 거, 특히 산업안전 이런 거를 집행부를 찾아서 생각했던 것들을 전개하고 싶다, 이런 생각으로 반드시 저는 돌아간다고 생각했어요. 그러니까 거기서 눈에 벗어나 복직에 지장이 된다고 하면 내가 되게 몸을 사렸죠 그리고 주변에서도 또 그걸 인정했고 반드시 저는 돌아갈 걸로 인정을 해줬고요.

7, 8월 투쟁, 파업 현장으로

▶ 파업과 선생이 회사로 들어가게 되는 그 투쟁 과정을 얘기해주세요.

박 그래서 7월이었나요. 코리아스파이서 1987년 8월 12일부터 시작해서 21일간 했으니까 굉장히 길게 했어요. 그리고 물론 다른 회사하고는 내가 비교할 수가 없어요. 다른 데 잘 모르지만 내가 봐도 그때 당시에 코리아스파이서의 투쟁은 되게 모범적이고 체계적이고, 맞아요. 아주 잘했던 거예요.

▶ 나중에 모범 사례로 나옵니다. 근데 자발적인 투쟁으로 시작됐나요?

박 사전 준비 작업은 비밀리에 했죠. 핵심들이 있었는데 그건 대개 아까 얘기한 지오세(JOC: 가톨릭노동청년회) 팀들이 전부 밖으로 빠져나갔잖아요. 빠져나간 게 오히려 활동이 넓어진 거죠. 현장에 있는 보이지 않는 인맥들하고 분위기를 타고, 조합원 대의원 중에는 다 뭐 어쩌고저쩌고 그래도 이건 아니라고 생각하는 대의원들이 요번에 1987년도 분위기가 쭉 울산에서 올라오면서 이럴 때 '어용은 퇴출시켜야 한다'였어요.

▶ 1983년 이후에 노동조합은 거의 완전히 어용화됐다고 보는 거죠?

박 코리아스파이서가 어용노조가 아니었으면 그 투쟁도 없었어요. 어용노조 퇴출이 주된 원인이었고 거기에 덧붙여서 21일간 파업하면서 상당 부분 노동조건을 향상시키는 데도 기여했고요. 그래서 87년 투쟁은 조합원 스스로들도 잘했다, 성공했다고 스스로도 자부심을 가질 수 있는 거였죠.

▶ 집이 회사 근처였지 않습니까? 파업이 일어나는 소식을 듣고 회사로 들어가셨나요?

박 이제 준비는 조금 돼 있었고 분위기는 조짐이 오잖아요? 그런데 연락이 왔죠. "오늘 저녁에 파업 선언을 할 거다. 8월 11일에 조합원 총회를 할 거다, 내일 아침에" 이런 거였어요. 여기 참여해야 한다는 거였죠. 그때 변호사 사무실에 어디 현장 검증이 하나 있어서 다녀왔어요. 지방에 갔다 와서 부랴부랴 참여했죠. 근데 이걸 기획하는 세력으로 쪽수가 안 되는 거예요. 이게 안 되니까 현 집행부에 반대하는 쪽, 지난번 선거에 떨어졌던 그룹이 하나 있었어요. 부평 토착 세력을 끌어들여서 고참 비슷한 세력들하고 이렇게 해서, 사전에 충분한 논의 속에서 결합한 게 아니라 기획력이나 판단은 이쪽에 있고 조직력은 그쪽에 있는 거예요. 그러니까 어쩔 수 없이 결합했는데 비대위가 구성됐어요. 비대위가 구성되는데 저는 내가 조합원이라고 해도, 조합원이 아니라는 말도 하지 못하고 맞다고도 안 했어요.

▶ 외부 세력이라고 몰아내지는 못했죠.

박 조합비 낸다는 건 이미 다 알고 있죠. 그리고 소송도 했고요. 그리고 인정해 준 게 뭐냐면 내가 해고되고 난 뒤에 지오세를 굉장히 탄압했거든요. 1년 내내 탄압했어요. 근데 지방법원에서 임금 가집행권을 받았단 말이에요. 회사는 물론 항소했지만, 가집행권은 돈을 받을 수 있다는 거 아니에요? 회사 가서 나도 한 일 년 동안 돈 없었는데 퇴직금 받아서 홀라당 까먹었죠. 우리 마누라는 그때 보따리 장수했거든요. 보따리 행상했어요. 그때만 해도 양말 이런 거 사서 거지 같이 동네 한 몇 년 살았다고요. 아는 아줌마들, 이런 사람들 쫓아다니면서 보따리 풀어 놓고 장사하고요. 그것도 하다가 보험회사 수금원 하면서 엄청나게 돌아다녔지요, 걸어서요. 버스비 아까워서 차도 못 타고, 그렇게 고생하던 시절이니까 뭐 어쩔 방법 없지요. 퇴직금도 받았잖아요. 그리고 나중에 삼수갑산을 갈지언정 임금 가집행권이 떨어졌거든요. 그동안 안 받은 거 있잖아요? 임금 달라고 회사 가니까 회사가 그때만 해도 둔해요. 법률적으로 확정판결이 난 줄은 알았는데 임금 달라니까, 총무부장이 그러는 거예요. 총무부장이 그 재판 증인으로 나와서 한참 싸웠거든요. 그 총무부장이라는 게 회사의 대변인이니까 나하고 거의 대립하잖아요. 증인 나왔을 때도 나한테 되게 혼났거든요. 판사 앞에서요. 총무부장한테 "당신네 변호사에게 물어봐라, 가집행이 뭔지를 알고 이거 주라는 얘기요. 확정판결하고 관계없어, 강제집행법으로 미리 가서 얘기했는데 그거 보여주지 않고 봉급 주라고" 그러고 나서 딱 나오면서 "조 부장 내일 당장 나한테 후회스럽다고 말하지 마"라고 했어요.

그다음 날 강제집행명령 다 받아놓고 갔거든요. 들어가서 딱지 붙였어요. 집달리가 물건 차압할 거라고 법원에서 판결받아 왔잖아요. 그러면서 어디 어디다 붙일까요? A4 용지에 빨갛게 해서 "그거 어디다 붙일까요?" 그건 나보고 지정하라는 거죠. 그래서 "저 공장 가서 기계에다 붙여야지" 그랬더니 "그러면 기계 못 써요"라고 해요. 그사이 알았나 봐요. 기계에다 붙이면, 기계 작동이 중단되면 라인이 끊어지잖아요. 그러더니 진짜 바지까지는 아니고 팔목을 잡으면서 "아유, 이거 이러면 안 되지"라고 해요. 그래서 내가 "어제 얘기했어. 멀지도 않아. 어제 얘기했잖냐고, 후회하지 말라고, 저는 뭐 모가지가 아니고, 당신 모가지 날아가는 거야. 나도 모가지 날아간 사람이잖아. 당신 모가지 날아가든 말든 무슨 상관이야?" 그러는데 진짜 통사정하고 막 눈물을 보이는 거예요. 그래서 그때 또 마음이 여려지더라고요. 내가 "봐주겠어" 하면서 어디다 갖다 붙였냐면 제품 쌓아놓은 데요, 그거는 관계없잖아요? 야적을 해놓은 데 말이에요. 공장 현장으로 내가 들어갔는데, 야적장은 저 바깥에 있거든. 조합원들이 다 들여다보잖아요. 뭐냐고 뭐냐? "공장 차압 딱지 붙이러 왔다"고 했죠.

▶ 이겼다는 걸 공식적으로 확인했군요.

박 이 소문이 다 났죠. 빚쟁이가 차압 딱지 붙인다는 소문 들었지만 어디 공돌이가 회사에 차압 딱지를 제품 창고에다 붙였다고요. 그래서 지오세 탄압했던 거를 저는 그런 식으로 갚았어요. 내가 회사에 강제 차압을 한 번 해본 사람이죠.

　　1987년도에 돌아왔을 때 그러그러한 것들이 저 새끼는 되게 강경하 다는 이미지가 조합원들에게 먹혀들었고, 그러면서 해고자로 조합장이 출마해서 복직하려고 했던 거는 실패했죠. 온통 그때는 그냥 머릿속에 복직이었기 때문에 현장에 다른 데 듣고 상담해서, 이를테면 대우차의 송경평이 와서 투쟁을 어떻게 하느냐, 그래요. "유인물을 써서 뿌려요" 그랬더니 "유인물을 어떻게 쓰는데요?" 그래서 "그럼 가져와 봐" 이런 거는 하지만 경험도 나한테는 없고 전략을 어떻게 세우고 어쩌고저쩌고 내가 그거를 풀어가는 역량은 없었고 그런데 어떻든 해고자가 양산되면 서 만남의 폭은 굉장히 넓어졌죠.

▶ 파업 현장에서 조합원들하고 같이 이제 한 20일가량 거기서 숙식을 했잖아요?

박 제가 뭘 맡았냐 하면, 들어가니까 임시집행부 교섭단이 꾸려진 거예요. 걔들끼리 나를 빼야죠. 고의적으로 빼잖아요? 그러니까 이쪽에 이교일 등도 집어넣고 싶었는데요. 불필요한 걸로 마찰을 일으키지 말고, 한 번 하고 조금 기회를 보자 이런 생각이었죠. 그다음에 걔네들이 교섭 들어가면 여기는 내 세상이었어요. 제가 뭐 했냐면 교육, 맨 날 앉아서 팔뚝질, 그런데 이거 안 해봤던 사람들이에요. 파업을 안 해봤던 사람들 이에요. 그래서 "노동가요를 해야 해"라고 하면, "야, 야, 그거 하지 마. 빨갱이 노래야" 이래요. 그래서 매직으로 창고 문에다 쭉 써서 떡 걸어놓고 이거 하면 "아, 그거 하지 마. 빨갱이 노래야" 그러면서 안 하려고 해요. 그래서 내가 교육 담당인데 '아, 이거 안 되겠다' 그래서 그때 뭐 불렀는

줄 알아요? <향토예비군가> 불렀어요. 그게 투쟁가였다니까요. 공장 밖을 빙빙 돌면서 그 노래를 부르고 다녔다니까요. 얼마나 수준이 낮았냐고요? <향토예비군가>를 투쟁가로 부를 정도였어요.

▶ 〈늙은 노동자의 노래〉도 불렀을 텐데요?

박 그래서 <늙은 노동자의 노래>를 처음 한 거예요 근데 어떻게 했냐면 <늙은 노동자의 노래>를 투쟁가로 부르면 안 되겠다고 해서 이렇게 구슬프게…. 8월에 얼마나 지루해요? 그러니까 이거 하는 것도 지루하니까 그냥 가만히 앉혀놓고 차광막을 쫙 걸었어요. 제일 편한 방법이 단상 만들어 마이크 잡고 내가 떠드는 거죠. 조합원은 가만히 앉아 듣는 거니까 효과는 있어요. '매일 뭘 하지, 뭘 해야 하지?', 내가 무슨 전문적인 강사도 아니니까요 그래서 노동가도 몇 번 시도하다가 실패했거든요 그래서 내가 어느 날 "내가 노래 한마디 할까?" 하니까 하여튼 뭐 그냥 노래하면 또 손뼉 치잖아요? 그래서 이제 부른 게 <늙은 군인의 노래>에요. <늙은 군인의 노래>를 투쟁가로 부르지 않고 청승맞게 부른 거예요. 구성지게 부르니까 박수를 하잖아요? '어디서 듣기도 했는데 이런 생각이 드냐?' 해서 제가 딱 바꿔서 여기다가 이 '군인'에다가 '노동자'를 딱 바꿔봤어요 그러면 내용이 우리 신세랑 똑같아요 그래서 나 태어나 군인이 아니라 노동자로요, 그것도 굉장히 구성지게 불러서 "괜찮지, 이 노래? 그럼 따라 해요" 그리고 저기 매직으로 쓴 거 깔아서 딱 놓고, 그거 외워가면서 한 줄 한 줄 쭉 가르쳐요. 그래서 어느 정도 익히고 난 다음에 "그렇게 하지 말고 힘이 없으니까 예비군 군가 부르듯이 힘차게, 악센트가 있어야 해요. 그리고 이제 다음 날 아침부터 뛸 때는 예비군 군가 하지 말고 이걸로, 이렇게 하면 돼요."

▶ 공단에서 가두 행진을 매일 하셨죠?

박 중간쯤에 분위기가 딱 뜨면서, 그런 정도 분위기도 쭉 올라오면서 교섭이 안 되니까 아침에 농성하고 공장 뱅뱅 돌다가 "더 나가" 그러면서 지게차를 앞에 세우고 지게차는 현수막 달고 그리고 갈산동 도로로 쭉 나가요. 그렇게 돌다가 좀 더 나가면 갈산역 태연물산 있었잖아요? 그렇게 해서 쭉 수도국 돌아서 이렇게 들어와요. 그렇게 막 돌아서 지게차 끌고 돌아다니는 거예요.

▶ 맞아요. 그런데 그게 4공단의 분위기를 끌어올린 거죠.

박 경찰도 이거 참 분위기가 뜨는데 이걸 막을 방법이 없잖아요? 근데 회사는 뭐 못 들어주겠다는 거죠. 그래서 하여튼 굉장히 성공적이었고 나도 들어가서 교육 역할을 했으니까, 교섭은 교섭이고 비대위 멤버들은 교섭에 전반적인 신경을 써야 하고 이렇게 시간 땜빵을 해주는 거는 박남수 저거 미운 놈이지만 방법이 없는 거예요. 저한테 맡겨서 그렇게 땜빵을 시키는 걸로 하고 그러다 보니까 자연스럽게 저는 그 이쪽 역할을 맡은 거고요.

▶ 마무리하면서 위원장 선거를 하시게 됐다고 그랬는데요?

박 어떻게 했냐면 그 당시에 아까도 얘기했지만, 어용노조 퇴출이 주목적이었고 임금 인상이나 근로, 노동조건을 향상시키는 건 부수적이지만 사실, 이걸 앞에 세우고 결과적으로 어용노조를 같이 퇴출해야 하거든요. 그래서 단체협약에도 "현 집행부 인정하지 않는다. 새 집행부 인정한다" 그렇게 했어요. 투쟁 현장에 집행부가 밀려나고 출입하지 못하게 했으니까요. 결국은 투쟁이 끝나는 날 타협하면서 사표를 받고, 당연히 비대위 체제니까 정식으로 집행부를 출범시키기 위해서 9월 25일쯤인데 선거를 하고 출마했죠.

▶ 좀 아쉬웠겠습니다.

박 큰 기대는 할 수가 없죠. 그런데 되면 새로운 상황이 전개되고 굉장히 마무리가 멋지죠.

▶ 해고자 상태인데요.

박 그건 또 그런 사례가 없잖아요? 그때 조합원이 조금만 틀어줬으면 해고 살이 안 해도 되는데, 몇 년 더 있으라고요. 그래서 그다음에 다시 경실련 운동으로….

시민운동으로 산업안전 문제를 제기하다

▶ 현장으로의 복귀는 실패하고 그래서 모색한 게 경실련 활동이군요.

박 제가 조금 아쉬웠다고 스스로 판단한 것이 '노동운동이 일반 시민하고 결합해야 한다, 지지 받아야 된다, 대우차 85년도 투쟁 때 구멍가게 주인도 이걸 지지하더라'였어요. 그래서 노동자들의 투쟁이 단지 노동자들의 삶에만 기여하는 것이 아니라 시장 경제에 상당 부분 기여하고 있는 걸 인식해서 시민운동과 연대하거나 아니면 최소한도 호응은 받고 인정 수준까지 가야 하지 않냐는 차원에서 경실련이 유명한 사람 다 끌어왔거든요. 그때 노동계가 한 명도 없었어요. 노동계가 한 명도 없었던 이유는 그때 이념적인 게 치열하게 막 뜨는데 경실련이 개량주의로 평가받았거든요. 출발점부터 개량주의로 평가받아서 하다못해 한국노총도 좀 주춤주춤할 때인데 제안을 받았죠. 그래서 나도 가기가 별로인데, 노동계가 한 명이었고 "시민운동에서 내 역할이 뭐냐?" 그러니까 "노동계하고 가교 역할을 하라"고 해요. 그러면 "노동운동에 대한 시민운동의 결합이 가능하냐?"고 했더니 "그건 당신이 들어와서 하는 역할에 따라서 그게 얼마든지 그 활동 공간이 확대되지 않겠냐?"고 했어요. 그래서 중앙상임집행위원 노동분과 위원장으로 들어갔고, 상근으로 갔죠.

　　종로에 상근으로 들어가면서 한 게 산재는 이미 노동과 건강연구회 박석운 이런 사람이 있고, 이쪽에서는 노동경제 부분에서는, 그러니까 노조 간부가 "최소한 회사의 재무제표 정도는 들여다볼 줄 알아야지 분석을 할 거 아니냐? 매일 노총에서 써주는 거 베껴서 이러니저러니 말발이 안 서더라"는 거였죠. 적자가 났다면 진짜 적자가 난 건지 분석할 능력이 노동자 간부에게 있어야죠. 경실련에는 회계사들도 있고 전문가들이 많았거든요. 전부 강사를 공짜로 쓸 수 있는 거예요.

그래서 노동경제학교 학생을 전국에서 모집했어요. 엄청 인기 많아서 보통 한 30명 정도로 취지문 만들어서 쭉 발송했는데 굉장히 호응이 좋았어요. 그리고 또 전문가들도 노동자한테 그런 교육 시켜본 게 없었거든요. 교제도 만들고 열성적으로 해주고, 경실련이 개량주의이긴 한데 그때 이슈는 굉장히 빨리 갔어요. 당시에 토지공개념을 주장했고 또 공정과세, 이것도 주장했거든요. 그중 공정과세는 노동자들이 세금을 따박따박 빈틈없이 내야 하고, 그래서 그렇게 세금 잘 내는 노동자도 목소리를 내야 할 거 아니에요?

그래서 "공정과세 촉구 노동자 전국대회를 하자. 우리가 세금 잘 내는 사람이니까 우리 세금도 우리가 알아서 따지고 들어야 한다"라고 하려면 "공정과세가 도대체 뭔지 알아야 할 거 아니냐"라고 해서 "교육 먼저 한다"고 하면서 전국 순회 집회를 하겠다 했어요. 한국노총, 전노협 양쪽 다 동원하고, 인천에서 하고 나서 부천까지 갔어요. 이건 성공할 것 같다고 생각해서 전국을 한 번 휘돌고 구로공단 운동장에서 전국대회를 마지막으로 터트린다고 했던 거죠. 이렇게 계획을 짜서 집행위원회에서 승인받고 시작한 게 인천이에요. 인천이 제일 만만하잖아요? 인천 양쪽 본부하고도 다 합의해서 부평 깡시장 신협 건물이 있어요. 옛날에 부평4동 성당에서 많이 했는데 건너편에 신협 강당을 잘 빌려줘서 거기서 하고 '노찾사'는 아니지만 비슷한 그룹들 데려다 노래도 시키고 했죠. 구로공단에서는 간부 교육, 집회는 아니고 노조 간부들만 불러다 한번 하고 그다음에 부천에서 경원세기 장진수 위원장, 여기 쫙 동원해서 부천서도 하고요. 그리고 안양 이렇게 내려가는데 회사에서 만나자고 전화가 와서 "왜 그래요?" 그랬더니 "저녁이나 먹으려고요" 해요. 그 원수 같은 부장이 이사가 되어 부평의 고급 중국 식당으로 오라더라고요. 그래서 갔더니 "그동안 고생 많이 하셨는데 이제 출근하시죠?" 하는 거예요.

▶ 대법 판결까지 나온 시점이었죠?

박 대법에서 1985년 끝났고, 1991년도 됐어요. 내가 그때 손해배상 청구 소송이 있었는데 올려준 봉급을 안 주는 거예요. 1982년도 기준으로 봉급만 주는 거예요. 그거 왜냐하면 판결문에 그렇게 나와 있으니까요. 그런데 "아니잖냐? 올려준 봉급 달라" 그래서 재판을 한 거예요. 1987년도에 이미 판결문에 "하루에 1만 2천 원만 주라"고 했으니까요.

▶ 그걸 이렇게 화면이 있으니까 한번 들어봐 주시겠어요.

박 그 판례 지금도 검색하면 나와요. 왜냐하면 대법원 판례거든요. 그리고 중요한 게 원고의 변호사 이름이 없잖아요? 소송 대리인 없이 본인 소송으로 이 판례에 남겼다는 것도 거의 최초예요. 우리나라 대법원 판례상 지금도 이거는 몇십 년이 지났는데도 인터넷 검색하면 그냥 떠요. 그때 물론 논리 이런 거는 이경우 변호사 이런 사람들이 해주고 했죠. 어떻든 그 사람들은 다 뒤에 있고 나만 붕 떴으니까 "노동자가 변호사도 없이 대법원 판례를 남겼다" 이런 거였어요. 아주 획기적이었죠. 언제까지는 얼마, 그러면 그 나머지를 또다시 청구해야 해요. 딱 끝났으니 돈을 받았어요. 그리고 이때는 돈 빨리 받아 가라고 통지가 왔더라고요.

그런데 한 번은 월급 받으러 본사로 가는데 총무부장이 앉아 있더라고요. 무슨 안기부에 있다가 거기 취업했다는 거예요. 그러니까 이게 버릇이 있나 봐요. 내가 일도 안 하고 현장 못 오게 하고 종로에 있는 본사로 봉급날 가면 그냥 사인하고 차 한 잔 먹고 받고 나오고 그랬는데, 한 번은 차 한 잔 마셨더니, 총무부장이 "나도 커피 한 잔 가져와" 그러면서 내 앞에 앉더라고요. 그러면서 "당신 말이야 양심의 가책도 안 느껴?" 이래요. 이 새끼 무슨 뚱딴지같은 소리야 그러면서 "무슨 소리 하는 거야?" 그랬더니 "아니 일도 안 하고 맨날 월급만 재깍재깍

받아 가며 지금 몇 년째 이러는 거야?" 그래요 그래서 내가 "나 일하겠다고 그러는데 회사가 내 일자리를 안 주잖아? 그래서 몇 년 동안 이러고 있는 거지. 내가 일을 안 하겠대? 회사가 나를 일을 안 시킨 거지. 당신들은 나를 일 시킬 권리가 있어요. 저는 할 의무가 있고, 그럼 난 의무 제공을 얘기했어요. 당신들은 권리를 행사하지 않을 뿐이야. 그리고 당신은 나를 일 시킬 권리가 있지만 임금을 줄 의무가 있는 거야 봉급 받는 거는 나의 권리야 당신은 줄 의무가 있는 거고, 당신이 권리 행사하지 않는 걸 왜 나한테 따져? 법률적으로 잘 모르시나? 잘 모르시면 변호사한테 물어보셔서 말씀하셔!" 그랬거든요.

그리고 일어나면서 "나 다음 달부터 내 봉급 받으러 안 와. 봉급 받으러 오기도 하지만, 그러나 봉급 받으러 오지 않고 압류 붙일 수 있는 권한이 있어요 내 채권에 관해서는 당신들이 주어서 받아 가지만 그거 수령 거부하고 압류를 붙일 수 있어요. 혹시 전임 사장들한테 얘기 안 들어봤어? 박남수 딱지 붙였다는 얘기 말이오. 당신 책상에 내가 딱 붙일 거야. 내가 딱지 붙여놓고 당신이 한 달간 여기 회사에 다닐 수 있나 볼까?" 그렇게 한번 말하고 그냥 문을 탁 닫고 엘리베이터 타고 왔거든요. 그랬더니 그다음 날 저녁에 전화가 왔어요. 부평에 부장 하나가 있어요 부평 토박인데, 이놈이 전화가 온 거예요 나보다 한 살 적었어요. 나보고 형이라 불러요. "아, 왜 그리 화를 내고 가?" 그래서 "아 그 새끼가 웃기는 놈 아니야? 이제 안 갈 거야. 거기 딱지 붙일 거야" 그랬더니, "회사 오기 싫으면 그냥 계좌번호 불러줘. 요즘 봉급을 전부 계좌로 넣어 집으로 보낸대" 그러길래 저는 그때 이미 계좌로 봉급 받았어요. 그런 적이 있었어요.

현장으로 복귀하다. 노조 위원장 그리고 지방선거

▶ 복직하고 곧바로 지방선거에 참여하시나요?

박 1992년도에 노조 위원장 해서 1995년도 3월에 임기를 마쳤죠. 3년 임기를 끝내면서 어쨌든 만 15년이 되니까 이래저래 동력도 더 안 나오고 지쳐 있고, 회사에서 3년 동안 단체협약 두 번 했죠 임금에서 매년 세 번 했죠. 거기다 또 특이하게 산업안전보건 협약을 맺었어요. 그것도 우리나라에 최초로 맺는 거예요. 내가 그거 출신이니까 해야죠. 회사는 생전 처음 듣고, 듣던 못한 협약 만들자고 덤비니까 그거 만들었죠, 뭐 분기마다 노사 협의했죠.

▶ 현장에서 노조 위원장 하시는 3년간은 좀 어땠습니까?

박 그런 거로 몰두하다가 이제 산별 노조 분위기가 뜨잖아요? 산별 노조 분위기 뜨는데 저는 금속 노조도 이게 너무 많아요. 하다못해 무슨 삼익악기도 금속인가 아마 그랬을 거예요. (맞습니다) 그리고 어떤 경우에는 화학인데 화학 쪽으로 가야 하는데, 거기서 안 받아주면 금속 갖다 집어넣으면 금속으로 해서 금속연맹으로 들어가고 이건 업종이 좀 왔다 갔다 하고 그랬어요. 금속도 지금은 엄밀하게 하면 자동차라든가 등등 여러 갈래라고요. 그래서 자동차 분야는 단체협약을 연맹 차원에서 하기는 어렵고 해서 자동차 산업 노련을 만들려고 쌍용의 배범식 등이 제안하고, 저는 그때 부품 노조잖아요? 부품 노조 차원에서 자동차 산업노동조합 준비위원으로 활동했거든요. 그때 홍영표도 그걸 막 쫓아다니고 그랬어요. 자동차산업노련 조직 마무리해서 창립할 때쯤 저는 임기 끝났고 (1995년에) 그래서 좀 힘이 벅차고 그때 자동차는 자동차 산업대로 부품 노조가 있고 부품 노조는 또 맨날 (원청에 갑질) 당해요. 그것 구분해서 인천 자동차 부품 노동조합 협의회를 만들어 그것도 조직하고 그랬었거든요. 어떻든 마음이 상당히 지쳐 가는데 이제 1995년도에 '15년 동안 했으니까 그만해도 되지 않나' 해서 손 털고 재선거 이런 거 관계없이 딱 끊었거든요.

그래서 3월에 끝나고 현장 들어가려고 했는데 회사에서 현장 들어가 봐야 안 되니까 기술 파트 와서 뒤치다꺼리를 하래요. 그래서 어디로 갈까 왔다 갔다 하는데 그때 바로 지방선거가 있으면서 노동조합 활동할 때 내가 북구 세무 비리 사건 그때 유명했어요. 계장이 수십억을 튕겨 먹고 세금을 떼먹고 그런 세무 비리 사건, 그다음에 계양산 롯데건설 세무 비리 사건이요. 그때 노동자 위원장 출신으로 내가 운영위원에 참여하고 그랬거든요. 노동 현장에서 유일하게 거기 참여해서 같이 하고 계양산 골프장 반대도 하고 그랬거든요. 그때 지방선거가 돌아오면서 "노동자 출신도 지방의회에 참여시키면 어떻겠냐" 하는 논의들이 있었다고요. 그래서 "안 돼. 노동자 출신들은 다 빨갱이로 부르는데 그거 누가 나를 찍어준다고? 우리 동네 사람들 나를 다 빨갱이로 봐. 그러니까 안 돼" 그래서 사실은 처음에 사양했어요, 안된다고. 근데 모금을 했어요. 500만 원에서 몇만 원 빠지는 모금을 해서 가져왔더라고요.

▶ 4공단에 우리 조합원들도 적극적으로 호응을 했어요.

박 그래서 하여튼 500만 원 거의 다 된 돈을 후원하면서 하라 그래서 뭐 떨어지든 말든 후보자 역할만 하겠노라고… 성실하게 하겠다고 후보자 역할만 한 건데 되더라고요. 그게 상대방은 우리 동네 주유소 사장이었는데, 그 사람은 우리 동네 토박이고 거기 이씨 집안 쫙 깔려 있는데, 저는 뜨내기 저거 빨갱이인데 그런데 어떻게 됐지요? 그래서 구의원 두 번 했어요. 구의원 두 번 하면서 청소 비리 같은 거, 그다음에 구청장 업무추진비, 기밀비 이것도 공개해 버렸잖아요, 결산 감사해서요. 그거는 감사 대상이 아니라고 보던 시절이었어요. 그런데 "그런

법 없다고 가져와" 그렇게 해서 까발렸거든요. 기자들도 촌지 받고 그러던 것 그냥 터트려 버리고요.

특히 직장 여성을 위한 구립 어린이집을 최초로 부평구에서 예산 편성해 건립했어요. 이웃사랑 교회 송규희 목사라고, 현장 출신인데 어린이집 지어줄 테니까 맡아보라고 권하고 위탁받게 해서 이름을 '이웃사랑 어린이집'이라고 하고 운영했는데, 지금 구립 중에 부평에서 제일 좋아요.

공무원 직장협의회 그거 창설할 때 비밀 결사대 식으로 했잖아요? 그러니까 예전에 내가 거기 멤버들과 "(직장협의회) 만들자" 그래서 김정택 목사님 집에 가서 합숙시키고 훈련시키고, 그래서 모범 정관을 만들어서 구의원 둘을 지도위원으로 집어넣었어요. 구의원 두 명 지도위원인데 구청장이 이거 어떻게 건드려요? 부평구 직장협의회가 전국에서 최고였어요.

▶ 구의원 두 차례 하시고 이제 정년이 되지 않나요?

박 2002년도 그때 나이도 정년이 됐고, 회사가 팔려서 지방으로 이사가는 찰나에 그냥 뭐 아귀가 딱 맞아서요.

▶ 회사에서 정년이 57세였나 봅니다.

박 하여튼 그때 정리했어요 구의원 말년쯤에 굴포천 살리기 운동 시작해서 이제 복개천을 자연형 하천 조성 사업으로 오히려 (복개한 하천을) 뜯어내고 있잖아요?

▶ 구의원 하시면서 환경 관련해서 관심이 생긴 건가요?

박 계양산 골프장 반대 투쟁 때부터 환경 쪽으로 방향을 돌리면서 시민운동 차원에서 하면 안 되나 이랬던 거고, 그때 절망하고 있던 노현기, 민주노동당 노동운동 하다가 정치운동으로 갔잖아요? 그러다가 황 무슨 박사의 인공세포 그거 하는 거 좀 비판했다고 민주노동당에서 퇴출당하고 비판받았잖아요? 심란해하고 그럴 때 "그거 하지 말고 이제 나랑 굴포천 살리기 운동하자"고 해서 그것 다 끝나고 그다음에 계양산이 2차로 터졌어요. 2차로 터져서 골프장 반대 투쟁할 때 실무하면서 그거 다 끝나고 파주로 갔어요. 파주 가서는 환경운동으로 빠지잖아요.

친구 유순조 그리고 김말룡 선배

▶ 박 선생, 시간이 좀 많이 됐는데 1980년대 노동운동과 구체적으로 우리 사회의 민주화운동, 경실련 운동이나 노동 건강 관련 이런 부분들을 구체적으로 실현해 온 활동이 박 선생의 장점이었던 것 같습니다. 이념에 빠지지 않았고요, 마무리하는 과정에서 제가 한두 분 정도 기억나실 분을 물어보겠습니다. 기록에 남기기 위해서입니다. 비슷한 나이였을 것 같은데요. 유순조 선생은 아마 두 살 정도 어린 것 같은데요. 1980년대 중반에 이천전기 다녔고요. 풍산금속 출신 노동자예요. 그리고 이천전기 다니고 노조 민주화 투쟁 끝에 나중에 암으로 2002년 정도에 돌아가셨는데 사실 오래된 노동자 친구였지 않습니까? 추억을 좀 얘기해 주시겠습니까?

박 노동운동 동지이든 또 아닌 경우라고 하더라도 사람 간의 친밀도는 갖고 있는 인간성이 동화가 돼야지 더 가까워지잖아요? 성질 못된 놈은 아무리 이념 좋고 올바르더라도 별로죠. 그런 의미에서 유순조는 사람이 참 좋아요. 다른 사람한테는 어떻게 하는지 몰라도 저는 그 사람에게 술 한 잔 먹고 어떻게 할 때 단 한 번도 성질내는 거나 화를 내는 걸 본 적이 없어요. 물론 만난 거는 그 사람도 해고됐으니까 이제 법정 투쟁하기 위해서 만났고, 이제 성공했죠. 그래서 다시 복직했지요.

▶ 세 번 복직했어요.
박 법정 투쟁도 두 차례나 했으니까요. 그래서 이렇게 주거니 받거니 지원을 하고 그래서 그랬을 것 같기도 하지만 워낙 인간성이 신뢰를 줄 만한 성실감이 있어요. 그래서 친했어. 부담이 없어요. 사람이 이렇게 만나는 데 부담이 없고, 그렇게 특별히 고집을 피우는 것도 아니고, 다소곳하면서도 그리고 이렇게 하면 될 거야라고 하면 잘 따라와 줬어요

그리고 또 내가 뭘 한다고 그러면 또 뭘 도와주고 싶어 했어요. 예를 들면 내가 저기 집에 앉아서 "요새 조각, 목 조각을 하고 싶어" 그러면 동생이 쓰던 조각도를 갖다주고 그랬는데요. 그래서 지금도 사실 유순조가 준 조각도 내가 한두 개 기념으로 갖고 있어요. 그랬는데 해고의 충격이 있어서 그런지 하여튼 갑자기 무너지더라고요. 예, 그게 이해가 되는 게 내가 해고자인데 한 9년 만에 복직했죠. 그런데 아직도 그 해고자라는 게 머릿속에서 안 떠나는 것 같아요. 왜냐하면 꿈에 가끔 옛날 공장이 나와 그리고 환영받는 게 아니라 공장에서 맨날 왕따당하는 꿈을 꿔요. 그래서 해고라는 게 사람들한테 격리당해서, 이게 참 이렇게 나와 있었을 때 갖고 있었던 감정이 굉장히 오랫동안 가는 것 같아요. 꿈은 내가 꾸고 싶어서 꾸는 게 아니라 어느 날 갑자기 그러면, 막 그런 게 땀이 날 정도로 밤중에도 그래요. 이제 안 꾼 지 한 2~3년 됐어요.

▶ 그래요.
박 굉장히 오래 가더라고요. 그렇게 봤을 때 유순조도 하여튼 그렇게 심하게 해고되고 조합원들이 잘 결합이 안 되고 그런 것에 대한 불편함이 엄청 많았을 것 같아요. 그래서 심정적으로 아프지 않았겠나 싶어요. 그리고 결국 그것이 육체적으로 연계돼서 일찍 사망했어요. 그런 사람이고 그래서 정말 아쉬운 사람인데 말이에요.

▶ 한 분만 더 물어보겠습니다. 김말룡 선생하고 친분이 있으셨죠?

박 김말룡 선생은 해고됐을 때 당연히 가는 상담소가 명동에 있었으니까, 거기도 다 들러 봤죠. 다만 그 사람이 갖고 있는 한계가 변호사 자격이 없으니까, 자기보다는 신윤근, 실무자가 오히려 사례들을 얘기해 주고 했는데 이후에 이 양반하고 더 친해진 게 노동과건강연구회 할 때 그 양반이 자문위원을 해주고 있었어요. 자문위원 자격은 그때 월 10만 원씩 내야 했어요. 변호사들은 관계없지만 그 양반은 갑갑하잖아요? 그래도 그 양반은 꼭 따박따박 10만 원을 내주고 그러면서 국회의원하고 그다음에 산업안전법 이런 거 하고, 그럴 때 김말룡 의원의 도움을 많이 받았죠. 그리고 그런 인연 때문에 오랫동안 같이 어울렸는데, 이 양반을 계양구로 밀자는 분위기가 쫙 올라오더라고요. 저는 좀 아니었는데요. 하여튼 나도 그 토의에 참여하고 그랬는데 속으로는 '아닌데, 힘든데' 그랬어요. 차라리 '저기 부평을 쪽이면 되지' 그렇게 생각했어요. 어쨌든 여기는 그때 누군가 터 잡고 있어서 안 되고 계양구로 밀렸는데 힘들었지요. 결국은 실패하고 "괜찮아" 이러고 가셨지만, 얼마 있다가 돌아가셨어요. 그게 또 무슨 잘못된 것 같고 우리가 뭐 이렇게 잘못하게 만드는 거 아닌가 하는 죄책감이 있어요.

▶ 박 선생, 오늘 얘기를 다 이렇게 하실 수는 없겠지만 어쨌건 1975년에 코리아스파이서에서 시작해서 인천에서 노동운동을 하시면서 특히 노동조합과 관련해서는 1987년 투쟁과 위원장 재직 이런 과정에서 조합 활동의 모범을 만들어 내셨고 나홀로 법정 투쟁 이런 부분들이 오늘 좀 자세히 증언된 것 같아서 감사드립니다. 마지막으로 후배 노동자들한테 남기고 싶은 말씀이 있으면 한마디 해 주시기 바랍니다.

박 이렇게 쭉 살아온 과정이나 이론이 내가 어렸을 때 가난했던 이런 것도 있지만 그렇다 하더라도 인생을 확 뒤집어 놓은 게 노동운동에 참여하면서 지금까지도 '내가 옛날에 노동운동을 했지' 이런 생각을 갖고 있는데, 나름대로는 좀 '세상을 바꿔보자' 거기까지는 안 가도 노동자들의 상황을 좀 변화시켜 보는 계기를 만들었으면 좋겠다고 했는데, 가만히 생각해 보면 그거 별로 효과가 없지 않았나 싶어요. 아무리 해도 사람이 얼마나 많이 죽었는데, 그런 생각이 들고요. 난 그래도 살아있는데, 죽어가면서도 아, 지금 그냥 현실이 거기 있네, 그러면서 '도대체 내가 뭘 했던 거지' 이런 생각도 들어요. 그래서 '세상이 참 이렇게 바뀌는 게 힘드는 거구나' 생각하죠. 말하기 좀 뭐하긴 하지만, 삶에 대한 어떤 보람 이런 것보다는 우선 좀 실패했다는 생각이 들어서 요새는 좀 답답하다, 이런 생각이 들어요.

하지만 그건 사실은 노동자들의 잘못이 아닌 것 같아요. 의식이 부족하거나 생각도 많이 바뀌겠지만 어쨌건 투쟁을 하잖아요. 상대가 있고, 자본 권력하고 투쟁하는데 여기서 투쟁해서 싸워서 이기잖아요. 조금 이기면 상대방은 이걸 이기는 방법을 더 터득해서 다른 방법으로 치고 들어오고요. 그러면 또 이걸 이기기 위해서 또 다른 방법으로 이게 올라가는데, 이쪽의 힘이 역시 약하더라고요. 저쪽에서 치고 들어오고 반박하고 더 올라가서 반박하고 기술적으로 조여오는 것들이 너무 비약적으로 발전을 잘해요 이쪽에는 그런 부분에서 한계가 있어서 아마 제자리걸음 같은 느낌이 있을 것 같지만 그래도 어떡하겠어요? 그러지 않으면 더 비참하게 처지는데 그래도 세상이 안 변해도 그건 할 수밖에 없는 노동자와 노동자로서 할 수밖에 없는 운명이라고 생각하고 싸워야지, 그런 생각입니다.

▶ 선생, 감사합니다. 오늘 장시간 고생하셨습니다.

예수를 따라
민중과 함께
박종렬

대담 이형진이 묻고
박종렬이 답하다

주요 약력

1947년	부산 출생
1967년	서울대학교 문리대 고고인류학과
1977. 4. ~ 1978. 8.	서울대 학생 데모 주동 혐의 긴급조치 9호로 옥고
1984년	공장에서 노동자 생활하며 도시산업선교위원회 활동 시작
1985년	인천 송림동에서 사랑방교회 개척, 목회 활동
1987년	인천기독교민중교육연구소 설립, 소장으로 봉직
1992년	전국도시빈민단체협의회 회장

박종렬 목사는 70년대 초부터 박정희 군사정권에 맞서 유신 독재를 반대하는 민주화 투쟁의 험난한 길을 걸었습니다. 80년대는 인천 지역에서 민중교육연구소를 설립하여 노동운동을 지원하였고, 민중의 주거권 회복을 위한 빈민운동을 지속적으로 벌였습니다. 또한 민중교회운동을 통하여 기독 노동자들에 대한 지원 활동과 진보적 기독교 운동에도 헌신해 왔습니다.

박종렬 목사와 인터뷰는 2023. 2. 22. 주안미디어센터에서 진행되었으며 70년대 반유신 투쟁과 민주화운동, 80년대 인천 지역의 민중교회운동과 노동운동 지원 활동에 초점을 맞추었습니다. 박종렬 목사의 구술을 통하여 70년대 기독교계의 민주화운동, 유신 반대 투쟁과 80년대 인천 지역의 민중교회운동, 86년 5·3민주화투쟁, 87년 6월항쟁과 7, 8월 노동자대투쟁으로 발전 과정을 확인해 볼 수 있습니다. 또한 87년 이후 도시 빈민 투쟁 및 마을운동에 대한 전망을 열어가는 시민사회 활동의 성장을 볼 수 있습니다.

▶ 반갑습니다. 오늘 2023년 2월 22일 수요일입니다. 많은 얘기를 갖고 계실 텐데 오늘은 인천에서 1980년대 이후에 노동운동을 지원하고 또 사랑방교회를 통해서 민중교회운동을 하셨습니다. 박종렬 목사님을 모시고 얘기를 들어보는 시간을 갖도록 하겠습니다. 박 목사님, 반갑습니다.

박종렬 네, 반갑습니다.

▶ 목사님, 사실 1970년대에는 또 굉장히 많은 일이 있었더라고요. 그런데 오늘 주제는 1980년대여서, 그래도 얘기를 아예 빼놓고 갈 수는 없으니 목사님께서 대학에 진학하신 1967년 정도를 기준으로 가능하면 인천에 오시게 되기까지 과정에 대해서 간략히 정리해 주시겠습니까?

인류학을 전공하며 학생운동의 길로

박 1967년도에 서울대학교 고고인류학과에 입학했는데 사실은 1966년도에 서울대 사회학과를 쳤다가 떨어지고 2년 후에 들어갔어요. 그것도 고등학교 때는 의사가 되기 위해서 의과대학을 가려고 하다가 보이지 않는 영적 체험 같은 게 있어서 의사가 사람을 고치는 거라고 하면 내가 사회를 고치고 변화시키는 일을 하겠다, 그래서 사회학과를 갔다가 떨어지고 고고인류학과를 갔어요. 그때는 저희 아버님이 인류학이라는 학문이 굉장히 중요한 학문이고 기초 학문으로서 좋다고 인류학과를 추천하셔서 인류학과를 갔습니다.

▶ 목사님 고등학교 때 영적 체험이라고 말씀하시면 선친이신 박형규 목사님의 목회나 민주화 투쟁 탄압 과정에 대해서 좀 겪으신 부분들 영향이 있었던 건가요?

박 아니요, 그때는 아직 민주화운동 과정이 아니었고 그때가 1965년도였으니까 아버님이 사고를 경험하고 난 후에 교회 목회보다는 여러 가지 사회 비판적인 설교를 하면서 기독교 단체의 청년들을 위한 기독학생운동, 기독학생회총연맹에 총무가 되셔서 활동하는 그런 때였습니다. 저는 세례를 받으면서 아버님 같은 목사는 되기 싫고 그러나 좋은 의사가 되겠다, 뭐 그런 생각을 했었는데 갑자기 꿈에 예수가 나타나서 "나를 사랑하지 않느냐"고 해서 그 말이 굉장히 저한테 계속 걸려서 한 달 동안 공부를 못하다가, 사회를 변화시키고 고치는 그런 일을 함으로써 내가 돈을 벌어서 편하게 살려고 하는 게 아니니까 그 일을 하려고 하는 마음으로 사회학과를 쳤고, 그다음에 고고인류학과를 친 거죠.

▶ 인류학과 진학해서 이후에 인류학 석사도 받으시고 한 걸 보면 인류학에서 얘기하는 방법이나 인간에 대한 탐구 이런 부분에 대해서 계속 관심이 있었던 것 같습니다.

박 네, 사실은 인류학과 졸업하고 대학원 졸업하면서 인류학 전문 교수가 되고 싶은 마음이 있었는데, 그때 마침 제 친구가 문리대 학생회장이 되면서 삼선 개헌 저지 반대 데모가 있었어요.

▶ 친구, 누구였습니까?

박 박영헌이라는 친구인데 그분은 한국학연구원의 교수로 있다가 돌아가셨습니다. 그 얘기보다는, 사실 그의 부친이 북한에서 내려오신 분이었는데 교회 장로님이었죠. 그래서 내 친구가 학생회장이 되고 나서 데모를 준비했는데 데모 때만 되면 이 친구가 정보부에 붙잡혀서 호텔에 가 있고, 데모에 참가를 하지 않는 거예요. 그래서 학생운동하는 친구가 내게 "야, 너는 너희 친구하고 학생회장하는 사람들이 우리가 학생회장 뽑아주면 데모도 하고, 뭐도 하고 하겠다고 해놓고는 왜 네 친구 학생회장은 다 그렇게 금방 빠지고 없냐?" 그런 문제 제기를 하는 바람에 제가 그 친구를 데리고 와서 7월 17일 제헌절에 성명서를 읽게 했어요.

▶ 1967년 7월인가요.

박 그때는 1969년도죠, 3학년 때니까. 그런데 그걸로 학교에서 제적을 당하지 않고 자퇴하는 식으로 해서 군대에 끌려갔죠. 그러면서 그 친구가 하는 소리가 "그럼 네가 학생회 총무를 해라" 그렇게 부탁하기에 저는 사실은 정치나 뭐 이런 것보다는 학문을 통해서 공부하고 사회에 봉사하는 일을 하겠다는 그런 생각을 했는데, 제가 학생회의 총무를 맡으면서, 회장이 없는 총무니까 제가 회장 대신으로 활동을 하게 된 거죠. 그래서 2학기에 제가 학생회 총무가 됐는데 학생회비를 모으고 데모 준비를 한 거죠. 데모 준비할 때 우리 학교에는 막걸리파, 맥주파가 있었어요. 맥주파들은 주로 공무원 시험 쳐서 외교관 되고 공무원 되는 그런 걸로 가고, 막걸리파들이 데모하는 그룹들이었어요. 그래서 저는 학생회가 됐길래 두 그룹을 다 동시에 데모에 참가시키기 위해서 우선은 내가 '데모 주동을 이 맥주파를 통해서 한번 해보겠다' 그런 생각을 하면서 준비하는데, 그 친구 중에 부자들이 많았어요. 그래서 부잣집 하나를 다 빌려서 데모 준비를 했어요. 그리고 연설할 사람도 잡고 문리과 친구들은 마이크도 준비해 주고 그래서 준비를 했는데 바로 하자마자 연설하려고 하는 친구는 붙잡혀 가고 저는 교수님이 연구실에 잠깐만 와 달라고 했는데 갔더니 문을 잠가버렸어요, 못 나오게. 그런데 그런 와중에 기다리던 막걸리파들이 학생회가 아무 일을 안 하니까 데모를 시작했어요. 데모를 시작하면서 내가 잡혀 있는 걸 알고는 나를 데리고 나와서 데모에 같이 참가하게 됐어요. 그때 데모하고 그다음에 농성하고 막 그랬는데 내 친구들은 다 도망가 버리고 아무도 없었어요. 그래서 돈하고 데모하기 위해서 준비했던 빵이니 뭐니 하여튼 농성할 준비하고 있던 그걸 다 주고 그냥 학교에서 나와서 막 술 먹고 거리를 돌아다니면서 그냥 지낸 적이 있어요.

▶ 그게 1969년도였나요?

박 1969년도 하반기였습니다, 9월이죠. 그리고 나서도 학생회를 계속했는 데 휴교령이 내려졌어요. 휴교령이 내려지고 난 후에 12월 말쯤 다시 학교가 개학을 했는데 그때는 이제 몇 달 남지도 않으니까 학교가 전부 다 공부로 바빴어요. 그때 우리 학교에 학림제라는 축제가 있었어 요. 서울 문리대 학림제가 유명해 여러 가지 토론회도 하고 체육대회도 하고 강연회도 하고 여러 가지 행사를 했습니다. 그런데 학생들이 한쪽은 이거를 안 하면 그 돈을 그대로 학교에 반납해야 되고 그런데 이 돈을 우리가 데모하고 다 감옥 가 있는데 어떻게 하냐 관두자 이런 사람이 있었죠. 한편 그래도 우리가 우리 울분과 우리의 그거를 학림제 를 통해서 한번 풀어봐야 된다, 우리의 얘기를 또 전달할 수도 있지 않느냐는 이야기도 있었죠. 그래서 두 갈래로 나눠졌었는데 제가 하자고 했어요. 그래서 주제를 "고난의 철학"이라고 했어요. 그러니까 앞으로 우리 사회에 독재 시대가 온다는 거죠. 그런 어떤 것 속에서 고대에 있는 김성식 교수님을 주제 강연을 시켜 강연회도 하고, 서클들한테 자기들 나름대로 세미나 하도록 하고, 다음에 술 경연대회도 했던 것 같아요. 그래서 술 경연대회에 맥주는 서울 문리대 동창 선배들이 꽤 많은 데 있잖아요. 그래서 후원받아서 술 경연대회도 하면서 어떤 면에서는 우리의 울분을 술도 먹고 하면서 얘기도 하고 했는데 그때 수위 한 사람이 굉장히 추웠는지 술 먹고 쓰러져서 죽는 사고도 한 번 났었어요.

▶ 1969년 10월에 있었던 일인가요?

박 또 학교 신문사에서 내가 10만 원(그때는 꽤 큰 돈이었어요)을 먹었다는 기사가 났어요. 그래서 '이거는 분명히 학교에서 나를 음해하려는 거다' 그렇게 생각하고 내가 백서를 만들고 학생처장이 물러나지 않으면 안 된다고 하고는 학생 총장실을 점령해서 농성을 했어요. 그래서 학생처장이 물러나고 하여튼 뭐 그런 적이 있었어요. 그러고 난 후에 다음번 학생 선거가 있어서 그 돈만 남겨놓고 일을 끝낸 거죠.

▶ 3학년이었네요.

박 그때 3학년이었죠. 3학년이 끝나고 난 후에 제가 기독학생회총연맹 (KSCF) 회장이 됩니다. 그게 69년 11월 13일입니다. 대학교 때 기독학생 회가 있었어요. 그때 기독학생회는 기도하고 예배 보고, 매일 점심때면 그걸 했어요. 근데 나보고 "박형규 목사 아들이면서 왜 담배 피우고 앉아서 잔다에 서 있냐? 같이 해보고 그래야 되지 않느냐" 그랬습니다. 그때 후에 숭실대 교수가 된 김영한이라는 친구와 제가 그걸 고민하다가 종교사회과학연구회를 만들었어요. 우리가 기독교를 제대로 이해하려 면 우리 민족의 종교를 이해하면서 기독교 신앙을 가져야 된다, 뭐 그런 마음에서였죠. 1학년 때는 신학 공부를 하고, 2학년 때는 반야심경 공부를 하고, 3학년 때는 이제 논어 공부하고, 뭐 이런 식으로 하려고 했었는데, 그러니까 논어 공부까지 하다가 데모하게 된 거죠. 그때 끝난 건데 그 후 기독학생회를 들어갔는데 기독학생회가 그때 YMCA와 SCM이 따로 있었는데 크리스트 무브먼트라고 했어요. 근데 이 단체가 하나로 합치는 그런 운동을 그때 저희 아버님이 기독학생회총연맹 총무 때 시작해서 "한국을 새롭게"라는 주제로 그 두 단체가 같이 모여 서울 농대에서 큰 대회를 했죠 그리고 거기에서 우리 학생들은 "하나로 합쳐서 한국을 새롭게 하는 그 기치를 걸고 우리가 하나가 돼야 한다"고 선언하였습니다. 그러고 난 후에 오재식 선생이라고 있었는데, 제 아버님과 몇몇 사람들이 한국을 새롭게 하기 위해서 새로운 운동 양식이 있어야 된다, 그래서 학생운동이 지금 하고 있는 건 성명서 하고, 이념적으로 파시즘 비판하는 이런 것만 하는데, 그렇게 하는 게 아니라 민중 속으로 들어가고 민중과 함께하면서 민중을 의식화해야 한다는 데 의견을 모았어요. 우리 사회가 삼선 개헌 반대를 할 때 전부 지지했잖아요? 그러니까 의식화가 되지 않고는 그런 것들을 막을 수가 없다, 그런 생각에서 이제 삼선 개헌 이후에 기독학생회를 그런 식으로 만들겠다고 한 것이죠 그래서 SCM하고 KSCF가 만들어진 후에 학생사회개발단(학사단)이라는 걸 만들었어요. 학사단, 거기에서 그 훈련을 시키는 거예요.

한국사회개발단 조직은 한국 사회 연구도 하고, 성경 공부도 하고, 그다음에 알렌스키의 조직론 같은 걸 했죠. 조직론에서는 민중들은 어떻고, 민중들에게 다가갈 때는 어떻게 해야 되고, 민중들은 자기 있는 걸 내놓지 못하는데 자기 스스로 말할 수 있게끔 해줘야 된다고 합니다. 그러기 위해서는 그 사람들이 가지고 있는 권리가 있다, 전기가 없으면 전기를 넣어달라고 할 권리가 있다, 국민에게 있다. 그런 얘기를 하면서 각 학교 서클들이 빈민 지역 그다음에 공장 지역, 공장과 합숙소 같은데 들어가서 같이 살면서 활동하는 그런 일이 그때부터 시작되죠 그리고 제가 1970년도 4학년 때인데 서울대 문리대는 매년 4.19 성명서를 내요 성명서를 내기 위해서 한 대여섯 명이 모여서 같이 토론하고 "오늘의 시대가 어떠냐 어떤 내용으로 성명서를 내지?" 하고 의논해서 성명서를 내는데, 이번에 기독학생회가 그런 성명서를 한번 내봐야겠다 생각하고, 기독 학생들을 훈련시키고 소그룹 모임도 하고 그래서 부활절 때 기독 학생들이 4.19와 부활이라는 그런 주제로 큰 대회를 열어요

▶ 어디서 열었어요?

박 그때는 기독교회관에서 열었어요. 기독교회관서 주제 발제 한 친구가 서경석, 그다음에 성공회, 가톨릭 쪽은 교수 된 정 누군데 사회주의 맑스 이론에 밝은 친구인데… 하여튼 그 친구하고, 또 YWCA는 제 처가 그때 발표를 했어요. "4.19는 하나님의 역사다. 그러니까 기독교인만이 아닌 하나님이 역사를 만드신 거다" 하는 의미로 하나님의 역사의식 이것을 기독교인들이 가져야 된다고 하면서 역사 공부와 이런 것들을 하면서 기독 학생들이 약간 좀 더 사회적 의식을 가지는 그런 것들을 했죠.

▶ 박종렬 목사님 70년대 11월이면 전태일 분신 사건이 있습니다.

박 그렇죠. 그때 4월에는 와우아파트 사건이 있어서 사람들이 거기 갔었죠. 그다음에 7월, 8월에는 전부 다 빈민 지역에 들어갔다가 와서 이대 여학생들은 이 세상에 이렇게 어렵고 가난하게 사는 데가 있는지 몰랐다고 눈물을 흘리고 자기 고백을 하고 일기를 쓰기도 했거든요. 전태일 사건이 났을 때 전태일 사건에서 참여했을 뿐만 아니라 연동교회에서 모여서 "전태일은 작은 예수다" 뭐 그런 식의 성명서도 내고요.

▶ 집회도 하고 그랬죠. 연동교회는 어디였나요?

박 연동교회죠. 기독교회관 바로 옆이었어요.

▶ 학교를 졸업하시고 나서 대학원 진학을 하신 건가요?

박 제가 1974년 1월에 제대를 했어요.

▶ 군대를 갔다 오셨네요.

박 군대 간 사이에 1973년도 4월에 저희 아버님이 내란예비음모로 구속되
고 그때 제가 군대에 있었거든요 그래서 철책선에서 그 신문을 봤어.
저희 아버지는 내란예비음모로 구속되었다는데 그래서 저는 '이제
끝났구나. 어딜 가야 되지?' 북한을 쳐다보면서 참 그랬는데, 그래서
그때 휴가를 나오려 했는데 안 보내주더라고요 그런데 인사과 과장이
육사 출신이었는데 사람이 괜찮았어요 "그래, 나 너 믿는다" 그러면서
휴가를 보내줘요 제가 재판도 보고 아버님이 구속된 것 때문에 목사들
이 모임이 있을 때 기도회를 해요 목요기도회가 그때 시작됐거든요
목요기도회가 생기고 이후에 내란예비음모 사건도 두 달 만에 풀려나고
뭐 크게 엄청나게 했는데 별거 아니더라고요 73년도 10월에 서울제일
교회 출신들하고 서울대생들이 서울대에서 데모를 하죠.

▶ 박형규 목사님께서 제일교회 목사님이셨잖아요.

아버지 박형규 목사님과 반유신 투쟁에 앞장서다

박 처음에 후진국사회연구회(후사연)라는 이름의 그룹이 유신헌법이 생기고 공부를 할 수 있는 공간이 없으니까 우리 교회를 좀 빌려달라고 왔었어요. 유초하라는 경복고 후배였던 친구가 나하고 관계가 있으니까 주선해서 왔고, 그때 김경남, 강영원, 나병식 이런 친구들이 같이 참가하게 되었죠. 또 그 사람들이 기독학생회도 같이 참여하면서 내란음모 사건을 보고 10월에 서울대 데모하고, 그런 과정에서 학생들이 '전국적인 데모를 해야겠다' 그런 생각을 하여 민청학련 준비를 하기 시작한 거죠. 74년 1월에 이미 민청학련으로 싸울 준비를 하고 있더라고요. 저희 아버님이 돈 봉투를 나병식한테 전해 주라고 해서 전달했는데 가만히 생각하니까 나도 감옥 가게 생겼더라고요. 그래서 대학원 시험을 쳐서 합격했는데 휴학을 하고 미국 박사가 조사 작업하는 일에 어시스턴트가 돼서 대전에 있는 산내면에 1년 정도 내려가 있었어요.

▶ 인류학에서 얘기하는 조사 활동이었던 거죠?

박 4월 3일이 민청학련 사건 나던 때잖아요? 4월 6일이 제 결혼식이었어요.

▶ 그 와중에 결혼도 하셨군요.

박 서울에서 했는데, 그때 결혼식 때 왔던 친구가 서경석, 이현배 이런 사람들이었어요. 아버님까지 포함해서 내 결혼식 끝나고 열흘 후에 감옥 가고, 그때 아마 경찰이 한 40~50명이 깔려 있었을 거예요. 결혼식이라고 하는데 식사도 못 하게 하고, 빵 나눠주고 결혼식을 하고, 저는 조사 현장으로 갔는데 이철이 도망 다니던 중이라 이철이 잡는다고 나한테도 있는가 싶어서 경찰이 내 조사하는 농촌지역까지 찾아왔어요. 그래서 시경으로 끌려갔는데 대전시경이 아니고 서울로 와서 두들겨 맞다가 이철이 잡히는 바람에 풀려났어요 그렇게 1974년은 갔고 그때 저희 아버님을 위해서 내가 한 5월부터인가 6월부터 제 친구 이정호, 김승재, 유영표 이런 사람들하고 아버님의 억울함을 호소해야 된다고 해서 아버님이 「기독교사상」에 쓴 글을 모아서 『해방의 길목에서』라는 책을 만들죠. 제가 준비를 했는데 그때 조그마한 인쇄소를 운영하던, 민주화운동에 굉장히 중요한 분, 이름이 기억이 안 나는데, 그분한테 맡겼는데 인쇄소가 경찰한테 들켰어요. 그래서 그 자료가 시경에 다 올라갔어요 근데 그때 시경 정보과장이 있는데 이 사람이 날 불렀어요 그래서 이걸 딱 보여주더니 "이거는 아직 미수에 그친 건이다. 그래서 되돌려 준다"고 했어요. 사실은 그렇게 안 하고 감옥에 집어넣어도 되는데, 그래서 지금도 그 사람을 존경하고 기억하고 있어요 그 자료를 다시 가지고 와서 조그마한 인쇄소에서 인쇄해서 『해방의 길목에서』를 만들어서 1975년 1월 4일 휴일이 지나고 바로 그다음 월요일인가 화요일날 기독교회관에서 출판기념회를 했죠. 아버님 없이 『해방의 길목에서』 출판기념회를 했는데, 그때 한 천사백 명 모였을 거예요. 그때 김대중 씨도 오고 계단에도 (사람들이) 서서 모였어요 그게 굉장한 사건이었어요. 그 때문에 『해방의 길목에서』는 바로 폐간돼 버리고, 그렇게 된 사건이 있었죠.

▶ 목사님은 그 이후에 대전에서 연구 활동을 접고 본격적으로 반독재 투쟁을 하시게 된 건가요?

박 1975년에 그렇게 하고 나서 1975년부터 대학원을 다니기 시작했죠. 대학원을 다녔는데 그때 인혁당 인사들이 돌아가셨잖아요 사형당했잖아요 그리고 바로 저희 아버님이 선교비 횡령 배임 사건으로 구속돼요 근데 그게 뭐냐 하면 내막은 김지하, 지학순, 박형규 이 세 사람이 2년 동안 석방이 안 됐고, 정말 우리 때문에 이 사람들이 사형을 언도받고 억울하게 구속됐다, 그러니까 우리가 석방되면 이 사람들을 석방시키는 운동을 해야 된다, 그래서 글을 쓰기로 했어요. 신문에 김지하 씨가 제일 먼저 쓰고, 그다음에 박형규 아버님이 쓰고, 계훈제 씨도 쓰기로 했는데, 김지하 씨는 쓰자마자 동아일보에 게재가 됐는지 (그건 잘 모르겠는데) 게재되자마자 잡혀서 정보부에 가서 두들겨 맞고, "나는 사회주의자다" 하고 자백서를 쓸 정도로 하면서 조사를 받고 구속됐죠. 아버님은 뭔가를 동아일보에 냈는데 실리지도 않고 조금 있다가 선교비 횡령죄로 구속된 거죠. 그러니까 내가 보기에는 정부가 그걸 탄압하기 위한 계기였다고 봅니다. 그러면서 인혁당 사건으로 사람들이 돌아가셨잖아요. 그래서 제가 학교 다니면서 굉장히 분노한 거예요. 그래서 학교 다니면서 기독학생회총연맹에 있는 실무자 한 사람하고 저하고 "우리 아빠는 왜 죽어야 합니까? 살인 고문이 유신이냐, 유신 고문 물러나라" 플래카드를 걸고 목요일이 되어 (교회에) 온 사람들을 선동해서 데모를 일으키려고 했어요.

▶ 기독교회관에서요?

박 그런데 이 플래카드를 딱 보더니 전부 놀라서, 그때 김상근 목사, 이해동 목사님이 붙이라 해서 붙였는데, 저는 학교에 갔는데 학교에서 붙잡혔어요. 정보부에 잡혀서 갔는데, 먼저 김상근 목사 등 이런 분들이 잡혀가서 누가 했냐고 그러니까 제가 했다고 했던 모양이에요. 그래서 정보부에 끌려갔어요.

▶ 그게 1976년이었겠네요.

박 1975년이요. 1975년도에 김지하 씨가 쓴 자백서도 보고, 김일성 주석이 연설문이라고 깨알같이 쓴 것도 보고, 이러면서 이걸 증거로 내놓더라고요. 그래서 아마 저는 아버님이 구속된 건 억울하다고 생각하고, 저는

군대까지 갔던 사람이라고 그랬는지 따지고 보면 내가 보기에는 아버님
이 구속된 상황이라 봐준 것 같아요.

▶ 부자를 잡아놓을 수는 없어서요.
박 구속을 안 하고 그냥 풀어준 걸로 해서 풀려났어요. 그래서 1976년부터
대학원 공부를 했어요.

▶ 인류학으로 목사님이 『문화예술의 수수께끼』라는 책도 번역을 하신 건가요?
박 그렇게 번역을 했죠.

▶ 그게 그때 단행본으로 출간이 된 거죠.
박 그렇죠. 단행본으로 출간이 됐죠. 석사 과정에서 공부할 때 그 책을
접하고 대학원 다니면서도 농촌 의령 지역을 조사도 하고 그러면서
보기에는 우리 사회가 북한 같은 다른 사회를 너무 도식적으로만 보지
제대로 이해를 못 한다, 그런 의미에서는 좀 문화적인 접근이 필요하다
는 생각도 있었고, 우리가 이해 못 하는 부분들을 잘 설명해 줬어요.

▶ 저도 옛날에 읽은 적이 있어요. 저자가?
박 마빈 해리스. 번역을 사실은 1980년대에 했어요. 1979년도는 못 하고
제가 또 1979년도에 명동위장결혼사건으로 구속되잖아요.

▶ 그러면 1970년대에 세 번 구속되신 건가요?
박 아니요, 첫 번째 거는 구속이라고 볼 수 없고, 그것까지 다 해버리고
그다음에 1977년 4월에 그거는 사실은 저희 아버님이 구속된 거죠.
잘 모르겠어요. 그런데 하여튼 김대중, 박형규 이런 10명의 지도자가
카터가 오는데 카터가 군대를 철수시키려고 그랬잖아요? 오히려 "철수

시키지 말라. 솔직히 민주주의가 더 탄압받는다" 뭐 그런 의미에서 민주구국선언인가, 군대를 철수시키지 말고 오히려 있게 해야 우리 민주화운동에 도움이 된다는 그런 기조에서 쓴 거예요. 근데 저는 1977년도 졸업하자마자 내가 이제 대학원을 가야 될지, 학교에 강사로 가야 될지, 민주화운동을 해야 될 지 고민하는 과정이었는데, 학생들이 민주구국선언이 필요하다고, 데모하는데 목사님 이름은 안 넣고 자기들이 알아서 하겠다고 해서 (선언문을) 줬어요.

그런데 이 친구들이 데모할 때 그거하고 자기들 성명서하고 두 개를 뿌리자, 잡혀서 "이거 어디서 받았느냐" 하니까 할 수 없이 내 이름을 댄 거예요. 내 이름을 대는 바람에 제가 조사를 받게 됐는데, 그 사건 하나만 있었으면 별로 잡혀갈 것 같지 않았었는데 성명서 때문에 들어갔어요. 그때 광주에서 데모가 있는데, 광주 같은 데서 데모가 있어도, 전남대 같은 데는 안 알려지잖아요. 그래서 사건을 인권위원회 통해 해외에 알리려고 우리 NCC 인권위원회로 보내달라고 해서 그걸 받아서 집에 두었는데 구국선언문 때문에 우리 집을 덮쳤을 때 그 성명서하고 같이 나온 거예요. 성명서는 서울대 사회학과 나온 친구가 줬어요, 광주일고 출신. 가만히 보니까 내가 이것을 그 친구가 나한테 줬다는 걸 내가 알리면 이 친구는 구속될 뿐만 아니라 또 학생들까지 줄줄이 구속될 거 아니에요. 그래서 내가 우리 어머니한테 받았다 그랬더니 우리 어머니가 눈치껏 "그래, 내가 줬다" 그랬는데 정보부에서는 발가벗기고 "이 새끼 거짓말 아니냐" 막 하더라고요. 하여튼 뭐 난 받았다 그러면서 버티고 끝냈는데 결국 괘씸죄로 감옥에 간 것 같아요. 그래서 감옥에 한 1년 반 살았죠. 서울구치소에서 사람들과 농성하고 싸워서 방성구를 입에 물려서 대구교도소로 끌려갔어요.

▶ 징벌을 갔나요?

박 징벌 받아서 또다시 교도소로 끌려갔는데, 우리들 긴급조치도 똑같은 새끼들이라면서 간수가 반말을 쓰는 거예요. 그래서 '그래, 좋다. 너 반말 써. 나는 그냥 성경 읽고 견뎌보지 뭐' 이렇게 생각했는데 그때 같이 갔던 한신대 학생이 자세가 나쁘다고 포승에 묶여서 감방에 들어간 거예요. 내 방 옆에 서승 선생이 있었어요.

▶ 아, 서준식 선생 형님이요.

박 서승 씨는 얼굴이 완전히 타서 이런 상태에 있는데 나보고 "야, 너는 VIP 방에 있으면서 너희 후배가 저렇게 묶여 있는데 너 가만히 있으면 되냐?" 그러시더라고요. 그래서 가만 보니까 좀 그래. 그래서 간수가 오길래 딱 만나자마자 "야, 이 새끼야. 너는 간수가 월급 받고 있는 새끼가 우리를 위해서 있는 놈이 반말 쓰고 내가 그것도 참았는데 왜 책도 한 권 안 주냐? 이 새끼 너 이게 간수로서 역할 하는 거냐" 하고 막 반말을 썼어요. 그랬더니 부장실로 데리고 갔어요. 그래서 부장이 "저기 간수는 감방에 부모님과 같은 건데 부모님한테 그럴 수 있느냐" 그러더라고요 그래서 "저는 신문에 보니까 자식이 부모님 찔러 죽이는 사람도 봤다. 오죽하면 그러겠냐" 그랬더니 이 사람은 안 되겠네요. 그러고 나를 한 대 쳤어요. 그렇게 세게 친 건 아닌지 모르지만 저는 되게 이게 굴욕적으로 느낀 거예요. 그래서 내가 이 손으로 그 부장 뺨을 때린 거예요 그리고 옆에 있는 간수들이 달려들어 패고 통닭구이하고 포승줄로 묶어서 징벌방에 들어갔었죠 한 달 동안 벌방에 있던 중에 아버님이 찾아와 면회를 안 시켜주니까 우리 아들을 죽인 거 아니냐 그러면서 정보부에 얘기했죠 정보부 사람이 와서 나갔더니 박종렬 혈액형이 뭐예요 그러더라고 그래서 O형이라고 그랬더니 아, O형은 그럴 수 있어 하면서 당장 풀어주더라고요. 그리고 원래 징역 간 방에 갔더니 완전히 해방구가 된 거예요. 그때 이철도 있었고 유인태도 있었고 거기 많았어요. 강기정이도 있었고 하여튼 부장이 사실 퇴직이 얼마 안 남았다, 싹싹 빌고 했던, 그런 일도 있었어요.

▶ 1979년 위장결혼식사건 그리고 그 과정에 구속까지만 일단 좀 말씀해 주시죠.
박 그때가 사실 제일 많은 활동을 한 셈이죠. 석방되고 난 후에 기독학생회에서 1978년에 학생부장을 해달라고 해서 학생부장을 하면서 기독학생회를 교육시키고 훈련시키는데, 당시에 학생운동은 전부 보안 문제로 보이지 않게 숨어서 다니던 시절이었어요. 내가 간사인데도 불구하고 보안을 지키느라 회의에도 자기들 회의하는데도 못 들어오게 하여 내가 돈만 주고, 초기에는 막 그랬어요. 그러면서 조금씩 접근하고 그랬는데 그때는 데모도 크게 하지 못하고 몇 명씩 구속되고 그랬잖아요. 논의는 굉장히 심각하고 같이 공부하면서도 그룹끼리도 서로 잘 모르고 그랬었어요. 그런데 이제 그런 와중에 이제 박정희가 죽게 된 거죠.

▶ 목사님은 32세였습니다.
박 그때가 그랬을 거예요. 조성우하고 문국주 이런 사람들이 날 찾아와서 이 엄혹한 시대에 최규하를 최고회의에서 대통령 시키려고 하는데 이거는 완전히 비민주적이니 막아야 한다. 그런 얘기를 하면서 계엄령 시대지만 (데모)해야 된다. 완전히 구속될 걸 각오하고 해야 되는데 어떡하나? 그랬더니 옛날에 5.16 이후에도 한번 그렇게 해서 민주당이 한 적이 있다고 그러더라고요. 공화당 출신 정치인 두 분을 앞에 세우고 뭐 한다는 거예요. 그래서 저는 민주화운동과 시민운동으로 했지, 정치하려고 한 거 아니다. 그런 의미에서 저는 오히려 함석헌 씨나 문익환 씨나 이런 사람들이 하고, 우리 시민단체가 한다면 몰라도, 뭐 그렇게는 안 하겠다 그랬더니 자기들이 고민하더니 그럼 내 말대로 하겠대요. 그럼 허락을 받아 와라 그랬더니 허락을 받았다는 거예요. 그래서 준비하기 시작했죠.

▶ 12.12 이후죠? 1979년 말이었네요.

박 아니요, 12.12 사건 전이죠. 그 사건으로 우리가 구속되고 그걸 조사하는 과정에서 파악해서 작전을 짜고, 12.12 사건을 일으켜서 전두환이가 올라선 거죠. 사전에 참모총장 정승화는 우리가 데모하면 "탄압 안 하고, 계엄령이지만 잘 보호해 주겠다"는 이런 얘기까지 정보가 있었어요. 윤보선하고 같이 이렇게 해서 그걸로 정승화는 민주화운동을 도우면서 어떻게 해보려고 하는 의지가 있었던 것 같고, 오히려 그때 전두환은 호시탐탐 바라보면서 그걸 지켜보면서 그걸 조지려고 마음먹고 있었던 거예요.

▶ 목사님은 위장결혼식사건 배후 주동이었습니까?

박 그렇죠. 그때 기독학생회는 비공식이라 학교에는 서클을 만들 수 없는 거였고 소규모였으니까. EYC, 기독학생회, 기독청년회는 김정택이 회장이었어요. 그래서 김정택에게 대표로 나서라 그렇게 해서 김정택이 나서서 구속되는 걸로 하고, 저는 옆에서 지켜보기로 했는데, 그래서 대회 때 저는 가지도 않았어요. 옆에 있는 다방에 있었는데 한참 기다려도 아무런 소식이 없어 궁금해서 들어갔는데 그때 막 경찰이 쳐들어오는 바람에 붙잡힌 거예요. 그래서 나까지 찍혀서 서빙고로 끌려갔던 거죠. 두들겨 맞으면서….

▶ 위장결혼식사건은 민주화운동 선언 같은 걸 하는 게 목적이었습니까?

박 민주화 선언보다는 최규하가 대통령 되는 것 막고, 계엄령을 풀고, 민주화하라는 그런 거였을 거예요.

▶ 민주화를 촉구하는 거였네요. 그때 군부의 준동이나 이런 부분에 대해서는 어느 정도 예상하신 건가요?

박 아까 말했지만, 정보로는 정승화 쪽에서 우리를 보호해 준다는 생각도 하고 있었어요. 완전히 착오였던 거죠. 오히려 전두환이가 딱 쥐고 있었고, 그 계기를 통해서 자기들이 권력을 확 잡는데 그걸로 기선을 잡았던 거죠.

▶ 광주의 1980년 5월 상황일 때는 목사님은 감옥에 계셨어요. 언제 석방되셨습니까?

박 1980년 저는 12월 크리스마스 때 석방됐고, 다른 분들은 조금 후에 석방됐어요.

▶ 1년 정도 잡혀 계셨네요. 그게 10년, 1970년대 과정이었던 것 같습니다. 학창 시절과 학생운동 그리고 반독재 투쟁 과정으로 1970년까지를 마무리하신 셈입니다. 옥살이를 하면서 정리를 하셨는데 이후에 감옥을 나가면 어떻게 해야 되겠다는 구상을 하셨던 건가요?

박 그런 셈이죠. 네, 제가 대구교도소 있을 때 그 친구들도 나가면 앞으로 뭐 할 거냐 할 때, 최열은 공대 나왔으니까 공해 문제를 공부하라 추천하여 내가 공해 관련 책도 주고, 강기정이는 농촌에 가겠다 그랬고, "학생운동 다음에는 어떻게 하지?" 할 때 노동운동이나 농민운동으로 가는 경우가 많이 있었죠. 그런데 저는 1979년도에 한양대 인류학과 교수로, 전임 강사로 이력서도 내고 그랬었어요. 그러니까 카터가 올 때 최희현 교수가 청주여자대학교에 있었는데 강의를 시켜서 제가 한 학기 청주까지 내려가서 인류학 강의를 했었어요. 그때 경찰들이 옆에 그냥 붙어 다니는 바람에 들통이 나서 한 학기만 하고 말았죠. 그다음 해에 우리 과 교수가 한양대 인류학과를 만든다고 내가 적합하다고 이력서 내라고 해서 냈는데, 정보부가 알고 감옥 간 사람을 왜 임명하려고 그러냐? 해서 그 교수가 놀라서 병원에 입원했다고 그러더라고요.

제가 아버님처럼 목사가 되기 싫어서 목사는 안 되려고 그랬었는데 이제는 목회자의 길을 가야 되지 않겠나 이런 생각을 하게 됐죠. 서빙고에서 조사받을 때 두들겨 맞고, 막 엄청나게 두들겨 맞고 조사실에서까지 두들겨 맞으면서 조사를 받았거든요. 그때 아마 내가 기절했던 것 같아요. 기절할 때 보니까 뭔가 푹 뜨는 게 기분이 굉장히 좋아요. 아프지도 않고 그런데 의사가 와서 막 깨우니까 다시 아프기 시작하고 그 아픈 데만 막 두드리면서 조사를 하며 고문하고 막 이러는데, 그때 진짜 감옥에서 화장실 가려고 그러면 두들겨 패고, 들어오면 두들겨 패고, 하여튼 폭력 속에 살았어요. 그리고 많은 사람이 면회 와서, 자기는 했네, 안 했네 가지고 전부 다 나한테 미루는 거죠. 그런 걸 보니까 참 그렇더라고요. 그러니까 내가 어떻게 말하느냐에 따라서 사람들이 어떻게든 되는 상황이라 참, 제가 정말 최대한 부끄럽지 않게 죽게 해 달라 그런 기도까지 하고 그랬었어요. 감옥에서 양도천이라는 사람을 만났는데 계룡산에 있으면서 일주 국가를 만드는 도참 얘기를 많이 했어요. 그러니까 뭐냐 하면 육박전, 육영수는 지하철 뚫느라 죽었고, 박정희는 물 퍼다가 죽었대요. 삽교에 저수지 만들고 와서 죽은 거예요. 전두환은 뭐에 공포정치 하다가 날아간다는 거예요. 그때 살아있을 때지 그리고 박종렬은 민주화운동 하다가 하나님의 종이 될 거다, 뭐 그런 식의 얘기를 했는데, 하여튼 그 사람이 얘기했다기보다 신학 공부를 내가 하고 싶다는 생각을 했죠. 당시에 사회주의에 대한 공부도 좀 했지만, 한국에서 한다고 그러면 데모하고 여기저기에 끌려다니다가 쉽지 않을 것 같고, 외국에 가서 해야겠다는 생각을 하고 1년 동안 준비해서 1981년 12월에 미국으로 유학 갔죠. 다행히 아버님이 1981년도에 기장총회 총회장이 됐어요. 총회장 될 때 전두환이가 아버님을 꼬시기 위해서 만나자고 그러고, 뭐 그런 덕분에 약간 풀어준 것 같기도 하고 그래요.

▶ 그러면 미국 유학 가서 1년 계시면서 목사 안수도 받으신 건가요?

박 아니, 거기에서 3년 정도였는데 신학 석사가 3년인데 2년 반 만에 하고 왔어요. 그 이유는 그때 미국에 와 있던 친구가 서경석도 있었고, 그다음에 이신범도 있었고, 광주의 윤한봉도 있었는데, 세례도 받았다는데 기독교를 엄청나게 비판했어요. 그리고 돈 있고 뭐한 놈들, 목사 새끼들은 다 유학 와서 (한국에는) 민주화운동으로 고난을 받고 있다고 그런 얘기도 하고…. 또 그때 저희 아버님이 1983년도부터 전두환이 꼬셔도 안 넘어가니까 '기독교와 공산주의' 이런 걸로 몰았어요. WCC가 공산주의고, 아버님도 빨갱이다. 교인 중 한 친구가 관광공사에 다녔는데 관광공사 회장이 과장 시켜줄 테니까 자기 아버지였던 장로를 시켜서 박형규 목사를 한 대 치라고 했죠. 그래서 불상사가 생기면 교회에 미련이 없는 사람이니까 금방 사표 내고 나갈 거다고 제안한 거죠. 그래서 신도가 입을 쳐서 이빨이 부러질 정도로 폭력을 쓰고, 교회에서 내보내려 했는데 그러고도 안 나가니까, 그다음에 교인들이 예배 방해하고, 그러다가 또 안 되니까 보안사에 있는 놈들을 끌어당겨 예배 방해하고 폭력도 쓰고, 폭력으로 사표 내라고 압박도 했어요.

▶ 제일교회 사태였죠.

박 1983년도부터 1984년도까지 거의 1년 가까이 끌다가, 길에서 예배를 본 지 6년 가까이 됐죠.

가난한 사람들과 함께, 공장 생활을 시작하다

▶ 그래서 귀국하시게 된 건가요?

박 그래서 2년 반 만에 아버님이 그런 사건이 있을 때 1984년 8월에 여기에 들어왔죠. 1984년에 들어와서 아버님 사건을 접하고 거리 예배로 가는 과정을 보면서 저는 빈민 선교를 하려고, '가난한 사람들의 목회를 하겠다. 내가 목사 되는 게 큰 교회 하려고 하는 게 아니라 가난한 사람과 더불어 살아가는 목회를 해야겠다' 생각했죠. 그런 마음을 먹고 일 년 동안은 성수에서 했죠. 그때 성수에는 성수 산업선교회라고 있었어요.

▶ 서울의 성수 공단인가요?

박 거기에서 기길동이 간사였는데, 김영환 의원 보좌관 오래 했는데 지금은 뭐 하는지 모르겠네요. 하여튼 그 친구가 훈련을 시켜 일 년 정도를 내가 공장 생활을 해야겠다고 했죠. 그때는 빈민 지역보다는 공장에 가는 게 주였고, 그래서 처음에 들어가니까 얼굴이 반듯하고 뭐 그렇더라고요. 그래서 안경도 벗고, 이제 운동화 신고, 위장해서 염색공장에 갔어요. 염색공장이 굉장히 해고가 많고, 금방금방 그만두니 그러니까 바로 받아주더라고요.

▶ 염색공장은 상태가 안 좋죠.

박 근데 진짜 냄새나고 물 묻은 실을 옮기는 건데 감당이 안 되더라고요. 그리고 물 그걸 탈수해서 말리는 건 여성들이 하고, 운반은 남자들이 하는데, 일주일 하고 그다음에 야간, 주간이 12시간이고 야간이 13시간인가 그래서 야간 13시간 하고 나니까 몸이 완전히 안 되겠더라고요. 나 같은 사람이 하다가 (몸을) 해칠 것 같은 생각이 들어서 한 2, 3주하다가 그만뒀어요. 근데 진짜 어떤 친구는 노동자인데 금가락지가 한 두세 개 돼요. 그 일을 하는 사람인데 내가 힘드니까 약간 도와주기도 하는데 이 사람은 몸이 너무 좋아요. 그런 일이 체질에 맞는 모양이에요. 자기는 그래서 크리스마스 때만 되면 금가락지를 상으로 탄대요. 근데 저는 도저히 못 하겠더라구요. 그때 임금이 한 달에 8천 원 받은 것 같아요. 그만두고 그다음에 간 데가 에스콰이어 하청 공장 샤인이라는 데로 갔어요.

▶ 예, 가죽신 구두 만드는 공장이요?

박 네, 그래서 갔더니 맨 처음에는 수위를 시키려고 그래서. "아~ 저이 공장 처음인데… 뭐 마누라는 저기 파출부하고, 저는 할 일이 없어서 조금이라도 나이가 좀 들었으니까…" 그랬더니 구두 공장에 데려가서 구두 검사하는 파트에 넣었어요. 검사 파트, 여기도 조장이 있잖아요. 이 친구가 이틀도 안 됐는데 나보고 새 구두 하나를 신고 나가래요. 그리고 밖에서 자신에게 돌려달라는 거죠. 그래서 막 싹싹 빌었죠. 나 여기서 오래간만에 취직했는데 그렇게 하다가 또 잘리면 어떡하냐? 그랬더니 자기가 신고 싹 나가버리더라고요. 하여튼 그런데 그다음에는 구두 검사하는 일이 바빠서 너무 많아서 조장에게 조금 일을 시켰어요. 조장이 자기에게 일을 좀 시켰다고 이 새끼가 나이도 한 스물 몇 살밖에 안 되는데, 자기는 이런 데 있을 사람이 아닌데… 자기가 자식이 몇이나 되는데… 막 그러더라고요. 그러면서 화가 올라서 당장 부서 옮겨준다고 그랬는데 못 옮기고… 그런 일들이 있었죠. 그리고 여자들은 보니까 내가 나이가 많다고 생각했는지….

▶ 30대 중반이었습니다.

박 남자 취급을 안 하더라고요, 완전히. 한번은 산재 당하는 친구가 있어서 만나 얘기를 좀 해주려고 잠깐 만나자고 그랬더니 이 친구는 여자를 쉽게 생각하는 것을 자랑삼아 떠들었어요. 그와 한 일 년을 일했어요. 사장이 불교 신도였나, 크리스마스 때도 일하는 거예요. 내가 크리스마스 때 일해본 적이 없는데. 그래도 그렇게 하면서 거기에서 구두 기술자 한 명을 사귀어서 같이 등산도 다녔어요. 그래서 노조를 만드는 건 아니지만 서클을 만들고 얘기를 해보려고 몇 명 하긴 했는데, 그러다가 그만두고 일기로 쓰면서 어떻게 보면 인류학 조사관처럼 한번 해보려고 하는 생각도 있었어요.

초기에는 아버님이 기장 교단에 목사가 되지 말고 조그마한 교단의 목사가 되라 하셨어요. 왜냐하면 아버님이 있으니까 이게 다 기득권으로 보이잖아요. 그러니까 복음 교단으로 가려고 그러는데 복음 교단에서는 또 내가 너무 거물같이 보이는지 안 받아줘. 그래서 기장 목사로 이제 시험 치고 기장 준목이 됐죠.

인천 송림동에서 사랑방교회를 시작하다

▶ 목사 안수 받으신 게 그러면 1985년인가요?

박 1985년에 공장 생활을 했고, 1986년에 시험 치고 해서 준목이 됐고, 준목이 된 상태에서 이제 부천, 인천 지역의 가난한 달동네들을 조사하러 다닌 거죠. 원미동인가 그다음에 여기 김정택이 송림동 지역을 소개해 주고, 보고 그러면서 거기에 한 다섯 여섯 가구가 사는 집터가 있는데, 그걸 사면 교회당하고 공부방하고 우리가 사는 집이 되겠더라고요. 그래서 그 집을 1985년 10월쯤 사서 수리를 하고 1985년 12월 8일 인천 사랑방교회를 창립하게 되죠.

▶ 사모님께서 잘 따라주셨으니까. 결혼하신 지 한 10년 정도 됐겠네요.

박 그러니까 사실 내가 공장 생활을 하게 된 거는 미국 때를 벗어야겠다, 노동자를 하든 일단은 미국 때를 벗기 위해서라도 현장에서 한번 1년 살아봐야 한다고 생각했고, 그다음에 목회자 될 때는 가난한 사람들과 더불어 하는 목회를 해보겠다 하고 결정을 했는데 저희 처가 별로 올 생각이 없을 뿐 아니라 애들도 안 오려고 그랬어요. 그래서 내가 딱 3년만 하겠다. 그래도 목사가 되어 목회자로서 가난한 사람들과 한번 살아봐야 되지 않느냐? 3년 하고 나서는 서울로 간다. 그리고 또 우리 큰 딸은 거기 화장실이 수세식이 아니니까 못 가겠대요. 그래서 화장실을 만들어 주겠다. 그래서 집을 사서 수리를 하고, 수세식 변소를 만들고, 그때 도와준 친구가 서기화예요. 서기화가 목수 일을 잘하잖아요.

▶ 유능한 목수였죠.

박 그때 도와준 친구가 유인태였어요. 유인태가 목재 공장에서 일을 하고 있었어요. 본래 그 아버지가 목재 회사 사장이셨나? 그래서 유인태가 인천 서구 회사에 있는데, 목재를 구해다 주었죠. 작은 목재, 얇은 판, 각진 거, 뭐 이런 거 다 싣고 와서 책상도 만들고 인테리어를 할 수 있었죠.

▶ 목사님, 일단 여기까지 하시고 조금 쉬었다가 이제 본격적으로 인천에서 활동 얘기를 하도록 하겠습니다.

(10분 후)

▶ 유학 갔다 오실 때까지는 부친이신 박형규 목사님과 1970년대 유신 반대 민주화 투쟁을 하셨습니다. 그리고 유학을 갔다 온 후에 본격적으로 민중의 삶에 들어가기 위해서 노동 현장으로 가는데 홀로서기라고 볼 수 있겠습니다. 그때 어떤 생각으로 이렇게 해야겠다는 생각을 하셨습니까?

박 제가 맨 처음에는 대전 지역에서 목회를 시작할까 하는 생각도 있었어요. 왜냐하면 제가 미국에 유학할 때 농촌과 노동자들의 관계를, 우리가 공동체를 생각한다면 유기적인 관계를 가지는 지역이 좋겠다는 생각도 했고, 대전 지역에 제가 농촌 조사를 옛날에 많이 해봤었으니까요. 그랬는데 복음 교단에 들어가지 않게 되어 부천 지역도 다니고 인천 지역도 다니면서 성수동, 송림동을 보니까 거의 빈민 같은 그런 달동네고, 그러면서 인천제철, 대우중공업 노동자들이 사는 그런 곳이라 빈민 선교 같은 목회를 하면서 노동운동을 할 수 있겠다는 생각을 했어요. 그리고 저희 아버님의 후광으로부터 좀 벗어나고 독자적인 목회를 해야겠다는 생각도 있었고, 또 어떻게 보면 내가 말로만 가난한 사람, 노동자들을 위해서 그랬는데 노동자 민중과 하나가 돼야 된다는 얘기도 많이 있었어요 (그때 노동자와 결혼한 사람도 많았습니다.) 그래서 송림6동을 선택했는데, 사실 송림6동에서 처음 시작하기 전에 서울의 교회,

학생 출신 활동가들이 인천에 많이 내려와 있었어요. 그리고 특히 고대 친구들이 내려와 있었는데 이경재, 김OO, 박병우 그런 친구들이 그때 되게 급했던 모양이에요. 저한테 찾아왔거든요.

▶ 제일교회 출신이었나요?

박 그때는 교회를 막 준비하는 중이었어요. 아직 창립이 안 됐을 땐데, 한 친구가 노동자처럼 교회를 만드는 데 노가다를 하더라도 괜찮으니까 데리고 있어달라고 했어요. 그가 이재혁이라는 친구인데, 고대 80학번이었는지 모르지만 하여튼 그때 교련 반대 투쟁이 있었잖아요. 교련 반대 투쟁하고 난 후에 내가 듣기에는 고대 여학생들 중에는 굉장히 페미니스트인 여성과 교회에서 함께 살았어요. 이재혁 이 친구는 정관수술을 해서 사실은 임신이 될 거라고 생각하지 않았는데 아이가 생겼어요. 그러니까 이거는 하나님의 뜻이다. 아이는 낳아야 된다 생각했다죠. 그런데 이 여자는 또 낳고 싶지 않았어요. 그 후에 우울증이 심했어요. 그런 상태에 있었는데 우리 교회에서 생활하면서 교회 작업하는 거 많이 잘 도와줬어요. 둘이 결혼까지 했을 거야. 결혼식까지 하긴 했는데 결국은 이혼하고 아이와 둘이 살다가 다른 여성하고 결혼하고, 또 양쪽 다 애가 있어서 키우다가 이 친구 자전거 타고 다니는데 교통사고로 돌아가셨어요. 그 친구가 우리 교회에서 굉장히 오랫동안 기거했죠.

사실 저는 인류학을 전공했거든요. 인류학에서 신뢰 관계를 라포하고 하는데, 지역 주민들에게 라포를 형성하고, 6개월 정도는 저 사람들이 얘기하는 거 믿을 수 없다. 6개월 이후가 된 후에야 조금씩 그 사람들이 진실을 얘기한다. 낯선 사람한테 과장도 하고 뭐 거짓말도 하고 그런 게 그거다. 그러니까 조사를 하더라도 그 조사는 형식이고, 속에 있는 진짜 얘기는 뭐 한 6개월 이후 돼서 가능하다고 얘기를 하거든요. 근데 그런 의미에서 저는 지역을 알고 지역과 사귀기 위해서 노동운동은 하지 않으려 했죠. 그래서 무당들 집도 찾아가고 그랬어요.

▶ 송림동 쪽에 무당들도 좀 있었죠.

박 사람들도 만나고 사귀고 대화하고 그러면서 탁아소, 어린이집, 사랑방 어린이집도 만들고, 그다음에 어린이 학교도 만들고 했죠.

▶ 처음에 시작했던 일은 그럼 탁아소인가요?

박 탁아사업이었어요. 그런 것 속에서 조금씩 그 사람들과 더불어 교인도 만들고 그러려고 했었죠. 그런데 제가 그래도 유명한 목사 아들인데 그것만 해도 되겠느냐? 그래서 할 수 없이 3월에 어린이집부터 시작하고, 그다음에 어린이 공부방 시키고… 근데 그때 또 5·3이 났잖아요.

▶ 학생 출신들의 다른 요구가 있었나요?

박 누가 있어서 노동자 문화 교실을 열자고 해서 할 수 없이 문화 교실도 한 6월 정도부터 시작했을 거예요. 그러면서 거기에 실무자 한 사람 두는 식으로 했죠. 그때 맨 처음에는 고대 여성이었는데 그다음에 남성이 둘, 그리고 강화에 있는 조형보가 마지막 간사였죠.

▶ 당시에 목사님께서 인류학적 방법 또 알렌스키의 조직론이나 이런 것들도 나름 지역사회에서 활용하기 위해서 고민을 하셨던 건가요?

박 고민을 했던 거죠.

▶ 방법론은 가서 보고 행동하는 것 이런 거예요?

박 가서 보고 그 사람들이 그 지역에 성향들을 파악하는 거죠. 성향도 파악하고 그러면서 그분들이 원하는 게 뭔지 그러면서 거기에 원하는 프로그램도 만들어 보고 그렇게 하는 것이지요. 그때 조규춘 전도사라고 있었는데, 그 친구는 자기 친구들이 하나는 성남의 산자교회로 가고 하나는 우리 교회에 꼭 와야 된다니까 저는 무조건 자기를 받아줘야 된다고 해서 교회에서 받았는데 이 친구가 굉장히 가난한 서민들을 잘 돌보는 친구였어요. 그런데 운동권 간사들은 또 이 전도사가 마음에 안 드는 거예요. 이 전도사는 우리 교회에 있으면서 365일 동안에 술을 안 먹은 적이 이틀밖에 없다고 했어요. 그러니까 동네 사람들하고 술 먹는 걸 좋아하고 그러면서 사귀는 거예요. 허재호라는 일용공 노동운동하던 사람도 이 친구가 만나서 사귄 거예요. 노동조합을 만드는 그런 노동 그룹들, 운동권 말고 조규춘 전도사가 만든 지역 노가다 그룹들이 있었던 거죠. 그 사람들이 교인 비슷하게 두 그룹이 있던 셈이에요.

▶ 그러면 실무자들은 교회에서 먹고 자고 이렇게 하는 상황이었습니까?
박 먹고 자는 사람은 없었어요. 매일 출퇴근했죠. 그러니까 교회 근처에 사는 집이 있었어요.

▶ 목사님 말고 실무 일을 자원에서 했던 사람들이 한 서너 명 정도 있었나요?
박 전도사님은 자원해서 왔고, 운동권서 참여한 사람들은 자신이 파송한 셈이죠. 교회 예배도 안 들어와요. 들어올 때도 있지만 자기 필요할 때는 안 들어가요. 그래서 "교회에서 예배는 해야 되지 않느냐?" 그랬는데, 완전히 따로 돌았어요. 그리고 조금 있다가 7월부터는 의료팀이 왔었죠. 경희대 의료팀 홍학기, 김정아, 이원준, 서구에서 국회의원하고 있는 신동근, 다 경희대잖아요. 하여튼 경희대 친구들이 양방, 한방, 치과 해서 우리 교회는 완전히 경희대 출신들로 의료 지원사업을 했어요. 내가 기억하긴 굉장히 오래 했어요. 치과는 한 천 회 이상 진료를 열었어요.

▶ 교회에서 그러니까 무료 진료를 하는 거죠. 사랑방교회로 이제 사람들이 치료를 받으러 오고 목회도 하고….

박 제 예배 끝나고 난 오후에 진료를 하기 시작하는 거죠.

▶ 보통 일요일 예배 때는 많이 모이면 몇 명 정도 모였나요?

박 많이 모여봤자 뭐 한 20명, 40명도 안 됐어요. 20~30명.

▶ 그 동네에서는 그래도 교회 공동체가 됐습니다.

박 엉성하게 돼 있는 셈이죠. 그러니까 그렇게 신앙적인 어떤 열정을 가지고 막 하는 그런 교회가 아니다 보니까 그런 끈끈한 신앙적인 그게 약했죠. 그거보다는 오히려 아이들이 많았지요. 아이들은 다 바글바글했지요. 아이들을 위한 주일학교 하고, 공부방도 하고, 탁아소도 하고 해서….

▶ 일하러 갈 때 아이들을 맡기고 가는 거죠.

박 선생들이 예를 들어서 안재환 부인, 그 전에 한양대 출신 한 분이 지금 부천에 시민운동하는 사람들하고 같이 있는 분이고, 그다음에 김성진이 마누라 저기 누구죠? 지금은 작은 도서관 하는, 그 친구가 어린이집도 했죠. 그러니까 길기관이 마누라도 어린이 공방하면서 같이 사귀어서 결혼한 셈이죠. 김재용이도 이렇게 왔다 갔다 했고요. 꽤 많은 사람이 왔다 갔다 했죠. 그리고 그러는 중에 우리 마누라는 완전히 배짝 말랐어요. 왜냐하면 마누라가 좀 늘씬하게 보이는데 달동네에서는 좀 안 어울리잖아요. 친구가 없었어요. 그리고 조금은 도회적이었죠. 뭐 하여튼 굉장히 예민해서 나를 도와주면서도 공부방하고 노동운동하고…. 아예 안 맞으니까 마누라는 교회를 하면서 노동운동을 하면 교회는 안 된다는 이런 느낌을 가졌던 거죠.

1986년 12월 첫 크리스마스 연극을 준비하는데 어린이들 연극은 초등학교, 중학교, 이렇게 하는데, 또 노가다들, 지역에 있던 노동자들과 부인들 그룹들, 다 성경을 통해서 연극을 꾸미는데 노동교실 그쪽에서는 자기들도 하겠다 이거예요 그럼 자기들이 하는 거는 노동 탄압하는 공장을 하겠다는 거예요 그래서 이거 하면 안 되는데… 하다가 '그래, 뭐 해보지' 하고, 하라 그랬어요, 제가. 그런데 우리 마누라는 안 된다는 거예요 그래도 우리 마누라가 안 된다고 하는 게 제가 보기에는 맞아요, 맞기는.

▶ 네.

박 그렇게 해서 마누라가 12월 24일 당신이랑 안 살겠다고 이혼하자고 나가버렸잖아요. 그래서 크리스마스 날 마누라 없이….

▶ 두 연극을 다 했나요.

박 다 했죠. 그러니까 24일에 하는 거죠. 그런데 25일 날은 마누라 없이 그냥 설교하고 그랬죠. 두 번이나 될 거예요. 더군다나 또 한 번은 토요일 날만이라도 좀 조용하면서 일요일 예배를 봐야 될 텐데, 토요일까지 노동운동하다 공부방이 집하고 바로 옆인데 구시렁구시렁 그러면 잠을 못 자잖아요 또 칸막이도 굉장히 얇은데 그래서 제발 토요일만이라도 좀 밤새고 토론한다고 오는 사람들 좀 없애라 그랬어요.

▶ 목사님도 예배 준비를 하셔야 되니까요.

박 그래서 나도 그렇게 하겠다고 그렇게 약속을 했는데 갑자기 여성 노동자들이 운동권 학출들과 같이 와서 장소를 쓰겠다는 거예요 근데 12시가 되니까 우리 마누라가 내보내라고, 그래서 이제 좀 나가줘라 내가 그렇게 약속을 했으니 좀 나가줬으면 하는데, 학출 한 친구가 "목사님,

저희들이 나가서 어디서 어떻게 위기를 받을지, 위험한 이 시기에
그게 운동적으로 맞습니까?"

▶ 1986년 말이었으면 그랬을 법하네요.
박 그랬더니 우리 마누라 그거 듣고 있다가 (집을) 나가요. 그런 적도
있었어요, 있기는.

1987년 민주화운동, 민중교육연구소 설립

▶ 목사님 민중교육연구소를 시작하시게 되는 것도 그 무렵이었죠. 1987년 되면서였나요?

박 그렇죠. 그런 일이 있으면서 하여튼 1987년도는 어떻게 보면 사실 제가….

▶ 박종철 사건 나고.

박 민중교육연구소 전에 민교 목회자들 모임이 있었어요. 한신대 신학과 김창락 교수님을 불러 매주 같이 공부하고 그러면서 연대가 돼서 김상목, 김병기 여러 사람이 모였는데, 또 김정택도 이제 산마루 목회를 시작했고, 그런 연대 속에서 실무자와 더불어 노동교실에 사람들이 좀 모이니까 노동교실에 있는 사람 중에 지역에서 참여하는 사람들 있었죠. 그 사람들과 민교련을 만들기 위해서 대표로 가는 그런 일이 있었어요. 그 과정에서 한 친구가 부천에서 박종철 사건 이후에 데모를 했어요.

▶ 혹시 그 부천에서 있었던 성고문사건하고 겹치신 건 아니죠? 박종철 사건은 1987년 1월 이후인데….

박 1987년이죠. 1986년은 성고문사건이죠. 1986년에 저희 목회자들이 부천경찰서 가고, 성고문사건 이상수 변호사가 면회를 간다고 그러길래 우리가 구치소를 따라가서 면회하고 오는 걸 만나서 이상수 변호사에게서 성고문의 얘기를 들었죠.

▶ 직접 면회를 하신 건 아니고 그러니까 이상수 변호사로부터 들었던 거죠?

박 들은 거죠. 그렇게 하고 정희윤하고 둘이서 저녁에 내내 그걸 썼는데 정희윤이 나하고 이렇게 하면 안 된다고 왔다 갔다 했어요. 왜냐하면 너무 적나라하게 하면 또 두 번째 성고문이다. 그런 얘기도 있었죠. 근데 저는 이 사실을 정확하게 알려야 사람들이 진짜 그걸 알지, 그렇게 하다가 맨 처음에는 그걸 그대로 썼는데 NCC에서 그걸 보고 국제적으로 보내기는 좀 그렇다 그래서 조금 수정해 보내서 알렸죠. 그리고 후에 성고문사건이 퍼지기 시작했고, 그 후에 동인교회에서 이진 목사 아버님 이국선 목사님이 그 교회를 빌려줬어요. 거기에서 집회하도록 성고문사건 예배를 했어요. 예배를 통해서 여러 가지를 폭로했는데 한 노동자 친구가 교회는 불태워야 된다는 얘기를 하는 바람에…. 그러니까 보고대회하고 뭐 하는 중에 노동자가 앞에 나와서 교회는 불태워야 한다는 얘기를 했어요. 근데 이 사람 나중에 얘기 들어보니까 영락교회나 큰 여호와의교회, 여의도순복음 이런 데를 불태워야 된다는 얘기를 하면서 오히려 이 교회는 그런 교회가 아니다는 얘기를 하던 중이었는데 하여튼 그 바람에 거기 있는 전도사, 장로들이 그 사람을 잡아당기고 뭐 하면서 아수라장이 되고 예배가 중단돼 버렸죠. 노동자 그룹들은 화염병도 준비하고 뭐도 하고 투쟁하려고 했던 일도 있었던 모양이더라고요. 그런 일이 있는 바람에 오히려 이국선 목사님은 그 교회에서 굉장히 힘들어지고 일찍 돌아가셨다고 볼 수 있어요.

▶ 1987년은?

박 그게 1986년이고 1987년 박종철 때 한동안 우리 교회 신도들이 다 피신을 가버렸네요. 그때 오히려 지역에 있는 노가다 노동자들이 꽤 있었죠. 허재호가 우리 교회에 있었어요. 근데 허재호가 술 먹으면 괴팍하고 어떤 때는 여자를 밤에 두들겨 패서 쫓아내는 경우도 있고 그랬던 모양이더라고요. 굉장히 성격이 그랬어요.

　　전태일 웅변대회라는 걸 1986년부터 했나? 1986년 지나고 1987년에 웅변대회가 개최된다는 걸 보면서 일용 노동자들은 일제 시대부터 억압과 탄압 속에 이런 얘기를 하길래 그럼 네가 한번 글을 써봐라 했죠. 사실은 정규직 공장 노동자들은 데모가 단순하잖아요. 근데 일용 노동자의 아픔과 설움은 잘 모르잖아요. 그래서 그거를 글로 써보라고 그랬어요. 그런데 글로 엄청나게 써왔어요. 그걸 줄이고 다듬어서 연설을 시켰어요. 얘가 또 말을 잘해요. 그래서 산선에서 노동자 웅변대회를 했을 때 거기서 1등을 한 거예요. 그리고 연세대에서 한 웅변대회에서도 1등 한 거예요. 그때 대단했어요.

▶ 유명했습니다, 한동안.

박 그런데 다음에 허재호가 사라져 버린 거예요. 나한테 안 나타났어요. 그때 노동운동을 하던 그룹이 허재호를 구워삶았는지 뭔지 모르지만 여자도 하나 사귀게 했어요. 그 여자가 노동운동권인지 잘 모르겠는데 하여튼 밤에 늦게 들어오고 안 들어올 때도 있잖아요. 얘가 여자에 대한 의심이 굉장히 많았던 모양이더라고요. "너, 뭐냐. 너, 다른 남자 있지" 뭐 이러다가 여자를 팬 거예요. 그런데 여자가 임신해 있었던 거예요. 그래서 이 여성은 정신적으로 굉장히 힘들어했어요. 운동적 마인드는 없는 데다 이렇게까지 되니까 이 친구들 빨갱이가 아니냐? 이거예요. 이상하단 말이에요. 그래서 사람들하고도 갈등이 심했죠. 그 후에 허병섭 목사를 만난 거예요.

▶ 목사님 1980년대에 사랑방교회와 지역 내 민중교회운동에 참여하게 되는데 인천에 산업선교회가 이미 있었지 않습니까? 1987년 이전에는 산업선교회나 1970년대 민주노조운동으로 동일방직 여성 노동자들도 일정하게 있었고요. 해고되긴 했지만 산업선교회, 특히 조화순 목사님이나 기존의 기독교 쪽에 관련된 노동운동권과도 관계를 맺기 시작하셨을 것 같아요.

박 그러니까 1987년 기노를 만들어서 기노 이름으로 공개 운동을 했지요

▶ 기독노동자협의회요?

박 그러니까 우리도 이름은 다르지만 하여튼 사랑방, 샘터, 이런 교회들을 만들어서 그 그룹이 하나의 기독 노동자 그룹으로 되고, 거기에 기노를 만들어서 공개 투쟁할 때는 그 이름으로 운동권이 모여서 집회도 하고 모이기도 하고, 그렇게 했었죠.

▶ 초대 회장은 그러니까 유동우 선생이었나요?

박 유동우는 서울이었고, 백마교회 누구라고 그러던데⋯. 그리고 정동근은 2대, 3대 정도 되는 것 같아요. 근데 정동근이 내가 제일 인상 깊은 건 제2동인교회 이진 목사 교회에서 아마 1988년 한 2, 3월 정도에 자기 얘기를 하는데 아주 멋있게 해서 인기를 끌었어요. 그 후부터 아마 회장직을 했던 것 같아요.

▶ 동보산업 노조 결성과 이후에 해고자로서 투쟁도 했습니다.

박 노동교실하면서 교회마다 자기들끼리 야외도 가고 하면서 1987년 매포수양관에 기독 노동자 이름으로 모아간 거예요. 한 300명 정도 갔는데 교인들은 자기 이름으로, 일반 노동자들은 사랑방교회 소속 이렇게 한 거죠. 제가 가족들한테 두들겨 맞아가면서 해결하느라고 참 혼났죠. 돈도 한 푼도 없이 네 명을 돌아가게 하고, 노동자들은 거기서 집회를 해야 된다는 거예요. 대투쟁을 앞두고 우리가 여기서 워크샵을 해야 되는데 그냥 그만둘 수 없다. 이런 논쟁도 하고 그랬는데 결국에 장례 치르고 그렇게 하는데 오히려 저는 가족들하고 만나면 나에게 더 요구가 많다고 빼버리고 김동환 목사님이 대표가 돼서 교섭하고 그랬었죠. 그때는 엄청나게 아픈 과정이었죠.

▶ 1987년 투쟁 과정에서 사랑방교회에서 사업장 투쟁은 진행된 게 있었습니까?

박 엄청나게 바빴고, 엄청나게 많았던 것 같아요.

▶ 사랑방교회 들락거리던 활동가들이 투쟁을 조직하기 시작한 거죠.

박 대우전자, 인천제철, 그다음에 주안 지역. 우리 목사 중에도 섬유공장 하는 사람이 있었는데 데모가 있어서 제가 사장과 노동자 사이에 중재하러 많이 다녔어요.

▶ 어디 기억나는 사업장이 있었습니까?

박 귀뚜라미보일러? 그 사람이 외제차 볼보를 타고 다니는데 교습해달라고 해서 교섭을 해서 하여튼 잘 끝났다고 고맙다고 돈을 아마 엄청나게 준 것 같아요. 돈을 받아 가라는데 거절했죠. 하여튼 그때 엄청나게 많이 바쁘게 다녔어요. 연수구 가는 거기에 있는 동양화학, 뭐죠? 하여튼 조그마한 회사부터 시작해서. 그때 또 10월인가 대전에 무슨 사이비 종교 사람들이 집단 자살하는 사건이 있었죠.

▶ 1987년 10월이었습니까?

박 1980년 10월 정도 같은데. 오대양 사건과 비슷하게 교회를 몰아쳐서 매도하는 사건이 있었어요. 노동자대투쟁으로 바쁘다가 한꺼번에 싹 죽은 적도 한 번 있어요.

▶ 어떤 내용으로 매도를 했습니까?

박 동네 사람들 속에서요.

▶ 남녀 같이 잠을 잔다는 그런 거요?

박 여러 가지 많이 했던 것 같아요. 그래서 탁아소와 공부방도 약간 흔들흔들 하고 그랬어요. 당시에 김소희, 김성진 마누라가 있을 땐데, 그런 일들이 좀 잠잠해지고 나서 1987년 겨울부터 기독교민중교육연구소를 만들려고 하는 준비를 했던 것 같아요.

▶ 1987년 대통령 선거 지나고?

박 네, 지난 후에 노동자들의 노동조합이 만들어질 텐데 교육도 해야하고 무엇도 해야 한다 그래서 그때 서울 민중교육연구소의 실장이었던 오세구라고 있었어요. 오세구라는 사람이 큰 꿈을 꿨어요. 8주년 대투쟁 이후에 울산·광주·인천 이런 데 기독교민중교육소를 세워서 교육을 시키려고 했죠. 또 운동권도 사실 많은 지역마다 그걸 하고 있는데 내가 보기에는 오세구의 인천 지역은 PD쪽 그룹하고 결합이 됐던 것 같아요.

▶ 민중교육연구소가 서울에 있었던 거고요?

박 그렇죠. 서울에 그리고 허병섭 목사님이야 인천기독교민중교육연구소를 만들려고 했던 거죠. 그거 우리 교회에서 당시에 약간 갈라졌던 것 같아요. 1987년 이후 노조를 만들던 당시 그룹이 나눠지면서 민중교육연구소 만들고, 우리 교회도 피디가 장악하고, 노회찬도 그때 있었던 것 같고, 그래서 제가 돈도 모으고 뭐도 하면서 아마 1988년 한 5월쯤이었어요.

▶ 그곳이 작전동이었습니다.

박 갈산동 대우아파트 옆에요.

▶ 건너편에, 거기를 특별히 거리로 장소를 잡은 데는 이유가 있었습니까? 부평 4공단을 염두에 둔 것인가요?

박 대우자동차가 노동운동의 중심이다시피 하고 그러니까요. 그리고 대우자동차와 큰 회사들 중심으로 아마 연구조사가 됐을 거예요.

▶ 민교련에서 처음 1987년 노동자대투쟁이라는 책을 냅니다. 그게 1987년 투쟁 과정에 주요 사업장들에 대한 보고서들이었거든요.

박 그게 주로 인천 지역이죠. 부천도 들어가 있나요?

▶ 부천은 경원세기 얘기가 약간 등장하는 정도죠.

박 그냥 어떻게 보면 그것부터 만들었는지 그때 부천도 굉장히 많이 조사해 서 발표했을 거예요. 그래서 부천 지역에도 기독교민중교육연구소 비슷하게 하나 만들려고 했던 것 같은 생각이 들어요.

▶ 민중교육연구소에서 1988년부터 본격적으로 이제 지역 노동자들 대상으로 하는 사업을 시작하셨는데요. 초기 노동조합 간부들이나 이런 사람들을 그때 접하게 되신 건가요?

박 그때 저는 연구소 소장이기는 하지만 이원주 실장이 주로 했죠, 저는 사랑방교회가 주였으니까. 경동산업(노동자들)이 우리 교회에 있으면 서 교회를 많이 활용했어요. 박병우, 또 누구지? 꽤 많은데, 김종하, 이건탁, 오동진, 이런 친구들이 우리 교회서 살다시피 했죠.

제가 1987년 6월항쟁 전에 빠뜨린 거는 1987년 박종철 고문 사건 이후에 전두환 대통령이 4.13호헌선언을 하잖아요. 호헌 조치 이후에 민중교회 목회자들은 기노 모임을 샘터교회에서 한 400명 모여서 하고 난 후에 5월 4일 인천 지역 선교위원회라는 이름으로 민중교회 중심으로 큰 교회였던 인천 제일감리교회를 빌려서 금식 기도회를 하죠. 처음에 목사님 20명 정도였는데 그게 7일 동안에 32명으로 증가하 고, 큰 교회 목사들도 참여하게 되고, 큰 교회 목사 중에 최세영 목사라고 계산감리교회 감독 등 이런 분들이 막 참여하기 시작했죠. 그러니까 소규모로 시작한 것들이 6월 투쟁 때는 목사들이 대거 참가하지요. 큰 교회 목사들, 감리교회가 참여하기 시작하면서 정희윤 간사가 인권위 간사로서 기독교 민주화운동의 큰 역할을 하는 계기로 돼요.

▶ 감리교단이 1986년 이후로 민주화 투쟁에 같이 동참을 하게 되는 거네요.
박 6·10 때 백마교회의 신철호 목사하고 몇몇 사람들을 십정동에 있는 옻닭집에 모이도록 해서 점심을 먹고 논의해서 여섯 시에 신철호 목사가 양복이 없다고 해서 내가 양복 하나를 사주고, 양복에 십자가를 걸고 앞에 세워서 데모가 시작되었죠.

▶ 부평역 앞에서 시작하신 거죠.
박 그렇죠. 그때 십자가 행진하면서 노동자들이 들어오고 노동자들이 이제 시가지로 갔죠.

▶ 그날 시위가 엄청났어요. 그러니까 부평역에서부터 백마장 입구까지….
박 그때 사실은 보이지 않게 그거를 주도한 거는 저하고 민중교회 목사들이 앞에서 역할을 했던 거죠. 그런데 아까 박윤배가 기독교민중교육연구소에 있었다고 그러는데 박윤배하고는 1987년 봄인가 그 부인이 임신해서 출산을 해야 했는데….

▶ 박윤배 씨도 사랑방교회에 다녔나요?
박 아니, 사랑방은 아니었어요. 아내가 출산을 해야 되는데 돈이 없어서 저한테 부탁을 하길래 신천리 시흥에 양유한 원장이 있는 그쪽에 부탁해서 출산했죠. 그런 인연으로 윤배하고 친하게 됐어요. 그러면서 자기도 민교련에 참여하게 해달라고 그랬는지는 잘 모르겠네요.

▶ 초기에는 실무자로 활동을 했었습니다.

박 그리고 또 대우에 김우중하고 만나고 얘기할 때 나한테도 왔었어요. 와서 뭐 이런 일도 이렇게 이렇게 했는데 어떻다고 해서, 저는 노동운동도 중요하지만 그런 역할도 필요할 수도 있다고 정리하였어요.

▶ 대우중공업 해고자였다가 이제 복직을 하게 되죠. 그런데 복직을 현장으로 한 게 아니고 기조실로 했던 거죠.

박 그때 비행기 타고 김우중하고 여행을 가고 마음이 맞고 해서 돈을 투자해 주고 했죠. 그래, 해봐라 그랬던 것 같아요. 하여튼 그런 적은 있었습니다. 그리고 송영길은 운수노보 전에 택시 운전을 하면서 거기에서 노조를 만들기 시작한 거죠. 송영길 시장의 주변에 택시 운전하던 사람들이 꽤 있어요.

▶ 운수노보가 초기에는 민교련에서 사무실을 같이 사용했죠?

박 네, 그렇죠. 같이 살죠.

▶ 당시에 한 10여 명 정도 실무자로 활동을 했던 것 같은데 활동비를 지급할 수가 있었습니까?

박 그때는 한 1~2년은 해외 지원이 좀 있었고 그걸로 예산으로 했던 거죠. 한 3천만 원 받았을 거예요. 그런데 내가 그만두면서 1년 정도 더 받은 돈은 그쪽에 2천만 원을 줬는데 1천만 원을 내가 민중교회에 줬어요. 하여튼 그렇게 정리를 했죠.

▶ 그게 1980년대 말이었습니까?

박 그렇죠. 1980년대 말이죠, 1989년.

▶ 그러면 한 3년 정도.

박 2년 정도요.

▶ 지원을 하셨네요.

박 그런 셈이죠. 그리고 제가 민교련 할 때 보니까 저는 처음에 민중교육연구소 만들 때 일반 노동자들을 위한 교육을 생각했어요. 너무 이념적이기보다는 노조를 하는 데 필요한 것들을 하자고 했는데, 이사 장명국을 나한테 말도 없이 자기들이 잘라버린 거예요. 장명국이 굉장히 기분 나빠하는데 저는 그것도 몰랐어요. 그리고 또 대통령 선거 때 민중후보론도 있었잖아요.

▶ 1987년에 대선 때요?

박 기독교민중교육연구소가 중심이었던 것 같고, 나의 아버님은 그때 단일후보론이었고, 또 이해찬이 나한테 (김대중 지지 요청도 하는) 이럴 때잖아요. 저는 노동운동을 이념이라기보다 사랑으로 시작했어요. 그런데 너무 이념적인 틀 속에서 하는 것 같고, 또 내가 맨 처음에 만들려고 했던 그 취지하고는 전혀 안 맞는 것 같아서 제가 그만둔다고 그랬죠. 그리고 그때부터 내가 노동운동을 안 하고 노동운동을 옆에서 돕는 그런 일을 했었는데, 더 열악한 빈민 선교 그쪽으로 가야겠다고 생각했죠. 그리고 민중교육연구소도 빈민 선교로부터 시작한 연구 단체인데 너무 노조와 노동운동 그쪽만 해서 제가 못 하겠다 그랬죠. 지원금 나눠주고 그때부터 제가 빈민 선교에 집중한다고 생각하고 기독교도시빈민선교협의회, 그다음에 전국빈민단체협의회 의장도 되죠. 그때 노점상 양현수하고 나하고 한 판 싸우기도 하고 굉장히 갈등도 많이 하면서 그걸 해체시키면서 현재의 주민정보교육원인가 박재천이가 하는 걸로 이렇게 변화시켰던 거죠.

▶ 일단 1980년대에 인천에서 사랑방교회와 민중교육연구소 활동까지 얘기가
정리된 것 같습니다. 조금 쉬었다가 다시 시작하시죠.

(10분 쉬고 다시 시작)

노동자투쟁과 사랑방교회의 노동자

▶ 목사님, 1987년 6월항쟁과 7, 8월 노동자대투쟁때 인상적인 장면이 있을 것 같은데 1987년 6월항쟁 당시 인천에서도 집회나 이런 것들이 되게 많았거든요. 그때 한번 회상해 보시겠습니까?

박 초기에 6월 10일 항쟁 시작 얘기는 아까 한 것 같은데, 그때 저녁 무렵 되니까 공장에 있는 노동자들이 퇴근할 때 공단 쪽으로 가고, 공장에 있는 노동자들이 다 합류하면서 엄청나게 많은 노동자가 같이 거리를 휩쓸고 다녔던 기억이 있어요. 그 후 교회에서도 기독 청년들이 집회를 하였고, 6.29선언 한 날도 꽤 많이 모였어요. 그때 너무 왔다 갔다 정신이 없는데 부평경찰서에 많은 사람이 잡혀가고 그랬죠, 맞아요. 그래서 매일 경찰서를 아침에 출근을 한 것 같은 생각이 들기도 하고 그런 기억은 있네요.

▶ 7, 8월 노동자대투쟁 때 말입니다. 사랑방교회는 송림동이었으니까 인천제철이나 이천전기도 있었고요. 대우중공업, 경동산업 같은 경우에도 주안에서 오기가 좋았던 데거든요.

박 그때 기억… 저는 이천전기에 유순조, 돌아가셨는데 그분이 그 지역에 살았어요. 부인도 있고 교회는 안 다녔는데 만나서 자기가 해고됐다는 걸 저한테 얘기하고, 그때 이천전기의 사장이었죠.

▶ 장세창이었습니다.
박 아, 그래요. 서울대 문리대 출신 선배 중에 꽤 괜찮은 선배였는데 제가 직접 강남에 그 집을 찾아갔어요.

▶ 이천전기 사장 집을?

박 아니, 사장이 아니고 사장과 잘 아는 선배를 찾아야 했어요. 그분 이름이 꽤 유명한데 괜찮았어요. 그래서 좀 복직을 시켜달라 그랬더니 힘들지만 하여튼 해보겠다 그랬죠 그래서 그분이 복직이 됐어요 유순 조가 복직되고 몇 달 있다가 또 해고됐어요. 그때 유순조가 복직될 때 우리가 같이 개도 한 마리 잡아서 잔치도 한번 한 것 같은 생각도 드는데….

▶ 인천 해협에서 아마 개 잡아서 잔치를 했을 겁니다.

박 하여튼 회사 측하고 그러면서 나하고 그 후에는 잘 만나지 못했지만 내가 노력해서 복직시켰는데 또 해고되고 그래서 좀 안쓰러운 점이 있죠.

▶ 목사님, 교회 활동은 교인들과 관계도 있고 운동권들하고 관계 이런 것들이 교회 내에서 잘 융합이 안 돼서 참 힘드셨겠습니다.

박 잘 안됐고, 사실은 1987년 이후에 전부 민중교육연구소로 또 한쪽은 송림동 지역에 송림사랑방상담소를 만들어서 나가니까 우리 교회의 실무자들은 다 없어진 거죠.

▶ 송림로터리에 사랑방상담소가 있었죠.

박 그때부터는 아까 말씀한 대로 빈민 선교와 그런 노가다 노동자들을 선교하는 그런 걸로 간다고 생각했는데 도시빈민선교협의회로 방향을 돌리는데 그때 협동조합운동이 있었어요. 스페인의 몬드라곤 노동운동 보다는 시민운동 쪽에서 먼저 많이 얘기가 됐어요.

저도 생협 공부도 하고 그래서 그걸 한다고 하면서 저희 교회에서 생산 공동체 운동 비슷한 거를 한 적이 있어요 실험을 교회에서 하는데, 진짜 하청으로 물건 받아서 하다가 수입이 없어서 내 친구가 하고 있는 전자회사에 땜질하는 건가, 뭐 그런 거를 하면 수입이 괜찮더라고요. 그래서 여성들 모아서 우리 교회에서 하고 용인에 내가 차로 가져오고 그런 것을 한 1년간 했던 것 같다는 생각이 들어요. 생산 공동체 운동 비슷하게 해보려고도 했고, 다음에는 이명숙 씨와 어린이집 하면서 미싱을 이용하여 옷을 좀 만드는 이런 것들을 하려고 했었죠.

▶ 김칠석 여사도 그 무렵에 교인으로 있었나요?

박 그전부터 있었죠. 왜냐하면 딸이 어린이집에 다녔고, 우리 딸하고 한두 살 차이일 거예요. 그러면서 교인이 됐죠. 교회에 쭉 다녔는데 산재를 당했죠. 부인 남편이 완전히 알코올 중독자라 또 무릎이 이상해서 이걸 고치면 같이 일할 수 있을지 모르겠다 싶어서 내가 서울에 있는 백병원에 아는 의사한테 수술을 부탁해서 수술도 했어요. 내가 또 김칠석 씨를 운전을 배우게 해서 트럭에다가 채소들을 가지고 파는 걸 같이 시켰어요, 그걸로 먹고살게 한다고. 근데 전혀 도움이 안 돼서 그만두고 다시 공장을 갔는데 공장에서 벨트에 손가락이 들어가 버렸죠. 뼈가 막 흐트러져서 못 붙이니, 붙이니 했는데 하여튼 내가 그때는 매일 아침에 간절히 기도했어요. 김칠석 집사가 진짜 어려움을 많이 겪고 그러다가 결국은 할 수 없이 이혼하게 되었고 자기 일도 하면서 노조에서 활동하기 시작하고 그랬던 시절이었죠.

▶ 사회평론 「길」은 1990년부터 하셨나요?

박 사회평론 「길」이 그렇죠. 1993년도부터인데.

▶ 인민노련 조직 사건 이후에 구속자들이 석방되고 나와서 활동하면서 같이 시작하신 건가요?

박 사회평론은 아마 1992년 정도부터 시작됐을 거예요. 아마 '길을 찾는 사람들'이라고 했는데, 교회는 노동자들이 비밀 운동을 하면서 다 나가고, 앞으로의 정치적인 여러 가지 속에서 좀 더 넓은 세상을 보면서 뭘 해야겠다는 생각이 들었습니다. 사회평론지의 발행인 제안을 윤철호가 했을 거예요 윤철호가 감옥에 가기 전에 민중교육연구소를 했는데, 감옥에 가게 되자 그의 부인이 찾아와서 막 울면서 석방되도록 도와달라며 찾아왔습니다. '사회평론 「길」'을 준비하고 있다고 해서 내가 언론이나 이런 부분에 대해서 좀 파악도 할 겸 해보겠다 하여 같이하기 시작한 거죠. 그때 제일 처음 내가 시도한 게 고성국이라는 친구가, 지금은 완전히 우편 향으로 그렇게 됐는데, 그때 「조선일보」를 까는 글을 쓰기 시작했다고 했어요 그래서 「조선일보」하고 한번 붙었어요 근데 「조선일보」 방상훈이는 나하고 중고등학교 동기거든요 방상훈이 우리 딸 대학 입학할 때 학비도 도와준 친구예요. 사회평론 하면서 내가 광고를 따오는 걸 했는데 그때 삼성, 대우, 현대 안 찾아간 데 없었어요 더군다나 「조선일보」 편집국장이었던 변용식이라는 친구가 있었는데 그 친구가 1968학번, 운동권이었어요 그 당시 데모하고 「조선일보」에 기자 시험을 쳤는데 거의 1980년 되겠죠 성적도 좋고 한데 운동권이라는 것 때문에 자를까 말까 하던 때였던 것 같아요. 그런데 방상훈이 그 친구를 받아준 모양이에요 받으면서 아무래도 의심스럽고 좀 불안하니까 나하고 방상훈하고 변용식을 같이 만나자는 거예요.

▶ 보증을 서라는 얘기였네요.

박 하여튼 같이 만났어요. 그때 무슨 얘기 했는지 잘 모르겠지만 그냥 그쪽 충성 분자가 됐대요 변용식 얘기를 왜 했냐면 변용식이 편집장일 때 광고 좀 따달라고 그랬어요, 제가. 그랬더니 형님 제가 세 번만 해주겠습니다. 세 번 꽤 큰 걸로 해줬어요. 그 일 하면서 기자들하고 사귀고 얘기도 하고, 그때 노회찬은 「노동정보」지 했었죠.

▶ 「매일노동뉴스」죠.

박 그 후로 제가 기독학생총연맹 총무로 가는 바람에 서울 가서 일하기 시작해서 이상선 목사한테 인천 일을 맡기고 그렇게 했는데, 내가 생각하기에는 노동선교문화원도 협동조합 일할 때 그때쯤 시작했던 것 같아요.

▶ 예, 1990년대예요.

박 그러니까 그때 제가 기독학생총연맹 갈 때는 다 그만두는 걸로 하고 갔을 거예요.

▶ 기독학생총연맹은 그러니까 대상이 학생인데 그때 목사님은 이미 40대이었는데요?

박 학생 조직이죠. 캠퍼스 학생 조직이죠. 그런 것들을 관리하는 책임자가 되는 거죠. 학생회 총회장이 아니고 학생회의 총무 역할을 하는 기관 대표가 된다는 그런 뜻이죠. 그러니까 아버님이 총무했던 것처럼 총무를 한 거죠. 기독교가 점점 취약해지니까 기독 학생들을 좀 더 살려서 기독교의 사회운동을 좀 더 강화시킬 필요가 있다는 의미에서 기독학생 운동을 좀 변화시켜야 된다는 생각을 하면서 총무가 됐던 거죠.

▶ 그러면 직전에 노동선교문화원 같은 경우에는 인천에 노동 선교나 이런 부분들은 아직 의미가 있다고 보셔서 챙겨주신 건가요, 1990년대예요.

박 노동문화센터는 어떻게 보면 기독교의 노동운동을 일반 노동운동 속에서 같이하면서 도와주는 식으로 했는데, 우리가 생각하는 그런 것보다는 끌려가는 입장이었잖아요. 노동자들과 노동자들의 어떤 것들을 우리가 기독교적 정신과 기독교적인 그걸 가진 노동자들을 모아내는 그룹으로, 예전의 기노(기독노동자협의회)도 없어졌고, 그런 속에서 노동자들의

삶과 그런 것들을 노동조합만 하는 게 아니라 그런 사람들의 의식을
좀 더 건강하게 만들기 위한 그룹이 필요하다 그런 생각으로 했던
거죠.

민중교회운동의 변화와 빈민운동

▶ 1990년대 들어서면서 목사님이 사랑방교회를 정리하듯이 다른 민중교회들도
  조금씩 정리되는 분위기였잖아요. 그 흐름도 좀 말씀해 주시죠.

박 제가 보니까 1987년 이후 1988년에 민중교회운동연합이라는 게 만들어
   지면서 아주 큰 조직으로 예장, 기장, 기감이 같이해서 연대를 만들었는
   데 연대를 만들자마자 회장이 누가 되느냐를 가지고 굉장히 교단별로
   갈등했어요. 우리 자체가 기독성을 가진 노동자들을 우리의 회원으로
   만들면서 나아가야 하는데 1987년까지는 보이지 않게는 '외피론'이라
   고, 얘기는 안 했지만, 외부의 어떤 조건 활용용으로 좌우되는 현상을
   가질 수밖에 없었어요. 앞으로는 좀 더 주체적인 민중교회를 만들고,
   민중교회가 가지고 있는 영성도 있어야 된다는 그런 고민을 많이 얘기하
   면서 토론도 많이 했어요. 실질적으로는 많은 사람이 거기서 목회를
   하는 그 자체가 노동조합으로 전부 흩어지는 과정에서 없어지다 보니까
   주로 노동 쪽으로 운동했던 사람들은 많이 약화된 것 같아요. 교회가
   당시부터는 어린이집이나 이런 복지적인 활동으로 가고, 저는 노동자
   몬드라곤 같은 생산 공동체 만들어 본다 이런 시도도 했지만, 그런
   걸 하지 못한 사람들과 교인들이 좀 적었던 데는 그냥 일반 교회로
   그냥 남아 있는 것 비슷하게 돼 버렸죠. 그러면서 민중교회 결속력도
   좀 약화되는 그런 경향이 있었던 거죠. 그리고 후배들한테 넘긴 저도
   민중교회의 연속성을 후배에게 넘겨야 되잖아요. 사실은 내가 했던
   것을 이상선 목사한테 넘기려고 했는데 이상선 목사님이 실질적으로는
   기장교회 목사가 못 되고, 또 그때 한 게 뭐냐 하면, 노숙자 쉼터
   같은 걸 했어요.

▶ IMF 때요?

박 노숙자 쉼터 하면서 오히려 일반 교인들도 다 없어져 버리고, 또 쉼터 하니까 정부의 지원 받으면서 하는 그런 식이 돼버린 거예요. 그러다가 자체 내에 그들과 더불어 생산 공동체 운동한다고 하다가 빚만 지는 그런 과정이었어요. 내가 기독학생총연맹 총무 그만두고 끝났을 때 딴 데로 가는 것보다 사랑방교회의 이상선 목사가 기장 목사도 못 되고 빚만 지고 잘못될 것 같아서 이상선 목사하고 같이 복귀하겠다 하고 다시 사랑방교회로 돌아갔죠. 2001년인가 노숙자 쉼터를 없애버리고 "가난한 사람 중에 가장 가난한 사람들은 장애인들이다. 장애인들하고도 더불어 하겠다"고 해서 '함께 걷는 길벗회'라는 장애인 단체에 내가 이사장이 되고 그 일도 같이해요. 그리고 그때 교회가 재개발 싸움에 휘말리게 돼요.

▶ 송림동 재개발 사업이죠.

박 송림 재개발 사업을 보니까 우리 구민 쪽에는 전부 재개발 싸움을 안 한 사람이 없어요. 재개발 싸움을 교회가 나서서 주민과 함께하고 그거 끝나면 교회로 남아 지역 운동하는 식으로 되는 거죠. 그러니까 몇몇 지역 운동하는 사람들이 재개발 싸움을 하는데 우리도 비상대책위원회를 만들었고, 나도 참 엄청나게 싸웠죠. 다섯 번 재판 받고 벌금도 50만 원 받았는데, 거기다 "난 죄 없다. 내가 벌금 받을 이유가 없다"고 정식 재판을 신청해서 1심, 2심, 3심까지 졌어요. 변호사를 썼는데 맨 처음에는 선고 유예를 받았어요. 선고 유예를 받으면 50만 원 안 내도 돼요. 근데 내가 민청 긴급조치 9호로 구속된 게 있기 때문에 구속된 사람은 다음에는 유죄든 무죄지 선고유예는 없다는 거예요.

그래서 항소했고 나중에 50만 원 벌금 내고 말았는데 하여튼 그렇게 재개발 싸움하면서 재개발에 대해서 내가 빠삭하게 알게 됐죠. 재개발에서는 관리처분 계획이 굉장히 중요해요. 그것만 끝나면 일사천리로 그냥 진행되는 거예요. 그게 재산과 돈과 사업계획이 쫙 짜져서 통과되는 건데, 그걸 막는 과정에서 투표함을 탈취해서 문병호 변호사 사무실에 집어넣고 다시 투표했는데 우리가 이겼어요. 그런 줄 알았으면 그냥 재판받을 건데 하여튼 그러고 난 후에 김남근 변호사가 많이 도와줬어요. 재판에 한 번 이겨서 "다시 투표로 조합장 선거를 해서 결정을 하라" 이렇게 된 거예요. 그래서 조합장 선거를 할 때 또 최원식 변호사를 사회자로 모시고 투표했는데 과반수를 서로 못 넘겼어요. 그러니까 뭐냐 하면 재개발 싸움을 하다 보면 점점 더 우리 지역 주민들이 없어지는 거예요. 왜냐하면 조그마한 평수의 집을 돈을 많이 주고 다 사버리는 거예요. 그러니까 이제 표가 점점 줄어드는 거죠. 그러고는 그 사람들은 서명 결의서를 받아서 다 하는 거예요.

▶ 됐다 싶을 때 하는 거니까요.

박 외부에 있는 사람들은 다 서명받아서 하니까 우리는 지역에 있는 사람들만 하는데 지역에 있는 사람들이 점점 없어지니까 안 되겠다 싶어서 내가 타협하자고 그랬죠, 조합하고. 그래서 "조합원들 분양가는 올리지 마라. 그거 하나만 들어주고 대신 너희들이 다 해 먹어라. 모든 결정은 너희들이 다 해라. 우리는 도장만 찍겠다"라고 한 거죠. 원래 형식은 조합장이 주체예요. 조합장을 통해서 다 하는 거니까 그래서 그걸 합의 봤어요. 그다음에 우리 땅값 100%라 그러면 140%를 올려달라 그러니까 뭐 천만 원이면 천4백만 원 정도를 더 달라고 그러는 거죠. 그걸 합의 보고 투표를 한 거예요. 근데 맨 처음에는 비슷하다가 두 번째는 안 되겠더라고 우리도 실력이 있는 사람들을 하나 잡아서 지역으로 돌아다니면서 서명을 받기 시작한 거예요. 돈도 투자하고 회원들의 돈도 받고 결국에는 우리가 이겼어요. 그래서 우리 편 총무가 조합장이 된 거예요.

총무가 조합장이 되고 그래서 34평이 1억 2,600에 들어가는데 분양가는 2억 1,900이야 그러면 어떻게 돼요. 거의 1억 가까이 이익이 차이 있는 거예요. 그래서 우리 조합원들이 최고로 좋아하는 거죠. 그렇게 한 적이 없으니까요. 그리고 땅값도 보상을 이천만 원 받을 걸 삼천만 원, 오천만 원 받을 걸 칠천만 원, 그러니까 이것만 하면 일억 이천 육백이니까 오천만 빌려도 들어갈 수 있는 거예요. 그래서 우리 조합원들이 많이 들어갔죠.

▶ 그게 송림동 재개발 과정이었나요?

박 그래서 내가 백서도 만들고 했는데요.

▶ 그 이후에 주택 문제에 대해서 관심이 생긴 건가요?

박 그때 재개발이라는 게 어떻다는 걸 알게 되었죠. 그리고 그것 때문에 옆에 있던 송림4동도 조합원들이 올려 받아서 이익을 보고 있죠. 하여튼 한 4년 정도 재판도 하고 데모도 했어요. 피켓팅도 하고 구청도 쳐들어가고요.

▶ 목사님, 그때는 본인의 문제를 가지고 투쟁을 하신 거네요.

박 본인이지만 지역 문제라고 볼 수 있는 거죠. 지역에 있는 가난한 사람들의 집값을 그것도 자기들 맞게끔 권리를 잡아준 셈이죠.

▶ 1990년대 말이었습니까?

박 2004년에서 2006년 끝나고 건설하고 2009년도에 들어갔어요.

▶ 지금 살고 계시는 데가 거기죠?

박 그래서 거기에 있는 돈을 가지고 조화순 목사님이 하고 있던 여성 노동자들의 탁아소, 공부하는 집이 2층에 있었잖아요. 그걸 우리가 샀죠.

▶ 도화동의 여성 노동자의 집과 탁아소요?
박 그걸 사서 2층은 교회로 하고 아래층은 외국인노동자상담소로 하고요.

▶ 그게 그래서 어디로 간 거죠, 도화동에요.
박 지금 인권위원회 위원장하고 있는 박경서 목사가 하고 있죠. 내가 하다가 박경서한테 다 넘겼죠.

▶ 교회 자리도 옛날 그 자리인가요?
박 진짜 그 자리죠.

▶ 2000년대로 넘어오게 되는데요. 이후에 도시 빈민 활동으로 주택 문제와 목사님께서 하신 주요한 관심이 남북평화재단이었지요?
박 네네.

남북평화재단을 통하여 북한 돕기에 나서다

▶ 남북평화재단과 관련해서 그 과정을 좀 말씀해 주시겠습니까?

박 알렌스키의 주민 조직화운동이라는 게 거기서부터 시작된 건데, 시민단체들이 많이 생기기 시작했잖아요. 시민단체들이 민주화 과정에는 모든 게 시민이라고 본다. 그러면 민중도 시민이라고 보고 풀뿌리 운동이 돼야 한다. 풀뿌리 운동을 통해서 시민운동이 돼야 된다. 박진규하고 그때 변호사 김진나 하고 몇 번 찾아왔어요. 인천참여자치연대 만들 때 같이 하게 된 거죠. 인천 주민자치연대에서 이혜경과 몇몇 사람이 훈련도 한 6개월 받았어요. 시오라 커뮤니티 오가니제이션이라고, 주민정보교육원에서 지금도 하고 있는데 그러니까 알렌스키로부터 시작해서 주민 스스로 깨닫게 하고 스스로 행동하게 만드는 거죠. 조직가는 촉매자요 활동가로서 주민 스스로 거기에서 리더십이 되고, 지역을 위해서 이슈도 만들고 뭐도 해야 된다는 거죠. 그래서 이혜경과 몇몇 사람들이 같이 남구 미추홀에서 마을만들기센터 했던 그런 친구들이 같이 마을 만들기 활동을 했어요. 그때 내가 서구의 아파트에 살았거든요. 동구의 아파트 짓기 전에는 서구 사람들과 그런 잡지 비슷한 것도 만들고 신문도 만들고, 그렇게 하다가 같이 결합해서 '희망을 만드는 사람들'이 됐죠. 그때 조성혜가 만든 그룹하고 같이하자는 얘기가 있으면서 합치게 되었고요.

▶ 남북평화재단은 어떻게 시작하는지요?

박 2008년, 남북평화재단은 서울에 있는 남북평화재단에 아버님이 이사장으로 있을 때 대우자동차의 자동차를 몇백 대, 북한에 보내면서 평화재단을 만들고, 사무총장 하던 김영주 목사가 인천 지역과 경기도와 대전에 지부를 만들려고 했어요. 그때 김의중 목사님도 여기에 같이 참여하고 싶어 하는 마음이 있었어요.

▶ 김의중 목사님이요.

박 그런데 이분은 내가 노동운동을 하러 왔을 때 부평에서 대우자동차 근처 갈산동 지역에 교회를 하고 있었어요. 감리교 목사인데 그곳에 노동자들이 많았어요. 대우자동차 노동자들도 굉장히 많았죠. 그래서 노동운동을 같이 하면 어떻겠나 싶은 생각이 있어서 만나서 얘기했는데 들어보니까 북에 가족이 있는 사람이나 이런 사람들은 연좌제가 있었잖아요. 이분의 아버지가 인민군 대장 출신이에요. 근데 6.25 때 돌아가셨어요. 그리고 6.25 때 남쪽으로 내려왔고 김의중 목사는 아주 아기였던 거예요. 6.25 때 어린아이였는데 아버지는 본 적이 없는 거예요. 임신시켜 놓고 북으로 가버렸고 자기는 다른 사람한테 얹혀서 먹고살았고, 어머니는 감옥에 가 있었어요. 6.25 끝나고 감옥에서 풀려나서 엄마와 만나서 강화도에서 살면서 인천에서 공부하게 된 거죠. 그러니까 어머니 얘기는 "너는 기독교를 믿고 목사가 돼야 된다, 그게 살길이다." 이렇게 가르칠 정도로 남북 간에 그게 있었으니까 그래서 목사가 됐어요. 그런데 자기 아버지가 사회주의자면서 장군이라고 그러니까 아버지도 이해하고 또 아버지를 위해서 무언가 북에 도움이 되는 일을 하면서 북을 좀 알고 싶어 하는 그런 게 있었던 거예요. 그동안 못하고 있다가 중국이 개방됐잖아요. 중국이 북한하고 가까우니까 연길, 훈춘, 선양, 하르빈 이런데 사회복지 기관들을 많이 만들었어요. 교회 하면서요. 그리고 북경 근처에 파래관이라는 지역에 소학교도 하나 만들었어요. 1990년대에 굉장히 가난했잖아요. 자기 큰아들이 교통사고 나서 죽었어요. 그런데 그때 보상받은 한 5천만 원 가지고 거기에 투자한 거예요. 그래서 내가 한 몇 년 전에 가봤는데 그 학교가 한 500명 되는 큰 소학교가 됐어요. 그리고 이 사람이 설립한 공로자로 되어 있더라고요.

그리고 삼성에서 도움을 받아서 한중교육센터를 만들었어요 김의중 목사가 어떻게 해서 유명해졌냐 하면 북경 근처 배나무 농장을 십만 평을 조성하는 데 실패한 거예요 글쎄 묘목이 자라지도 않고 그러면 공산주의 사회에서는 잘못하면 모가지잖아요 그때 김포에 있는 신고배의 묘목을 갖다줘서 이걸 살린 거예요 북한 사람들이 그걸 보고 이거 누가 만들었냐니까 남한에 있는 김의중 목사가 지원해 주었다고 해서 북쪽에 있는 사람들이 우리도 좀 지원해 달라 이렇게 된 거예요 그러면서 이북에 부모님 만나러 한번 간 적이 있죠 그런데 그때 이미 아버지는 죽었고 형도 죽었고 누가 살아있다는 말 했어요 그다음에 북에 지원 그런 것도 하려면 단체가 필요한 거예요 그래서 나하고 뜻이 맞아서 여야, 보수 진보 없는 순수하게 북한을 돕고 북한이 잘 되게 되는 그런 일에 우리가 좀 같이하자, 그래서 김의중 목사가 술도 안 먹는 완전히 보수적인 사람이 나하고 같이해서 그분을 내가 대표로 세우고 내가 공동대표하고 하면서 만들어졌죠 그분이 단체의 사무실도 제공하고 뭣도 하고 그래서 지금까지 유지되고 있는 거예요 제가 만들었으면 그거 유지되지 못했을 거예요.

박종렬이 만난 사람들

▶ 노동운동으로 인천에 오셨다가 나중에 빈민 활동 특히 지역 주민 활동 과정에서도 많은 사람을 만나셨을 텐데 제가 몇 분만 좀 물어보겠습니다. 서경석 목사하고는 관계가 학창 시절부터 있지 않습니까? 어떻게 생각하세요?

박 서경석 목사하고 나하고 기독학생운동을 같이 시작했고, 저보다 칠십 년대에 보면 민청학련에도 참여하고 또 유알엠(Urban Rural Mission)이라고 노동운동, 빈민운동을 총괄하는 총무까지 됐거든요. 그래서 기독교사회운동 총무도 하고, 와이에이치(YH)사건에서도 서경석이 굉장한 역할을 했어요. 그때 김영삼 만나고 그렇게 하다가 구속됐었잖아요. 그 후에 내가 유학 갈 때 서경석 목사도 유학을 갔어요. 저는 버클리에 갔는데, 버클리는 굉장히 자유롭고 개방적인 곳이었죠. 그 친구는 프린스턴으로 갔다가 뉴욕으로 갔어요. 뉴욕에서 활동을 시작했고 윤한봉이 왔을 때, 이신범이는 사람들이 별로 안 좋아하더라고요. 윤한봉은 거기에 있는 2세들이 굉장히 윤한봉을 따르고 민족학교를 만들었잖아요. 한 번은 내가 윤한봉 서경석, 이신범이하고 저하고 뉴욕 근처의 뉴조지에서 만나기로 했어요. 근데 거기에 윤한봉만 빠지고 셋이 모였어요. 근데 그때 윤한봉에 대해서 서경석은 막 빨갱이처럼 얘기하더라고요. 그렇지 않다고 얘기도 하고 그랬는데요. 미국에 있는 재미교포 중에 한국을 오고 싶어 하는 사람들 교육 시키는 게 있었어요. 이 친구들이 북미주에 있는 신문을 보고 의식화가 돼 한국에 가겠다고 네 명이 모였어요. 시카고, 뉴욕, LA에 있는 이런 사람들이 모여서 한국으로 오려고 교육을 시키잖아요. 그런데 서경석이 "야, 너희들이 어떻게 해서 의식화되었냐" 그러니까 "북미주에 있는 무슨 신문을 봤다. 그러니까 그 신문은 빨갱이 신문인데, 너희들 한국 가면 안 돼 구속돼" 이렇게 돼버린 거예요. 이걸 심사하는 여자 목사가 패터슨이라는 목사인데 이 사람들 가면 안 된다고 얘기를 한 거예요. 그래서 취소가 됐다는 거예요. 근데 이들이 나한테 왔어요. 교육을 나한테 받아서 가기로 했는데 그래서 "너희들 왜 이렇게 누렇게 떴냐?" 그랬더니 서경석이 그렇게 얘기해서 못 가게 됐다는 거예요. 그래서 내가 패터슨한테 이 사람들은 한국 사람이 아니고 미국 사람이다. 미국 사람이 남한 가면 미국 사람이 구해주는 거죠 "구속되면 영광이지. 뭐 그러냐?"면서 보내라고 그랬죠. 그랬더니 이미 결정이 났다는 거예요. 그래서 내가 "거기에 관계없는 사람은 한국 가고, 또 일본 가고, 필리핀 가라. 너희들은 제3세계를 보는 눈을 가져야 되지 않느냐"라고 했죠. 제3세계를 돕는 그런 역할을 꼭 우리나라만 아니라 다른 나라도 가봐라.

그렇게 해서 마지막에는 한국으로 와서 잠깐 보고 가면 된다고 프로그램을 살렸어요. 일본에 간 친구는 그때 오재혁 선생의 딸하고 만나서 사귀어서 결혼하고, 지금 한국에서 연세대 인천 송도캠퍼스 교수로 와 있어요. 한 친구는 목사가 됐다가 교통사고로 죽었는데 하여튼 그렇게 내가 프로그램을 한 적이 있는데 이 친구들이 한국 갔다 왔잖아요. 서경석이가 그 사람들을 한번 만나자고 그래서 만났던 모양이더라고요. 나를 보고 같이 만나자고 그래서 같이 가서 만났더니, 서경석이 거기서 윤한봉은 빨갱이고 뭐고 걔네들하고 하지 말라고 그러는 거예요. 이미 민족학교에서 일하고 있는데, 나도 그렇게 얘기했다는 거예요. 근데 사실 서경석이 CCC 출신이에요. 박성준이라고 아시는지 모르지만 한명숙 총리하고 박성준이 부부인데 그분들도 원래 CCC 출신이었어요.

▶ NCC?

박 아니에요. NCC가 아니고 그 보수적인 CCC라고 있어요. 그러니까 우리 KSCF를 대응하기 위해서 보수교단서 만들었는데 박성준이 우리

아버님을 찾아왔어요 사면이라고 죄를 짓고 죄에서 회개하고 구원받는 이런 프로세스를 얘기하면서 완전히 은혜받고 하는 그런 건데, "그건 사기다. 예수님은 그렇게 사기 치지 않는다." 뭐 그런 얘기를 하면서 박성준이가 마음이 변해서 사회주의를 공부하기 시작하면서 통혁당 사건 때까지 운동하다가 감옥 갔거든요. 그래서 거의 10년 동안 감옥에 있었잖아요. 그리고 한명숙이는 아카데미에서 노동자들 교육 시키는 일, 농촌 일 하다가 옛날에 남편이 감옥 가 있을 때 그분은 거기서 일했었죠. 그런데 서경석도 그 그룹이었어요. 그래서 조사받으러 가서 서경석이 풀려나고 박성준은 감옥 갔는데, 이 친구는 그때부터 공산주의에 대해서는 과민하게 한 것 같아요.

이종호 교수라고 내 친구가 있는데 이종호 교수가 중학교 때부터 「사상계」를 보면서 남북 간의 관계니 뭐 1960년대 북으로 남으로 다 잘 알아요. 그때 기독 학생들은 초기에 내가 학생회할 때는 맹탕이야 완전히 역사의식이 없잖아요. 그래서 이시재, 이종호 이런 사람들에게 교육을 시키러 가게 한 거예요. 그랬더니 서경석이 이종호가 이상하다 프락치 아니면 빨갱이다. 이렇게 얘기한 거예요, 우리 선배들한테. 내가 아무리 아니라고 얘기해도 안 믿어요. 그래서 한동안 그렇게 오해받아서 서로 그랬는데 내가 토론에 붙여서 화해시키고 그랬는데, 그런 인식이 있어요.

▶ 인천에서 산업선교회로 쭉 활동하셨던 조화순 목사님과도 1980년대에 많이 보셨을 거 아닙니까? 조화순 목사님도 처음부터 산업선교를 하신 거 같진 않은데 어떤 계기로 열성적으로 되셨어요? 옆에서 이렇게 보시면서 여러 가지 생각이 좀 드셨을 것 같은데요.

박 제가 산업선교에 대해서 잘 몰랐는데 오글 목사님은 일찍 내리교회부터 와서 노동자들을 대화하고 만나고 선교적인 걸 하려면 노동 현장에 경험이 있어야 한다고 하셨죠. 그래서 산업선교할 때부터 현장 경험을 강조한 거예요. 인천산선이 알려지기 전에 오 목사님이 현장 경험을 하게 한 거예요. 그래서 모두 다 현장에 들어갔잖아요. 그런 경험이 있었기 때문에 산업선교할 때 바로 주도적으로 하셨던 것 같아요. 감옥 가고 해도 하여튼 할 말 한다고 했었죠. 1970년대에는 주로 기독학생회, 산선, 빈민… 수도권에 이런 사람들이 다 모여서 컨퍼런스도 많이 하고, 여름에는 같이 모여서 수련회도 하고, 그런 일을 많이 하고, 거기에서 자기들 나름대로 어려웠던 일을 같이 발표도 하고 그랬지요. 어떻게 보면 1970년대는 오히려 1980년대보다는 좀 험악하지 않고 낭만이라고 얘기하는 그런 게 있었죠.

▶ 1980년대에 후배들은 박 목사님이 1970년대에 하셨던 방식하고는 아주 정서가 달랐어요. 아마 사랑방교회나 민교련 일하시면서도 많이 느껴졌을 것 같은데 이제 세월이 지났으니까 지금 그때 만났던 후배들에 대해서 소회를 좀 말씀해 주실 수 있겠습니까?

박 제일 아픈 거는 인천산선, 제가 기독교민중교육연구소를 만들 때 그때 박일성 총무였는데, 박 총무가 찾아와서 "형님 나하고 한 판 할래요" 그러더라고요. "왜 한판 하려고 그러냐?" 그랬더니 그때 논리로 "옛날에 기독교가 평양은 예장, 서울·인천은 감리교 식으로 일제 시대 분할 정책처럼 기장은 성수, 예장은 영등포, 감리는 인천이다. 그런데 왜 기장이 와서 설치냐?" 그러더라구요.

▶ 견제를 받았네요.

박 저는 민중교육연구소 만드는 게 현재 노동운동을 끌어올리기 위해서 하는 건데 완전히 그렇게 얘기하고, 보이지 않게는 기독산선이 완전히 엔엔엘(NLL: 북방한계선)이었던 것 같아요. 그래서 완전히 이쪽에 가면 뭐가 생기는 걸로 느꼈는지는 모르겠어요. 그러면서 박일성 목사하고 대화가 안 됐고, 박일성이 백마교회를 새로 센터로 만들어서 크게 하려고 그랬는데 신철호 목사하고 백마교회 안에서 갈등이 생겨서 박일성 목사는 총무도 그만두고 그런 거죠. 하여튼 당시에 민중교회는 감리교도 굉장히 분열됐었죠. 신철호 목사는 완전히 백마교회 거기에서 떠나 버리는 걸로 됐죠.

▶ 박일성 목사님도 마찬가지였죠.
박 이 사람 중국에 갔다고 했는데 이후 잘 모르겠더라고요.

▶ 지금은 산업선교회도 사회복지선교회로 바뀌었고, 노동 선교 내지 노동자 지원 이런 부분은 더 이상 의미가 없어진 것 같습니다. 재작년에 강우경 목사님을 서울에서 만나서 인터뷰하는데 거기도 1987년 이후에 1990년대를 지나면서 교회로서 방향성에 대해서 굉장히 갈등과 고민이 많았던 것 같더라고요. 목사님, 이제 얘기를 좀 정리를 해야 될 것 같습니다.
1970년대로부터 보면 1980년대 1990년대 약 30년 이상 운동의 격변에 있었던 것이지요. 목사님 입장에서 소회를 이 자리에서 다 얘기를 할 수는 없겠지만 이후에 후배들 생각해서 말씀을 좀 남긴다면 어떤 말씀을 하실 수 있겠는지요.
박 목회자 입장에서 저는 "노동운동 속에서 더 열악한 소외된 노동자들을 찾아가는 목회를 해야 된다" 원칙적으로 그렇게 생각하고 있습니다. 노동운동하는 사람도 대기업보다 그런 사람들을 돕는 뭐가 돼야 한다고 생각해요. 요새 대기업들이 귀족 노조가 됐다는 비판도 받고 있는데 우리 기독교의 정신을 보면 가난한 사람 찾아가는 것처럼 그런 것들을 하는, 노숙자들 지금은 사회복지적인 게 됐지만 그런 아픈 현장을 계속 찾아가는 그런 게 필요하다고 생각해요. 이제 사회가 점점 더 민주화되고 또 정부의 지원과 이런 식으로 되면서 오히려 그런 어려운 사람들을 돕는 일이라는 것들이 너무 뭐랄까 운동적이라기보다는 사무적으로 되면서 사람들의 마음이 조금 더 열정이나 우리가 해야 할 과제에 대한 어떤 사명감도 크게 느끼지 않는 이런 게 되고 있지 않나 싶은 생각이 들어요 특히 시민운동을 제가 당시에 지역 운동을 강조했는데 어떻게 보면 기독교적인 정신이라기보다 시민 자체가 깨어나는, 이게 어떻게 보면 기독주의적인 거라고 보고 풀뿌리 운동 같은 것들이 좀 더 이루어져야 한다고 생각해요 그런 의미에서는 요새 환경운동이든 무슨 운동이든 이런 것들이 좀 많이 만들어져야 하고 기독교도 그런 데 같이 참여해야 한다, 그런 생각을 합니다. 그때 같이 활동했던 사람들 만나보면 저한테 혁명을 위해서는 이혼해야 된다는 친구도 간혹 만나고 있고 또 그래서 지금 나이 많아지고 이제는 옛날 갈등과 오해와 섭섭함 속에서 헤어졌던 사람들을 만나고 서로 풀고 하는 것이 하나의 또 해야 할 일이라고 생각하고 그래서 서경석도 가끔 만나요.

그다음은 우리 사회가 점점 우리가 화해와 올바른 이해와 협력하는 사회를 만들기 위해서 시작했는데 갑자기 윤석열 이쪽에서 오히려 우리가 했던 그런 운동을 완전히 전부 매도해서 짜증 나요. 거꾸로 돌아가고 비판하는 힘이 상당히 더 많아진 것 같은데, 지역 운동했던 이런 것들이 피로감을 줘서 우리가 역으로 돌아가는 분위기가 있어요 우리가 좀 더 새롭게 그들의 그런 것들도 왜 그런 피로감을 느끼게 했는지 오히려 참여하고 지지하지 않게 만들었는지에 대해서 느껴보면서 새롭게 우리가 시민운동, 지역운동, 노동운동도 초심으로 돌아가서 우리 스스로 새롭게 기본적인 조직의 뜻과 그것을 새롭게 만들어 보는 그런 것들을 같이하면서 지금 현재의 투쟁도 해야 하지 않을까 그런 생각은 하고 있습니다.

▶ 목사님, 오늘은 이 정도에서 끝내야 될 것 같습니다. 기독교인으로서 그리고

운동가로 살아온 박종렬 목사님의 파란만장한 이야기를 다음에 또 들을 기회를 만들어 보도록 하겠습니다. 고생하셨습니다.

박 네, 고맙습니다.

소설 같은 내 젊은 시절
인노협 이야기

방현석

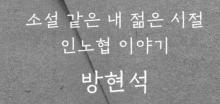

대담 이형진이 묻고
방현석이 답하다

주요 약력

1961년	울산 출생
1980년	중앙대 문예창작과 입학
1986년	노동 현장 활동 진진양행 노동조합 교육 선전부장
1987년	인노협 조직 간사로 주안 지역 노동조합 조직 지원
1988년 이후	『내딛는 첫발은』, 『새벽 출정』 등 87년 투쟁과 세창물산 여성 노동자의 투쟁을 담은 중편 소설을 발표
1995년	민족문학작가회의 청년문학인위원회 부위원장
2016년부터 현재까지 중앙대학교 안성캠퍼스 부총장 재임	

방현석 선생은 80년대 초부터 학생운동을 거쳐 인천 지역에서 노동 현장 활동을 통하여 87년에는 동료들과 함께 진진양행 노동조합을 설립하였으며, 인천지역 노동조합협의회(인노협) 건설에 참여하여 조직부장으로 활동하였습니다. 노동운동 과정의 경험을 토대로 노동자들의 삶을 형상화하는 소설을 통하여 80년대 민중문학운동에 기여하고, 이후 소설가로서, 대학의 교수로 지금까지 자신의 영역을 넓혀가고 있습니다.

방현석 선생과 인터뷰는 2023. 1. 25. 주안미디어센터에서 진행하였으며, 학생운동과 인천 지역의 87년 노동자대투쟁에서 노동운동가들의 활동에 초점을 맞추었습니다. 방현석 선생의 구술을 통하여 87년 당시 주안공단 노동자들의 상태, 노조 설립 과정 및 인노협 건설, 인노협에 참여한 노동운동가들의 애환을 엿볼 수 있습니다. 또한 세창물산 여성 노동자들의 폐업 반대 투쟁 과정, 지역 노동자들의 헌신 등에 대한 내용을 접할 수 있습니다.

▶ 오늘 2023년 1월 25일입니다. 오늘은 1980년대로 거슬러 가는데 인천에서 인노협 초기에 조직 간사 역할을 하셨고 이후에는 문학가로서 우리가 익히 알고 있는 『새벽 출정』등 작품들을 발표하시고 현재는 중앙대학교에서 문예창작과 교수로 활동하고 계십니다.

방현석 선생을 모셨습니다. 반갑습니다.

방현석 안녕하세요. 방현석입니다. 반갑습니다.

▶ 날씨가 추운데 이렇게 먼 길 오시느라고 고생 많으셨습니다. 방현석 선생과 인천 지역 1980년대, 인노협 건설 과정 그리고 지역의 문화 활동에 대해서 같이 얘기를 해볼 생각입니다. 선생은 1961년에 울산에서 출생하셨어요. 울산에서 서울로 올라와 학업을 하셨고 1980년에 중앙대로 진학하게 됩니다. 그래서 1980년 광주 민주화운동을 대학교 1학년으로 겪게 되는데 그 시점부터는 말씀을 해주시는 게 좋을 것 같습니다. 대학에 진학하기까지 과정도 간단히 생각나시는 대로 편하게 말씀을 해주시면 좋겠습니다.

1980년 봄, 문학을 꿈꾸던 대학 신입생으로

방 저는 대학에 진학할 때 문학, 그중에서도 시를 쓰려고 문예창작학과를 지원했습니다. 그래서 당시에는 실기시험과 본고사가 있던 시절이라 본고사시험을 국어, 영어를 보고 실기로 시를 시험 봐서 입학했었어요. 근데 우리가 입학하던 때가 다 기억하는 서울의 봄 1980년이었습니다.

1학년 입학하자마자 서울의 봄이 시작되었고 우리가 강의를 거의 듣지 못하고 시위 현장에 먼저 나갔고 서울역까지 진출하여 서울역 회군을 했던 것이 1학년이었죠. 그때 우리 세대가 어쩌면 참 특별한 경험을 많이 한 것 같습니다. 1학년 휴교령이 내리기 직전에 저희가 5.18을 며칠 앞두고 문무대라고 당시 병영 집체 훈련이라는 걸 했는데, 남한산성에 있는 군사학교에 들어가서 1학년들이 군사훈련을 교련 교육의 하나로 받는 프로그램이 있었습니다.

우리가 문무대에 들어가 있는 동안에 5.18이 일어났습니다. 그래서 5.18 직전에 서울역 회군할 때 이미 휴교령이나 계엄령의 전국 확대가 논의되고 있었기 때문에, 본래는 군사독재 교육의 하나로 교련 교육과 문무대 집체 교육이 이루어진다고 그래서 그걸 거부했었어요. 그러다가 당시에 민주화운동의 탄압, 그러니까 구실을 줄 수가 있다고 해서 국민의 오해를 불러일으키지 않도록 군사훈련에 응하자고 해서 문무대에 들어가기로 태도를 바꾸었어요. 그때 들어갈 때 우리가 결의했던 게 만약에 휴교령이 내리거나 또 계엄령이 전국으로 확대되면 즉시 퇴소하겠다 그리고 민주화 시위운동을 다시 개시하겠다, 그런 결의를 하고 우리가 문무대에 들어갔죠. 근데 이틀 뒤였죠. 새벽에 우리 소대장을 맡은 장교가 저를 부르더라고요. 제가 학과 대표였으니까 1학년을 불러서 세상이 바뀌었다, 다른 세상이 됐다, 옛날 생각을 하고 그런 행동을 집단으로 하면 무사치 못하다, 그러니까 명심하고 훈련에 열중해라, 그런 얘기를 했죠. 우리는 그 얘기 당연히 무시했죠. 새벽에 우리가 연락해서 과 대표들끼리 그다음 날 퇴소하겠다고 문무대 안에서 시위했죠. 아마 계엄 확대되고 나서 첫 시위였을 거예요. 그러니까 또 군부대 안에서 그랬더니 정오경이 돼서 공수부대가 출동했죠. 완전 무장 한 공수부대가 출동해서 우리를 해산시켰죠. 그리고 이제 저나 과 대표들, 주동자라고 하는 사람들은 다 보안사에 나온 직원들한테 불려 가서 조사받고 총장이 와서 우리를 설득했죠 그러니까 여러분들이 지금 여기서 이렇게 명령을 거부하면 계엄령 하이기 때문에 학교가 어떤 보호도 할 수 없고, 여러분들에게 신상과 전체 학생에게 너무나 큰 피해가 가니까 이 교육을 끝까지 받아쳤으면 좋겠다. 그래서 우리가 보안사에 잡혀가 있는 상태에서 끝까지 교육받겠다는 데 서명하고 풀려났죠.

▶ 당시에 집체 훈련이 일주일이었던 걸로 기억하는데… 그러면 전 주까지는 서울역까지 갔다가 회군하고 그다음에 곧바로 이제….
방 16일 날인가 입소했던 거죠.

▶ 맞아요. 일단 그래서 문무대 교육을 마쳤습니까?
방 마치고 나왔더니 이제 정말 다른 세상이 되어 있었죠 광주는 계속되고 있었고, 서울에서는 계엄령이 확대되거나 하면 지역별로, 우리 학교 같으면 영등포역에서 집결하기로 했었는데, 당연히 거기 원천 봉쇄됐고 집결하는 사람은 없었죠 그러니까 우리가 모두 그때 큰 빚을 광주에 졌죠 그러니까 우리가 한 약속을 대학생들이 안 지켰죠 그리고 광주만이 그 약속대로 싸웠어요.

▶ 혹시 그 주에 돌아왔을 때 학교였으면 기숙사 같은 경우도 다 폐쇄됐거든요.
방 폐쇄됐고 탱크와 장갑차가 학교에 진주했죠, 학생들은 다 내보내고.

▶ 학교가 봉쇄돼서 학교에 갈 수도 없었던 상황이죠.
방 그리고 긴 방학이 시작됐죠 이로부터 바로 학교에서 2학기까지 수업이 없었어요.

▶ 2학기 개강을 하면서 다시 학교로 가게 되나요? 그 기간에 당시 1학년이었어요, 다른 학생들이나 선배들과의 만남 이런 것들은 없었나요?

방 거의 못 만났죠. 그러니까 그냥 친구들을 만나고 동기들은 이렇게 시골이나 지방에 연락해서 찾아가서 만나고 그랬지, 활동을 위해서 만나거나 그러지는 못했고요. 그때 우리 학과에 복학생으로 와 있던 분이 송기원이라고 하는 소설가가 있었어요.

▶ 송기원 선생이요.

방 우리 학과에서 당시 신춘문예에 시, 소설을 동시에 같은 해에 당선했던 신화적 인물이었죠. 그분이 신춘문예하고 나서 1970년대 말 후반에 반유신 시위로 제적이 됐다가 80년 봄에 복학했어요. 소위 '서울의 봄' 시기에 우리 학교 복학생협의회 회장이었고, 우리 학과의 영웅이었죠. 그러니까 서울역 회군이 있었던 시위 때 기록을 보면 상여를 메고 서울역에 나갑니다. 상여를 만든 게 송기원 선생이었어요. 그리고 당시에 송기원 선생이 유인물을 잘 썼죠. 굉장히 유인물을 잘 써서 송기원 선생이 쓴 유인물이 나오면 그다음에 다른 학교에서 그걸 많이 응용했을 정도로 송기원 선생이 그때 영향력이 컸는데, 5.18이 나면서 체포돼서 김대중 대통령하고 같이 내란음모죄로 구속이 됐었죠.

▶ 방 선생은 당시에는 서울에서 주거하고 계셨을 땐가요? 그러니까 고등학교 때까지.

방 저는 중학교 때 전학을 서울로 가서 고등학교를 서울에서 다녔고 대학교도 서울에서 다니고 있었어요.

▶ 근데 서울에서도 5월 이후에는 1학년이어서 민주화운동과 관련을 하기는 쉽지 않았던 거죠? .

방 1학년 때는 휴교령이 끝나고 나서 2학년이 될 때쯤에 학교마다 학습과
스터디 모임들이 생기고 그랬죠.

군대로 도피, 다시 학교로

▶ 본격적으로 학생운동에 대한 고민이 시작된 거는 2학기 이후라고 보죠?

방 그때 저 같은 경우에는 조그맣게 친구하고 둘이서 동인을 만들어서 「자유시대」라는 이름의 동인지를 만들어서 찍었는데 그조차 제재받을 정도의 시대였죠. 그러다가 저는 2학년 때 군대에 갔어요.

▶ 그러면.

방 군대를 사실은 운동을 안 하려고 군대에 갔어요.

▶ 1학년 때 과 대표였던 것은 나름 지도력이 인정됐던 거 아니겠습니까?

방 그 당시에는 좀 재미있는 시대였죠. 1학년 선거할 때 과 대표에 한 대여섯 명이 출마해서 대표 경쟁을 할 정도의 그 시대의 분위기가 그랬었죠. 근데 이제 1학년 지나고 보니까 2학년 가면서 운동을 계속하면 감옥 가는 게 순서로 정해져 있다시피 했으니까, 저는 감옥에 가고 싶지도 않았고 운동을 하고 싶지도 않았고, 이 체제가, 정권이 너무나 부당하고 말이 안 됐지만 저는 거기에 대해서 제가 희생하고 싶은 생각까지는 없었어요. 그래서 여기 있으면 온전히 학교에 다닐 수 없고 인생을 살 수 없겠다 싶어서 사실은 군대로 도망간 거죠.

▶ 군대 생활은 어디서 하셨습니까?

방 군대는 서울에서 했고요 그걸 하면서 제가 생각했던 건 절대 내 분수에 넘치는 일을 하지 말자, 내가 할 수 있는 일, 내가 기꺼이 감수할 수 있는 일만 하자였어요 그래서 군대를 마치고 돌아오면서 생각했던 게 저는 운동 같은 건 안 할 거니까 대신 열심히 하는 후배들을 잘 도와주고 지원하고 이런 걸 하자, 그랬죠 그래서 돌아와서 제가 했던 건, 그때만 해도 군대 갔다 온 복학생들은 후배들이 운동하거나 그러면 그거 하지 말라고 말리고 꾸짖고 그랬어요.

▶ 1984년이었어요.

방 1984년도에 복학했죠. 그래서 제가 그런 역할을 하는 선배들을 그러지 못하게 하는 것 정도가, 나이 있고 그래서 선배들, 복학생, 군대 갔던 친구들이 주로 현역들이 하는 학생운동을 하면 뭐라고 나무라고 제재하고 하는 것을 내가 못 하게 하는 거였죠. 우리가 못하면 가만히나 있어라 그리고 애들한테 열심히 술 사주고 밥 사주는 걸 저는 제 역할로 그렇게 했는데, 1984년도 하반기에 가면서 이른바 유화 국면이라는 게 왔어요. 그때까지는 학교 안에서 시위하면 보통 한 5분 정도 시위를 할 수 있었어요. 5분 정도 유인물 척 뿌리고 그러고 나면 바로 학교 안에 대기하고 있던 학원 반 형사들이 와서 차에서 끌고 가서 이게 뭐 유지가 5분, 10분도 안 되니까 시간을 조금이라도 더 버텨보려고 도서관 난간에 밧줄 타고 매달리고, 버드나무 꼭대기에 올라가서 핸드마이크 들고 이렇게 해서 시간을 잡혀갈 때까지 벌고 그러던 상황이었죠. 이렇게 잡혀가면 무조건 교내 시위를 해도 징역 1년 6개월씩을 정액으로 때릴 때였는데, 이게 너무 심해지고 이러면서 감당이 잘 안되니까 전두환 정권이 유화 국면이라고 학교 안에서 교내 시위하면 잡아가지 않았어요. 교문 밖에 나오면 잡아가고 그러면서 이제 학도호국단으로 바꿨던 걸 다시 총학생회로 바꾸는 거였죠.

▶ 학생회가 부활하죠.

복학생에서 학생회장으로, 학생운동의 일선에 서다

방 총학생회의 부활 운동이 1984년도 2학기 때부터 시작되고 그래서 총학생회의 부활 준비를 할 때 학생운동을 하던 학생들, 당시 82학번들이 중심이 돼서 1984년도에 그 일을 했었는데 제가 82학번 친구들을 좀 지원하고 도와주는 일을 많이 했었죠. 그때는 집회를 하면 학교 안에 한 이천 명씩이 모일 때였어요. 그래서 학도호국단을 없애고 총학생회 만드는 선거, 그러니까 집회 이런 걸 하면 한 이천 명 모일 때 제가 이쪽 후보 지원 연설자로 부탁을 받아서 그 지원 유세를 해주기로 했어요. 그러니까 82학번 친구들이 다 출마하니까 당시에 아마 여섯 팀인가가 이렇게 러닝메이트로 출마를 했어요. 학생회장에 여섯 개 팀이 출마하는 중에 이쪽에 이른바 반독재 운동하던 친구들이 출마한 쪽을 제가 지지 연설을 해주기로 했는데, 이게 안 하던 선거잖아요. 1980년대 처음 서울의 봄 때 총학생회 선거를 한 번 했잖아요.

그전에 학도호국단 계속하다가 1980년 봄에 딱 선거 한 번 했다가 없어지고 학도호국단으로 돌아갔다가 다시 직선제를 한 거니까, 선거 결과에 대해서 누구도 예단할 수가 없는 거예요. 지금처럼 여론조사가 있는 것도 아니고 결과가 어떻게 나올지도 모르고 무려 여섯 팀이나 출마했으니까요. 그런데 이쪽이 된다는 보장이 없었고 언론에서는 당시만 해도 계속 극소수 일부 의식화 학생들이 선량한 학생들을 면학 분위기를 흐린다는 식으로 계속 선전하고 있을 때니까, 만약에 선거 결과가 정말 이쪽이 지면 그게 사실인 것처럼 되는 상황이어서 어떻게든 이겨야 했어요. 그런데 당시에 출마하기로 했던 후보들이 좀 약하다, 조금 더 표를 받기 위해서는 후보를 바꾸는 게 안전하다, 그러면서 제가 갑자기 지원 유세자였다가 후보로 바뀐 거예요. 그랬습니다. 제가 지원 유세자로 등록하기로 돼 있었는데, 후보로 바뀌었어요.

저는 군대 갔다 왔고, 그런 경우들이 당시 거의 없었죠. 다 현역들이 할 때니까 82학번 후배들이 일은 자기들이 다 할 테니까 형은 그냥 이름만 걸어주면 돼, 그렇게 해서 학생운동 안 하려고 도망 다니다가 제가 갑자기 이상하게 엮인 거죠. 그때 본래 후보는 우리 학교 연극영화과 학생이 출마하기로 돼 있었어요. 지금은 연극·영화학과 학생들이 얼마나 인기가 좋고 신망이 높고 그래요. 그런데 그때만 해도 연극영화학과는 이른바 딴따라라고 해서 문창과 학생들보다 거룩하지 않아서, 그래서 좀 더 안전하게 학생들의 지지를 더 받으려면 문창과가 출마하는 게 낫다고 했어요.

▶ 문창과도 별로였을 텐데, 사실. 하하.

방 그때는 그래도 문창과는 문사, 좀 이렇게 1980년대만 해도 그런 분위기가 있었잖아요. 그러니까 연극하고 영화 일을 하면 이게 좀 딴따라들이라고, 그렇게 존중하는 분위기는 아닌 게 시대 분위기였으니까요.

▶ 그래서 얼떨결에 학생회장 후보가 돼 버린 건가요?

방 얼떨결에 학생회를 하게 돼서, 그러니까 또 얼떨결에 하다 보니, 유화 국면이라 교내 집회는 학생회가 공식적으로 하고 길거리 투쟁 나가는 건 삼민투라고 당시 유명했던 '민중·민주·민족'이라고 삼민 주장하는 특별위원회가 있어서 삼민투 위원장이 거의 전투 부대였죠. 그래서 1부 집회는 대체로 총학생회가 공식적으로 하고 2부는 삼민투가 맡아서 가투(가두투쟁)하고 걔들은 교문 밖 진출하고 걔네는 계속 수배돼서 도망 다니고 우리는 합법적으로 학교 안에서 집회하고 그런 학생회를 저희가 85년도에 했었죠. 그게 부활한 첫해 총학생회가 없어졌다가 부활한 첫 번째였어요.

▶ 1985년 1년간은 그럼 학생회 활동을 하신 건가요?

방 11월인가요. 그때 가서 다음 학생회 선거를 하고 나서 얼른 저는 도망을 가려고 그랬죠. 근데 그동안에 학생회를 하면서 여러 차례 구류를 살아 경찰서 유치장에 가서 구류를 수시로 살고 또 집회의 기미만 보이면 잡아가서 여관방이나 이런 데 형사들이 가둬 놓고 예비검속을 계속 당하거나 그래도 도망가서 집회하면 잡아가서 구류를 살렸죠. 교내 집회였으니까 그렇게 하다가 1985년 말에 다음 후임자들이 뽑히고 나서 도망가려고 그랬죠. 그런데 도망을 못 가게 됐던 결정적인 이유가 제가 구류를 사는 동안에 겪은 일 때문이었어요. 그때 남부지원에서 문래동에 있는 서울 남부지청 거기서 주로 재판을 받고 노량진 서에 가서 구류 살고 그랬거든요. 유치장에서 같이 재판을 받았던 게 해태제과 노동자들이었어요.

유치장에서 만난 여성 노동자들, 노동 현장으로

▶ 해태제과가 서울 문래동에 있었죠.

방 네, 그 근처였어요. 그래서 같이 재판을 받으러 왔는데 그 친구들은 진짜 많이 맞고 왔어요. 제가 당시로는 키가 큰 편이었는데, 제 어깨에도 오지 않는 친구들이 신발도 제대로 못 신고요.

▶ 여성 노동자들이었네요.

방 다 여성들이었죠. 그러니까 매우 많이 맞아서 상처 멍들고 뭐 형편없었어요. 그때 그 친구들이랑 같이 재판을 받고 유치장을 같이 갔어요. 그때 유치장에 15일인가를 같이 지냈거든요. 있는 동안에 우리는 학생회를 하니까 학교에서 지도 교수도 오고 학생처장도 오고, 이래서 사식도 넣어주고 영치금도 넣어주고, 그래서 밥도 괜찮은 거 먹고 가끔 정보과장이 불러서 화장실에 올라가면 담배도 한 대씩 피게 해주고 책도 볼 수 있게 하는 등 독방에 나름대로 배려가 있었죠.

그런데 똑같이 들어갔는데 그 친구들은 항의하면 아주 모멸적으로 간수들이 얘기하죠. 그러니까 "뭐가 뜨니까 망둥이가 뛴다고 학생들이 시위하니까 공순이들 주제에, 니들이 학생인 줄 알아?" 이렇게 모욕을 심하게 주는 거죠. 그리고 면회를 안 시켜주는 건지 오는 사람이 없는 건지 모르겠는데 면회 오는 사람이 없어요. 그러니까 당연히 그때 관식이 정말 나빴어요. 누런 양은 도시락에 시커먼 보리밥 콩 들어간 보리밥에, 지금은 보리밥이 특별한 밥이 됐지만, 그 시커먼 보리밥의 짠지를 저는 정말 쉬어서 먹을 수가 없는 냄새였어요. 짠지 그거 몇 개 넣어주는 게 아침, 점심, 저녁이었어요.

저는 사식이 들어오니까, 학교에서 면회 왔을 때 그랬죠. 노동자들한테도 다 같이 좀 넣어달라고요. 그 친구들까지 같이 넣어 달라고 그랬죠.

그런데 그 친구들이 그걸 먹지 않고 고스란히 돌려보내더라고요. 그래서 참 당황스러웠어요. 그때 곤혹스럽고 저는 나름대로 호의로 나만 먹기 미안하고 그래서 사식을 같이 먹자고 넣어줬는데 이 친구들이 그걸 다 돌려 내보낸 거죠. 결국 제가 보리밥도 못 먹게 만든 거죠. '저 친구들이 나를 어떻게 생각하고 학생들을 어떻게 생각하고 무슨 어떤 감정으로 저걸 내보냈을까?' 생각했어요. 그리고 똑같이 집시법으로 들어왔는데도 저는 낮잠도 자고 삼국지 받아서 베고요. 근데 이 친구들은 아주 정자세로 꼼짝없이 벌서듯이 하루 종일 그렇게 생활하고 뭐라고 한마디만 하면 욕설 듣고요. 그걸 보면서 우리가 집회할 때, 학교에서 하면 항상 노동자, 민중, 통일, 민주주의, 이런 걸 말하게 되잖아요. 마이크 잡으면 거룩한 말을 해야 하니까요. 그렇게 말한 게 얼마나 현실도 모른 채로 진짜 노동자들에게 아무 책임감도 없는 사치스러운 말을, 그 말의 무게도 모르고 함부로 했나, 굉장히 당황스럽고 곤혹스러웠어요. 남아 있는 기간에 유치장에 살면서 그런 감정이었어요. 그래서 나온 다음에 제가 찾아서 공부를 좀 했어요. 그러니까 노동자들의 현실이며 뭐 이런 것들에 대해서, 임금 구조며 권리 등을요. 그러면서 생각했죠. '아! 내가 그동안 너무 무책임하고 책임질 수 없는 말을 많이 했구나, 감당할 수 없는 말을.' 그래서 제가 그것 때문에 차마 임기 끝나고 도망을 못 가고 '최소한 내가 한 말의 빚은 조금만 갚고 도망을 가야겠다'고 생각했죠. 그래서 인천의 공장에 오게 된 거였어요.

▶ 당시에 그러면 1985년 학생회 활동을 마치고 약간의 모색 기간을 가졌다고 볼 수 있나요? 곧바로 인천에 어떤 연계로 이렇게 올 수 있게 된 건지?

방 동기 한 명이 인천에서 공장에 다니고 있었어요. 우리 학번 동기 한 명이요. 그 친구가 송림동에 자취하면서 공장에 다니고 있었어요, 5공단에 있는 공장을요. 그래서 그 친구를 만나서 공장도 알아봐 달라고 하고, 친구 방에서 같이 자취하면서 동암역 근처에 있는 조그만 가구 만드는 마찌꼬바(영세공장)에 들어갔어요. 제가 85년도 말에 첫 공장 생활을 시작했죠.

▶ 송림 로터리에서 처음에 자취를 시작하셨나요?

방 네, 거기 동산고등학교인가, 그 대헌공고 이쪽 편 언덕, 그렇죠 동산고등 학교 뒤편 언덕에 산비탈이 있잖아요. 그 비탈 동네 꼭대기에 가로지른 길이 위쪽으로, 맨 위쪽에 있는 동네, 거기서 제 친구가 자취하고 있던 그 방에 같이 빌붙어서 생활을 시작했어요.

▶ 곧바로 취업이 되셨네요.

방 마찌꼬바니까요 거기는 그렇게 취업이 어렵지 않으니까 조그만 공장에 서 가구 만드는 일을 하는 거니까 크게 어렵지 않았죠.

▶ 조금 오래 다니셨나요?

방 거기 그렇게 오래 다니지 않았어요 한두 군데 그렇게 다니다가 그다음에 5공단에 취업할 생각으로 예비로 우선 다닌 거죠 그다음에 취업했던 데가 5공단에 로켓보일러, 지금 귀뚜라미보일러 만드는 자회사 같은데, 그 보일러 만드는 회사에 취직했어요.

▶ 1986년 상반기 정도에는 공장 생활을 하고 있었네요. 1986년 5월에 인천에서 5.3민주화투쟁이 있었거든요. 혹시 기억나시나요?

방 그때 우리가 공장 끝나고 밤에 여기 나오면 다 끝난 다음에 와서 우리는 냄새만 맡고 너무 궁금하니까 또 가고 싶고요 그리고 공단에서 일 끝나면 주안역 뒤에 포장마차들이 쫙 있어요. 굉장히 길게 닭발이 굉장히 유명했죠.

▶ 닭발과 밴댕이요.

방 그거 먹으러 자주 거기 왔죠. 그리고 건너오면 여기가 그때 시민회관이었죠

진진양행, 노동자 생활과 1987년 투쟁

▶ 진진양행에 입사하게 되는 건 언제였습니까?

방 로켓보일러 만드는 회사에서 해고되고 나서 그다음에 취직한 데가 진진양행이에요. 언제쯤이던가, 그게 1986년도 후반기였어요. 그러니까 로켓보일러에 한 6개월 다녔었나? 제가 그 학출(대학생 출신 노동자)처럼 생기지 않아서요. 그때 공장에서 한 번도 학생 출신이라고 의심받은 적이 없어요. 로켓보일러 다닐 때도, 거기 같이 다니던 공장 친구들이 대헌공고 나온 친구들이 여럿 있었어요. 대헌공고가 주먹 쓰는 애들이 좀 많은 학교였어요. 그 친구들이 여럿 들어가 있었는데 좀 거칠었죠. 근데 그 친구들이 전혀 노동운동과 관계없는 일로 회사 관리자들과 싸운 거예요. 그러니까 이 친구들은 데이트 때문에 퇴근하려고 그러는데, 그때만 해도 잔업이 예고되는 게 아니잖아요. 6시 퇴근인데 5시쯤에 와서 오늘 저녁 9시라고 그러면 그냥 아홉 시까지 하는 거고, 오늘 10시 그러면 그냥 10시까지 하는 건데, 이 친구들이 그날 단체로 미팅 같은 걸 하기로 돼 있었나 봐요. 그러니까 애들이 그걸 깰 수가 없으니까 항의한 거죠. 그래서 제가 몇 마디를 거들어서 잔업은 의무가 아니다, 안 해도 되는 거다, 그건 강요 사항이 아니다, 그랬더니 애들이 그냥 퇴근을 해버린 거예요. 그것 때문에 난리가 났는데요. 그때 회사에서는 저는 아주 착하고 부지런하고 일 열심히 하는 노동자로 인정받았거든요. 그래서 불순한 애들과는 안 맞는다고 하면서 어울리지 말라고 경고하더라고요. 그런데 제가 거기 계속 어울리는 바람에 잘렸죠. 그래서 그다음에 취직한 데가 진진양행이었어요.

▶ 그때쯤에는 노동자로서 생활은 익숙해지셨나요?

방 제가 굉장히 그런 거에 익숙해요. 그리고 잘했어요. 그리고 우선 술을 잘 먹고 이렇게 하니까 사람들이 빨리 친해지죠. 그러니까 공장 끝나면 친구들끼리 돌아가면서 술자리 가서 막걸리 먹고 이러면 뭐 금방 친해지 잖아요. 그래서 금방 많은 사람하고 친해지고, 제가 옷 입고 다니는 것도 벨트도 안 매고 저기 왜 포장용 끈 있잖아요. 그걸로 군복 바지 이렇게 메고 다니고 그러니까, 아무래도 제가 대학을 다녔다고 생각하지 않았죠.

▶ 나름으로 위장을 잘하셨네요.
방 체질이었던 것 같아요.

▶ 자, 1986년 겨울쯤에 진진양행이라는 데로 입사를 하게 됩니다.
방 가을쯤이었던 것 같아요.

▶ 그러고 그게 이제 1987년으로 쭉 이어지는 과정인데 현장에서 그런 분위기들을 느껴가면서 생활하셨을 거 아니에요?
방 진진양행에 가서는 제가 노동조합을 준비했죠. 친한 친구들을 몇 명 만들어서 이야기도 하고요. 골목집이라고 하는 데서요.

▶ 우선 진진양행 회사에 대해서 말씀을 해주시겠어요?
방 거기는 플라스틱 사출 공장이었어요. 사출기를 여러 대 가지고 있으니까 주야간 맞교대를 했어요.

▶ 만드는 제품은요?
방 만드는 제품은 플라스틱 제품을 다양하게 하청받아서 만드는 거였어요. 그러니까 뭐 전자제품 케이스부터 아주 작은 것들, 그러니까 고급 인형에 들어가는 눈동자 같은 것과 코도 만들고요.

▶ 성형이 오면 이제 거기 맞춰서 무조건 제작해 내는 거죠?

방 한 제품을 오래 하지 않죠. 계속 바꿔서 오면 거기에 맞춰서 찍는 그런 식이었어요. 공장 규모는 한 100명이 투입됐던 것 같아요.

▶ 해볼 만하다는 생각이 좀 들었습니까?

방 그 정도면 딱 장악하기도 쉽죠. 금방 그 안에 인원들도요. 그리고 노동자 중에서 반장이나 이런 거 아닌 평범한 일반 노동자 중에서 신망이 있고 리더십이 있는 친구들을 금방 사귀고 개들하고 같이 얘기도 하고 저녁에 술도 자주 먹고 그랬어요. 조금 친해진 다음에 주안역 뒤에 있던 골목집이라고 조금분 선배가 하던 데를 갔죠.

▶ 말다 누나를 직접 만나셨겠네요.

방 자주 만났죠. 그래서 그 집에 가서 거기서 하는 조그마한 프로그램에도 참여하고 조금 익숙해져서 따로 소모임을 거기서 했죠. 진진양행의 친구들하고요. 그래서 그 친구들하고 노동조합 준비를 조금씩 해나가는 과정에서 1987년 6월항쟁이 터진 거죠. 1987년 6월항쟁 때는 우리가 주야로 맞교대를 해야 하니까 교대하고 새벽에 퇴근해서 아침에 눈 잠깐 붙이고 나가서 동인천 가서 데모하거나 아니면 서울까지 가서 데모하고요.

▶ 친구들하고 같이 다녔었어요?

방 그중에 한두 명 데리고 나도 같이 구경 나간 것처럼 가서 같이 시위하고, 그리고 저녁 되면 또다시 공장에 출근했어요. 그러니까 그때 6월항쟁 기간에 진짜 잠을 거의 못 잤죠. 하루에 두세 시간 자고, 돌이켜보면 그때 끔찍한 일을 했어요. 그러니까 사출기는 굉장히 위험하거든요. 금형이 큰 트럭만 한 크기의 사출기로, 큰 기계는 트럭만 하거든요.

그 속에 큰 금형이 들어가잖아요. 그러면 금형이 닫았다가 붙으면서 여기 사출돼서 찍혀서 나오는 걸 손으로 빼내야 하는데요 그게 안전문이 달려 있어서 문을 열고 그다음에 손을 집어넣어서 빼내고 다시 문을 탁 닫으면 다음에 다시 와서 탁 닫고 그다음에 다시 문 열고 이걸 계속하는 거란 말이에요. 근데 이렇게 하면 속도가 안 나거든요

▶ 그게 프레스만큼 위험한 건데요.

방 네, 이게 속도가 안 나니까 그렇게 하면 철야, 야간작업을 해야 하는데 한 시간도 못 자는 거예요. 중간에 한 시간을 자려면 안전장치를 해제해 버려요. 그걸 해제하고 해야 속도가 빨라져서 1.5배 정도는 나니까, 두 배 가까이 나니까 이렇게 빠르게 해놔요. 그다음에 시간을 좀 줄여서 중간에 한두 시간 구석에 가서 눈을 붙이고 또 일어나서 하고요 그래야만 물량을 딱 채울 수가 있으니까 안전장치 해제해 놓고 있는데, 낮에 시위하러 다닌다고 뛰어다니고 잠 못 자고 아침에 잠깐 눈 붙이고 갔다 오니까 이게 무릎이 팍팍 꺾이잖아요. 깜빡해서 가다가 아차 싶어서 정신이 번쩍 나죠. 근데 그걸 돌이켜 생각하면 그 무모하고 겁 없는 짓을 그때는 어떻게 했는지 모르겠어요. 6월항쟁을 그렇게 보냈어요.

▶ 친구들이 즐겁게 따라다녔나요?

방 재미있고 신기하죠. 데모를 처음 보고 그런 거니까요.

▶ 방 선생 본인도 궁금하니까 한번 가보자 이렇게 말이죠?

방 "연주야, 뭐 해?", "뭐 하는데 한번 가보자" 그렇게요 "서울은 더 세게 한댔는데 한번 가보자" 그런 식이죠 그때 동인천에서 많이 하고 답동성당 성당에서 철야 농성도 하고 그럴 때, 우리가 주간 근무할 때는

거기서 같이 자기도 하고 그랬죠.

▶ 주변에 다른 공장 노동자들하고도 이렇게 계획적으로 만나고 했나요?

방 그렇게 따로는 못 만나고요. 그때 골목집에 오는 사람들 거기 오는 노동자들하고 잘 어울려서, 내가 직접 말하기가 곤란하니까 그런 걸 같이 공장 친구들한테 얘기해 주도록 그렇게 하면서 서로 약간의 협업을 했던 거죠.

▶ 6월항쟁 지나고 나서 곧바로 7월이거든요. 사실 7월에 이미 부평 같은 경우에 남일금속이나 한독에서 투쟁이 조금씩 일어나기 시작했어요.

노동조합을 만들고

방 5공단에서는 그때 경동이 제일 크게 했죠. 경동산업에 그래서 자주 갔습니다. 공장 직원들하고 같이 경동산업에 파업하는 걸 보러 갔어요. 우리 조그마한 공장들에서도 파업이 여러 곳에서 일어나고 공단에서 파업 구경하는 게 아주 자연스러워졌어요. 그때 우리는 사실 노동조합을 만들 준비가 충분히 되지 않았어요. 그런데 다 노동조합 만들고 막 파업하는 분위기가 됐어요. 다들 그때는 공식처럼 노동조합을 만들면서 바로 파업에, 철야 농성에 들어가고, 요구 조건으로 대체로 임금 인상하고 노동조합 인정 그 두 가지를 걸었잖아요. 그래서 그걸 따내고 농성을 해제하면서 조합을 인정하게 만들고 작업으로 복귀하는 게 딱 정형처럼 돼 있을 땐데요. 우리도 준비가 안 됐는데 다른 데 많이 하니까 우리도 하자 이렇게 된 거예요. 우리도 하자고 해서 굉장히 갑자기 노동조합을 하게 된 거예요. 8월, 아마 8월이나 9월쯤이었던 것 같아요. 그때 갑자기 하게 됐죠. 그래서 골목집에서 짰죠. 미리 예행연습도 하고요. 그래서 우리도 딱 파업 선언하면서 공장 옥상에서 철야 농성을 하기로 하고 공장에 들어가서 시작했죠. 그리고 요구 조건은 우리도 노동조합 인정 건하고 몇 가지, 그다음에 임금 일당 1천 원 인상이었어요.

▶ 그렇죠. 방 선생이 주동하셨나요?

방 제가 배후 주동이라고는 볼 수 있죠. 그런데 제가 전면에 나서지 않았죠. 위원장하고 부위원장 집행부를 다 미리 준비했죠. 누구를 시키자, 누가 하자, 그리고 진행은 누가 하자, 이렇게요. 그러니까 처음에 제일 먼저 선동은 누가하고 뭐하고 그다음에 총회 열면 위원장은 누가 누구를 추천하고 해서 어떻게 뽑자 이걸 다 준비했죠. 그때 그렇게 노조를 만들었죠.

▶ 당일 노조를 결성하면서 파업에 들어가기로 했던 거죠. 그러면 당일 상황을 지금 좀 생각나시는 대로 한번 쭉 회상해 보시겠습니까?

방 그때 그중에 두 명이 먼저 선동하기로 했죠. 그러니까 노동조합 인정해라, 임금 인상해라, 강제 전업 철폐해라, 뭐 이런 식의 요구를 세 개 정도를 내걸고 선동해서 나갔죠. 공장을 나가서 옥상으로요.

▶ 점심시간이었나요?

방 점심시간이었던 것 같아요. 점심시간에 그렇게 해서 바로 올라갔죠. 올라가서 농성을 시작했죠. 그리고 준비해 간 현수막 펼쳐서 걸고 옥상 봉쇄하고요.

▶ 다 올라왔나요?

방 기대했던 것보다 많이 올라갔던 것 같아요. 한 70명, 그러니까 그때 현장을 지배했던 반장급들 빼고는 한 8할 이상이 올라왔던 것 같아요. 그렇게 농성을 시작하고, 거기서 노조를 만들었죠. 농성 이틀째인가 그때 노조를 만들어 파업을 먼저 시작하고요. 근데 그때 우리가 짰났던 대로 안 된 거예요.

▶ 그랬겠죠.

방 그러니까 우리가 정해놨는데 위원장 하기로 한 친구가 있는데 다른 친구가 출마한 거예요.

▶ 아, 농성 현장에서요?

방 현장에서요. 그러니까 우리 준비팀에도 안 들어와 있었던, 우리가 미리 소모임 할 때 오지 않았던 친구인데 이 친구가 추천된 거예요. 그러니까 우리 소모임에 온 사람들이 한 열 명, 가끔 온 느슨한 친구들까지 해야 한 열 명밖에 안 되니까요. 이 열 명에 안 들어 있던 게 한 70~80명이 있으니까 이 친구들이 다른 친구를 추천한 거예요. 그것도 여성 노동자를 추천했는데 굉장히 의외였죠. 그런데 이 친구가 더군다나 반장들이나 관리자들이랑 굉장히 친한 친구였어요.

▶ 여성이었고요.

방 그리고 친화력도 좋고 그래서 이렇게 공장에서 인기가 있는 친구였어요. 근데 관리자들하고도 친했죠.

▶ 우리가 좀 경계를 했겠군요.

방 굉장히 당황스럽죠. 그래서 잠깐 휴회하고 이 친구와 협의를 했죠. "부위원장 하는 게 어떻겠냐? 위원장은 저 친구를 시키고" 그렇게 해서 그 친구가 부위원장이 되고 나머지는 대체로 준비했던 대로 비슷하게 됐고 저는 그때 교육선전부장을 맡았죠. 교선부장 됐었죠. 그러고 나서 이제 한 4~5일 만인가 다 들어줬어요. 회사가 모든 요구를 다 수용해줬어요.

▶ 그래서요?

방 그때 참 우리들 간덩이로는 1천 원 인상으로 굉장히 센 거라고 생각해요. 왜냐하면 그때 임금이 3,700원인가 했어요.

▶ 4천 원.

방 4천 원이 안 됐어요. 3,700원 정도 했는데, 한 해에 임금이 보통 오르면 한 2~300원 올랐단 말이에요. 2~300원, 한 100원 올려주기도 하고, 잘해야 300원 정도 올려줬는데 무려 1천 원을 다 올렸으니까 엄청나게 올린 거죠. 그래서 정말 회사가 망하지 않나 친구들이 걱정할 정도였는데 전혀 망하지 않더라고요.

▶ 20% 정도 인상이 된 거죠. 사실.

방 그렇죠.

▶ 그중 여성 조합원들, 여성 노동자들 비율이 좀 있었습니까? 한 4~50명 정도 됐습니까?

방 한 반반 됐던 것 같은데요.

▶ 그러니까 미처 우리가 잘 몰랐던 여성 노동자들 가운데 지도력이 있는 사람이 뽑혔다고 볼 수도 있나요?

방 그 친구가 제일 잘 싸웠어요 그 뒤에 싸움 과정에서 굉장히 잘 싸우더라고요 그러니까 우리는 저기 회사 간부들하고 관리자들하고 친해서 굉장히 위험하게 생각했었는데 오히려 가장 잘 싸우더라고, 그러니까 앞에 나와서 제가 아무래도 역할을 많이 하게 되잖아요. 근데 현장에서 하면 안 되니까 보통 전날 저녁에, 매일 저녁에 모여서 내일 할 이야기, 그다음에 반격이 바로 들어왔기 때문에요 계속 노조 탈퇴시키고, 우리 같은 경우에는 회사에서 깡패들을 고용해서 공장에 들어왔어요.

▶ 노조 만든 후에.

방 애들이 옆에서, 뒤에서 일도 안 하면서 어슬렁거리는 친구들이 와서는 핵심 조합원들 주변에 서서 공포 분위기를 조성했고, 출퇴근할 무렵에 골목에 서 있고, 실제로 각목으로 한두 번 테러도 당하고 그랬어요. 위원장도 집 가는 골목에서 머리도 깨지고 병원에 실려 가고 그랬으니 까요 위원장도 금방 두 명이 교체되었죠 도저히 못 한다고 너무 무섭고 겁나니까요. 그리고 걔들이 공장 안에서 들어와 있으니까, 그럴 때 회사랑 싸울 때 보면 그 부위원장 했던 친구가 가장 잘 싸우더라고요. 전날 저녁에 이런저런 부당성이나 이런 것들을 얘기하고 우리가 왜 정당한가? 우리가 뭘 주장해야 하는가? 어떻게 해야 하냐고 하면 가만히 말도 없이 듣고 있다가, 다음날 그 내용을 가장 대중적인 언어로 만들어서 얘기하는 거예요. 너무나 잘 알죠. 많이 놀랐어요. 그게 제 첫 번째 데뷔작이 됐던 『내딛는 첫발』이라고 하는 소설에 나오는 이야기가 진진양행에서 제가 친구들하고 같이 만들었던 노조, 그 얘기예요. 거기에 나오는 상당 부분이 그 공장에서 있었던 일들이죠.

▶ 진진양행에서 노조 교육선전부장을 하면서 87년 투쟁을 겪고 그러면서 노동조합 활동을 유지하는 것은 언제까지인가요?

방 1988년도 중반까지 계속했던 것 같아요.

▶ 과정에서 혹시 위장취업이 드러나지 않았나요?

방 처음에는 드러나지 않았었고요. 한 1년 지난 다음에, 회사가 알아낸 거예요. 제가 학생 출신이라는 사실을요. 그래서 어느 날 공장에 가니까 붙여놨더라고요. 제 성적 증명서하고 게시판에 붙여놓고. 공장에 못 들어오게 막고 해고 통보를 해서 그날부터는 공장에 들어가지 못하고 아침에 가서 출근 투쟁, 저녁에 퇴근할 시간에 가서 퇴근 투쟁하고 그랬죠.

▶ 그러면 1988년 후반기, 만 1년 반 정도 진진양행에서 생활하셨던 것 같습니다.

인노협 건설에 참여하다

방 그렇죠. 그거 하면서 교육선전부장 모임에 나갔죠. 그때 제일 모임이 잘 됐던 데가 노동조합 사무장 모임하고 교육선전부장 모임 두 개였어요.

▶ 인노협에.

방 그때 이제 만들어진 게 사무장들은 실제 노조 살림을 했고, 그리고 교선부장들이 소식지도 만들고 노보도 만들고 이런 걸 다 교선부장들이 했기 때문에 그걸 같이 만들고 서로 도와주고, 대체로 교선부장들이 노조의 브레인들이라고 볼 수가 있었죠. 그래서 그 모임들이 나중에 사실은 인노협을 만들고 그걸로 활동하는 데서 가장 큰 동력이 됐던 거죠.

▶ 인노협의 출범과 진진양행 정리 과정이 좀 맞물리는 것 같습니다. 시간대별로.

방 제가 해고를 당하긴 했어도 같이했었죠. 처음에는 인노협 상근 체제에 그렇게 상근자가 많지 않았어요. 그러니까 노조를 하면서 저녁마다 모여서 활동하고, 나중에 부평역 앞에 사무실을 만들면서 상근자들이 한 명, 두 명 이렇게 생겨났죠.

▶ 초기 신문을 보면 1988년에, 노조 사무실이 만들어진 후에도 상당 기간 동안 신문에 대흥기계 노조 사무실에서 제작을 했던 것처럼, 연락처도 그리로 나와 있어요. 실제로 교선부장들이 대흥기계 사무실을 많이 썼나 봐요.

방 아니요, 대흥기계 사무실은 거의 쓰지 않았고요. 그런데 대흥기계가 홍상철, 나중에 위원장을 했었죠. 그때 홍상철 씨가 대흥기계 사무장이었어요. 대흥기계가 그때 가장 기반이 튼튼했어요. 조직이 안정돼 있고, 우리가 유령 단체가 돼서는 안 되는 거잖아요. 그래서 공식성이 있는,

실체가 있는 단체여야 하고 그러려면 실제 주소가 있어야 해서 그 정도를 담보해 줄 수 있는 데가 당시에 남일금속하고 대흥기계 정도였어요.

▶ 남일금속, 대흥기계 그리고 일신동 쪽에 신광기업도요.

방 네, 신광, 한독 그다음에 5공단에 시트 만드는 대원강업 정도가 있었는데, 대원강업은 노조가 강하지 않았어요. 내부 조직력은 꽤 센데 연대활동이나 이런 거에 대해서 굉장히 조심스럽고 그것을 담보해 줄 수 있는 수준이 아니었어요. 그러니까 그걸 담보해 줄 수 있는 데가 당시에 보면 그러니까 남일하고 신광하고 저기 대흥인데, 대흥이 제일 안정적이었어요.

▶ 방 선생은 자연스럽게 인노협 결성 과정에 실무 역량으로 참여를 하게 되는 건가요?

방 만드는 과정을 우리가 다 같이 했죠. 그러니까 그 주축들이 홍상철하고 한독의 김성환 위원장하고 신광에선 나중에 위원장을 했던….

▶ 김치걸?

방 김치걸은 위원장이었고 사무장이 있었어요. 이름이 갑자기 생각 안 나네요. 젊은 친구 그러니까 홍상철이 저랑 또래였고 열심히 참여했던 데가 태연물산과 코스모스 사무장, 교선부장들이 열심히 참여했죠.

▶ 자, 1987년 투쟁부터 일 년간은 사실 방 선생도 중요한 시간이었고 인천 지역의 노동조합운동 과정에서도 중요한 시간이었거든요. 그러니까 1987년 투쟁을 겪고 하반기부터 본격적으로 지역 연대 활동과 인노협 단위들의 모임이 활성화되기 시작했잖아요. 그래서 1987년 그해 말 정도가 되면 생각이 나실지

모르겠는데 신광기업에서 노동자 한마당 같은 형태로 신규 노조들 행사를 하게 돼요. 그런 과정들이 쭉 그 일련의 논의 과정에서 진행이 됐던 건가요?

방 그랬죠. 그걸 이제 그 사무장 모임하고 교선부장 모임에서 주로 준비했고, 그다음에 태연물산이나 코스모스 이런 데 연대 방문을 많이 조직했어요.

▶ 태연물산은 주로 투쟁 지원을 했죠?

방 거기 돌아가면서 노조들이 집결해서 몇 개가 연대투쟁을 하면서 그 과정이 인노협을 결성하고 조직 기반을 만들어 가는 과정이었죠.

▶ 1987년 말에 신광기업에서의 잔치가 어떻게 보면 한국노총 사업장이 아닌 1987년 투쟁의 과정에서 이루어진 신규 노조들이 제대로 한자리에 모인 시작이었다고 볼 수 있거든요. 물론 한국노총에 적을 두고 있었지만, 노조의 지향은 확연히 달랐던 것 같아요. 그 동력이 이후 인노협으로 가는 과정에서 새로운 열기로 올라왔을 텐데, 그때 좀 생각나시는 부분들이 있으면 좀 더 얘기해 주시죠.

방 그때가 처음 만드는 단계에서는 공실위의 역할들이 꽤 있었어요. 공실위라고 하는 단위가 개별 사업장 지원을 많이 해줬어요.

▶ 실무력은 같이 결합했나요?

방 예, 그런데 일단 노조들이 쭉 만들어지고 난 다음에 당시 우리 모두의 고민이라고 하는 건 최대한 노동조합과 현장 노동자들의 자주성과 자발성을 최대화하는 것, 그래서 가능하면 현장 조합원들이 중심이 되도록 하면서, 인노협 만드는 과정의 핵심적인 역할은 노동조합의 사무장과 교선부장들이 한 거죠. 물론 위원장들이 공식적인 대표지만 실무적인 준비, 신광의 행사나 노동자 한마당이나 이런 행사를 할 때는 민교련에서도 모임을 했고, 이쪽 우리 사무실이나 또 노동조합 돌아가면서 거기서 회의를 열어서 실무 준비를 굉장히 열심히 했죠. 그래서 굉장히 친했어요. 교선부장들 모임이 사무장들 모임처럼 같이 어울려서 저녁도 먹고 소주도 먹고 그렇게 많이 친했죠. 그러니까 그 사람들이 하나의 유대감과 연대감이 컸고 결속력으로 새로운 노조가 주변에 하나 생기면 막 지원해 주고 또 탄압받으면 몰려가서 지원하고 이런 동력이 됐죠.

▶ 방 선생은 그때 상근을 할 수 있었던 건 아니잖아요?

방 처음에는 아니었죠. 완전히 해고당하고 나서도 한참 있다가 상근자들이 한 명씩 생겼어요. 그러니까 시간이 많은 사람이 가서 처음에는 자원봉사를 했죠. 이렇게 하다가 최용석 씨 같은 경우에 공실위 활동도 하고 그랬어요. 그러니까 그쪽에서 넘어온 사람들이 좀 있었고, 노조 내에서 생겨난 사람들이 있으면서 이 사람들이 처음에는 완전 상근이 아니었는데 자발적인 지원 역량으로 참여했다가 자연스럽게 상근자가 됐죠. 그다음에 조금 시간이 지나면서 해고자들이 또 생겨나기 시작했죠. 노조들에서 그 사람들이 또 결합하고 이러면서 인노협의 상근 역량들이 늘어났죠.

▶ 1988년 상반기가 됐습니다. 그 1987년 투쟁 이후에 그러니까 4공단 같은 경우에 본격적으로 연대투쟁이 일어나게 돼요. 코스모스 지원 투쟁이나 또 황재철 의장 석방 투쟁 이런 것들이 자연발생적이라기보다는 상당히 의식적으로 진행이 된 것 같거든요. 근데 그때 방 선생은 회사에 다니면서 회사 내에 조합원들하고 같이 그런 부분에 참여하고 또 회의도 하고 그러셨을 거 아니에요?

방 처음에는 그랬죠. 그러다 나중에 나처럼 해고당해서요.

▶ 그때 무지하기 힘들었을 텐데요. 그러면 사실 하루하루가.

방 그렇게 힘든 줄 모르고 살았어요. 그때는 정말 거짓말처럼 살았던 것 같아요. 학습 문건도 내려오면 그것도 봐야죠. 뭐 밤새고 두세 시간씩 자고도 그때는 좌우지간 멀쩡하게 살았던 거 같아요.

▶ 태연물산 투쟁할 때 팔을 다치지 않았었어요? 깁스까지 한 걸 제가 본 것 같은데요.

방 팔 다쳤던 적이 있고요, 싸우다 그랬나요. 그때는 뭐 많이 싸웠죠. 다친 적도 많고 참 그때는 정말 어떻게 그렇게 살았었나 모르겠어요.

▶ 1988년 7월이 되면서, 인노협이 공식적으로 깃발을 걸게 되거든요. 상반기만 하더라도 공식적이진 않았고요. 그런데도 4공단 같은 데서 조직적인 투쟁 그리고 항의 투쟁 이런 것들이 하루가 멀다고 일어났어요. 그러니까 이런 것들을 보면서 방 선생이나 준비 단계에 있던 분들은 전망이 좀 섰다고 볼 수도 있겠네요.

방 그랬죠. 그때는 다른 지역에서도, 특히 마창이 굉장히 잘했죠. 울산은 워낙 대공장 중심이었고 마창은 대공장하고 중소기업들이 섞여 있었고 상대적으로 인천은 중소기업들이 중심이었잖아요. 그래서 상대적으로 이쪽이 정치의식은 가장 높고 정치적 수준도 높고, 그래서 다른 지역에 비해서 연대 조직을 만들어야 한다는 목적의식이 굉장히 강했죠. 그걸 만들어야 한다, 지역적으로, 그랬죠. 그때까지만 해도 아무래도 부평공단이 가장 중심에 있었죠. 주안은 아무래도 약했어요. 연대 활동을 제가 맡게 돼서 주안 쪽을 맡고, 주안에도 부평처럼 노조들이 꽤 생기긴 했는데 튼튼한 거점 공장이 없었고 또 연대 활동을 할 정도의 여력이 크지 않았어요. 그때 생겼던 게 세창물산이었죠. 세창물산 투쟁을 기점으로 주안공단의 연대 활동을 적극적으로 조직하게 됐던 거죠. 그 전에 쭉 부평 중심이었다가 세창물산이 터지면서 주안의 역할이 훨씬 높아졌죠. 그리고 주안 세창물산을 중심으로 당시에 노동조합운동과 인천의 사회운동 조직, 이런 데가 다 결합했으니까요.

▶ 인노협의 초기 역할은 조직 간사였지 않습니까?
방 네, 조직 간사요.

▶ 그럼 주안에 있는 공단들 특히 신규 사업장들을 돌아다니셨나요?
방 제가 당시에는 안 간 공장이 없었죠.

▶ 걸어 다녔나요?
방 걸어 다녔죠, 그때는 다 걸어 다녔어요.

▶ 여기 주안역 뒤를 기준으로 한번 얘기를 해보시겠습니까? 기억나는 사업장들, 한양정밀 등에 대해서요.
방 한양정밀 있었고, 그 바로 뒤에 있었던 게 주안역에서….

▶ 라이터 공장요.
방 불티나 있었고, 거기 또 목재 저기 하는 공장이 있었는데 가구 목재로는 이름이 생각이 안 나네요. 목재들은 그 공장 그리고 매그론, 다리 넘어가면 있었던 삼원플라스틱, 진흥정밀 그리고 또 병뚜껑 만드는 회사가 있었어요. 세창하고 진흥 사이에 있는 그 회사, 거기도 규모가 꽤 됐어요. 그리고 동흥전기, 동흥전기가 조직력이 굉장히 좋았어요.

▶ 고속도로.
방 5공단에서 가장 안정적인 손낙구 위원장이 있었던가 그랬는데, 거기가 주안에서는 사실은 조직력이 가장 좋은 사업장으로 남성 중심이었어요.

▶ 대우자동차 1차 벤더였죠.

방 하청이었는데, 공장 규모도 꽤 되고 조직력도 아주 좋은 회사였죠.

▶ 사업장을 다니면서 사람들과 만나고 각 공장을 들여다보고, 또 조직해서
 노동조합으로 끌어내는 이런 과정에서 본인 스스로 충분히 이게 내가 할
 일이다, 이런 생각이 계속 들었나요? 어땠습니까?

방 그래도 현장에 가면 생명력이 느껴지잖아요. 활기가 느껴지고 좌절하고
 실패하고 힘든 경우도 많지만, 또 그걸 돌파해 내고, 노동자들이 굉장히
 어려워 보이는데 스스로 해결해 내고, 이런 거 보면 굉장히 신나죠.
 신나기도 하고 또 한편으로 잘 풀리지 않고 하면 좌절감이 들기도
 하고 그렇죠. 그게 희비가 어떻게 보면 날마다 엇갈리는데, 그래도
 공장이 한두 개가 아니니까요. 오늘은 여기서 안 될 때면 또 저기서는
 잘 되고요.

세창물산의 여성 노동자 투쟁

▶ 세창물산 투쟁에 대해서 좀 얘기를 한번 해보시겠습니까?

방 세창 물산이 이제 위장 폐업이라고 하는 게 새로운 방식이 거의 처음 등장한 가장 초기 형태예요. 예, 그전에는 위장 폐업이라는 게 없었어요.

▶ 그렇죠.

방 처음에는 노조를 탄압하거나 이랬는데 아예 문을 닫아버리는, 그걸 통해서 원천 봉쇄해 버리는 건데 그걸 가장 선구적으로 한 데가 바로 세창물산이었어요. 그리고 당시에 비슷한 시기에 이리에 있는 공장 하나, 성남시에도 하나 있었어요. 그 세 개가 유사한 형태였는데 거기에 가장 대표 선수가 세창물산이 된 거죠. 그리고 세창물산의 특징은 학생 노동자들이 많았어요.

▶ 기숙사 생활하면서요.

방 네, 야간에 산업체 학교 다니면서 기숙사 생활하는 여성 노동자 중심의 사업장이었어요. 그러니까 주로 일본에 수출하는, 도자기 공예 이거였단 말이에요. 그래서 대부분 야간에 퇴근하고 학교 가서 공부하고 돌아와서 다시 일하고 하는 학생들이었는데 그 학생들이 이중의 어려움을 당했죠. 학교에 다닐 수가 없는 거죠. 집으로 회사나 경찰에서 압력을 행사하고, 학교를 통해서 학생들에게 압력을 행사하다 보니까 학생 노동자들이 이중의 압박을 받는 상태였죠.

▶ 폐업을 하고 나서 학생들이 학교에 갈 수가 없게 됐다는 말인지요, 아니면?

방 학교는 갔죠.

▶ 학교에서 막았다는 건가요?

방 학교에서 막는 게 아니라 파업에 참여하지 못하게 집으로 가게 하거나 아무래도 어리니까 부모들의 영향이 성년 노동자들, 나이 많은 노동자들보다 훨씬 간섭이 심하죠. 파업 농성이니까 기숙사 생활을 계속했단 말이에요. 세창은 기숙사 생활을 계속하면서 회사는 폐업한 상태로 싸웠기 때문에 거기에 남아 있어야 하는데 대오를 유지하는 데서 견디기가 어려웠죠.

▶ 스무 살 미만의 학생들이었잖아요.

방 그러니까 고등학교 다니는 산업체 고등학교 학생들이 많았죠. 주력이 산업체 고등학교 다니는 학생들이었어요.

▶ 그 학생들한테 사실 노동조합을 얘기하는 것도 불편했을 텐데 그렇죠?

방 쉽지 않았죠. 그 친구들이 주력이었으니까요. 그리고 노동조합 간부들이 정말 잘한 거예요. 대단히 훌륭했던 거죠. 헌신적이고, 어린 학생 노동자들한테 신망도 컸어요. 원미정 위원장이나 사무장이나 직원들이 굉장히 헌신적이었고, 평소에 신망을 얻고 있었고요. 또 파업 과정에서도 당위나 이런 게 아니라 정말 따뜻하게 언니들처럼 학생들을 보살피고 다독이면서 끌고 갔죠. 굉장히 눈물겹게, 사실은 그게 뭐 말이 쉽지, 당시만 해도 보통 파업 농성이 보름 넘게 가지 않았어요.

▶ 일주일이면 끝나죠.

방 일주일이면 승부를 보고 끝이 났는데 이게 뭐 그렇게 길어지리라고는 당시에 아무도 상상하지 못했죠. 그게 두 달, 세 달 넘어갔으니까요. 당시로서는 두 달, 세 달이 굉장히 긴 투쟁이었어요. 한편으로는 긴 투쟁을 통해서 지역의 역량들이 많이 결집하고 교류하는 계기를 만들어

췄죠.

▶ 방 선생은 당시에 주안 지역의 조직 간사였고 그래서 세창물산에서 살다시피 했을 것 같아요. 그렇죠? 어떤 방식으로 결합하셨습니까?

방 제가 처음에 시작할 때 직책이 간사였어요. 다 간사였고 그다음에 조직부장으로, 간사들 이름을 조직부장으로 바꿨어요. 그러니까 조직부는 처음에 조직 1부장, 2부장이 있다가 나중에 3부장까지 있었을 거예요. 그래서 제가 1부장이었고 1부장이 담당하는 구역이 주안공단 그러니까 주안공단에서 파업이나 노조 결성이 있거나 노조의 문제가 생기면 제가 늘 함께 가야 했죠. 그러던 중에 가장 오래 치열하게 싸운 데가 세창이었고, 그러다 보니 처음부터 끝까지 결합할 수밖에 없었고 모든 논의에 참여했죠. 그리고 세창물산 투쟁 때는 인천에 있는 모든 노동단체와 사회단체, 학생단체까지 다 참여했다고 해도 틀리지 않을 거예요. 그래서 참 회의도 많고 논쟁도 많고 온갖 논쟁과 온갖 견해를 가진 사람들이 다 참여해서 회의를 했던 거니까요. 그리고 나중에는 돈도 참 없어서 애먹었죠. 그때 제가 원미정 위원장한테 걱정 말라고, 돈 좀 벌어주겠다고, 그래서 쓴 게 『새벽 출정』이란 소설이었어요. 소설 쓴 걸로 제가 선불을 받아서 그 돈을 원미정 위원장한테 갖다줬죠. 그래서 거기 보면 유인물에 나오는 글들이 있어요. 실제 그 소설에 나오는 글 중에 유인물에 나오는 부분이 있어서 어떤 평론가는 세창물산 자료를 가져다가 제가 썼다고 그러는데, 실제는 많은 유인물을 제가 쓴 걸 다시 썼는데, 그 사람들은 그걸 제가 썼으리라고는 생각하지 못했겠죠. 그리고 왜 문장이 같았는지를요.

▶ 그 『새벽 출정』을 쓰는 과정이 세창물산 투쟁이 끝나고 나서인가요?
방 끝나기 전에요.

▶ 직전이었어요?

방 그거 끝나기 전에 그 소설을 썼어요. 세창물산 투쟁이 끝나기 전에요.

▶ 그래서 끝 장면이 나오지 않았죠.

방 출장하는 것까지요.

▶ 소설 쓸 때 기분이 어땠어요? 저녁에 집에서 혼자 그걸 써야겠다고 생각했을 때요.

방 그것을 쓰며 굉장히 많이 울었죠. 거기 한 명 한 명 얘기 들으면 그 친구들 생각하면 진짜 눈물이 납니다. 어떻게 그 한 명, 한 명의 이야기들이 그냥 뭐 미정이 뭐 이렇게 쭉 거기 나오는 깡순이들이 하는데 그게 정말 아프죠. 그 소설을 쓸 때 제일 많이 울었던 것 같아요. 한편으로 또 분노도 있고 그러니까, 그걸 하면서 세상에 이럴 수 있나, 애들한테 이렇게까지 할 수 있나 하는 것도 있고, 또 한편으로는 그 어린 애들이 힘겨운데, 나이 든 사람들도 도망가고 싶고 피하고 싶고 그런데 그 애들이 얼마나 힘들었겠어요. 그러니까 점거하러 가고 나이 든 사람들에게 결단을 요구하는 것이고요. 그 어린 학생들이 그거 하러 갈 때 마음이 어땠겠어요.

▶ 그게 사실 첫 작품이었죠?

방 아니요, 아까 얘기했듯이 진진양행, 『내딛는 첫발은』이 첫 번째 작품이자 데뷔작이었고, 『새벽 출정』이 두 번째였어요. 그다음이 『내일을 여는 집』인가? 그게 남일금속 얘기하고 한독 얘기가 같이 조금 섞여 있나 그래요. 모티브가 거기서 왔고 『새벽 출정』은 세창물산이고 『내딛는 첫발은』 진진양행이 모티브가 거기에 많이 있고요.

▶ 그야말로 생활비를 벌고 활동비를 확보하기 위한 투쟁의 일환이기도 했겠네요.

방 그때도 그래서 뭐 돈이 진짜 필요했었죠. 그러니까 참 가슴이 아팠던 것 중 하나가 커피 팔러 주안역에, 애들이 커피 팔러 가고 그랬어요. 주안역에 가서 커피 팔고 그랬거든요. 정말 속상하고 그러더라고요. 물론 그때 바로 옆에 있는 진흥정밀화학이며 청보산업도 있었어요. 청보산업도 그 영창악기 건너편요.

▶ 인천교요?

방 인천교 있는 거기에 바로 앞에 있던 게 청보산업이었는데 청보산업하고 이런 데서 많이 도와줬죠. 지금 그랬어도 노동조합들이 그렇게 큰 회사 노조도 아니고 영세하고 자기들도 정말 어렵지 않은 노조들이 별로 없었잖아요. 안정적인 데가 몇 군데 없었으니, 친구들이 많이 도와줬어도 참 힘들었죠.

▶ 조금 쉬었다 하시지요.

(5분 쉬고 다시 시작함)

인노협 조직부장으로 구속되다

방 세창물산을 하면서 제가 좀 많이 드러났죠. 그전까지 제가 그렇게 많이 주목받지 않았거든요. 근데 그거 하면서 타깃이 좀 됐고 그러다가 덕창기업에 갔어요.

▶ 자동차 부품 만드는 회사인데 5공단이었나요?

방 거기 있었는데 파업했었죠. 파업하면 또 이제 가는 수밖에 없죠. 제 담당 구역이니까 그래서 그때 우리가 걸리는 가장 큰 주요한 법이 쟁의조정법의 제3자개입금지 조항이었어요. 우리가 하는 일이 전부 당시 법으로 보면 모두 3자 개입에 해당하는 거니까요. 제가 하는 일 자체가 단위노동조합 외부의 사람이 개입하면 그게 법 위반이 되던 시절이니까, 제가 하는 일은 당연히 자동으로 법 위반이 되는 거였죠. 덕창기업 파업을 할 때 다른 위원장들하고 같이 격려 방문을 갔어요. 그러니까 파업 지지하는 격려 방문을 했는데 그때 덕창기업 철문이 앞에 바퀴가 달려서 두 줄 돼 있는 거 있잖아요. 이렇게 밀어서 여닫는 그걸로 돼 있었는데, 제가 제3자개입금지를 알지만 그건 감수하는 수밖에 없죠. 우리가 하는 일이에요. 거기다가 이제 걔들이 하는 게, "들어오면 너희들 다 주거 침입으로 고발하겠다"고 회사가 공언했거든요. 우리가 그때 회사에 안 들어갔어요. 안 들어가고 정문 앞에 서 있었어요. 파업하는 덕창기업 노동자들은 회사 안에 있고 우리는 정문에 서서 같이 간 위원장들하고 같이 지지 격려 연설을 했었죠. 저도 한마디 할 수밖에 없었는데, 그다음에 제가 고발을 당해서 체포를 당했어요. '일보 침입설'이라는 게 있다는 거죠.

▶ 발을 디뎠다?

방 저는 어디 시골에 고향 친구가 결혼한다고 결혼식에 가기 위해서 김포공
항에 가서 비행기 타고 있는데 체포돼서 끌려 나온 거예요. 비행기에
탑승했다가 인천으로 압송당했어요. 부평서 압송당해 왔는데 죄명이
건조물 침입과 노동쟁의 조정법상 제3자개입, 이 두 가지인 거예요.
그러니까 내가 덕창기업에 가서 회사 건조물을 침입했고 그다음에
파업을 선동했으니까 쟁의조정법 위반이라는 거예요. 그래서 내가
검사한테 그랬어요. 저기 악법이긴 하지만 제3자개입은 인정한다, 나쁘
긴 하지만 그 법에 따르면 맞다, 그런데 건조물 침입은 안 했다, 그렇게
말했어요. 안 들어갔고, 문 앞에 서 있었다고 했어요. 그랬더니 사진을
가져왔어요. 사진을 가져와서 보여주는 거예요. 잘 보래요, 발이 어디
있는지를요. 그게 레일이 두 개가 있잖아요. 제 발이 안쪽 레일 위에
있다는 거예요. 바깥 레일이 기준이라는 거죠. 그래서 일보가 안에
들어갔다는 겁니다. 그러면서 일보 침입설에 여기 판례가 다 있다는
거예요. 한 보만 들어가면 건조물 침입에 해당한다면서, 그러니 회사
승인 없이 여기 한 보가 안에 들어왔기 때문에 일보 침입설 판례에
의해서 건조물 침입에 해당하고 유죄라는 거예요. 그리고 그 친구가
나중에 기소를 했는데, 쟁의조정법은 빼버리고 건조물 침입만 기소했어
요. 그러니까 이 전과에 건조물 침입만 남은 거죠.

▶ 도둑놈이라는 거네요?

방 그렇죠. 이거 같이 붙어 있으면 이게 시국사범이구나 이게 쟁의조정법이
같이 붙어 있어야 그나마 되는데, 그건 없고요.

▶ 잡범이 됐네요. 그러니까.

방 쾌씸죄. 나중에 내가 따진 것에 대해서 이제 쾌씸죄로 일부러 이건
빼버리고 이것만 기소한 거죠.

▶ 1989년에 구속됐습니까?

방 그것도 금방 나왔어요. 일보 침입이라니, 그게 말이나 되나요?

▶ 그 당시로 보면 사실 인노협은 임의 단체고, 노조는 합법적이긴 하지만 한국노총 소속이었을 테고, 대체로 다 불법으로 몰고요.

방 그렇죠. 법적으로는 그렇게 돼 있어요.

▶ 그러니까 거기 위원장들이 가는 것까지는 조금 다른데 이제 방 선생 같은 경우에는 3자라고 얘기할 수도 있죠. 사실 그렇게 해서 악법이 많이 악용됐던 거니까요.

방 그 뒤에 폐지가 됐죠.

▶ 1989년에는 인천에 그 인천교 앞에 있는 경동산업에서 참혹한 죽음이 있었죠. 그때까지는 인노협에서 활동하셨죠? 어땠습니까? 경동산업하고 또 이 인연도 있었을 텐데.

방 경동산업이 유명했었잖아요. 일 년에 손가락 한 자루가 나온다는 회사였잖아요. 거기가 규모도 크고 활동가들도 많았죠. 특히 공장 출신 활동가들이 많이 나왔고 일들을 굉장히 잘하는 회사였는데 그런 일이 생겨서 참 가슴이 아팠죠. 그리고 경동이 그 후로 굉장히 내리막길을 걸었잖아요. 어쩌면 영창악기와 더불어서 대공장에 속했는데, 경동산업의 후퇴는 인천 지역 노동조합운동의 후퇴를 보여주는 바로메타 같았다고 생각해요. 그 사건을 계기로 제가 볼 때는 이른바 학생 출신들의 역할과 노동자 출신들의 역할이 좀 많이 정리되는 과정이었다고도 생각합니다. 그걸 거치면서 학생 출신들의 역할보다 공장에서 성장한 현장 노동자들이 더 노동조합운동의 중심이 되기 시작하는 게 그 무렵 어디쯤이에요. 그러면서 현장 출신 활동가들이 인노협의 중심으로 들어서기 시작했던 것 같고, 관계 정립도 그때 많이 고민이 됐던 시기 같아요. 인노협 내에서도 직책과 지휘 문제부터 임금 문제 이런 것까지 막 나오기 시작하거든요. 그전에는 그냥 아무도 그것에 대해서 언급 자체를 안 하던 시기였었거든요.

그러다가 인노협 내에서도 말하자면, 실무자들이라고 얘기하는데, 실무자들한테 월급을 전혀 안 줬어요, 10원도요. 우리가 그때 회수권만 지급했어요. 버스 탈 수 있는 회수권 이외의 아무것도 지급을 안 해줬으니까, 그게 한편으로 보면 또 그만큼 통제도 안 되는 거죠. 왜냐하면 조직에서 아무런 보상을 안 해주면서 이 사람들의 활동에 대해서 간섭할 수가 없잖아요. 그리고 인노협에 들어와 있는 활동가들, 간사들 대부분은 일정한 조직들과 다 관계가 있었단 말이에요. 그러니까 온갖 다양한 견해들을 가진 사람들이 여기 다 모여 있었다고 봐야 하죠. 대중 활동을 통해서 운동에 대한 다양한 견해를 가진 사람들이 여기에 와 있다 보니, 충돌과 논쟁도 끊임없이 벌어질 수밖에 없죠. 그런데 어떨 때는 대중 활동과 관계가 직접적으로 없는 것 가지고도 대립하게 되고, 일정하게는 노조 내에 분열이나 이런 것들도 사실은 작용할 수밖에 없는 것이었어요. 이 사람들을 통제해야 할 텐데, 통제하려면 일정한 보상이 있어야 할 거잖아요. 당장 근무태도에 대해서만 얘기하려고 해도, 한 푼도 지급한 게 없는데 근태에 대해서 어떻게 얘기할 수 있어요? 그래서 이제 임금을 지급해야 하지 않냐, 그렇게 된 거죠. 그래서 우리가 그때 2만 원인가 3만 원씩 받기 시작했던 것 같아요.

▶ 1990년 정도 되는 것 같습니다.

방 그때 한 1990년 정도 됐나요? 그때부터 아마 저기 부평 무슨 예식장 있는데, 부평 삼거리던가, 진선미 예식장요. 진선미 예식장 그 앞에 사무실이 있을 때 우리가 당시에 월급을 공장 노동자들의 한 10분의

1 정도 받았던 것 같아요. 그러면서 정말 실무자로서 그런 역할들을 하고, 그래서 국장들이 정확하게 노조 위원장 출신 국장들로 자리를 잡고, 의사결정을 공식적으로 국장들이 하도록 하고 그렇게 했죠.

▶ 그러니까 국장과 실무 부장 체계로 잡힌 것이 1990년 대의원대회를 기점으로 해서 이루어진 것 같더라고요.

방 네, 제가 정확히 기억은 안 나는데, 아마 그때쯤이요.

노동의 아름다움을 드러내는 문학의 길로

▶ 근데 방 선생께서는 그 과정에서 노조 활동을 통해서 뭔가를 해봐야겠다는
생각은 그때도 계속 유지하셨나요? 아니면 조금씩 전환할 준비를 했던 것인지
요?

방 그때까지는 제가 꾸준히 노조 일을 어느 정도 책임감 있게 해야 한다고
생각하고 있을 때였고, 그래서 제가 문단에 나가거나 바깥 활동을
잘 안 했어요. 그리고 제 이름도 공개하지 않았고요.

▶ 필명이?

방 필명으로 '방현석'이라는 이름이에요. 사람들이 그게 저인 줄 몰랐어요,
그때까지. 그러니까 1990년대까지 제가 잘 안 내놓고 그랬으니까요.
그리고 제가 작가라고 생각도 하지 않았고요. 그리고 당시까지만 해도
작가라고 하는 것이, 우리 시대에 작가로, 글을 써서 먹고산다는 게
그렇게 떳떳하다고 생각하지 않았어요. 우리 현실이 너무나 가파른
시대였기 때문에 제도 안에서 뭘 한다는 게 그렇게 당당한 일이 아니었
고, 글을 쓴다고 하는 건 우리 주변에서 잘 용인되지 않는 것이었어요.
운동을 하는 게 아니고 자기 개인의 제도화된 영역 안에 들어가는
걸로 생각했기 때문에 그랬죠. 글도 몰래 쓰고 저 스스로 휴일에만
쓰는 걸 원칙으로 해서, 그때까지는 제가 작품을 평일에는 쓰지 않고
휴일이나 연휴가 있을 때 그때 썼어요. 그게 제 나름의 원칙이고 중심은
노동자들과 함께하는 일이라고 그렇게 생각했고, 이건 가외의 일이라고
생각했던 거죠.

▶ 인노협 조직 간사로, 조직부장으로 주안 지역 사업을 계속했는데, 정확히
몇 년 정도까지 일을 하셨나요?

방 한 1992년도까지 한 것 같아요.

▶ 그리고요.
방 조금씩 이제 제가 발을 빼기 시작했던 것 같아요.

▶ 1992년이요?
방 그게 현실 사회주의 쭉 무너지고 그러면서 소련이 개혁, 개방되고 페레스트로이카 하면서, 그 무렵부터 더 이상 제가 할 수 있는 일이 별로 없다는 생각, 노동조합에 대해서 점점 그렇게 생각했어요. 또 그때 노동조합운동에 대해서 견해의 차이일 수도 있고 또는 일종의 패권 다툼 같은 경향도 좀 있었고, 그 속에서 제가 할 수 있는 역할이 그렇게 많이 남아 있지 않다는 생각도 들었고, 다른 한편으로는 제가 열정을 다해서 일하지 않고 있다는 걸 느꼈어요. 관성적으로 의무감, 당위 때문에 한다고 느꼈죠. 내가 열의를 다해서 그 전에 진짜 밤새고도 일하러 다니고 막 그랬었는데, 그냥 노동자 한 명 만나고 조합 하나 어떻게든 그걸 지켜보려고 무슨 일도 마다하지 않고 했는데, 이제 그게 잘되지 않더라고요. 그래서 내가 도리어 장애가 되고 있다는 생각을 했어요. 이렇게 일하면 안 된다, 이렇게 자리를 차지하고 있는 게 옳지 않다는 생각을 하기 시작하면서 제가 글 쓰는 일을 조금 더 많이 하게 됐죠.

▶ 딴 얘기인데요. 결혼을 그때쯤 하셨어요?
방 결혼도 굉장히 일찍 했습니다. 1990년인가요.

▶ 아, 1990년에 생활 근거지는 여전히 인천에서요?
방 있었죠. 인천에요.

▶ 그러면 인천 지역에 이렇게 문학가들 내지는 이제 노동 문학 이런 것들을 같이 했던 동료들과 혹시 또 교류 같은 것도 좀 있었습니까?

방 거의 안 했어요. 저는 왜냐하면 제가 사실 글 쓴다는 사실도 마지막에 가서 알렸고 그전에는 계속 숨겼던 거고, 제가 얘기를 안 했었고요. 저는 노동조합 활동가로서의 제 정체성을 가지고 있었지, 글 쓴다는 사실을 알면 노동조합 일하는 데 방해가 돼요. 왜냐하면 거리감을 가지기 때문에 제가 상대하는 사람들은 그냥 똑같은 사람으로 상대해 주지 작가인 사람하고 만나면 내가 노동조합 활동가로서 만나기가 힘들어지잖아요. 그래서 그걸 거의 노동조합 간부들이 몰랐죠. 제가 그래서 마지막으로 인천을, 인노협을 떠나면서 그럴 즈음 돼서야 사람들이 알았죠.

▶ 인노협을 정리하게 되는 구체적인 계기가 따로 있었나요? 아니면 1994년경에 스스로 판단하셨나요?

방 뭐 직접적으로는 우선 제가 열정이 남아 있지 않다는 생각을 했고, 비켜주는 게 좋은 일이다, 도와주는 일이라고 생각했고요. 또 한편으로 내가 잘할 수 있는 거 해야겠다는 생각이 들어서, 그때 그동안 내 스스로 부인했던 작가로서의 정체성을 인정하기로 한 거죠. 그래서 작가로 살겠다, 이 생각을 하면서 이쪽을 정리하기 시작한 거죠.

▶ 문학과 관련된 얘기이긴 한데요. 원래 대학을 갈 때는 시 전공을 생각하셨잖아요? 근데 노동 현장에서 소설을 몇 편 썼고, 그 과정에서 시보다 소설이나 이런 쪽이 더 어울리겠다는 생각도 그 무렵에 하신 건가요?

방 그렇기도 하죠. 물론 대학 들어가서 제가 소설을 쓰기 시작했어요. 대학 들어가 쓰기 시작했는데 문학을 할 시간이 별로 없었죠. 그렇죠. 사실은 바로 대학 공부도 별로 할 시간이 없었고요. 글 쓰는 것 자체가 금기처럼 돼 있었으니까, 아니 뭐 아시다시피 1980년대 전두환 씨가 그랬던 게 정의 사회 구현 아니었어요? 가장 정의롭지 못한 사람들이 정의 사회를 얘기하고, 그럴 때 거기에 대해서 한마디 항의도 할 수 없는 문학이 도대체 언어를 다루는 사람으로서의 기본, 그 책무를 다할 수가 없는 시대였는데, 그때 뭐 글을 쓴다고 하는 게 어떻게 정당화될 수 있나, 그렇게 생각했죠 이렇게 언어가 유린당하고 있는데 거기에 항의하지 못하면서 글을 쓴다고 하는 게 정당화될 수 없는 현실이라고 생각했기 때문에, 저는 한 번도 어디 응모나 투고도 해보지 못했어요. 신춘문예고 뭐 문학지고, 어디 응모하는 그 자체가 제도 안에 투항하는 거라고 생각했으니까요. 글을 쓰는 것도 제도 안에 편입되는, 제도 속으로 들어가는 거라고 생각했는데, 소설을 썼던 건 제가 공단에 일하고 있을 때, 특히 해고되어 있을 때, 막 해고됐을 때 그때 노동 문학이라고 해서 좀 나왔어요. 시, 노동자들 문제를 다루는 시, 소설들이 좀 나왔는데, 좋은 작품들도 있긴 했지요.

▶ 노동 해방 문학도 나왔어요.

방 노동 해방 문학도 나왔고, 근데 그때 제가 들었던 생각은 '아, 이건 아닌데' 하는 생각이 좀 많이 들었어요. 그러니까 어떤 면에서는요. 왜 이렇게 거칠게 얘기할까, 왜 이렇게 겁 줄려고 할까, 그런 생각요. '이걸 읽고, 이 이야기를 읽고, 이 시를 읽고, 아, 노동자들이 하는 일이 옳아, 이 사람들이 더 행복해지고 더 많은 권리를 가지고 그 노동자들이 조직되고 하면 이 세상이 좀 더 아름답고 더 좋아지겠네, 근사해지겠네, 그런 세상이 와야지', 이런 믿음을 주기보다는 아주 무섭겠다는 생각 말이에요.

글을 대체로 읽는 사람들은 중산층이 많죠. 특히 동요하는 사람들, 그리고 우리로서는 그 사람들의 지지도 필요하고 공감, 노동조합이 있어야지, 저 사람들이 싸우는 게 맞네, 싸울 수밖에 없겠네, 이렇게 되어야 하는데, 이게 마치 겁을 주는 것처럼 돼서는 이렇게 해서 무슨 이익이 있지? 이 글을 누가 읽기를 바라는 거지? 그런 생각을 했죠. 그리고 이걸 읽고 나서 얼마나 많은 사람에게 관심과 애정과 공감을 불러일으킬 수 있을까, 오히려 반대가 아닐까, 이런 생각이 좀 들었어요

▶ 네.

방 아, 뭐 그런 세창 얘기도 이걸 보면, 읽으면 진짜 세창에 싸운 친구들을 응원하고 싶고 이 사람들이 잘 됐으면 하는 공감을 좀 불러일으킬 수 있습니다. 이 사람들이 얼마나 아름다운 사람들인지 정말 가장 아름다운 사람이 당대에, 인간이 인간답게 살기 위해서 몸부림치고 싸우는 사람보다 아름다운 사람이 없잖아요? 인간이 인간답지 못할 때 인간이 인간답지 못하는 것을 용인하고 그것에 편승하고 이게 가장 아름답지 못한 거고 비인간적인 거죠. 인간이 인간답게 살기 위해서 몸부림치면서 눈물 흘리면서 싸우는 사람, 이 사람보다 더 아름다운 사람이 당대 누가 있나? 그러면 가장 아름다운 사람들을 가장 아름답게 볼 수 있게 해주는 것, 그것이 문학이 해야 할 역할 아닌가, 그래서 어떻게 하면 내가 만났던 사람들의 마음을 전달해 줄까, 그렇게 해서 내가 한번 써보자고 생각했어요. 게다가 명분도 돈도 필요한데 이거 쓰면 내가 한 편 쓰면 두세 달 치 월급은 받아올 수 있으니까 당시 노동자들의 월급은 받아올 수 있으니까요. 그래서 뭐 커피 들고 다니지 않겠다 싶어서 내가 쓴 게 그 소설들이었죠. 그렇게 해서 실제 저는 첫 소설집이 나올 때까지 모든 작품을 다 선불 받고 썼어요. 네, 그런 경우는 없거든요. 저는 그 작품들을 다 가져가서 출판사에서 돈을 먼저 받고 원고를 주고 했으니까요. 그래서 그렇게 썼던 작품들이 당시에 그래도 많은 사람의 사랑을 받았고 또 노동자들을 이해시키는

데, 당시에 이 사람들이 어떻게 살고 있고 왜 싸우고, 이 사람들이 어떤 세상을 꿈꾸고 만들려고 하는가를 좀 보여주고 이해시키는 데 저는 좀 기여했다고 생각해요. 그 당시에 그런 열정을 가지고 있었고요.

▶ 인노협이 3년 차 정도를 지나면서 그러니까 조직적으로 좀 안정되지만 또 한편으로는 중소사업장들이 토대였기 때문에 민주노총이 출범하기까지 1996년까지는 계속 투쟁으로 역량들이 깎여 나가는 과정이거든요. 그러니까 비극이었죠. 또 한편 사회적으로도 김영삼 정부가 들어섰고, 소위 페레스트로이카나 사회적인 변혁의 흐름이 좀 퇴조하는 시기였던 것 같습니다. 근데 인천에 계시는 동안에는 계속 노조 활동가들이나 노동자 친구들과 관계들을 유지했을 거 아니에요. 그러니까 공식적으로는 조직부장의 역할을 정리했겠지만 좀 지켜보면서 이후 준비를 좀 했던 거 같은데 서로 그런 것들을 논의하고 공감해주는 동지들이 주변에 좀 있었습니까?

방 뭐 있었죠. 옛날에는 주변에 다들 같이 일하는 사람들이 있었잖아요. 비공식적으로도 있었고 또 인노협 안에서 같이 일했던 사람들, 친구들도 그때 고민을 많이 했죠. 그러면서 비슷한 시기에 철수를 하기로 생각하고 그랬죠. 우리가 할 일이 뭘까 하는 생각도 하고요.

인노협 친구들

▶ 기록으로 좀 남기고 싶어서 제가 말씀을 물어보는 건데요. 당시의 간사들 중 유명을 달리한 사람이 둘 있어요. 정창교 씨와 최명아 씨 면면에 대해서 말씀해 주시겠어요?

방 정창교 부장은 쟁의부장을 했었나요? 조사통계부장?

▶ 조사통계부로 시작했어요.

방 두 가지를 했을 텐데 정말 씩씩한 친구였어요. 그 친구가 서울대 출신인데 그랬을 거예요. 대체로 서울대 친구들이 그렇게 대중적이지 않거든요. 조금 답답하고요.

▶ 아…

방 공장 생활 잘 못하는, 조직 생활 잘 못하는, 얼굴 딱 보면 학생 티가 나는 사람들이 있어요. 그런데 좀 그렇지 않은 아주 독특한 친구였어요. 그리고 우선 유머가 있었어요. 굉장히 유머러스한 친구여서 그 어떤 심각하고 힘든 분위기 속에서 회의하거나 모이면 그 자리를 유쾌하게 만들어 주는, 그러니까 웃음을 터뜨리게 만들어 주는 친구였어요. 당시에 대체로 힘들고 우울할 때가 많았죠. 계속 당하는 과정이잖아요. 사실은 1987년에 일제히 공격을 했다가, 그 후로 그냥 계속 반격당하면서 퇴각하고 저지하고 이런 과정이었으니까, 힘들고 우울할 때가 대부분이죠. 회의라는 게 맨날 뭐 탄압 저지 대책 뭐 이런 거였으니까, 그때 그 무거운 분위기 속에서도 회의를 하면 끊임없이 우리를 웃겨주고, 그거 뭐 그냥 씩씩하게 붙어 봅시다, 싸워봅시다, 그랬어요. 가서 부딪히면 어떻게 할까, 우리는 고민하는데, 가 봅시다, 해 봅시다, 뭐 그런 분위기가 있었어요. 그리고 실제로 가투 같은 데 나가면 겁이 없어요.

가투할 때 보면 겁이 없어서, 우리만 해도 얼굴들도 많이 팔리고 채증 당하고 그럴까 봐 처음에 시작은 하지만 돌 던지고 화염병 던지고 할 때 앞에 맨 일선에 안 선단 말이에요. 대체로 처음에 비무장 평화 투쟁을 할 때만 하고 2선으로 나오는데 이 친구는 가두 투쟁 붙으면 항상 최일선에 서고, 몇 번이나 다쳤어요. 가장 용감하고 유쾌했던 친구가 정창교였어요. 그리고 관념에 잘 얽매이지 않는 친구였고, 그래서 조직 안에서 보면 토론할 때 가장 유연했어요. 근데 와중에 갑자기 그렇게 아파서 굉장히 안타깝고요. 그리고 여기 남겨도 되나, 또 사랑도 해서 우리가 모두 응원했는데 그때 잘 안됐어요. 유명한 사랑 얘기가 있었어요. 노동자 출신의 노조 간부 한 명을요.

▶ 로맨스가 있었군요.

방 진심을 다해서 사랑했는데 거절당했죠. 그래서 우리가 되도록 해주려고 부단히 노력했으나 실패했던 사연이 있었죠. 최명아 씨는 굉장히 성실한 친구였죠. 성실하고 꼼꼼하고 그랬는데 그렇게 갑자기 갈 줄은 아무도 생각하지 못했죠. 주로 가구 단지 쪽, 글로리아가구 출신인가 그랬어요. 그래서 그쪽 친구들에게, 특히 가구단지 쪽 노동자들에 대해서 각별한 애정을 가지고 있던 친구였어요.

▶ 최근에는 방 선생의 관심 영역은 노동문제나 이런 쪽에서는 좀 멀어진 것 같습니다. 그런데 혹시라도 노동과 관련된 종류의 글을 써보실 생각은 있으신 지?

방 저는 사실은 노동 문학이라는 용어를 별로 좋아하지 않았어요. 왜냐하면 1980년대, 1990년대 가면서 노동문학계 대표 작가 뭐 이렇게 얘기할 때 노동문학 하지 않았다, 이렇게 얘기했어요. 문학이면 문학이지 노동 문학이 따로 있냐, 그러면 자본 문학이 있냐, 세상에 대다수 소설이

다 자본 질서에 충실한 이야기들, 부르주아의 삶에 충실한 이야기였는데, 그걸 그러면 자본 소설이라고 얘기하는 사람이 있냐, 없지 않냐, 그런 생각이었어요. 근데 왜 노동자들 얘기를 쓰면 노동소설이라고 그러냐는 거죠. 그냥 인간을 다룬 거고, 내가 관심을 가졌던 건 그 당대에 가장 아름다웠던 사람들에게 관심을 가져서 내가 썼던 것이고, 그때 그 아름다웠던 사람들이 노동자였을 뿐이라는 거죠. 그렇게 노동문학이라고 딱지 붙이는 게 특정화하는 것 같아요. 그건 마치 아주 특수한 문학인 것처럼요. 문학, 노동자들이 제일 다수이지 않냐, 세상에 가장 보편적인 문학이지 이게 왜 특수한 문학이어야 하냐, 그렇게 얘기를 했어요. 그걸 저는 일정한 선의 같지만, 진정한 노동문학으로 구별해서 존중하는 것 같지만, 일정한 카테고리 안에 가두는 것이고 특수화하고 그건 결국 폄하하는 것에 불과할 수 있다는 거죠. 그렇게 얘기해서는 안 된다고 생각해요. 지금도 저는 마찬가지로 생각하고, 이제 제가 쓰는 이야기, 지금 제가 준비해서 올해 내려고 하는 긴 장편 소설이 '홍범도'라고 하는 역사적 인물을 중심으로 해서, 조선의 봉건 사회가 붕괴하면서 근대를 거쳐서 현대로 가는, 그러니까 낡은 가치와 질서가 붕괴하고 새로운 가치와 질서로 재편되어 가는 과정들을 다루는 얘기예요. 그래서 근대가 출현하는 시기에 우리는 어떻게 봉건 계급 사회에서 지금의 현대 사회로 현재와 같은 민주주의 사회로 이행하게 되었나? 이 과정들을 다루는 건데 거기서 홍범도라고 하는 사람도 보통 굉장히 단순하게 뭐 머슴이었다가, 포수였다가, 이제 독립군을 이끈 영웅으로 생각하지만, 사실은 그 사람은 머슴이었기도 하고 노동자였기도 해요. 그래서 제가 쓴 이 이야기에서도 그 사람의 노동 과정들도 굉장히 많이 다루고 있어요. 그 사람이 이제 총련이라는 군대에서 나와서 제지소라고 하는 종이 만드는 공장의 노동자로 일했고, 연해주에 가서는 그 스스로 노동을 해서 부두 노동자로도 일하고 광산에 가서 광산 노동자로도 일하고 배를 타고 고기를 잡으며 노동자로도 일해요. 그 누구보다 실하게일 했고   , 나중에는 협동농장의 노동자로 일했고, 죽을 때는 카자흐스탄의 극장 수위로 일하다가 죽었단 말이에요 그리고 이러한 사람의 삶 자체도 사실은 정확하게 노동자 그들의 삶의 일부이기도 하고 그와 함께 더불어 살았던 사람들 이야기예요.

대표적으로는 그 '김 알렉산드라'라고 하는 우리나라 최초의 공산주의 운동가였기도 하고 여성 노동운동가, 한국 노동운동에서 가장 선구적인 사람이죠. 광산 노동자들을 대변해서 싸웠던, 일했던 노동자들 뭐 그런 얘기들이 담겨 있어서 저는 이게 노동을 특화해서가 아니라 보편적 삶 속에서 어떻게 우리 노동이라고 하는 것이 인간을 이렇게 밀고 가는가? 그리고 그 속에서 그의 삶을 건강하게 만들어 주는 거, 그러니까 권력이나 이렇게 기대지 않고 홍범도도 보면 스스로 독립 자금을 마련하기 위해서 노동하거든요. 부하들 데리고. 그런 과정도 노동이라고 하는 것이 어떻게 작용하나? 그런 면에서 저는 이걸 과거와 같이 노동자들의 이른바 특수한 문제로 바라보지 않고 보편적인 인간의 삶 속에서 노동의 문제로 다루는 것이 저에게 주어져 있는 역할이라고 생각하고 한편으로는 물론 아쉬운 점이 있어요.

저는 조금 더 현장에 지금 당대 노동자들이 처해 있는 여러 가지 어려움과 또 첨예한 문제들, 예전보다 더 복잡해져서 결코 쉽지 않은 그런 문제들에 대해서 깊이 또 아주 가장 첨예하게 육박해 들어가는 그 현실에 가닿아 있는 작품들이 좀 많이 나와 줬으면 좋겠다는 바람, 근데 그런 게 좀 덜 보여서 아쉽고 안타깝고 난 그런 작품들이 많이 나와 줬으면 좋겠다는 바람이 있지만 이제 제가 들어가서 뭐 그 일을 다루기에는 제 몫이 아니라는 생각을 해요. 그건 가장 가까이 있는 사람이 할 수 있는 것 그리고 실제 체험을 하고 있는 사람들이 제일 잘 쓸 수 있다고 생각해요. 대신해 줄 수 없는 영역들이 있고 현장

속에서 좋은 작가들이 좀 많이 나와 줬으면 좋겠다는 생각은 가지고 있습니다. 나오겠죠. 조금 지나면 이제부터요.

▶ 마무리해야 될 때가 된 것 같은데요. 방현석 선생께 인천에서 십여 년은 어떤 의미가 있는지, 아니면 아직도 깊이 남아 있는 기억이라든가, 그중에 말씀하시고 싶은 부분이 있으면 해주시면 되겠습니다.

방 제가 20대 중후반부터 30대 중반까지 가장 그 제 삶에서 보면 빛나던 시절을 인천에서 보냈습니다. 그리고 제 청춘이 있는 곳이 인천이고요.

▶ 제일 힘들었죠.

방 네, 그리고 그때 만난 사람들이 내 인생에서 만난 가장 아름다운 사람들이기도 하고 지금도 진진양행의 친구들 만나고 또 같이 살아가고 있는 좋은 친구들이고, 그때 저도 가장 자신한테 당당했던 시대였고, 스스로에게 떳떳하고 자랑스러웠던 시간이었습니다. 그 후에도 그때보다 더 잘 살 수는 없었고 그전에도 없었습니다. 아마 앞으로도 없을 거라고 저는 생각을 해요. 그리고 그게 어쩌면 제 인생의 자랑이기도 하고 아무도 알아주지 않고 그게 현실적으로 보탬이 되지 않을지 모르지만 제 삶에 가장 자랑스러운, 저에게는 가장 자랑스러운 시간이었어요. 또 그 자부심이 '내가 적어도 10년 동안은 그렇게 살았어'라고 하는 자부심이 남은 삶에서도 제가 너무 한심해지지는 않도록 해주지 않을까 그런 생각을 합니다. 그래서 제가 시인은 못 됐지만, 새로운 정말 현실에 없는 다른 질서와 세계를 보여주고 꿈꾸는 사람이 시인이고 그걸 해내는 사람이 시인인데 저는 그건 되지 못했습니다. 하지만 적어도 현실 속에 있었던 가장 아름다웠던 것들, 우리가 놓치고 잊어버린 것들을 복원해서 누군가는 반드시 기억해야 할 것을 기록하는 일을 하고, 내가 아니면 기억할 수 없을 사람들, 내 소설이 아니면 기록될 수 없을 시간들을 내가 남은 시간 동안에 쓸 수 있지 않을까 싶고, 그걸 할 수 있는 가장 큰 동력과 자부심은 제가 인천에서 살았던 그 10년의 힘이었다고 생각합니다.

▶ 다음에는 진진양행의 지금도 만나는 친구들과 당시에 한 2년간을 한번 회고해 볼 수 있는 기회가 있으면 좋겠습니다. 우리가 그런 일들을 좀 더 해 나갈 겁니다.

방 술 먹을 때 한번 모시겠습니다. 우리 가끔 이렇게 1년에 한두 번 모여서 술을 먹으니까요.

▶ 다음을 한번 기약해 봅시다.

방 세창 친구들도 한번 같이 만나보면 참 좋을 것 같아요. 어머니도 참 대단하신 분이었거든요. 세창물산 송철순 열사의 어머니도 정말 대단한 분이세요. 그렇게 평범한 대단함을 보여주신 분도 드물죠. 요즘도 이제 마석에 이제 일 년에 한두 번 가면 들러보게 되는데, 그 어머니 작년, 재작년인가 한번 통화를 했어요. 그때 그 친구들도 한번 보고 싶네요.

▶ 훗날을 한번 기약해 보자고요. 오늘 장시간 인터뷰 해주셔서 고맙습니다. 이게 인노협과 1987년 투쟁을 복원해 나가는 과정의 시작이 될 것 같습니다. 고맙습니다.

방 네, 고맙습니다. 수고하셨습니다.

실존철학에서 나와
민중 실존 속으로

안재환

대담 이형진이 묻고
안재환이 답하다

주요 약력

1957년	서울 출생
1977년	동국대학교 입학
1978년 5월	광화문 시위로 구속, 79년 8월 석방
1984년	동흥전기 입사, 85년 노동조합 설립 시도로 해고
1988년	인천부천민주노동자회 설립, 회장으로 활동하다 89년 6월에 구속
2000년	부평 남부자활지원센터 설립
2017년	맑은내협동조합 이사장 역임

안재환 선생은 70년대 말 학생운동으로 반독재 민주화운동을 시작하였고, 80년 초반 인천 지역에서 노동 현장에 투신하여 현장 활동으로 노동운동을 시작한 이후 지속적으로 시민사회운동과 지역사회의 도시재생 등 마을운동을 통하여 인천 지역 시민사회의 발전을 위해 노력하고 있습니다.

안재환 선생과의 인터뷰는 2023. 8. 4. 주안미디어센터에서 진행되었으며, 1970~80년대 학생운동과 노동 현장으로 이전 과정, 인천에서 노동운동가들의 현장 활동 과정을 중심으로 엄혹한 시절의 노동운동과 민주화운동에 대하여 초점을 두고 증언을 청취하였습니다. 안재환 선생의 구술을 통하여 80년대 중반을 기점으로 변화하는 노동 현장 활동과 7, 8월 노동자대투쟁 이후 반공개적인 지역 노동자들의 정치운동 과정을 살펴볼 수 있습니다. 노동자대투쟁기를 거치면서 인천 지역의 노동운동 상황은 급성장을 이루고 의식적인 활동가들의 노력 또한 이전과는 다른 큰 변화를 보입니다. 노동조합운동 및 재야(전선)운동적 성격을 보이는 노동운동 진영의 역할 분화 과정을 통하여 인천부천노동자회의 결성과 이후 탄압 과정에 대하여 확인할 수 있습니다.

▶ 오늘 2023년 8월 4일입니다. 오늘은 학생운동을 통해서 민주화운동을 하다가 1980년대 그러니까 1970년대 후반부터 인천 지역에서 노동운동을 위해서 현장에 투신하신 분들이 있습니다. 그중에서 대표적으로 안재환 선생을 모시고 1970년대 그리고 1980년대 인천 지역의 노동운동 과정에 대해서 좀 얘기를 들어보는 시간을 갖도록 하겠습니다. 안재환 선생, 반갑습니다.

안재환 예, 안녕하십니까? 안재환입니다.

▶ 날씨도 더운데 요새 건강은 괜찮으신가요?

안 그럭저럭 잘 지내고 있습니다.

▶ 옛날 생각을 돌이켜 내는 게 쉬운 일은 아닌데 오늘 이렇게 와주셔서 감사드리고요. 안재환 선생은 1957년 서울 출생이라고 들었습니다. 1957년 이후에 아주 어릴 때는 생각이 잘 안 나시겠지만 가정 환경과 초등학교 이후 고등학생까지 그러니까 살아온 부분에 대해서 좀 간단히 말씀을 해주시기 바랍니다.

힘들었던 고등학교, 학창 시절

안 저는 자동차 부품 사업을 하시는 아버님과 어머님 중간의 5남 1녀 중에 3남이었습니다. 서울 변두리에 비교적 좀 어려운 집안의 출신이고요 어렸을 때 저 성격 형성에 영향을 많이 미쳤던 것 중 하나가 막내 남자 동생이 61년생인데 당시에 소아마비가 유행하면서 어렸을 때

소아마비에 걸려서 어머니하고 특히 제가 막냇동생 뒷바라지하려고 초등학교 5학년 6학년 때는 교실이 5층이어서 힘들었고, 막냇동생 학교 보내려고 제가 고등학교 들어갈 때 야간 고등학교를 택하게 됩니다. 저한테는 인생에서 중요한 모멘텀이 됐는데, 그래서 사람들이 혹시 집안이 가난해서 야간 학교를 갔나? 이렇게 여러 가지 생각을 하는데 제 막냇동생의 등교를 제가 해야 하는 상황이어서 고등학교 때까지 뒷바라지를 했지요. 1980년 처음으로 제가 감옥을 갈 때 일이죠. 처음 감옥으로 갈 때 막냇동생이 고3인가 그랬는데, 제가 경찰한테 잡혀가고 막냇동생이 엉망이 된 거죠. 입시도 준비해야 하고 그러는데 그때 저희 집안이 제가 경찰에 잡혀가는 것만이 아니라 막내 학교 졸업시키는 것 때문에 그해에 돌아가신 저희 아버님과 제 바로 밑에 대학교 2학년이 었던 동생이 업고 다니고 그랬다고 해요. 그런 일이 있었습니다. 그러니까 저희 집안에서는 하여튼 소아마비를 앓아서 다리를 못 썼던 내 동생과 그로 인한 대책들 이런 것들이 제 청소년 시절에 저에게 아주 영향을 미쳤던 그런 사례가 아닌가 생각합니다.

▶ 그러면 안 선생은 고등학생 시절은 몇 년도부터였습니까?
안 1973년도 3년 동안 고등학교요.

▶ 야간 학교 어디를 다니셨습니까?
안 서울 한복판에 있는 중동고. 인문계 고등학교죠.

▶ 싸움도 좀 하셨습니까?
안 이건 녹음 안 했으면 좋겠는데 그냥 그 당시에 광화문에 막 뛰어다니면서 그리고 약한 학생들하고 안 하고, 주로 저희하고 비슷한 수준의 학생들하고, 당시에 다 어렸을 때요.

▶ 혹시 고등학교 다니면서, 서울에서 당시 유신 치하였거든요. 분위기랄까 뭐 또 혹시 대학생들 데모하는 걸 본다던가 그래서 사회의식이 좀 생긴 그런 계기가 있었나요?

안 전혀 정반대의 사건이 있었습니다. 1974년도에 육영수 여사가 국립극장에서 행사 중에 총탄에 쓰러졌을 때 저는 야간 학생이니까 그걸 낮에 집에서 TV에서 봤거든요.

▶ 고2 때였네요.

안 혼자서 이렇게 보고 있다가 대통령 영부인이 그렇게 쓰러져 가는 걸 보고, 제가 굉장히 울분을 토하게 됐죠. 이것은 사회에 대한 새로운 인식이라고도 할 수 있겠지만 굉장히 애국적 의식이 싹튼 것 같아요. 저희 학생들이 파고다 공원에 데모하러 가고 그랬었는데 일본 대사관이 또 우리 학교 옆에 있었거든요 그래서 한때는 지금의 사회의식하고는 좀 일치하지 않지만, 하여튼 그런 사회 문제에 관심을 가졌던 사건이 1974년도에 있었습니다.

▶ 그러면 1975년 고3으로 진학하고, 1976년에 대학으로 진학을 하셨나요?

안 야간 학교 다니고 또 동생 문제로 그렇게 하고, 변명일지도 모르지만, 공부도 제가 썩 잘하지 않고 그래서 1년 재수를 해서 1977년도에 대학을 입학했습니다.

대학 생활, 실존철학에서 학생운동으로

▶ 대학 생활부터 말씀을 해주시겠습니까?

안 대학 생활이 저한테는 지금의 삶이 있게 된 여러 가지 계기였는데 먼저 첫 번째 계기는 제가 과 대표가 된 거예요. 과 친구들이 담당 교수님이 안재환은 성적이 좀 부족하다 했는데도 불구하고 당시에 우리 과 친구들이 담임 교수한테 항의하는 사절단을 파견하면서까지 해서 제가 1학년 과 대표를 했던 것이 제 삶에 상당히 영향을 미친 거고, 또 하나 대학교에서 독후감 대회라는 걸 했는데 제가 4월에 독후감 대회 예선전에서 겨우 장려상 받아서 본 대회에 나갈 수 있었는데 그해 12월 본 대회에서 제가 총장상을 받게 됐습니다.

까뮈의 『이방인』이라는 책을 읽고 독후감을 낸 게 토론하고 이러는 과정에서 목소리가 커서 아마 그랬던 것 같은데 제가 실존철학을 뭘 알았겠어요? 근데 발표한 날 보니까 제가 총장상을 받았더라고요. 깃발도 있고 그랬어요. 총장상 깃발을 들고 우리 과 친구들이 저를 무등 태워서 학교에 행진하고 그랬는데 그것이 제 운명에… 우리 부모님이나 이쪽에서 보면 참 나쁜 길로 빠지는 계기가 되고요 동국대학교의 운동권 선배들이 그 뉴스를 보고 '아, 얘를 좀 포섭해야 되겠다' 그래서 제가 2학년 1학기 초에 곧바로 과 선배가 보자 해서 봤더니 이러이러한 독후감 잘 읽었다 책 좀 많이 읽었네, 이러면서 무슨 얘기 하려고 그러나 그랬더니 우리 독서 모임이 있으니까 들어와라. 이렇게 돼서 제가 78년도 3월부터 독서 모임에 나가게 되고 6월에 감옥 가게 됐습니다. 아주 3개월 만에.

▶ 안 선생 전공은? 뭐 무슨 과에서요?

안 공부를 2학년 1학기 때까지밖에 못 했으니까, 저의 전공에 대해서는 무시하고요. 하여튼 제 인생이 독후감 대회와 그다음에 그 결과로 선배들이 서클에 가입하라고 한 거고 1978년 3월부터 거의 한 3, 4개월 내 이렇게 인생이 다 정해진 거죠.

▶ 3월부터 독서 토론회에 적극적으로 참여하게 된 거네요.

안 뭐 우리 집에서는 도대체 제가 뭘 먹고 와서 그러는지 저렇게 막 미친놈처럼 돌아다니냐고 할 정도로 3~4개월 동안 3월, 4월, 5월, 6월까지 굉장히 열심히 학생운동을 했습니다. 독서 모임은 이제 매주 책도 여러 가지 읽었던 거 생각나고 엠티도 가고 그다음에 동국대 내에서는 어려우니까 이제 연합 4.19 행사라든가 이런 것, 운동권 노래도 부르고 그다음에 우리 학교 내에 저보다도 훨씬 더 의식화가 먼저 됐던 친구들하고 5월인가 광화문 시위가 있었어요.

▶ 1978년 5월에요.

안 유명한 광화문 시위에 저희도 참여하고 그랬었습니다.

▶ 5월에 광화문 시위가 안 선생한테는 처음 정치적인 사건이었죠? 좀 자세히 말씀을 해주시겠어요? 그 참여 과정을요.

안 제가 그 당시 2학년 초기에 단순 가담했다고 봐야 하는데 선배들의 당시에 증언이나 이런 것들 보면 제가 친구들을 잘못 만난 것 같아요. 워낙 열정적인 친구들이어서요.

▶ 친구 중에는 누가 있었습니까?

안 인천에서 국회의원 하는 홍영표, 그다음에 구청장 두 번 했던 고남석, 그다음에 그 불교운동으로 유명한 김지영이나 이선이나 하여튼 저희 같은 학번들이 대단한 친구들이 많았었습니다. 그래서 저는 이 친구들은 도대체 어디서 뭐 하던 놈들인가 이렇게 세미나하고 그러면 제가 말을 더듬더듬 그러는데 아주 상당히 놀랐죠. 친구들과 많이 독서, 토론하고 그럴 때도 많이 배우고 연합 집회 이런 데 쫓아다니면서 저희가 2학년 고남석, 홍영표 이런 친구들과 부처님 오신 날 4월 18일이죠. 그때 유인물을 직접 만들어서 뿌렸습니다. 우리 2학년들끼리요.

▶ 어디다 뿌렸다는 건가요?

안 조계사에서 행사하고 그다음에 여의도까지 행진하면서 뿌리고 여의도에서 대학생 불교도 행사할 때 거기서 뿌리고 남은 건 다음 날 학교에 와서 또 뿌리고 제가 글을 쓰지는 않았는데 다른 친구들은 워낙 글을 잘 썼어요. 그것 때문에 결국 저는 긴급조치 9호로 감옥을 가게 되었지요.

▶ 4월 초파일 그러니까 불교 행사에 반정부 유인물을 뿌린 거죠. 그런데 그날 시위 상황은 좀 어땠습니까?

안 광화문 시위는 사실 저는 너무 떨렸고 크게 기억하는 거 없는데, 다른 분들이나 동료들 기억에 의하면 서울대, 연고대, 성대 등 다른 대학들이 저희보다는 학생운동이 강했었나 봐요. 그래서 다른 대학들은 아마 몇백 명씩 이렇게 조직이 된 것 같고 저희는 확인 못 했지만, 동국대에서는 몇십 명 정도 나간 그런 시위였고요. 여기저기에서 구호를 외치고 유인물 낭독하고 하는 그런 것들이 반복적으로 진행되고, 경찰들하고 싸우고 퇴각하고 이런 상황이어서 저희는 너무 겁도 나고, 저 같은 경우는 사실 그때 기억이 그렇게 자세히 나지는 않아. 노래나 이런 것들도 저는 따라하고 구호를 외쳤던 것 같은데 "호헌 철폐, 독재 타도" 이렇게요.

▶ 최루탄 터진 기억도 나나요?

안 최루탄도 처음 맡아봤는데 그것도 너무 독해서 그랬는지 잘 기억이 많이 나지는 않고 하여튼 뭐 거의 꿈 같은, 그런 광화문 시위에 참여했었고요.

▶ 시위 참여 후에 곧바로 학교 당국이나 경찰로부터 연행되었나요?

안 전혀, 저뿐만 아니라 선배들도 전혀 구속되거나 그러지 않았었거든요. 정보 경찰에서 우리 동국대에 대해서 파악이 안 돼 있었던 거죠. 문제가 됐던 거는 선배들의 지시나 이런 것 없었는데 우리 동기들이 인천의 고남석 그 친구 집에서 이후에 선배들한테 보고하지도 않고 유인물을 만들고 제작하고 뿌리고 이렇게 하다가 친구한테 읽어보라고 유인물 한 장, 준 것이 문제가 돼서 제가 안기부에 체포되게 되죠.

▶ 그 과정을 말씀해 주시겠어요? 1978년 6월에 연행되는 사건이 생겼네요.

안 네, 저희가 학교 대강당에서 강연을 하는데 위에서 뿌리고 그랬거든요. 학교가 난리가 났죠. 잘 모르면 무식하다, 무식하면 용감해진다고 여의도에서만 아니라 학교 가서도 그렇게 하니까 정보 경찰도 쫙 깔리고 그랬는데 그 당시 현장에서는 안 잡혔어요. 아무도 안 잡혔는데 유인물이 좀 남고 그래서 저는 포섭하려고 했던 친구들한테 몇 장을 나눠준 거였죠. 나눠준 것 중 하나를 지방에 있는 대전의 모 대학으로 기억하는데 거기에 있는 여자친구한테 제 친구가 우리 학교 우체통을 통해서 우편으로 보냈나 봐요. 안기부에서 당시에 학교에 있는 우체통을 검열했고, 그러니까 거기에 걸려서 여학생이 걸리고 그다음에 그 여학생이 자기 남자 친구 얘기를 하니까 저까지 오게 돼서 그 친구하고 저하고 1학기 마지막 날 시험 보고 나오다 체포되었죠.

▶ 당시에 중앙정보부였습니다. 남산에 끌려가서 수사를 당했나요?

안 내가 한 2시간 돌다가 간 것 같은데 나중에 나올 때 보니까 우리 학교 바로 옆에 있더라고요. 우리 학교에서 1킬로도 안 떨어져 있는.

▶ 안가였습니까?

안 아니요, 중앙정보부였죠. 저희 말고 다른 사건들도 있고 그래서 막 소리 나고 밤새 그런 무시무시한 곳을 제가 당시에 만 스무살인데 거기 들어가서 한 일주일 있다가 서대문구치소로 송치됐습니다.

▶ 수사 과정은 어땠습니까?

1978년, 유인물 배포로 구속되다

안 저하고 제가 유인물을 준 친구하고 우리 서클의 대표인 4학년 선배가 나중에 제가 서클을 불지 않을 수 없어서 그때 서클 대표 선배가 와서 3명이 남산에서 취조를 받았고요 유인물에 대하여는 저는 계속 이렇게 이렇게 생긴 사람한테 받아서 내 친구한테 준 것이다. 이 진술을 제가 끝까지 사수를 해서 다행히 다른 친구들을 불지 않을 수 있었고요. 친구를 불 수가 없었던 게 그 친구 중에 몇몇은 곧바로 또 군대를 갔거든요. 그래서 2, 3일 전에 군대 잘 가라 하고 그랬던 애들인데 거기서 있으면서도 군대 간 친구를 불었다가는 아무래도 죽을 것 같더라고요 나도 모르게 두들겨 맞고 있는데 제가 끝까지 버텨서 같이 유인물을 만들었던 친구들 잡혀 오지 않고, 나는 너무 아는 것도 없고 그러니까 그쪽 요원들도 제 말을 결국 그대로 써서 검찰로 넘겼던 거지요. 제가 이렇게 생긴 사람한테 받은 걸로 해서 유인물은 넘어가게 됐고 그렇게 될 수 있었던 게 4학년 서클 대표 선배가 왔는데 우리 과 서클 대표 선배한테 그걸 안 보여줬어요 그러니까 서클 대표 선배도 그렇게 얻어맞으면서도 실제 선배도 모르는 유인물이니까 최종 결론이 그렇게 나서 선배하고 구속이 된 거였습니다.

▶ 구속이 됐습니까?

안 구속돼서 제가 그걸로 실형 살았습니다.

▶ 학교에서는 퇴학 조치 됐나요?

안 예, 그래서 대학 생활은 2학년 1학기로 끝났습니다.

▶ 구속된 기간은 얼마였습니까?

안 1년 6개월이요.

▶ 그러면 이제 1978년이 지나고 1979년에 출감하시게 됐네요. 그러면 1979년 기억으로 10.26 직전이었나요?

안 제가 만기는 안 채우고 카터가 와서 일찍 나왔죠. 1년 2개월 정도 살았어요.

▶ 그럼 1979년 봄에 출감하셨네요. 사실 1970년대 말에 이제 격변기이지 않습니까? 그리고 본인으로서는 이렇게 인생의 전환점이 된 셈인데 출감하고 나서 여러 가지로 고민이 많았을 것 같습니다. 어떤 방향으로 살아야겠다는 생각을 하시게 됐나요?

안 감옥 안에서 저한테 영향을 많이 미쳤던 거는 독서와 같이 지낸 선배 투사들이었죠. 저 같은 어린 활동가가 보기 드물어서 굉장히 선배들이 많은 애정을 주셨죠.

▶ 보기 드물었다는 말씀이 그러니까 전혀 준비가 안 된 청년이었다는 건가요?

안 저는 (당시에 유행하던) 『전환 시대 논리』도 제대로 안 읽고 들어왔습니다.

▶ 감방 안에서 지도를 해주신 분들이 좀 있었나요? 좀 밝혀주시죠.

안 인천에 있던 이우재 선배, 지금 교육감 하는 조희연 선배나 이런 분들이 같이 있었던 선배들인데 저를 똑똑한 학생 운동가를 만들기 위해서 열심히 공부를 시켰어요. 학습이라고 하는 거는 거기서 대부분이 마치고 그랬었습니다. 저한테는 뭐 하여튼 대학에서 공부할 수 있던 그 이상의 공부를 1년 6개월 동안 감옥에서 다 한 거나 마찬가지였습니다.

▶ 대학 과정을 거기서 수료하셨네요.

안 그렇죠. 철학, 역사 이런 거 교수들이 양 옆에 다 있는 거나 마찬가지죠. 툭하면 싸우고 공동으로 생활하면서 저한테는 그동안 약했던 이론이나 이런 것들에 대해서 1년 반 동안 아주 특히 대전교도소에서는 한국 역사나 이런 부분에 대해서도 고민할 수 있는 그런 시기도 되었고, 감옥 생활이 좋았다 그러면 너무 좀 어폐가 있는 것 같아서 그만하도록 하겠습니다.

서울의 봄, 복학과 투옥, 인천으로

▶ 안 선생 1979년 8월에 석방되고, 이후에 진로에 대한 고민은 어떻게 하셨는지요?

안 저희들 감옥 갔다 나오는 학생운동 투사들의 이슈는 감옥 갔다 왔으니까 군대는 가지 않아야 한다고 했는데 군대를 강제로 보내던 시기였어요. 1979년부터 12.12까지요. 그래서 이제 도피 생활을 시작했습니다. 저를 그냥 잡으러 다녔어요. 군대 끌고 가려고 집으로도 잡으러 오고 그래서 감옥에서 나오자마자 집에서 있었던 시간은 한 달여가 채 안 되고 계속 바깥에 도피 생활하고, 그다음 해 1980년 서울의 봄, 그때는 대학교에는 복학하면서 집에도 거의 안 가고 대학교에서 잠자고 했어요. 말이 복학이지 뭐 거의 그때서부터 '서울의 봄'이 끝나던 때까지 계속 학교에서 머물러 있었던 거죠.

▶ 1980년 5월, 광주 항쟁이 일어나기 전까지 서울의 분위기를 말씀해 주시겠어요?

안 서울의 봄, 분위기는 일단 학생운동이 전체 민주화운동의 주도 세력이 아니었나 생각을 하고요. 저희는 좀 뒤늦게 합류한 대학이었는데 일단 첫 번째 이슈가 학생회의 민주화였습니다. 그래서 저희도 그런 활동들을 쭉 했습니다. 그다음에 두 번째가 어용 교수 퇴출, 그래서 총장서부터 그동안 독재 정권에 야합한 그런 과정들에 대한 보고서도 내고, 그 보고서를 제 친구가 직접 쓴 보고서 원본을 얼마 전에 제가 그걸 찾아 지금 동국대에 자료로 보관하도록 보내줬는데 그거를 그때 문제 제기하지 못하고 시간을 놓친 거죠. 그걸 읽어보니까 너무 새롭더라고요. 이른바 어용 교수 이런 사람들도 나오고 그런 활동들을 한 학기 3개월 정도밖에 못 했고 그다음에 외부와는 정치투쟁도 계속했어요.

▶ 그러니까 1980년 5월에 광화문 시위나 이렇게 진행을 하다가, 5월 15일

기점으로 급격하게 학생운동은 퇴조하지 않습니까? 그 과정에서 그러면 안 선생은 어떻게 하셨어요? 도피하셨습니까?

안 도피를 했는데요. 도피 중에 재밌었던 건 저희가 엠티를 강촌으로 갔는데 거기서 이제 언론에서 딱 나오는 거예요.

▶ 아, 5월 18일 경.

안 네, 그래서 제가 신문에 나왔거든요 우리 학교에서는 세 명이 신문에 나온 수배자였는데 그래서 강촌에서 서울로 들어와야 되는데 계속 검문을 하지 않습니까? 검문을 당했는데 그냥 주민등록번호를 할 수 없이 됐죠 그랬는데 군인들이 그때 제대로 일을 하지 못 했는지 그때는 잡히지 않았고요. 그래서 서울로 들어올 수 있었고 그 이후에 5.18 이후에는 가만히 있을 수가 없어서 수배자들은 주로 유인물을 쓰거나 만들고 그다음에 다른 친구들과 후배들은 5.18 이후에 계속 서울 시내에 뿌렸어요. 저희가 주로 맡았던 지역은 성북구 지역이어서 미아리 월곡동 이쪽 지역에 유인물 투척을 하고 그러면서 유인물 투척을 했던 후배들이 많이 잡혀갔죠 저도 잡혔던 게 유인물 작업을 한참 하던 6월이었는데 날짜는 제가 잘 기억이 안 나는데 아버님이 돌아가신 날이었습니다.

▶ 아버님은 몇 년쯤에 돌아가셨죠?

안 1980년 6월에 돌아가셨는데 돌아가셨다는 소식을 금방 저는 받았고요 큰형님 둘째 형님이 외국에 나가 계셔서 제가 셋째니까 장례를 치르러 가야 하는데 어떻게 해야 되나 고민하고 있는 그동안에 그날 저녁에 유인물 뿌리러 나갔던 팀들이 잡혀가고 안 들어오고 막 이러면서 밤새 대책 회의를 하는데 경찰들이 들이닥쳐서 거기에 있었던 우리 동료들 한 10명이 다 잡혔어요 그래서 저도 이제 중부경찰서로 잡혔죠 그때는 제가 아버님 돌아가셨는데 장례 치르러 갈 수가 없겠구나, 이렇게 생각했는데 저희 어머니가 오셨더라고요. 중부경찰서에 하얀 소복을 입고 "장례 치를 장손이 없다. 큰아들 둘째 아들은 다 외국 나가 있고 셋째 아들 내놓으라"고 우리 어머니가 그냥 중부경찰서를 다 뒤집어놨지. 그래서 하루 이틀인가 있다가 결국 경찰들이 기동대 차량 호위해서 의정부에 있는 아버지 묘소에 제가 가서 묻어드리고 왔습니다.

▶ 1980년 6월입니다. 그러면 연행되기 직전까지는 동료들하고 같이 합숙을 하셨던 건가요?

안 지금까지 동국대학교 현역 교수로 있던 분의 집이거든요. 그 선배가 광주 사람이고 얼마 전에도 통화를 했는데 언젠가는 저도 다 공개해야 하는데 지금 이제 만 65세로 작년인가 동국대 교수 정년하시고 그래서 이야기할 수 있게 된 거지요. 그 집에서 대부분 일을 만들고 했던 과정이 있었습니다.

▶ 그러면 6월에 아버님 묻어드리고, 그리고 구속되네요. 두 번째 구속이었습니다.

안 두 번째 구속이었는데 곧 풀려났어요.

▶ 아, 그래요?

안 경찰서에서 넘어가지 않았고 경찰서에 나와서 좀 쉬다가 그해 겨울에 학교 복교하거나 이런 것도 어렵고 그러니까 노동운동하러 가야지 하고 선배들하고 의논하고 그러면서 그다음에 81년도 1월에 인천으로요.

▶ 노동운동을 해야 되겠다는 생각은 그때 처음 하시게 된 건가요?

안 그랬던 것 같습니다.

▶ 인천에 와서 노동운동을 준비하는 과정은 어땠습니까?

1981년, 직업훈련으로 노동자 생활을 시작하다

안 돌아가신 선배님이기 때문에 성명을 말씀드리면 불교운동의 지도자 중에 한 분이 여익구 선배라고 계셨어요 우리 학교에는 여익구 선배님이 노동운동하는 준비 과정이나 이런 것들에 대해서 말씀을 해주셨고 인천 지역은 제가 서울이 고향이고 우리 어머니 고향이 인천이고 그래서 친척들도 있고 해서 인천으로 선택해요 당시에는 이른바 장기론이라고 그래서 노동운동하려면 기술을 익혀야 된다. 저는 또 기술이나 이런 거에 좀 약점이 많아서 제가 그런 데 좀 약하고 그래서 2년제 기술학교를 들어갔습니다. 여기 인천시 중앙직업훈련원을 81년도 3월에 입학했습니다.

▶ 송내에 있는 지금의 폴리텍대학 말씀이시죠? 2년간 주로 그러니까 산업 현장의 기술들 이것저것 다 배우셨어요?

안 용접, 배관 이런 것들을 배우고 자격증 용접 2급 자격증 땄고 배관 1급 자격증 땄고 거기서 군대까지 제대를 했습니다.

▶ 직업훈련원 과정을 군대 이수 기간으로 처리해 줬나요?

안 직업훈련 과정에서 실역 미필 교육을 받으라고 국방부에서 연락이 와서 그 당시에는 이런 일이 흔하지 않으니까 저 같은 경우 직업훈련 받고 있다는 것을 정부에서 알았다는 거잖아요 그쪽에서 어떤 내막이 있었는지 모르지만 그래서 계양산 밑에 군부대에서 한 달 동안 제가 실역 미필 훈련을 받아서 군대를 제대한 것으로 군이 면제된 거죠.

▶ 그러면 2년간 직업훈련원에서 교육받고 하는 과정에서 인천에서 활동하시던 분들과 교류를 할 수 있었습니까? 연결된 선이 있었습니까?

안 인천에서 그 당시에 전혀 그런 생각을 할 수도 없었고 거의 만나본 분은 거기를 소개한 선배나 우리 동료들, 그런데 우리 동료들도 당시에 대부분 군대에 있고 그래서 아마 외부 활동은 거의 못 했어요. 또 선배들이 당시에 꼭 조직적 지침 이런 건 아니지만 그런 외부 활동이나 이런 것들을 거의 잊고 그야말로 장기적으로 한 10년 정도 있다고 생각을 해라고 해서 아주 친한 친구들 아니면 거의 만나려 하는 일들은 없었죠. 제가 2년 동안은 꼬박 직업훈련소에 몰두했어요.

▶ 혹시 그러면 이전에 학교 시절에 만났던 인천 출신 홍영표 국회의원이나 아니면 고남석 씨도 가끔 만났나요?

안 가끔 봤던 것들이 구체적으로는 기억이 잘 안 나고요. 그 이후에 홍영표 같은 경우는 제가 직업훈련 하던 때 군 제대하고 고향에 내려가 있다가 올라와서 저를 만났고 노동운동을 해야 되겠다고 그래서 같이 직업훈련원 알아보고 울산에 있는 직업훈련원도 갔다 와보고 그렇게 의논했던 것이 기억나는군요.

▶ 생활은 어디서 하셨습니까?

안 기숙사가 있죠. 예, 기숙사가 잘 되어 있었고… 2년 동안.

▶ 따로 자취 생활을 할 필요는 없었네요.

안 안 했던 거죠.

▶ 사실 거기 직업훈련이 거의 군대 생활이나 마찬가지였던 걸로 볼 수 있는 거네요. 그럼 1983년에 이 직업훈련을 마치고 곧바로 취업하시나요?

안 곧바로 취업을 해서 부천에 있는 보일러 제조회사를 1년 다녔고, 거기에서는 그야말로 열심히 노동을 익히는 그런 기간이었고요. 1983년도에 저희 동료들을 인천에 취업한 친구 정도 같이 교류하고, 감옥에서 만났던 활동가들과 좀 교류하는 정도지만 그것도 횟수나 정기적으로 이렇게 하지 않았던 거고요. 1983년도까지도 조용히 공장 생활했던 것으로 기억하고 있습니다.

▶ 부천에 있는 보일러 회사에서는 배관일 같은 걸 주로 하셨습니까?

안 서비스 반에 배치돼서 간단한 개인 가정용 보일러 수리하고, 워낙 제가 기술에는 아주 그냥 그래서, 1급 자격증까지 땄는데도 회사에서 일을 시켜보더니 "야, 너는 이런 거나 하라"고 그러면서 단순한 가정용 보일러 설치하고 시운전 해주고 그런 것들을 주로 맡아서 하고 그랬어요.

▶ 그리고 다시 회사를 옮기셨나요?

안 그 과정에서 친구들이나 또는 아까 말씀드린 감옥의 동료들이 나오고 하면서 현장 생활을 어떻게 할 것인가로 고민들이 많았고 그야말로 이걸 생활화하는 것은 어떤 의미가 있는지? 실제로 노동운동의 단초는 어떻게 마련할 것인지 이런 고민을 하면서 현재 보일러 회사에서는 신분도 노출된 것 같고 여러 가지로 그래서 공장을 주안으로 옮깁니다. 1985년도예요. 그래서 주안의 동흥전기로 옮겨서 한 1년 정도 있었는데 그때 조직 활동도 좀 하고 외부 활동도 하고 그러면서 부천에 있을 때보다는 좀 활동의 내용이 다양화되고 좀 활발히 진행되지 않았나 생각됩니다.

▶ 1985년 동흥전기에서 회사를 다닐 무렵에는 인천에 대우자동차 투쟁도 있었어 요. 그리고 1984년과 1985년에는 중소사업장의 투쟁들도 간헐적으로 나타나 거든요. 이런 분위기들을 서로 확인할 수 있었습니까?

직장 생활, 동흥전기에서 노동조합을 시도하다

안 동흥전기로 와서 공장 생활을 하면서 공장 노동자 중에 지오세(JOC: 가톨릭노동청년회)의 회원인 강석태라는 친구를 만나게 돼요. 그래서 강석태라는 친구를 통해서 제가 그의 (모임에) 추가되어 강석태가 안내하는 모임방에도 가면서 (노동자로) 의식화돼요.

▶ 의식화됐다는 말씀은 현장에서 노동자들과 실제로 좀 친해지고 노동자들이 먼저 익힌 내용이나 이런 부분들도 알게 됐다는 그런 말씀인가요?

안 강석태라는 친구가 백운역 앞에 있었던 부평2동 성당과 노동사목 관련된 그런 공간에 저를 데리고 가서 토론도 하고 율동도 해보고 그랬어요. 지금도 아주 기억이 많이 나는 게 저희들은 못 했는데 그런 활동들을 통해 동료들하고도 유대감을 넓히기도 하고, 노동사목 활동에서는 그런 것들을 많이 접해보고… 그러니까 숨어서 공장 생활만 몇 년 하다가 가서 그런 것 하고 그러니까 재밌었고 또 새로운 분위기에서 의지도 새로 생기고 그러면서 상당 기간을 제가 사목에서 준 회원처럼 다니고 그랬는데, 그러다 보니까 이제 아는 사람도 만나게 되고 그래서 사실 그런 일을 오래 하지는 못했죠. 한 일 년 이후에는 제가 이제 신분을 밝힐 수밖에 없는 그런 상황에 이르게 되었죠.

▶ 백운 쪽에 있는 부평 2동 성당 말씀하시는 건가요? 아니면 그 부평 산곡동에 있던 노동사목을 다니셨다는 건가요?

안 노동사목과 백운역에는 모임방인데 주택이었던 거고 그게 간판이 붙어 있었는지 이런 건 기억이 없어요.

▶ 동흥전기에서 모임 같은 것들이 활성화됐습니까?

안 활성화돼서 노조 결성을 시도했고요.

▶ 그게 1986년이었나요?

안 노조 결성 후 제가 15일 정도 노조 위원장도 하고 그랬었네요.

▶ 아, 그 과정을 좀 말씀해 주시겠어요? 강석태 씨하고 같이 움직인 과정이요.

안 그와 같이 움직였을 때 일이고요. 노조 준비를 하고 저희가 핵심적으로 활동한 사람들이 저희 부서와 타 부서, 지금 현재도 저희하고 같이 일하고 있는데 이강혁 동지, 제가 다른 부서였고 그다음에 강석태 동지는 이후에 불의의 교통사고로 죽었거든요. 나한테 의문이고 1988년 도에 죽었는데 그렇게 저 말고도 활동가들과 준 활동가들이 있고 그래서 동흥전기 노조 결성 투쟁이 상당히 진척이 됐는데 그쪽에 방해 공작과 경찰의 개입 이런 것도 계속 세고 그래서 제가 해고되고 이강혁하고 둘이 해고되면서 노조는 이제 깨져요.

▶ 그게 1986년 몇 월이었습니까?

안 한 6월쯤으로 기억이 나요. 제가 다시 감옥을 가게 되잖아요. 이후에 동흥전기에서 김영환이라는, 저희하고 같이 활동했던 후배가 결국 노조를 만들어 첫 번째 노조 위원장을 하게 되죠. 그러니까 제가 그때는 노조 설립필증을 못 받았고 몇 년 후에 노조 설립을 한 거죠.

▶ 그건 1987년 투쟁 이후였겠네요. 그러면 안 선생께서 1986년에 그러니까 6월에 노조 결성을 했다가 노조가 파괴됐다고 말씀하셨는데 준비 과정에서 신고필증을 못 받으신 건가요?

안 결성 당일 30명이 만수동 중국집에 모여서 새벽에 결성대회는 저희가 나름대로 했는데 회사 측과 경찰 측이 저희가 노동부에 제대로 서류를 내지 못하게 하고 중간 과정에서 실패했던 거고요. 당시 해고가 됐으니까 동인천역 뒤에 노동위원회에 이강혁 동지하고 구제신청 하고, 강석태와 그다음 주동자들은 전부 발전소로 보내버렸어요. 우리가 발전소에 에어컨 납품을 하거든요. 그래서 전국의 원자력 발전소로 전부 보내버려서 중단이 됐죠. 김영환이 다시 하는 거는 1987년 후인 거죠. 엄혹한 상황에서 해고됐고 저희는 해고 무효투쟁을 노동부에 서류도 내고 이렇게 하다가 제가 노조 일을 계속하기에는 지역사회에서 맡은 일들이 점점 늘어나면서 동흥전기 복직 투쟁에서 손을 놓게 됩니다.

▶ 안 선생은 노조 설립 당시에는 위원장으로 올렸는데, 노조 위원장으로 활동은 못 해보시고 마무리 됐네요.

안 제가 심혈을 기울여서 위원장과 한 명 이렇게 활동을 같이했는데 너무 회사의 회유와 압박이 심해서 위원장과 간부로 추천된 친구들이 주저앉고 그러니까 부당해고 구제신청도 막바지 서류라도 좀 내봐야겠다 하면서 노동부에 넣었던 것 같아요.

▶ 노조 설립 시도와 실패, 그 이후에 안 선생께서는 지역 활동으로 준비를 하시나요? 그게 1986년 하반기입니다. 주로 어떤 일을 하셨어요?

안 현장에 나오고 나서 달라진 거는 인간관계들과 그다음에 노동조합이라는 조직에서 그다음에 수준과 형태가 좀 달라진 그런 관계들, 모임들, 조직들이 이제 예견되어 있었죠. 사실 노동조합을 그만두고 나서는 어떤 활동을 해야 된다는 거를 저도 주변 친구들하고 의논하면서, 당시에 이미 인천 지역은 노동자들의 정치 투쟁도 활발하던 시기였어요. (지금까지 주로) 노동조합에 관한 얘기만 제가 했지만, 사실은 이전에 이른바 서클 형태의 조직도 계속 운영을 하고 있었기 때문에 노동조합에서 손을 떼고 이제 서클 활동, 그곳으로 뛰어들면서 정치활동을 시작했던 그런 시기였습니다.

▶ 사실 1986년은 인천 지역에서는 정치 조직으로 서·인노련 활동이 있었고 또 다양한 정치 서클, 학생운동 출신들이 현장에서 만들어 낸 노동자들과 같이 이루어진 정치 서클들이 존재하고 있었거든요. 이제 그런 활동이 중심이 됐다는 건가요?

안 그런 활동으로 제가 전환을 한 거죠.

▶ 그때 당시에는 안 선생은 노동운동에서 노동조합의 역할이나 이런 부분들에 대해서 지역적으로도 충분히 평가하지 못했을 수도 있겠습니다. 어땠습니까? 노동조합에 대한 가능성 문제예요.

안 노동조합 문제는 그렇게 심각하게 계속 후속 작업을 한다든가 이러지 않았던 거죠. 그 이후에 정치활동으로 전환하면서, 서클 활동으로 밀려 드는 일거리와 그 회원들과 정치 투쟁들 이런 데 쫓아다니느라고 사실은 두 가지 일을 다 할 수는 없겠다고 생각해서 저는 노동조합 현장 일, 동흥전기에 관련된 일은 사실 거의 종료한 걸로 기억하고 있습니다.

1986년, 인천 지역의 노동운동, 서클운동의 통합을 위하여

▶ 정치 투쟁 영역 내지는 서클 회원 관리, 이렇게 말씀을 하셨는데 그러면 구체적으로 정치적 지향점을 갖는 조직들이 준비되고 있었다는 말씀인가요?

안 1986년도 초기에는 정치 이념이나 엔엘-피디 그런 논쟁들보다는 준비했던 시기여서, 제가 지금 기억으로는 연합해서 다른 공장의 활동가들 또는 다른 대학 출신의 활동가들하고 정치 학습을 여러 차례에 걸쳐서 이렇게 3개월 정도로 프로그램을 했던 것으로 기억이 나고요. 제가 그것을 관계하거나 그걸 지도했던 사람들 본명이나 얼굴을 잘 모르기 때문에 일부러 제가 가명으로 말씀드리고 그러니까 그때부터 이제 상황이 바뀌어 본격적으로 그런 정치 학습에 뛰어들게 되죠. 그래서 당시 유행했던 서구 유럽의 사회주의 운동이나 이런 것 기본 서적들도 토론하고 보통 뭐 한 10회 프로그램을 짜면 일주일에 한 번이나 2주에 한 번씩 모여서 한 서너 명이 진행했지요. 아주 위의 선배들, 저보다는 한 5~6년 이상인 그런 선배들한테 지도를 받고 그랬어요.

▶ 혁명 운동사를 중심으로 주로 섭렵을 했던 건가요? 혹시 내용이나 그때 당시에 만났던 사람들 관계에서 진행됐던 과정을 좀 더 생각을 해보시겠습니까?

안 기본 도서나 이런 것들은 합법적인 것이지만, 팸플릿이나 서구 사회주의 운동 이런 것들은 기본적으로 다뤘다고 봐야죠. 제3세계 포함해서 한때는 레닌주의 또는 모택동주의 이래 가면서 토론했던 시기들이 있었고요. 그 모임들은 공간이나 참여 인원들이나 이런 것들은 저도 지금 기억이 잘 안 나고 모임 끝나고 나서 지역에서 이후에 활동 같이하면서 본 사람들도 있긴 하지만 어떨 때 보면 수도권에서 통합해서 하는 경우도 있었기 때문에 전혀 한 번도 이후에 못 보거나 이런 경우들이 있었고 꼭 인천만이 아니었습니다. 아무래도 초기 멤버들이니까요.

▶ 수십 명 단위의 토론이 이루어졌다는 건가요? 아니면 10명 미만의 소그룹들이 생겼다가 없어지고 또 필요에 의해서 바뀌고 이러면서 필요한 학습들을 진행을 했다는 말씀이죠?

안 그렇죠.

▶ 처음에는 안 선생도 공장 활동 과정에서 그런 부분들과 좀 떨어져 있었으니까 교육을 받으셨을 텐데, 지나면서는 직접 지도도 하고 그러셨을 거 아닙니까?

안 그걸 또 써먹고 그래야 되니까요. 그런데 팸플릿이나 이런 거는 좀 위험하고 그래서 당시에는 아무래도 합법적인 서적 위주로 그런 걸 개발하려고 하면서 내용도 서구 유럽의 진보 운동만이 아니라 한반도의 근대사 공부부터 그런 과정을 통하면서 자신의 정치 이념이나 정치사상이나 이런 것들이 형성되던 시기가 아니었나 생각됩니다. 1986년, 1987년도 때까지 현장에 일찍 온 사람들이 당시에는 그런 걸 준비하느라고 상당히 학습을 많이 하던 시기가 아니었나 싶어요. 또 해고된 경우들이 많고 그랬으니까요.

▶ 안재환 선생께서 1986년 6월에 노조 설립 시도를 하셨잖아요? 1986년 5월은 인천에서 5.3민주항쟁이 있었습니다. 그러면 그 무렵에 5.3인천민주항쟁에서는 공장을 다니시면서 참여를 혹시 하셨나요? 할 수 있었습니까?

안 연도가 바뀌었는데 1986년도는 당연히 내가 현장에 있지 않아요. 1980년 아까 1981년, 1982년 직업훈련소, 1983년 보일러 공장, 1984년 동흥전기, 1985년 해고됐으니까 내가 1985년 6월에 해고됐네요.

▶ 조금 쉬었다 하시겠어요, 잠깐 쉬겠습니다.

(10분 쉬고 다시 시작)

▶ 안재환 선생, 잠깐 다시 정리를 하도록 하겠습니다. 그러니까 1983년 직업훈련을 끝내고 이제 일 년 정도 부천 공장 생활을 거쳐서 1984년에 동흥전기에 입사하시고 1985년에는 노조 설립 시도를 하다가 결국 여기서는 이제 해고당하시죠. 그래서 1985년 6월까지였고요. 85년 그러니까 하반기부터는 사실 안재환 선생은 당시에 인천에 활동하러 내려왔던 학생운동 출신들 그리고 지역 내에 노동자들과 본격적으로 서클 활동을 하게 됩니다. 1985년 당시에는 공식적으로는 서노련, 인노련 활동이 있었을 때거든요. 양승조 선배님께서 인노련 대표였지 않습니까? 혹시 그 부분과 서로 교류나 그때 본 상황이나 이런 것들이 있었으면 말씀을 해주시겠습니까?

안 1985년도 저희가 지역 사업에서 구별해서 말씀드린다면 비공개적인 조직을 이제 서클이라고 보통 그러지 않습니까? 서클 형태의 무정형의 조직들이 공개 활동을 하기가 어려우니까 교육이나 또는 메이데이 행사를 같이한다든가 이럴 때 주로 기노련이나 교회 이런 데를 활용해서 했어요. 1985년, 1986년도에 잠재되어 있거나 활동이 시작됐던 그런 서클들이 이름이 드러나거나 이런 것은 없고요. 이후에 인민노련과 저희 같은 부분들은 서클의 연합 형태였어요. 서클 형태들을 조금 더 말씀드리면 대개 대학교, 학생운동이나 또는 교회운동이나 이런 연고에 의해서 서클이라는 조직을 통해서 공장 이전하면서 초기에 노동법 학습이라든가 또는 현장에서 이렇게 한다든가 그런 활동들을 대개 서클이라는 조직 형태로 맡았던 걸로 기억하고요. 서클 운동이 1986년 이후에는 전환이 되면서 결국은 인천에서는 인민노련 조직으로 나아가게 되는 거죠. 그런 점에서 과도적인 서클 체계에 대해서 좀 이해를 해야지요. 대체적으로 서클은 초기의 형태는 공장 이전을 했을 때 만들어지거든요. 인천에서 만들어지기보다 교회라든가 어느 대학 출신들이 인천으로 또는 구로공단으로 예를 들어서 이제 서너 명이 간다고 그러면 그 서너 명이 기초로 해서 공장 생활을 하면서 공장 생활의 경험을 다음 후배들하고 같이 나누고 이러면서 인원이 한 10~20명 이렇게 늘어나고 그다음에 늘어나다 보면 공장도 A공장, B공장이 생길 뿐만이 아니라 특기가 있는 문화패 활동을 한다든가 이런 활동들도 생기게 되고 또는 교회하고 관계가 생기면서 서클들이 다양화되고 그다음에 마지막 단계는 서클이 창조적으로 분화되기도 하는데, 그 상황은 정치적 활동과 투쟁, 다음에 그 이상의 일을 하는데 서클이 한계에 다다르게 되거든요.

그다음에 또 하나는 정치적 상황이 굳이 이렇게 비공개로 운동할 필요가 없는, 최소한 반공개나 공개 활동이 가능할 때 그 서클의 역할을 다하게 되는 겁니다. 인천 같은 경우는 1988년쯤 되니까 그동안 서클을 유지했던 세력들이 노조 지원하는 기구는 공실위가 하고, 그다음에 정치 학습이나 이런 거는 또 다른 방식으로… 서클의 지도부들이 자기들의 활동의 한계 이런 거를 느끼면서 대체적으로 서클의 지도부에 있던 사람들은 다시 공부하러 간다거나 이렇게 가면서 변호사가 된다거나 이렇게 된 사례가 있어요. 서클의 탄생과 퇴조까지 그 기간이 제가 볼 때는 길게는 5년, 3~4년 되는데 상당히 중간 단계에서 역할을 했고, 역할을 하는 과정에서 저처럼 결국은 인노회 조직까지 나아갔던 사람의 입장에서는 서클에서 대체적으로 걸러지거든요. 걸러졌다는 건, 아! 이 친구는 노동운동이 안 맞아, 민주화운동이 안 맞아 그러면 그 단계에서 다시 예술운동으로 간다든가 또는 대학원으로 간다든가 이렇게 하면서 학생운동 출신들이 많이 정비가 되죠. 왜냐하면 현장 활동에서 실제로 현장 활동의 전문성에서 교육이라든가 정책이라든가 서클들이 예전에는 공장에 진입하는 데 주로 역할을 했기 때문에 그런 활동이 필요 없었는데 한 2~3년 되다 보면 전문성을 갖게 되어야 하거든요. 그렇게 되면서 서클들이 그걸 다 담기 힘들어지고 그다음에 또 한 가지는 정치적 변화, 서구의 몰락이라든가 이런 것들 때문에 서클의 지도부 사람 중에서 이렇게 사는 건 자기한테 좀 힘들게 별거 없다 그러면서 변호사들이 많이 됐죠.

▶ 안재환 선생, 1986년 당시 인천에 5.3항쟁도 있었지 않습니까? 그때 정도면 아직 그 비합법적인 국면이어서 서클들은 보안이나 이런 문제들이 심각했거든요. 그런데 5.3인천민주항쟁에 이렇게 운동권 전체가 결합할 정도로 그러니까 연락 구조나 이런 것들이 존재했던가요?

안 제가 오늘 인터뷰를 위해서 생각을 해봤더니 부평, 인천에서 제가 서클 시대에 한 서너 개와 관계를 했던 거 같아요. 더 작은 경우는 더 많을 수 있는데 큰 애들이 인천 노동운동에 족적을 남긴 그런 서클들이 있었는데 지금 대체적으로 서클을 이끌었던 활동가들이 지역에 잘 안 남았거든요. 그래서 뭐 그거는 자기의 역할은 여기까지다, 이렇게 생각하고 그분들 입장에서는 노동운동을 통한 어떤 정치운동이나 이런 방식은 여기까지이고 그렇게 정리하지 않았나. 그런데 그것도 정치적 상황이 오픈되면서 1987년 이렇게 넘어가고, 특히 정치권도 변화가 되고 그러면서 운동권에서 정치권으로 가기도 하고 여러 기회가 되기도 하고 어떤 사람은 청와대도 갈 수도 있고 그러니까 서클을 이끌었던 사람 중에 능력 있는 사람들은 그런 식으로 전환하는 경우도 여럿이 있거든요. 그러니까 시대적 상황이 변한 거와 서클의 발전과 이런 거에 따라서 어쩔 수 없이 자기들 역할이 앞으로는 공개적인 운동 체제 이걸 해야 되는, 그러면서 정당으로 갈 사람, 선거 나갈 사람 그리고 서클 이후의 형태의 조직을 계속 책임질 사람 이런 식으로 분화되면서 제가 계속 서클 이후에도 인노회나 이런 거를 이렇게 이끌 수 있었던 게 그런 사람들이 "아! 이거는 안재환이가 해야 돼" 이렇게 했다는 게 저는 굉장히 컸다고 생각을 해요. 그래서 그런 점에서 서클들이 같이 협동체제나 서로 토론을 가졌던 것들이 대부분 종료가 되고 후배들을 부탁한다거나 또는 사업장은 좀 이렇게 지도 방식을 (부탁)한다든가 이렇게 하면서 1987년 이후에는 거의 종적을 감추게 돼요.

▶ 서인노련이 공식적으로 해체되기 전에 1986년 5.3인천민주항쟁이 있었고 전후로 인천에는 조직 사건으로 반제동맹당 사건이 있었습니다. 1986년 하반기였죠. 그러니까 이 부분은 그러면 당시에 서클 수준에서 정치활동을 했던 건가요? 혹시 관계가 있었습니까?

안 직접적으로 관련이 있었다고 하기는 어렵고 그쪽은 그렇게 된 이유가 지금 제가 얘기한 서클의 이념성의 수준이나 이런 것이 좀 대중화되어 있다 한다면 반제동맹은 제가 볼 때는 전위조직을 자위하거나 그런 경우가 아니었나 그렇게 봐요. 서클들은 대부분이 그런 특정한 작명을 하거나 그러지 않는 경우들이 대부분이거든요. 그런데 그러지 않고 스스로 어떤 혁명 조직이다고 생각했던 데는 무리해서라도 작명까지 하고… 조작된 그런 경우도 있고, 서클하고는 좀 이렇게 구별해서 봐야 합니다. 서클들은 어떻게 보면 아마추어나 이런 건 있지만 자신들의 역할이 다했을 때 과감히 다음 단계를 공개 조직으로 이렇게 모아야 된다, 이런 거에 합의할 수 있었던 사람들이죠. 입장과 이런 게 좀 달랐던 것은 있지만요.

▶ 1980년대 중반을 거치면서 인천에서 노동조합 투쟁이나 공장 활동을 통해서 해고되거나 의식화된 노동자들과 관계들도 많이 늘어났나요?

안 서클들이 개별 기업마다 보면 다른데, 노동조합이나 또는 노동자들하고 관계가 좀 깊은 데와 또 양적으로도 그런 경험들이 많은 데가 있는 반면에 아직은 탄생한 지 얼마 안 돼서 학생 출신 활동가 위주로 이렇게 돼 있거나 그래서 조금 제가 겪어봤던, 교류하고 그랬던 곳들이 조금 조금씩 다르죠. 특징적으로 보면 어느 사업장에 집중돼 있거나 이러기도 하고 근데 대체로 똑같은 것은 1987년 전후에 이런 형태로 하는 것은 좀 무리다. 앞으로 한다면 예를 들어서 정치활동은 누가 한다든가 아니면 노조 활동은 노총에 들어간다든가 아니면 공실위와 같은 첫 단계에 가서 일을 해야죠. 서클에서 노조 담당 이렇게 있어서는 효과가 없다, 이렇게 생각을 했어요. 상당히 현실적이고 훌륭한 판단을 했다고 생각해요. 그래서 서클이 거의 비슷한 시기에 대부분이 이렇게 마무리를 짓고 인민노련으로 1988년도에 둘로 쪼개졌지만, 그때 참여했던 서클들은 과감히 자기들의 일종의 기득권이잖아요. 조직적 기득권을 양보하고 그렇게 했던 것이 아닌가 싶어요.

▶ 안재환 선생은 인민노련 결성에 적극적으로 참여하신 그룹이었지 않습니까?
안 주도적으로 참여했는데 직접 내가 가서 일을 맡거나 그러지는 않았어요. 나는 이제 인노회 단계 때 참여해서 이때는 간접적으로, 인민노련의 활동 그다음에 대책이나 이런 것들 논의도 하고 그랬지만 인민노련에는 직접 참여하진 않았죠.

▶ 그러면 1980년대 중반의 노동자 중에 혹시 그 김명종 선생이나 유선희 그러니까 대우자동차 또 코리아스파이스 다녔던 이교일 씨 이런 분들도 만날 수 있었지 않습니까? 그런 관계들은 그러면 서클하고 좀 다른 차원에서 이루어졌나요?
안 잘 지적하셨는데, 만남이 있었고 좀 친해 보려고 했는데 제가 주관적으로 판단하면 우리 같은 인물에 대한 좀 거부감, 예를 들어서 조직적으로 문제가 될 수 있는 부류라든가 또는 근본적으로 이제 학생 출신에 대한 선입견(?) 그래서 김명종 씨를 빼고는 관계들은 그 이후에 지속하기엔 좀 어려웠죠. 상당히 능력 있는 인물들이 여럿 있어서 저는 그래서 그들을 키웠다고 하는 그 위의 선배님들에게 존경심을 갖고 있는데 우리 세대들이 키운 인물들을 이렇게 보면 그 세대 때 완성된 활동가들과 양적으로는 많을지 몰라도 내용적으로나 이런 데 있어서는 좀 부족함이 있지 않나(생각해요). 그래서 우리 세대라고 한다면 각 서클들이 선진 노동자들을 발굴해서 개별적으로 정치 학습을 하고 그러다가 연합해서 하는 경우도 생기고 연합해서 했던 그 프로그램의 진행자와 프로그램의 내용이 제가 생각할 때는 인텔리적인 내용들이 많이 있고, 분위기라든 가. 반면에 김명종이나 노동자들이 선배들한테 배웠던 그 분위기와 이런 거하고 달랐던 것 같아요. 후자는 제가 볼 때는 좀 급하고 반면에 전자는 정치 학습이나 이런 거에 대해서는 느긋하게 진행하거나 그랬어요. 그러다 보니까 후자에서 발굴된 친구들은 정치적 가능성이 높게 되고 반면에 전자 친구들은 인간관계나 이런 거를 (중요시) 그래서 그런 차이가 좀 있었던 것 같아요.

우리는 특히 학생운동 출신들은 조직화에 대해서 굉장히 조바심 이런 게 있어서 노동자들하고 관계하고 사업하고 그러면서 노동법 학습 그다음에 정치 학습 이렇게 전환들이 되게 빠르거든요. 그런 것이 사람도 육성하고 그러는 데 기여했을지 모르지만 그것도 일례로 지금은 보안사가 그런 수사들을 안 하고 그러는데 공장이나 서클들 수사를 보안사에서도 했고 그래서 그때 끌려갔던 노동자들이 이런 것들 때문에 엄청 두들겨 맞고 그래서 이후에 그걸 반성을 하면서. 아, 이게 인테리어적인 조급성이나 이런 것이 서클 출신들 노동자들에 대한 정치 학습이나 이런 것들을 좀 세게 그다음에 아주 조직적으로 한다고 했는데 그것이 하나의 방법이긴 한데 그것만으로 활동가가 다 양성되고 그러는 것은 아닌데 좀 무리한 것이 아니었나(생각하지요). 그래서 저놈들이 냄새도 맡게 되고 저희 경험으로 봐서 그 이후에는 도저히 불안해서 그런 단위들이 진행되기가 어렵고 그렇기 때문에 공개적으로 이런 데로 인력들이 가게 되고 거기서 조금씩 정치 학습도 느긋하게 이렇게 하는…(과정으로 돼요).

1987년 6월항쟁과 7, 8월 노동자투쟁

▶ 안재환 선생, 1987년 박종철 고문치사 이후에 2월부터 본격적으로 6월항쟁까지 공개적이고 대중적인 상황으로 갑니다. 그러니까 1987년 2월이 되면 박종철 고문치사 사건이 세상에 공개되고 6월항쟁까지 대중적인 반독재 투쟁이 진행되지 않습니까? 1986년의 수세적인 과정을 뛰어넘는 투쟁이 시작되는데 사실 1987년 상반기만 하더라도 그런 느낌을 갖기는 좀 쉽지는 않았죠.

그런데 헌법 개헌 문제라든가 그리고 1987년에 정권 교체에 관한 관심도를 높이면서 투쟁이 시작된 거거든요. 그 과정에서 안재환 선생은 노조보다는 서클과 정치 투쟁을 위한 조직화 사업을 하셨을 거 아닙니까? 그때 상황을 좀 말씀을 해주시겠습니까? 상황 판단이나 이런 부분들요.

안 일단은 1986년도 상황서부터 봐야 할 것 같은데, 1986년도에 부천서 성고문사건이요.

▶ 1986년 5.3인천민주항쟁 이후에 부천서에 끌려갔던 여학생, 그 이후에 권인숙 성고문사건이 세상에 알려졌죠.

안 일단은 노동투쟁보다 정치투쟁이 인노련과 그다음 1986년 5·3인천민주항쟁 속에서 공장에서는 선진 노동자들, 정치 의식화된 노동자들을 투쟁에 참여시키는 것이 각 서클의 역할이죠. 서클 대표들 모임을 하면 이번에 자기네가 하고, 누가 가고, 그렇게 같이 조를 짜고, 노동자들끼리 이렇게 연합하고, 그다음에 거기에 지도 격 인사가 한 명 참여하고, 이런 훈련을 하게 되지 않습니까? 부천성고문사건 났을 때가 제 경험으로 봤을 때, 유인물 투척이라든가 기습시위 같은 것 조직하면, 저부터도 조직하고, 그다음에 여기 관련된 활동가들이 밤에 유인물 뿌리고, 그러는 것도 자꾸 잡히고 그러니까요. 상당히 훈련이 되었고, 낭만적으로 하던 시절이 아니거든요, 잡혀가는 거니까. 그래서 서클들이 모여서 이번에 어느 서클에서 만들어서 이렇게 배포하고 그러면 그걸 분담해서 작업을 하고 그랬죠. 이런 일들이 1986년도 이후에는 일상적으로 벌어진 것이었죠. 그걸 기본적으로 하고 그다음에 부천역 앞에서 긴급 시위를 한다든가 하면 서클 연합으로 하는 거예요. 이제 죽은 동지이기 때문에 제가 얘기할 수 있는 건데 최동 동지는 우리가 인노회 만들기 전이었으니까 당시에 참여하고 그랬을 때 기억이 나는데 시위 주동 뜨고 하는 건 기본이고, 서클 대표들이 모이면 주로 연구하고 그다음에 꽃병을 어떻게 만들 것인가 조달하고, 꽃병 유인물 그다음에 주동 뜨는 거 이런 것들이 다 회의에서 진행되고 그러던 시절에 서클 간에 신뢰성이 있잖아요. 그래서 주동 뜨는 거 보면 그다음에 유인물 작업 이런 것들에 대해서 항상 준비를 잘하고 결국은 서클들 내에서도 하나로 뭉치는 현상들이 벌어지게 되거든요.

1987년 이후에 더 강하게 되고 그 과정에 인민노련이 어떻게 만들어질까 생각해 보면 지도부 구성원을 정하고 그런 것들이 기반이 돼서 활동가들이 모이게 되죠. 그래서 서클 시대 때 이런 부분들이 굉장히 중요했다고 생각해요. 그래서 나중에 서클 대표자들하고 수년 후에도 만나서 얘기하고, 학습도 부분만으로 학습이 어려우면 함께하기도 하고요. 또 좀 능력 있는 데는 예를 들어서 문화 파트 잘하는 애들도 있었고 그런 것들이 다 모여서 결국은 인민노련 이렇게 각 분야가 모여서 갈 수 있어서 결국은 한 지역의 자산이 모여서 그렇게 된 거지. 정치 투쟁 조직, 서클이 독자적으로 하는 것도 안 하지도 않았고 서클이 독자적으로 해봤는데 서클들이 그것에 대해서 역량 보강의 필요성을 느끼게 되고 결국 반공개 조직으로 모이고 이런 역사가 아니었나 이렇게 정리를 할 수 있을 것 같아요.

▶ 1987년 6월항쟁기가 되면 거의 공개적인 투쟁들을 과감하게 진행하게 되죠.

▶ 백마장 일대나 산곡동 투쟁 이런 부분들에 대해서 혹시 기억나시면 그때
전술적으로 어떻게 했는지 좀 말씀을 해주시겠습니까?

안 얼마 전에도 우리 친구하고 그쪽으로 돌면서 답사했는데 서로 기억력과
이런 것들이 차이가 있고, 그리고 이렇게 자리 잡고 하는 게 아니기
때문에 의미성이 좀 떨어지는데 서클별로 1987년 그러니까 인민노련으
로 다 모였다고 보시면 돼요. 그런데 서클들 상태는 제가 지금 보니까
크게는 한 4개 정도의 그룹들이 있었는데 그룹들마다 약간씩 차이들이
있어서 잘하는 분야도 제각각이었어요. 제가 성고문사건하고 아까
그 얘기하다가 나온 건데 한 1년 사이로 계속 큰 투쟁들이 있으니까
그 시기에 엄청 많이 단련되고 저희들보다 후배 세대들이 많은 싸움을
겪게 되는 거죠. 더욱 눈에 띄었던 게 예를 들면 송경평 같은 경우
선거 투쟁이 있었죠. 그러니까 합법적인 국면으로 나아갈 때에 대한
대비, 그래서 그 이후에 이제 정당까지 이런 운동들이 서클과 그다음에
인민노련 이런 단계에서 정당이나 이런 데까지 갈 수 있었던 것이
아닌가? 그런데 그 과정에서 사실은 지금 민주당이나 이런 데로 많이
지원도 하고 국회의원도 하고 그랬는데 지금도 여전히 참여 못 했던
활동가들이 겉으로는 표현을 안 하지만 자기도 대표적인 역할을 할
수 있었는데 또는 정당 이런 데 가는데 나도 큰 역할을 할 수 있었을
텐데 이렇게 생각하는 활동가들도 여전히 있고, 예를 들어서 홍영표,
고남석처럼 정치권으로 간 사람들이 다 성공만 한 건 아니잖아요?
이 입장에서는 윤관석도 있고 그러는데 그런 것들이 인민노련과 인노회
의 단계가 좀 더 길었으면 그런 경험들이 서로 공동화되었으면 더
좋았을 텐데. 사실 이게 일 년도 못 했잖아요, 조직 활동이요.

▶ 그렇죠. 1년 남짓 한 거죠.

안 그러니까 사실은 정치권으로 간 활동가들은 제가 볼 때는 조직적 뒷받침

보다는 사실 개인적 욕망과 이런 것들이 강하지 않았는가? 왜냐하면 예전에 서클들이 웅변 연습 이런 것도 많이 시키고 왜 그러냐면 노조 선거도 나가야 되고 그래서 제물포의 인천대 강당 빌려서 웅변대회도 하고 그랬죠. 활동가들이 지도도 하고 그래서 제가 지금 말씀드린 서클과 인민노련과 열려진 공간 활동, 그다음에 6월항쟁 이렇게 하면서 결국은 지금 현재 정당과 공개적인 단계까지 나가는 과정에서 각 분야에서의 주요한 활동들이 정착되고 또 거기서 훈련되고 그러면서 이렇게 된 것들이 좀 중요하지 않을까?

결국은 우리가 정권을 잡으려고 하면 투쟁위원회 이런 거 가지고 안 되고 결국 정당으로 갔어야 되는데 그래서 진보정당과 결국 지금 민주당인데 그런 데 대한 각 서클의 활동들이 어땠는지 한번 평가도 해볼 수 있는 것 아닌가?

▶ 1987년 6월항쟁을 지나면서 7, 8월 노동자대투쟁으로 넘어가지 않습니까? 그러면 당시에 서클의 활동가들이나 또는 회사를 다니고 있었던 노동자들 입장에서는 노동자대투쟁 시기에 적극적으로 투쟁을 시작했을 것 같아요. 그러면 안 선생이 몸담고 있던 서클에서도 그런 부분 활동을 지원하거나 이런 게 엄청나게 바빠지셨을 거 아닙니까? 기억나는 사업장 투쟁이나 이런 부분들을 말씀해 주시겠습니까?

안 1987년 노동자대투쟁 때 사실은 이제 거의 넋 놓고 바라봤다고 해야 하나? 과도하게 표현한다면. 다행히 노동조합 활동의 전문가들이 있었죠

▶ 그건 공실위로 모아졌던 거죠.

안 그쪽의 역량들도 높았고 상당히 신뢰도 있었고, 1980년 노동자와 정치 투쟁 단계에서 우리가 해야 할 일은 무엇인가 사람들이 고민들 많이 했죠.

▶ 일단 대중조직으로는 두 가지 생각을 했던 것 같아요. 공실위를 건설하고 투쟁 과정에서 해고되는 사람들을 모아 해고노동자협의회를 통해서 활동을 지속할 수 있게 한다, 이런 정도는 지역적인 합의였지 않나요? 그러면 이제 정치활동 부분에 대해서 서클들은 어떻게 판단하고 함께 의논을 했지요?

안 노동조합과 관련된 지도나 이런 것도 개별 서클이 다 하기가 어려워서 공실위도 만들고 그러면서 일단 서클들은 노동조합과 관련된 활동을 이전을 할 수 있게 된 반면에 정치활동이나 또 다른 영역들을 개척하려고 그랬으니까 그 당시에 비슷한 시기일 텐데 선거 국면이 열리고요.

▶ 그거는 이제 1987년 말인데요.

안 그러니까 오순부 선배나 대우자동차 송경평, 선거 투쟁에 적극적으로 개입을 해서 같은 조직은 아니지만, 개입을 한다는 거는 단순한 것이 아니라 이제 활동가들이 들어가서 같이 유세장 다니면서 분위기도 익히고 그다음에 정치활동을 본격적으로 진행한다든가 여러 다양한 것들을 경험하고 이전에는 못 했던 활동들을 쭉 했던 거죠. 그래서 이후에 정치활동에 성공한 활동가들이 생기게 되고 노동자들의 이런 걸 강화하기 위해서 문선대라든가 몇 가지 프로그램을 하기도 해요. 개별적으로 서클별로 투쟁, 아지(agitation)라고 산에 가서 선동훈련도 하고 그랬었는데 실질적으로 유세장에서 마이크 잡고 하는 이런 것들이 많이 생기고 그러면서 많은 노동자와 운동가들이 정치 투쟁, 정치 영역에 대해서 관심을 가졌던 것 같아요. 가까운 사람 중에 홍미영 씨나 이런 분들은 이미 활동을 하기 시작했고요.

▶ 안 선생은 아까 1987년 7, 8월 투쟁을 보면서 넋을 놓고 있었다고 말씀을 하셨는데 사업장마다 투쟁이 그러니까 파업 투쟁이 있었어요. 그리고 이제 회원 사업장들도 투쟁을 했을 거란 말입니다. 실제로 지원 활동이나 이런

것은 구체적으로 어떻게 진행을 하셨습니까?

안 넋을 놓고 있었다고 하는 거는 현장에 노조나 현장에서 투쟁 지도부가 항상 움직여서 거기서 대체적으로 전술을 짜거나 여러 가지 전술이나 이런 것들도 다 할 수 있는 정도가 있는 데가 있고 없는 데가 있고 편차가 있어요. 그래서 제가 많이 관계했던 사업장의 하나가 마이크로 전자 사업장이었는데, 정치 학습도 하고 이러겠지만 실제 노조 파업이나 조합 활동이나 이런 것들을 저 같은 경우에는 노조 운영을 해보지 않았고 그러니까 간접 경험으로 지도하고 이러는 게 쉬운 일이 아니더라고요. 그래서 어느 정도였냐 하면 장명국 원장님이 이걸 잘한다고 그래서 내가 신분을 속이고 영등포에 금호타이어였던가에 관계할 때 거기에 조합 간부하고 나하고 장명국 원장 상담 받으러 가고 그랬잖아요. 저희 서클 관련했던 사람들이 상당히 약점이 그런 부분이 있었고, 장명국 원장이나 이런 사람들처럼 오랫동안 노조 상담하는 것들을 아니까 노조 상담과 투쟁 지도 이런 것은 나는 초기에 그렇게 하고, 나는 좀 다른 역할을 하려고 했어요. 나는 그렇다고 내가 정치하는 것도 좀 아닌 것 같고 그래서 그런 것이 주로 서클 활동가들의 자기 미래에 대한 대비나 이런 과정이 아니었을까 싶어요. 내 또래들은 정치하겠다고 하는 친구들은 이미 30년 전에 벌써 구의원 선거도 나가고 공부도 하고 다들 그랬으니까. 그렇게 분화가 되거든요.

▶ 노동조합운동의 시대가 열렸습니다. 1987년 7, 8월 투쟁 이후에 노동조합은 인천 지역 노조협의회, 인노협이 만들어졌거든요. 그리고 서클 운동을 하던 부분들은 노운협 내지 정치 조직으로 정리가 됐습니다. 그 과정에서 서클들 간의 논의나 이런 부분들이 이런 과정을 서로 만들어 낸 건가요?

안 일단 제가 인노회 했던 기간이 그 시기에 겹쳐 있죠. 제가 1991년도에 출소했으니까. 1991년도 이전까지는 대충 이제 말씀 나온 거잖아요.

1990년대, 인부노회 사건으로 구속되다

▶ 1987년부터 1991년 인노회로 구속되기까지 과정을 요약해 주시죠.

안 인노회 과정을 좀 말씀드릴까요? 인민노련까지 왔잖아요. 인민노련이 대략 한 10개 정도의 서클로 시작했다면 될 테고, 저희 쪽에서 서너 개, 1987년 대선 방침을 두고 나눠질 때 그 얘기는 뭐 사료에도 많이 나와 있으니까 생략하고요. 인노회 때는 제가 대표를 맡고 1988년도 인하대학교 공대 운동장에서 결성대회를 공개적으로 했었죠. 그래서 이전에 활동 여건과 많이 달라져서 1988년도 이후에 우리가 좀 더 공개적으로 활동을 하는 것으로 동의가 되고 저와 이제 몇몇 간부들은 이른바 가명이라든가 정리하면서 공개 활동으로 전환하고 혹시 위험한 정책 담당자라든가 이런 경우들은 비공개로, 그래서 우리가 이제 반 정도 공개하는 그런 상태로 가죠. 수사 과정에서 이거 다 나오는 얘기인데 그렇게 됐고요. 그래서 인노회에 참여한 주요 서클들은 인천에서 상당히 힘 있는 조직들이었어요.

내가 오늘 이 부분을 어디까지 얘기를 해야 되나? 지금 현재 인천서 활동하는 활동가들도 있어서 아직은 좀 조심스럽네요. 주요 간부 중에 하나가 이제 신00, 그 친구가 평통사 사무처장도 했잖아요. 거기도 오랫동안 같이 했어요. 인노회에 들어오기 어려웠던 게 공실위처럼 전문적인 영역으로 빠져나간 그런 부분들이 좀 아쉽더라고요. 이 영역들이 서울로 간 경우들이 많아요. 자기가 했던 영역을 더 발전시키기 위해서 그래서 아주 훌륭한 활동가가 된 친구들이 있고 그래요. 몇 개월 활동 후에 곧바로 탄압을 받게 돼요.

(10분 쉬고 다시 시작함)

노동운동단체협의회와 한노협의 활동

▶ 뒷부분 마무리하도록 하겠습니다. 안 선생 인노회 활동과 국가보안법 구속 그리고 이제 석방 과정이 1990년 초반이었습니다. 그래서 다시 인천으로 복귀하시게 되거든요. 1987년에 노동조합들이 활성화되고 노동운동 단체들은 노동운동단체협의회 이걸 구성하고 노동운동을 지원하는 그리고 또 정치운동을 모색하는 단계로 가거든요. 노운협 활동 과정부터 이후에 한노협 활동까지 과정을 정리해 주시겠습니까?

안 인천에서 노동단체들이 서클 형태가 아니라 공식적인 조직으로 인민노련, 인기노, 인천기독노동자협의회 등 몇 군데 더 있는데 제가 지금 정확한 연도는 모르겠네요.

▶ 삼민동맹 같은 경우도 있었죠?

안 이거 나중에 한번 책자로 나와 있으니 저도 확인을 해야겠네요. 제가 인천노운협 대표를 맡게 되거든요. 인천노운협의 대표를 맡게 된 연도가 언제인지요?

▶ 인천 노운협은 1988년에 노조 운동 탄압 과정에서 이제 만들어지죠.

안 초기서부터 내가 대표를 하게 되는데 이거는 이제 비사인데 인민노련의 대표로 김창환이 나왔어요. 그래서 나하고 이제 선후배 사이인데 둘이 경쟁해서 이제 노운협 대표를 뽑기 위한 선거를 했는데 이민우 선배의 적극적인 지지로 투표 결과 제가 인천노운협 대표로 활동을 하게 돼요. 제가 전국 사업을 하게 되는데 지금 전국 사업에 대한 얘기는 오늘 여기 주제에서 좀 벗어나 있어요. 제 활동의 절반 정도는 인천을 대표해서 전국 노운협의 유명한 선배들도 서울에 있던 그때 제가 제일 나이가 어린 지역 대표였습니다.

김승호 선생 등 선배들하고 전국 투쟁 현장 다니고 거제 지원까지 갔다 왔어요. 그러던 때가 그 시기였어요. 그리고 그때가 인노회의 대표로 저한테는 인노회에 탄압받기 이전까지이고, 그다음에 2차로 감옥 나와서 또 전국 사업을 하면서 승용차 끌고 다닐 때가 있고 그러니까 두 번에 걸쳐서 전국 다니면서 사업했던 시기가 인천 노운협 대표로 있던 시기입니다.

▶ 그러면 인천노운협 활동이 1990년대 초반까지 지속되었고, 이후 한노협이 결성되죠. 그 과정은 어땠습니까?

안 제가 이거 서울의 기억력 좋은 후배한테 물어본 적이 있었는데 제가 감옥 나와서라고 봐야지.

▶ 예, 맞습니다.

안 그러면 최소한 1991년 이후 1991년 이후 방용석 선배, 양재덕 선배님, 선배님들을 모시고 제가 5~6년이 사무처장이나 아니면 무슨 실무 책임자로서 상근을 했던 시기거든요, 한노협이 있던 문래동 사무실에서. 저한테는 1991년 이후 김말룡 선거 이전까지 였어요.

▶ 1996년까지네요.

안 김말룡 선거 때 정리가 좀 됐던 것 같아요.

▶ 한노협의 활동은 주로 어떤 내용들이었습니까?

안 한노협의 정체성은 공동 대표단 중에 방용석 선배는 노조 지원이 주요한 역할이었어요. 노동자들과 함께하는 정치활동 그렇게 해서 회보나 전국에 가입 조직이라기보다는 우리가 관계하는 그런 지역들이 울산서 부터 부산 쭉 있어서 제가 주로 지역 조직들 담당을 했거든요. 그래서 고물차 끌고 전국 다니면서 한노협에서 했던 게 큰 행사, 통일 행사를 지리산에서도 한 번 치르기도 했어요. 그때 상황이 통일과 관련된, 그게 평양 행사에 누군가 갔었지요.

▶ 범민련 그리고 그 범민족대회가 한참 활발했을 때죠.

안 우리는 범민련이 분열되면서 우리 활동도 좀 약화되는데, 문익환 목사님 쫓아다니고 다음에 범민련에서 일부 나오고 민족 공동체 이렇게 되면서 제가 1991년도 결혼할 때 그때가 분열이 심해졌어요.

▶ 어느 순간에 한노협이나 이런 선진적인 정치활동, 통일 사업 이런 부분들을 정리하시고 마을운동이나 지역 활동으로 다시 돌아오게 되거든요. 1996년에 김말룡 선거가 기점이었다고 말씀하시는데 그런 계기가 있었습니까? 그리고 그걸 계기로 어떻게 방향을 바꾸게 되셨는지요?

안 김말룡 의원의 계양구 선거가 저한테는 패배해서 오는 그런 후유증과 그다음에 이제 운동권들이 결집해서 했는데, 약속도 잘 안 지켜주고 성과도 잘 안 나고, 갈등도 나중에 있고 그러면서 이런 방식으로는 안 되겠다 생각이 들어 연대 이런 것보다는 지역에서 차분하게 장기적으로 할 수 있는 일을 좀 찾아야 되겠다고 생각했던 게 첫 번째 이유, 그러니까 이 후유증으로 제가 전국 다니면서 큰 행사 치르고 뭐 하고 하는 건 좀 무리라고 생각했어요. 그때 갈등이 제가 표현은 좀 다른 사람에 비해서 덜한데 다른 사람들은 막 싸우고 그랬잖아요? 그때 저는 그렇게 표현을 하지는 않았는데 속으로는 상당히 내부 불신과 여러 가지 이런 것들이 많고 그러면서 선배들에 대한 불신도 좀 있었어요. 민주노총에 약속 잘 안 지켜지고, 제대로 선거를 치러야 되는데 제때 자금이 안 온다든가 그런 것들을 보면서 결국 지역으로 다시 스며들게 되는 그런 계기가 되었죠. 이후에 폭발적으로 나타났던 게 사실 가정사가 좀 있었어요. 제가 생활비도 안 갖다주고 애들도 둘이나 되고 집안일에 신경을 좀 써야 되겠네 그러면서 어린이집을 키웠잖아요.

▶ 어린이집은 부인께서 하시던 일이죠.

안 그래서 집사람도 항의도 하고 그래서 제가 그러면 뭐 좀 해보겠다고 해서 이제 여기저기 자금도 빌려서 어린이집을 새로 세웠는데 IMF가 터져버린 거야.

▶ 그렇죠. 1997년 IMF.

2000년 이후 자활사업과 마을운동

안 제대로 못 짓고 여기서 헤어나지 못하면서 다른 활동도 거의 접고 어린이집에 몇 년 동안 매진하게 됐던 시기죠. 그러다가 1999년도에 양재석 선배가 또 불러주셔서 그때 실업극복 운동하고 그다음에 곧바로 자활사업 부탁 받아서 이렇게 넘어가게 됐죠.

▶ 그때 부평구 자활 후견 기관 운영을 하셨죠.

안 2개가 있었는데 여노회가 맡았던 데가 부평자활센터고 저희 부평남부자활센터 그렇게 해서 저희가 1년 부탁을 받아서 제가 센터장은 했는데 저는 비상근 센터장으로 집사람하고 약속한 게 있어서 어린이집 사업 운전기사도 해야 되고, 그 자활 사업에서는 제가 관여는 했지만 제가 그걸 본연의 사업으로 다 하지는 못했어요. 일부는 음식물 찌꺼기 관련된 사업도 했어요. 그렇게 일부 사업만 내가 하고 자활 사업 전체를 제가 핸들링을 하거나 그러지는 못했는데 그러다가 나중에 인천시에서 맡아달라고 한참 이후에 제가 한 2년 정도 인천시 자활센터 사무장을 2년 정도 했었죠.

▶ 마을 사업은 이후에 후배들하고 같이 진행을 하셨는데 그러니까 묏골공원 중심으로 이렇게 해서 지역에서 마을운동을 일으키셨어요. 그 과정도 사실 인천에서 이제 서구와 더불어 그러니까 마을운동이 최초로 시작되는 거거든요. 그 점을 말씀해 주시겠습니까?

안 마을 사업하던 시기가 제가 자활 사업하던 시기인데, 내용적으로는 저희 집사람이 센터장이었고 이충현이라고 집사람하고 같이 활동했던 후배로 사무장하고 용우라는 후배가 같이했죠. 내가 거기에 회의에 들어가는 직책을 맡거나 그러지는 않았기 때문에 내가 마을 사업을 했다고 표현하면 안 될 거고, 묏골공원을 중심으로 동네일은 저는 그냥 한 발 좀 물러서 어떤 직책이나 이렇게 하지 않고 이성수 씨하고 같이했던 마을 만들기는 최근의 일이니까 거기에서는 내가 이사장으로 적을 두고 했어요. 그거는 2천년대 초기에 했던 거여서 묏골공원 활성화 사업에 참여했던 거는 생략해 주는 게 좋겠습니다. 이성수하고 어쨌든 내가 거기 이사장으로 지금까지도 있으니까 그렇게 해야지 맞을 것 같아요.

▶ 처음에 당시에 내걸었던 구호가 '동네야 놀자' 이런 거였지 않습니까? 그런데 그게 마을 위원회 같은 형식으로 출발을 했나요? 구조가 어떤 식이었죠?

안 정식 명칭이 '동네야 놀자' 주민 단체로 지금 등록이 되어 있고 주민 단체이기 때문에 프로젝트를 받을 수 있었거든요. 홍미영 구청장 시절에 프로젝트를 통해서 공간을 확보하게 되고 다음에 거기서 교육 사업이나 윷놀이나 우리 민족 무슨 행사 이런 것들을 통해서 주민들 참여를 많이 시켰잖아요. 이렇게 부평구에서는 매년 일정한 예산 지원을 해줘서 얼마 전에도 묏골공원에서 주민들 콩국수 행사했는데 노인들이 잊어버리지 않으시고 다 오시더라고요. 오래됐으니까요.

▶ 지금 거기 아파트 단지가 들어서고 지역은 다 철거가 됐지 않습니까? 그런데 그때 모이시는 거예요?

안 저기 그 공원 카페는 지금 남아 있으니까. 콩국수는 100그릇 1시간에 후딱 해서 그런 기반이 잘 돼 있어요. '동네야 놀자' 팀들은 그 동네에서 지금도 계속 반찬 나누기 이런 거에 자원봉사들을 하는 사람들이 한 20명씩 해서 그 사람들하고 같이 일하고 있으면 나도 막, 기를 받는 것 같아요. 이렇게 굉장히 열심히 하는 여성들 동네 아줌마들이 그래서 '동네야 놀자'는 아주 완전히 자리 잡은 전국적으로 아주 유명한 주민

단체이고 이충현하고 거기 여성 실무자가 전국 강사로도 뛰고 있고 그러니까 상당히 성공한 주민 단체가 된 거지요.

▶ 안 선생이 보시기에는 그러니까 IMF를 지나면서 우리 사회의 변화나 그리고 이제 동네의 중요성 이런 부분들을 나름 이렇게 후배들하고 같이 판단하면서 마을 사업을 시작했다고 보이거든요. 그런데 이전의 노동운동과 어떤 차이가 있는 것 같습니까?

안 노동운동보다 좀 더 생활 밀착형 사업이죠. 한동네에서 거주하고 있다고 하는 거는 상당히 놀라운 일이거든요. 그래서 모임이나 이런 것도 더 자주 하게 되고 당연히 그러다 보면 음주 모임 그다음에 뭐 족구 모임, 당구 모임, 정서적으로 친해지지 않으면 모임이 안 돼. 그런 데라서 굉장히 인간적으로 가까워지고 그런 걸 이제 보게 됐고 저는 이제 한 발 벗어나 있는 상황이어서 집사람이 이제 이사장하고 그러니까 저는 그냥 행사 때 가서 얼굴 비치는 정도지 실제로 활동 내용에서는 내가 직접 참여하거나 그러지 못하고 그냥 거기 열심히 참여하는 동네 사람들은 보면 인사하고 그랬던 거죠. 그렇게 해서 재정적으로도 든든한 후원자들이 있어서 구청에서도 뒷받침되고 그래서 지금은 전국적으로 유명한 주민 단체라고 사례들을 연구하러도 많이 오고 해요. 지금 청천동에도 이성수가 그걸 해보려고 하다가 (지금 병원에 6급 공무원이 되어 좀 어려운데) 다른 후배가 이상목이랑 와서 하고 있는데 목공소하고 있는 거 보면서 다른 동에서도 '동네야 놀자'를 모범 삼아서 하려고부평구에 몇 군데에서 시도하고 있어요. 근데 사실 쉬운 일은 아니에요. 특히 지방 권력의 뒷받침이나 이런 것들이 알게 모르게 그 공간을 뺏으려고 새마을 부녀회나 이런 쪽들이 예전에 엄청 심했었거든요. 그래서 집사람도 구의회에 불려 가고 내가 옆에서 지켜주고 그랬는데 지금은 완전히 그런 게 해소돼서 새마을 부녀회나 이런 데하고 집사람이 엄청 친해요. 새마을 부녀회가 약화되고 인원들이 좀 줄어들고 또 새로운 분위기와 새로운 활동 방식에 적응하면서 협조적으로 같이 사는 그런 지역이 된 거죠.

▶ 좀 길게 보면 이제 1980년대부터 지금까지의 과정일 텐데 한 30년 정도 걸린 시간이죠. 1980년대에 노동운동 과정에서 이렇게 만났던 많은 분 중에 1970년대 동일방직 투쟁을 했던 여성 노동자들 그러니까 선배일 수도 있고 또 가까운 연배 여성 노동자들이 있었을 거고, 또 1980년대 투쟁을 같이했던 노동자들도 있지 않습니까? 그런데 결국은 노동운동 과정을 통해서 이분들과 지금까지 이어오고 계신데 안 선생은 학생운동을 통해서 현장에 이렇게 들어오셨단 말입니다. 지금 생각을 해보면 당시에 변혁을 꿈꿨는데 과정은 꼭 그렇게만 흘러오지 않았던 거죠. 그러니까 요새 스스로 육십 대 중반이 되면서 그런 부분들에 대해서 좀 남기고 싶은 말씀 이런 부분들 혹시 그러니까 기억하고 싶은 이야기 이런 부분들이 있으면 좀 더 해 주시기 바랍니다.

안 사실 많이 노력을 기울였고 우리 동지들하고 같이 투쟁하고 지역의 대중 사업을 해가면서 여러 가지로 얻은 점은 대중적 기반이 좀 더 확대됐다는 거죠. 주민사업 자원이나 실업극복 운동을 하면서 지역 주민들하고도 돈독해졌다든가 여러 가지 이런 것들은 있는데 결국 정치권력의 획득이었는데 여기 생각하는 그런 이상이라고 하는 것은 조직, 권력을 통해서 가능한 것이기 때문에 그 부분에서는 우리가 주인공으로 나서기에는 아직 좀 준비가 덜 되지 않나, 일부는 참여하고 이러고 있지만 그런 점에서 저는 대한민국의 어떤 변화들이 특히 정치적 변화들이 앞으로도 상당히 지루하고 장기적으로 흘러갈 것으로 안타깝게 예상하고 있습니다.

그래서 제가 정치적 활동을 우리 동료들이 진보 정당들을 같이 하자고 할 때도 같은 행보를 하지 못하고 일부분 연대 활동을 하긴 했지만 그분들 입장에서는 저 친구는 민주당하고 연대는 더 많이 하고 왜 진보당하고 연대는 왜 소홀히 하는가? 이렇게 생각하고 섭섭할 수 있을 텐데 제 기본적인 정세 인식이 대한민국 정치와 경제 여러 가지 사회 제도들이 저희들은 굉장히 앞당겨서 해보려고 노력하고 그러지만 실제로 객관적 조건과 그 주변 관계나 여러 가지 이런 것들이 그렇게 만만치가 않다. 우리의 생애에 이 정도로 해도 지금 현재 우리가 보고 있는 아까 제가 말씀드렸지만 20년 전에 새마을 부녀회에 우리가 눈치 보면서 지역 활동했던 거에 비교한다면 지금은 새마을 부녀회나 하여튼 이런 지역 분들하고 상당히 같이 유기적으로 활동하는 것들, 여러 가지 성과들이 있었던 걸로 생각한다면 저희들이 열심히 하긴 했는데 특히 정치적 권력과 이런 거에 관련돼 있어서는 앞으로도 더 많은 시기와 그런 조건들이 필요하지 않을까 하는 게 제 생각입니다. 지치지 말고 지역 주민들, 공장 노동자들과 연대하고 함께하는 것을 꾸준히 하면서 신뢰 관계를 회복하고, 괜히 급하게 했다가 나만 어려워 질 것이 아니라 외부에서 바라보는 눈초리들도 좋아지고 그러니까 대체적으로 모든 분야의 일들을 좀 더 장기적으로 준비해야 되지 않을까 합니다.

▶ 선생, 이거는 이제 좀 기록을 남겨 둬야 될 필요가 있어서 물어보는 겁니다. 동흥전기 투쟁 당시에 강석태 동지가 이후에 의문스럽게 사망했다고 말씀하셨지 않습니까? 그게 의문사든 아니든 그러니까 젊어서 노동운동을 시작했고 조합 활동하다가 일이 있었거든요. 강석태 동지의 삶에 대해서 좀 간단히 말씀을 해주시겠습니까? 만나게 된 계기부터요

안 네, 제가 1985년도에 입사했던 공장에 같은 부서에서 일을 했고요. 집이 청천동 지금 우리 어린이집 바로 뒤에 있는 집이어서 놀러 왔고 가톨릭 쪽에서도 상당히 알려져 활동을 해요 나이는 지금 생각에서는

이제 한 육십 정도 됐을 텐데 공장 생활에서 같이 잘 지내고 술도 같이 먹고 노조 만드는 일, 그러니까 저를 노동운동가로 만들기 위해서 처음에 애를 많이 써서 거기에 쫓아다녀서 모임방에도 가고 그래서 노동자들 모임에 다녔는데, 그런데 아는 얼굴들이 있잖아요? 사람들이 그래서 좀 난처했던 적이 있었어요. 강석태에 의해서 제가 포섭된 사람인데 (하하) 그 친구는 당시에 노동사목의 대표적 활동가거든요.

동흥전기에서 만나고 입사 동기인데 그렇게 알게 돼서 참 재미있는 추억과 경험이 있고 신실하고 노동자로서 죽음과 관련해서 안타까운 거는 이제 어느 날 보안대에 한번 끌려갔다 왔는데 여기 부평에 있지 않았습니까? 거기라고 해서 내가 딱 거기 보안대. 뭘 추궁을 받았는지는 제가 좀 기억이 나지 않는데 연대가 1987년 전인가 나도 해고되고 강석태도 해고됐거든요. 해고되고 이후인데 아마 그 노동자 학습 모임 그때 강석태도 거기 참여하고 있을 때였어요. 상당히 선진적인 수준 높은 멤버들이 인천에서 활동하는 사람들이 있고 그런 모임이었는데 그 모임 때문에 그랬는지 애들이 석태를 내보내기는 했는데 계속 그 뒤에 미행을 붙였어요. 그래서 미행 과정에서 그 모임이 드러날 뻔했는데 강석태가 눈이 나빠요. 진짜 이렇게 앞에 있지 않으면 사람을 구별을 못 할 정도로 눈이 나쁘거든요. 그래서 다행히 그 모임이 길거리에서 만나서 이렇게 이동하는 모임이었는데, 강석태가 눈이 너무 나빠서 동료들이 왔는데도 얘가 이제 못 알아본 거죠. 그러지 않아도 자기 옆에는 보안대도 있고 그러니까 더 긴장이 돼서 그래서 다른 친구들이 지나가면서 보고 저 친구가 좀 이상하다. 그렇게 또 교육을 시켰거든요 이렇게 만날 때 주위에 누가 없는지 이렇게 봐요. 그래서 그때 큰 피해를 입을 뻔했는데 피했고요. 그 이후에 얼마 안 돼서 교통사고로 죽어버린 거예요. 운전했던 택시 기사가 자기가 치었다 그러면서 수사는 끝났고 많이 알려져 있지 않은 사건인데 오늘 이 자리에서 강석태의 성품과 이런 거에 대해서 얘기하면서 생각해 봅니다. 노동사목에서도 굉장히 열심히 활동한 친구고 저하고 활동한 1년도 아주 열심히 노력하고 그랬는데 부천의 장례식장에서 그렇게 갔습니다. 그래서 노동사목에 있는 이총각 선배님이나 다른 분들이 장례를 지오세(JOC: 가톨릭노동청년회) 노동자들과 노동자장으로 하기로 했습니다. 그래서 오늘 제가 이 자리를 빌려 감사를 드리고 싶습니다.

▶ 오늘 사실 1987년 전후에 인천에 그 지하 조직 정치 서클들 이런 부분들에 대해서 충분히 이야기를 나누지는 못한 것 같아요.
이걸 계기로 해서 그러니까 당시에 활동했던 안 선생과 전후에 활동가들을 또 인터뷰하면서 내용이 더 보강되면 이후에 한 번 더 평가해 볼 수 있는 자리를 만들어 보도록 하겠습니다. 오늘은 이 정도에 마치기로 하시죠. 감사합니다.

노동운동, 시민사회운동
그리고 민생운동
양재덕

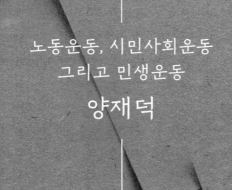

대담 이형진이 묻고
양재덕이 답하다

주요 약력

1948년	경기도 광주 출생
1968년	고려대학교 사학과 입학
1973년	'민우지 사건'으로 구속, 1975년 출소 후 공장 생활 시작
1984년	해태음료 인천공장 입사
1988년	인천노동상담소 소장
1991년	민주주의민족통일 인천연합 의장
1998년	인천시민연대 공동대표
2001년~	(사)실업극복국민운동 인천본부 이사장

양재덕 선생은 70년대 학생운동과 구로지역에서 야학 활동 후 노동 현장에 투신하여 현장 활동과 노동운동을 시작한 이후 지금까지 지속적으로 노동자 지원과 민주화운동, 시민사회 활동, 실업극복운동 등을 통하여 인천 지역 시민사회의 발전을 위해 노력하고 있습니다.

양재덕 선생과 인터뷰는 2023. 4. 28. 주안미디어센터에서 진행하였으며, 70~80년대 노동자의 현실과 인천 지역에서 노동 현장 실태, 현장 활동 과정을 중심으로 엄혹한 시절의 노동운동과 민주화운동에 대하여 초점을 맞추어 증언을 청취하였습니다. 양재덕 선생의 구술을 통하여 70년대 후반부터 이루어진 학생운동 출신 활동가들의 노동 현장 투신 과정, 활동 방식 및 87년 이후 조직적인 노동운동의 흐름, 인천 지역 재야운동과 시민 사회운동의 성장을 이해할 수 있습니다. 또한 1997년 외환 위기에 대응하여 시민사회와 노동계의 실업극복 활동 과정은 실업문제에 대한 대응과 운동의 과제를 던져주고 있습니다.

▶ 2023년 4월 28일입니다. 오랜 세월 동안 노동운동에 헌신하셨고 지금은 인천에서 실업극복 사업 그리고 시민운동을 이끌고 계십니다. 양재덕 선생을 모시고 내가 살아온 이야기 시간을 갖도록 하겠습니다. 양재덕 선생 반갑습니다. 요새 건강은 어떠신가요?

양재덕 네, 건강합니다.

▶ 괜찮으신가요? 여전히 체력이 참 대단하십니다.

양 이제 나이가 있어서 그런지 부분적으로 고장이 나는 것 같아요. 땜질하면서 이렇게 다닙니다.

▶ 양 선생, 1948년생이시지 않습니까? 그렇다면 전쟁 직전이었고요. 서울에서 사신 걸로 아는데 대학 진학하기까지 과정에 대해서 간략히 말씀해 주시겠습니까?

가난한 철학도

양 고향은 경기도 광주, 내가 태어날 때는 버스, 전기가 없는 아주 벽촌이었는데 지금은 도시화가 됐어요. 거기서 국민학교까지 나오고 중학교는 서울로 오고 고등학교, 대학까지 서울에 있다가 공장으로 이전해서 지금까지 온 거죠.

▶ 그럼 대학에 입학하시게 된 것은 1968년입니까? 고등학교는 어디였나요?

양 서울고등학교입니다.

▶ 서울고등학교 졸업하시고 곧바로 고려대학교로 진학한 건가요? 고등학교에서 대학 가실 때 철학을 전공하시고 싶은 생각이 있었나요?

양 원래 심각하게 고민했어요. 처음에 서울대학 철학과를 떨어지고 이듬해 고대 내려와서 사학을 하게 됐어요. 근데 돈이 없어서 학교를 제대로 못 다니고 그렇다고 학업을 중단할 수는 없으니까, 돈을 안 내고 학교를 많이 다녔어요. 도강을 한 셈이죠.

▶ 강의가 허용이 됐나요?

양 그냥 들어가면 모르니까 같이 입학 동기에다가 한 해 쉬어도 강의는 수강 신청자들이 모여서 듣는 거니까 그런 게 많이 있었어요.

▶ 그럼 동급생들하고 똑같이 강의는 듣는데 등록된 학생은 아니었다는 말씀인가요?

양 첫해는 같이 공부했는데, 이게 어디서 문제가 되냐면 시험 때가 아주 곤란한 거예요. 시험 때 되면 시험을 봐야 하는데, 등록을 안 했으니까 시험 볼 자격도 없고 아무리 봐도 이상하잖아요. 그래서 중간고사 빠지고 학기 말에 빠지고 그러니까 이상한 거예요. 동료 의식보다는 뭔가 좀 괴리감이 느껴지고 그래서 나는 사학과지만 주로 철학과에 가서 도강을 했어요. 그때 도올 김용옥이라는 친구가 철학과이기 때문에 같이 공부를 했죠.

▶ 친했습니까?

양 그때 아주 친했어요. 그런데 대학 생활이 비정규적이고 이상한 형태로 학교에 다니는데, 그때는 3선 개헌에다가 교련 반대 또 유신 반대, 이런 군사독재 시절의 절정이었기 때문에 주로 반대 데모하는 것이 학생운동의 중심이었어요. 그러니까 돈은 안 내고 도강을 하면서도 주로 관심은 데모하는 거 같이 어울려서 할 수밖에 없고요.

고려대 노동문제연구소에서 사회를 읽다

▶ 1968년도에 대학 1학년이었고 그리고 1970년에 전태일 분신 사건이 있었습니다. 그 시점에 학교를 다니면서 민주화 투쟁을 할 수밖에 없는 조건이었는데 고대 분위기는 어땠습니까?

양 그때 장기표, 김근태 이런 사람들이 굉장히 활동이 강했어요. '자유의 종'이라고 하는 유인물을 만들어서 고려대학교 앞에서도 뿌리고 굉장히 자극적인 유인물을 많이 뿌렸는데 1972년도 유신이 되면서부터는 굉장히 살벌해진 거예요. 그런 거 일체 엄두를 못 낼 정도로 살벌해지고 분위기가 그런 속에서 내가 속해 있는 한맥회에서 유신 반대하는 유인물을 만들어서 뿌린 게 10월 유신 후의 첫 사건으로 남아요. 그때 고려대학교 노동문제연구소 소장이 김윤환 교수고 사무국장이 김낙중 선생이었는데 그 영향을 많이 받아요.

▶ 두 분은 다 교수였습니까?

양 김윤환 교수는 정교수, 김낙중 선생은 강사에서 교수로 돼 가는 과정이었는데 사무국장을 해서 실무적인 걸 주관했어요. 그 당시의 노동운동은 시작 단계니까 1960년대 고대의 노동문제연구소는 변혁적 관점의 노동운동 입장으로 교육을 주로 했고 서강대학교 산업문제연구소라고 있었는데 거기는 노사 협조적인 성격의 노동 교육을 했어요. 양 대학에서 이렇게 주로 교육을 많이 했는데 우리가 유인물을 뿌리면서 이걸 사건으로 만들려고 했어요. 김낙중 선생이 6.25 때 휴전협정 될 때까지 3년 동안 어려운 시기가 있었는데 이때 이 양반이 월북을 했어요.

▶ 4.19 때가 아니고 한국전쟁 시기라구요?

양 6.25 때 그 양반 집이 파주인데 임진강 건너편이 북한이니까 거기를 넘어가서 굉장히 곤욕을 치렀죠. 왜 왔냐? 그러니까 그 양반이 남쪽에서 왔으니까 간첩 취급을 받고, 그래서 거기서도 곤욕을 치르고 내려왔는데, 여기서도 또 왜 갔다 왔냐? 그래서 이게 이 양반 이력에 아주 결정적인 건수가 되었어요. 우리 사건을 보니까 10명 정도가 유신 반대 유인물 사건, NH 사건이라기도 하고 10월 유신 반대한다고 하는 이런 유인물인데요.

▶ NH는 무슨 약자였습니까?

양 내셔널리즘과 휴머니즘요. 토론하다가 내셔널리즘이나 휴머니즘이라고 하는 일본의 『젠타이노 휴머니즘』이라고 하는 책을 읽고 토론한 일이 있어요. 그런데 그걸로 NH를 결성했다며 강압적으로 조작을 해서 몰고 가다가 건수가 안 되니까 김낙중 선생을 고정간첩으로 몰아서 간첩단 사건으로 공표가 된 거죠.

▶ 양 선생도 그때 참여한 걸로 되었나요?

양 거기에 말려 들어가서 나는 6개월 후에 잡혔는데, 도망가서 먼저 간 친구들이 아주 곤욕을 많이 치렀죠. 김낙중 선생도 아주 고문을 많이 당해서 건강이 굉장히 안 좋았죠.

▶ 한맥회 활동에 대해서 좀 물어보도록 하겠습니다. 사실 김윤환 선생과 김낙중 선생이 쓰신 『한국노동운동사』는 당시에 노동운동의 교본이었거든요. 그런 자료와 책을 가지고 같이 토론하고 공부를 했다는 말씀인가요?

양 그 정도는 같이 기본적으로 있는 거고, 그리고 한국 모방이나 또 탄광이라든지 이런 데에 노조 간부들을 교육했어요. 노동문제연구소에서 노동 현장과 관계를 맺으니까 관심 있는 학생들이 방학 때는 그런 데도 가서 견학 겸 수련이라고 할까, 노동 현장도 가고 훈련을 한 것이죠.

▶ 고대 노동문제연구소는 서강대에서 했던 노사연구소하고 결이 좀 달랐다고 말씀하셨는데 고대와 서강대 같은 경우에는 조합 간부들을 대상으로 하는 조합 활동 위주로 강의를 한 건가요? 그런 점에서 그러면 고대 쪽은 어떤 면에서 좀 차이가 있었습니까?

양 그러니까 같은 노동문제를 교육하는데 교섭이라든지 또 노동조합 실무는 크게 중요하지 않았던 거죠. 그건 나중 문제고, 교육을 하면서도 노동 가치나 근원적인 문제를 많이 터치하면서 교육에 이게 녹아 들어가니까 변혁적 노동운동 관점으로 교육이 되어 들어갔어요. 저쪽 서강대는 주로 교섭 문제라든지 또는 노동조합의 일상 활동 이런 데서 노사 협조적인 박영기 교수나 김오상 교수 이런 사람들이 그걸 주관을 했는데 어떻게 보면 좀 온순한 교육을 했지요.

김낙중 선생은 또 이력도 문제가 있고 이래서 항상 주시를 받았는데, 사건이 터지니까 중앙정보부에서 건수는 만들어야 하고, 피래미 같은 애들인데 건수가 안 되니까 김낙중 선생을 엮어버린 거예요.

▶ 혹시 유인물 제작을 양 선생이 제작하셨습니까?

양 내가 그때 독서실을 했어요. 그래서 데모를 하면 그때는 현수막, 플래카드를 직접 썼고, 유인물은 프린트하고 등사기 이런 게 있으니까 데모만 하면 애들이 오는 거지. 그러면 밥 먹이고 여관 잡아주고 현수막 갖다가 여관에서 쓰는 거지요. 데모하는 날 여기가 데모하는데 물주 역할을 하는 거지요. 그러니까 항상 뭐가 있으면 애들이 갖고 온다고 유인물 써달라 뭐 해달라고 해요. 교련이나 삼선 반대나 여기까지는 크게 문제가 안 되고 넘어갔는데, 유신이 오면서부터는 중앙정보부에서 직접 관리하면서 분위기가 완전히 달라요. 유인물을 뿌리고 서울대학교 애들을 가서 만나면 고대 애들 죽으려고 환장하냐고 지금이 어느 땐데 그런 걸 뿌리냐고 그렇게 겁을 먹고 있을 때, 그런 데서 그게 터지면서 사건이 되고 1972년 봄에 전부 구속이 됐어요. 1972년 유신 때 방학 때부터 준비해서 3월 개학을 하면서 뿌린 거니까요. 독서실을 하는데 중앙정보부 애들이 쳐들어왔는데 새벽에 우리 형님이 와있어서 우리 형님이 난 줄 알고 형님을 잡으니까 나는 직감적으로 느끼고 이제 튀었지요. 6개월간 있다가 잡혔어요.

▶ 당시에, 구속으로 직접 실형을 산 거죠?
양 1년요. 13개월 정도 살았어요.

▶ 석방되면서 본격적으로 공장 활동을 해야겠다고 결심을 하셨나요?

야학을 통하여 노동운동을 준비하다

양 1974년도에 석방이 됐는데 공장 갈 준비는 됐는데 혼자 가기는 좀 그래서 우선 후배들을 15명~20명 묶어서 야학을 했어요. 야학에서 공부한 애들이 한 14명 되는데 그러니까 선생도 열다섯, 학생도 열다섯, 이 정도로요. 종로 5가에서 거여동은 여기 청계천에서 판자촌 뜯어서 거여동 갔다가 붙인 데니까 교회를 중심으로 야학을 한 3, 4년간 했어요. 그때 15명 팀이 거의 다 감옥 갔다 온 친구들 후배들인데, 같이 야학하면서 정치경제학하고 공장 가는 준비를 한 거죠. 그때 공부한 애들이 철도고등학교를 두 명이 들어가 철도 민주화하는 데 아주 결정적인 역할을 해요. 걔들이 거기 졸업하고 대전 충북선 이런 데로 가서 대전을 기점으로 해서 이제 철도 조직을 20년간 해서 나중에 서울에서 철도에 100여 명이 들어온 일이 있어요. 걔들하고 합쳐서 이걸 뒤집어엎는데 특히 지방 쪽, 대전에서 호남선, 전라선, 충북선, 중앙선, 여기에 철도고등학교 애들이 분기별로 쭉 배치가 되니까, 그걸 조직해서 이십 년간 준비를 했던 거죠.

▶ 1990년대 철도 민주화 투쟁 과정에서 역할을 했다는 말씀이시죠? 70년대 초반에 노동 현장으로 간다는 것도 쉬운 일은 아니었을 것 같습니다. 어떻게 보면 1930년대, 1940년대 한국의 변혁적 노동조합운동 이런 부분들과 맥이 좀 닿아 있다는 생각도 드는데요. 본인 스스로도 그런 생각을 혹시 해보셨습니까?

양 내가 그걸 준비하고 들어갈 때는 1960년대 후반기에서 1970년대인데 노동운동이라는 게 뭐 거의 없었을 때죠. 한국노총 계열의 어용노조들이고, 박정희 시대에 노동운동을 못 하게 하는 이런 때였으니까요. 그런데 변혁운동의 주축이 노동자가 돼야 한다는 대전제만 가지고 그냥 무대뽀로 달려드는 거죠. 우리보다 앞 세대들이 김금수 선생, 천영세, 이원보 이런 분들인데, 이들은 한국노총의 노동조합으로 들어가서 거기서부터 운동을 했어요. 4.19 세대로 김정강이라는 분이 들어갔어요. 그분이 철산리 3공단의 삼립빵에 들어갔는데 거의 제대로 뿌리를 못 내리고 있다가 나와서 그냥 또 이상하게 됐고, 공장을 준비한 게 이제 내 친구들 여기 15명 그룹이었죠. 그 세대가 민주노총이 뜨기 전에 전노협 시절에 상당히 역할을 한 친구들이에요. 전교조의 부위원장이 둘이 나왔고, 그중에서 무슨 제지에서 굉장히 역할을 한 정진태라는 친구, 그다음에 허명구도 그때 같이 했고, 하여튼 14명이 상당히 역할을 많이 했어요.

▶ 당시에 그 그룹은 실제로 현장을 지향하는 노동운동을 해야 한다고 판단한 것이죠?

양 저항을 하면서도 굉장히 능력이 있으니까 들어가서 일을 잘해요. 성과 있게 일을 했는데 러시아 소비에트가 무너지면서 좌표가 흔들려 노동운 동을 한 게 맞냐, 그런 회의가 온 거죠.

보일러공으로 노동 현장에 들어가

▶ 일단 1970년대 상황으로 다시 돌아가겠습니다. 야학 활동을 끝내고 본격적으로
현장에 취업 준비를 하신 거는 1977년 정도 되는 건가요?

양 1977년부터 자격증을 땁니다.

▶ 자격증을 어떤 걸 준비하셨어요?

양 위험물 보일러, 그러니까 열관리 기능사, 그다음에 환경관리기사, 방화
관리, 그때는 1970년대라서 한참 한국이 산업화로 막 밀어붙일 때니까
정부에서 열관리 에너지에 대해서 신경을 많이 썼어요. 그래서 모든
공장은 열관리사를 두게 되어 있어요. 그래서 열관리사 자격증만 따면
영등포 어디에 가면 소개소가 있는데 공장 이름이 다 있어서 찍어서
골라서 갔어요.

▶ 보일러 기사 말씀하시는 거죠. 처음 취업한 데가 어디였습니까?

양 동영주식회사라고요. 1974년부터 야학을 하면서 동시에 구로공단 1단
지, 2단지, 3단지가 있는데 1단지 주변에 방을 하나 얻어서 야학하던
애들 한 12명이 합숙을 한 거죠. 거기서 공장 들어갔다 나오고 그러면서
공장으로 가서 일도 해보고 또 나오기도 하고 이렇게 했지요. 그때
재밌는 사건이 하나 있었는데, 야학하던 애 중에 한 아이가 졸업 단계에
서 철도를 들어가는 1977년도, 1978년도에 교회를 나갔어요. 집이
창신동이었는데 거기에 큰 교회를 나갔는데 애가 똘똘하니까 거기
학생회장을 했어요. 그때가 1974년도에 월남에서 미국이 패하여 나가고
월남에서 통일을 할 때인데 목사가 월남처럼 예수를 안 믿으면 나라가
망한다, 이런 설교를 하는데 얘가 벌떡 일어나서 월남이 왜 망하냐?
미국이 망한 거다, 미국을 쫓아내고 월남을 민족 해방을 시킨 건데

왜 그게 망했다고 보느냐, 그런 거예요. 그러니 목사가 깜짝 놀란 거죠. 수상하니까 신고하고 형사가 집을 덮쳤어요. 집을 덮쳐서 아버지하고 개를 수갑에 채워서 성북경찰서로 데려가 조사를 했는데 그때 곤욕을 치를 뻔했죠. 12명이 가리봉 오거리에서 합숙하고 있을 텐데 저게 털리면 어쩌냐, 그래서 애들 해산시키고 책을 어떻게 처리하느라고 아주 애를 먹었다고요. 그런데 다행히 그때 교사 중에 한 사람이 메디컬 센터 간호사로 있었어요.

그래서 그쪽 의사하고 잘 짜고선 정신분열증 환자로 만들었던 거예요. 정신분열증이라는 증명서를 받아서 그걸로 빠져나왔어요. 그래서 아주 그때 한번 위기가 왔었는데 하여튼 다행히 모면했죠.

▶ 1978년도 정도였으면 정말 위험한 시기였거든요. 15명이 합숙을 하면서 가리봉 오거리 근처에서 공동생활을 했다는 것도 쉬운 일이 아니었을 텐데요.
양 그 다락방이 15명이 잘 수가 없으니까 위 아래층으로 해서 칼잠을 자며 거기서 같이 있었던 것이지요. 고등학교 때 하나 더 얘기할 게 있는데요.

▶ 아니, 고등학교 때도 운동을 하셨어요?
양 고등학교 때는 자유분방하게 자란 촌놈이니까 시골에서 올라온 애들이 학교에 꽤 있었어요. 걔들하고 합쳐서 한 스물네 명이 한국농업부흥학생협회라는 걸 만들었어요. 1963년 한일회담하는 시점이었는데 그때 박정희가 들어와서 새마을운동하고 한참 이런 거 할 때였어요. 특히 유달영이라는 분이 재건국민운동하면서 농업에 대해서 개간도 하고 슬레이트로 초가집도 갈고 이럴 때였는데, 농업부흥학생협회라는 걸 만들어서 방학 전에 전국의 학생들을 회원으로 모집을 하자고 한 거예요. 이래서 25명이 전국을 쪼개서 무전여행으로, 나는 충청도하고 호남하고 제주도, 이렇게 막 무전여행으로 역할을 분담해서 가는 거죠.

▶ 배낭여행을 하신 건가요?

양 무전여행, 배낭여행이요. 그때가 방학 20일 전에 그렇게 했는데요.

▶ 그럼 학교는 결석을 하셨네요.

양 학교 때려치우고 방학 20일 전에 무전여행을 간다고 그러니까 집에서
다 못 가게 하고 그럴 거 아니에요? 나는 이모님 밑에서 자랐는데
이모님이 크게 신뢰해서 내가 뭘 해도 동의를 해주는 분이었으니까
그냥 서울역으로 왔는데, 이놈들이 그냥 다 못 간다고 그러는 거예요.
그냥 혼자 가게 됐는데 대전으로 가서 대전고등학교, 대전 유성고등학
교, 목포에 무슨 고등학교, 그다음에 제주도의 오현고등학교, 광주일고,
전주고등학교 한 6개 정도 학교를 찾아간 거예요.

▶ 방학 전이었으니까요.

양 방학 전이니까 찾아가서 학생회 회장을 만나 이런 취지로 왔다고 하면서,
회원을 한 2백~3백 명을 조직했어요. 그런데 갔다 와서 시험을 몇
과목을 못 봤으니까 빵점이 나올 거 아니에요? 그래서 전체 평균이
한 59점인가 나와서 낙제냐 뭐냐 이게 걸려 굉장히 헷갈렸죠. 그래서
3학년 되면서 이제는 대학을 가야 하니까 이거 그만하자고 하고서
다른 후배들한테 넘겨주고 대학 가다가 실패하고 이듬해 고대로 온
거예요.

▶ 아, 학창 시절 고등학교 때부터 참, 정말 자유로운 영혼이었군요.

양 누구라도 제어하는 사람이 없다 보니까 그냥 제 생각나는 대로 멋대로
이렇게 사는 거였죠.

▶ 1978년 동영산업에 취업을 하신거죠?

양 그 전에 1978년도에는 보일러 자격증을 따서 아파트 보일러공으로 들어갔어요. 그래서 1년 훈련을 해서 동영주식회사를 가니까 들어갈 때는 이제 경력이 있어야 하니까 경력 10년으로 해서 들어갔는데 우리 과장이 해군 출신인데 해군의 원동기, 배도 발동기가 있어야 하잖아요 그거를 하던 친구라서 군대에서 한 3, 4년 있다가 여기 왔는데 나는 경력이 10년이라고 하니까 원동기 보일러의 대선배가 왔다고 그래서 예우를 많이 해주더라고요. 그런데 어디서 뽀록났냐면, 공무과 소속이니까 공무과 주임인데 뭐가 고장이 났는데 용접을 하는 거예요 나더러 용접하라고 그러는 거예요. 이런 걸 해봤어야죠. 그런데 못 한다고 그럴 수도 없고 생전 처음 용접기를 잡았는데, 가서 탁 붙이면 쇳덩어리에 가서 딱 붙으면 안 떨어지잖아요. 이걸 떼느라고 아우성을 치고 그러니까 기가 막힌 거죠. 이게 일을 10년이라고 그래서 채용을 했는데 이 새끼 아무것도 모르는 게 사기 치고 들어온 거 아니냐고 해서 그 과장이 김이 팍 샌 거죠. 이제 이게 골치 아픈 놈이 들어온 거예요. 그래서 분필을 가지고 공장 벽에다가 계속 "김샜다. 김샜다" 쓰더라고요 내가 용접을 못하니까 용접을 해야겠다고 6개월을 열심히 훈련해서 아주 용접 도사가 됐어요. 그다음부터 하여튼 모든 일은 내가 그냥 솔선수범해서 토요일, 일요일, 그냥 와서 일하고 그러니까 사장이 귀엽게 봐요 사장이 신원증명을 떼오라고 그러는데 이거 떼면 또 뽀록나니까 안 떼고 버텼는데 회사에서 나중에 떼보고 들통이 난 거 아니겠어요? 상무가 동일방직에 있다 온 사람인데 이게 골치 아픈 놈이니까 자르려고 하는데, 사장이 동일방직 전무로 퇴직하기 전에 사장으로 온 건데 감방 갔다 왔어도 상당히 성실하고 일을 잘하니까 사장이 막았지요. 그런 애를 또 자르면 어디로 가냐고, 여기서 안아주라고 그러고선 거기서 3년 만에 노조를 만들었어요.

동영산업 노조를 만들고 퇴사하다

▶ 노조 설립을 그러면 1980년에 하셨나요? 전두환 정권 들어서고 나서네요.

양 다른 건 다 걸리지 않는데 그 사장한테 미안해서요. 노조는 그때는 35명인가 조합원이 만들어져야 했는데 그때는 어떻게 그걸 깼냐 하면 여기서 신청을 하잖아요. 신청을 하면 무슨 서류 미비로 다시 보낸다고요. 보내면 이제 총무과로 오게 되고 까보면 노조라고 하니까 그중 30명 이상 조직이 되어 있으면 거기서 몇 명만 탈퇴시켜도 결격 사유가 되니까 탈퇴서 첨부해서 보내면 결격 사유로 취소가 되는 거죠. 1981년도에 노조가 6개, 섬유노조 이원보 씨가 그때 섬유 연맹에 있을 땐데, 그 양반이 코치해서 서류는 완벽하게 했어요. 전국에 여섯 개가 81년도에 만들어졌는데 5개가 다 깨지고 내가 만든 거 하나만 지금까지 있어요.

▶ 지금까지 노조가 존속하나요?

양 안산으로 이사 갔는데 3년간 작업을 한 거예요. 3년간 준비해서 우리 과 애들은 다 만들고 그다음에 옆에 염색 파트가 있는데 그쪽에도 한 20명 되어서 그거 조직해서 실 만드는 공장이니까 여자들이 많아서 여자를 하나씩 꼬셔서 인원은 풍부했죠. 이 사람들을 3년간 훈련해서 아주 의리 있고 괜찮은 사람들을 확보했죠.

　　보일러가 밤을 새워서 불을 때는데 밤에 애들이 졸려오니까 잔다고요. 자다가 보면 보일러가 압력이 떨어져요. 실에 염색할 때 압력이 2킬로 이상 3킬로의 고정된 압력으로 보내야 염색이 일정하게 되는 거예요. 그런데 이게 1킬로에서 0.5킬로로 압력이 떨어지면 염색 분자가 분자 속으로 깊게 밀착돼야 하는데 이게 잘 안되니까 얼룩덜룩하게 돼요. 그러면 못 쓰게 되거든요. 그러면 보일러가 잘못했느냐 아니면 염색 파트가 잘못했느냐 이게 서로 분쟁이 되는 거예요. 그러면 이제 염색 애들은 이건 보일러가 잘못한 거다, 재들이 압력을 낮춰서 이런 거다, 그렇게 주장하고, 여기는 우리는 압력을 일정하게 보냈는데 압력이 높으면 압력을 빼주고 낮으면 이걸 틀어서 올려야 되는데 이 관리를 못한 거다, 이렇게 서로 맨날 싸워요. 근데 이제 친목회를 만들어서 한 달에 한 번씩 회의하면 집집마다 돌아가면서 모임을 하죠. 산동네 가서 하면 회칙에다가 아예 밥은 라면을 삶아주는 걸 규칙으로 하고 라면은 여기서 사 가서 그쪽에 피해를 안 주도록 하고, 이사를 한다든지 뭐 이런 걸 전부 가서 도와주고 이렇게 하는 거죠.

▶ 친목회 운영을 그렇게 하셨네요.

양 아주 서로 친해지고 그러면서 양쪽 부서 간에도 친해지고 이러니까 이제 뭐 잘못하면 저쪽 애들이 잘못한 게 아니라 내가 잘못했다고 표현하더라고요. 그리고 애들이 그때는 조금 이상하면 바로 신고 들어가고 이럴 때니까 의식이 통할만한 애들은 서점에 같이 데리고 가서 책 구경하다가 근로기준법 정도 딱 빼서 한번 읽어보라고 그런 정도로 약하게, 그러면서 서로 친하고 인간적인 신뢰로 친목회를 하다 보니까 대개 어려울 때 탈퇴하거나 회사 쪽에 회유를 당하는데 한 명도 이탈이 안 됐어요.

▶ 아주 성공적이었군요.

양 끝까지 잘 지키고 노조가 만들어진 다음에도 회사에서 회유하느라고 그때 월급이 7만 원, 8만 원 이럴 때였어요. 근데 10만 원씩 와서 수표를 집어주고 그런데도 다 거부하고 잘 지켜냈죠.

▶ 동영산업은 구로공단에 있었습니까?

양 구로 3공단에 있다가 지금은 안산으로 1981년도에 이사를 갔어요.

▶ 양 선생도 그때 노조를 설립하고 나서 퇴사를 하셨나요?

양 제가 설립하기 직전에 나왔는데, 그런데 일상적으로 계속 시비를 거는
거죠. 예를 들면 여름에 철야 근무를 하잖아요? 철야를 하면 날씨가
더우니까 지금은 뭐 냉장고도 있고 그런데 옛날에는 냉장고도 별로
없었어요. 밥이 밥통에 있는데 하도 더워서 밥이 쉬었다고요. 그런데
쉰밥을 먹으려니까 이게 문제가 있잖아요. 그래서 연판장으로 쉰밥을
먹을 수 없으니까 밥이 쉬지 않도록 조처를 해달라고 회사에 탄원서를
써서 서명을 전부 받은 거예요. 250명 되는데 이걸 다 받는 거지요.
이렇게 250명을 딱 받으니까 낌새가 이 사람이 동일방직에서 데인
사람이라서 이상하다고 해서 계속 한 사람씩 불러서는, 진원지가 어딘지
를 캐는 거죠. 그때 회사가 안산 공단으로 이사하려고 공장을 짓는데,
과장은 공장 짓는 일을 관리하고 나는 여기 공무과 주임이니까 내가
여기 관리를 하는데 이걸로 막 치고 들어오는 거예요. 조직이 뿌리가
뽑힐 것 같더라고요. 제가 사표를 딱 썼죠. 제가 사표를 쓰니까 난리가
난 거죠. 공장부터 관리할 사람이 없으니까요. 공장장은 거기도 가서
관리해야 하고 여기도 해야 하는데 내가 빠지니까 문제가 되잖아요.
이제 그 공장장이 상무한테 대드는 거예요. 상무님이 이렇게 하시면
어떡하냐고 이러는데 상무는 계속 그러면서 얘네들 문제가 있으니까
양재덕이 잘라야 된다고 했어요. 이렇게까지 나오니까 사장이 부르더라
고요. 사장이 불러서 어쨌든 이게 진원지가 너 같다며, 상무한테 사과하
고 그냥 일을 계속하라고 하는데 제가 뭐 몸도 안 좋고 사표를 내야겠다
고 했어요. 나보다도 핵심들이 뿌리를 뽑히면 안 되니까 그래서 사표를
낸 거예요. 내가 그만두니까 이제 덮어졌다고 생각했는데 내용은 똑같
이 진행이 된 거죠. 결국 노조 만들었는데 서류를 완벽하게 하니까
신고필증이 떡하니 나와 버린 거예요. 노동조합은 나 없이도 끝까지
잘 버텼어요. 일꾼들이 준비해서 만들어 온 거니까 잘 커왔죠.

▶ 양 선생, 그 대목에서 그러니까 서울에 계시면서 그쯤에 결혼을 하셨습니까?

양 결혼은 1980년인가 1981년도예요.

▶ 아니, 결혼하신 날짜를 헷갈리세요?

양 그러니까 그때 주례를 모셔야 하는데 강만길 선생이냐, 김윤환 교수냐, 그랬는데 강만길 선생은 그때 50대였어요. 나이가 그러니까 60대이기 전에는 주례하기 시작하면 계속 불려 다녀야 하니까 딱 거절하더라고요. 그래서 할 수 없이 김윤환 교수를 했는데 사회를 내 친구가 하면서 뭐 고대가 어떻고 이런 얘기를 해서 완전히 들통이 났죠.

▶ 동영주식회사를 정리하고 이제 1980년대입니다. 그러니까 광주항쟁이 지났습니까? 당시에 노동 현장을 지향했던 사람들이 많았을 텐데 다시 현장으로 가야겠다고 생각하시게 되는 건가요?

양 1980년으로 기억이 되는데 내 친구 중에 행정고시 합격이 된 애가 있어요. 경제기획원으로 발령이 났는데 그때만 해도 뭐 위장취업 이런 말이 나오기 전이에요. 그 친구 만나러 정부종합청사로 갔는데 같은 고시생 구을회라고 하는 친구는 노동부로 발령이 났더라고요. 그래서 셋이 이야기를 하다가 위장취업 얘기가 나왔어요. 위장취업이 아니라 공장에 들어간 학생 출신들이 인천과 구로공단 이쪽으로 1천 명이 들어와 있다는 거예요. 경제기획원 그놈이 학생들이 공장으로 들어간 거에 대해서, 기득권을 포기하고 갔는데 그건 위대한 거 아니냐고 또 그러더라고요. 그러니까 위장취업이라는 말이 안 나올 때 그러고 나서, 한 6개월 있다가 위장취업이란 말이 나오면서 그다음부터 쳐내기 시작한 거예요. 정부의 대책회의가 있었겠죠.

1984년, 인천으로 내려와

▶ 양 선생은 인천으로 가야겠다고 생각하셨나요?

양 내가 1981년도에 회사에서 나와 고려합섬을 들어갔어요. 고려합섬
그때 한 500명 되는 큰 회사였어요. 군포에 공장이 있고 종로 3가의
가톨릭대를 인수해서 거기를 고려합섬 본사로 수리할 땐데요. 나는
군포 공장을 겨냥해서 들어갔는데 발령을 본사로 내더라고요. 거기
시설, 보일러 놓고 건물 리모델링하고 이런 걸 내가 관리한 거죠. 그런데
거기 청와대가 가까우니까 한 3, 4개월 있다가 신원조회에 딱 걸린
거예요. 총무과장이 여기서 일할 수 없다고 쫓아내서 나왔죠.

  그래서 나는 좋은 자리를 들어가기 위해서 생각해 봤어요. 그때만
해도 소개소에 가면 게시판에 써 붙여놓고 찾아서 갈 때니까, 건물이나
아파트 같은 데를 좋은 조건으로 일단 들어가서 내가 가고자 하는
공장에 그 보일러공하고 바꾸는 걸 생각했어요. 구로공단에 보일러공
모임이 있었는데 거기 한 30명, 30개 공장의 보일러 주임들이죠. 열관리
사회라고 그러는데 거기에 가입해서 같이 몇 년간 활동했죠. 개포동에
큰 빌딩에 보일러공으로 들어가서 바꾸려고 하는데 잘 안되는 거예요.
그래서 몇 년 하다가 안 돼서 아예 때려치우고 그냥 해태음료로 들어온
거죠.

▶ 인천으로 가는 특별한 계기가 있었나요?

양 그때 김선철이나 허명구, 그다음에 유재훈이나 뭐 서울대, 연대 후배들이
같이 구로동에서 활동했던 애들이에요. 그런데 이놈들이 거기 있어
봐야 별 볼 일 없고 구로에서 인천으로 다 몰리고, 인천이 본거지가
되니까 그리로 가게 된 거예요. 미안하니까 말도 없이 갔어요. 그래서
나는 1984년도 2월엔가 내려왔죠. 그래서 이제 해태음료에 들어갔고,

해태음료를 2년 다니다가 거기도 노조를 만드는 단계로 왔어요. 그때 작전동이 논밭이었잖아요.

▶ 부평서 고속도로 넘어서 오른쪽에 해태음료였죠.

양 계양산 밑이 전부 밭이었어요. 거기 해태음료가 재미있었어요. 왜냐하면 12월, 1월이 되면 지방에서 고등학교 졸업한 애들이 그냥 한 200~300명씩 몰려 들어온다고요. 여기에 왔다가 하도 조건이 안 좋으니까 다 나가죠. 내가 동영 다닐 때 월급 28만 원을 받았거든요. 1978년, 1979년 보일러공 조수들이 7만 원, 8만 원을 받을 땐데, 1984년에 해태음료 들어갔더니 그때 잔업하고 철야하고 이런 걸 다 해야 7만 원에서 8만 원 주더라고요. 아, 독한 회사였죠. 정말 불만 안 가진 애들이 없어요. 그때 거의 400~500명 됐는데 전부 불만이 많은 거예요. 하도 악독하니까 음료수를 사 먹으러 가게에 들어가면 절대로 해태음료를 안 먹어요. 전부 롯데 걸 먹어요. 아주 악감정이 있는 거죠. 운동장에서 그냥 해태음료, 뭐 써니텐, 선키스트 이런 거 나오면 갖다가 쌓잖아요. 이렇게 쌓으면 일하다 갈증 나니까 겨울에도 뭐 여름에도 마찬가지로 그냥 하나 빼먹는 건 관계없는데, 빼먹고 그냥 이렇게 놓는 게 아니라 빼먹으면 반드시 빈 병을 산더미같이 쌓여있는 데로 한 번 던지면 대여섯 병이 깨져요. 깨질 때 느끼는 쾌감으로 스트레스가 싹 해소되는 거예요. 거기 있는 애들이 다 그래요, 다. 그러니까 그냥 그거 까먹고 전부 던지는 거예요. 그게 해태음료의 현실이었죠.

　겨울이 되면 이제 춥잖아요. 마당에서 추운데 난로가 어디 있어요? 그냥 그런 데서 일을 하니까 드럼통 같은 데 나무 쓰레기나 뭘 때서 불을 피운다고. 근데 회사 놈만 끄나풀만 안 보이면 의자고 뭐 없어 책상 다 부숴서 가져다가 불 때는 거죠. 그렇게 깨면서 느끼는 쾌감으로 스트레스 해소하고 분노가 쌓이는 거예요. 그때 해태 타이거즈의 선동

열이 연봉이 4억이에요. 저 새끼가 우리 돈 다 가져간다고 그랬죠. 그러니까 회사가 원수예요, 원수. 노무 관리가 그렇게 돼 있었어요. 그러니까 회사가 망할 수밖에 없는 이런 구조를 갖고 있는데 결국은 망했죠.

▶ 1986년도 2월인가 이제 다닌 지 2년 정도 됐죠? 그곳에서도 작업을 하셨습니까?

양 맨날 한 20~30명씩 우리 방에 와서 고스톱 치는 거죠. 막걸리 마시고 이놈들이 특히 호남 애들이 많아요. 고등학교 졸업하고 이제 들어오면 맨날 배가 고픈 거죠. 애들이 뭐 7만 원, 8만 원 이렇게 받는데 한참 뭐 먹어야 할 때예요. 회사에서 점심은 줘요. 점심 한 끼 먹고 저녁 배고프니까 포장마차에서 이제 먹고 오는 거예요. 막걸리도 마시고 우동이나 뭐 이렇게 먹어서 한 달간 쌓이면 월급 다 나가요. 그러니까 월급 타는 날 주고 나면 하나도 안 남는 거예요. 그러면 애들은 전부 자취하는데 몇 놈씩 이렇게 묶여서 돈이 다 떨어지는 거죠. 실제로 월급날 항상 돈이 떨어져요. 그러면 애들이 어떻게 하냐 하면 계양산 밑에 지금은 다 주택단지지만 그때 밭이었잖아요. 그 밭에 이제 초가집이 몇 개씩 있었어요. 거기 김칫독이 묻혀 있다고요. 그냥 갖다 먹었어요. 지나가다 널린 빨래를 가져오기도 하고요. (하하)

저는 해태음료에 그때가 40대 중후반 때였으니까 노땅에 들어가요. 그래서 40대들과 일하는 데 가서 일을 하는데 노인들이 동네에서 뭐 팬티가 없어졌다, 신발 없어졌다면서 재밌다고 화제가 되기도 했는데 그렇게 생활했어요. 그렇게 한 20여 명을 조직해서 상당히 끈끈한 단계에 왔는데, 형사들이 골목을 하나씩 털어 잡아가는 거예요. 작전동에 형사가 와서 골목에 쭉 뒤지면서 자취방에서 애들이 하나씩 달려가고 그날도 모여서 고스톱을 치는데 집주인 아주머니가 불러서 갔더니 형사가 다녀갔다는 거예요. 왔구나 싶은데 잡혀가면 또 끝나니까 그냥 그날로 내가 튀었죠. 그래서 해태음료는 조직 단계에서 못 했어요.

▶ 작전동에 낡은 옛날 슬레이트집 그리고 복합주택들, 그런 골목 같은 데서 자취하고 생활했지요, 닭장집들요. 그때 결혼을 하셨으면 부인과 같이 사는 상황은 아니었나요?

양 집사람이 학교를 나갔으니까 그때 철산리에서 살 때인데요. 처음에는 출퇴근하다가 버스 타고 개봉역에 나와서 여기 부평역에 와서 또 버스 타고 와야 하니까 너무 힘든 거예요. 시간도 많이 가고 아침 8시에 작업하는데 그래서 한두 달 그렇게 하다가 아예 내가 이사를 와서 별거를 한 거죠. 그래서 혼자 살았어요.

▶ 해태음료를 나오신 게 1986년 정도였습니까? 인천의 5.3 민주항쟁, 1984년 1985년에 대우자동차 투쟁 이런 것들이 있었지 않습니까? 지켜보시면서 많이 도움이 됐었나요?

양 대우자동차 투쟁이 아주 교과서였죠. 권익을 위해서 노동자들이 이렇게 치고 나가고 이렇게 한다는 거에 대해서 옆에 일하는 애들하고 얘기하면 다 공감을 하고 왜 우리는 못 하는가, 그런 느낌을 갖고 있어요. 그래서 일 끝나고 우리 방에 와서 전부 고스톱도 치면서 노조를 만들어 그런 단계로 가는 과정이었는데 잘못된 거죠.

▶ 양 선생은 그때 자취 생활하면서 노동자들과 같이 교류했는데 또 한편 인천에 활동했던 활동가들 내지는 대우자동차나 이런 부분들하고 연계도 있었습니까?

양 별로. 신분이 탄로 나는 그게 제일 문제였고 지금도 그게 제가 몸에 배어 있지만 드러내는 걸 체질적으로 싫어하고 그래서 사진 찍는 걸 아주 싫어해요. 사진은 증거가 남으니까, 사진을 안 찍는 게 몸에 배어 사진이라는 게 거의 없어요. 기록이라는 게 없고 그러다 보니까 그때도 상당수 애들이 활동하는데 해태음료에 들어가니까 거기 들어온 활동가들만 해도 10명이 넘더라고요. 서로 다 알지요. 그때 있던 애들이 조금 있다가 다 나갔는데 지금도 그 목사 하는 그 친구 만나면 아주 반가워요. 나는 그래도 이 언저리에서 계속 있으니까, 미안해하고 그런 친구들이 있어요.

▶ 이제 1987년이 됩니다.

1987년 투쟁, 인천노동상담소를 설립하다

양 1987년 되니까 그때는 이목희가 활동을 많이 했어요. 내가 1986년도에 해태에서 나와 집에 있는데 1987년 투쟁이 터진 거예요. 누구한테서 연락이 왔는데 좀 도와달라고 그게 두 건이 있었는데 하나가 한일전기라고 자동 펌프 만드는데 부천에 있는 회사였고, 지원할 사람이 없으니까 나한테 연락이 돼서 이제 제가 그걸 맡았어요. 그다음에 기아자동차가 소하리 쪽에서 준비할 때예요. 그러니까 조준호와 정형기 등이 투쟁 준비할 때예요. 그래서 계속 만나면서 같이 의논해서 노조 민주화하는데 어용조합을 뒤집었죠. 대우자동차 다음으로 기아자동차가 나설 때 굉장히 강하게 투쟁해서 민주화를 시켰는데, 그때 그러면서 막 터지니까 정신없이 오라면 가서 도와주고 그랬어요. 부천에도 후배들이 있는데 뭐 계속 터지니까 가서 도와주고 또 여기에 주안공단 이런 데 들어와 있는 후배들이 그때는 노조 막 만들어야 하는데, 이러다가 1987년에 안 되겠다, 아예 노동 상담소를 만들어 지원하자는 거예요. 1987년부터 준비해서 1988년도에 노동 상담소를 인천역 앞에 만들었지요.

▶ 잠깐 쉬시겠습니까? 한 10분만 쉬었다가 다시 진행하겠습니다.

(15분 후 다시 진행함)

▶ 당시 1987년 노동자대투쟁을 적극적으로 지원하면서 노동 상담소를 해야겠다고 생각하게 됐잖아요. 당시 노동자대투쟁 과정을 보시면서 어떤 정치적인 판단을 하신 건가요? 그리고 같이 논의했던 사람들하고 과정도 좀 말씀해 주시죠.

양 제가 1990년 국가보안법 사건으로 들어갔을 때 김종돈이란 수사관이 수사하면서 너는 왜 땅속에 있다가 1987년 이후에 공개로 떴냐? 그렇게 물었어요. 아주 정곡을 찌른 거라고 봐요. 그러니까 1987년 이전에는 정말 바닥에 기면서 드러나지 않게 그래야만 생존이 되니까 그렇게 하면서 준비하는 과정이었다면, 1987년 이후에는 과감하게 공개적으로 치고 나가면서 대규모로 효과적으로 일을 하는 이런 시기로, 다르다고 판단해요. 그래서 공개 활동으로 상담소를 하고, 그렇게 하다가 감옥에 갔다 오니까 후배들과 함께 전국연합이라는 전선체에 나서게 되고 그렇게 하다가 여기까지 왔는데, 이전에 수공업적으로 아주 면밀하게 드러나지 않게 준비해서 하나하나 만들어 가는 게 1987년 이전이라면 1987년 이후에는 상당히 과감하게 설득력 있게 공개적으로 효과적으로 일을 하는 시기라고 판단해요. 그래서 상담소를 하게 돼요.

▶ 하인천에서 항운노조 조합원들을 만나게 되는데요. 그 과정을 말씀해 주시겠어요?

양 상담소가 1989년도로 기억이 되는데 1989년도 초에 해고자들이 찾아왔어요. 공소장을 가지고 왔는데 그 공소장을 읽어보니까 내가 봐도 너무 억울한 거예요. 요지는 완전히 10월 유신에 국회의원을 대통령이 임명하듯이 대의원이 노조 위원장을 뽑는 건데 그 대의원을 노조 위원장이 지명하는 내용으로 시스템이 돼 있어요. 똘똘한 대의원이 대의원을 하고 싶다면 20명인가 30명의 서명을 받아야 하는데 추천을 그렇게 받아 오면 거기서 몇 사람이 뭐 다른데 중복됐다면서 빼면 인원이 부족해지고 그래서 추천 인원이 부족해지고 결격 사유가 돼서 대의원은 못 나가게 이렇게 만들어요.

▶ 한국노총에서 하던 전형적인 수법이 그렇게 반대파들 못 나오게 하는 거죠.

양 그래서 그걸 가지고 싸우고 항의하면 대충 훈계하다가 끝나면 되는데 계속 물고 늘어지면 그다음 가는 코스는 아오지 탄광, 그때 1989년도에 항운노조의 조합원들 임금이 150만 원이었거든요.

▶ 그때 공단의 임금이 15만 원 20만 원인데.

양 그렇지요 천문학적 숫자인데 아오지 탄광에는 2~30만 원밖에 안 돼요, 월급이.

▶ 남항의 석탄 부두요?

양 석탄 부두요. 먼저 뒤집어쓰면서 2~30만 원이에요. 이게 징계를 보낸 건데 그럼 거기서 고분고분 있어야 하는데, 거기서 또 막 항의하고 그러면 이제 그다음 수순은 해고죠. 해고 다음에 항운노조 출근할 때 와서는 이게 또 유인물 뿌리고 항의할 수밖에 없잖아요. 그러면 이제 무고죄로 구속, 이렇게 코스가 돼 있어요 그리고 구속되어 억울해서 죽은 사람이 한 10명, 화병으로 죽었어요. 이걸 보면서 이건 독한 놈이라고 해서 작업을 한 거죠. 해고 무효 소송에서부터 항운노조 문제를 집중적으로 물고 늘어졌는데.

▶ 항운노조는 클로즈드 숍이어서 노조에서 제명당하면 곧바로 사업장에 못 들어가는 해고가 되는 거죠.

항운노조의 비리에 맞서다 국가보안법으로 구속되고

양 그렇기도 하고 찍히면 마지막으로 구속까지 되니까 노동자들이 나서질 못해요. 그런데 위원장 이강희가 뭘 잘못했냐 하면 항운조합원이 4천~4천 5백 명이었고 반장이 300~500명 됐는데 그 사람들한테 조합비를 30만 원을 뗐어요. 그걸로 선거 자금을 쓰죠. 그리고 일반 조합원들한테는 5만 원씩. 그러니까 4천 명이면 그거 2억이에요. 50만 원씩 300명이면 1억 5천, 그러니까 3억 5천 가지고 선거운동을 한 거예요. 노동조합법 위반에다가 선거법, 선거 자금 이게 다 문제가 되니까, 이걸 누가 증언을 해줘야 해요. 그건 해고자들만 가지고는 안 되고 내부 증언자를 확보해야 하는 거죠. 우리가 공소장을 만들어서 그때는 평민당이라고 그랬는데 평민당 국회의원하고 김용석이 그때 부평지구당 위원장하고, 노무현이 국회의원이 돼요. 그리고 이 문제를 잘 알아요. 그래서 같이 작업을 해서 고소를 하니까 그걸 조사하는 데 1년 걸렸어요, 1년.

검사가 하는 말이, 계속 돈을 그렇게 뗐으면 그 떼인 장본인이 증인을 서달라는 거예요. 증인을 세우라는 거죠. 증인을 서야만 그 내용 입증이 되니까요. 그러면 이강희가 현행범이니까 구속이 될 수도 있고 건수가 되는 건데 6개월 걸렸는데도 나서질 못해요. 다시 6개월 동안 그냥 계속 설득해서 세 사람이 나선 거예요. 그래서 증언해서 갖다주니까 그때 이 모 부장검사였는데 "이건 구속감이다" 딱 그랬어요. 그 말을 딱 듣고 조각을 한 거죠. 노동조합 위원장은 누구를 하고 부위원장, 사무국장 이렇게 하고선 이튿날 구속이 되고 신문에만 딱 나오면 이제 밀고 들어가려고 그러는데, 그 시간에 내가 대신 들어간 거라고요. 형사들이 새벽에 우리 집에 들이닥쳐서 책꽂이에서 책 몇 권 꺼내 들고 이적표현물 소지, 탐독으로 국가보안법 위반으로 구속이 된 거죠.

▶ 1990년 4월이었죠.

양 4월이에요. 그게 이적표현물 소지 탐독, 국가보안법 위반이잖아요.

▶ 인천 지역 노동자해방투쟁동맹.

양 신문에 그렇게 냈고, 그래서 구치소 독방에 있는데 학생 애들이 우리 건물에만 몇십 명이 운동하고 들어가면서 내 방에 꼭 들러요. 공소장을 보자고 해서 보여주면, 선배님 이거 가지고 왜 들어와요? 그래요. 기가 막힌 거예요. 근데 뭐 실정법이 그렇다는데요. 그래서 기소되고 6개월 만에 나왔는데, 나오니까 하인천 상담소에서 집주인이 나가라고 그러더라고요. 거기다 압력을 넣었겠죠. 그래서 몇 달 걸려서 인천교 쪽으로 옮기니까 제일 먼저 화분이 왔는데 이강희가 '축 이전'이라고 화분이 왔어요. 항운노조는 그때 이후 내가 서울에 가서 조성준 국회의원인가, 노동위원장이 아니고 하여튼 그런 친구들에게 얘기해 보고, 김금수 선생 찾아가고 그러면 손대지 말라고 해요. 계란으로 바위 치는 거니까 항운노조 손대면 안 된다고 전부 그래요. 그리고 또 내가 법조계에 있는 친구들한테 물어봐도 손대지 말라고, 거기는 수도권의 물동량이 들어가고 나오는 거라서 이거는 중앙정보부에서 관리한다는 거예요. 거기 손대면 안 된다는 거죠. 그게 맞는 얘기예요. 깨끗이 1차전에서 KO패를 당하고 92년도에 YS 정부가 들어와서 해고자들이 또 찾아온 거예요. 이제 민주 정권이 왔으니까 이거 또 해보자고요. 법원에 있는 조사 자료가 만 5천 페이지가 됐어요. 그걸 찾아서 갖고 와서 복사를 다 해버렸어요. 그래서 그걸 다 정리를 한 거예요. 다시 요약하고 변호사가 추려서 고소장을 다시 만들었어요. 2차 투쟁을 한 거죠.

　　인천지검 특수부에서 이걸 맡게 됐어요. 그런데 저쪽에서는 계속 압력이 들어가는 거죠. 통장이 한 300개가 나왔다고 한국 일보에 이 내용을 흘렸어요. 막 압력이 들어오니까 특수부에서 흘렸는데 통장

몇 개에서 몇십억이 빈다고 이렇게 나온 거예요. 그래서 난 뭐가 될 줄 알았죠. 그런데 이게 4개월에서 한 6개월 조사하더니 이것도 또 무혐의예요. 이게 무혐의로 되고 해고자는 이름이 기억이 안 나는데 그 사람은 구속, 양재덕은 기소 유예 이렇게 또 처리된 거예요. 그때 조사를 해보니까 100억으로 사채놀이를 했다는 거예요. 100억이 통장에 있다가 없어졌어요. 사채를 누구한테 줬냐면 유기수라고 하는 바지선 사장인데, 그 사람한테 돈을 빌려줬는데 바지선에서 4년 만에 100억에 100억을 만드는 거예요. 그렇게 수익이 발생했다는데 그때가 인천공항 만들 때거든요. 제가 보기에는 아마 땅 투기했을 거라고 생각이 들고 수익금은 정치자금으로 들어가니까, 이건 내 추측입니다만, 그래서 어느 정권도 100억이나 50억 이상 정치자금으로 들어갔으면 이걸 못 건드리는 거죠. 그래서 그때 청와대에 있는 친구한테 갔더니 사정 담당관을 소개하더라고요. 그래서 내가 이런 내용을 딱 보여주니까 이제 거기서 여기 안기부에다가 조사해서 보고하라고 오더를 준 거예요. 조사를 해서 봤는데 이강희를 최고의 인물로 보고를 한 거예요. 아주 근면 검소하고 노동자를 위해서 헌신적으로 하는 불세출의 지도자로 딱 정리를 해서 이렇게 보고서가 온 거예요.

오라 그래서 갔더니 보고서를 딱 보여주면서 "아니, 양 선생 이렇게 훌륭한 사람을 왜 죽이려고 그럽니까?" 끝났구나. 그래서 해고자는 구속당하고 나는 기소 유예로 되고 2차 KO패를 당했죠. 그때 우리 딸내미가 중학교 1학년인가 그때였어요. 내 처남이 인천으로 판사 발령이 나서 올 때였는데 저녁 한 6시쯤 됐는데 누군가가 찾아온 거예요, 집으로요. 누구냐고 우리 딸내미가 그랬더니 삼촌이요, 그러더래요. 그래서 문을 열어주니까 들어오면서 구타를 했는데 애 얼굴이 벌집이 돼 버린 거예요. 13평 아파트 거실에 그냥 피가 엄청 고였어요. 테러를 한 거예요. 그날 밤 집에 가니까 겁이 덜컥 나더라고요. 나야 뭐 버린 몸이니까 뭐 이렇게 싸운다고 하는데 왜 어린애를 패냐고요. 그래서 지금도 내가 누구라고 직감은 가는데 증거가 없으니까, 파출소 에 신고하고 그다음에 한겨레신문 기자한테도 얘기를 했는데 뭐 이게 그냥 유야무야로 끝나버렸어요. 하여튼 2차까지 그렇게 끝나버렸어요. 어쨌든 항운노조는 진상이 규명되지 않았는데 진상 규명이 안 된 게 그것뿐이겠어요? 우리 운동의 이면에는 허다하게 억울한 게 많이 있을 거라고 보는데 그중에 하나라고 생각합니다.

▶ 노무현 대통령이 되고 나서 부산항운노조를 친 적이 있었죠?

양 항운노조를 잘 아니까 그때 노무현이 고소하는 데 거들었어요. 그래서 잘 알아요, 이 내용을. 그래서 이강희가 노무현한테 "같은 국회의원끼리 이러면 되냐? 좀 도와달라" 이런 말을 했다고 그래요. 노무현이 손 봐야 할 것으로 생각하고 대통령 된 다음에 부산을 치고 그다음에 여기를 치려고 하는데 이강희가 미국으로 도망을 갔지요. 그리고 이제 한참 지나고 나서 돌아와 여기는 그냥 넘어간 거죠.

▶ 인천은 그때 구속자 한 명 정도 나오고 덮었습니다. 그리고 항운노조가 한국노총 의 인천 지역 본부장 선거에 나갔는데 금속하고 택시에서 나왔던 후보들이 자진 사퇴를 해버렸어요. 그러면서 항운노조가 그때 위기를 모면하는데 여러 작업을 했던 것 같습니다. 어쨌건 90년대를 지나면서 본격적으로 재야운동에서, 그러니까 시민운동 그리고 노동운동 지원 활동들을 하시게 되지 않습니까?

양 그거 전에 상담소 하면서 남기고 싶은 이야기가 하나 있는데 그게 뭐냐 하면 철도노조는 야학부터 해서 도움이 된 거고, 1989년도인가 기억이 되는데 이때 한국통신의 김종백이라는 친구가 찾아왔어요. 통신공사 민주파들이 한 35명 정도가 민주개혁을 하다가 전부 지방으로 발령이 나버린 거예요. 울릉도, 제주도, 거제도 이런 데로 다 쫓겨갔는데 김종백이라는 애가 찾아와서 자기 억울한 내용을 정리해 갖고 와서 내가 그걸 도와줬어요. 상담소에서 도와줬는데 발령 난 걸 취소해서 원상 복귀해달라는 취지로 했는데 이겼어요. 35명이 다 지방으로 쫓겨났는데 재판에서 이기면서 판례가 이긴 걸로 나오니까 나머지 35명이 재판을 해서 다 이겨버렸어요. 그래서 다시 결집이 되면서 그 힘으로 뒤집어 통신공사 민주화로 가요. 소송에서 승소해서 원래대로 돌아오면서 이 친구가 법규 부장을 했는데 노동조합에서 애가 일등 공신이에요. 통신공사 노조가 광화문에 있는데 내가 거기 들어가면 이놈은 뛰어와 무조건 큰절이에요.

그런데 그때 나머지 집행부는 노운협의 김승호 쪽이었어요. 그래서 애가 눈엣가시야. 이게 왜 양재덕이한테 갔느냐 이거죠. 아이고 나 참 그래서 1년 있다가 민주파 1기에 잘랐어요. 그래서 2기 때 걔들이 억울하니까 1994년도인가 1995년도에 내가 한노협으로 신도림에 사무실 있을 땐데 거기 찾아왔어요. 노조 위원장 선거를 나가야 하는데, 좀 도와달라고요. 그래서 이제 2기 집행부가 그때 김호선이라는 포항인가 지부장 했던 걔가 출마해서 당선되고 3기 때 다시 넘어갔다가 4기 때 누가 또 우리 쪽에 와서 해서 한 번 또 넘어가고 그래서 통신공사노조는 민주파 중에서 왔다 갔다 하다가 완전히 회사 쪽으로 넘어갔어요. 지금은 넘어갔죠. 그런 게 좀 아쉬운데 통신공사는 규모도 있고 또 전형적인 사무직 노동조합으로 그때 좀 잘해서 이걸 회사 쪽으로 넘어가지 않게 잘했어야 하는데 그게 좀 아쉬운 부분이 있어요.

▶ 한국전력과 더불어 통신은 국가 기간산업이죠.
양 항운노조만큼이나 중요한 거니까. 통신은 국가에서 관리를 안 할 수가 없죠. 그렇게 해서 이제 노동운동은 그 정도로 하고.

시민운동으로 굴업도 핵폐기장 반대 투쟁

▶ 1997년 아이엠에프(IMF)가 터집니다. 그래서 시민운동 차원에서 노동운동 지원, 실업 사업 이런 부분들을 만들어 내셨거든요.

양 그때가 1996년도로 기억하는데 YS 정권 말년에 두 가지 큰 사건이 있었어요. 노동법과 안기부법 날치기 통과를 했고, 그리고 인천에서는 그 전에 굴업도 핵폐기장 반대 투쟁이 있었지요. 1990년도 이후에 본격적으로 후배들이 떠밀어 재야운동을 하게 됐는데 재야운동과 한노협을 같이 했죠.

굴업도 핵폐기장 반대 투쟁은 정부하고 싸워서 시민운동이 승리한 최고의 투쟁이었어요. 시민의 힘으로 정부를 굴복시키고 그때 돈으로 500억을 풀어서 이미 매수를 다 했는데 굴업도 그때 12명 가족하고 1억씩을 주고 다음에 덕적도 주민들한테 매수해서 몇십억 원을 뿌려서 강행하는데, 그걸 뒤집은 사건이고 시민운동 차원에서 기억해야 할 운동이라고 봐요. 핵폐기물에 대해서 나도 문외한인데 이걸 환경연합에서 시작했지만, 환경연합보다도 인천연합이라는 재야단체가 붙어서 학생들을 끼고 투쟁해서 단식투쟁이라든지 시장 점거해서 화염병까지 던지고 아주 치열하게 싸웠어요. 집회 하면 항상 동인천서 집회를 해서 시청까지 가는데 정치 연설을 해야 할 거 아니에요? 핵폐기물에 대해서 내가 공부를 해야만 연설할 수 있어서 핵폐기물에 대해 공부를 하다 보니 의식화가 나부터 되고 두 번째로 빨리 의식화되는 게 경찰들이에요. 왜냐하면 경찰은 보고를 해야 하니, 저 놈이 무슨 소리를 했는지 보고서를 쓰면서 내가 연설한 거를 정리하다 보니까 가장 먼저 의식화가 되는 게 그 사람들이에요. 그 경찰들이 우리 편이 되더라고 그러니까 정보과 형사들이 시청에 가서 해산을 하면 와서 딱 그래요. 한 2천 명이 모여서 가는데 시민이 호응해서 3천, 4천 명으로 늘어서 시청 앞에 가서는 한 4~5천 명이 늘어난 상태에서 해산했다 이렇게 보고하는 거예요. 뻥이거든요. 그렇게 했다고 나한테 와서 얘기를 해줘요 그리고 뭐 어쩌고 정보를 얘기해줘. 같이 싸우는 거예요 그러니까 덕적도 노인네들 구속되고 이러면서도 결국은 정부에서 무릎을 꿇고 그걸 철회한 거예요. 그때는 지역의 보수, 진보할 것 없이 다 붙었으니까요.

그때 신용석 씨가 시장 선거에 나왔는데 인천연합이 어려우니까 활동비 쓰라고 얼마를 주더라고요. 그래서 내가 그걸 가지고 돈을 더 모아서 「조선일보」에다가 광고를 냈어요. 핵폐기장 투쟁 반대 집회를 동인천역에서 한다고 꽤 크게 냈어요. 그러니까 이제 깜짝 놀란 거죠. 이게 운동단체가 「한겨레」 말고 「조선일보」에 광고 낸 거는 처음이거든요 운동은 이렇게 좀 통이 크게 해야지. 맨날 「한겨레」만 하면 어떡하냐? 보수 진영들이 하는데 주로 이런 사람들이 보는 데에도 광고를 했어요. 그렇게 해서 2~3천 명씩 집회를 했어요. 핵폐기장 반대 투쟁이 있고 그다음에 노동법 개악 투쟁에서 시민들 한 40개 단체가 모여서 엄청 싸웠어요. 전국연합에서도 유인물이 보통 20만 장에서 50만 장 오고 우리가 만드는 것만 해도 대략 50만 장을 만드는데 그거를 다 뿌린 거예요 뿌리다 잡히면 그때는 엄혹한 때니까 구속인데 그때 학생이나 시민단체가 새벽에 모여 200부, 300부씩 「동아일보」를 위에다가 딱 얹고 밑에는 유인물 넣어서 30분 내에 어디 구역 정해 집집마다 뿌리고 이렇게 해서 한 100만 장을 뿌렸어요 소자보, 대자보는 이제 큰 건데 소자보가 8절지 반 장 정도 되는데 그걸 4만 장을 붙였어요.

김종수가 사무국장을 할 땐데요 해고자 복직 투쟁에서는 이형진이고 그 투쟁에서는 김종수예요. 기억에 남는 게 참 빈틈없었어요. 나는 이제 뻥이 좀 있고 김종수는 정확하게 치수가 맞게 기획을 하면서 오차의 한계를 정확하게 해서 실수 없이 일을 잘해요. 그래서 4만 장을 붙였다는 건 어마어마한 작업이었어요. 왜냐하면 그때는 1월이었으니까 나가면 영하 15도인데 한 번 나가면 그때는 풀을 쒀서 나갔는데 한 번 나갔다 오면 전부 감기 걸려요. 영하 15도인데 이거 가지고 골목 입구마다 다 붙였으니까요. 연안부두라든지 동인천역 이런 데, 퇴근길 이런 데 나가봐서 한 시간에서 두 시간 마이크 잡고 홍보하면 한 20만 원에서 30만 원이 걷혀요. 그렇게 공감대가 만들어졌을 때 시민운동, 재야운동으로서 정말 대중성과 규모가 중요한데 유인물 100만 장 이상을 뿌리고 4만 장의 포스터를 골목마다 부착한 것은 시민운동사에서 기억할 만한 일이라고 생각해요.

IMF 외환 위기에 실업자 운동을 전개하다

양 결국은 노동악법을 철회하고 다시 수정했는데 그렇게 해서 헤어지기가 섭섭하니까 시민연대 하자고 만드는 거 아니에요? 시민연대를 만들어서 지금까지도 오고 있지만 시민연대를 만들어 1년쯤 있다가 아이엠에프 (IMF)가 터져서 실업자가 쏟아져 나오니까 40개 단체에 종교 단체나 기타 단체가 붙어서 60개 이상 단체가 모여서 실업극복이라는 걸 만들어서 실업 대책 사업을 한 거죠. 이형진 씨도 같이 그 작업을 했지만, 쌀 지원 사업이 제일 첫 사업이었지. 어려우니까 일단 도와줘야 하는 거고, 도와주는데 실업자가 막 쏟아지는 거니까 그 실업자 만 명 정도를 잘 지원해서 그들을 흐트러지지 않고 잘 조직을 해서 IMF가 끝나고 공장으로 돌아가면 1만 명의 조직이 되니까 이걸 생각했던 거죠. 지원하면서 모금을 해서 1만 세대 지원을 했죠. 그래서 쌀 반 가마씩 약 4,300가마를 지원하면서 1천 원씩 내고 상조회를 맺는다니까 다 가입을 했어요. 그게 유지가 쉽지 않더라고요. 그러니까 계속 주면 유지가 되는데 한 번 주고 다음에 또 주지 못하니까 참여도가 떨어져서 처음에는 만 명이 조직이 됐지만 실제 남아 있는 인원은 한 3천 명 정도가 남아서 3천 명의 상조회가 10년 이상은 유지됐어요. 그걸로 실업극복인천본부라는 게 지금까지 유지돼 온 건데 구별로 조직을 해서 구에서 활동해 오던 활동가나 목사나 이런 사람들이 책임자로 해서 만들어졌는데 거기서 한 3년 되면서 IMF가 지나고 실업극복 상임 대표들, 신부님이나 목사, 스님, 대학 학장 이런 분들이 상임 대표였는데 이분들이 실업자는 선진국에도 3% 이상이 있으니까 완전 고용이 돼도 3%대 실업자가 있는 거니까 이제 IMF 지나고 실업률이 3%대로 떨어지니까 간판을 내려라 이러더라고요.

　아까 그 만 명이 IMF가 끝나면 공장으로 들어가면 끝나는데 공장으로 돌아가는 사람은 의외로 없었어요. 못 돌아가는 거예요. 그때만 해도 노동부의 취업알선센터나 시나 구에 있는 취업센터가 없었을 때요. 그래서 상공회의소나 경총에서 우리한테 직접 사람 보내달라고 하루에 보통 40~50명씩 명단이 와요. 우리는 실업자가 많으니까 안내를 하고 그러면 안 가는 거예요. "왜 안 가냐, 당신은 어렵지 않느냐, 근데 왜 안 가냐?" 물으면, 너무 힘들고 거리가 멀고 월급이 적고, 전부 이러더라고요. 이게 도대체 뭔가 싶었어요. 그리고 쌀이 한 10포가 생긴 게 있었어요. 그래서 내가 어려운 동네 숭의3동 산동네 어려운 데인데, 거기 100세대 명단을 확보해서 집집마다 한번 방문을 해봤어요.

그랬더니 어려운 노인네들이 1월인데 불을 안 때고 있어요. 추우니까 불을 때야 하는데 보일러라든지 석유 보일러 대개 가스보일러 이런 건데, 그게 돈도 없지만 아까워서 불을 안 때고 이불을 깔고 이불 뒤집어쓰고 있더라고요. 그리고 밥은 점심 주는 데 가서 얻어먹고 대충 건너뛰고 이렇게 살더라고요. 나이가 거의 60대 후반 70대 80대, 그러니까 우리가 생각한 극빈자 실업자 개념이 아니라 이런 룸펜과 같은 어려운 사람들이 존재한다는 걸 알았어요. 그게 노동자하고 다른 점이에요. 그러고선 내가 그때 한 3개월 몸이 좀 안 좋아서 필리핀으로 쉬러 갔어요.

▶ 2000년 초반이네요.

양 거기 가서 빈민촌을 갔더니 한국에서 왔다고 주변에 소문이 나니까 그냥 하루에 열 명씩 오는 거예요. 바나나 무슨 과일 같은 거 사 왔는지 따왔는지 이제 말 붙이면서 목표는 한국으로 데리고 가달라는 거예요. 그런데 그때 20년 전이니까 그 사람들 월급이 8만 원, 7만 원이었어요. 중국도 8만 원, 9만 원 이럴 때였고, 한국에 오면 뭐 120만 원에서 150만 원 받으니, 한국만 오면 한 달에 일 년 치를 버는 거예요. 일

년 치 벌면 집을 한 채 사요. 그러니까 필리핀뿐 아니라 동남아의 몽골이라든지 그때만 해도 중국 조선족들 한족이라든지 캄보디아 이런 쪽의 동남아시아의 빈민 노동자들은 한국에 결사적으로 가고 싶어 했어요. 그런데 이 한국인은 왜 안 가는가, 일자리가 있는데, 이제 그게 회의가 되는 거예요. 내가 이후에 중국 교포들 와서 일하는 걸 보면서 중국 교포나 필리핀 사람이나 캄보디아 사람이나 한국 사람 다 힘들죠. 캄보디아라고 힘들고 한국 사람은 힘 안 들고 이런 일 없잖아요. 똑같이 힘든데 이 사람들은 버틴다고요. 120만 원, 150만 원을 벌기 위해서요 근데 한국 사람은 안 해요 그 차이가 있는 거예요 그래서 이걸 어떻게 해석해야 하나, 그러면서 고민하는데 우리 상임 대표들은 간판 내리라는 거예요. 실업은 선진국도 3%대의 실업률은 있는 거니까 이제 IMF도 지났고 내리라는 거죠. 그런데 공장을 안 가면서도 대책이 없는 새로운 집단이 한국에 있는 거예요. 그래서 이 문제가 심각하다는 것을 그때 느낀 거예요.

▶ 룸펜 프롤레타리아….

양 룸펜화된 60대, 그때 1만 세대 문제를 놓고 서울 갔더니 선배 김낙중, 김윤환 교수 이런 분들이 그러더라고요. 룸펜으로 역사가 바뀐 일이 없다는 거예요. 그러니까 내가 지금 헛다리 짚고 있는 거라고 얘기를 하는 거예요. 그러니까 노동운동의 변혁, 사회 변혁에는 역시 생산 수단에 밀착되어 있는 노동자 계급만이 진보적인 사회 개혁을 할 수 있는 거죠. 룸펜이라는 집단, 그들에 의해서 역사가 진보적으로 바뀐 일이 없다는 거예요 그러면서 이제 고민이 됐죠. 그 이후로 지금까지 내가 계속 고민하는 것은 사실 1970년대, 1980년대 투쟁해서 민주노총을 만드는 데까지 같이 왔는데 그럼 민주노총은 뭐냐? 한국노총까지 한 200만, 300만 되는데 도대체 이 집단이 주는 의미는 뭐냐? 대개 민주노총이나 한국노총은 철도라든지 현대자동차라든지 기계 금속연맹이라든지 이런 쪽에서 집행부를 장악하는데 현대자동차 노조 위원장이 되려면 현대자동차 노동자들의 권익을 확실하게 보호해야만 위원장이 될 수 있고 민주노총 위원장이 되면 그런 대기업 노동자 이익을 대변하고 지켜내야 하지 않느냐는 거죠. 우리나라의 고용 노동자들이 2,700만인데 2,700만에서 공업 생산직은 400만 정도 되는데 나머지 2,300만이 거의 서비스 업종이면 이렇게 변화된 세상에서 앞으로 진보적인 운동은 어떻게 콘셉과 내용을 잡아가야만 가능할 거냐는 물음이 오는 거예요.

그래서 사회적으로 생산직이나 제대로 된 일자리에서 퇴출된 이 군락이 전체 노동자의 25%, 60대 이후인데 이 사람들이 거의 3분의 1 내지 반은 룸펜에 들어가는 군락이 새로 형성이 됐는데 이들이 하도 쪽수가 많고 이러니까 이 사람들이 지금은 수급권자 150만으로 묶이고 그다음에 새로운 노인 일자리, 이런 걸로 한 500만 명 정도가 이렇게 새로 묶인 이런 지형이 돼 있어요. 그런데 이 노인 인력의 50%가 빈곤층이에요. 노인들은 노후 대책이 돼 있지 않기 때문에 좋은 직장에 다니면서 연금이라든지 퇴직금이라든지 이런 게 넉넉해서 생계가 보장되어 있는 사람은 3분의 1도 안 되고 나머지 오십 프로는 굉장히 빈곤층이라고요. 그리고 일을 해야 해요. 60대, 70대, 80대, 그 층이 지금 500만이에요. 500만에서 거의 600만에 육박하는데 그게 30대, 40대, 50대 노동자 인구와 비슷해요. 그리고 30대는 이미 줄어들기 시작했어요. 왜냐하면 출생률이 낮으니까요. 육십 대 이후는 계속 커지고 있는 거예요. 그래서 대한민국이 지금 선진국이라는데 대기업들 노동자들은 상당히 혜택받은 계급의 노동자들이라고 연봉이 1억 원이 되고 그러면 이 사람들이 할 수 있는 게 뭐냐는 거죠. 자신의 그런 지위를 지속하도록 유지하는 게 1차 목표죠. 그런데 이쪽에 60대 이후에

이 노인들은 겨우 월 30만 원, 50만 원, 70만 원 받는 최저임금에도 못 미치는 3시간짜리 노동하는 사람이 600만이 돼 가는데 이건 계속 늘어나고 있다고요. 그런데 문제는 이 사람들은 태극기 부대로 돼 있다는 거예요. 태극기 부대에 기반을 둔 정권은 굉장히 기업 위주로 가고 이런 반 빈곤 정책을 쓰는데도 불구하고 이 사람들은 거기를 지지하는 그 지지 세력이 돼 있단 말이에요. 이게 한국 사회의 구조입니다.

▶ 자신의 기반과 의식은 반대라는 거죠?

양 이걸 어떻게 해결할 거냐? 자기의 실존을 자기가 느끼고 자기가 살 길이 뭔지를 알려주고 이 운동을 우리는 1970년대에 엄혹한 한국노총 어용노조에서 민주노조 운동을 하듯이 지금은 나는 60대 이후 노인들의 새로운 각성 운동이 필요하다고 봐요. 그리고 이 사람들이나 30대나 40대나 50대나 다 같이 한 표씩 갖고 있기 때문에 그 표에 의해서 정권이 결정되고, 60대 이후에서 결정이 된다고 봐요.

내가 미추홀구에 쭉 활동을 하는데, 송영길 시장이 미추홀구에서 시장 선거에서 유정복에 밀려서 떨어졌거든요. 그런데 박우섭은 당선이 됐어요. 그게 어떻게 된 거냐? 박우섭이는 정말 이 사람이 행정가로서 마음도 순수하고 이 사람이 노인 일자리를 전국에서 제일 많이 만들었는데 이걸 계속 관심 있게 한 거예요. 1기 구청장 때 노인복지관이나 문화센터라는 걸로 노인 일자리를 지원하고 경로당 다니면서 3년 동안 박우섭 말고 일자리를 이렇게 만들어 준 사람이 실제 없으니까요. 그러니까 여론이 쫙 박우섭으로 된 거예요. 노인의 표가 굉장히 중요한 겁니다.

노인과 일자리, 새로운 운동의 영역을 찾는다

▶ 2천 년 이후에 우리 사회에 실업자, 그중에서도 노인 부분 이것이 갖는 의미를 판단하셔서 본격적으로 자활사업들을 하시게 된 거잖아요? 양 선생도 연세가 들고 그런 측면도 있겠지만, 나이 든 분들 지원 이런 것들이 본인이 여태까지 해왔던 노동운동의 연장이라는 측면에서 찾으신 건가요?

양 노동운동이라기보다는 변혁적 진보, 사회 변혁을 꿈꾸고 노동운동에 뛰어들었는데 선진국 미국이나 일본이나 서구라파 이런 경우를 보면 거세고 힘 있던 일본의 춘투가 어떻게 되어 가는지, 미국 AFL-CIO 같은 데가 그렇게 강하게 가다가 비대해지고 상당히 부유한 계급화가 되면서 역할이 뭔지? 이런 걸 질문을 안 할 수가 없어요 그렇죠? 그래서 나는 레닌이 지적했듯이 사회 변혁이 되려면 반드시 조건이 있는데 그 조건은 세금, 예산 들어오는 게 나라가 빚을 져서 세금으로 빚을 해결할 수 없는 단계에 왔을 때 정권 유지가 어려웠을 때 주도 세력들이 들고 일어나서 그걸 뒤집는 거죠. 이것이 든든한 사회에서는 어렵다 이렇게 이미 레닌이 제국주의론에서 갈파했어요. 나는 그걸 믿어요. 그래서 지금 일본이라든지 미국이라든지 이런 데서 변혁이 가능할 수 있느냐?

▶ 미국 가서도 실제로 조직 활동, 훈련을 받으셨지요?

양 빈민촌에 들어가 있었습니다. 지금은 혁명적인 투쟁이 아니라 표에 의해서 선거를 통해서 바꾸기 때문에 의식을 제대로 차리도록 각성하는 운동을 해야 하는데 그 운동의 초점은 계속 늘어나고 있는 지금 60대입니다. 이 부분을 우리가 1970년대 노동운동하는 자세로 작업을 하지 않으면 안 됩니다. 이 사람들은 변화를 싫어해요 그리고 뭔지 모르고 정치인들은 예산 끌어다 쌈짓돈 퍼 주는 사기를 치니까 그냥 넘어가요 그런 걸 또 기득권층이 더 잘해요. 기업 이런 데 융합이 되어 돈도 막 뺏어다가 뒷돈도 나눠주니까 그 사람들을 더 좋아해요. 이 사람들이 정책적으로는 자기를 손해나게 하는데도 불구하고 이런 기득권을 가지고 기업으로부터 긁어온 돈으로 이렇게 기름칠을 하니 그쪽이 더 가깝고 그쪽을 더 잘한다고 해요. 이 사람들은 70%, 80%가 저쪽에 표를 던질 수 있는 게 현주소라고요.

▶ 그래서 노인에게 복지와 올바른 정치의식을 심어야겠다고 생각하시는 거죠. 지금 현재 양재덕 선생께서 구체적으로 남구를 중심으로 진행하고 있는 사업은 각각 어떤 영역인지 좀 설명해 주시겠습니까?

양 내가 지금 30년이 돼가면서 하는 게 실업극복운동인데, 실업을 어떻게 극복하냐고요. 이건 될 수 없는 것이고, 처음에는 이름을 잘못 붙였다고 생각했어요. 그런데 하다가 보니까 이건 이름을 잘 붙였다, 이제 이런 생각이 드는 거예요. 작년부터요. 왜냐하면 일자리는 기업이 만드는 거다. 기업에서 만들기 때문에 기업을 지원해서 인센티브를 줘서 기업이 잘 되면 고용을 창출한다는 믿음을 갖고 1년에 35조 원 일자리 예산이 매년 책정이 돼요. 노동부는 그런데 그 돈을 어떻게 쓰냐? 기업에다가 사람을 쓰면 청년이건 노인이건 쓰면 그 돈을 주는 거예요, 인센티브로. 그게 잘못됐다고 보는 거예요. 그 돈을 그렇게 줄 게 아니라 정부가 이제는 고용주 입장에서 일자리를 만들고, 직접 고용을 하라는 거죠. 아무리 기업에 돈을 줘도 돈벌이가 되지 않으면 고용을 안 합니다. 기업가들은 돈 몇 푼 받고선 거기에 퇴직금에서부터 주휴수당 계산해서 골치 아프게 그걸 늘리는 것보다 기계를 도입하는 게 더 도움이 되면 기계를 도입한다고요. 그러니까 이게 도움이 안 돼요. 그래서 직접 고용하는 고민을 해야 한다, 이게 기본 일자리라고 생각합니다. 그게 실업극복이라는 거죠. 실업극복이라는 이름을 잘못 지었다고 생각했다가 작년 초부터 이름을 기똥차게 잘 지었다, 이제야말로 이제 극복할 때가 됐다고 생각합니다.

지금 실업자가 80만 내지 100만인데 그중에서 확장실업률이라는 게 있어요 그건 뭐냐 하면 급하다가 보니까 그냥 임시로 가서 일하는 게 있어요. 그런데 이거 일 같지도 않은 걸 가지고 너 몇 푼 돈 줄 테니까 와서 좀 도와 달라고 하면 일을 해요 그때 통계청에서 조사해서 일하는 게 발각이 되면 그건 실업자가 아니에요. 근데 그 사람은 그거 며칠이면 끝나요 그건 실업자고 이런 사람이 백만이 또 있어요 그러니까 실제 실업자는 2백만이에요. 그래서 200만을 몽땅 최저임금으로 주어서 하면 65조 원이 그거예요. 35조 원에 30조 원만 더 있으면 100% 취업이 되는 거예요 왜 그걸 안 하냐고 그걸 해야지요. 그래서 이거는 내가 일자리 만드는 것도 쉽지 않으니까 일자리 공부를 하고 있어요. 연구하고 일자리는 어디에서 몇 개 더 만들 수 있다, 이걸 계속 연구하면서 정치인들을 교육을 시켜야 돼요 정부에서 이걸 법으로 만들어 고용하도록 하는 운동을 해야 해요. 그럼 극복이 됩니다. 그렇게 하는 데 아주 중요한 게 노동자들이에요 지난번 선거 때 만나보면 위기의식이 있어요. 왜냐하면 기계 자동화 시스템을 도입할 때 한 3분의 1 내지 반이 줄어드는데 이게 현실로 와 있단 말이에요.

위기의식을 다 느끼고 있어요. 근데 이런 당면한 문제의식 그리고 이미 600만이라고 하는, 1,200만 노인, 60세 이상에서 일을 안 하면 먹고 살 수가 없는 600만, 이들은 한 달에 50만 원 안팎으로 줘봐야 이게 용돈 정도 주는 건데. 이들의 문제를 각성시키면서 조직화가 돼야만 이런 요구를 관철할 수 있다고 생각하고 지금 하고 있는 게 몇 가지가 있는데요 다 얘기할 수는 없고 하나만 하면 이런 게 있어요 노인들은 우선 장점이 뭐냐 하면 시간이 많아요. 그리고 여행하는 걸 그렇게 좋아해요. 왜냐하면 대개 집에 갇혀 있거나 30만 원짜리 일을 하면 일주일에 한 몇 번 왔다 갔다 하고 하루에 3시간씩 이렇게 하고, 일 같지도 않은 걸 이제 일이라고 하면서 한 달에 한 30~40만 원 이렇게 받는데 나머지 시간이 많은 거예요. 시간이 많고 돈도 별로 없으니까 경로당 아니면 공원, 놀이터, 친구 집 아니면 이제 집에 틀어박히거나 대개 이 수준이에요.

그런데 이런 분들을 경주에 한번 데리고 간다, 부여를 데리고 간다면 신나는 거예요. 바람 쐬러 가는 것도 신나고, 가서 좋은 경치 보면 신나고, 그냥 가면서 신나는 음악 들으니까 기분 좋고, 올라오면서 술 한 잔씩 먹으면 또 그냥 좋아요. 세 시간, 네 시간을 70대, 80대 노인이 일어나서 춤을 춘다고요. 가면서 역사 얘기를 해요. 경주, 부여, 강화도 몇 번씩 다 갔지만 처음 듣는 얘기거든요. 강화도에 이런 역사가 있다, 이런 얘기 쭉 해주면 강화도가 다시 보이는 거예요. 그러면서 이제 5.18 같은 때는 광주를 데리고 가요. 광주를 데리고 가면서 이제 5.18이 어떻게 해서 만들어졌는가를 2시간쯤 가면서 얘기를 해주면 생각이 바뀌어요. 나는 지금 이미 일을 하는 이런 분들이 인천만 해도 6만 명 이상 노인들이 일하고 있고, 구마다 뭐 8천~9천 명이 일을 하고 있는데 이것을 깊이 통찰하고 준비하지 않으면 전망이 없다고 봐요.

▶ 결국 양 선생이 2000년대 이후 노인 문제 그리고 그들의 정치의식들을 제고하여 올바른 표를 행사할 수 있도록 만드는 이런 일들이 중요하다고 생각하셨고 이들과 함께하는 지원 사업을 지금까지 하고 계시지 않습니까? 참 오랜 시간 50여 년을, 1980년대까지는 변혁운동 그리고 이후에 사회운동 이렇게 해오셨습니다. 양 의장님께서 만약에 새롭게 태어나신다면 노동운동을 또 해보고 싶으신가요?

양 그거밖에 할 게 없을 것 같아요. 이제 노동문제가 4차 산업혁명 시대에 노동의 개념이 일 안 하고 이상한 형태로 전개되는데 심각하게 노동이 무엇인가에 대하여 천착해야 할 때가 된 거죠. 인간이 편한 것만을 추구하고, 이익만을 추구하다 보니까, 생산성만 생각하다 보니까 결국은 인간이 인간을 배제하는 이런 결과로 가고 있는데 나는 근본적인 것에서부터 다시 물음을 던지고 잡아가지 않으면 인간은 진짜 타락할 수밖에 없다고 생각합니다.

▶ 선생, 앞으로도 계속 노동자의 문제 그리고 사람의 문제, 노동과 관련된 이런 부분들을 하실 거라고 생각이 드는데요. 그간의 과정들을 한마디로 줄이기는 어렵겠지만 좀 요약해 주시고 마무리를 할까 합니다. 어떻습니까?

양 그러니까 인간은 추상적인 용어로 표현하면 자기가 주인이 되어 가는 그게 민주화 아니에요? 민주, 주인이 되어 가는 긴 역사의 과정이라고 봐요. 미국이 민주주의인지 뭔지 하는 짓거리를 보면 아직도 멀었고 한국도 마찬가지고요 이런 것이 개인이 정말 제도적으로 주인이 되어가는 끝없는 노력과 투쟁, 이것이 난 인간의 역사라고 보고, 그렇기 때문에 쉽게 해결이 안 되고 끝없이 문제가 제기되고 문제는 끝없이 또 해결해야 하는 과정이라고 보고 있어요.

▶ 오늘은 노동운동을 통해서 한국 사회의 민주화, 민주주의를 위한 투쟁에 전념해 오신 양재덕 선생과 함께 얘기를 나눴습니다. 많이 부족한데 이후에 더 구체적으로 2천년대 이후의 활동을 한 번 더 정리할 수 있는 시간을 만들 수 있었으면 좋겠습니다. 오늘 인터뷰는 이 정도로 정리하겠습니다.

조직운동가로서
노동-문화를 생각하다
이남희

대담 이형진이 묻고
이남희가 답하다

주요 약력

1957년   경기도 파주 출생
1977년   건국대학교 토목학과 입학
1983년   서울 민통련(민주통일민중운동연합) 조직부장 활동
1992년   인천노동운동단체협 사무국장
1995년   인천노동교육연구소 실장
2013년   서구민중의집 초대 대표
2018년   (사)인천교육연구소 이사장
2004~2023   인천노동문화제 대표, 현) 인천 민예총 감사

이남희 선생은 70년대 말 학생운동으로 반독재 민주화운동을 시작하였고, 이후 인천 지역에서 사회운동과 노동운동을 시작하여 지금까지 지속적으로 시민사회운동을 통하여 인천 지역 시민사회의 발전을 위해 노력하고 있습니다.

이남희 선생의 인터뷰는 2023. 10. 19. 주안미디어센터에서 진행되었으며, 80년대 초반 재야운동과 노동운동의 발전, 5.3인천민주항쟁, 87년 투쟁과 노동운동권의 대응 등에 초점을 맞추어 증언을 확인하였습니다. 이남희 선생의 구술을 통하여 70년대 학생운동과 조직 활동 양상, 80년대 초반 민통련 등 재야운동, 인민노련의 결성 과정, 87년 이후 노동운동권의 진로 모색 등에 대하여 이해할 수 있습니다. 또한 문화운동과 시민사회운동, 마을운동으로 사회운동의 영역이 확장되는 것을 살펴보는 것도 의미가 있습니다.

▶ 2023년 10월 19일입니다. 오늘은 1970년대 1980년대 학생운동, 인천에서의 노동 및 사회운동을 지속적으로 해오시는 이남희 선생을 모셨습니다. 이남희 선생은 서울 출신인데요, 서울에서 학업을 마치고, 뜻한 바 있어서 민주화운동을 시작하셨고 인천에서 정착하면서 지금까지 1980년대 민주화운동과 사회운동 그리고 지금은 문화운동을 지속적으로 하고 계십니다. 이남희 선생 반갑습니다.

이남희 네, 반갑습니다.

▶ 요새 건강은 괜찮으신가요? (네)
선생은 서울에서 쭉 나서서 자라셨잖아요. 어디서 출생하셨는지? 그리고 1957 년생으로 알고 있는데요. 초중고 시절 회상을 해주시겠습니까?

이 초중고 시절은 뭐 그냥 순박한 청년 그 정도, 태어난 거는 파주예요. 그때 엄마, 아버지가 거기 계셔서⋯. 그리고 서울에서 계속 어려서부터 자랐으니까 서울 사람이에요. 그리고 중고등학교는 미아리, 세계에서 제일 학생 수가 많았던 숭인초등학교, 옛날에 1만 명이 넘었으니까요.

▶ 한 학년에 2천 명씩인가요?

이 반이 18반이요. 이렇게까지 있었고, 한 반이 100명이 넘어서 107번 108번, 막 이렇게 그 학교가 이후에 3개로 나눠지기도 하고 중학교는 이제 그 당시에는 뭐 추첨이고 그랬으니까 미아리 고개, 산꼭대기에 있는 고명중학교 그리고 고등학교는 건너편 쪽 그러니까 고대 뒷산 쪽에 있는 용문고등학교 들어가서, 건국대로 들어갔죠. 건대를 들어갔는데 사실은 우리 때는 대개 가정들이 편치 않고 경제적으로 어렵고 하니까 돈을 벌 수 있는 이과, 이과 중에 뭐 토목, 건축 뭐 이런 데는 들어가서 돈 많이 번다고 그래서 그냥 들어간 거고요.

▶ 건국대학교 토목학과였나요?

이 네, 토목과 학번은 77학번이죠. 1년 재수를 해서 77학번이고 1학년 들어가자마자 이제 대학에 들어가면 취미로 놀든 아니면 관심 있는 분야에 대해서 함께하는 동아리 활동들을 하니까, 나도 하고 싶어서 쭉 찾아보다가 사실은 이름이 좋아서 대나무 죽자, 죽순회예요 죽순회가 우리가 서로 얘기할 때는 맨날 죽이나 쑨다고 말도 참 많았었는데. 죽순회에는 제가 9기로 들어가서 의미가 있었던 동아리였었는데 9기면 10년도 안 됐던 거잖아요? 그런데 효자도라는 충청도 효령군인가 거기 원산도 앞에 조그마한 섬이 효자도라는데 6학년 학생을 매년 우리가 수학여행을 시켰어요, 돈을 벌어서.

▶ 서클에서요?

봉사활동으로 사회를 익히다

이 죽순회라는 서클에서요. 그런데 그걸 어떻게 벌었냐면 북한산에 가서 겨울에 커피 팔고 그때는 산에 가서 커피 끓여서 추운데 얼마씩 받고 팔았어요 산 중턱에서 그렇게 해서, 아니면 조금씩 알바를 해서 그래서 돈을 모아서 연초 3월 그러니까 봄에 효자도 아이들을 초청해서 보통 한 30명, 40명 정도 됐어요 경비나 이런 건 우리가 돈을 모아서 서울 견학한다, 근데 서울을 이렇게 와보고 그런 것도 사실은 굉장히 어렵고 했으니까 어찌 보면 그냥 순수한 봉사 서클같이 이렇게 했는데 활동을 진짜 재미있게 많이 했어요. 그리고 농활은 그전에 동아리들이 농활 활동은 어디든 다 다녔으니까. 그래서 농활로 치면 저는 하여튼 20번도 더 간 것 같은데.

▶ 아니 학교생활 안 하시고 농촌으로만 다녔습니까?

이 아, 그게 사실은 이남희의 특성 아닌가 싶어요. 제가 쭉 살면서 보니까 어디를 가든 누구를 만나든 만나면 그냥 봉사 한번 하고 오고 이런 식이 아니라, 어딜 가면 꼭 거기에 있는 사람하고 알고, 알려면 얘기를 들어야 하니까 얘기도 듣고 그러면서 친하게 지내고 그들을 이해하고 그럴 수 있으니까, 그게 사실 어찌 보면 버릇처럼 항상 그렇게 사람들을 대해 왔어요. 그래서 지나고 보니까 나는 조직가구나. 이렇게 스스로 얘기를 하고 그래요. 그래서 농활 갔을 때도 거기 권덕리라는 여주하고 원주 사이에 거기 갔을 때 고등학교 3학년 친구가 있었는데 그 집에서 밥도 해주고, 동네 가구 수가 많지 않은 동네였었는데 거기에 이병학이라는 친구가 있었는데 같이 얘기도 많이 하고 친해지고 또 이렇게 얘기하다 보니까 그 친구가 공부를 하고 싶고, 그런데 이게 좀 쉽지 않고 그때가 고등학교 2학년 때였구나. 그다음 고등학교 3학년 때 서울에 우리 집으로 데리고 와서 우리 집에서 공부해라. 공부해서 대학 가라. 대학 가고 싶다니까 대학을 무조건 가라. 그 친구는 되게 열심히 하려 하고, 그리고 열심히 하더라고요. 그래서 공부를 하고 싶다는데 그럼 할 수 있게 해줘야지. 그래서 데리고 와서 우리 집에서 기거하면서 나중에 어디야 서울시립대인가? 거기 나와서 서울시에 들어가서 퇴직하고 이때까지, 지금도 봐요.

▶ 대학을 보냈네요.

이 그렇지. 뭐 도와준 거죠. 지금도 이제 일 년에 한두 번은 일산 쪽에 사는데, 전화해서 막걸리 한잔 먹고 얘기도 하고요.

▶ 하긴 나이 차이가 별로 안 났겠네요.

이 그렇죠. 서너 살 정도. 실제 그랬으니까 두 살 차이였을까?

▶ 이남희 선생? 혹시 가족 관계가 형제는 어떻게 되나요?

이 3남 1녀. 열 살 위에 형이 있고 한 살 위에 누나, 두 살 아래 남동생이
   있습니다.

▶ 그런데 집에다가 또 낯선 애를 하나 데리고 왔으면 약간 사건이었을 텐데,
   문제는 없었습니까?

이 뭐 좋아하지 않았겠죠 근데 얘기를 하니까 이해하고 긴 기간은 아니었고,
   와서 학원 다니고 그랬어요.

▶ 죽순회라는 서클 말씀인데요. 당시에는 공개적인 서클이었겠죠, 그리고 농촌
   봉사활동이나 이런 것들을 주로 했던 것 같은데, 그 과정에서 농활도 많이
   가셨다고 했잖아요? 농촌 가서 접촉하고 하면서 문제의식 같은 게 싹 텄던
   건가요?

이 당연히 그랬죠. 사실은 농촌 현실이라는 게 가서 보면 이게 뭐 땅이
   있으면 먹고살면 되는 거고, 그렇게만 생각하면 별문제가 있어 보이지는
   않는데 실제는 집안마다 당시에는 아이들도 많았어요 아이들이 학교도
   가야지, 또 자기가 공부하고 싶으면 공부도 해야 하고, 아니면 자기가
   하고 싶은 뭐가 있으면 돈이 들어가는 등 경제적인 어려움들이 있는데요
   그런 어려움들에 대해서 구조적으로 나라에서 체계적으로 도와주거나
   그런 게 있는 것도 아닌 거고요. 자기가 어떻게든 벌어서 뭘 해야
   하고 하니까 사람들이 그때 당시에도 이미 하여튼 도회지로, 서울로

가야 한다는 거죠.

▶ 분위기가 그랬죠.

이 이런 상황이 이미 그때도 일어나는 그런 상황이어서 결국 농촌이 피폐해질 수밖에 없는 거고 이런 고민이 좀 있었고 이런 부분들, 그럼 어떻게 바꿔낼 수 있는가? 이런 고민 정도는 하면서 사람 관계를 더 중요시했기 때문에, 그렇게 해서 사람들을 챙겼고요. 효자도 거기 가서도 내 또래들이 또 있더라고요. 나중에 5.3 때였는데, 5.3 때문에 실제로 몇 달 좀 피해 다니고 이랬을 때 거기 갔어요. 공식적인 수배도 아니었는데 하여튼 집에 형사들이 찾아오고 그래서 거기 가서 또래들하고 이야기도 하고, 한 일주일 있었나? 그러고 다시 돌아온 적도 있었어요. 하여튼 어디 가서 사람을 만나면 그냥 잃지 않고 서로 좋은 관계로 이어지려고 그런 게 하여튼 일상 중 하나였던 것 같아요.

▶ 건국대학교도 당시에 데모를 했나요?

이 안 하지 않았는데 그게 일상적으로 있지는 않았고, 당시에는 다들 아시겠지만, 학교에 가면 뭐 뜰이나 이런 넓은 데가 많은데 거기 가면 학생들이 앉아 있기도 하고 대충 반은 경찰, 반은 학생 이런 식이었으니까. 그래서 주동 한 번 뜨면 그냥 우르르, 이렇게 다 잡아가고 뭐 그런 시기였고, 학내에서 제가 있을 때는 시위를 하거나 이런 적은 그렇게 많지는 않았었고요.

▶ 건국대학교 내 학생운동 관련 세력들과 같이 교류하거나 그런 건 없었나요?

이 일부 후배들이 나중에 알고 만나기도 하고 그런 적은 있고, 따로 예를 들어서 요즘 민동, 민주 동아리라고 이렇게 하는데 그런 쪽에는 참여하지 않고, 저는 그때부터도 그런 생각을 이미 좀 갖고 있었던 것 같아요 그러니까 아까 그 얘기 잠깐 했었는데 학교에서 학생운동이 어떻게 이루어지고 그 이후 그 과정들이 어떻게 형성이 되는가 이런 것을 보면 그게 아주 바람직하고 발전적이고 이 사회를 변화시키는 데 크게 도움이 됐었는가 하는 이런 의구심도 많이 들었어요. 사실 그 때문에 군대 제대하고 나서 학교 복학해서도 당시에 시위를 하거나 이런 부분들이 필요해서 같이해야겠다는 생각을 하면서도 군이 학교 안에서 그렇게 한다는 게 무슨 의미가 있지? 이런 생각도 좀 들었고 그 정도였어요. 학교에서 선후배 관계로 만나서 그 이후에 사회활동에서도 이어지고 그러지 않았었거든요. 일부러 피했었고, 정리해서 말하면 당시에 노동자 아니면 농민 그리고 사회에서 어렵게 사는 분들 이런 분과 함께하면서 그들하고 같이 살 수 있는 그런 사회가 되었으면 좋겠다. 이쁘게 얘기하면 이런 거고, 조금 진하게 얘기하면 이 세상 뒤집어엎고 혁명해야겠다. 저는 20살 먹어서 딱 그거 한마디 생각하고 그냥 그렇게 쭉 살아왔습니다.

▶ 특별히 그럴 계기가 학생운동 과정도 학교에서 선후배를 만나서 의식화 작업이나 이런 것들을 좀 겪지 않습니까? 그런데 그런 점에서 이남희 선생은 그러면.
이 예, 좀 달라요.

▶ 공부를 하는 계기나 이런 것도 딱히 없었던 건가요?
이 그러니까 저는 정서적으로 먼저 알게 되고, 사실은 고등학교 때까지 아까도 얘기했지만 저는 그냥 착한 학생이었어요. 제 주변에 고등학교 동창들 지금도 가끔 한 번 이렇게 만나기도 하는데 걔네도 다 그래요. 한 놈은 공군사관학교 들어가서 별 두 개 하고서 제대한 친구 파일럿이었는데 이 친구도 그렇고, 사업한다고 하는 친구도 그렇고 하여튼 네다섯 명이 그렇게 친하게 지낸 친구가 있는데 한 친구는 학생회장인가 그걸 하던 김준숙이라는 친구가 있었는데 덩치는 나보다 배는 큰 놈인데 갑자기 병을 앓아서 인천에 묻혀 있어요. 다 착한 친구들이에요. 그러니까 만나서 한다는 게 꼴랑 탁구 치러 가는 거죠. 당구도 아니고, 어디 당구장을 가냐고 하여튼 그런 순박한 청년으로 그렇게 살다가, 그러니까 토목공학과로 들어갔죠.

▶ 그러면 1978, 1979년경, 유신 치하에 바깥의 상황은 활발해지고 그런 상황에서 좀 거리를 두면서 관망하는 수준이었다는 건가요?

이 대학 들어가서 사실은 일찍 누구를 만났어요. 제가 얘기를 하다 보니까 사회 문제에 대한 인식과 이걸 어떻게 해야 하는가? 난 답답한 정도만 갖고 있었던 거고 사실은 군사정권이고 그런 것, 그냥 아는 정도뿐 안 되는데 공부도 하고 이러면서 이제 좀 재정리가 된 거였고, 그런 부분들이 오히려 저는 보고 듣고 얘기하고 현실에서 봐왔던 부분들하고 딱 매칭이 되니까 그냥 뭐 더 말할 나위 없이 딱 정리가 됐던 것 같아요. 그리고 나서는 뭐 현실이 실제 그렇다는 게 눈에 보이는 거고 역사는 역사대로 그대로 딱 나와 있는 거고, 그러니까 다른 생각은 없었고 그래서 중간에 학교도 사실은 그만두려고 그랬었는데 집에서 반대해서 그냥 졸업은 한 거고요.

▶ 그럼 1980년에 졸업을 하는 건가요?

이 그렇죠. 1981년인가 2년인가? 아니 군대 갔다 왔으니까 1983년, 1982년 인가?

▶ 군대를 1970년대 말에 가셨습니까?

이 그렇죠. 그때는 2년 6개월 이렇게 했으니까. 1979년도 갔어요. 1979년도에 갔으니까 1982년에 나왔네요.

▶ 그러면 군대 생활할 때 10.26사태나 5.17광주사건들이 있었던 거죠? 군대에서

그걸 보던 느낌은 좀 어땠습니까? 군대는 어디 계셨어요?

이 저기 보통 15사단이라는데, 중부 전선이라고요. 대성산이라 그러면
다 알죠 대성산의 포병이었어요 제가 전공이 토목이어서. 그때 탈영하
려고 그랬어요. 그냥 뛰쳐나오려고 그랬어요. 이거 뭐 도대체가. 이미
그 전에 학교에서 군대 가기 전에 아는 선배를 만나고 얘기하고 공부도
하고 뭐 이러는 과정에서, 군대를 갈 거냐? 당시 누구나 그런 결정을
해야 했어요. 남자가 군대 갈 거냐, 아니면 데모하고 빵을 갈 거냐?
근데 우리 조직에서는 소모적으로 하는 것은 바람직하지 않은 것 같다,
사실 팽팽했어요 팽팽했는데 워낙 노동자들이 많은 조직이어서, 더군
다나 오히려 얘기가 좀 쉽게 풀리고 그러니까 자기 전공이 있고 자기
전문 분야가 있으면 그걸 살려서 언제라도 쓸 수 있게 하는 게 맞는
거고, 그러니까 또 이과고 토목과고 하니까 그거는 살리는 게 좋겠다,
그러면 어떻게 하죠? 졸업해야지요 졸업하는 건 뭐 군대 가라는 얘기죠

본격적인 학생운동

▶ 이남희 선생 지금 조직이라고 말씀하셨는데, 그러니까 죽순회가 아닌 다른 운동 조직과 연계됐다는 거죠. 그렇죠. 그게 2학년 정도 때였습니까?

이 2학년 중간 정도였던 것 같아요. 누가 소개를 해줘서요.

▶ 그 모임, 그러니까 서클이라고 하죠. 그러니까 언더 서클인 거죠. 그런데 거기는 노동자들 그리고 학생들 이렇게 같이 모여 있는 그룹이었던 것 같습니다. 규모를 혹시 얘기하실 수 있을까요?

이 그 당시까지를 대충 보면 우리가 사실은 조직에 대해서는 드러나면 안 되니까, 드러나면 다 날아가는 거니까 그래서 그런 부분들을 아주 많이 조심했어요. 아주 많이 조심한다는 것 자체는 이게 돌이켜보면 활동에 제약, 이런 게 있어서 사실은 되게 어려운 건데 그렇지 않으면 그냥 뭐 다 날아가니까 굉장히 조심했고요. 대충 구로, 안양, 화양리, 성수, 인천 이렇게 활동하고 있다는 정도만 알았지, 누가 몇 명 있고 이 정도는 나중에 좀 알게 됐는데 한 200명 정도였어요. 전체 인원이 최고로 많았을 때 2백 명 정도였어요. 나중에 5.3 때문에도 많이 날아가고 그러기도 했는데 어쨌든 그 정도 규모였어요. 근데 그런 규모 자체가 별로 의미가 없는 게, 어떤 활동을 하거나 이럴 때도 같이 만나서 뭘 하거나 그런 적이 없으니까요. 우리는 실제 그게 확인이 되는 거는 유인물이라도, 당시에는 만나서 가리방을 긁든지 아니면 기계 돌리는 걸로 긁든지 이런 식으로 해서 만들어서 배포하고 그랬으니까요. 나중에 얘기 좀 듣고 그래서 알았던 거죠, 뭐.

▶ 일단 조직적인 방침과 본인의 생각, 이런 것들이 맞아 들어가서 군대부터 제대로 하자고 생각을 해서 1979년에 입대를 하고 군대 생활을 마치셨습니다.

그전에 야학을 해보신 경험은 없나요?

이 학교 다닐 때, 홍제동 아니 신촌 넘어가는데 아현동 쪽인가 거기에
작은 교회가 하나 있었어요. 이름은 생각이 안 나는데 거기에서 이제
구로나 이쪽에서 다니던 학생들, 노동자들 하고. 말하자면 당시에는
야학이 노동 야학이냐 아니면 검정고시 공부 가르치는 야학이었는데
노동 야학을 거기서 조금 해보고 같이 얘기도 하고 뭐 하여튼 그렇게
지내면서 사실은 굉장히 한편으로 답답하기도 하고요. 결국은 당시에
사회라는 게 우리가 마음대로 할 수 없고 뭐든지 제약이 따르고 사람
만나는 것조차도 직접 만나기 어려우니까, 어느 한 장소에 전화번호부
몇 쪽, 거기 어디서 만나기로 약속해서 다방 아니면 공원 어디, 이런
식으로 사람을 만나거나 그러니까 이게 활동을 하는 건지? 우리가
지금 뭘 하는 건지? 뭐 그러다가 어떤 급한 사안이 있으면 유인물
만들기 위해 기계로 돌려서 그 뭐죠? 전동기기가 아니라 (손으로 하는
거) 이거 커요. 이만한 건데 청계천 가서 "파주가 제 고향인데 거기
목사로, 지금 개척 목사로 하려고 그런다"고 말하고 이 기계가 필요하다
며 샀어요. 저는 아무 문제가 있는 사람이 아니니까, 다 써 주고 집에
가져가 집에서 유인물 만들어서 뿌리고. 안양으로 갔던 게 우리가
안양하고 다른 지역은 넘겨주고 그런 식으로요. 그러니까 사실 그
정도 활동 말고는 밖으로 나타나는 활동은 하지 못했고. 단위마다
자기 조직, 노동자 조직을 확산하고, 자체 내에서 이러저러한 문제들이
조금씩 있었어요. 공장에 다니는 친구 중에 공장에서 문제가 있고
어떤 친구는 농장에서 일을 하고 있었는데 그 친구는 나중에 결국
죽었는데 너무 힘들게 일하다가 말하자면 분신자살한 거죠.

▶ 1970년대 말 이었어요?

이 아니요, 1984년인가 1985년 정도 됐던 것 같아요.

▶ 조직에 관련됐던 분이었던 거죠. 다시 조금 돌아가겠습니다. 군대 생활하실 때 탈영할까 생각까지 하셨다면서요?

이 어떻게든 나가야 한다는 생각이 들어서, 근데 그러면 탈영 말고는 없는데 꼴랑 생각해 낸 게 당시에 북한에서 밤에 넘어오고 뭐 이런 것들이 많다는 거였어요. 그래서 야간 사격을 해요. 사격 훈련이 자주 있었는데 나는 총을 잘 쏴서 거기서 1등을 해서 일주일 휴가를 나갔어요. 나가서 이제 얘기 듣고 그게 팔십 몇 년인가? 1981년 정도 되겠군요. 그래서 일주일 나와서 얘기 듣고 상황을 알았는데 이제 그러면서 개인적으로는 더 폭발이 되는 거죠. 군대 다시 들어가야 돼? 말아야 돼? 이렇게요. 광주 사태, 항쟁이 이미 터지고 정리는 된 상황이니까 그때 휴가 나와서 술 진짜 되게 많이 먹고 하여튼 뭐 그랬어요. 그래서 결국은 다시 군대 들어갔고요.

▶ 제대하고 다시 복학해서 졸업까지는 일단 마무리하신 거죠?

이 그렇죠. 그거는 방침으로 정리가 된 거고, 그래서 이제 공부도 좀 했지요. 기사 자격증 따려고요. 자격증은 있어야 된다고, 자기가 어디 전문 뭐가 있으면 자격증은 무조건 따야 한다고, 이게 원칙 중 하나였어요. 토목기사 1급 자격증을 꽤 공부해서 따고, 이제 졸업하고요.

▶ 졸업은 그럼 1982년인가요?

이 1983년인 것 같은데? 제가 들어갈 때 6개월을 쉬었어요. 일부러 그랬고요.

▶ 그때 다시 복학을 안 하려고 그랬던 건가요?

이 사실은 학비도 당시에는 그렇게 막 뛰어다니고 이러니까 무슨 알바를 해서 돈을 벌어서 하는 것도 쉽지 않고 그래서 그만 다니자, 학교 다니는 게 무슨 의미가 있냐? 그랬어요. 진짜 그러다가 집에서 형하고 아버지가 반대해서, 사실은 집안이 그렇게 경제적으로 편치 않아서 누나는 대학을 못 갔고 제가 이제 대학을 간 거예요. 그나마 토목과라고 가니까 나중에 돈 잘 번다는데 그래서 기사 자격증도 따고, 뭐 하여튼 그렇게 졸업을 했죠.

▶ 그때가 1983년경이었습니다. 그러면 조직과 논의를 하셨을 것 같거든요. 그래서 이제 이후에 진로나 현장으로 들어가는 문제에 대해서 같이 의논하셨을 거 아닙니까, 그리고 내부적으로 결론은 어떻게 됐나요?

이 졸업하고 나서는 전공 토목 쪽 일을 일단 한번 찾아보기로 했어요. 찾아서 좀 그쪽도 일단 좀 해보자. 뭐 이런 생각만이었죠. 사실은 집에서도 명분도 좀 있어야 하고 그래서 그랬던 거고, 생각은 전혀 없었던 거고 토목기사로 일을 해본 적은 한 번도 없어요. 자격증을 빌려준 거는 있었죠. 일단 현장을 바로 갈 수 있는 조건들은 안 되고 일단 경험을 하고 그래야 하니까, 그래서 그때 뭐 성산동인가 그쪽에 골판지 만드는 데 공장 거기에 한 5, 6개월 다녔나? 일을 했었고요. 그러고 있다가 서로 얘기 중에 제안을 받았던 게, 우리는 되게 현장을 중시하는 조직이어서 재야운동이나 이런 부분에 대한 생각은 거의 하지 않았는데 그쪽에 들어가서 일하는 것도 필요하다는 이야기들이 모아져서, 말하자면 뭐 옛날 개념으로 보면 프락션 이런 거죠. 그래서 일단 가겠다고 했어요. 거기가 민통련이었던 거예요.

재야운동조직, 민통련 서울지부 활동으로 사회운동에 투신

▶ 당시에, 민주화운동 그러니까 민통련, 민주통일협의회죠.

이 민주통일. 정확한 명칭이 뭐였죠?

▶ 보통 민통련이라고 얘기하는데 1980년대 초반에 공개적인 재야 조직이었지 않습니까? 문익환 목사님 그리고 백기완, 계훈제 선생 이렇게 공동대표였을 거고요. 거기서 직책을 맡고 공식 활동을 시작하신 건가요?

이 서울 민통련 만들 때부터 같이 만들었죠. 그리고 조직부장을 주로 했었죠.

▶ 서울 민통련의 조직부장.

이 서울 민통련 의장은 처음에는 백기완 선생이었어요.

▶ 나중에 서울 민통련 대표가 이재호 선배죠?

이 네, 나중에 이재호가 됐죠. 그래서 거기서 활동했는데 이건 뭐 전국을 다니면서 하여튼 뭐 싸움이죠. 택시 노동자 박종만 열사 그분이 분신 투쟁하고 거기에 부인이 있어요. 거기 이름이 생각이 안 나네요. 서울 민통련에서 같이 활동했고 그런 활동들, 그야말로 우리가 학생 투쟁이든지 노동자 투쟁이든지 지원하고 같이 나와서 도와주고 같이 싸워주고 하는 뭐 그런 거 했죠. 전국적으로 돌아다니면서 했어요. 진짜 밤샐 틈 없이 돌아다니면서 싸웠어요.

▶ 서울 민통련 사무실은 종로 5가였습니까?

이 아니요, 지금 세종문화회관 뒤 예전에 거기 논장서적 앞 건물, 거기 2층에 처음에 거기 있다가 나중에 독립문에서 홍제동 넘어가는데 우측

4층인가 그리로 옮겼죠.

▶ 민통련 활동은 본인의 의지와 조금 무관했지만, 재미있었습니까?

이 사람들, 성원들끼리는 좀 재밌게 지내고 다들 학생운동 출신들이니까.
1970년대 후반 학번들요. 그런 친구들이어서 비슷한 나이 또래들이고
그래서 그런 지점들은 재미있고 또 너무 당연하게 싸우고 함께 연대해야
하는 거니까 그렇긴 하는데, 항상 느껴지는 게 현장으로부터 동떨어져
있다는 이런 생각이 끊임없이 드는 것이죠. 현장 중심이 아닌데 이게
어떤 의미지, 사실 그거 하면서는 제일 고민이 많이 됐던 건 그런
거예요. 하여튼 현장 이전 고민을 당연히 해야 할 것 같고 어떻게
하는 게 좋을지 얘기 쭉 하다가 이제 인천으로 방점이 찍혀진 거고,
그래서 인천에 가면 인천 지역에서 살면서 운동하겠다, 이런 마음을
먹고, 인천 온 거예요.

▶ 이남희 선생, 민통련 활동 과정 그리고 서울 생활하면서 만화방 같은 것도
하셨다고 들은 것 같은데요. 언제 시점에 또 어떤 계기로 하시게 된 건가요?

이 그게 연도가 1984년이었던 것 같아요. 한 1년 좀 넘게 했던 것 같은데
만화방을 차린 거는 어쨌든 거기서 최소한의 수입이 나오기도 하니까요.
아이가 아장아장 걸어 다니고 그랬을 때니까요.

▶ 결혼하신 거죠?

이 애가 아장아장 걸어 다니고, 아이를 동네에서 몇 번 잃어버리기도
했었는데. 하여튼 그럴 때여서 누구나 들어왔다 나왔다 할 수 있는
데잖아요. 만화 가게라는 게 그래서 조직 활동에 말하자면 뭐 연락소,
우리가 보통 포스트 뭐 이렇게 얘기하잖아요. 그런 거점의 하나로
운영을 했었고 그래서 누구나 왔다 갔다 하는 그런 곳으로요.

누가 달라붙어서 쫓아오는 거 아니면 그렇게 와도 상관이 없으니까 오든 말든 뭐 그래서 이제 그걸 1년 조금 더 했던 것 같은데. 그 옆집하고 도 미싱인가 그 얘기를 하면서 친해지기도 하고 그랬었는데 그 정도 했을 거예요.

▶ 만화방은 어디였습니까? 위치가.

이 명지대 가는 길 2차선 길 가다가 우측 정도였는데 지금은 그 길이 있는지 모르겠어요. 거기 명지대 가는 버스가 그때 7번인가 뭐 하나뿐이 없었어요. 그리로 쭉 가다가 오른쪽이었어요.

▶ 만화방에서 성원들이 모여서 이렇게 회의 같은 것도 했나요?

이 그런 건 아니고 연락을 위해서 사용하던 공간이었어요. 그건 큰일 나지. 그렇게 운영하면 거기를 날리겠다는 거지요. 그건 아니고, 그러니 까 거기서 뭐 연락 주고받고 하는 정도, 그렇지 않으면 그거 운영 안 돼요. 우리는 애초부터 그렇게 활동을 했기 때문에요.

▶ 사실은 그때 전화 빼고는 연락 수단이 마땅치 않을 때였지 않습니까? 그래서 불가피하게 그런 공간, 포스트를 만들었던 건가요?

이 다 지난 얘기니까, 홍대 정문으로 들어가면 언덕 살짝 올라가서 우측에 전달 박스가 있어요. 전화박스. 전화번호부 399쪽 우측 상단, 그거 보고 이제 어디서 보자는구나, 그러니까 한 번 만나고 뭐 보는 게 이게 무슨? 아휴 한두 번 생각해야 되는 게 아니고요. 이게 뭔 짓 하는 건가 싶어서 더 빨리 현장에라도 들어가서 활동을 해야겠다, 이런 생각이 좀 더 들었던 것 같아요.

▶ 본인 스스로는 민통련 활동을 1년 정도 하신 것 같은데요.

이 2년 정도 더 돼요.

▶ 한 2~3년 정도 하셨습니까? 그러면 민통련 활동에 대해서는 어떻게 평가하시나
요? 당시 민통련 상황이나 이런 부분에 대해서요.

이 그러니까 지금 바라보는 것과 당시하고 좀 다른데 그렇게 얘기하는
게 좀 맞을 것 같아요. 지금 지나서 옛날 평가하면 당시에는 그게
어떤 역할인가 이게 정리가 안 되니까요 그 당시에는 재야 활동이라고
하지만 진짜 열심히 이 사회를 변혁시키기 위한 활동이라고 보여지는
그런 적지 않은 역할을 나는 했다고 봐요.

　중요한 거는 그 사람들이 이후에 어떤 역할을 하느냐 이 문제인
거고 그건 이따가 잠깐 얘기하기로 하고요. 당시에는 진짜 치열하게
아직 눈에도 지금 다 선한데, 민통련 본부하고 우리는 서울지부니까
같이 활동하다시피 하는데 그래 봐야 두세 명 정도 그리고 다 자기
일이 있고, 사목 수녀, 예전에 해직 교사, 해직 언론인, 김종철 선배,
뭐야 국회의원도 하던 그 누구죠? 하여튼 그런 쪽 동아투위, 조선투위
선배들, 우리 5~6년 선배들인데 그 사람들이 다 같이 만든 거라서요.
그러니까 나름 어떤 이슈에 대한 대응, 이런 부분들은 나름대로 잘해서
그런 싸움이 진짜 많았어요. 그리고 그런 싸움들이 지역마다 나오면
그 지역에 사람들이 없어서 그냥 무조건 막 연락이 오는 거예요. 그럼
어떻게 해요? 가야지요. 그래서 전국적으로 막 돌아다니는 거죠. 그래서
하여튼 뭐 그렇게 전국을 여기저기 왔다 갔다 하면서 같이 대응해
주고 또 그러면 유인물, 소책자도 만들고, 또 몇 장짜리로 이렇게
민주통일민중운동연합 회보를 만들어요. 그거 만드는데 그 서점, 출판
사 사장하면 다 아는데요.

▶ 그 출판사, 네 갑자기 이름이 생각 안 나네요. 유명한 분이죠.

이 민정 출판사인가? 하여튼 야밤중에 우리는 항상 그렇게 할 수밖에 없어서 우리가 개똥이랬는데 박계동이라고, 고대 출신 박계동이라고 그 당시에 내 나이 위여서 개똥형 그랬었는데 거기서 나중에 저쪽 보수당 가고 그랬잖아요? 한나라당, 그때 한나라당인지 뭔 당인지 모르겠는데 하여튼 거기 가더라고요. 거기 이재호하고 살짝 같이, 이재호가 학교도 선후배니까 그렇게 행보를 한 인간들이 있었고요. 그때 당시에 하여튼 오밤중에, 새벽에 몰래 가서 밤새 같이 유인물 빨리빨리 빼내야지, 아니면 또 뺏기니까 그래서 챙겨서 또 전국으로 보내고요. 아, 진짜 생각해 보면 진짜 열심히 했어요.

▶ 민통련이 있었고 1984년 유화 국면에 민청련도 창립하지 않습니까?

이 민청련이 거의 같은 시기에 쭉 활동을 같이했어요.

▶ 1984년이 되면서 유화 국면 상황에서 민통련 활동은 정리를 하시고 현장으로 가야겠다, 이런 결심을 굳히시게 된 건가요? 조직적인 판단도 마찬가지였습니까?

이 거기에 또 계기가 됐던 게 그때 이재호가 의장이었는데 어느 날 느닷없이 조직을 개편하겠다고 그러더니 그때 사무국장이 이용래라고 고대 선배였어요. 그런데 이용래 선배하고 나를 빼는 거예요. 이게 뭐지? 이재호는 그때부터 자기 준비를 해왔던 거지요. 진짜 이건 하기 싫은 얘기인데 그래도 남겨야 할 것 같아서, 이재호가 남민전의 무력 부장 출신이에요. 그러니까 우리가 제 목숨 걸고 싸워야 하는, 지금 비교할 건 아니지만 투쟁 부장 비슷한 그런 사람들, 진짜 존경하고 그 집에 우리가 방문하고 그런 적도 있었는데 완전 머리 조아리고 얘기 듣고 그랬다니까요. 지금 그 생각하면 이런 개똥 같은 놈한테 내가 참 너무 한심했죠. 그 이유가 있었던 거예요. 왜 그랬나 했더니 이 인간들은 뭐 하여튼 거기 그 조직도 더 나뉘어요 이재호가 자기 정치적 욕심을 갖고 그쪽 지역, 원래 연신내 쪽이 그쪽이잖아? 거기서 이제 말 잘 듣고 하는 친구들을 쏙 데려다가 꾸린 거예요. 그래서 그쪽에서 국회의원 선거 나오려고 하는 바탕이 됐던 조직이에요 하여튼 뭐 차이든 빨리 정리된 건 한편으로는 뭐 잘 됐다고 봐요. 그 인간 다시 안 보니까. 그러고 나서 조금 있어야 하는데 인천 쪽에 이후 인민노련이 구성 논의가 되고 그때쯤에 내가 가는 걸로요.

▶ 이남희 선생, 당시에 결혼하신 지 얼마 안 됐고 아이도 있었죠?

이 새롬이. 그러니까 새롬이 데리고 세 식구가 인천에 내려가서 이렇게 살 방법이나 이런 것들은 좀 생각이 없었어요.

▶ 일단 내려가서 그냥 버티자 이렇게 된 건가요?

이 뭘 해도 먹고살 수 있겠죠.

▶ 혼자 몸이면 상관이 없겠지만 부인과 이제 갓난아이가 있었는데 대책이 있어야 하잖아요?

이 내가 뭘 해서라도 내가 책임지고 밥을 먹게는 해야 하지요 그런 마음은 저는 기본으로 갖고 있는 사람이니까요.

▶ 그럼 1985년 정도에 인천으로 이사를 하신 건가요?

이 그러니까, 이제 1986년이거든요.

▶ 5.3 전이었나요?

이 5.3 후죠 그러니까 5.3 터지고 내가 서울로 올라갔으니까 5.3 후예요.

민통련 조직부장으로 5.3인천민주항쟁에 참여하다

▶ 5.3은 그러면 민통련 조직부장으로 있으면서 공식적으로 참여한 것인가요?

이 공식적으로는 민통련 조직에서요.

▶ 준비를 같이하신 거죠? 그러면 그 논의 단위는 어디 어디였습니까? 인천에서 내려와서 직접 회의를 같이하셨나요?

이 그럼요. 거기 주안 1동 성당 지하인가? 그렇게 기억하는데, 거기서 회의를 했어요.

▶ 나중에 만날 이우재 선생이나 이런 분들도 같이 회의를 했나요? 내용이 혹시 기억나면 말씀을 좀 해주시겠습니까?

이 사실은 특별한 내용이 있지는 않고 그런 단위 모임이 사실은 어디서든 민주헌법 쟁취 뭐 그거 있잖아요. 국민운동본부에서 그 지역마다 다 했잖아요. 그래서 각 지역에 예를 들어서 부산이다. 그러면 부산에 가서 똑같이 논의를 해요. 항상 일상적인 논의 중 하나였고 그 논의는 뭐냐 하면 이제 몇 명 올 수 있냐, 구체적인 동원이지요. 하여튼 그 이후에 제가 거리 투쟁, 현장 투쟁 이런 거 수백 번 해봤으니까. 논의 똑같아요. '너 몇 명 데리고 올 거야? 너희 학교에서 몇 명 와?' 아주 지겹게 얘기를 하고, 아주 그 얘기만 그때도 마찬가지였어요 조직별로요. 그러면 서울에서 지금 몇 명 이번에 내려오냐?, 민주당은 어떻게 한다느냐?, 선포식은 못 하고 참여 안 하기로 했다, 이런 얘기도 막 들리고 그랬어요.

▶ 그리고 당시에 신민당 총재 이민우가 또 이상한 얘기를 했죠.

이 그래서 이제 판이 더 그렇게 됐던 거고 그런 논의예요.

▶ 그런데 이남희 선생 혹시 다른 지역에서 그러면 개헌 현판식 하던 거는 직접 가보신 적이 있었습니까?

이 갔는데 지금 가물가물하네요.

▶ 대구, 경북이나 아니면 전남, 광주 이렇게 쭉 해오지 않습니까?

이 지방을 많이 다녔는데 어딜 다녔는지 모르겠어요.

▶ 인천의 5.3 당일은 이 선생은 민통련 쪽 대오에 같이 있었던 건가요?

이 그랬죠. 우리 조직은 지나가서는 확인은 되지만 만나지 않았고, 그럼 만나면 큰일 나지요. 딱 보면 아는 사람은 아니까, 아는 체 안 해요. 아는 체하는 순간 거기에 어떤 놈들이 있는지 모르니까요.

▶ 그러면 민통련이 주안 성당에서 나와서 시민회관 앞에서 연좌를 했던가요? 그날 분위기를 묘사해 주시겠습니까?

이 그날은 사거리로 일단 다 모였고, 우리가 만들어 났던 게 뭐죠? 방송 뭐였나, 이거(메가폰) 하고 이렇게 들고 리어카에다 놨던가? 하여튼 이렇게 올려서 가운데 놓고 집회를 시작한 거예요. 했는데 이놈들이 여기에서부터 거꾸로 치고 올라왔죠. 그래서 어떻게 해요? 그때는 그냥 거리 투쟁으로 싸웠으니까요. 그냥 뭐 주먹다짐하고, 서로 가끔 우르르, 패고 뭐 그렇게 싸웠으니까요. 그렇게 올라오니까 그건 막아야 되잖아요. 거기 페퍼포그에 사람들이 몰려가서 다 뒤집어엎고, 그 페퍼포그 사진에도 나와요. 거기 앞에서 같이 뒤집어엎고 그랬던 친구 중 하나가 저기 운수노보 배규식, 송영길 다음에 사무국장을 했던 친구인데 그 친구가 그거 사진에 딱 나와요. 하여튼 그러는 과정이었고, 우리가 토끼몰이로 저기 뭐 문학산 쪽 방향, 그쪽으로 이제 퇴로가 있었죠. 걔들이 퇴로를 항상 열어놔요, 빨리 해산시키려고 잡으려면 다 틀어막는데, 그래서 이제 골목골목에 들어가다가 많이 잡혔지요. 엄청 많이 잡혔어요. 저는 원래 안 잡혀요. 앞에 나가서 싸워도 딱 정리할 때는, 하여튼 그래서 거기서 이제 몇몇이 민통련 서울지부 이남희가 가라 그래서 갔다고요. 그래서 이름이 나왔다고 해서 한두 달 피해 다녔죠. 그때 피해만 다녔어요. 그냥 시골에 잠깐 살았어요. 시골에 짭새가 왔다 가고 그랬다고 나중에 그래요. 뭐 집에 안 들어가니까 걔들이 거기 지켜 있었겠죠 근데 뭐 안 보이니까 물어보고 뭐 그러고 가버렸겠지요. 그들도 뻔한 건데, 아 벌써 튀었구나, 그랬겠죠. 그때 효자도에 갔다 오고 충청도 괴산 쪽에 군대에서 알게 된 박진생이라고 나하고 친한 친구였는데 거기도 가서 며칠 있다가 그렇게 쭉 돌면서요.

▶ 이남희 선생, 5.3을 보면서 당시에 가두시위 중 아마 제일 격렬하고 대규모였던 것 같습니다. 그래서 그걸 보시면서 이런 방식의 투쟁이 상당히 지속되거나 방법이겠다, 이런 판단을 혹시 하셨나요?

이 저하고 5.3에 대한 얘기를 한 분들하고는 아마 똑같이 느꼈을 텐데, 저는 5.3민주항쟁에 대해서는 굉장히 부정적인 시각을 갖고 있어요. 그것을 민주화운동 아까 그런 얘기 했잖아요. 그러니까 한 시기에 한 지점에 있었던 어떤 사건으로서 그것을 어떻게 바라볼 것인가 하는 지점에 있어서 그걸 민주화운동이라고 표현한다는 것 자체가 틀렸다고 생각은 안 해요. 허나 우리가 운동하는 관점에서는 운동을 쭉 해온 수십 년의 과정에서 잘못된 싸움 중에 하나다, 저는 그렇게 평가합니다. 그 이유는 우리가 스스로 조직을 해서 만든 장도 아니고 제도권 정당이라는 데 빌어서, 그것도 거기에 진짜 수십 개의 조직들이 나와서 그 당시에 유인물 뿌린 거 보면 걔네들이, 경찰 애들이 다 알지요. 수십 종이 나왔으니까 근데 그런 모습들이 왜 나오게 되는 거지요? 이 점을 굉장히 많이 고민했어요. 사실은 내가 거쳤던 조직, 거의 모든 조직이

다 똑같았는데 지금도 동네 활동, 노동문화제 활동, 이런 속에서도 똑같은 얘기를 지금도 하는데. 조직 그리고 대중과 함께하는 그것이 무엇인가? 이런 부분들 뭐 그때나 지금이나 내용과 질이 좀 달라지긴 했고 좀 넓어지긴 했는데 그때는 아주 그게 극악이었으니까. 아니 도대체 뭔 활동을 하는데 느닷없이 그런 데는 안 간다고 그러던 사람들이 왜 거기 나와서 수많은 유인물을 뿌려대고 그 사람들만 있는 것 같은 거예요. 그리고 상당 부분이 학생이었잖아요. 그건 뭐 사실인데, 그리고 민주당 관계되는 사람들 하고요. 그 인원이 뭐 엄청 많고 그런 것도 아니었어요. 냉정하게 봐야죠. 그건 뭐죠? 누가 뭘 위해서 싸운 거냐는 거지요. 뭐라도 남겨야죠. 사람들만 엄청 잡혀가고 거기서 그때 5.3 때문에 조직 날아가는데 한두 군데 아니에요. 개박살 나고 그랬어요. 그럼 뭔 짓을 한 거냐고요?

▶ 공개 조직들은 타격을 많이 받았죠. 간부들이 다 수배되고요.

이 그건 아주 난 잘못된 투쟁이라고 봐요. 싸움은 그렇게 하는 게 아니라고 보고, 물리력으로 우리가 물리칠 수 있는 정도가 되려면 그건 조직이 되어야 하는 거고요. 조직이 중심 조직이 있지 않으면 그건 불가합니다. 아무리 거리 투쟁을 하더라도 그것도 저것도 아닌 거잖아요. 합법, 비합법, 반합법, 이런 조직들 그리고 상당 부분은 또 민주당 관계자들 당원들 그리고 학생들, 그러니까 거리 투쟁도 안 된 거예요. 단일 조직으로 움직일 수만 있었어도 그렇게 되지는 않았을 거예요. 오합지졸이지 그러니까 당연히 한순간에 깨졌어요. 빵하고 치고 들어오니까 한순간에 깨져 그냥 도망가느라고들 그때 다 잡힌 거예요. 하여튼 전 그렇게 봅니다.

▶ 그 투쟁은 이제 1987년 6월항쟁에서는 좀 다른 양상으로 나타나죠. 물론

한 1년 정도 시간이 걸리죠. 여기까지 하고 좀 쉬었다가 다시 시작하도록 하겠습니다.

(10분 쉬고 다시 시작)

인천으로, 인민노련 조직에 참여하다

▶ 자, 다시 시작하도록 하겠습니다. 이남희 선생.

당시에 인천은 노동자 도시라고 중요하게 취급되던 곳이었습니다. 이남희 선생이나 그쪽 조직에서는 인천에 대해서 어떻게 판단 하셨는지? 그리고 여기서 노동운동을 어떤 식으로 전개할 것인지 고민도 하셨을 것 같아요. 또 그 과정의 활동이나 이런 부분들 말씀해 주시겠습니까? 정착하시게 되는 과정부터요.

이 민통련이 정리되고 잠시 있다가 이제 인민노련 새로운 정치 조직이라고 보기는 그렇고 정치적 대중조직, 그때 PMO. 정치적 대중조직 뭐 이렇게 표현했잖아요. 그런 조직을 새로 준비한다. 인노련 이후에 이제 그것을 같이할 사람을 찾고 있었고 그래서 그중 제가 가는 걸로 했던 거고요. 초기 논의부터 같이했었죠.

▶ 인민노련 창립 과정에서 논의를 시작하셨다는 거죠. 소위 그때 정파 대표성이나 이런 것들을 갖고 임하신 건가요? 아니면 그냥 개인이었나요?

이 그러니까 어쨌든 사람 소개로 들어갔으니까, 저쪽에서 들어온 거구나 이렇게 판단했겠죠. 거기에 아까 보니까 이제 정태윤이나 황광우 그리고….

▶ 혹시 노회찬 전 의원은?

이 노회찬은 나중에 인민노련이 서로 나눠지고 다시 갈 때 그때 들어간 거고요.

▶ 그러면 정태윤 황광우 또 기억나시는 분들 안재환 선생도 그때 참여했나요?

이 아니었고요. 안재환은 조직에서 들어본 적이 없어요. 그 누구죠? 김선철이었어요.

▶ 신정길 선생은 그때 아니었나요?
이 신정길은 나중에 이제 인부노회 때 같이 온 거고요. 그래서 부천 조직
  쪽을 담당하고 실질적으로 그쪽은 이제 최동 열사나 이렇게 같이했던
  거였어요.

▶ 그럼 인민노련 초기에 논의 과정은 정치적 대중조직을 인천에서 건설하자,
  이런 취지에서 이제 다양한 정파들이 좀 모인 건가요?
이 그렇죠. 그렇게 보는 게 맞고, 거기서 그때 당시에도 너무 힘들었던
  것 중 하나가 논의를 너무 오래 하는 거예요. 그러니까 정치적 노동운동
  이 필요하냐, 그러니까 정치적 노동운동이 중심적이어야 되냐? 아니면
  노동자 대중조직이 중심이 되야 하나? 그러니까 같이하는 건 서로
  다 인정이 되는 건데 어디에 방점을 찍느냐에 따라서 그 활동 방향을
  어떻게 잡는가 이 지점 때문에 논의가 됐던 건데 굉장히 심했어요.
  굉장히 심했고, 부천이 아니네요. 거긴 부천이 아니었어요. 인천 어디
  저긴데, 뭔지 정확히 기억이 안 나네요. (회의 장소요?) 네, 골방에서
  거의 한 일주일을 거의 나오지도 않고 돌아다니면 달려갈 수도 있고
  하니까, 동선 파악이 되고 하니까 그럴 수도 있으니까. 담배는 우라질
  엄청 진짜 피워대고, 먹는 것도 별로 없이 그렇게 그때 진짜 이게
  아니 뭐 하자는 건가 했어요. 이제 이렇게 같이 있어도 되나, 뭐 이런
  생각부터 시작해서 누가 안 잡아가나 하여튼 좀 희한했어요.
    우리는 굉장히 어렵게 사람 만나고, 이게 그 당시에 많이 썼던 표현으
  로 하면 이제 반합법이다, 비합법이다, 아니면 아예 비공개 조직이다.
  굳이 차이를 논다면 이제 뭐 그런 부분의 차이인가, 근데 그건 그렇다
  치고 뭔 같은 얘기를 이렇게까지 심하게 논쟁을 하는지, 그때부터

굉장히 심했어요. 근데 그건 사실 비슷하잖아요.

저기 뭐냐 분명한 차이가 있으니까 그 논의가 끊임없이 있었고, 그리고 이제 좀 더 조직이 보강되어야 한다는 그 논의도 한편으로 또 있었고, 그래서 거기에 이제 직접 이렇게 표현하는 건 좀 적절치 않은데, 크든 작든 어떤 조직이 있으면 반공개 조직이 있으면 그 부분까지 이렇게 같이할 거냐 안 할 거냐, 뭐 이런 논의부터 협의를 해서 하여튼 제가 봤을 때는 건강한 토론은 아니었던 것 같아요. 근데 그렇게 할 수밖에 없었던 그 당시의 어떤 조건이지 않았나? 이렇게 생각이 들었는데 나는 계속 중심적으로 고민이 됐던 거는 과연 이들이 대중조직을 얼마만큼 함께하고 있는가? 힘은 거기서 나오는 건데 저는 하여튼 그거는 현장 활동에서도 그렇고, 정치적 대중조직이든 방점 어디에 찍든 간에 계속 싸울 수밖에는 없는 거고요. 또 현장 조직에 있든 노동조합에 있든 대중적, 폭발적 대중 투쟁에 어느 누구도 나와서 같이 싸울 수 있는 거지만 그렇지 않을 때는 현장에 있는 조직원들은 보호해 주고, 그럴 필요도 있는 것이고요. 거기에 또 노학 연대라는 그런 게 있었듯이 학생들이 항상 함께하고 또 이런 부분들도 중요한 지점들이고요. 당시에는 이슈 투쟁은 계속 이어져 왔었고 부천서 성폭력 사건, 또 노동자 죽고 뭐 계속 일이 벌어지고 하니까 그 부분에 계속 이슈 파이팅을 하고 또 함께 공동투쟁하고 계속 이렇게 해왔으니까 그런 부분들을 이제 조직해서 대응해 내려면 대중적 뿌리가, 토대가 튼튼해야 이게 가능한 건데 그 지점에 대한 고민이 제일 많았어요. 그리고 이제 한편으로 그런 부분들의 중요성이나 이런 부분들도 얘기하면서 또 홍보 선전은 어떻게 할 거냐 그러면 이제 또 그걸 만들어 내는 그걸 중심적으로 한 게 황광우였어요. 그리고 투쟁 쪽, 제가 이제 담당을 하고 이러면서 그 뭐냐 인천 지역 학교, 부천, 서울 이렇게 관계하면서 인천에서 아니면 부천에서 투쟁하는 데 함께해달라, 이런 요청도 하고 그런 과정이 끊임없이 쭉 있었고요 일단은 계속 투쟁들이 이어지니까 이런 실체가 있다는 거라도 좀 띄워야 하지 않냐 이래서 부평고등학교 들어가는 입구, 거기서 제가 이제 주동 뜨고서 인민노련 출범 선언을 했지요.

▶ 그게 6월항쟁 때였습니다.

이 그때까지 6월항쟁이었나? 그때 선포만 한 거지요.

▶ 그때 선포식을 한 거죠. 그러면 그전에 논의 과정이 있었다는 것이죠? 87년 1월에 박종철 사건이 있고요. 그러니까 그 전 해에는 권인숙 성고문사건이 있었고 이런 투쟁을 겪어가는 과정에서 조직 논의가 진행됐던 것이지 않습니까? 그런데 당시에 보면 황광우, 정태윤 이쪽과 그리고 엔엘 진영은 이남희 선생과 김선철이었나요?

이 그랬던 것 같아요. 그때 저기가 있었나? 조성 아니 조성호가 아니라 기억이 안 나네. 『철학 에세이』 저자, 갑자기 이름이 생각이 안 나네요

▶ 그럼 결성에 관한 핵심 논의는 4~5명 정도가 진행을 한 거네요. 그리고 이제 선포는 6월항쟁 과정에서 부평고 앞에서 유인물 뿌리는 걸로. 그날 집회서 주동을 뜨셨다고 하셨는데?

이 제가 마이크 잡고 하기로 결정해서 현장에서 해야 한다고 했죠. 뭐 얘기도 그렇게 오래 하고 뭐 그럴 여유도 없어요.

▶ 인민노련 창립을 선포한 거죠. 그때 이남희 선생은 그러면 투쟁 부장 직책을 맡은 건가요? 그럼 그 회의 단위가 이를테면 중앙위원회 같은 거였나요?

이 조직으로 보면 그런 거죠. 그 정도로 보면 되는 거죠.

▶ 그럼 그 산하에 이제 소그룹이나 모임 같은 부분들, 조직 담당은 누가 하셨어요?

이 그렇죠. 조직 담당이 있으니까. 선전, 조직, 투쟁 이런 식으로 뭐가 있었는데 기억이 안 나네요.

▶ 인민노련 조직은 6월항쟁을 거치고 7~8월 투쟁기를 지나면서 그해 연말에 대선 방침 논의 과정에서 곧바로 분열하지 않습니까? 그 과정에서는 어땠습니까? 논의의 쟁점이나 논의 과정에 대해서 말씀을 좀 해주시죠.

이 결론적으로 정리를 해서 한마디로 얘기하면 정치적 진출에 대한 생각이었던 것 같아요. 정태윤이 '민중 권력'이라는 당시에는 팸플릿이라고 그랬는데, '민중 권력'이라는 팸플릿을 가져와요. 그게 민중당의 시발점이 됐던 팸플릿이에요. 그래서 이제 그 지점이 결국은 나중에 대선이라는 것 때문에 부닥치게 되고 그래서 대의원대회에서 투표를 했던 거고요.

　난 그 지점에서부터 '이건 좀 문제가 있다, 그러니까 뭐 하는 조직인데 그걸로 조직이 어렵게 뭐 이렇게 같이하자고 해놓고서 그걸 깨냐?' 그게 분명한 내 생각이었고 근데 어쨌든 뭐 나중에 대의원대회에서 표 보니까 엔엘 쪽이라고 할 수 있는 부분들이 진 거고요.

▶ 약간 뒤로 돌아가겠습니다. 인민노련 논의 과정에서는 그 직전까지 있었던 인노련에 대한 평가는 어떻게 하시나요?

이 제가 들어가고 나서는 그 논의에 대해서는 특별히 없었어요. 그리고 지금 생각해 보면 그 당시 인노련에 대한 평가를 안 하더라고요. 그래서 그때 인노련과는 다른 조직으로 인정하고 진행했던 거 아닌가 이런 생각이 좀 들어요.

▶ 그런데 인노련 활동을 했던 분들은 흡수하는 과정이 있지 않나요?

이 당연하죠. 그거는 그 지점에서 그런 얘기 맞아요. 그런 얘기까지 있었어요. 같이 누구라도 하여튼 같이하는 걸로, 배척하거나 이런 게 아니라 그런 과정의 이야기도 있었긴 했는데 결국은 제가 봤을 때는 결국은 배척할 사람 배척하고 그랬던 것 같아요.

▶ 이후에 대선 방침을 두고 민중의 당이나 이렇게 적극적으로 정치적 진출을 모색하는 부분과 대중조직과 노동조합을 강화해야 한다는 논의로 갈라진 거라고 보면 되겠습니까? 이남희 선생은 어떻게 판단하셨어요?

이 저는 둘 다 틀렸다고 했어요. 그거는 함께 가야 하는 거지요. 싸움을 하려 해도 정치투쟁이라는 게 이슈 파이팅할 때, 아까도 얘기했지만 사람이 있어야 싸우는 거 아니에요? 기본 대의가 있지 않으면 거리 투쟁이든 어디서 조직을 하더라도 안 되는 거잖아요. 근데 그걸 이분법적으로 나눠버리면, 나눠지는 게 아니라 함께하면서 그 부분을 어떻게 좀 활동을 열심히 하게끔 도와주고 그 속에서 함께할 사람들은 또 함께하고 이래야 하는데 말이에요. 그 당시에는 차이가 좀 분명했던 거는 민주당이라는 부분을, 그러니까 제가 솔직히 딱 깨서 얘기하면 민주당이라는 부분도 우리가 지지해서 같이해야 한다는 입장이 난 분명했던 것 같아요.

　　나는 그때부터 지금까지 똑같은 얘기를 해왔는데 저는 그거였던 것 같고 민중의당 정태윤 쪽 이렇게는 노동자성이라고 얘기할 수 있는 그런 정치적 노동자성, 이렇게 표현하는 게 적합할 것 같은데 그 부분을 또 너무 강조했던 것 같고요. 근데 과연 그 부분이 틀린 건가? 지금도 그럼 그 두 부분이 다른 건가? 이렇게 보면 아니 같은 얘긴데 어떻게 할 거냐의 문제 아니에요? 그냥 노동조합 대중조직은 영원히 정치투쟁은 하지 말아야 하나? 틀리잖아요. 물론 그 당시에 그런 어려움이 있어서 그렇게 논의를 했다고는 인정이 되나 조직을 잘라서까지 그렇게 가는 건 저는 아니었다고 봐요. 그리고 적어도 노동운동이라는 부분을 생각하고 자기 결정을 해서 노동운동을 한다고 하는 사람들이 제도권과 제도권 정당과의 관계 설정을 그렇게 하면 그건 더 잘못된 결정이라고 보거든요. 과거에 저도 엔엘이냐 피디냐, 굳이 예전 40년이 넘은 당시 얘기로 하면 그냥 엔엘 쪽에 생각을 갖고 있었단 말이에요. 그래서 제도권 정당에 대해서 언제든지 함께하고 그래야 한다는 그런 논리는 어디에도 없어요. 함께 필요할 때 할 수 있는 거죠. 이런 부분들을 좀 많이 좀 헷갈렸던 거 아닌가 싶어요. 사람들의 논리 체계 중에 통전이라는 얘기를 많이 하잖아요. 통전 논리라는 것 자체가 옆에 또 그 옆에 있는 사람들하고 어떻게 하라 그러냐고요. 중심 조직이 튼튼하고 거기서 우리가 할 수 있는 일들을 할 수 있는 투쟁을, 할 수 있는 방침을 현실화해 나갔을 때 그 관계들이 같이할 수 있게 되는 거죠. 힘이 있지 않는데 그들하고 같이한다는 게 무슨 의미가 있냐는 거죠. 우리가 예를 들어 일제의 민족해방 투쟁에 위치해 있는 것도 아니고, 그건 분명하잖아요. 근데 그거를 너무 강조하는 거 보고, 아, 이게 정치 사상적인 문제에 대한 논리 싸움이고, 너무 심하다, 전 그렇게 생각을 했던 겁니다.

1987년 투쟁과 노동자 정치운동

▶ 1987년 말을 기점으로 이제 인민노련은 분열을 하게 되는데요. 이남희 선생은 1987년 6월항쟁과 노동자대투쟁 과정에서는 어떤 식으로 활동을 하셨나요?

이 그때는 저는 일단 인부노회하고 같이는 했죠. 그럴 수밖에 없는 상황이었고 그러면서 인천노운협이 그때 만들어져요.

▶ 인천노운협은 1988년 5월, 그러니까 87 투쟁과 한 1년간, 그러니까 제일 격변기였죠. 그때 인천에 자리 잡고 이제 생활력을 확보하고 그러셨을 것 같거든요.

이 그때가 이제 저기 뭐냐? 우유 배달하고, 우유 배달은 노운협 하면서 하는 건데요.

▶ 산곡동에 사셨어요? 혹시.

이 그때가 산곡동인지, 도화동인지? 1987년도에는 아직 도화동이었던 것 같은데, 도화동이었어요. 거기 양홍영 집에 있다가 인부노회 같이하니까 인부노회 때 만난 게 양홍영 그리고 조성호, 아까 그 조성호 변호사가 맞네요. 그리고 저기 누구지요? 연수구청장 고남석 등요.

▶ 같이 집단생활하셨어요?

이 우리 그 단위가 투쟁부였던 것 같은데 투쟁, 선전이었나 아마 이렇게 했었나 봐요. 그래서 고남석이 연설을 잘하니까 여기저기 다니면서 연설하고 그랬어요. 조직하고, 맞아요. 그렇게 했어요. 거기서 같이했어요. 거기 말고 또 몇 있는데요.

▶ 아파트를 같이 얻어서 같이 생활하셨다고요?

이 아니요, 그건 아니고 모임은 당시도 여전히 부천 가서도 하고, 인천에서
　도 하고, 학교에 가서도 하고 그랬어요. 인천대, 인하대 후배들. 그래서
　더 많이 알았다니까요. 거기 가서 만나니까. 그리고 이제 투쟁 어디에서
　하면 지원하니까요. 같이 요청하고 계속 얘기하고 논의하고 그런 것도
　같이했었으니까요. 그렇네요. 그때가 그 시기에요. 엄청 정신없었지요.
　진짜 그럴 때 인원도 그렇게 많지도 않은데, 조직도 잘 안되고, 공장
　파업하고 그러면 지원 투쟁 가야 되고요.

▶ 그래도 당시에는 인천대 같은 데서 집회를 하면 천 명 단위로 집회가 가능하고
　그랬어요.
이 그건 어쨌든 뭐 학생 중심이니까요. 거기는 같이 참여하고 발언 중에
　그런 얘기나 좀 하고. 하여튼 당시는 노학연대라는 부분들이 그나마
　잘 됐죠.

▶ 인민노련이 쪼개지면서 그리고 이제 1987년 12월 대선이 끝나고 인부노회
　준비위, 인준위가 만들어지고 그러면서 인민노련과는 또 다른 대중조직 논의가
　진행이 된 건가요?
이 그렇죠. 그게 인준위지요. 인부노회가 아니라요. 인부노회에는 내가
　안 간 것 같은데 그때는 인준위에요.

▶ 인부노회는 1988년 이후죠.
이 인부노회는 저기 인사련하고 통합하면서 인사련으로 들어간 거 아닌가
　요?

▶ 예, 그건 인부노회 만들어지고 이후에요. 그래서 1988년 5월에 인천 지역
　노동운동단체협의회 인천노운협이 발족하거든요. 여기 참여하는 단위는 공실

위, 인천 산선, 민교련, 인천해고노동자 협의회, 한국노동자복지협의회 그리고 가톨릭 노동청년회 이렇게 되거든요. 이 외중에 인부노회와 인민노련이 나누어진 조직이 된 거죠. 그러니까 인부노회가 1988년 5월경에는 이제 인준위 과정을 거쳐서 정식으로 발족을 한 거라고 봐야 되겠죠. 이남희 선생은 인부노회에서는 역할을 맡지 않으셨나요?

이 헷갈리네요. 인준위 과정도 시간이 꽤 됐었는데요.

▶ 한 6개월 정도였을 것 같아요.

이 아니 인부노회가 만들어지면서, 저기 누구죠? 인사련 노동위원회.

▶ 인부노회가 만들어지고 나중에 인사련 노동위로 들어가게 되는 과정이죠. 그건 인부노회가 한 차례 1차 탄압을 받고 나서요.

이 그러니까 그 이후죠.

▶ 이남희 선생 그 당시에 그러면 우유 배달이나 이런 거 하면서 생활했다고 하셨는데 그때 생계 방편으로 그걸 하신 건가요? 아이 키우면서요. 근데 나머지 활동가들도 대부분 그런 식이었나요? 생활에 대해 얘기를 좀 해주시겠습니까?

이 그 당시에는 거의 비슷했어요. 할 수 있는 게 그러니까 파트 타임 식으로 일을 할 수 있는 게 사실 별로 없었어요. 그때는 그렇죠.

▶ 우유 배달, 세차 이런 거.

이 세차도 그때는 그렇게 차가 많고 그런 거 아니었고, 우유 배달하고 신문 배달 그 정도뿐이 없었어요. 사실은 그래서 나는 우유 배달한 거고 산곡동에서요. 그때는 산곡동이네요. 그땐 생각해 보니, 인부노회는 내가 했었네요. 나중에 이제 저기 뭐죠?

▶ 인사련 노동위로 준비하는 과정에서요.

이 노동위로 간다고 해서 나는 이제 안 간다, 그건 잘못된 결정이다, 그게 대중 사업을 열심히 할 생각을 해야지 거기 왜 들어가냐? 저는 그랬어요.

▶ 인사련에 대한 판단은 어땠습니까?

이 인사련은 그냥 지역 단체잖아요. 그 지역 단체에 노동운동 한다는 조직이 거기 왜 들어가냐고 난 그건 잘못된 결정이라고 봐요. 그리고 그 이후에 아무것도 없어요. 노동위로 뭘 했어? 아무것도 안 했어요. 그냥 와해되어 버린 거예요. 1차 탄압을 인부노회가 받고 바로 대책위를 꾸려요. 내가 사람들 다 소집해서 대책위를 꾸리거든요. 그 대책위 활동을 하면서 조직이 와해되지 않게 정리하고 그러고 있다가 이제 나중에 다시 나오고 뭐 그때까지 제가 대책위원장 하면서 조직을 정비하고 있었어요. 그러고 나서 이제 노동위로 들어간다는 그런 얘기들이 나오길래 나는 안 한다고 그럴 거면 단체 활동을 하지요. 그게 무슨 이유도 없고 근거도 뭔 얘긴지도 모르겠고요. 달려서 잡혀간 것도 좀 제가 봤을 때는, 참 이거 여기서 얘기를 해야 되나 모르겠는데 아무것도 안 하고 있다가 그냥 달려 들어가고 자기 활동을 저는 그러니까 조직을 꾸려서 뭘 한다고 하면 자기 활동들에 대한 그런 근거나 그리고 활동의 내용이나 이런 부분들이 그게 자본주의적 성과를 얘기하는 건 아니고, 그런 부분들이 항상 축적되고 만들어지고 그래서 그게 이어져 가고 그래야 된다고요.

▶ 표적이 되어 탄압을 받은 거죠.

이 한 것도 없는데 왜 표적이 되냐고요? 뭘 하고선 표적이 됐으면 그래도 "야, 우리 고생 많았어" 그렇게라도 하지요. 이건 나중에 다 빼줘요.

그게 한심하다는. 그때 같이 지도부라고 구성했던 친구들 지금 남아 있는 놈 하나도 없어요. 뭐 하는 것들이죠? 도대체 뭐 하러 인천에 와서 뭔 짓 한 거예요? 난 그런 사람들 하나도 필요 없다고 봐요. 가서 다 엉뚱한 짓들이나 하고, 학원이나 하고 돈이나 벌고 뭐 아니 돈 좀 벌고 살 수 있죠.

▶ 1988년, 1989년 이렇게 넘어가고 있습니다. 노운협 결성은 이제 1차로, 그러니까 1988년 5월에 결성되고 나서 단체들이 노동운동과 노동조합 탄압에 항의해서, 지원하기 위한 준비로 이렇게 시작을 한 거거든요. 이 부분은 이제 정치적 노동운동의 한 흐름을 만들어 나가는 과정이었다고 보이는데 이남희 선생은 여기서 사무처장을 맡으시나요?

이 사무처장이 아니라 사무국장이었어요. 사무국장이었고 제가 사무국장을 맡은 걸로 기억하는데 그리고 나중에 양홍영이 그거를 또 재건했었고 그 부분은 그러니까 그게 1988년이죠. 그때까지만 하더라도 지원 투쟁이나 이런 부분들이 필요하다고 그때까지예요. 그래서 이제 그때 현장을 들어가서 현장에서 뭘 하겠다는 부분들은 우선 좀 쉽지 않았던 것 같고, 들어가는 게 쉬웠으면 뭐 들어가서 돈도 벌고 당연히 그랬을 텐데 그리고 이제 이 부분은 그때까지만 하더라도 좀 해야 될 것 같고요. 그리고 이제 기본적으로 노동자뿐만이 아니라 시민 또 학생 항상 같이 만들어야 하지 않나, 그런 부분들은 충분히 인정되고 해서 그래서 이제 노운협을 만들었던 거고요. 그래서 단체들이 또 그렇게 하니까 그렇게 해서 했어요.

▶ 공장 생활을 당시에 1980년대 말에 하시다가 산재사고도 당하시잖아요?
이 대우차 공사 확장하는 공사로 가서 일 좀 같이하자고 해서 하다가요. 대우자동차에 입사한 게 아니라 대우자동차 공장 확장, 거기 정면으로 보면 오른쪽 끝에 옛날에 없다가 만들어진 건데요. 그 공장을 만드는 데 공사 현장에 같이하자고 그래서 그거 같이하다가 보루방에 말려서 한순간에 그냥 아픈 것도 모르게 이 손가락이 떨어졌어요. 그리고 손가락 찾다가 이름 지금 이제 생각이 나네요 이수진 박사인가 손가락의 대가라고 그 손가락 들고서 이제 구로동 병원에 뛰어갔는데 그 뭐냐 외국에 출장을 갔다고 그래서 어떻게 해요? 다시 인천에 왔죠. 근데 인천 백운역 근처에 병원이 정 무슨 외과인데 여기 잘 안다고 해서 거기 갔어요 여기가 이렇게 잘렸는데 이게 놔두면 더 생활하기가 불편하다고 아예 관절을 빼는 게 편하다고 해서 여기 관절을 다 빼버린 거예요.

▶ 후유증은 없었던 건가요?

이 있죠 계속 뭐가 있는 것 같고, 계속 있어요 이거는 지금도 여기 이상하고 그래요 벌써 몇십 년 지났는데도 이제 힘을 제대로 못 쓰니까 여기가 자꾸 약해지고 가늘어지고요. 뭐 일상 생활하는 데는 뭐 별문제가 없어요 등급 장애인으로 인정이 되려면 장애인 카드가 나와야 되는데 이건 장애인 카드도 안 나와요. 아주 웃기는 거예요. 손가락은 항상 여기 이게 없거나 이런 식으로 꼭 같이 들어가야 해요. 아주 진짜 별 웃긴 꼴을 다 봤다니까요.

▶ 그래서 결국 현장으로 들어가는 것도 포기하는가요?

이 그렇죠. 쉽게 되나요? 이제 그건 뭐 더 이상은요.

새로운 모색

▶ 산재사고가 1990년이었습니까?

이 1990년인가 1991년인가 그때쯤인 것 같아요. 근데 이미 그때 가면서는 이남희가 운동을 하는데 한 번 바뀌는 시기예요. 사실은 1987년 노동자 대투쟁을 통해서 전국적으로 노동자들이 쫙 들고 일어나잖아요. 조직적으로 상당히 안정이 되어가기도 하고, 대중적 지도자들이 나타나고 이런 과정에서 내가 현장에 있지 않게 된 다음에는 어쨌든 지원 투쟁을 하든가, 아니면 연구소같이 교육을 지원하던 이런 거 할 수밖에 없는 거구나, 이런 생각을 했어요. 현장에 들어가서 현장에서 뭘 하려면 그런 조건들이 돼야 하는데 그건 이제 좀 어렵게 되는 거고요. 그래서 사실은 연구소를 하게 되는 그런 과정일 수밖에 없었고 그렇지 않았으면 벌써 짱 보다가 결국은 현장에 갔을 텐데, 오히려 한편으로 그간에 쭉 수십 년간 노동자로 생활해 왔던 그런 분들이 대중적 지도자가 되어 나오고 그들이 자기 역할을 하게 되는 그런 게 가장 좋은 거라고 생각하니까요. 또 한편에서 함께하면 되는 거라고 정리가 되더라고요.

그래서 앞으로 운동을 어떻게 해야 하는가, 이런 지점하고 또 하나는 그때까지도 학생 출신이라는 이 부분들의 역할을 좀 더 분명히 했으면 좋겠다, 계속 고민이 됐던 게 그 지점들인데, 학생 출신이고 아니고는 중요한 게 아니잖아요. 중요한 거는 대중과 함께하고 있느냐, 안 하느냐가 핵심이지요. 그렇지 않으면, 자기네들끼리 하는 거면 그게 무슨 조직이겠어요? 자기들끼리 노는 조직이지요. 그건 잘못된 거라고 보고 그건 운동이 아니라고 저는 봐요. 근데 그들이 할 수 있는 일은 있잖아요. 그래서 전문적으로 변호사를 하든 아니면 전문적인 역할을 갖고 함께 연대하고 그렇지 않고 조직 안에서 같이 그거를 뭐 맞느니 틀리니 해가면서 하는 건 나는 아니라고 봐요. 그리고 필요하면 연구소 형태이든 간에 교육이나 뭐 이런 걸 지원하고 이러면 되는 거고요. 그리고 또 한편은 대중 투쟁이나 정치 조직과 연대하고 함께하는 부분은 그걸 만들어서 함께할 수 있도록 하면 되는 거고 그 역할은 분명히 해야 된다고 봐요. 지금까지도 그때 당시 활동가를 자부하고 했던 친구들이 현장을 뛰어다니면서 그렇게 하지도 않고 어디 딱 자리 잡고 있고 이런 사람들 아직도 전국적으로 꽤 많잖아요. 그냥 병폐예요, 병폐. 그럼 빨리 없어져야 하죠.

일어나는 후배들에게 알려주고 또 필요한 건 가르쳐주고 하면서 자기 역할을 할 수 있게 도와줘야 되는 거죠. 대중조직이 그렇게 튼튼하게 됐을 때 대중조직은 무너지지 않잖아요. 그렇지 않으면 20년 전에 200명, 300명 소규모 중소규모 사업장들 노동조합 그렇게 인천에 수백 개까지 있었는데 지금 노동조합이 있는 데가 어딨어요? 이름 대라면 한 10군데나 되나? 이게 뭐냐는 거죠. 이게 어딘가 잘못된 거지. 현장에 들어가서 현장 조합원들에게 경제적으로 어렵고 이럴 때 그런 부분들을 같이 다독거리면서 계속 그것을 끌고 갈 수 있게 하고 그러지 못한 거잖아요. 누가 잘못한 거예요? 지도자들이 잘못한 거지요. 그런 부분들을 함께했다면 적어도 이런 식으로 다 무너지고 그러지는 않지 않았겠는가 이런 아쉬움이 한편으로 있는 거고 그 역할은 분명히 해야 한다고 봐요. 그래서 그때부터 그런 생각을 하면서 대중적 지도자들이 같이 쫙 이제 올라와 주고 이렇게 나의 운동, 이남희의 운동은 이제 앞으로 다시 재정립을 해야겠다, 이런 생각을 좀 하는 중에 잠깐이었지만 노운협 재건 생각을 이제 당연스럽게 했던 것 같아요. 그러니까 아직도 좀 되게 힘들구나, 사람들이 함께 도와서 해야겠다는 생각을 했고, 그 기간은 결코 길지 않았어요.

▶ 양재덕 의장님도 같이 논의하셨나요?

이 양재덕 의장과 재건을 얘기하고, 재덕이 형도 그러자고 그래서 전국연합
   도 만들어지죠. 나중에 인천연합으로. 하여튼 그때 뭐 변호사 하는
   그 친구 김남근이랑 꽤 식구들이 많았어요. 인민련이 그때 있었네요.

▶ 전민련과 인민련의 노동 조직으로 노운협이 있었던 거죠. 산곡동에 노동교육연
   구소를 출범하시게 되는데 그때 같이 논의했던 분들이나 노동교육연구소에
   방침에 대해서 얘기를 해주시죠.

부평 산곡동에서 노동교육연구소 설립

이 이미 한쪽에 민교련, 민중교육연구소가 있었고요. 그리고 나중에 저기 양재덕 선배가 하던 인천노동연구소 그리고 이목희 선배가 하던 부평에 또 한국노동연구소, 이렇게 있었고 그러면서 김선철, 이상목, 오경중, 김종수 등 그리고 또 있어요. 우리 집에 같이 살았던 젊은 친구 서울대 나온, 얼굴 시커멓고 나중에 변호사 되는 친구 말이죠. 한 10여 명 됐어요.

키 좀 크고 얼굴 빼빼 이렇게. 경동 몇 주년 그때 만났는데 거기 하여튼 인원이 꽤 있었어요. 나중에 점점 더 늘었고요.

▶ 그때 오순부 선생을 소장으로 모신 거죠.

이 그래 그때 재미난 일도 많이 했는데 그때 뭔 짓을 하냐면 장기수 선생 몇 분 모시고 지역에서 강연 같은 거 했죠. 인해협에서 강연도 했지. 그래서 모시고 저기 섬 섬을 옛날에는 진짜 통통배 타고 어딘지 기억이 안 나는데 서해 어디 가서 같이 얘기도 듣고 그랬었죠.

▶ 노교연에서 노동자들 교육이나 조합 활동 지원 이런 것들은 좀 어땠습니까? 재밌었습니까?

이 재미없었어요. 그러니까 한편으로는 일상적인 거였기도 하고, 노동법 체계에 대한 이야기 정도 하고 결국 나머지는 사람 문제잖아요. 내부의 실정과 이런 부분들에 대한 서로 이야기 정도여서 그냥 항상 그 정도 수준이었어요. 연구소 차원에서의 문제라면 그런 상담, 연구소 그 정도 의 역할이었던 것 같고, 그렇다고 뭘 연구해서 만들고 그런 것도 아니었 고, 또 이상목은 툭툭 사고나 치고요.

▶ 연구소에 10여 명의 활동가들이 있었지 않습니까? 그리고 90년대를 지나면서 떠나기 시작했죠. 그걸 보면서 좀 감회가 어땠는지?

이 제가 제일 먼저 떠났어요. 그 이유는 더 이상 우리의 역할은 정리해도 좋을 것 같다는 생각이 들었어요. 다른 방식으로 역할을 하든 진짜 전문가로 상담이든 법적인 도움이든 뭐 이렇게 하고 있잖아요. 이게 개인들이 생활이 너무 안 되는 거예요. 그 연구소 밑에서 학원도 했잖아요? 컴퓨터 학원 시작한 지 얼마 되지도 않았지만 그것도 이제 잘 안되고 어쨌든 최소한 생활은 해야 되는데, 그래서 아니라고 생각했죠.

이쯤에서 좀 쉬자고, 집안 경제적인 문제나 이런 부분들이 있는데 그것도 좀 풀어야지 그렇지 않으면 안 되겠다 싶었어요. 경제적인 문제를 통해서 일단 난 좀 그게 핵심적인 이유이고, 좀 쉬었으면 좋겠다, 쉬면서 다시 생각을 앞으로 운동을 어떻게 해야 될지 좀 고민을 해야겠다고 하면서 제가 먼저 그만두고 그때부터 거의 비슷해요. 우리가 더 도와주고 할 수 있는 것들이 한계가 있고 괜히 왜 모여 있나 싶었어요. 오경중이나 경중이 와이프도 그랬었잖아요. 하나는 치과의사고 하나는 저기 뭐냐 그냥 의사고 그래요. 그래서 걔들이 나보다 먼저 나가고 결국 의사하고 있고 하여튼 그랬어요. 그렇게 해서 제가 산본으로 잠시 갔다 오는 계기가 되죠.

▶ 1990년대 중반일 거예요. 제가 노교련에서 우리 회사 친구들 모임도 했고, 거기서 가끔 가서 얘기도 나누고 오 선배님도 뵙고 그랬거든요. 그리고 거기 컴퓨터 학원에 강좌도 처음에 좀 들었어요. 그게 1990년대 초반이었거든요. 맞나요?

이 1990년대 초반이네요. 그때가요.

▶ 그러면 좀 쉬시면서 산본에서 무슨 일을 하셨습니까?

이 산본에서 아파트 상가 조그마한 곳에서 통닭집 했어요.

▶ 순전히 생업을 목적으로?

이 그렇죠. 난 인천 왔다 갔다 계속하고, 그래서 되게 힘들었어요. 아이 새롬이를 학교나 이런 부분들 생각을 안 할 수가 없어서요.

▶ 벌써 애가 많이 컸네요.

이 그래서 그걸 빨리 좀 마쳐야 할 것 같아서요. 제가 정리하고 슬슬 이제 지역에서도 서울로 가고 하나하나 없어지기 시작한 거죠. 그래서 변호사 하는 서울대 그 친구 누구죠? 김남근이랑 되게 친하고 그랬는데 내가 하여튼 일단 좀 쉬고 해야겠다고 했고, 나 그만두고 나서 바로 따라서 그만두고 서울로 올라가고 그랬어요. 하여튼 그렇게 해서 자리매 김이 돼야 한다고 저는 판단을 했어요. 나는 어쨌든 인천에서 살면서 운동을 하겠다고 생각하고 있어서 어떻게 할 건가, 이런 부분들은 이제 고민을 계속했죠.

인천 남구에서 박우섭과 민주당 활동

▶ 1995, 1996년이 됐죠. 통닭집 하시다가 그러면 다시 정리를 하고 인천으로
복귀하시는 건가요?

이 아니 인천에 항상 있었는데 뭐 했지요? 박우섭 선배가 남구에 지구당
사업을 하는데 같이하자고 했어요. 그때 이렇게 붕 떠 있는 그때 한
1년 정도 됐나 국회에서 보좌관을 제가 잠깐 해요. 서울의 선배가
신순범 의원실에서 요청해서 내가 하여튼 그런 걸 아니까, 토목과
나왔으니까 그 양반이 저기 건설교통위원회로 가서 보좌관 하면 월급도
좀 받으니까요. 그래서 신순범 의원실에서 제가 보좌관을 잠깐 해요.
고속전철 그것 때문에 노르웨이, 프랑스도 갔다 오고 떼제베하고 노르웨
이는 우리나라처럼 산이 많아서 틸팅이라고 그래서 꾸불꾸불한데도
빨리 갈 수 있게끔 하는 그런 부분하고 떼제베 고속열차 그거하고
가서 보고 했는데 신순범하고는 뭐 그렇게 맞지 않았나 봐요. 좀 하다가
그만뒀어요. 그만두고 그러는 중에 이제 우섭이 형이 남구에 지구당
한다고 해서 인천에서 활동하고 그런 걸 아니까 같이하자고 한 그
기간이네요.

▶ 그게 1990년대 말이죠. 그래서 정치적 노동운동에서 본격적으로 정치활동을
하시게 된 거네요. 소회가 어땠습니까?

이 근데 나는 정치활동을 위해서 한 건 아니고 사실은 똑같은 마음이었어요.
그때도 이게 제도권은 사람도 되게 힘들게 하는데 이게 맞나 했어요.
근데 어쨌든 박우섭이라는 사람은 어떤 사람인 건 아니까 함께할 수
있는 이런 건 충분히 된다고 판단하고 지역 활동이라고 일단 보자고
생각했죠. 그래서 실제 그렇게 사람들을 만났어요. 그래서 나중에 제가
거기 지구당에 있을 때 운동하고 이런 친구들하고 얘기할 때 항상

그 한마디를 해요. 당 조직의 사람들도 당을 가보니 거기도 사람은 있더라고요. 그러니까 당 활동하는 사람들은 다 이상한 사람들이고 이게 아니고, 거기도 건강한 사람들이 좀 있더라고요. 괜찮은 사람들은 내가 만나거든요. 그리고 지금도 연락도 오고 그래요. 내가 뭐 했던 사람인지 아니까요. 정치한다고 뭐 껍적대고 내가 그런 적이 없으니까 그래서 연락 지금도 오고 그러는데 그런 과정은 뭐 특별히 얘기할 게 없어요. 내가 지구당 사무국장을 했으니까 대낮에 칼 들고 와서 니가 뭔데 왜 구의원 공천은 니 마음대로 하냐고 그런 일도 있었어요. 옛날에 부평에 동아건설 있었잖아요. 건설 일을 하는 친구인데 키가 나보다 이만큼 더 큰 친구인데 와서 "야, 너 사무국장한테 뭐 하는 거야?" 그러고 막 막아주고 그런 일도 있었죠.

▶ 남구에서 지역구 활동을, 그러니까 지구당 사무국장으로 몇 년 하셨어요?
이 한 3년은 했던 것 같아요.

▶ 근데 박우섭 선배는 청장이 되잖아요. 남구청장이 되고 결국 의원은 실패하셨잖아요. 근데 남구청장이 되면서 이남희 선생도 그때 남구청에서 일을 좀 하셨죠?
이 아니요.

▶ 남구청장 되는 거 보고 마무리를 하셨어요? 관직에 갈 기회를 놓치셨네요.
이 그거는 내가 원한 것도 아니었고, 그 이전에 교통연수원으로 가요. 그러니까 2000년 이후에 박우섭이 구청장이 되는 거예요. 그래서 그전에 제가 관심을 갖고 뭘 하냐면 그러니까 1990년대 중반 넘어가면서 운동을 어떻게 해야 하는가 고민이 컸어요. 우리가 어쨌든 뭐 폭 넓히지 말고 노동자하고 그리고 도시 빈민이라고까지는 주변에서도 꽤 많잖아요. 그리고 장애인이든 어려운 사람들하고 이렇게 함께할 수 있는 이런 부분들을 어떻게 하는 것이 가장 좋은가, 결국 우리 이후 세대, 후배 동지들이나 아니면 청소년들 이런 부분들 관계를 어떻게 풀어나가야 하는가, 이걸 운동으로 어떻게 생각해야 하는가… 하면서 사람들하고 많은 얘기도 하고 그러다가 문화로부터 함께할 방안을 찾아야겠다고 생각하게 되었던 거죠.

문화에 대한 관심, 노동문화제

이 그런 생각을 하고 이제 1990년대 말, 이렇게 다가오는데 그때가 또 실제 다양한 문화예술 제가 얘기하는 문화는 문화운동, 문화예술만 얘기하는 건 아닌데 문화예술 쪽에서 굉장히 많이 폭발적으로 다양한 모습들이 나타나요. 1990년도 초중반 이렇게 넘어가면서 이제 그런 부분들이 실제 시민들이 문화예술을 접하는 부분들을 아이들도 같이 접하고 이러면서 생각도 좀 많이 바뀌고 그때부터 시민들의 생각이 급격하게 막 바뀌어 나가요. 그러한 부분들이 결국은 문화예술적인 부분으로 보면 왜 그런 문화운동이냐라고 얘기를 한다면 아직도 부모 세대나 부모들은 여전히 꽉 막혀 있고 아이들이 초등학교 때부터 지금 더 빨라졌어요. 빨라져요. 고학년 그러면 4학년부터는 고학년이라고 이렇게 표현하잖아요? 그때만 되면 이미 학부모는 우리 아이를 앞으로 어떻게 해서 어디에 취직이 돼서 어떻게 살아? 이 얘기를 머릿속에 갖고 있는 거야. 지금 더 심해요. 그럼 그 초등학생들은 뭘 해야 되는 거예요? 자기가 하고 싶은 거나 다른 생각을 못 하게 막는 거예요. 초등학교 정도 들어가면 다 이거(스마트폰) 갖고 있고 관심만 있으면 몇 분이면 하고 알고 싶은 거 다 찾아내요. 그걸 다 안다고.

그래서 자기가 그 부분에 뭐 전문가가 되고 그런 건 아니지만 이미 그렇게 가고 있다는 거죠. 학부모들 입장에서는 그 부분을 뒷받침해 주고 어떻게 할 수 있는 고민을 해야 되는데 그게 안 돼요. 그럼 학부모가 잘못이냐? 학부모들은 먹고살기 힘드니까 더 안 되는 거야. 그리고 딱 한 가지만 갖고 있는 거예요. 공부 열심히 시켜서 좋은 대학 보내고 그래서 좋은 데 취직해서 잘 살 수 있으면 좋겠다는 거에 딱 방점을 두고 있어요. 근데 현실은 그러냐? 아니 그럴 수 있는 사람은 100명이면 5%도 안 돼요. 그게 우리 현실이에요. 근데 그걸 인정을 안 하는 거예요 그 5% 안에 어떻게든 들어갔으면 좋겠다고 생각하는 거고 근데 그렇지 않은 다양한 분야로 이미 여러 방면으로 자기 활동들을 하고 재미있게 잘살고 있거든요.

그 당시에 이제 고민이 그런 부분들을 함께할 수 있는 그런 활동을 해야겠다. 그런데 중심은 노동자 중심이었으면 좋겠다. 그래서 노동문화제를 제가 하게 되는 계기가 된 건데 그 이전에 99년도에 인천에서 나는 활동한다고 했으니까 '인천 문화를 열어가는 시민모임'이라는 걸 만들어요. 그래서 최원식 교수를 대표로 하고 그때 당시에 박우섭, 홍미영, 우수홍, 김현석이랑 황해문화 편집장 오래 한 친구 김명인, 김용식, 인발련의 원장까지 나오죠. 그 당시에 그렇게 한 14명 이렇게 모아서 '인천 문화를 열어가는 시민모임'이라고 만들어요. 제가 시민모임 최원식 선배를 대표로 하고 그게 결국은 2001년인가 인천문화재단을 만들어요. 그게 바탕이 되어 대부분 인천문화재단에 들어가서 일하잖아요. 인천 쪽에서 그런 부분들이 필요하다고 서로 인식하고 사무국장을 하면서 지역에서 토론을 이끌어내고 결국 만들고 경기도 가서 정책 초기에 선배하고 같이 얘기도 하고 그걸 바탕으로 인천도 기금부터 재구성하고 만들어서 지금까지 그렇게 했죠. 저는 바탕이 노동운동을 중심으로 해서 나의 운동을 해 나가겠다고 하는 사람이니 그래서 이제 노동문화제가 사실은 우리 해방 문화제다, 이래서 1987년부터 계속 이어왔어요. 활동들이 지지부진하고 그래서 내가 대표를 맡게 된 거고요.

▶ 노동문화제 대표가 되신 거는 언제부터인가요?

이 2003년인가 4년인가 뭐 이 정도 될 거야. 이제 그만뒀는데 내가 이제 20년을 한 거야. 대표를 20년 하고 뭐 이게 중요한 게 아니라 그렇게 활동에 어려움도 있었고 해산하고 다른 형태로 하자는 논의도 수없이 했었고 그런데 그래도 해야 되지 않냐는 의견들도 적지 않았고, 이제 우리가 거리 투쟁에 나가서 선전대 역할을 하거나 이런 것만 하는데가 아니니까 정리를 다시 했거든요.

그런 부분들도 필요하고 당연히 노동조합 현장 투쟁들이 항상 있고 노동자들은 계속 죽어 나가고 하고 있는데 당연히 한편으로 해야 하고 또 한편으로는 그게 생활적으로 이미 지금 노동자들이 1,700만 명 이렇게 얘기하는데 실제 그 70%는 다 비정규직 노동자잖아요. 그 비정규직 노동자들이 어디 있냐고요. 다 동네, 지역에 있잖아요? 그럼 지역으로 들어가라, 동네로 들어가자, 거기서 옛날에 했던 선배도 만나고 젊어서 이렇게 비정규직 노동자, 노동하고 있는 지역 주민들 만나고 거기서 같이 얘기하고 거기서 사람들 꾸리고 그 동네 사업해라, 동네 지역 공동체 사업하면 되지 않냐고, 그런 부분들을 끊임없이 얘기하는 과정이 있었어요.

지금도 저는 석남동에서 다시 활동을 하게 된 것도 지금 벌써 한 15년 이렇게 돼 가는데 거기서 마을공동체 활동 만들어서 '민중의 집'도 같이하고 또 동네 석남동 그 동네에서도 이제 '아파트 라인 반상회'라고 뭐 이런 걸 만들어 활동도 하고 활동 결과로 얼마 전에 인천에서 '꽃 마을공동체 경진대회'가 있었는데 거기서 저기 2등 했잖아요. 100만 원 벌었어요. 100만 원요. 우리 와이프가 대장이거든. 그래서 아파트 대표도 했었는데 지금은 아니고 그 아파트는 우리가 한 13년 공을 들였어요. 사실은 끊임없이 사람들을 만나고 조직하고, 우리식으로 얘기하면 조직이지. 조직하고 얘기하고 지역에서 힘들게 사는 사람도 서로 돕고 살고, 아래위층 싸우지 말고 이런 얘기를 하면서 방도 붙이고 서로 이사 오면 "축하해 고마워요" 뭐 이런 거 해서 떡도 돌리고 의견 있으면 얘기해 달라고 해서 각 아파트 세대마다 돌리고 그런 거 같이 모아서 이제 잔치도 하고요. 그렇게 활동하니까 바쁘기도 하고 돈벌이는 없는데 집사람이 공인중개사인데 사무실은 동네 사무실이 돼버렸고,

간혹 이제 손님 오면 그런 문제 몇 건 하면서 동네에서 살고 있어요. 또 내가 초기에 '민중의 집' 대표였잖아요. 그래서 '민중의 집'에서 요즘에 프로그램하니까 어저께도 시나리오 같이 읽기, 뭐 이런 거 '아이캔 스피크' 그거 영화 시나리오 갖고 읽다가 또 눈물이 나오고, 하여튼 뭐 그렇게 해서 지역으로 들어가자는 얘기를 2,000년 노동문화제 시작하면서 했어요.

노동운동 관점에서 그러니까 대중 조직운동 관점에서는 그렇게 하는 게 맞다는 얘기를 끊임없이 하고 동네마다 많이 들어가서 활동을 하잖아요. 동네 축제도 많아졌고, 우리 동네 축제 만들었잖아요. 우리는 돈도 안 받고 지원 안 받고 해요. 우리는 그래도 가능해. 왜? 하고 싶은 사람들이 있으니까, 십시일반하고 자기가 준비해서 오는 거예요. 노인복지회관도 같이하고, 노인복지관 과장이라는 친구가 너무 재밌어 하고 너무 열심히 하는 거예요. 동사무소는 이제 기본으로 같이 항상 도와주고 뭐 그렇게 해서 많이 활성화되고 이제 그러고 있는데요.

▶ 지역 운동으로 확산되는 부분들까지 생겨나는 거네요.

이 그렇죠. 핵심은 그거예요. 노동자가 어디 있느냐는 거예요. 조직 노동자, 있지도 않은 조직 노동자, 한편으로는 대단히 많이 욕을 먹고 있는 대기업 조직 노동운동, 그들은 그들 속에서 자기 역할을 하면 되는 거고요. 더 중심적인 역할을 하는 비정규직 노동자, 다들 동네에 있는데요. 동네에 살면서 왜 따로 노느냐, 거기 놀아서 거기 동네에서 놀아라, 거기 친구도 있고 다 있지 않느냐, 그래서 어쨌든 문화예술 쪽도 그런 식으로 계속 동네 활동, 동네 축제가 점점 많아지고 하니까 그렇게들 활동하고 있죠.

(10분 쉬고 다시 진행함)

1990년대 산개론, 운동의 진로 모색

▶ 조금 전까지 우리가 이남희 선생이 1990년대 이후에 문화운동까지 이르는, 그래서 현재 서구에서 지역 활동 이런 부분들까지 쭉 말씀해 주셨는데요. 다시 돌아가서 1980년대 그러니까 제 노동운동 조직들의 양상 이런 부분들을 조금 더 확인을 해보고 싶은 거거든요. 선생도 그때 이름은 없지만 조직과 함께 인천으로 내려오셨어요. 그게 5.3을 전후로 해서 그게 타격을 좀 받았다고 말씀하셨는데 구체적으로 어떤 양상이었습니까? 5.3에 조직이 적극적으로 참여를 했던 건가요?

이 사실은 5.3에 적극적으로 참여해서 활동을 하자는 결정을 하지 않았어요. 필요하다는 정도였었는데 어쨌든 거기서도 유인물을 만들고, 유인물도 뿌리고 이런 과정을 했었고 그러면서 잡혀가서 거기서 이제 일부 사람들이, 말하자면 반공개 조직이라고 그래야 하나요? 조직적 타격을 입고 그래서 이제 전체 조직 전체가 스톱해서 상당 기간 자기 활동만 하고 전체적인 활동은 중지하게 되는 그런 과정이었어요. 이 지점에서 사실은 얘기가 좀 필요한데 그때 산개론이라는 얘기들이 아주 뿌리 깊게 있었어요.

▶ 산개론에 대해서는 어떻게 생각하시나요?

이 난 그때도 그런 얘기를 했었는데, 산개론을 얘기할 수밖에 없었던 근거에 대해서는 인정이 되나, 그게 맞나, 이런 고민은 끊임없이 했었고요. 지금 와서 다시 그 부분을 이렇게 돌이켜보면 산개론은 활동이 아니었다고 봅니다.

▶ 준비론과 산개론은 사실 일맥상통했죠. 현재 투쟁이나 이런 부분들을 방기하는 이유가 되기도 했죠.

이 그 지점이 결정적이었다고 저는 봐요. 단적으로 보면 아무것도 하지 않는 건데, 진짜 너무 좀 웃기는 거는 산개론이라는 건 결국은 자기 활동을 더 튼튼히 하고 논리는 그랬잖아요. 자기 활동을 자기중심에서 자기 조직에서, 소조직이든 뭐든 활동을 충실히 하고 필요할 때는 공동으로 할 수도 있는 거고, 그런데 공동으로 안 하고 그냥 있더라고 그러면서 산개론을 얘기하는 사람들이 그냥 있는 거예요. 아무리 생각해도 이건 아닌데, 활동을 하지 말자고 산개론을 한 건 아닌데 실제는 그렇게 돼버렸어요. 그래서 많은 사람이 개인도 그렇고 예를 들어 몇 명 아니면 어디 집단의 소집단 이런 집단들이 아무것도 안 해요. 그래서 이건 아니다. 그런 논리를 편 것에 대해서는 이건 실패를 인정해야 되고 방식이 틀렸다. 그러니까 그러한 부분들은 제가 더 얘기하지 않아도 이미 많은 사람이 결론 낸 거라고 저는 봐요. 당시에 어쩔수 없었다는 건 아닌 것 같아요. 잘못됐다고 생각해요. 그 영향이 적지 않았어요. 우리 조직 거기에서도 상당 기간 같이한 게 거의 없으니까요.

▶ 활동을 방기하는 핑계가 돼버렸다는 거죠. 그러면 1987년 투쟁을 거치면서 이남희 선생도 집중적인 고민을 했다고 말씀하시는데 노동조합 활동을 통한 지도자들이 형성됐고 성장하기 시작했는데, 우리가 역할을 제대로 찾기 위해서 뭘 해야 할 거냐에 대해서 방점을 찍고 고민을 하셨잖아요? 당시 지인들, 그러니까 면면을 좀 떠올리면서 말씀을 좀 해주시겠어요? 그러니까 예를 들어서 나중에 인부노회에 결합하게 되는 그 신정길 선배 같은 경우도 좀 다르긴 하지만 이제 일정하게 그룹을 대표하는 역할이었잖아요. 그쪽은 그러니까 소위 이제 민족 해방 입장을 받아들이면서도 계속 현장의 투쟁을 지양했던 건가요?

이 그랬죠. 그 부분부터 얘기를 좀 할까요? 기본적으로 당시에 대안을 찾아가는 모습들이 사실은 조금 보여요. 한 부류는 신정길 동지처럼 평통사로 가잖아요? 남북 관계에 대한, 표현이 약간 거칠긴 한데 무조건적인 통일 중심주의 뭐 이런 부분들은 아니에요. 평통사는 기본적으로 노동자를 뿌리로 그러니까 꼭 노동자만은 아니고 현장의 뿌리로 평화통일운동이 되어야 한다고 생각하기 때문에 무조건적으로 통일이 우선되기 위한 남북 관계나 이런 부분들을 어떻게 잘 풀어야 된다는 방향으로 가는 그런 것은 아니어서, 제가 생각할 때는 그런 건강한 측면들이 분명히 있고, 또 한 부류는 그때 시민운동의 다양한 형태들이 환경운동, 여성운동, 여성 노동자, 이것은 노동운동이니까 빼고요, 지역 마을운동 같은 경우도 그때 나타나기 시작하죠. 지역 마을운동이라기보다는 각 지역으로, 그게 태동하기에는 그때는 좀 아직 준비나 이런 것이 안 됐었고. 왜냐하면 지역 운동을 하려면 지역에 들어가서 해야 하기 때문에 그 이전에 시민운동이나 이런 부분들이 활발하게 되고 또 한편으로는 각 지역으로 많이 내려가요.

▶ 하방을 하나요? 수도권으로 사람들이 특히 인천은 굉장히 집중되게 많이 전국에 있는 사람들이 모였었잖아요.

이 사람들이 다시 지역으로 쭉 가요. 상당 부분이 일부를 빼놓고 민주노총이 전노협이나 이런 쪽에, 같이 일을 하고 돕고 연구소 형태의 일을 하던 친구들, 이런 친구들을 제외하고는 또 지역으로 다 내려가서 지역에서 자기가 하고 싶은 문화운동 뭐 이런 것들을 만드는, 울산 같은 경우에 일꾼 모임인가 뭐 그런 활동을 해왔고 지금 뭐 하여튼 지역에서 튼튼히 하고 있는, 그런 식으로 광주 뭐 뭐, 이런 식으로 그 지역 활동들이 좀 활성화되어 예전에는 1987년 이럴 때 지역에서 어쩔 수 없이 싸워야 되는 것 빼고는 지역 운동이라는 게 사실은 없었어요.

농촌에서 이런 부분들은 여전히 농민 조직이 있으니까 그렇게 움직임이 있었지만 자기 지방에서 이제 또아리를 틀고 이렇게 하는 운동들이 그때부터 막 생겨나기 시작해서 그게 우선되면서 거기에서 동네, 지역,

마을까지 이제 내려간 거죠. 그렇게 형성이 되어 있어서 크게 보면 거기에 새로운 시민민주주의의 어떤 바탕들이 좀 되지 않았나? 그 이후로 시민단체라고 하는 게 엄청나게 전국적으로도 많이 생기고 그러잖아요. 그런 시작점이었던 것 같아요.

▶ 가까운 주변에 노교연 동지들 중에 임성택 씨나 김남근 이런 후배들이 좀 있었지 않습니까? 각각 자리를 잡아 나갔을 텐데 물론 노교연을 떠나면서 김선철 포함해서 좀 어땠나요?

이 임성택은 아예 책방 모임부터 시작했고 그 모임들은 지금도 만나요. 청천동 원적산 올라가는 데서.

▶ '동네야 놀자' 팀들.

이 그게 뿌리였지. 거기에 용우 맞아. 여기 다 그쪽 뿌리고. 남근이는 목재 단지에 있으면서 활동을 했으니까 이제 그런 걸로 아예 전문 분야로 들어간 거고 그리고 일부는 정치, 자기 먹고사는 걸로 빠져나가는 송영규나 이런 친구들도 있고, 또 아예 민주당에 들어가서 활동하는 친구들도 있고, 한편으로는 당시에 피디 이렇게 표현했던 부분들은 민노당에 같이 들어가서 활동하면서. 민노당을 보면 초기에 그래도 괜찮았었는데, 확 불붙어서 괜찮다가 나중에 갈려 나가잖아. 그러면서 당선도 잘 안되고 이러면서 계속 어려움을 겪게 되고, 그 어려움이라는 게 그냥 당 전체의 어려움, 이렇게 보기보다 지역마다 선거를 치러야 하니까 돈이 어디 있어요? 그것 때문에들 참 많은 사람이 피폐해지고 너무들 힘들어해. 그래서 '민중의 집', 10년 전에 '민중의 집'을 지역에서 만들면서 제가 대표를 하는데 그때도 너무 힘들어하더라고요.

▶ '민중의 집' 이전에 서구 쪽에서 정치활동을 했던 민노당 동지들이 꽤 많았죠.

이 많았죠. 그쪽은 워낙 목재 단지부터 시작해서 쫙 공장들이 있어서 거기서 함께하던 친구들이 많았었고, 그래서 그 친구들도 다 대부분 '민중의 집' 초기 회원들이 민노당 만들고 같이 참여하고 같이 들어와서 하던 친구들이고 목재 단지 그쪽에서 일하던 친구들, 또 철 일 하던 친구들, 그런 친구들이 중심적으로 활동을 지금도 해요. 거기는 제가 1년만 딱 하고 그만뒀는데 '민중의 집'을 딱 열면서는 제가 "여러분들 너무 힘들게 십여 년간 민노당 때문에 그렇게 힘들게 활동을 해왔는데 그런 부분들을 조금 편하게 지역에서, 지역 사람들하고 같이 어울리면서 활동을 하자 좀 놀자. 그래야 우리가 나중에 또다시 힘을 모아서 뭘 하고 싶어서 할 때에 진짜 힘 있는 사람, 힘 있는 어떤 '민중의 집'이 되지 않겠느냐?" 근데 그게 잘 안되더라고요. 딱 고정된 사고들이 좀 있어서요.

▶ 그러니까 당 활동이 우선이다, 이런 건가요?

이 당이라는 게 계속 쪼개지고 그러잖아요? 그러면서 지역 활동에 대해서 인정하고 함께하는 부류들이 또 있고, 그래서 '민중의 집'도 같이 동네 마을 축제도 같이하는데, 그런 친구들도 있고 일부는 그냥 회사 다니고 KM&I 위원장 하는 친구, 사무장 하는 친구랑 가끔 함께하고 그 정도 활동해요. 그래서 어쨌든 지역 활동을 같이하는데 우리가 마을 활동하듯이 그렇게 하고, 하여튼 넓혀져서 마을 주민들하고 실제 그런 활동들을 하게 돼서 어쨌든 다행이죠.

▶ 1980년대 말입니다. 그러니까 조직 활동 중에 보면 그 홍보 작업, 이건 훈련 과정이기도 하고 사실 굉장히 활발하게 어떤 조직에서나 좀 했던 것 같아요. 실제로 그러니까 유인물 제작과 뿌리는 과정 이런 부분들을 한번 재현해 보시겠습니까? 이남희 선생이 몸담았던 조직이 홍보 선전전을 어떤 식으로

벌여나갔는지?

이 그때는 한두 가지밖에 없었는데 나중에 그게 조금씩 바뀌기는 했지만 처음에는 이제 캐치프레이즈나 아니면 이슈에 대한 이야기, 설명이 필요하니까 한계이긴 한데, 많은 기획을 통해서 만들기도 하고, 그게 조금 변하더니 이제 소책자로도 만들기 시작하기도 하고, 그런데 여전히 배포하는 것은 어쨌든 조직원들이 배포하는 거고, 노동조합이 있으면 노동조합 가서 배포하고, 화장실에 갖다 놔둔다든가 뭐 이런 식으로 그리고 한창 싸움이 격렬했을 때 86년 87년 아직도 90년까지도 그랬는 데 그때는 지하철에서 나눠주고 그런 건 일상적으로 했어요 걔네들은 백골단을 중심으로 인천은 항상 애들이 비상대기하듯이요.

▶ 위험하지 않았어요?

이 굉장히 위험했죠 그러니까 혹 나눠주고, 도망가고 그런 식으로 지하철 안에서도, 당시에는 아지프로라고 그랬는데, 지하철 안에서도 얘기하 고 그랬어요 나도 지하철에서 얘기하고 그랬었는데 학교는 학생들이니 까 알아서 했을 거고 특별하게 지하철에서 선전 선동을 하는 경우에는, 잡아가니까 한 사람이 하면 양쪽에 문 앞뒤에 딱 있고, 그리고 탁 치고빠지고, 또 다른 칸으로 가서 치고, 두 번 하면 빠지고, 상황 보고 다시 거꾸로 가서 타든지 아니면 뭐 그런 방식으로 했어요. 한 번은 부평역에서 그런 선전전을 지하철 타고 가면서 하자고 해서 적지 않은 사람들이 모였었는데, 제가 가서 상황을 보는데 짭새들이 여기저기 있는 거예요 그래서 이거 이상하다. 뭐 한다는 얘기가 어떻게 들어갔나 보다. 그래서 이거 안 되겠다 싶어서 아는 사람들 몇몇한테 얘기를 해놓고, 짭새 두 명인가 3명, 일단 문 열고 탈 때 애들을 확 밀어 넣고서 같이 타자 이러고 사람들이 슬슬 같이 있다가 문 열고 차가 떠나기 전에 탈 때 확 밀면서 그냥 다 같이 확 밀어 넣어버리는 거예요 인천 방향으로 가는 열차에 사람들이 밀려서 막 들어온 건 줄 알고 짭새들이 찍고 있었던 사람이 있었던 거예요. 당신들 뭐야? 막 하니까 이 친구들은 수갑을 꺼내 지하철 기둥 철근에 걸어버리는 거야. 다 시민들이고 지네가 더 다수라고 생각을 했는지 딱 그러고 있는데, 내가 거기서 시민들 더러 "여기 짭새들이 학생들 지금 잡아가요" 소리를 쳤어요. 그랬더니 거기 같이 이제 탔던 우리 동료들이 뭐야, 뭐야 막 이러니까 이제 너희들이 좀 이상한 걸 느꼈겠지? 겁이 나니까, 그래서 빨리 이거 풀라고 아니면 가만 안 둔다고, 빨리 풀라고. 어떻게 될지 모르니까 나중에 풀어주더라고. 풀어줘서 우리는 걔네들 쫓아버리고, 제물포 가기 전에 열차를 세워서 거기서 역으로 가버리면 또 잡히잖아요? 대기하고 있을 수도 있으니까 내려서 데리고 인천대로 들어가서 수갑 자르고 뭐 그런 적도 있었고요.

유인물 이야기를 하니까, 그걸 그렇게 잡으려고, 일단 잡아야 걔들은 또 승진이라도 하니까 하여튼 뭐 그런 일도 있었고요. 그리고 또 한편으로는 홍보는 어쨌든 조그만 종이로 만들든, 아니면 큰 걸로 만들든, 나중에 몇 장 안 되는 소책자 형태로 만들든 간에 이게 만들어 내는 게 또 중요한데 쉽게 만들 데가 없어요. 대부분 서울 가서 다 어디야 서울에 무슨 동이지요? (을지로에) 을지로 거기 가서 주로 하기도 하고 나중에 인천도 어디서 만들어 준다고 해서 했던 것 같은데 어디였나 기억이 안 나네요. 하여튼 뭐 주로는 서울에서 했고 전국적으로 했어요.

▶ 팸플릿은? 인민노련에서 팸플릿도 제작했잖아요. 거의 책이었거든요.

이 네, 했어요. 비밀 인쇄소가 아니에요. 서울 가서 한 거죠. 서울은 뭐 이렇게만 통하면 사실은 쟤들한테 다 들어가는 거야. 그거 뭐 결국은 그런 거죠. 걔들도 아니 그거 딱 그 집인데 그거 모르겠어요. 근데 냅두는 거지요. 그래도 근거가 있어야 잡아가지. 내가 봤을 땐 그래요. 그렇게 다 알고 있는데 그 집을 모른다고 할 수가 있나요? 물론 우리가 조심하죠. 밤에 가서 사전에 하고 밤에 거기 있다가 다 가져오고, 근데 나중에는 만들어서 그냥 보내줬어요. 그걸 어떻게 통제를 해 그러니까 그게 안 되니까 그 정도까지 했었죠.

▶ 기관지가 몇 번인가 나왔죠?

이 그런데 하여튼 항상 항상 논쟁이 많았으니까요. 왜 그렇게 썼냐? 그게 맞냐? 그렇게요.

▶ 이남희 선생은 일관되게 그러니까 대중 조직, 민중들 속에 뿌리 박아야 된다, 그러니까 그게 운동이라고 생각을 하신 거잖아요? (예) 1980년대 상황에서 지역에 정착하고, 생활력을 확보하는 과정에서 노동자들하고 접하는 부분들이 노동조합을 건설하든가 아니면 탄압받는 사업장 이런 관계에서 이남희 선생 위치에서 좀 원활했나요? 어땠습니까? 구체적인 사업장 사례나 이런 것들 기억나시는 부분이 있나요?

이 그 부분은 좀 분명했던 것 같아요. 시간이 지나고 나서, 예를 들어 부평의 코스모스나 이런 사업사업장 사람들은 나이 먹어가면서 보고 그러면 옛날에 같이 뭐 이렇게 도와줘서 고맙고, 그래서 경찰들에게 잡혀가지 않고 그래서 고맙고 뭐 이런 정도의 교감은 있었다고 봐요. 조합이 좀 튼튼하고 그랬던 데는 어쨌든 조합원이 같이 성원이기도 하고 이런 데는 되게 우호적이기도 하고 또 실제 같이 지켜주기도 하고 이런 일도 있었고, 또 한편으로는 그렇지 않은 주안의 불티나인가요? 세창 물산 같은, 이런 데는 워낙 계속 힘들게 싸우니까 가서 살다시피 했어도 쉽지는 않았죠. 그럴 때 진짜 너무 힘들고 이거 뭐 어떻게 해줄 수 있는 게 있는지 그럴 때는 지원 투쟁이라는 게, 언제든지 함께하면 실제 도움이 되고 이래야 되는데 꼭 그렇지 않게 되는 그런 꼴도 보게 되니까요. 오히려 그게 또 노동조합에게 도움이 안 되고 오히려 해가 되는 그런 경우도 적지 않았잖아요. 회사에서 외부 세력 결국 그렇게 낙인찍어서 결국 다 해고되고 다시 들어가지 못하고 또 해고 투쟁하고 이런 것들이 악순환되고 이런 모습 보면서는 참 한편으로는 고민도 되고. 시간이 가면 갈수록 더 그런 게 많이 나타나니까요. 처음에 쫙 생겼다가 나중에는 막 해고 때려버리고 이런 식으로 가니까, 그래서 그런 부분들도 많은 생각을 하게 된 거죠. 올바른 지원인가? 그것 역시도 그 안에 조합원 대중과 대중의 이해 속에서 함께해야 하는데 그게 100% 또 맞는 건 아닌데, 어떻게든지 그걸 돌파해야 저도 좀 더 편안하게 일을 할 수 있게 되기도 하고 그렇죠. 그게 무슨 교섭 자체가 옛날에 지금처럼 연맹 단위로 협상하고 뭐 그런 것도 없었잖아요?

▶ 무시당하기도 십상이었고 3자 개입 금지 문제도 사실 심각했었어요.

이 그러다 보니까 이게 단사 차원에서 결국 해결하고, 이래야 되니까 그건 수시로 바뀌고 그러는데 우리의 한계라는 게 사업장에 쉽게 들어갈 수가 없었으니까 그 지점이 이러지도 저러지도 못하고 결국 구경꾼밖에 안 되는 그런 경우도 적지 않았어요. 경동 같은 경우만 보더라도 거기는 진짜 뭐라고 말을 하기가 참 어려워요.

▶ 서클 운동은 1980년대 1987년을 전후로 해서 최고조에 이르고, 서클의 활동가들은 각자도생하는 과정으로 가면서 점차로 퇴조하게 됐습니다. 인천에 그래도 꾸준히 남아서 활동하는 사람들이 있고, 이남희 선생은 이후에 다시 지역에서 사람들을 만나면서 지역 운동 그리고 문화운동 이런 것들을 동네에서 재건하면서 노동자만이 아닌 사람들을 다양하게 이렇게 접하지 않습니까? 그런 부분들이

우리가 그전에 생각했던 민중적인 토대들을 만들어 나가는 과정이라고 보이는데요. 요새는 어떻게 그 생각하시나요?

마을운동과 도시 시민 활동 그리고 노동문화

이 그 부분은 여전히 오히려 더 이렇게 활성화되면 될수록 더 그 폭이 넓어지고 깊어지고 뭐 이렇게 되면 될수록 더 오히려 재밌게 진짜 살 수 있고, 끼리끼리가 아니라 가장 우리가 운동 전반을 보면서 그게 무슨 운동이든, 노동운동이든 저는 문화 노동자를 중심으로 한 노동문화 운동을 하는 거죠. 예를 들어 교육운동, 청소년들을 위한 교육운동을 한다고 있지만 실제로 보면 끼리끼리의 운동이라고 표현하고 싶은데 끼리끼리의 활동 이런 부분들이 너무 많아요.

다른 표현으로 쓰는 게 뭐냐 하면 그건 단체 운동 아니냐는 거죠. 단체 운동이 필요 없다가 아니라 단체 운동이 필요한데 그건 단체 운동의 한계는 한계로 딱 보여줘야 되는 거죠. 그게 잘못됐다고 얘기하는 건 틀린 거고 그건 단체 운동이니까 당신이 하고 싶은, 내가 하고 싶은 거는 대중운동인데 그걸 어떻게 할 거냐는 거예요. 단체 속에서도 대중운동 할 수 있어요. '마을 사람들'을 만들 때 두 조직이 합치잖아요. 그거를 합칠 때 나도 같이 토론하고 자문도 구하고, 물어도 보고 그러는 과정에서 끊임없이 얘기됐던 게 그 부분이에요. 단체 운동으로 할 거냐 아니면 지역 대중 조직, 조직운동을 하자고 갈 거냐?

근데 말은 다 조직운동이라고 얘기를 해요. 동네에서 활발하게 활동하면서 자리매김이 되고 뭐 이런 조직을 만들려고 한다고요. 그래서 '마을 사람들'인 거죠. 그런데 조직은 그게 아니게 만들어 놓고서 뭐 운영위원 있고 뭐 있고 뭐 이런 식으로 만들어 놓고서, 마을을 중심으로 해서 마을 조직을 만들려고 한다는 게 이게 맞냐는 거예요. 내가 봤을 때 그거부터 고쳐야 된다고 봐요. 마을 활동을 하는 사람들이 중심적인 위치에 자기 역할을 할 수 있게 해주고 안 되면 도와주는 거 하면 되는 거죠. 도와줄 사람이 있으니까 그건 도와주면 되는 거 아니냐고요.

왜 그거를 활동가들이 다 이렇게 위치하고 그럼 그 마을 조직의 사람들은 누구 와 있죠? 마을 중심으로 뭘 한다는 겁니까? 그건 아니잖아요. 조성혜하고 한참 얘기했어요. 걱정하지 말래요. 서구로 가고 초기 몇 년을 계속 그러더라고요. 그래서 아, 그거 아닌데 그거 아닌데 그랬더니 가좌3동에 그것도 벌써 5~6년 됐을 거예요. 하도 많이 그 얘기를 하니까 가좌3동에 또아리를 딱 틀기 시작하는 거예요. 동네 사람들하고 해서 지금 재밌게 하잖아요. 가좌3동에 딱 들어앉고 그런데 가좌3동 사람들만 오냐? 그런 바탕이 있으니까 주변 사람들이 또 같이하고 그러는 건데, 하여튼 뭐 그렇게 해서 자리 잡아가는 괜찮은 사례인 것 같고, 그런데 그런 부분들은 인천만 보더라도 굉장히 많아요.

▶ 이제 활성화되고 있죠.

이 이게 우리가 '석남 어린이 한마당' 이거를 하는데 처음에 3~4개 단체, 동아리 같은 이런 데 '민중의 집' 몇 군데밖에 없었는데 같이하겠다면서 자기 모임들이 있는 거예요. 그 모임이 누구죠? 그 동네 사람들이잖아요. 그렇다 보니까 지금 뭐 30개가 넘는 그냥 동아리, 학교도 학교 무슨 동아리, 춤 동아리 와서 한 30분을 그냥 정신없이 춤 추어대고 사람들이 좋아해요. 좋아서 그냥 뭐 그렇게 하게 하고 좋은 점만 보면서 그렇게 가면 된다는 거죠. 이런 사례인 것 같고 인천 서구, 내가 조금 더 이렇게 돌아다니고 검암 뭐 이런 데도 가보고 그러는데 진짜 모임들 되게 많아요. 아주 그걸 재밌게 그러니까 뭐 좀 도와주세요, 이거 같이 좀 했으면 좋겠어요, 그러면 또 가서 같이해 주고, 이제 그 정도까지는 활성화가 되어 저도 좋다고 보는데요. 제 생각은 어려운 문제는 이제 가정과 학교, 청소년 교육, 이 문제가 아직도 진짜 힘들어요. 제가 인천교육연구소를 만들고 같이해서 사단법인을 만들었어요.

▶ 그건 언제였습니까?

이 4년 전이죠. 인천교육연구소는 원래 없던 게 아니고 전교조 안에 인천교육연구소가 있어요. 그런데 그 활동이 정지돼 있어요. 그게 초기에 1980년 후반인가 뭐 이 정도에 만들어요. 전교조가 팔십 몇 년에 만들어지잖아요? 그런데 그 활동이 잘 안돼, 그래서 이름만 남아 있었어요. 근데 하여튼 그래도 모임은 계속했어요. 정규직 안에 있으니까 교사 모임밖에 안 되는 거예요. 나도 같이 만나고 이렇게 하면서 활성화가 안 되니까 내부에서 논의하면서 사단법인을 만들자고 한 거죠. 그래서 사단법인 만드는 거 진짜 힘들더라고요. 1년 반, 허가도 잘 안 나오고 그런데 바깥으로 빼낸 거지요. 전교조 안에 있는 걸 바깥으로 빼내고 사단법인 인천교육연구소, 제가 처음에 이사장을 하고 진행하려고 하는데, 교사들하고 학교가 학교 밖 선생들 역사 교육하는 김희주 등등 학교 밖에서 이제 교육 프로그램들을 하는 이런 학교 밖 선생들하고 교육활동을 하고 싶어 하는 사람들하고 같이 꾸리려고 했던 건데요. 결국 이것도 연구소 나름 최소한의 역할이라는 게 있잖아요. 어떤 과제를 딱 놓고 결과를 우리가 정리를 해서 연구해서 그런 부분을 발표하고 이런 과정들이 천천히 하더라도 하나씩 이렇게 돼야 하는데 사람들이 너무 바빠요. 그러다가 뭐야 코로나가 빵 터지지, 제대로 만나지도 못해서 더 진행이 안 되다가 재구성해서 사람하고 뭐 이런 것 다 보강하고 바꾸고 해서 그저께 그 첫 번째 토론회를 했던 거예요. 이사장은 임병구 그리고 소장은 이제 최길재라고 그 친구가 소장을 하고 이사진 새로 꾸리고 이제 새로 출발을 하게 됐고요. 이제 재밌게 할 수 있으면 좋겠는데, 하여튼 앞으로는 뭔가는 좀 될 거예요.

▶ 최근의 화두는 그러니까 이남희 선생은 교육 그리고 이제 노동문화 이 부분인데요. 노동문화 그러니까 노동문화제를 20년 대표를 하셨잖아요.

최근에 그만두셨다고 하는데 처음 시작하실 무렵에는 아마 지역의 노동문화제가 많이 위축되던 과정이었거든요. 1990년대 말이었으니까 근데 이제 거기 천착하게 되신 계기는 어떤 거였습니까?

이 인천 문화를 열어가는 시민모임을 만들잖아요. 그걸 하면서 생각했던 게 아까 얘기했지만, 당시에 우리 주변에 어른이든 청소년이든 사람들이 머리가 좀 깨고 보고 듣고 경험하고 이러면서 자기 생활 속에 문화예술이 기본이 돼서 생각을 펼치고 많은 것을 알게 되고 느끼게 되고 그래서 얘기할 수 있는 것들이 많아지고, 이러면서 사람이 인간관계부터 시작해서 자기가 했던 분야를 고정시키지 않고 어떻게든 대학 가서 좋은 데 취업 이게 아니라, 그것도 필요하고 중요하지만, 한편으로 내가 하고 싶은 것들이 뭐 이런 게 있을 수 있어요. 이런 것을 사고할 수 있게 만드는 게 난 문화예술이라고 봐요. 기본은 문화예술이어야 해요.

그런 게 기본이 되면서 모든 분에게 그런 기회가 주어졌으면 좋겠고, 사람 관계도 가족 관계, 학교에서 선생과 관계 그리고 친구들과의 관계 이런 관계도 실제 인간관계 단계를 어떻게 해야 하는가가 중요해요. 자기 마음대로 생각하고 자기가 하고 싶은 것만 하는 게 아니라 서로 차이가 있다는 것은 인정하되 서로 차별은 하지 말고요. 그런데 그 사람들은 다양하잖아요. 최근에 제가 장애인 케어를 하는 프로그램을 같이하고 있는데 똑같은 사람이잖아요. 근데 차이는 있잖아요. 저는 우스갯소리로 예전에 불편하고 그러면 뭐 병신 같은, 이런 식으로 얘기를 하고 이랬는데요. 지금도 머릿속에서는 그런 것을 갖고 있어요. 그런 부분들을 깨야 한다는 거죠. 그 한 축이 문화운동이라고 보는 거예요.

▶ 노동문화제와 어떤 관계가 있는 것인가요?

이 노동문화라는 범주 안에는 살아오는 과정의 문화적 변화가 있어야 하는 거고, 노동자들에게도 사는 데 있어서 특히 좀 문제가 될 수 있는 것들이 예를 들어 워낙에 힘든 일을 하는 사람들이 많잖아요? 그러다 보면 집에 가서 아이들을 대할 때나 이제 와이프를 대하거나 남편을 대할 때나 이럴 때 사실은 편치가 않아요. 말도 안 하고 그냥 애들 교육비나 잘 챙겨서 공부 열심히 하면 되지, 그냥 어디 가서 한 번 잠깐 놀아주면 되지, 이런 부분들이 깨져야 한다는 거죠.

진짜 똑같은 사람으로 인정하고, 그렇게 해서 대화를 하고, 물어도 보고 그러기 위해서 같이 영화도 보고, 돈이 없으면 동네라도 같이 다니면서 서로 얘기도 하고 이런 과정이, 어떻게 사느냐에 따라서 사람과의 관계들이 달라진다는 거죠. 가정을 보더라도 가정에서 서로서로 얘기를 들어주고, 민주적인 대화가 되는 거고 그랬을 때 그 가정은 편안한 가정이 될 수 있는 거잖아요. 그런 문화적 변동이 있어야 한다는 거예요. 그게 제가 노동문화운동 하는 운동의 한 축이에요. 사람과의 관계나 가정에서의 문화적 변화가 있어야 하고, 남자가 생각하는 고정관념, 여자가 생각하는 고정관념 이런 것들이 깨지고 열려야 대화가 되는 건데, 고정되어 있는 것 갖고 얘기하면서 싸워버리면 안 되는 거죠.

▶ 선생이 노동문화제를 쭉 해마다 행사로 이렇게 이어오지 않습니까? 근데 그 프로그램들은 제가 보기에는 20년 전이나 지금이나 사실 그렇게 많이 바뀐 건 아니거든요. 1년에 한 번씩 주어지는 그런 행사로 노동문화제에 참여하는 사람들도 그리 많지 않았고 그런 부분들은 참 고민이 됐을 것 같아요.

이 네, 항상 고민이 되죠.

▶ 민주노총 조직에서도 노동문화가 잘 뿌리를 못 내리고 있는 것 같지 않습니까? 어떻게 보세요?

이 그 부분은 분명 한 게 노동문화제가 어떻게 하고 있느냐도 중요하고, 노동문화제가 민주노총하고 지금까지도 함께해 오고 그랬는데 이제 민주노총 지도부의 입장은 선전대 역할을 해주는 거예요. 그런데 그거는 노동문화제 전체를 보면 한 10분의 1뿐이 안 되는 거예요. 나는 그게 중심이 되어서는 안 된다고 보는 거예요. 이미 바뀌었고 바뀌어야 하는 거고, 예를 들어 그렇게 해서 나가서 싸우면 뭐 해요? 집에 가서는 와이프와 애들하고 싸우면서요. 노동문화가 뭐예요? 그게 노동문화가 아니라는 거예요. 잘못 생각하고 있는 거지. 더군다나 인천 민주노총은 어쩔 수 없이 금속이 이제 중심이 되니까 거기는 또 강성들이 좀 많잖아요.

그리고 그렇게 사고를 많이 하려고 하죠. 일하는 데 바빠 죽겠고 힘들어 죽겠는데 민주노총에서 회의하니까 또 가긴 해야 하고 실제로 그러고 있는 거잖아? 노동문화라는 걸 그렇게만 보는 거예요. 우리가 그렇다고 안 하는 것은 아니거든. 현장에 집회 있으면 현장 가서도 같이하고, 또 공동으로 집회하기도 하고요. 그리고 우리 자체적으로는 이제 동네, 지역에 또 프로그램하고 같이 가서 하기도 하고요. 겉으로 보기에는 지금은 청년들 중심으로 청년 노동자 중심으로 해서 좀 이야기 들을 자꾸 하려고 그러고 있어요. 실제 노동문화제라는 자체를 수많은 사람이 와서 함께 그것도 같이 보고 이런 시대는 좀 지났다고 봐요. 제가 얘기하지만 이미 노동자들이 다 어디 있냐는 거예요. 노동조합 전국대회 해도 누가 가죠? 우리가 누구하고 이렇게 같이 하느냐 보자는 거죠. 교사도 전교조 집회하면 인천에서 한 10명 가요. 근데 노동문화제 한다고 오나요? 아니에요. 이미 바뀌었고, 필요한 프로그램을 갖고 청년 노동자들, 요즘은 청년들 중심으로 항상 뭘 하려고 하고, 그런 거라도 계속 끊임없이 하고 그래야 사람들이 그런 것도 있다고 느끼죠. 오히려 지역 지역마다 자기 활동 속에서 그런 부분들이 녹아날

수 있는 그런 노동문화운동, 그런 것을 자꾸 만들어야 하는 거라고
봐요.

(이후 녹음 불량, 생략함)

인천5·3민주항쟁의
기획과 집행의 현장에서
이우재

대담 **이형진이 묻고
이우재가 답하다**

주요 약력

1957년	경기도 파주 출생
1975년	서울대학교 사회과학대 입학(76년 동양사학과 전공)
1978년 10월	긴급조치 9호 위반으로 구속
1980년	계엄포고령 위반으로 구속
1984년 11월	인천 지역사회운동연합 집행국장 역임
1986년	인천5.3민주항쟁으로 수배, 1988년 소요죄로 구속
2020년~현재	(사)인천민주화운동계승사업회 이사장

이우재 선생은 70년대 중반 학생운동으로 반독재 민주화운동을 시작하였고, 이후 인천 지역에서 사회운동에 투신하였습니다. 70년대 후반 학생운동과 민주화운동, 80년대 인천 지역의 사회운동에 본격적으로 투신하여 인천 지역사회운동연합을 통한 전두환 군사정권과의 투쟁은 인천 지역 사회운동의 큰 흐름을 만들었습니다.

이우재 선생과 인터뷰는 2023. 9. 15. 주안미디어센터에서 진행하였으며, 70년대 후반 서울대 학생운동과 80년대 초 인천 지역의 사회운동 및 인사련의 태동 및 활동 과정에 초점을 맞추었습니다. 이우재 선생의 구술을 통하여 80년대 상반기 인천 지역 사회운동 세력 양상과 학생, 노동운동의 성장 과정, 인천5.3민주항쟁 속에 나타난 각 세력의 갈등과 투쟁에 대한 구체적인 과정을 이해할 수 있습니다. 또한 80년대 민주화운동, 노동운동의 한 축을 이루었던 인천 지역에서 새로운 사회를 추구하며 이우재 선생과 함께했던 여러 운동가에 대한 추억어린 회고를 접할 수 있습니다.

▶ 오늘 2023년 9월 15일입니다. 주안미디어센터의 좁은 공간이긴 한데요. 인천에서 민주화운동 얘기를 할 때 빼놓을 수 없는 분이죠. 이우재 선생을 모셨습니다. 이우재 선생은 70년대 중반부터 인천 지역의 여러 사회운동과 민주화 투쟁 과정에 직간접적으로, 어떻게 보면 종합적으로 얽혀 있는 분이라고 말씀드릴 수 있을 것 같습니다. 그래서 오늘 이우재 선생과 80년대 인천의 민주화운동을 중심으로 좀 집중적인 대화를 나눠 볼까 합니다. 이우재 선생, 반갑습니다.

이우재 예, 반갑습니다.

▶ 최근에 우리 인천의 5.3민주항쟁이 민주화운동으로 인정받아 감회가 깊으실 것 같습니다. 그리고 이번 기회에 당시와 그 전후 치열했던 투쟁에 대해서 기억을 되살리는 시간인데 이 선생님께서 흔쾌히 허락을 해주셔서 자리를 만들 수 있게 됐습니다. 이것저것 여러 가지 감회가 많으실 텐데 최근에 소감 한마디 말씀해 주시면서 시작하면 어떨까 싶습니다.

이 아, 묵은 체증이 그냥 쑥 빠졌죠. 제가 빵(징역)을 세 번 갔다 왔는데, 앞에 두 개 산 거는 다 무죄로 받았는데, 5.3은 아직도 죄인으로 남아 있거든요. 거기 표현에 의하면 극렬 좌경 문제하고 폭도인데, 어찌 됐든 이번에 민주화운동기념사업회법 개정으로써 5.3이 민주화운동으로 명기되는 바람에 폭도라는 거는 아직도 무죄는 안 받았지만 하여간 그걸 떨쳐버릴 수 있어서 묵은 체증이 쑥 빠진 것 같습니다.

▶ 재심 청구도 하셔야 되겠습니다.

이 글쎄요. 그게 근데 지금 재심한다고 그래서 법적으로 무죄가 나올까요? 그건 쉽지 않을 것 같은데요. 왜냐하면 80년대에 집시법이나 이런 사람들도 무죄 받은 사람이 없잖아요.

▶ 5.3에 관한 부분도 이따가 얘기할 수 있을 것 같으니까 일단 넘어가고, 지금부터 이야기를 시작하도록 하겠습니다. 선생님은 1957년 인천 출신이셨습니다. 혹시 실향 가족이셨나요?

인천 송월동 빈민촌에서 어린 시절

이 저는 인천 태생은 아니에요. 우리 아버지가 직업군인으로 군인 하사관으로 근무했어요. 하사관이어서 해병대 돌아다니시고 근무하고 그래서 태어나길 경기도 파주 금파리에서 태어났어요.

▶ 그럼 인천으로 오시게 되는 과정은?

이 우리 아버지가 인천으로 내가 세 살 때인가, 네 살 때인가? 네 살 때 인천으로 발령을 받으셔서 그때부터 인천에 살았어요.

▶ 인천의 해병대 기지에서 근무하셨습니까?

이 해병대 기지가 어디 있냐 하면 지금 인천역에서 조금 더 내려가면 그 바닷가, 옛날에 해안경비부라고 해병대 부대가 있었거든요. 지금 없어졌지만 거기 근무하셨어요, 아버지가.

▶ 그러면 이우재 선생 사시던 동네도 바로 인천역 근처였네요?

이 그렇죠. 그러니까 저는 81년 말이죠. 81년인가 82년인가 헷갈리는데 하여간 주안으로 이사 오기 전까지 한 20년을 북성동, 송월동 쪽 자유공원 그 일대에서 살았어요.

▶ 예, 당시 57년 이후에 그러니까 60년대부터 얘기겠네요. 60년대면 인천이 전쟁이 지난 10년 정도 지난 시점인데요. 그때 동네에서 봤던 어린 시절의 사회상이랄까 이런 부분들에 대해서 말씀을 해주시겠습니까?

이 여기서 많이들 얘기하셨을 텐데 우리 노동운동에서 동일방직을 빼놓을 수 없죠. 그러니까 이총각 선배님이 고생 많이 하셨는데 사실은 동일방직 노동자들 잘 산 거였어요. 제일 기가 막힌 건 제가 살던 자유공원 밑인데 거기는 주민들이 거의 대부분 어부예요. 어부인데 그때는 일기예보도 정확하지도 않고, 배라고 해서 조그만 배들이고, 그래서 해난사고로 죽는 사람도 많았어요. 그다음에 지금처럼 이렇게 냉장 시설이나 이런 게 발달 되어 있는 것도 아니어서 어부들이 수입이 진짜 없었어요. 공장 노동자는 한 달 일하면 한 달 월급이 정확하게 나오잖아요. 어부들은 답이 없습니다. 그래서 도시락을 싸가면 도시락이 거의 꽁꽁 꽁보리밥 그것도 못 싸오는 애들도 쎄고 쎄고, 지지리 가난한 동네였어요. 그게 뭐로 증명됐냐 하면 만석동에 공장 노동자들 많은 그 지역은 만석 초등학교죠, 만석 초등학교. 우리는 송월국민학교를 다녔거든요. 1년에 한 번씩 숭의동에 있는 공설운동장에서 국민학교 체육대회를 하는데 우리가 입장을 하잖아요. "송월 입장"하면 전부 뭐라고 그랬냐하면 "송월 똥통, 송월 똥통" 그랬어요. 우리 송월학교 동기로 졸업한 우리가 6개 반인데 졸업한 애가 한 오백 몇십 명 되거든요. 그때는 한 반에 80명 이렇게 넘었으니까. 근데 인천중학교를 간 사람이 여섯 명이고, 중학교 간 사람이 전부 팔십 명밖에 안 됐어요.

▶ 중학교 진학을 10%밖에 안 했다는 말씀이에요?

이 10% 조금 넘었죠.

▶ 그건 좀 심한데….

이 그러니까 그냥 초등학교 졸업하고 어영부영 다 그냥 학교 못 들어가고
    막노동하거나 뭐 그런 식으로 그렇게….

▶ 보통 60~70년대의 경우도 초등학교에서 중학교 진학하는 비율은 반 정도는
    되었는데….

이 우리는 그러니까 송월 똥통 그랬죠 우리가 제일 똥통이었어요 그러니까
    어부들의 삶이 그렇게 비참했어요.

▶ 이우재 선생은 초등학교 그리고 중학교는 어디로?

이 바로 제가 인천중학교 마지막입니다, 마지막 회. 전국의 8대 명문이라고
    그래서 뭐 경기중학교 이런 학교 없어질 때 마지막으로 우리도 없어졌는
    데 제가 마지막 졸업생이에요.

▶ 그러면 제물포고등학교 진학하신 거는?

이 그러니까 69년도에 인천중학교 들어가고 72년도에 고등학교 갔죠.
    그거야 거기 그냥 동계 진학 비슷하게… 물론 시험 봐서 들어갔지만.

▶ 이우재 선생 워낙 공부를 잘하셨잖아요. 그래서 제물포고등학교에서부터 이름을
    날렸는데 제물포고등학교는 나름 또 사회의식이나 이런 부분들도 좀 강한
    학교였지 않습니까? 고등학교 때 일화나 이런 것들을 좀 말씀해 주시겠어요?

이 그렇게 사회의식이 있었다고 생각하지 않아요. 우리 때 데모가 조금
    우발적인 데모가 있었는데 그건 뭐 사회의식을 놓고 한 데모가 아니고
    교장의 부정에 항의하는 것이었는데, 부정 입학시킨 거 아니냐 교장

선생이. 그리고 그때 뭐 하려다가 선생들이 이렇게 해서 그냥 흐지부지 된 사건이 한 번 있었고… 사회의식이 있었다고 생각하지는 않아요.

▶ 무감독 시험이나 이런 부분들은 꽤 유명했던 것 아닌가요?

이 무감독 시험이 유명했죠. 그러니까 시험 볼 때 그냥 선생님이 시험지 그냥 던져 주고 나가요 그러면 우리끼리 알아서 돌려보고 그냥 풀어서 내고 그랬거든요 그걸 뭐 큰 자랑이라고 여기는데 어떻게 보면 자랑이라면 자랑이라 할 수도 있겠죠. 근데 그게 당시에는 의미가 없었어요 왜냐하면 당시에 내신이라는 성적이 아무 의미가 없거든요 그러니까 어차피 대학 가려면 시험 봐서 들어가는데 고등학교 성적 아무리 잘나봐야 자기 실력이 없으면 안 돼요. 그거 무의미한 거였고… 물론 우리 지역인들은 그에 대해서 대단한 긍지를 가졌죠. 제가 생각하기에는 사회를 볼 수 있는 눈이 있어야 되는데 자기 개인만 보는 거죠. 그건 사회를 보지 못하고, 우리 동기나 지인 중에 그렇게 사회의 현실을 냉철히 볼 수 있었는가 그리고 사회가 요구하고 역사가 요구하는 걸 과연 진지하게 고민했는가 이런 부분에서는 그런 개인적인 양심만 찾는 작은 소시민적인 그런 양심이랄까 저는 그렇게 생각합니다. 그래서 별로 긍정적으로 생각하지는 않아요.

법학도가 되기 위해 서울대 사회계열로 진학하다

▶ 3년이 지나면 대학으로 진학하게 되는 것은 75년이네요. 이우재 선생, 당시에
  법대로 진학을 하신 건 아니었죠?

이 아니예요. 사회대 사회계열로 들어왔어요. 당시 법대가 사회계열 안에
  있었어요.

▶ 원래는 목표가 법대 진학을 목표로 사회계열로 가신 거예요?

이 법대 진학을 목표로 사회계열을 갔죠.

▶ 75년부터 이우재 선생 진로에 여러 가지 사건들이 생기는데 학교 진학부터
  서울대 분위기, 뭐 이런 점들 좀 말씀해 주시겠어요? 당시에는 관악구에
  있는 서울대학교가 아니었지 않습니까?

이 아닙니다. 우리가 관악 첫 세대예요.

▶ 75년도?

이 3월부터 관악 캠퍼스가 가동되기 시작했어요. 그런데 공사가 좀 늦어져
  서 그런지 학교를 75년 3월 말쯤부터 다니기 시작했어요. 공사가 좀
  덜 끝났다. 3월 20 몇 날부터… 그러니까 관악 1세대예요. 나는 문리대를
  다녀보거나 동숭동은 가본 적이 없어요. 입학시험 볼 때는 거기서
  봤죠. 입학시험 볼 때만 거기서 봤고 관악으로 다녔는데 그땐 좀 황량하
  고 썰렁했죠.

▶ 인천에서 통학하실 때도 2시간 걸렸겠어요?

이 근데 그건 그러지 않았어요. 그때는 교통편이 그렇게 좋지 않아서
  노량진역 앞에 스쿨버스가 항상 대기 중이었어요. 그래서 인천에서

노량진역까지만 가면 거기서 그냥 스쿨버스 타고 학교 안까지 들어왔어요. 그래서 학교 다니기 불편하지는 않았는데 학교가 좀 썰렁하긴 했죠.

3월에 대학을 다니기 시작했는데 4월 초가 되니까 갑자기 데모가 터지더라고요. 나는 그때 우리 집이 가난해서 신문도 없었고 텔레비도 없었어요. 그러니까 가끔 라디오 듣는 건데 라디오에 데모하고 이런 얘기 나올 리가 없고… 그러니까 그런 거 몰랐거든요. 데모가 터지더라도 이게 뭔가 이렇게 신기하게 구경을 했던 기억이 있어요. 그 데모가 어떤 거냐 하면 74년도에 민청학련 사건이 터지잖아요. 그래서 이제 75년도 2월에 박정희가 그 사람들을 다 풀어주거든요. 그래서 연세대학교 총장이 복학을 시켜주려고 그랬더니 문교부에서 "복학시키지 마" 이렇게 된 거예요. 그래서 민청학련 때 제적됐던 사람들 복학을 요구하는 데모였어요. 우리는 그때 그걸 몰랐고 관심도 없었고 그냥 못 보던 게 생겼으니까 그냥 그런가 보다 하고 구경만 했을 뿐이죠.

그런데 그게 심해져서 휴교가 떨어졌어요. 3월 20 며칠쯤 학교 다닌 지 한 20일 조금 지나고 휴교가 되어 학교를 또 못 갔어요. 그러다가 5월 중순쯤 학교가 다시 개강을 했는데 그때는 박정희가 월남전 패망을 핑계로 긴급조치 9호를 선포하고 그 배짱 하에 학교를 개강을 시켜준 거예요. 뭐 그래서 그냥 그렇게 다녔죠. 뭐 그런 게 뭔지도 몰랐고 당연한데 수업이 있는 날은 가고, 수업이 없는 날은 안 가는데 5월 22일이 수업이 없는 날이었어요. 그래서 그날 학교를 안 갔거든요. 다음날 학교를 갔는데 학교 분위기가 이상하더라고요. 학교 안에 벽보가 붙어 있는데 이 사람들 제명시킨다고 한 50여 명 제명 학생 명단이 붙었는데, 아는 선배들 이름이 있는 거야. "이게 뭔 소리냐?" 그랬더니 "너 어제 데모한 거 몰라?" 그래서 나는 "어제 수업 없어서 학교 안 왔어" 그랬더니, "어제 우리 제고 선배들 데모해서 많이 잡혀 갔어"

그러더라고요. 그게 오둘둘이었는데 제가 잘 몰랐던 게 저는 사회계열로 들어갔는데 오둘둘 데모를 주동한 사람들은 문리대 쪽에서 인문계열쪽 그쪽이에요. 인문대학 쪽. 그러니까 나는 법대 상대 선배들 이쪽이고문리대 쪽은 인문계열로 그렇게 몇 번 보긴 이름 듣고 그랬었지. 그렇게친하지는 않은 선배들이었는데 제고 선배들이 데모하다가 잡혀서 제명되고 감방 끌려가는 것 봤죠. 세상이 이런 거구나 하는 걸 보고서도그게 별 특별한 감흥으로 오지는 않았어요.

▶ 오둘둘 김상진 열사 얘기도 들으셨어요?

이 그냥 들었는데 뭐 그런가 보다 했어요. 나는 당시 과외를 했는데,과외는 이제 보통 잘 사는 집에 가정교사로 있으면서 했죠. 그냥 고시공부하느라고, 그냥 붙들고 고시 공부 책이나 보고 그랬죠.

▶ 학비를 벌어가면서 학교를 다니던 형편이었네요.

이 그럴 수밖에 없었어요. 우리 아버님이 군인 상사로 제대하셨는데 군인상사 월급이 많아야 얼마나 많겠어요. 그런데도 하여간 뭐 학교는다닐 수 있죠. 근데 중학교 1학년 때 69년도에 김신조가 넘어온 적있잖아요. 그래서 군대 생활이 무지하게 힘들어졌어요. 아버지가 나이먹어서 군대 생활 더군다나 아버지 뒤를 봐준 사람이 충남 부여 사람인데, 우리 아버지 이종사촌 형이 되는 분이 살던 곳이 당시 김종필의지역구인 부여예요. 그리고 부여 지역구 관리 책임자였어요. 그 배경으로 우리 아버지가 해병대 헌병과였는데 연평도 파견 대장이었죠. 그건강화도 요직이에요. 뒤 수입도 짭짤하게 생기는데요. 그러다가 박정희가 3선을 하면서 김종필을 내치기 시작하면서 아버지도 끈이 떨어져그런 부대가 아니라 그냥 일선 부대로 발령이 나서 포항으로 발령이난 데다가 군대 생활이 1.21사태 이후로 험해지니까 나이 드셔서 그걸 감당을 못한 거예요. 겨울이고 뭐고 막 텐트 치고 바같에서 전투 훈련을 하고 그러니까 아버지가 사표를 냈는데 우리 아버지가 머리를 썼어요.

그때 군인 연금을 주거든요. 군대 생활을 20년 이상 하면…. 아버지는 이제 6.25도 참전하시고 그러니까 20년이 넘었어요. 20년 2개월인가 3개월이 됐다는데 69년 말인가 70년 초가 그때 그러면 일시불로 못 타고 연금으로 받는다고 해서 일시불로 받기 위해서, 그때만 해도 개판이니까 근속 연수를 조작해서 19년 몇 개월로 줄인 거예요. 그래서 일시불로 탄 거야. 아버지 뒤 봐주던 이종사촌 아저씨, 하여간 정치권에 있어서 이렇게 저렇게 아니까 그 당시 유행이던 건설업에 투자를 했죠. 그다음 뭐 얘기해도 뻔하고 갑자기 빚더미에 올라앉아 아주 지긋지긋하게 고생했어요.

도시락을 싸기 위해서 보리밥을 아침에 따로 끓였어요. 따로 쌌어요. 아침에 그냥 수제비 먹고 학교 갔어요. 도시락 싸기 위한 보리밥만 그냥 점심 먹으러 따로 한 거예요. 뭐 그렇게 어렵게 학교 다녔어요. 그러니까 당연히 가정교사를 해야 되고, 그런 속에서 노상 아버지한테 들은 얘기는 판검사 얘기니까 그냥 그 공부한 거죠.

▶ 1학년 내내 그러셨습니까? 아니면 중간에 좀 계기가 있었습니까?

이 그러다가 1학년 여름방학 때, 저는 사실은 내 머리 구조가 논리를 따지는 구조라 무턱대고 외우는 공부를 그렇게 좋아하지 않아요. 원래 하고 싶었던 공부는 수학이나 물리학이었어요. 그러나 우리 집은 지지리 가난하고, 그다음에 부모로부터 어릴 때부터 들은 얘기는 판검사라서 그래서 그냥 고시 공부를 했어요. 당시에 유신헌법 아니에요? 그러니까 당시 제가 그때 읽은 책이 『헌법 총론』, 『민법 총칙』, 『형법 총론』이제 세 권을 읽었어요.

▶ 1학년 때 벌써 고시 공부를 시작해서 중요한 도서, 두꺼운 책을 3권을 외우기 시작하셨군요.

이 이런 거예요. 이것이 옳다 그르다가 아니라 우리나라는 이렇게 했다, 이렇게 하기로 했다, 우리나라는 이 입장을 선택했다, 뭐 이런 거예요. 그러니까 유신헌법 같은 경우는 국민의 기본권은 최소한으로만 제한할 뿐이지 기본적으로는 제한의 대상이 아니거든요. 근데 유신헌법엔 긴급조치로 인해서 국민의 기본권을 언제든지 제한할 수 있고 이런 것이거든요. 그걸 외운다는 게 참 이해도 안 되는 데다가 '이거 아닌데, 아닌데…' 이런 의구심이 계속 들었던 거예요. 유신헌법에 대해서 그리고 간선으로 뽑고, 대통령은 그다음 임기에 제한이 없어, 뭐 이러고.

▶ 혹시 법대에 가서 청강이나 이런 강의를 들으신 적은 있나요?

이 그냥 당시 개론 강의 이런 거나 들었지 특별히 들은 건 없어요. 법학개론 하나 들었을 뿐이고 그리고 선배들한테 얘기 들은 것도 아니고 그냥 혼자 하다 보니까, '이건 아니다 아니다'. 그러다가 점점 더 '이상해'. 근데 내가 고시 공부를 하려면 그런 책들을 한 20~30권을 그냥 그대로 다 외워야 한다는 건데, '이건 아니야' 하는 생각이 계속 들더라고요. 그러다가 어느 순간에 '아! 이거 안 해, 이게 무슨 공부야 이거 공부 아니야 이건 안 해'.

▶ 여름방학 때였습니까?

이 그냥 결정해 버렸지. 이건 안 해. 그래서 그때 고시 공부하느라고 책 사놓은 거 내가 그때 우리 반 1등이었거든요. 그냥 헌책으로 팔려고 그랬더니 내가 메모하고 막 그런 게 있으니까, 산 값 그대로 주고 옆에 친구들이 사가더라고요. 그거 갖고 술 다 때려먹고 그다음부터 방황하기 시작했어요. 뭐 할까….

▶ 방황의 역사에 대해서 좀 말씀해 주시죠.

이 그때는 그냥 운동 이런 거 전혀 몰랐고 하여간 법학은 때려죽여도
안 해.

고시를 포기하고 동양사학과로, 학생운동에 투신하다

▶ 제물포고등학교나 아니면 사회대 쪽에서 선배들이 좀 만나고 뭐 이러면서 영향을 주지 않았습니까?

이 뭐 그 선배들 특별하게 관심 갖지도 않고 자기들이 바빴죠. 주로 법대하고 상대 선배들인데 이 사람들 다 고시니 행시니 이런 거 본다고 자기들 공부하기 바빴지, 뭐 그렇게 특별히 챙기지 않아요. 법대 그런 게 있어요 자기 고시 봐야지. 그냥 방황을 했는데 계기가 2학년, 우리가 2학년 1학기까지 계열별이에요. 2학년 2학기 때 이제 과를 선택하는데 그냥 방황이었어요. 그러니까 아르바이트해서 생기면 술이나 먹고, 도서관 가서 이 책 저 책 어떤 방향 없이 그냥 아무 책이나 읽고, 그러다가 제가 그래도 꼭 놓지 않고 보던 게 「타임」지를 계속 정기 구독을 했는데, 75년도 76년도 넘어가는 그 해에 타임의 1면 톱을 중국인이 세 사람이 장식했어요. 표지 톱을 장개석, 주은례, 모택동이었는데, 75년도 76년도에 다 죽어요. 76년도에 주은례도 죽고, 이 사람들 사진이 그냥 겉표지에 그대로 나온 거야. 기분은 더럽게 나쁜 게 긴급조치 시대라 조금이라도 문제 되는 표현들은 매직으로 찍찍 그어서 읽지도 못하게 하고, 그리고 그런 내용이 많으면 오려 버려요.

▶ 시중에 팔린 책들이 다 그런 식이었죠.

이 외국 잡지도 어떤 페이지에 떼버리고 그걸 볼 수 있는 건 미 대사관 가서 보면 그대로 볼 수 있어요. 그러니까 그런 건 사실은 호기심을 더 자극하는 거 아니에요? 이 사람들이 뭔 얘기가 있길래 그걸 이렇게 지우고 오려 버리고 그럴까? 중국에 대한 호기심이 굉장히 강해지더라고요. 근데 내가 고등학교 다닐 때 제물포고 도서관이 10시에 문 닫는데 꼭 10시까지 있었어요. 뭐 공부 때문에 그런 게 아니라 집에 와봐야

요만한 손바닥만 한 방에 여섯 식구가 자거든요. 집에서 책 볼 수도 없고 내가 이렇게 책이라도 본다고 그러면 아버지 어머니는 벽에 기대서 주무시고 그랬어요. 그러니까 집에 와서 책 볼 수도 없어요. 그러니까 도서관에 10시까지 있다가 그냥 도서관 문 닫으면 와서 그냥 집에 가서 자고 그랬는데 근데 뭐 남은 시간에 뭐 합니까? 도서관에 책 읽는 거죠. 그래서 『수호지』, 『삼국지』 뭐 이런 거 중국 4대 기서 이런 건 뭐 달달 읽었거든요. 2학년 1학기 동양사 개론인가 하는 강의가 있더라고요. 민두기 교수 강의를 들었더니 그냥 이거 재미있겠는데 확 그렇게 당기더라고요. 그래서 동양사학과 간다, 이렇게 된 거예요.

그런데 2학년 1학기 초에 우리 바로 밑에 애들이 1학년 들어왔을 거 아니에요? 걔들 신입생 환영회를 해주는데 법대 선배들이 내가 이제 법대는 안 가려고 한다는 소리를 들은 거예요. 고시 공부하다가 때려치우고 막 방황하고 다니는데 이 친구들과 대화하길 "너 법대 안 간다며", "나 법대 안 가요", "이 새끼, 니가 법대 안 간다고" 빠따를 치더라고…. 그래서 막 술 먹고 선배들하고 싸우고 그랬는데 그 바람에 '이제 법대, 어떤 경우도 안 가' 그러고 그냥 동양사학과로 가게 된 거죠. 그때까지만 해도 운동권은 몰랐어요. 동양사학과 갔더니 거기 애들이 꼬시는 바람에 이제 휩쓸리게 된 거죠.

▶ 동양사학과 친구분 중에 지금 떠오르는 분들이 좀 있나요?

이 동양사학과 친구 중에 하나가 심상정이 남편 이승배이고, 걔가 날 꼬신 건 아니고 양민호라고 키도 나보다 조금 작은 친구 있어요. 그 친구가 이상하게 뭐 가리방으로 긁은 뭐 이렇게 10여 페이지짜리 프린트 물 주고….

▶ 유인물이 아니고요. 책자였습니까? 팸플릿 같은 거?

이 팸플릿 같은 거죠 가리방으로 긁은 건데 그때 뭐 복사기가 있는 것도 아니고, 그거 보면 수상하다. 뭐 월남전이 미국의 침략 전쟁이니 막 이런 얘기하고 그걸 보다 "이 새끼 그 빨갱이 아니야" 내가 막 그랬거든요. 나는 우리 아버지가 참전군인이고 그러니까. 그랬더니 아니라고 그러면 이제 그놈하고 논쟁하고, 막 그러고 그러다 그럼, 또 이것도 읽어보라고 주고, 그러다 보니까 이게 말이 맞는 것 같네. 이런 생각이 들었는데 가장 결정적이었던 게 내가 당시 법학에 대한 회의를 들게 한 게 이제 당시 유신헌법 체제에 대한 회의였고, 그다음에 내가 중학교 고등학교 때 겪었던 그 지독한 가난 그리고 그때만 해도 내가 아르바이트 를 해서 내 학비 정도를 모면하고 동생들은 여전히 어렸을 때거든요. 나도 모르게 점점 그리로 빠지게 만들더라고요. 그래서 3학년 한 4~5월 되니까 나도 모르게 내가 앞장서서 막 뭐라고 따지고 막 이렇게 되더라구.

▶ 77년 정도 됐네요.
이 그러니까 그때부터는 교련 시간에 이게 뭐 하는 거야 소리치고 나오고

▶ 본격적인 학생운동을 시작한 거는 본인 스스로는 언제쯤이라고 생각하나요?
이 77년도 2학기, 3학년 2학기 때부터는 야학 같은 데 선생으로도 나가고 그다음에 이제 걔들이 뭐 1학년 애들 모아놓은 거, 그러니까 이제 나보다 2년 후배 되는 제고 출신들 뭐 이런 애들 내가 3학년 2학기 때 이승배하고 걔들하고 이렇게 서클 비슷하게 만들거든요. 거기에 가서 가르쳐주기도 하고, 이제 그렇게 되기 시작한 거죠.

▶ 세미나를 지도하기 시작한 거네요.
이 저도 자신은 없었어요. 왜냐면 내가 입문한 지 얼마 안 되니까.

▶ 그런데 77년 정도 되면 이제 학내 투쟁도 있었지만 서울에서 간간이 그러니까 반유신 데모나 이런 것들을 했을 것 같은데, 아닙니까?

이 가두데모는 없었고요. 가두데모는 불가능했고, 77년도 초에 서울대학교 데모가 터지기 시작한 거는 오둘둘 이후에 76년도 12월에 박석운 선배가 주동했다가 그냥 오래 가지도 못하고, 한 5분 만에 잡히고 끝나요. 그리고 77년도 초에 74학번 선배들이 데모를 주도했는데 성공하지 못하고 그냥 실패로 딱 끝나고, 근데 77년도가 중요한 거는 그때 서강대와 연대에서 데모가 크게 터져요. 가을에 서강대하고 연대에서 데모가 크게 터졌죠. 연대 데모 주도한 사람 중 하나가 지금 저쪽에 가 있는 김영환이죠. 서강대도 데모가 크게 터지고 그래서 연대 같은 경우는 신촌까지 밀고 나오고 그랬어요. 서울대도 데모가 두 건 터지는데 하나는 10월에 심포지움을 개최하기로 했는데 심포지움 내용이 불온하다고 못하게 해서 10월에 자연 발생적인 데모가 터지고, 11월에 도서관 점거 농성 데모가 터지고, 보통 그러면 이제 서클이라 사전에 연락하잖아요. 나는 아직도 믿지를 못하니까 사전 연락 라인에서는 좀 옆으로 빠져 있고, 옆으로 빠져 있는데 아는 애들이 잡혀가는 것들을 이제 보기 시작한 거죠. 그러면서 나도 모르게 저게 내가 가게 될 길이겠구나, 그런 생각이 들기 시작한 거고요.

▶ 78년에 4학년이셨어요. 그러면 그때 진로 문제에 대한 고민 같은 게 있었을 것 같은데요.

이 '운동의 길로 가겠다' 이렇게 생각하면서 한편으로는 뭐 우리 아버지는 "너 고시 공부 안 하면 어떻게 먹고살 거야?" 그러는데 나는 그냥 아버지한테 아니 기자라도 하면 되죠. 그냥 그러고 있었거든요. 속된 말로 기자라도 하면 되지, 그러고 있었는데 78년도에 데모가 1학기 때 두 번 있었죠. 5월, 그다음에 6월에 있었는데, 5월에 데모가 터졌어요 근데 그건 크게 터지지 못했죠. 그리고 사회대 학생들이 정치학과 서동만이하고, 경제학과 부윤경, 그다음에 사회학과 김철수 셋이서 주동한 거고 그런가 보다 했는데 나도 그때는 학생운동 구조를 대충은 알 때니까 어떤 놈이 나보고 술 한잔 먹자고 그러더라고요. 느낌이 딱 왔어요. 걔가 이제 중심이었고 관악구청 앞에 중국집에서 짬뽕 국물에 만두하고 짜장면 먹고 고량주를 먹는데 나보고 데모하자고 그러더라고요. 요즘 내가 지금도 그 친구 만나면 욕해요. 넌 새끼가 당시에 데모하고 들어가면 한 3년은 징역 사는데 하다못해 탕수육이라도 한 그릇 사 주고 꼬셨어야지….

▶ 그러면 78년 2학기로?

78년 서울대 학생 시위를 주도하고 구속되다

이 1학기 말, 6월 12일 데모였어요. 6월 12일인데 그 데모가 공전의 히트를 쳤어요. 유신시대 서울대학교에서 긴급조치 9호 데모로는 아마 제일 컸을 거예요. 데모가 크게 터져서 한 2시간인가 3시간 동안 데모를 했고, 정문 쪽에서 대치하는 정도까지 가고, 내가 탈출해 나오는데 전투경찰이 막 밀고 들어가더라고요. 그리고 그 데모에서 최초로 가두데모를 공지한 거예요. 우리는 6월 12일 데모할 때 선언문에 6월 26일 광화문 사거리에 모여서 유신에 대한 항의 집회를 하자 이렇게 썼어요. 그때 우리는 다 잡혀갈 줄 안 거야. 학교 안에 경찰이 상주했으니까 다 잡혀갔잖아요. 그러니까 그게 성사될 거라고는 생각도 안 하고 그냥 '너희들 골탕이나 먹어 봐라' 하고 집어넣은 거예요.

"광화문에서 모여서 유신에 항의하는 집회를 하자" 2주 후에 하기로 했네요. 근데 그게 여기저기서 소문이 나기 시작한 거예요. 그래서 26일에 여기저기서 유신에 반대하는 뜻을 가진 친구들이 이렇게 모여 경찰 눈치 보고 이렇게 하다가 산발적인 시위가 또 벌어지고 막 그렇게 된 거예요.

▶ 광화문 일대에서요.

이 그게 최초의 가두시위예요. 거기서 그때 구속된 사람 중에 하나가 안재환이에요.

▶ 이우재 선생은 그때 광화문에서 시위 주동을 하셨어요?

이 우리는 도망 다니기 바빴어요. 왜냐하면 우리는 당연히 잡혀갈 줄 알았거든. 하여간 별 난리를 다 쳤어요. 그러니까 작전이 어떻게 된 거냐 하면, 서울대 아크로폴리스 광장 있잖아요. 여기 26동이고 인문대 쪽 아니에요. 그런데 전통적으로 데모는 인문대 쪽에서 터지잖아요. 그런데 나를 꼬셨던 친구는 이제 서울대학교 중심 서클 한사연의 대장이 거든요. 얘가 인문대 앞에서 뜨는 거예요. 그리고 모든 경찰이 이리로 올 거 아니에요, 그때 서클이나 나머지를 자연대 쪽으로 동원해서 거기서 내가 끌고 나오는 전술. 26동으로 동원하여 내가 여기서 끌고 나가고 그러니까 인문대 쪽에서 데모를 한 놈은 경찰을 끌어들이기 위한 미끼고, 경찰들이 그리로 갔을 때 나는 여기서 학생들과 스크럼을 짜고 아크로폴리스 쪽으로 나오면 1동에서 보고 있던 사람이 난간을 타기 시작하는 겁니다. 이것도 우리가 최초인데, 보고 있다가 1동 3층 난간을 타고서 거기서 유인물을 읽는다, 이렇게 계획을 짠 거예요.

▶ 입체적으로 준비를 하셨네요.

이 그렇게 데모를 짠 건 처음인데 이제 스크럼을 짰어, 그런데 다 도망가는 거야. 왜냐하면 앞에 섰다가 잡히면 징역 살고 구속되니까요. 내가 끌고는 가야 하는데 방법이 없잖아요. 좀 있으면 경찰도 몰려 올 거 아니에요. 그래서 안 되겠다, 그냥 작전을 순간적으로 바꿔서 학생회관 쪽으로 들어갔는데 이미 경찰들이 오기 시작하더라고요. 이제 내 뒤로 스크럼도 잘 따라오니까 자기들도 몇 명 안 되니까 잡지 못하고 그래서 학생회관 안에 들어갔는데 우리가 3교시 끝날 때, 그렇게 그 시간에 맞춰서 했으니까 학생들이 많잖아요. 버글버글한데 거기 서 있으면 안 되잖아. 수위들이 막 잡아채서 유인물 가방도 다 뺏기고 옷도 다 찢기고. 그리고 나는 결정적인 게 뭐냐 하면 안경이 없으면 맥을 못 추는데 안경까지도 이제 나가버린 거예요. 어쨌든 나는 1동 쪽으로 아크로폴리스로 학생들을 끌고 나가야 되는데 그냥 작으니까 식당 앞으로 나가려고 하는데 수위가 보면서 쫓아오잖아.

그런데 참 재밌는 게, 우리 그때 데모를 준비할 때 데모 같이 주동하기로 한 친구들이 엠티를 갔거든요. 강촌에 엠티를 가서 그때 경찰이 여기 잡으면 뭐 이렇게 하고, 뭐 이렇게 하고, 막 그런 거 나보고 데모하자고 꼬신 친구가 가르쳐줬어요. 그러길래 난 그때 술이나 먹으면서 야 그게 5분 연습한다고 되냐, 너나 해라. 나는 그냥 이빨로 물어뜯고 발로 차고 할거야, 그건 안 돼. 신경도 안 썼는데 수위만 젖히면 이제 문이 열리는데 불현듯 고등학교 때 유도 배운 게 생각나는 거예요. 내가 유도가 회색 띠예요. 회색 띠가 뭐냐 하면 우리가 의무적으로 유도를 2년간 했는데 일주일에 한 번씩 흰띠를 하도 오래 매서 회색 띠거든요. 배대 뒤치기가 생각나는 거예요. 이렇게 앞으로 달려오는 사람 멱살을 잡고 누워서 배로 아랫배를 대고 넘기는 거 그거 완전히 완벽하게 한판으로 그 사람이 나가떨어졌어요. 아마 그 수위는 골병들었을 거예요. 그 콘크리트 바닥에 그러고서 앞을 탁 문을 열고 나갑시다 하고 뛰쳐나갔지. 그랬더니 거기 있던 학생들이 막 뒤따라 나오더라고요.

그래서 내가 가는데 저 앞에서 사람들이 오는 거예요. 그러니까 이제 아크로폴리스 앞에는 본부로 들어가는 데 아니에요? 본부 쪽 가서 봤더니 그 앞에 나보고 데모하자고 꼬셨던 걔가 이제 형사들에게 잡혀서 대롱대롱 매달려 가면서 끌려가고 있는 거예요. 근데 형사들이 걔를 끌고 가다가 내가 튀어나오는 걸 보고서 저놈 잡아라 하며 나를 잡으러 오더라고요. 그러니까 나는 아크로폴리스 쪽으로 튀어 올라갔지. 좀 있으니까 학생회관 쪽에서 학생들이 대량으로 몰러 오니까 경찰들이 무서워서 빠져나가고 도망가고 그러면서 이제 1동 3층 난간에서 선언문 읽고 그 친구도 도망간 게, 학생이 많으니까 할 일 없고 그러니까 내려와서 같이 가자 그래서 뛰어 내려온 거예요. 도망갔지. 우리는 다 도망갔는데 우리가 잡힐 거라고 생각했지. 도망갈 걸 생각도 못했으니까. 처음엔 도망 다니기에 급급한 거예요. 6월 26일 데모를 어떻게 준비할까 생각도 못 하고….

2주 동안 그냥 숨어 정신없이 도망 다닌 거죠. 그런데 6월 26일 데모 났다는 소리를 듣고는 '이러면 안 되겠다, 우리가 책임이 있지'. 그래서 내가 당시 도망다녔던 친구들, 우리 공범들을 모으기 시작한 거예요. 다시 구로동에 자취방 하나 구해서 거기 있으면서 언제까지 도망 다닐 거냐? 다시 학교 들어가서 또 데모하자. 그래서 그때 우리가 3명이었거든요. 그러니까 원래 6월 12일 데모를 5명이 주동했는데 하나만 잡히고 다 도망간 거예요. 근데 4명 중에 하나는 저쪽에서 파악을 못했어. 누군지도 혹시 이름 알까 모르겠는데 이필렬이라고, 얘가 나하고 자연대에서 같이하기로 했는데 내가 설치니까 얘는 그냥 뒤에서 내 뒤만 따라다닌 거예요. 그러니까 그렇게 특별한 활동을 안 했고, 얘는 모르는 거예요. 그래서 얘는 학교를 그냥 정상적으로 다녔어요. 나머지는 내가 구로동에서 긁어모았는데, 자취하려면 돈 같은 게 필요하잖아요? 그 뒤를 대준 게 김준묵이야. 옛날에 한울출판사 사장도 했고, 지금 돈 많지. 전에 무슨 스포츠 신문 사장도 하고 그랬는데 ….

그래서 내가 3명 갖고는 안 되고 그러니까 나한테 유인물 주고 살살 꼬신 양민호 보고 "야, 같이 하자" 그래서 9월 13일날 학교 안에 들어가서 데모를 또 하기로 한 거예요. 그래서 9월 13일 데모를 준비했는데 9월 13일 데모는 이제 양 갈래로 준비가 된 게 긴급조치 9호 중에서 제일 큰 사건인데, 관계 구속자가 한 30명 가까이 돼요. 우리는 9월 13일 데모를 하면서 10월 17일 유신 선포된 날 광화문에서 데모를 하자, 이걸 다시 선포하는 거예요. 우리 말고 서울대 다른 팀들이 서울대, 성대, 연대, 고대 뭐 이렇게 해서 그 10월 17일 전후로 대학에서 같이 데모를 하자, 같은 날은 아니더라도 거기에 맞춰서 전부 10월 17일 공통으로 걸고 10월 17일에 진짜 한번 붙어보자, 이 계획을 짰는데,

나는 그 계획까지는 몰랐고… 하여간 나는 이제 9월 13일에 맡기로 했어요. 우리는 이제 또 잡혀갈 줄 알았죠.

그래서 구로동에서 자취방 공단 쪽방, 거기 있다가 짐 정리하고 김준묵은 도망가니까 짐 빼가고 우리가 학교 안에 들어가서 데모를 하기로 했는데, 그게 잘못된 게 시계가 없었어. 시간을 못 맞춘 거예요. 시계를 안 갖고 가고 그래서 좀 늦게 갔어요. 이게 작전이 파투가 났어. 그래서 거기서 막 설치고 그러는데 "형, 어차피 나가리 됐으니까 빨리 나가라" 그러더라고요. 그래서 이제 다시 탈출을 한 거예요. 이거 난리가 난 거예요. 위에서 6월 26일 모이자고 한 것도 어설프게 됐는데 얘들이 10월 17일 모이자고 또 한 거는 이번에는 간단치 않다, 그런데 이놈들이 학교 안에 들어와서 또 했을 테니까 10월 27일 또 나올 것이다. 짐작할 거 아니예요? "그냥 저거 어떻게든 잡아" 이렇게 된 거예요. 어떻게든지 잡기로 해 결국 그래서 다 잡혔죠.

▶ 구속되는 과정도 좀 잠깐 얘기해 주시겠어요? 구로동에서는 나오셨을 거 아니예요. 또 도피 생활이었나요?

이 도피 생활이 참 힘들어요. 그러니까 나하고 그때 1동 난간에서 마이크를 잡은 사람이 학번은 75학번 같은데 고등학교는 1년 선배예요. 재수해서 들어온 사람인데 우리가 상계동에 조그만 방 얻어 같이 생활을 했거든요. 근데 서로 신경이 날카로워졌지요. 아, 일 년 선배라고 아주 개 잡듯이 잡으려고 덤비는 거예요. 그래서 그냥 후딱 하면 싸우길래 싸우다가 '에이씨 내가 나가야지' 그러고 내가 나가버린 거예요. 나가면서 누구누구 전화번호를 물었는데 그중 한 사람한테 내가 전화를 걸어 그 사람이 아현동에 하숙방을 하나 구해준 거예요. 근데 우리가 시간 정해서 한 달에 한 번씩 보기로 했거든요. 양민호는 또 따로 도망가고 그 모임에 내가 찜찜해서 안 나간 거예요. 근데 우리를 숨겨준 김준묵이라는 친구가 그때 짐을 두 번인가 옮겼거든요. 용달차를 두 번 바꿔 탔다고요 근데 그걸 경찰이 샅샅이 뒤져 찾은 거예요 우리가 만나기로 한 날이야. 거길 갔는데 다 잡혔지, 근데 나는 안 보인 거예요. 내가 누구누구 전화번호를 물었잖아요. 그중 하나에 내가 가 있었던 거지. 동양사학과 선배, 그 집에 있는데 누가 문을 똑똑 두들기더라고요. "뭐야" 그랬더니, "너, 이제 끝났다." 경찰이 앞에 있는데 "그냥 소리 내지 말고 조용하게, 그냥 옷이나 갈아입고 나와" 그러고는 잡혀갔죠. 아현동에서 잡혀갔거든요. 남부경찰서 갔더니 남부경찰서 정보과장이 "너냐?" 그러더니 그냥 전부들 축제 분위기야, 축제 분위기.

▶ 일 계급 특진이라도?

이 아니 그것만 아니라 그때 재밌는 게 또 다른 쪽에서 비슷할 때 관악경찰서 는 백삼철을 잡은 거예요. 백삼철은 그때 연합으로 데모 준비한다고 그랬잖아요. 그런데 이 친구가 선언문을 명문을 쓰려고 선언문 초안을 항상 갖고 다녔어. 우리가 잡힐 때가 10월 10일이었는데 나는 11일에 잡히고, 미리 사전 검문을 하고 그러니까 이 친구가 사전 검문서 연행되 었는데 어떻게 해서 경찰서에서 석방되었어. 유인물 초안을 숨겼는데 한 이틀 있다가 그냥 풀어주니까 나온 거예요 그러다가 온몸 뒤지는데 유인물이 나온 거예요. 그래서 서울대에서 연합데모 준비하던 팀도 걸리고 그다음에 연합으로 뭘 하려고 했다는 사실까지 나오면서 각 대학의 연합 데모 준비팀들이 다 걸린 거예요. 일망타진이 된 거지 그러니까 다 걸린 거예요. 그러니까 수사 인력이 많아지고 여기저기 배당이 되니까 나는 수사를 남부경찰서에서 안 하고 성동서로 간 거예요 그러니까 성동서 경찰들이 얼마나 짜증이 나? 자기네는 뒤치닥꺼리 만 하고 남부경찰서는 잡았으니 1계급 특진이라도 있는데 자기들은 수사만 해야 되는 거 아니야? 성동서로 갔는데 좀 있더니 서장실로 데려가더라고요. 어떤 놈이 하나 탁 앉아 있는데 치안본부 정보국장이야. 당시 치안총감이 큰 말똥 두 개였는데 걔가 말똥 하나더라. 경찰서장은 작은 말똥 네 개였고 얘가 이제 자꾸 다 내쫓고 뭐라고 하냐면 "야, 우재야. 너 담배 피냐?" 담배 피우라면서 딱 주더라고요. 근데 우리 아버지뻘이잖아요. "괜찮아, 펴" 하면서 "나하고 오늘 술 한잔할래?" 그러더라구요. 내가 너 잡았다고 각하한테 보고했더니 각하께서 나더러 수고했다고 칭찬해 줬어. 그러니까 오늘은 너 나하고 술 마셔도 돼. 각하 박정희한테 칭찬받았다, 박정희 특명이었어, "저 새끼 무조건 잡아".

▶ 일망타진해라?

이 나중에 들었는데 아주 내 이름을 특정해서 1계급 특진은 당연한 거고 간첩이 20만 원인데 나한테 30만 원 걸렸대요. 간첩이 20만 원 주는데 …. 하여간 우리 팀이 성동경찰서에서 조사했는데 그때 많이 잡혔어. 김준묵이 자취방에서 또 가리방(등사기)이 나온 거예요. 그러니까 가리방으로 뭐 했었겠어? 지금 서울시 교육감 하는 조희연이는 데모 안 하기로 한 대신에 유인물 뿌리는 그것만 하기로 한 거거든요. 유인물 조용조용 뿌리고 다니는 작업을 했는데, 김준묵이 잡혀가면서 튈 수밖에 없었지요. 그런데 옛날엔 전화번호부 책 있잖아요? 거기 주소가 있으니까 편지 봉투에다 유인물 넣고 우편 딱지 붙이면 다 가잖아요. 그렇게 유인물 뿌렸거든요. 근데 조희연이도 또 잡혀 온 거예요. 여기저기서 잡혀 온 팀이 한 40여 명 가까이 되면서 그렇게 긴급조치 9호 최대의 사건이 되었지요.

▶ 그게 78년 10월이었으면 거의 이제 정권도 막바지에 갈 때인데 다음 해에 석방되셨잖아요?

이 다음 해 석방은 카터 선물이지요, 카터 방한으로.

▶ 카터 방한이 8월이었나요?
이 우리는 잘 모르는데 카터가 방한하는 조건으로 하여간 우리가 8월 15일하고 7월 17일 두 번에 걸쳐서 석방되는데 나는 8월 15일에 나왔어요.

▶ 그러고 한 두 달 지나서 10.26이 터지네요.
이 내가 깜빡했는데 재밌는 거 하나 얘기해줄게요. 감방 얘기인데, 나는 감방 경험이 없잖아요.

▶ 그렇죠. 처음이죠.
이 당시에 성동경찰서에서 조사받기 때문에 서대문으로 갔거든요. 처음에는 거기 정치범이 많아서 일반 잡범들하고 같이 있었어요. 근데 세면을 방 안에서 하는 게 아니라 아침에 이동해서 세면을 해요. 첫날 세면하러 가는데, "야, 이우재 이리 와 봐" 그러더라고요. 교도관도 아니야. 어떤 죄수야 죄수. "당신이 누군데?" "나, 나도 긴급조치로 들어온 사람이야. 네가 이우재냐? 다음부터 올 때마다 나한테 꼬박꼬박 인사해" 그러더라구요. 김봉우라고 경희대학교 김봉우 선배가 문재인보다 위일 거예요. 경희대학교 학생운동에 그분이 터줏대감 격이야. 이 분은 전에도 징역 살아봤으니까 훤하지요. 누가 들어온다는 거도 다 알았어요. 그러면서 이 선배가 맨날 이상한 걸 가르치죠. "여기서는 내 말을 들어야지 교도관 말을 들을 필요 없다. 교도소 규칙은 우리의 힘에 의해서 결정된다." 아침에 세면 하러 가면 그 선배하고 얘기를 하거든요. 보통 세면 시간 5분도 안 줘요. 거기서 그 선배와 한 30분 얘기하다가 뒤늦게 화장실 가서 혼자 세면하고 그랬는데 교도관도 김봉우 선배하고 같이 있으니까 건드리지 못하는 거예요 그리고 며칠 되지도 않았는데 바로 독방을 주더라고요.

그때 6월 26일 광화문에서 가두데모하다 들어온 안재환 등등 이런 애들 잔뜩 들어왔잖아요. 근데 애들이 공부를 제대로 하지 않았어요. 봉우 형이 답답하니까 그 애들 교육 좀 시키라고 했죠. 그래서 저녁 배식하고 폐방 나팔 불면 다 뻥기통으로 나오는 거예요 당시에 검사를 통과한 책을 발제를 맡겨, "누가 몇 페이지 어디까지 읽고 발제해" 그러면 통방으로 발제하는 거죠, 큰 소리로. 그럼 그냥 크게 대놓고 토론하는 거예요, 각 사동마다. 저쪽 사동에 조희연이 대장하고 여기는 뭐 내가 대장하고 근데 난 봉우 형하고 같이 있었으니까 내가 싸움의 노하우는 제일 많이 알았지요 애들이 감당이 안 되니까 김봉우 선배를 딴 데로 보내버린 거예요 졸지에 내가 대장이 돼버렸네. 서대문 구치소에서 내가 감방 대장이 됐는데 얼마나 웃기냐 하면 교도관들하고 제일 짜증나는 것이 책에 '민주'자만 붙으면 일절 통관이 안 되는 거예요. 그러니까 미치겠더만요. 책을 통관시켜라고 단식을 3일 했더니 하늘이 뱅뱅 돌았어요. 그래서 내가 있는 동안에 절대로 단식 투쟁 안 했죠. 그러고서 막 소리 지르고 그런 거야, 뻥기통 앞에 가서 소리 지르면 교도소에 막 울리고 시끄럽고 난리잖아요. 소리 지르는데 신경도 안 쓰더라고요 그래서 뭘 했냐 하면 우리 이제 독방이니까 누워서 이불을 딱 깔고 문을 발로 차기 시작한 거예요. 그러면 복도가 쭉 있는데 문을 차서 울리면 그 복도 안이 다 울리잖아요? 난리지. 우리는 누워서 발로 차니까 얼마나 쉽냐, 소리 지르는 건 목이라도 아프지.

그런데 옛날 일제 시대 때 열쇠가 하나 깨져서 문이 열렸어요 열쇠가 하나 깨져서 우린 좋다고 문을 열고 나간 거예요. 교도관은 죄수가 탈주하면 무조건 피해요 피하지 않으면 인질이 되니까. 열쇠를 가지고 가야 되는데 열쇠를 놓고 간 거예요. 그래서 문 열고 나가고 누군지 모르는데 문을 다 딴 거예요. 일반 죄수들은 딱 뒤로 돌리고 쪼그리고 앞도 안 봐요. 그다음에 어떤 조치가 들어올지 아무것도 모르고 막 복도에서 신나게 쿵쾅 쿵쾅거리는데 한 5분 있으니까, 내가 본 기억이 완전히 중무장하고 총 들고 들어오더라고. 그거 본 기억밖에 없어요. 그래서 나중 정신 차렸더니 꽁꽁 묶여서 거꾸로 매달려 있더라고요. 기절한 거지. 50년대에는 그런 사례가 있었대요, 좌익수들. 그 이후로 우리가 최초래요. 그러니까 한 5분인가 점거했는데, 그 기록이 따라다니더라고요. 그게 이제 영등포로 갔다가 이제 순천으로, 악질이라고 순천교도소까지 보냈거든요.

인천에서 사회운동을 모색하며

▶ 출소하실 때는 순천교도소, 순천에서 나왔어요? 얼마 안 돼서 박정희 사망, 10.26 나면서 곧바로 80년으로 넘어가지 않습니까? 인천에 계셨습니까?

이 그때가 대학에서 운동권 서클이 본격화되기 시작하는데, 그전에도 쭉 있었는데 사실은 70년대 중반부터예요. 경북대 같은 역사가 있는 데는 몰라도 보통 운동권들이 70년대 후반 76, 77부터 80년대 초반 이때가 대학 운동권의 시작이거든요. 인천도 이제 인하대학교 그 위에 전점석이니 뭐 이런 선배도 있지만, 내가 운동권 3학년 때 그러니까 77년도에 이렇게 시작하면서 주변에 있는 후배들을 여기저기 운동권 서클 이런 거 소개시켜 주고 막 그랬단 말이에요. 77학번 후배들하고 어울리고 자기들끼리 지역에서 독서회 만들고, 왔다 갔다 하면서 시작한 게 인천의 지역팀들의 시작이지요.

▶ 그게 77년, 78년 정도?

이 지역팀들의 시작이고요. 내가 서울대 학생운동 쪽에 있지만 인천에도 있고 인천에 있는 거의 대부분이 서울대 제고 후배고, 그러니까 걔들하고도 인천에서 만나고, 78년도 초에 어울리고 그랬죠. 79년도에 나왔을 때 나를 호 신부님이 불러서 환영식을 해줬거든요.

▶ 호인수 신부님께서요? 그때 호인수 신부님을 처음 알게 된 거예요?

이 호인수 신부님은 그때 성당 쪽으로, 앰네스티에서 나를 환영해 해줬거든 요. 그러면서 인천에 앰네스티 멤버들을 알게 되고, 그다음에 인천의 지역팀 세미나 하는 애들을 알게 되고, 그러면서 내가 서울로 왔다 갔다 해서 인천 애들하고 계속 관계를 갖고 그랬어요. 그중에 한 명이… 김명종이 알지요? 김명종하고 몇 애들, 박우섭 형 남동구청장 할 때 거기서 뭐 저거도 하고, 그런 친구 있는데, 명종이하고 친했던 친구들요 호 신부님 송림동성당에 일주일에 한 번 쓰기로 하고 『자본주의 발전의 이론』 그걸 내가 강의했어요. 그러니까 영어로 된 책 읽지 말고 내가 원서 번역해 가면서 우리말로 쉽게 풀어주고 그런 식으로 가르치고 그랬다고요.

▶ 70년대 말이었다고요? 79년도?

이 호인수 신부님이 8월 말에 환영해 주고, 그다음에 10월부터 했죠. 인천에 있는 운동판 후배들을 이제 다 알게 되니까.

▶ 야학은 아니고 그러니까 노동자 소그룹 모임을 한 것인가요?

이 야학 선생 하는 후배들을 집중 공부를 시킨 것이지요. 그러면서 이제 인천의 인물들하고 관계를 맺기 시작한 거죠. 게다가 당시 지역팀이라고 '사우'나 '기러기' 이런 애들은 제고 2년 후배들이거든요. 그러니까 나하고는 다 연결이 되잖아요.

▶ 인천에 초기 민주화운동 세력, 학생운동 출신들을 같이 공부하고 하면서 그룹들이 형성되기 시작했다는 말이죠?

이 77년, 78년도에 이제 형성되기 시작한 거고요. 내가 걔들하고 관계를 79년도에 와서 긴밀하게 맺기 시작한 거죠.

▶ 그런데 80년 넘어가면서 79년에 박정희 사망 이후에 격변기였지 않습니까? 80년 5월 광주항쟁까지는 서울대학교는 3월에 개강을 했을 거고 또 복학 조치도 있었지 않습니까? 그때 학교로 다시 복귀하신 건가요?

이 박정희 죽고 이제 학교서 복귀시킬 거라는 건 누구나 다 짐작하고 있었고 그랬는데, '운동을 어떡할까?' 나는 그때 '이제 운동가로 산다'

이렇게 배짱을 굳히고 있었으니까 주로 인천 애들하고 관계를 갖고 있었지요 나는 서울대학교 학교에 서클 멤버도 아니고, 복학생들 복교 대책 모임 한다, 어쩐다, 그러고… 자꾸 위에서 연락이 오는 거예요. 너 인천에만 있지 말고 서울에 올라오라고 활동 좀 같이하자고 그랬는데 그때 내가 공장 생활을 평생에 딱 28일인가 29일을 해봤는데 느낌이 이런저런 사유로 내가 공장서 노동자로 노동운동을 하기는 어려운데 학교 복학하기 전에 공장이라도 한번 다녀보자 그러고 계산동에 공장을 한 번 다닌 적 있어요.

▶ 80년 초?
이 80년 1월에 계산동이요. 이게 쇠그물을 만드는 공장이었어요. 우리 집이 하인천이었으니까 거의 종점까지 차를 타고 갔지요. 그런데 한 달도 못 채우고 자꾸 올라오라고 그래서 결국은 그만두었어요. 우리 어머니가 이상하지, 저 새끼가 새벽에 나갔다가 저녁에 들어오고 뭐냐고 물으면, 아무것도 아니라 하고, 그러면서 그냥 공장에 다녔는데 "나 바빠서 월급 타러 못 갈 것 같아. 어머니가 월급 대신 받아 챙겨" 그리고 그다음부터 서울로 다니면서 그 흐름에 휩쓸린 거지요. 근데 내가 긴급조치 9호 시대에 서울대학교 주요 서클의 멤버가 아니니까 뭐 그 라인에 끼지는 못하지요.

▶ 한 달간 공장 다니면서 노동운동을 하겠다는 그런 생각보다는 일단….
이 그래도 내가 한 번은 경험해 봐야 된다, 경험해 봐야 한다, 노동운동을 내가 못 하더라도 한 번은 경험해 봐야 한다는 그런 생각으로….

▶ 사실은 이우재 선생 서울에서 학생운동 관련 데모를 많이 하셨지만 인천에서 70년대 말에 모임을 하면서 인천이 노동 도시라든가, 동일방직 투쟁이나

이런 것들에 대해서 밀접하게 들으셨을 것 같아요.

이 밀접하게 들은 정도가 아니라 77년도 그때 동일방직 한창 종로 5가에서
투쟁할 때인데 그 당시 집회라고 하는 건 종로 5가 외에는 우리가
갈 데가 없었잖아요. 종로 5가에서 많이 봤었지요. 들어서 알고 있었죠.

▶ 79년 말에 호인수 신부님과의 만남도 중요한 계기였습니다. 당시에 인천을
중심으로 뭔가를 해보겠다는 그런 생각도 조금씩 들었나요?

이 인천에 엠네스티가 있었으니까 엠네스티가 활동하는데 '엠네스티는
유치하다, 너무 나이브하다' 뭐 이런 생각 정도만 갖고 있었는데 인천에
내가 뿌리를 내리겠다, 이런 생각까지는 없었어요.

▶ 이제 80년으로 넘어가는데요, 10.26 이후에 광주항쟁이 있었던 5월까지
학내 상황 그리고 서울에서의 5월 투쟁까지를 정리할 것입니다.
좀 쉬었다 하시죠.

(10분 후 다시 시작)

▶ 복학하셨으니까 4학년이었을 거 아니에요? 그래서 학내에서 위치도 있었을
거고, 또 이제 인천이나 이런 부분들의 연고도 있었기 때문에 굉장히 바쁘셨을
것 같은데, 어땠습니까? 3월 이후의 학교 분위기와 함께….

이 나는 80년 봄에는 별로 할 일도 없고 바쁘지도 않았어요. 왜냐하면
복학생으로 4학년이지만 그때는 유신시대 때 잘린 사람들이 전부 다
복학을 했기 때문에 내 위로도 무지하게 많았고, 그다음에 서울대학교
학생운동은 메이저 그룹들이 쥐고 있으니까 선배들 선에서 결정되니까
내가 낄 부분도 없었죠. 그리고 인하대는 계속 관계는 했지만 내가
당시 상황을 볼 수 있는 눈이 없었기 때문에, 전체를 볼 수 있는 눈이

있어야 되는데, 그러니까 뭐 나도 뭐 기껏 신문에 나오는 거, 그다음에 집회에서 이렇게 친구들 얘기하는 것 정도 고작 듣는 건데 내 친구들 얘기도 더 깊숙한 얘기도 없고 그래서 인하대에 있는 후배들한테 이래라저래라 할 것도 없었고요.

▶ 관망하는 정도였나요?

이 참여하되 그냥 참여하는 사람으로서 그 정도의 위치죠 이끌어갈 만한 위치에 있지 않았으니까.

▶ 5월에 투쟁이 본격화되는 시점이 되면 학교도 거의 휴교 상태였죠, 도서관 점거해서 토론 진행하고….

이 아니에요 학교는 휴교한 적 없어요 5.17 계엄 확대 조치하면서 학교가 휴교하게 됐지, 학교는 열려 있었어요.

▶ 5월에 아크로폴리스 투쟁이나 이런 부분들은요?

이 집회한 거지요, 집회. 투쟁이라기보다는 집회를 하고서 서울역으로 갈 때 데모대를 내가 앞에서 이끌고 가고, 그랬을 때 경찰하고 치열하게 싸우고 뭐 이랬던 게 아니기 때문에 그렇죠 경찰이 그냥 방관했어요 처음에 교문에만 좀 막다가 최루탄도 쏘지도 않았고 교문 뚫고 나가니까 서울역까지 가는 거 그냥 거의 방관했어요.

▶ 열린 국면이었네요.

이 열린 국면이라고 하긴 그렇지만, 하여간 경찰이 수수방관했으니까 남대문부터 막았지요 그래서 남대문에서 서울역 그쪽으로 전경 하나 깔려 죽고 그런 거예요.

▶ 서울역에서 집회 기억나시나요?

이 서울역에서 집회 기억나죠, 그때 5월 15일 집회. 나는 느낌이 '이거 영 안 좋다. 이거 이대로 그냥 가면 뒤통수 맞을 텐데, 뒤통수 맞을 텐데' 이런 느낌이 들었어요. 그랬더니 그때 내 동생 둘도 서울역 집회에 나갔던 거예요. 바로 밑에 동생은 77이고, 그 밑에 여동생은 79니까 걔들한테 "조심해라. 앞으로 조심해라" 그리고 5월 15일 저녁부터 집에 왔다가 잠깐 나오고, 16일날 집에 안 들어갔어요. 그리고 17일도 집에 안 들어가려고 했는데, 이호웅 형이 자기하고 얘기 좀 할 게 있다고 자기 집에 들어가자고 하더라고요. 제가 "형 집에 있으면 위험해" 그랬거든요.

17일 아침에 비상계엄 전국 확대야. 집에 찜찜해서 전화 걸었더니 "야, 너 집 들어오지 마, 경찰 왔다 갔어" 그러더라고요. 그래서 그때부터 수배 생활했지요. 사실은 나는 80년에 수배될 만큼 특별하게 한 게 없어요. 나는 그냥 일원으로 참가해서 그 수많은 대중 중에 일원인데 내가 수배된 거는 아마 78년 데모가 워낙 커서 그 바람에 수배된 거예요. 학생회가 만들어지고 서울역 뭐 이런 데는 일절 관여한 거 없거든요. 우리 동료 중에 수배된 사람 몇 안 돼요.

80년 광주를 알리는 유인물 작업으로 구속되다

▶ 그러면 80년 광주항쟁 이후에 본격적으로 학생운동이나 민주화운동 관련해서
어떤 계기로?

이 수배되어 도망을 다닐 때 그때 인천 지역 팀 애들이 둘 있는데 하나가
'기러기'이고, 하나가 '서우'인데, 기러기 애들이 제물포역 뒤쪽에 자취
방이 있었어요. 좀 며칠 피해 있다 보니까 젊은 애들인데 그때 대학생이
니까, 나는 이제 한번 경험을 했으니까 보안의식 이런 거 있잖아요.
그리고 나는 경찰에 쫓기는데 대학생 애들은 못 믿지요. 그래서 애들하
고 같이 있으면 내 안전을 장담 못 하겠다 싶었죠. 나만 아니라 조용호도
수배되고 그랬지요. 조용호, 곽한왕, 양홍영 그리고 5월 말에 송도고등
학교 학생이 유인물 뿌리다가 도망간 애들이 있었어요.

▶ 송도고등학교 학생?

이 광주를 알리는 유인물을 뿌리다가 그중에 하나는 지금 법제처 장관
하는 이완규고, 하나가 인하대 이수하라고 있는데, 그놈들도 쭉 도망
다니고 있었거든요. 이렇게 하다가는 안 되겠어, 싶어 인하대 출신들을
소집했죠. 누구냐 하면 곽한왕, 조용호, 양홍영. 이렇게 해서 곽한왕하고
내가 둘이 방을 하나 얻고, 조용호하고 양홍영은 같이 살기로 했죠.
내가 호웅이 형한테 좀 빌리고, 여기저기서 돈 만들어 월세방도 구해주
고요. 그래서 이제 광주 얘기를 어디서 들었냐면 호 신부님 통해서
가톨릭 통해서 들었고, 호 신부님한테 재정적 지원도 좀 받아서 "광주
유인물을 뿌리자" 광주를 알리는 그 작업을 시작한 거예요. 작업을
하다가 이수하라는 애가 도망 다니고 있어서 그 애들 불러들이면서
인하대 출신들끼리 모여 한왕, 용호, 홍영이 그쪽으로 보내고, 그래서
전체적으로 자취방 2개를 이렇게 따로따로 생활했어요. 인천에 당시

지역팀 3개가 사우, 기러기, 통학생 이렇게 있는데 사우하고 기러기가 바로 나한테 직접 통해요. 통학생에는 76학번에 1년 후배인 홍덕률이라는 친구가 있었는데 내가 뭘 시키기도 또 그랬죠. 걔네들이 하든 말든 사우, 기러기는 내 직계 후배들이니까 걔들 통해서 인천 시내 유인물 뿌리고, 벽보, 대자보 붙이고, 이런 거 하면서 수배 생활한 거죠. 도망 다녔죠. 그러다가 8월에 잡힌 거지요.

▶ 그중에 송도고등학교 이수하 씨는 그러면 고등학생이었나요?
이 79학번이죠.

▶ 제고 아닌 송도고등학교 출신이었다는 얘기죠?
이 송도고등학교 출신들이 광주 얘기를 듣고, 자기들끼리 자주 만났는데 얘기하다가 "그러면 유인물 뿌리자" 이렇게 된 거예요. 이수하, 이완규, 이교정 이렇게 셋이서.

▶ 8월에는 그러면 추적당해서 체포된 것인가요?
이 잡힌 게 아니라 내가 도망 다니는 걸 가르쳐줬거든요. 나는 78년도에 몇 개월을 도망 다녀 봤잖아요? 그러니까 절대로 친척 집, 아는 집 가지 마라. 근데 양홍영이 자기 배다른 누나가 있는데, 누나 집을 간 거예요. 그러니 그냥 덮친 거죠, 뭐.

▶ 그리고 다른 방들도 털렸나요?
이 걔들 털리니까 그중에 한왕이가 나하고 있었잖아요. 같이 털렸지요. 요놈 새끼들 나한테 미안하다는 소리도 안 해요.

▶ 구속은 유인물 배포였는데 죄명이 뭐였습니까?

이 계엄포고령 위반.

▶ 포고령 위반 두 번째 구속이네요. 언제 출감하셨나요?

이 1년 만기 다 살았어요. 81년 9월에 안양서 갔다가 영등포로 갔다가
영등포에서 나왔지요.

▶ 그때 81년이면 이우재 선생은 대략 25살 정도였잖아요. 벌써 전과가 2개였고요.
그러니까 이제 이것밖에 길이 없다는 생각을 하셨나요?

이 아니 그밖에 길이 없는 게, 아무것도 안 돼요. 취직이 안 되니까. 실제로
그 이후에 취직했다가 보름 만에 그만뒀는데 뭐 큰 데도 아니고 조그마한
오파상 취직했다가 그만두었지요.

▶ 생계 문제나 전망에 대해서는 나름 고민하셨을 것 아닙니까?

이 이제 조금 달라진 건데, 아버지가 생계가 생겼어요, 일거리가. 그러니까
집안 부담은 좀 덜었고, 내가 어떻게 내 앞가림만 하면 되는데, 나는
비장의 칼이 하나 있죠. 번역을 해서 먹고살면 돼. 번역을 하면 월급쟁이
보다 더 벌었거든요. 뭐 영어나 일본어 번역하면 되니까요.

▶ 번역 일을 좀 하셨나요?

이 81년 9월에 나왔는데, 재미난 일이 한 번 있었어요. 여기저기서 출소했다
고 술 사 줄 거 아니예요. 여담이지만 내가 평생에 몸무게 50kg를
딱 한 번 넘어봤는데, 두 번째 징역 살 때 그때 50kg가 넘었어요.
왜 50kg가 넘었냐 하면 그때는 광주를 겪고 나니까 '무조건 건강하게
살아 나가는 게 최고야' 하는 생각으로 책 보는 것보다 운동을 좀
많이 했거든요. 그런데 징역 나와서 선후배 친구들이 술 사 주니까
40kg 후반으로 뚝 떨어지는데 한두 달은 술 먹고 뭐 그랬는데 친구가

서울에서 내려왔더라고요. 연성만이라고 그 친구가 서울대학교 학생운
동의 주류죠. 아카데미, 농법 출신이지요. 그러면서 그 두 개 다 했어요.
근데 이 친구가 내려오더니 나보고 친구들 만나지 말라는 거예요.
그 친구 생각엔 내가 감옥에서 나와서 결기가 가득 차 있고, 그때
상황이 무지하게 엄혹했으니까 조심조심 살고 있는데, 막 친구들 자극할
까 봐. 그게 걱정됐는지 하여간 친구들 만나지 말고 조용히 있으라고
하는 거예요. 아, 되게 기분 나쁘잖아요, 친구들 만나지 말라고 하니.
내가 뭘 했다고? 난 인천에서 나 술 사 주는 놈들 술이나 먹고 있었는데
그래서 '이 새끼 웃기네' 하면서 그 바람에 이제 친구들 만나러 다니기
시작한 거예요. 도대체 친구들이 왜 그러나 했더니 그때 실제로 그랬던
게, 모이는 걸 극도로 두려워했어요. 81년, 82년에 누구 결혼식 그럴
때나 겨우 보지요. 잘못 모이고 그러면 끌려가서 막 두들겨 맞고 그래서
그런 거예요.

　　그때 재미난 에피소드가 있어요. 내가 서동만이하고 친해진 계기가
있는데, 서동만이가 우리 집을 한 번 왔었어요. 우리 동기 중에서
80년에 징역 산 건 나밖에 없으니까 이제 우리 집이 하인천 역전
하꼬방이고, 그는 여의도 아파트 살았으니까. 그때 서울대 무림 사건에
관계되어 광화문 앞에서 광장서적하던 김태경이 수배된 거예요. 어떻게
된 거냐면, 김태경이 광장서적을 할 때 레닌의 『국가와 혁명』 영어본을
그때 복사하고 제본해서 대학교 학내 서클 이런 데 돌렸어요. 근데
무림사건 때 김명인이 들어가고 그게 걸린 거예요. 그래서 김태경이
수배가 됐거든요. 내가 80년에 복학을 했을 때 김태경과 술을 자주
먹었거든요. 왜냐하면 김태경이나 나도 주류도 아니고 그냥 겉으로만
빌빌 이렇게 돌았거든요. 그때 김태경하고 같이 전주 내려가서 놀기도
하고 그랬어요. 동만이가 연락이 와서 김태경이 만나러 갈 일인데
같이 가자고, 그래서 김태경을 만나러 간 거예요. 김태경에게 갔더니

아는 여자가 하나 있는 거예요. 강금실이야. 법무부 장관 했던 강금실. 강금실이 김태경하고 사귀는데 김태경이 수배되니까 강금실이가 시흥에서 안양 넘어가는 길가에 백조아파트라는 조그만 거 하나 빌려 가지고 거기 김태경이 머물게 하고, 가끔 거기서 밥해주고 뭐 그러고 있었던 거예요. 근데 거기를 이제 동만이가 나를 데리고 간 거예요. 그래서 오다가다 만나서 반갑게 낄낄대고 했죠.

그런데 또 한 친구가 오더라고요, 오귀환이라고 김태경하고 서울고등학교 친구인데, 나중에 한겨레신문사 기자 했어요. 그런데 그걸 딱 보는 순간 이러면 안 되는데, 수배되어 그런 자리에 사람들 함부로 부르면 안 되거든요. 그래서 내가 "이렇게 하면 안 돼, 아무리 친한 사이래도 여기는 한 사람이나 두 사람 이상 오면 안 돼, 바깥에서 만나야지" 그랬죠. 그러고 있는데 떵똥 떵똥 하더니 "전기 검침 나왔어요" 그러더라고요. 문 열었더니 "꼼짝 말고 손들어"라잖아, 경찰들이 그전부터 보고 있었던 거예요. 사람이 많으니까 이제 일망타진한다고 온 거야, 끌고 가더라고요. 아~우 나온 지 그때 뭐 얼마 되지도 않았지요. 한 두세 달도 안 됐는데. 나는 겁날 것도 없어요. 특별히 한 것도 없으니까.

▶ 82년 초였네요.

이 근데 막 겁주는 거예요. 뭐 여기 계단이야. 조심해서 올라가. 뭐 눈 감고 시끌시끌 거리고 처음에는 그렇게 하니까 치안본부나 대공분실이나 그런 건 줄 알았지요. 근데 막 가보니까 경찰서 안이야. 근데 난 뭐 내가 털릴 게 없잖아. 나온 지 한두 달 되니까 내 뭐 내가 걸릴 게 뭐가 있어? 난 이제 친구가 술 사 준다고 그래서 왔다가 이렇게 된 거고. 그러면서 강금실하고 서동만, 내가 되게 친해지게 된 계기가 된 거예요. 그 인연으로 서동만이 하루 있다 나왔고, 강금실은 당시

사법연수원에 있다는 거로 경찰들이 바로 무마한 거예요 그것 때문에 서동만이하고 친해져서 서동만이 통해서 서울대학교 75학번들 서클 출신들과 어울리고, 서동만하고 둘이 번역을 출판사에서 얻어다 하다가 "이러지 말고 그냥 우리가 번역 사무실을 차려서 본격적으로 번역 사무실을 내자"고 해서 만든 게 우리기획이라는 번역 사무실이에요.

▶ 그러면 우리기획은 이제 82년 정도, 이우재 선생으로서는 거의 처음이자 마지막인 정규 직업이셨네요.

이 내가 운영자죠 운영자. 동만이하고 최민하고 같이.

▶ 셋이 출판사를?

이 아니, 출판사는 아니고 번역 사무실, 번역만 했어요.

▶ 실제로 번역 좀 하셨나요? 어떤 책들을 하셨는지 좀 말씀해 주시겠어요?

이 주로 일본 책하고 모리스 돕(Maurice Dobb)의 『자본주의 발전 연구』 등등 그러니까 이것저것 했는데, 그것만 기억나고 다른 건 뭐 특별히 기억은 안 나요. 번역해 가지고 사회과학 출판사로 넘기는데 번역자 이름도 자기들이 적당히 세워요. 우리를 번역자로 세우는 게 아니고 우리는 번역만 해주는 거예요. 번역자 이름도 우리는 안 올라가요. 그래서 우리 이름이 하나도 없어요. 우리 얘기라는 것도 안 쓰고….

▶ 번역료는 제대로 받으셨나요?

이 번역료는 다 받았지, 제대로 받았지요.

▶ 형편이 약간 좋아지셨나요? 82년은 뭐 나름 그럭저럭 그렇게 좀 지냈네요.

이 근데 이제 거기서, 이제 인천하고 서울을 왔다 갔다 했지요 인천하고 서울, 이렇게 관심 있게 보았죠. 집은 인천이니까. 기억이 그때 사무실이 신당동에 있었으니까 왔다 갔다 하고 인천에도 관여하고 그랬으니까요. 인천에 내가 80년에 유인물 뿌리고 그럴 때 구속됐던 후배들 있잖아요. 걔들도 있고 용호나 후배들 통해서 인하대학교 학생운동 그룹들과 지역팀 이렇게 보고 있었지요. 근데 그걸 뭐 어떻게 해야 한다, 이런 뚜렷한 방침은 없었지요.

▶ 근데 엠네스티 활동이 70년대였다면 80년대에 넘어오면서 이제 새로운 모색이 인천에도 있었을 것 아닙니까?

이 엠네스티도 5.17 후에 해산되었지요. 해산되고서는…

▶ 다음에는 아무것도 없죠. 당시 인천도 특별히 조직적인 대응 같은 거는 없었지요.

인천의 민주화운동 세력을 모아 인천사회운동연합으로 출범하다

이 엠네스티 멤버들이 그때 빵잽이라고 당시 한상희하고 백영서가 있었죠. 백영서는 복학 조치되면서 그냥 학문의 길로 빠졌고, 한상희는 돈 버는 길로 빠지고, 다음에 81년 2년 전두환 초기에 엄혹한 시절에는 견뎌내지 않은 사람은 못 움직이거든요. 일단 그런 아마추어적인 사람들이 그런 국면을 어떻게 돌파해요? 그런 사람들이 돌파할 국면이 안되지요. 그러니까 그때 모였던 그룹은 흐지부지돼 버린 거예요.

▶ 기독교 쪽 학생운동은?
이 기독교 쪽은 EYC 겨우 있었는데 EYC도 인천제일교회 사건 이후에 무너지게 된 게, 어떻게 됐냐 하면 EYC에 ksdf 논쟁이라는 게 발생하거든요. 그 얘기 들어봤을 거예요. 인천에서는 제일교회에 원래 힘이 센 김성수라고 서울대 사대 74학번이 있어요. 이 친구가 이제 EYC운동을 새롭게 가져가자고 했죠. 일종의 개량주의자 서경석 비슷한 그쪽 흐름이죠. 개혁을 주장하고 전통적인 그걸 주장한 게 인하대 강우경 그쪽하고 두 라인이 붙어요. 그러면서 EYC도 그냥 힘을 많이 잃게 됐지요. 그 논쟁에서 김성수 일파가 빠져버리거든요. 그래서 주력이 사실상 빠지게 된 거예요.

▶ 그러면 강우경 선생이나 이런 분들은 좀 더 원칙적인 투쟁을 하자 이런 거였고, 현장을 지향하고 이렇게 됐네요.
이 조금 그랬다가… 그런데 결국 잘 안되니까 강우경이 축현국민학교 앞에서 광야서점 냈다가 광야서점을 곽한왕이 인수해 가톨릭회관 앞으로 간 거거든요. 그거 중심으로 연락이나 하고 그랬죠. 그리고 또 인천에 중요한 게 사람인데 이명준이라고 있어요. 장정옥한테 얘기를 들었을 거예요. 장정옥 인터뷰했을 때, 중앙대 출신인데 연배는 근태 형보다 좀 어리고, 호웅 형도 그 연배거든요. 이 양반이 가톨릭인데 인천교구에 뭐 이렇게 직장으로 내려왔죠. 근데 이 사람은 서울의 운동권 중심이고 옛날에 민청협이 있을 때 특히 민청협에 관여했던 사람이거든요. 그게 중심이고 가톨릭도 잘 알고. 그러니까 이제 궁금한 일 있으면 답동에 가톨릭회관 찾아가고 명준 형 만나고 얘기 들으면 이제 대충 안단 말이죠. 서울 얘기도 들어요. 나야 뭐 그 형 통하지 않아도 서울 얘기 들을 수 있지만, 그러니까 인천에서 그런 얘기들을 해주고 신부들하고 연결시켜 주고, 뭐 이제 이런 거 하는 하여튼 중심이었죠.

▶ 이우재 선생은 호인수 신부님이나 가톨릭 쪽하고 관계들은 좀 어땠습니까? 야학도 하셨잖아요?

이 나는 79년도 그때 야학을 한 게 아니라 야학을 하는 교사들을 내가 가르친 거지요. 교사들 의식화 교육을 조금 한 거지요. 81년도에 징역 살고 나와서 호 신부님을 만나러 한번 갔죠. 호 신부님한테 기가 막힌 말을 했지요. 신부님 앞에서는 해선 안 될 말을… "신부님이 들으면 기가 막혀 펄쩍 뛰겠지만 저는 제 영혼을 악마한테 팔아서라도 전두환이 는 내 손으로 죽일 겁니다." 하여튼 그때 계기로 다음에 이명준 선배 뭐 이렇게 해서 호 신부님하고는 자주 만났어요. 하여간 항상 따뜻하게 만나면 술 사 주고 그랬거든요. 특히 당시에 더 그랬던 게 호 신부님이 부평4동성당 주임신부였거든요. 부평4동에 있으면서 이 양반이 거기 있는 사람들, 이제 노동자들과 연결시켜 주고 막 그랬단 말이죠. 근데 이 양반이 얼마나 웃기냐면 바깥에 나가서 술 사 주자니 돈은 없고 신부 초년생이니까 돈도 없고, 오는 사람들 빈손으로 오고 자기 성당에 서 해주려니 식사하는 아주머니가 무지하게 힘들잖아요. 그러니까 식복사는 자기 밥만 해주면 나가라고 그러고 이렇게 손님 오면 시장 앞에 반찬가게 거기서 사 와요.

술을 어떻게 먹냐 하면 자기 방에 비닐을 깔아요. 그리고 그냥 이렇게 이렇게 둘러앉고 접시 놓고 먹고서 이렇게 소주병을 옆으로 돌려요. 그리고 이제 치우는 건 비닐로 거기다 담아 가지고 물에 헹궈서 널면 마르잖아요. 그러면 방이 이만하다, 그러면 소주병을 저쪽에서 이렇게 돌리잖아요. 방이 지금 이 방보다 좀 더 컸어요. 십여 명은 충분히 이렇게 돌아앉았거든요. 한 달에 한두 번 정도는 소주병이 꽉 차 나가요. 답답하고 그럴 때 거길 가면 언제든지 술 마실 거 있고 그러니까 자주 갔지요. 호 신부님하고 알게 모르게 친하게 되었죠.

▶ 선생님 83년에 민청련이 출범하거든요. 그 시기까지 대략 그런 과정들이었는데 민청련 결성과 인천에서의 활동 이 부분은 이제 본격적인 운동의 시작입니다. 그 시기에 논의와 인천의 활동 이런 부분들에 대해서 좀 말씀해 주시겠습니까?

이 민청련의 창립에 관여하게 돼요. 내가 창립에 관여하게 되는 게 당시 내가 주로 들은 게 인천에서는 이명준 선배 만나고, 서울에서 그때 막 징역 살고 나온 조성우, 그다음에 양관수, 일본 가기 전에 민청협 했던 이런 사람들을 만나고 그랬는데, 이 사람들이 민청협을 재건할까 하는 이제 그런 움직임들이 있었어요.

▶ 민청협은 70년대 민청협인가요?

이 70년대 민청협이죠. 그러니까 YWCA 위장 결혼식 사건 주도했던 그게 5.18 나서 이제 그 비슷한 걸 재건하고자 하는 움직임이 있었어요. 그리고 우리도 관심 있게 보고 있었는데, 일각에서는 "지금 중요한 건 노동자·농민이 계급에 기반을 둔 그런 운동으로 전개해야 되는데 옛날처럼 이렇게 허공에 붕 뜬 상태에서 그냥 몇 사람만이 모여서 하는 그런 거로는 의미가 없다. 그러려면 청년에 국한시켜서 좀 그 범위를 그렇게 한정해서 가든지 해야지 그냥 성명서를 발표하는 형식의 운동으로는 아니다." 뭐 이래서 이제 그런 논의들이 왔다 갔다 해요. 우리도 자연스럽게 봤지요. 나는 번역 그런 것 때문에 서울로 자주 왔다 갔다 하고 그랬으니까. 그런 흐름이 민청협 쪽에서 재건하는 흐름이 있었고 또 하나가 정화영, 장영달 입장에서 또 하나의 흐름이 있었어요. 그러니까 그때 주로 이명준 선배한테 그런 얘기를 들었는데 정화영, 장영달 입장에서도 민청학련 사건 때 그 배후가 뭐지? 민청의 배후로 인혁당, 사형당하고 그랬잖아요.

▶ 민청학련 배후로 보는 인혁당 사건 말씀인가요?

이 정화영 선배도 인혁당 관련으로 나왔던 그 사람들이 공개 운동단체를 만들고 하는 움직임이 있다, 뭐 그래 가지고 그 당시에 한두 개 정도의 움직임에 대한 얘기들이 있었어요. 그때 나는 또 하나 얘기를 나누던 통로가 이범영이었거든요. 죽은 선배 이범영을 내가 자주 친하게 만나고 자주 술도 먹고, 그런데 이제 이범영도 자기는 "노동운동 현장에 가기는 뭐 그렇고, 그렇다고 민청협처럼 성명서 하나 내는 그런 청년운동도 아니다. 그렇다고 인혁당과 같은 식으로 조직하는 건 잘못하면 뒤집어쓸 가능성이 있다" 뭐 그런 얘기들이 막 오고 가고 그랬어요. 그때 그러다가 부산 미문화원 방화 사건이 터졌어요. 저기 그 미문화원 방화 사건, 문부식이 그게 82년인가?

▶ 부산 미문화원 사건이 82년이네요. 아마 겨울이었던 것 같은데?

이 한번 뒤져 봅시다. 그게 중요하거든요. 아, 이제 연대가 대충 감이 딱 잡혔다. 82년 3월에 미문화원 사건이 터지고 완전히 몰리는데 한 달쯤인가 지나고 최초로 그 당시 가톨릭하고 개신교하고 이렇게 합동으로 그거에 대한 반박하는 성명을 내요. 미문화원 사건에 대한 비판이 아니라 일방적인 전두환 정권의 탄압에 대해서 사회산업선교 위원회 성명을 내거든요. 그러면서 그 이전까지 5.17 이후에 전부 흩어지고 조용히 있던 상황에서 신부, 목사들이 다시 움직이기 시작한 거예요. 정치권도 그랬고, 그동안에 5.17로 정치활동 금지됐던 사람들도 다 이제 다시 움직이기 시작했거든요. 그래서 82년 여름에 7월인지 8월인지 뭐 이러는데 충남 보령인가 어디에 정치하던 김대중 쪽 사람들, 그다음에 신부, 목사 그다음에 또 그때 근태 형도 오셨어요. 근태 형 그다음에 명준이 형 이렇게 해서 한 30~40명이 보령에서 모였던 적이 있어요. 근데 그 이전에는 이렇게 모인다는 것 자체가 거의 엄두도 못 냈던 시점인데 미문화원 터지고 거기에 대한 반박 성명을 내면서 조금 자신감이 붙어서 그런 모임을 가졌어요. 그래서 무슨 정치적인 걸 내건 것도 아니고 그냥 내가 그때 명준 형하고 뭐 이렇게 불러서 한번 갔거든요.

▶ 82년 미문화원 사건이 문부식 숨겨준 가톨릭 신부님도 엮여 있었죠.

이 그러니까 그것 때문에 천주교 신부들이 함께 성명을 낸 거예요. 그러면서 부터 다시 살아나기 시작해서 82년 여름에 모여서 김대중이랑 같이 어울렸던 옛날 정치활동 금지자들, 그다음에 신부, 목사, 학생운동 이렇게 해서 모여서 놀았다니까요. 그때부터 청년운동 얘기, 이런 건설 논의가 본격화되기 시작한 거예요.

▶ 김근태 선생은 그때 처음 뵀나요?

이 그때 처음 뵀지요. 그러니까 그전부터 얘기는 들었지요. 그래서 이제 83년 초부터 민청련 건설 얘기가 나오는데 아까 얘기했듯이 그런 두 갈래, 민청협식의 재건이나 그다음에 인혁당 재건 형식으로 가는 건 위험하다. 이러면서 일각에서 김근태를 모셔 오는 게 어떠냐고 한 것이지요.

▶ 사실 김근태 선생도 그때 인천에 계셨거든요. (인천에 있었지만) 그런데도 그전에는 만난 적이 없었다는 거죠?

이 그러니까 82년 그때 이후로 김근태를 모시는 게 어떠냐? 그러면서 이야기가 되기 시작한 거예요. 그런데 이제 얘기가 어떻게 흘러갔냐 하면, "단순히 상부 구조로만 생기는 게 아니라 밑에 하부 구조를 만들자. 하부 구조를 만들려면 학번별 구조, 그다음에 학교별 구조를 만들고, 그 구조 위에 서는 형태로 만들자. 단순히 명망가를 조직하는 게 아니라 그렇게 민청련을 만들자"라는 식으로 얘기가 나와요. 그래서 서울대 작업을 나하고 이범영이가 맡게 돼요. 이범영 선배가 상부를 주로하고, 77, 78, 79 조직 작업을 내가 하면서 후배들하고 어울리고, 나도 그러니까 서울대 학생운동을 확실하게 거의 다 파악하게 되고, 그러면서 나는 뭘 할까 이런 생각이 든 거예요. '이렇게 만들려면 인천에 도 인하대, 그다음에 인천대도 있고, 그다음에 지역팀도 있는데, 나도 인천에서 할 수 있지?' 이런 생각이 살살 들기 시작하더라고. 그래서 작업이 끝나고 근태 형이 그때 역곡서 사실 땐데 근태 형한테 보고를 하러 간 거예요. 형님께 "이제 총회 열자. 대표들도 다 선출해 놨고, 학번별 대표 이런 거 다 해봤다"고 그랬더니, 근태 형이 수고했다고 그러면서 이제 나하고 같이 일할 생각 없냐? 그러더라고. 그러길래 아, 형님 저는 인천으로 갈랍니다. 인천에서 버티겠습니다, 그랬어요. 그래서 민청련에 들어가서 우리 학번을 대신해서 일을 한 게 연성만이예 요. 근데 연성만은 당시 박석운 형하고 가깝고 그랬거든요. 근데 박석운 형은 그때 조영래 변호사 사무실에 있었던 때라 이건 아니다고 생각했고, 연성만이 하기로 했다가 또 그만둬요. 그래서 우리 학번에서는 실무자가 안 나왔지요. 하여간 뭐 그래서 9월에 창립총회 할 때 조금 난 늦게 가는 바람에 봉쇄되어 행사장에 못 들어갔어요.

▶ 기독교회관에서 했나요?

이 기독교회관? 기독교회관이 아니고 성북동에 있는 무슨 수녀원인데… 수녀원인가, 선교원인가? 사전에 봉쇄되어 거기 있던 사람들 다 잡혀가고 그랬다가 그냥 바로 풀어줬어요. 나는 그때부터 인천 내려가서 인천에서 일을 벌이려고 생각했지요. 근데 인천에서 바로 일을 벌이지 못한 게 그렇게 내가 이제 서울대 학번별 조직 작업을 했으니까 빵잽이 상황을 뻔히 알잖아. 근데 83년 12월에 복교 조치가 터져 이제 복교대책위원회를 건설해야 되니까 자동적으로 나더러 위원장 맡아라, 이렇게 된 거예요. 그 바람에 이제 서울대학교 복대위 위원장을 맡게 된 거예요.

▶ 그러면 실제로 83년에 그러니까 민청련 출범과 복학이 비슷한 시점에 진행이 되었군요?

이 아니지요. 83년 9월이 민청련 출범이고, 복학은 84년 3월인데 복교 조치가 83년 12월이란 말이에요. 83년에 민청련 만들고 3개월 후인데 나는 인천에서 후배들 만나고 이러고 있는데 그래도 서울을 왔다 갔다 했지요. 서울의 우리기획은 83년 초에 내가 최민한테 넘겨줬고, 최민하고 저기 누구야 김태경이한테. 김태경이 출판 이런 데 관심이 많잖아요. 넘겨주고 민청련 만드는 데 관여하고 그다음에 인천에 내려가서 저거 하려고 하다가 하여간 그래도 서울하고 관계가 있으니까 왔다 갔다 하면서 보고 있다가 복학 조치가 떨어지니까 전부 이구동성으로 나보고 그냥 네가 서울대 대표 맡아라, 그러는 바람에 이제 서울대학교 대표를 맡게 되면서 한 2~3개월을 또 그냥 서울 거기서 붙어 살았지요. 매일 성명 발표하고 유시민하고 거의 붙어살다시피 했지요, 유시민이가 부위원장하고.

▶ 민청련 활동을 본격적으로 궤도에 올리는 과정까지 일을 하셨던 거죠. 근데 민청련이 출범하고 나서 얼마 되지 않아서 노동 쪽에서는 노동자복지협의회도 만들어지죠.

이 다 알고 있었어요. 왜냐하면 선배들끼리 통해서 다 알고 있었어요.

▶ 그러니까 80년대 이후에 운동의 전선이 전열 정비가 되는 과정이군요.

이 전열이 복귀되는 아주 결정적인 계기가 미문화원 방화 사건이에요. 거기서 그냥 수사 일로 신부가 구속되는 바람에 성명 발표하면서 아까 얘기한 그런 모임들이 만들어지고, 민청련 만들려는 움직임이 시작돼서 83년 9월에 최초로 민청련이 표방하고 나왔죠. 그리고 그때는 대학 시위가 이미 저쪽이 막지 못할 정도로 보편화됐었거든요.

▶ 83년 지나면 이제 전투력이 회복되죠?

이 전국에 어느 대학이건 데모가 안 터진 대학이 없었죠.

▶ 맞습니다. 그러면 이우재 선생은 당시에 민청련 출범과 그리고 인천 지역 조직 내지는 민청련 지역 조직 구상을 하셨던 건가요? 인천에 기반한 청년 조직을 구상을 한 거죠. 어떤 면에서는 공개 조직이고 좀 더 대중적인 토대들을 갖는 조직으로 생각을 하셨을 텐데, 그 부분은 그러면 이후에 좀 진전이 되었나요?

이 83년 학원자율화 조치 이전까지만 해도 인하대학교 데모는 나와 상의했 어요. 어떤 사람이든 반드시 나한테 사전에, 내가 통제를 했으니까. 그리고 그런 식으로 관계 갖고 애들 유인물 뿌리고 그런데 그 당시 단체 만들고 이런 것들은 애들하고 하여간 관심을 갖고 보고 있었지요 근데 또 나는 혼자는 자신이 없는 게 어떤 거냐 하면 돈이 들어가잖아. 사무실을 유지하고 이러려면 그런 건 사실은 내가 자신이 없는 거예요. 그래서 하긴 해야겠는데 선배들에게 의지할 수밖에 없다는 생각도 들어, 이제 그런 거를 호웅 형하고도 몇 번 얘기하고 그런 상태였다가 민청련 하는 거 유심히 봤죠. 우리 학번 애들 민청련 기관지 만들 때 서동만이 보고 "너 들어가서 이렇게 그것 좀 만들어봐" 그러고 그걸 보고 있었는데, 복대위 활동으로 그냥 서울에 한 3개월 그냥 눌러 있게 됐죠.

▶ 이호웅 선생 같은 경우에는 인천에서 쭉 활동을 하셨던 거죠?

이 호웅 형 본인은 인천에서 활동한 적이 없어요.

▶ 형성사 출판사 일을 하셨나요? 근데 인천사회운동연합으로 넘어가는 과정에서는 지역 내에서 같이 조율을 하셨잖아요?

이 제고 출신으로는 최고 고참이고, 그다음에 인천 출신의 서울대 학생운동권 중에서도 최고 고참이지요, 69학번. 그러니까 당연히 호웅 형이 거론될 수밖에 없죠.

▶ 인사련은 84년 말이에요. 84년 11월, 그러면 1년 정도 인천에서 준비를 하셨다는 말씀인데 그렇게 보면 이제 학원 자율화 조치나 83년 이후에 그리고 84년이 아무래도 유화 국면이죠. 그래서 전두환 정권하긴 했어도 상당 부분 우리 힘으로 열어가던 과정이었지 않습니까? 인천에서 공개적인 사회운동이 가능하겠다는 판단을 하신 건가요?

이 민청련 뜨는 거 보면서 걔들이 잡아갔잖아요 근데 이틀 만에 다 풀어줬어요 (맞아요) 그런 거 보고 이거 이제 밀고 가도 되겠다는 판단이 섰죠. 근데 주저하게 된 거는 자금 문제, 사무실을 독자적으로 만들고 뭐 하다못해 기관지라도 뿌리고 이러려면 그럴 자금을 만들고, 그다음에 이제 큰일이 생겼을 때 옆에서 병풍 역할을 해줘야 될 게 있어야 되는데 호웅 형이나 뭐 그 정도 갖고 될까? 뭐 이런 생각으로 있다가 하여간 중단된 거예요. 내가 복대위 활동하다가 복대위 결론이 학교로 복귀는 개인한테 맡긴다. 왜냐하면 일각에서는 복귀를 전면 거부하자고도 그랬거든요. 노동운동 가고자 하는 애들은. 근데 그건 말이 안 된다. 여기 제명된 애 중에서 자기는 운동 안 하고 그냥 편히 조용히 살겠다는 사람도 있고, 그런 사람에게 복학하지 말라고 하는 건 말이 안 된다. 본인에 맡기는 거로 하고 단지 뜻을 같이하는 사람은 한 학기 늦게 복학하자. 그래서 한 학기 늦게 복학하기로 한 거예요. 그렇게 해서 9월 갔다가 유시민이 그 사건이 난 거고 나는 이제 그때부터 인천에서 작업을 준비하는데 중요한 주축이 된 건 이제 서울대 출신의 인천 빵잽이들이예요.

▶ 누구였습니까?

이 이호웅, 황선진, 김도연, 한상희 뭐 이런 식으로 내려온 사람들이 중심이 고, 거기에 이제 밑으로 인천 출신의 빵잽이, 그러니까 거기에 이제 서울대 빵잽이, 서울에서 학생운동하던 빵잽이들이 있었단 말이죠. 거기다 인하대 빵잽이들 있잖아요. 걔들이 이제 주축이에요. 거기에다 가 이제 베이스로는 인천 지역팀 애들을 깔고, 지역팀 애들은 인사련 회원으로 받거나 그러지 않으면 동원하거나 가투 붙을 때 같이하고, 그렇게 하는데 이명준 선배가 영향력이 컸어요. 이명준 선배 구상대로 한다면 이호웅이 의장을 맡는 건데 이건 너무 허약하다, 그러니 가톨릭, 개신교를 다 묶어라, 그러면서 신부, 목사를 끌어당기자, 그걸 이명준 선배가 계속 얘기를 한 거예요. 그러면서 이명준 선배가 의장을 제정구 로 얘기한 거예요. 그 바람에 제정구 형을 의장으로 추대하고, 가톨릭,

개신교, 일반 운동권 이렇게 구성하자고 했죠. 그래서 가톨릭이 제정구, 이명준 그다음에 장정옥(장정옥은 가톨릭도 되고 여성도 되니까), 그다음에 기독교는 저기 김정택, 이민우.

▶ 그러면 신부님들과 목사님들은?

이 그렇게 해놓고 그걸 바탕으로 지도위원으로 신부, 목사를 세우자. 그게 호 신부님, 조성교 신부님 이렇게 간 거예요. 이은규 목사님, 조화순 목사님 이렇게 구상한 거예요.

▶ 그러니까 지역사회운동의 모양을 이제 갖춘 거네요.

이 처음에는 청년운동 비슷하게 내 머릿속에서 시작했다가 그거 갖고는 너무 모양이 안 나오니까 노동운동권을 뺀 전체를 아우르는 지역사회운 동 형식으로 가자고 한 것이죠.

▶ 당시에 노동운동 쪽과는 어떤 정도로 이렇게 교류를 하셨습니까? 배제라기보다는 일단 좀 다른 범주라고 보신 건가요?

이 왜냐하면 그쪽은 그 당시 현장에 들어와서 현장 지상주의가 팽배했잖아요.

▶ 그때 벌써 그런 게 뚜렷했나요? 인천에 내려왔던 학생운동 출신 노동운동가들도 많이 보셨을 거 아니에요.

이 많이 봤지요. 가르치려고 덤비고, 자기들은 프로레타리아고 나는 소부르조아라고 하니까 우리가 자기네들 지도 받아야 한다고 그러고…. 5.3 때처럼 격심하지는 않았지만 그때 이미 그 맹아들은 다 있었어요.

▶ 그럼 뭐 들어오라 그래도 쉽게 들어올 상황도 아니었네요.

이 들어왔던 적도 있었죠.

▶ 나중에 좀 천천히 얘기하시겠습니다. 그러면 일단 84년 11월에 인사련이 출발합니다. 출범하는데 지역 내의 사회운동 조직으로는 아마 제 생각에 서울의 몇몇 사회단체들 또는 광주 정도는 기본적인 사회운동 토대가 있었을 텐데 수도권에서 인천에서는 인천 사회운동연합은 거의 처음이었을 것 같아요.

이 우리보다 앞서 나온 데가 하나가 어디 있었던 것 같은데… 우리보다 규모는 작은, 광주는 청년협의회고… 광주보다도 우리가 지역 단체 중에서 제일 규모가 컸어요.

▶ 그러니까 기본 구성원은 회원 조직을 지향했습니까?

이 그렇지요. 학번별 모임 구조에서 했죠.

▶ 학번별로 모임들을 갖고, 인하대나 인천대와는 직접적인 관계들이 유지되나요?

이 인하대, 인천대 구별 없이 그냥 인천대는 그때 막 시작한 거고, 인천대는 홍성복이 나중에 합류하면서 시작된 거였죠. 그때는 인하대만, 근데 걔들은 이미 인천에 모여 있어서, 81년 거치면서 인천에 또래들하고 그냥 한통속이 돼 있어 굳이 인하대라고 이렇게 가르지 않고 그냥 학번으로 모여 있었죠.

▶ 어떤 사업을 주로 시작하셨나요?

이 처음에는 유인물, 기관지 만들어 내고, 특별한 일 있을 때 유인물 만들었죠. 그때는 뿌리고 다닐 수 있었으니까. 그다음에 주로 가톨릭회관에서 강좌 같은 거 열었죠. 누구 초청 강좌 뭐 그런 것.

▶ 가톨릭회관에서 강좌 중에 김근태 선생 강의나 문익환 목사님 이렇게 오셔서 강연 같은 게 있었죠? 그럴 때 실제 그 참여하는 인원들이 어느 정도였던가요?

이 홍보하거든요. 그러면 거의 꽉 차요.

▶ 강당에, 그럼 500명 이상?

이 아니요, 한 300~400명. 그리고 끝나고 나면 자연스럽게 가투 붙고….

▶ 동인천역으로 가는 그 시위인가요?

이 어떤 때는 가톨릭회관 앞에서 뚫고 나가려고 하는 시위, 그걸 벌이다가 가라앉으면 어디서 이제 흩어졌다가 모여요. 그러면 순간적으로 모여서 하고 가는 가투, 번개 가투라고 그런 식으로 붙었죠.

▶ 이우재 선생은 그때면 이제 인천에서 발을 빼기 힘들 정도로 굉장히 좀 바쁘셨겠는데요?

이 내가 운영부장을 맡았어요.

▶ 운영부장, 그러니까 집행국장, 이것저것 다 한다는 얘기죠?

이 그거 다 내 몫이라는 얘기예요. 이민우가 사회부장이었는데 이제 노동이나 이런 쪽, 이제 정택이 형 영향으로 사회부장으로 노동 쪽하고 접촉해라. 그 당시에 인천에 빈민운동 이런 거 없었고, 여성운동이라는 개념도 없었으니까. 그래서 사회부장 이민우로 했고, 내가 안살림하고 그다음 일반적인 시위, 가투라든가 이런 거 처리하고 이런 건 내가 맡았고요.

▶ 그때까지 아직 결혼은 안 하셨잖아요. 그럼 생계 문제는 어떻게 해결하셨나요?

이 생계 문제지요. 그때 아버지가 일을 했고, 동생들도 학교 졸업하고 취직하고, 교사 취직하고, 그러니까 이제 집안은 내가 신경 안 써도 되었죠. 나 혼자야 뭐 가끔 번역하고 번역하면 한 달 내 술값 정도는 버니까. 그냥 술 먹는 것 하고 더 들어 봐야 내 활동비죠. 황선진 선배가 얼마나 갑갑하냐면, 활동비를 주는데 그게 하루에 얼마냐… 그러니까 지금으로 말하면 하루에 한 4~5천 원 주는 건가? 그것밖에 안 주었죠.

▶ 황선진 선배가 집행위원장이었나요?

이 집행국장 전체를 총괄하는 집행위원장. 활동비를 현찰로 안 주고 버스표
로 줘요. 돌아다니면서 버스 타고 다니라고. 그런데 우리는 점심도
사 먹어야 되고, 저녁도 사 먹어야 될 거 아니예요? 저녁 같은 때는
막걸리, 소주도 먹고 다녀야 되잖아요? "아, 형! 나 이거 버스표 말고
현찰로 줘. 우리도 순댓국도 한 번 먹고 그러는데…" 그래도 아니래요
니들은 열심히 돌아다녀야 한다면서…. 내가 성질나서 보는 앞에서
그 앞에 버스표 파는 데서 십 프로나 와리깡치고 버스표를 현찰로
바꿔요. 그걸 보면서도 버스표를 줘요.

▶ 사무실이 구월동 아니에요?

이 용동 마루터, 지금 조형물 세우려고 하는 그 자리죠.

▶ 상근하는 구조를 갖췄던 거죠, 몇 분이 상근하셨어요?

이 이민우는 반상근이고, 나하고 선진 형도 상근이라고 그러는데 한 3명
정도가 거기 붙어 있다시피 했지요.

▶ 84년 지나면서 85년 이럴 때였는데 그 무렵에 이우재 선생은 졸업을 하신
상태였나요?

이 그건 조금 5분만 쉬었다 합시다. 뭐 먹을 것 좀 있으면…

(5분 쉬었다 다시 진행함)

개헌 현판식, 86년 5.3투쟁으로

▶ 이우재 선생, 인사련의 출범은 인천 지역의 새로운 사회운동의 형식인데 또 어떻게 보면 80년대에 지역의 사회운동의 시작이고 또 그런 틀들을 만들어 내기 시작한 것이죠. 정치나 아니면 재야 중심의 서울에서 있었던 그런 반독재 민주화 투쟁의 범주를 넘어서는 거였습니다. 그리고 또 한편 지역 내에서 일정한 토대, 학생운동 조직들과 연계된, 그러면서 종교를 포괄해서 큰 단위의 사회운동체를 발족시킨 거거든요. 근데 84년부터 보면 85년에 인천은 노동투쟁도 가열되지 않습니까? 그래서 인사련이 갖고 있는 여러 가지 위상이나 지향들이 있었을 거라고 보여집니다. 또 인천으로 운동을 위해서 내려온 적극적인 소위 혁명운동가들도 있지 않습니까? 이런 부분들하고 관계들을 정리하면서 인천 지역의 투쟁을 선도해 나갔다고 보이는데 85년 기준으로 한번 쭉 회고를 해 보시겠습니까?

이 85년 상반기에 이제 인사련 조직의 변화를 가져와요. 그러니까 85년 2월인가? 그 인천노복이 뜨잖아요? 2월이네. 인천노협이 출범하고 85년 2월에 그러니까 이제 인천노협이 중심은 위로는 70년대 민주노조 활동하던 사람들이 중심이 되고, 거기는 이제 우리 인사련하고 기관 대 기관으로 공식적으로 활동을 같이해 나갔죠. 그러니까 제가 그 당시 여기 사무처장을 김지선 씨가 했죠. 김지선 처장하고 한 달에 한두 번씩 정례적으로 만나서 협의하고 그랬거든요. 근데 문제는 학생운동 출신으로 위장취업했던, 인천에 수많은 활동가들이 내려오잖아요. 그 친구들이 뒤에서 노동운동을 새로운 형식으로 가지고 가려고 그러고, 당연히 그건 인천 지역팀에도 영향을 주고, 그런 방향으로 모색하고 그럴 거 아니에요. 거기서 문제가 되기 시작하는 게 뭐냐 하면, 우리는 노동운동을 빼고 그건 인천 노협에게 맡겼는데, 그렇게 새롭게 내려온 친구들은 '노동운동도 노협 같은 노동자에 관계된 문제뿐만 아니라 일반적인 정치투쟁도 진행해야 한다' 이런 식의 생각들을 했죠. 그러니까 그 친구들은 인사련이 독자적으로 정치투쟁 뭐 이런 거, 쉽게 얘기하면 그런 가두 투쟁을 진행하면 안 되고, 노동자하고 연계해서, 자기들 표현으로 하면 지도하에 해야 한다는 거였어요. 우리는 "너희들이 뭐가 얼마나 대단했다고 우리를 지도해?" 그러니까 "그러면 같이 협의하에 그런 걸 해야 한다. 독자적으로 하면 안 된다" 하는 겁니다. 그러니까 노동운동 분야 이외의 인사련 영역이 자기들하고 같이해야 한다. 이렇게 해서 인사련 내 조직을, 상임위라는 걸 만들어요.

그래서 이제 부문 운동을 담당한다며 실제 노동운동 쪽에서 거기에 두 친구가 들어옵니다. 노동 현장에서 파견된 친구 그 하나가 김진태고 하나가 누구더라? 우리 책 보면 나와요. 그러니까 여기 『인천민주화운동사』에 나와요. 그리고 고남석도 역할을 하고, 근데 그 친구들이 계속 노동운동 위주로 끌어가면서 노동운동에 종속되길 바라는 거예요. '지도 받아라' 이런 거, '자기들이 지도자의 입장이다' 이런 식인 거예요. 김진태가 그때 76학번이죠. 그런데 여기 고남석이 동조하고 근데 황선진 형도 이제 그런 식의 입장인 거예요. 그런데 나는 그런 식의 입장이 당시에 일종의 노선 싸움이죠. 그런 거에서는 서울의 민청련이나 또 민통련과 같이 일정의 고유 영역이 있다. 정치투쟁에 고유 영역이 있다. 노동자, 농민 제 부문 운동이 성장해 올라오고 있지만 그것이 성장해 올라올 때도 정치투쟁, 민주화 투쟁은 계속돼야 되고, 성장하고 거기에 지도부가 새로 개편이 되더라도 이 부분이 거기에 종속되는 건 아니다. 그래서 갈등이 심해졌어요. 그게 말하자면 이제 5.3민주항쟁에 그대로 드러나게 되는 그런 갈등들이 이미 85년에 인사련 내부에서 이렇게 형성되기 시작한 거죠.

▶ 상임위라는 조직에서 부분들이 같이 협의하는 과정에서?

이 그러니까 전체 논의를 이끌어가는 거죠. 거기서 이제 노동 현장에서
    학생 출신들 위장취업하는 애들 둘이 들어와서 거기 대표라고 그래서
    이제 진행을 하다가 여름에 수련회를 가고, 수련회에서 그런 노선투쟁을
    해서 의견들이 막 갈리고, 결국은 표 대결로 가고… 그랬는데 내가
    이겼어요.

▶ 85년 여름에?
이 그래서 그쪽은 다 빠져나가고 선진이 형도 빠져나가고, 그다음에 가톨릭,
    개신교의 이명준, 제정구, 김정택, 이민우 다 빠져나가요. 순수하게
    학생운동 출신으로 이호웅, 나, 뭐 이런 식으로 간 거예요. 선진 형도
    빠지고, 그래도 지도위원들은 그대로 있었어요. 호인수 신부님이나
    뭐 이렇게 그대로 있고, 뭐라고 해야 돼? 하여간 뭐 그렇게 해서 그냥
    내가 내부 실권을 장악하게 된 거죠.

▶ 그 상황에서 이제 86년에 5.3민주항쟁까지 쭉 인시련이 이어져 가는 건가요?
이 예, 그렇죠. 그런데 이제 거기에 또 몇 가지 배경이 있는 게 씨엔피(CNP)
    논쟁이 터지잖아요. 그 근태 형을 중심으로 씨엔피 논쟁을 민청련이
    주도했죠. 그런데 이제 그전에 문제가 어떤 게 생겼냐 하면, 그전에
    시작은 내가 민청련하고 같이했는데, 85년도에 민통련이 만들어지잖아
    요. 85년에 민통련이 만들어지는데 민통련은 전국 조직이잖아요? 그리
    고 민통련 안에는 각 지역 조직들이 만들어지고 그러면서 민통련에
    내가 지역운동협의회를 만듭니다. 그 당시에 그 담당했던 간사 이명식이
    고대 76학번인데 이렇게 나하고 명식이하고 돌아다니면서 새로 민통련
    지역 단체들 뜨고, 그러면 같이 가고 그러면서 지역은 사정이 조금
    수준 차이는 있어도 비슷하잖아요. 우리나라 운동은 서울이 한 60~70%
    고 나머지가 지역이니까. 그러니까 그런 현상들을 다 알고 그러니까

지역운동협의회를 만들고 거기서 이제 우리 실정에 맞는 얘기들을 운동을 우리가 전개해 나가자 그렇게 하면서 어떻게 했냐면 서울은 민청련 얘기는 지역에서 감당하기 힘들다, 우리는 감당하기 힘들다. 그리고 그 당시에 우리는 씨엔피 논쟁을 나눌 여력도 없다. 뭐 몇 명 되지도 않는데 그거 뭐가 남냐? 서울은 쪽수라도 이만큼 되니까 뭐 씨엔피 논쟁한다고 그러지만 사람이 얼마나 있다고? 그건 서울 애들의 너무 각박한 얘기다, 이렇게 되면서 민청련하고 점점 멀어진다고 요. 그러면서 민통련하고 더 깊숙이 친밀해지고 그러니까 결국 명칭은 인천 지역사회운동연합이라도 민통련 지부 형식으로 이렇게 비슷하게 가는 거예요. 그러다가 우연히 서울에 올라갔다가 근태 형하고 논쟁이 붙었어요. 민청련 사무실이 종로 낙원상가 쪽에 있었는데 거기서 근태 형하고 쪽방에서 문 다 걸어 잠그고 펜으로 써가면서 네 시간을 논쟁한 거예요. 시디, 앤디, 피디 논쟁을….

▶ 논쟁의 핵심은 뭐였습니까?

이 엔디해야 한다, 그러는 거지요 "우재, 너는 씨디알이다. 너네 인사련에는 명망가 위주고, 가톨릭, 개신교 뭐 이렇게 다 긁어모으고 그렇게 하는 거 아니냐? 명망가 위주고 뭐 그렇게 하면 그건 씨디알이다. 피디는 너무 급진적이다. 엔디알이다." "아니다. 우리 역량이 아직 부족하다. 그래서 민주당과도 연대해야 되고, 가톨릭, 개신교하고도 연대해야 한다"고 나는 주장하면서 네 시간을 붙었어요. 결국은 합의를 못 봤어요. 근태 형이 나를 설득시키는 데 실패하고서 근태 형이 "너, 우재, 너하고 나하고… 그래, 그래, 그래. 나 인사련 깰거야" 대놓고 그러시더라고요.

▶ 인사련이 한계가 있다고 본 건가요?

이 그러니까 운동 노선이 잘못됐다 이거죠. 깨서 엔디알 노선으로 바로 잡을 거라는 그런 얘기죠. 그래서 내가 기가 막혀서… 오자마자, 그 당시 의장이 제정구 선배인데 그러니까 그 씨엔피 논쟁이 85년도 상반기란 말이에요, 제정구 형한테 가서 보고를 했어요. 그랬더니 정구 형이 "그 새끼 미친 새끼. 너, 니 마음대로 해. 네가 어려우면 나한테 얘기해." 근데 사실은 저기 선진 형이나 그 당시 노동 현장에서는 근태 형 엔디알도 아니고, 피디 쪽이었죠. 이렇게 되면서 인사련의 노선이, 내가 노선 싸움하면서 자연적으로 그렇게 정리된 거예요. 그런 논쟁까지 있어서 그게 이제 5.3을 준비하는 과정으로 간 거죠. 내부적으로는 단일 시스템으로 간 거예요. 그래서 제정구 형도 뒤로 다 물러나고 의장을 이호웅으로 그냥 단일 라인으로 세우고, 그다음에 의장 밑에 바로 내가 그냥 집행국장으로 모든 사무를 총괄하는 형식으로 갔죠.

▶ 근데 사실 85년 말 정도면 85년, 86년 인천은 대우자동차 투쟁 그리고 이제 현장에 취직했던 노동운동 활동가들 이런 부분들이 굉장히 늘어났을 때거든요. (엄청 많을 때죠) 그러면 인사련은요?

이 개들이 보기에 우리는 혹 불면 날아갈 존재로 봤죠. 그리고 나는 그때 인노련으로 개칭하기 전에 노복 시절에 김지선, 양승조, 이렇게 같이 보고 그랬거든요. 그럼 무슨 팸플릿을 갖고 나와요. "형 이거 갖고 다니지 마. 갖고 다니다 잡히면 방법이 없다. 신경 써라. 이게 뭔데? 이거 레닌 글이야. 이런 거 함부로 갖고 다니다가 형 같은 사람 불심 검문당할 텐데 이거 절대로 갖고 다니면 안 돼." 뭐 그럴 때였어요. 근데 그 당시 양승조나 김지선이 허공에 붕 뜬 존재였잖아요. 밑에 바닥은 완전히 그 분위기로 넘어가 있을 테니까요. 그다음에 지역팀도 분위기가 거의 대부분 그쪽으로 가 있고, 그게 유행이었으니까요. 그런 상태에서 이제 2.12 총선 맞게 되면서 5.3으로 가게 된 거죠.

▶ 2.12 총선 때 인천 지역의 분위기가 좀 있었습니까?

이 인천 지역에 그때 우리가 학생들 동원하고, 명화섭이 신흥초등학교에서 유세하고 그러는데, 동원해서 명화섭이 앞세워 동인천까지 행진하고 막 그랬죠.

▶ 5.3을 준비하게 되는 과정에서 그러니까 사실 이게 이제 개헌운동이고, 어떻게 보면 씨디알 입장에서 제일 맞는 투쟁 국면이었잖아요? 그러니까 인사련은 그 부분을 맞춰서 진행하려고 했을 테고, 나머지 부분들은 그 장을 활용하려고 했을 거란 말입니다. 그 과정이 실제로 이후에 상당 기간 후유증으로 남잖아요? 진행 과정 그러니까 논의 과정에 대해서 말씀해 주시면 좋겠습니다.

이 아픈 얘기죠. 역사의 기록으로 남기는 거니까 그냥 그대로 얘기합시다. 내가 5.3을 딱 생각하게 된 거는 한 달에 한 번씩 지역운동협의회로 모이니까, 그 저기 뭐야 민주당, 당시 신민당이 개헌추진본부를 띄우잖아요. 그걸 띄워서 처음에 서울에서 현판식을 하려고 그랬어요. 그런데 경찰이 막았어요. 그게 재밌는 거예요. 나는 그걸 유심히 보고서 그때 미국의 국무장관 슐츠가 뭐라고 그랬냐 하면 민주사회에서, 민주주의 국가에서 제1야당이 정치적 집회를 한다는 데 그걸 경찰이 막는 게 어디 있느냐? 이런 식으로 얘기를 했어요. 미국이 개입한 거예요. 그러니까 경찰이 이제 못 막을 거 아니에요? 이제 광주에서 처음 집회를 하는데 광주 집회에 5.18 이후 최대 인파가 모인 거예요. 금남로가 꽉 찼어요. 물론 그렇게 보도는 제대로 안 됐죠. 근데 우리는 광주에 전청협이 있었거든요. 그게 지운협에 같이 있었잖아요. 그 회의에서 전청 후배들이 그 얘기를 하더라고요.

▶ 전청협, 그러니까 전남?

이 전남민주화운동청년운동협의회인가 뭔가 그랬어요.

▶ 85년에 만들어졌다는 얘기죠?

이 84년도인가 만들었는데, 84년인가 85년 초인가 만들었는데 우리보다 조금 늦게 만들었어요. 우리가 먼저인가? 하여간 우리하고 비슷한 뭐 그렇게 만들었는데 우리가 지운협이라고 민통련 산하에 지운협을 만들었어요. 그러니까 걔들은 청년운동협의회인데 전남에 그거 하나밖에 없었으니까, 걔들이 전남 전체를 대표해서 이제 지운협에 오는 거예요. 그러니까 경북-대구에서 하나, 전남에서 하나, 전북에서 하나, 뭐 이런 식으로. 걔들이 그 보고를 해주는 거예요, 사람이 많이 모이더라, 이건 대단히 의미 있는 일이 될 것 같다. 딱 보니까 맞는 거예요. 거기서 중요한 방침을 결정하는 게 이 행사에 온 힘을 갖고 총력을 기울여서 결합한다. 당시 우리의 인식이 민주당은 우리의 적은 아니다. 그렇다고 '우리'도 아니다. 그러니까 서로 독자성을 유지하되 이 국면에서는 협력한다.

그래서 그 전술이 뭐냐 하면, "민주당이 어떤 장소를 빌려 현판식을 진행하면 우린 그 앞에서 집회를 한다. 근데 그걸 방해하지는 않는데 집회가 끝나면 민주당은 흩어질 건데 우리는 눌어붙어서 계속 집회하고 나간다. 이거를 그 당시 신민당 개헌 현판식에 각 도를 돌아가면서 그걸 전부 그대로 실행하자" 이렇게 된 거예요. 대구, 그다음에 대전, 청주 이렇게 진행된 거예요. 그때 80년 5월 이후 최초로 가두데모를 하고 그렇게 된 거예요. 그 방침 그대로 인천에서 집행하는데 누가 봐도 인천은 관심의 초점이 된 거지요. 인천은 서울하고 가까우니까 이제 서울에서 대거 내려올 거라는 건 누구나 생각하니까. 나는 서울대 복대위 위원장도 하고 그랬으니까 서울대 쪽으로 알 거 아니에요? 그래서 서울대 학생운동에 접촉하려는데 구학련(구국학생연맹)이 비밀리에 조직됐잖아요. 구학련이라는 게 결성됐다는 걸 얘기를 들은 거예요. 내가 86년도 3월에 78, 79학번쯤 되는 애들 통해서 당시 81, 82학번 애들 접촉하는데, 접촉이 잘 안 돼요.

▶ 그 무렵 서클들이 해체되기 시작했어요.

이 들어보니까 서울대가 지금 난리가 났다는 거예요. 구학련이라는 주사를
믿는 그룹하고, 그렇지 않은 그룹하고 학생운동이 재편 중이고 논쟁
중이다, 조직 재편 중이다. 그러다가 보니까 뭐야 김세진, 이재호 막
터지고 그러잖아요. 하여간 뭐 그래서 이제 서울대학교하고 접촉을
포기했어요. 내가 서울대학교하고 접촉을 포기하니까 다른 데는 뭐
어떻게 얘기할 데도 없지요. 인하대학교하고 인천대학교는 그래도
우리가 맥이 있었고, 우리가 꽉 잡았지요. 그게 이제 이재영이고, 뭐
이용주고, 뭐 그런 애들이거든요. 그래서 걔들은 우리하고 행동을 같이
하기로 딱 잡아놓고 인노련과 얘기를 하려는데, 말이 씨도 안 먹히는
거예요. 그리고 이미 김지선, 양승조는 바지저고리라 나도 알고 있었고
그 밑에 안개 애들을 좀 보려고 그러는데, 누구도 나를 만나려고 안
하더군요. 그러니까 이제 "독자적으로 간다" 이렇게 된 거예요. 그전에
는 이제 같이 가려고 했는데, 근데 그때 호 신부님이 결정적으로 도움을
줬지요. 호 신부님이 그때 돈으로 300만 원을 만들어줬으니까. 그다음에
주안1동에서 시위용품 제작하게 성당 지하실도 알선해 주었어요. 호
신부님하고도 가깝게 된 계기는 그전에 술도 많이 마셨지만 그때 우리
집이 주안역 뒤에 있었거든요. 근데 86년 초에 호 신부님이 주안5동으로
오신 거예요.

▶ 바로 근처네요.

이 우리 집에서 한 150m 그러니까 내가 그랬어요. 신부님들이 일요일
바쁘니까 월요일에 쉬잖아요. 근데 월요일 나는 아침에 출근하려면
한 9시쯤 갈 거 아니에요? 그 당시 인사련 사무실이 동인천에 있었거든요,

용동마루에. 그러면 주안역에서 전철 타고 동인천에서 내려가고 걸어간 단 말이죠. 그러니까 가는 길에 내가 신부님하고 시간 약속을 해서 8시 반쯤 호 신부님 사제관으로 가요. 그래서 "지난 한 달, 일주일 동안 진행된 얘기, 그다음에 앞으로 할 얘기들 이렇게 내가 신부님한테, 지도위원님께 보고하겠습니다" 그랬더니, "와라. 그러고 네가 필요한 거 있으면 도움도 요청하라"고 했죠. 어느 날 갔는데 이 양반이 염장을 먹이더라고 "우재야, 나 어제 골프장 갔더니 골프장 끝내주더라. 야~." 내가 그때 의식이 어떨 때야, '뭐 이런 인간이 다 있어? 지금 노동자들은 밥도 제대로 못 먹는데 골프장이라니…'. 근데 어~ 이 양반이 "그래서 나 이제 평생 골프장 안 갈 거다" 딱 그러더라고요. 자기도 위험하다고 본 거예요. 그만 빠질까 봐. 그 순간에 그 사람이 진짜 그 사람하고 전혀 다른 각도로 오더라고요.

그래서 내가 무슨 말을 했냐면 "운동권이 앞 다르고 뒤 다른 거는 조금 아시죠? 그런데 저 신부님한테 이 약속은 하겠습니다. 제가 말을 안 하는 경우는 있습니다. 말 안 하는 거 묻지 마세요. 근데 말한 건 반드시 지키겠습니다." 그러자 신부님이 고개를 끄덕끄덕, 알겠다고 …. 그러면서 굉장히 가까워진 거예요. 그래서 그렇게 파격적으로 저걸 해준 거예요. 주안1동성당에서 저걸 했는데 이 인노련은 얘들이 어떻게 했냐면 그때 인노련에 서울대 77학번에 김건호라고 있어요. 당시 인사련에서 내가 집행국장할 때 사회부장이 서울대 77학번에 그 자식 이름이 뭐더라… 있었어요. 아, 윤승권. 제고 출신인데 그놈도 81년인가 데모로 구속됐다가 잘린 놈인데 일찍 죽었어요. 간질병이 심해서 결국은 일찍 죽었는데, 그놈은 이제 우리가 주안1동 쓴다는 걸 알았거든요. 근데 그 김건호라는 놈이 동기야. 그러니까 걔를 꼬셔서 우리가 주안1동성당에서 시위용품을 제작하고 12시 반에 나와 주안역으로 나간다는 우리 계획을 이놈을 통해서 알게 된 거예요. 그래서 우리가 나간 다음에 거기 들어가고 얘네들이 거기서 시위용품을 만든 거예요. 우리가 나간 다음에 조용히 나갔으면 아무 문제 없잖아요. 거기다가 빨간 페인트로 종교는 인민의 아편이니 막 이런 거 써 붙이고 성당 지하실을 개차반으로 만들어 놓은 거예요. 그러니까 그 신부가 호 신부님한테 항의할 거 아니에요. 도대체 네가 얘기한 새끼들은 어떤 새끼길래 내가 장소 빌려준 게 고마워서 감지덕지할 텐데 거기다가 그 지랄하고 한 새끼들이 어디 있냐고?

나는 5·3 일어나고 정신없이 도망 다니고 있는데 그 소리가 들리는 거예요. 내가 알아봤더니 인노련 새끼들이야. 그래서 신부님한테 전화로 "신부님, 전데요. 신부님 제가 신부님한테 약속한 거 있죠? 제가 말한 건 지킨다고. 저 믿으세요? 저 한 거 아닙니다. 누굴 거라고 제가 말씀을 안 드리는데 그러면 짐작 가시죠?" 그랬더니, "어 그러면 짐작 가는데…" "걔들이 그랬습니다" 그랬더니, 신부님이 딱 그러시더라고, "난 너 믿어" 실제로 그랬어요. 그 당시에 얼마나 걔들이 좌편향 됐냐 하면 그때 서노련이 탄압받고 그랬잖아요.

▶ 그날 5.3민주항쟁 전까지 그러니까 전날까지도 계속 협의를 하셨죠?

이 우리끼리만 했지, 다른 데하고는 얘기를 못 했지요. 그날 현장에서는 어떤 일이 있었냐 하면, 따로따로 집회를 하잖아요. 도저히 암만 봐도 이건 아니야. 그래서 장기표 형 보고, "저기 김문수가 대장이니까, 형님은 김문수 잘 알지 않냐, 그러니까 형님이 김문수한테 가서 어떻게든지 양쪽이 통합해서 집회를 하자고 해라." 그래서 장 대표가 김문수를 보러 갔어요. 그래서 장기표 형이 웃으면서 "어, 합의 봤어. 걔들이 이리 와서 같이 합칠 거야." 그러니까 집회 때 우리가 앉아 있는데 걔들이 딱 하고 오더라고요. 그래서 우리가 길을 열어줬거든요. 이렇게 와서 같이 합치자고. 개새끼들이 그대로 통과해서 저쪽으로 갔어요.

제일시장 쪽으로. 장 대표가 넋을 놓고 이러고 있더군요.

▶ 어쨌건 5.3민주항쟁은 80년대 전두환 치하에서 아주 대중적인 규모의 집회를
한 거죠. 곧바로 수배당하지요?

이 그냥 바로 수배죠. 나는 원래 알다시피 거기서 철야 농성하면서 그냥
우린 장렬하게 깨지자, 주의였거든요. 우리가 거기서 우리 힘 갖고
어떻게 정권을 타도하겠냐? 장렬하게 깨지면 우리는 깨지고 이게 도화
선이 될 것이다, 그런 거거든요. 이제 전국 각지에 불을 지를 것이다.
그러니까 거기서 그냥 장렬하게 끌려가는 모습을 보이자. 이제 그게
내 전략이었어요. 그런데 가만히 보니까 여기서 끌려가면 평생 병신으로
살고 잘못하면 죽겠드만요. 작전 계획을 내가 다 짰으니까. 아! 이건
튀는 게 상책이다. 근데 장기표는 인천 지리를 모르잖아요. 장기표를
내가 주안역 샛길로 해서 십정동부터 택시 잡아서 올라가시라고 그러고,
그냥 튀었죠, 뭐. 그러고서 정처 없이 도망자 생활을 시작했지요.

기약 없는 수배 생활

▶ 지리산으로 가셨나요?

이 도망, 처음에는 그냥 친구들 집을 다녔는데 그때는 막 테레비에 내 얼굴 나오고 하니까요. 어느 정도였냐 하면 5.3 일어나고 한 열흘 지났는가? 지금 교육감, 조희연이 서울에서 만나 돈을 좀 받았죠. 도망 다닐 때 제일 필요한 게 돈이거든요. 걔도 이제 내가 뭐 때문에 자기 부르는 거야 알지요. 호주머니에 돈 좀 넣고, "이제 가서 밥이라도 먹자" 하며, 같이 술 한잔하는데 테레비에 이제 얼굴이 떡하니 나오는 거예요. '아, 내가 지금 수배 중이지? 야, 나 가야겠다.' 희연이가 얼굴 보고 "야, 그래" 얼른 도망가고 그랬는데, 그런 식으로 이제 친구 집에 숨은 거예요. 그러면 친구 집이 한 일주일 지나면 부부 싸움이 크게 벌어져요. 그냥 테레비에서 계속 숨겨진 자는 처벌한다고 그러는 거예요. 근데 친구는 그래도 친구니까 자기가 좀 불이익을 감수하더라도 숨겨주고 싶은데 그 마누라는 "웬 화근덩어리를 여기 집에 데리고 왔냐?" 이렇게 될 거 아니예요. 막 집에서 부부싸움이 벌어지는 거예요.

그리고 친구 놈은 미안하니까, 내가 술 좋아한다고 맨날 고기에 술 사 주네요. 그런데 처먹는 나는 하루 이틀이지, 아주 설사를 줄줄 하고 도저히 개길 재간이 없더라고요. 그래서 진주고등학교 79학번 서울대 법대생들이 거기서 고시 공부하는 놈들이 있다고 그러길래 거기 내려가니까, 지리산 가게 된 거예요. 뭐 그 얘기는 딴 데 많이 썼으니까 할 필요 없고….

▶ 그 와중에, 그러니까 이우재 선생 85년도에는 결혼을 하셨지요?

이 85년도 6월에 결혼했죠.

▶ 그러면 결혼하고 1년 만에 또 정처 없는 수배를 시작하셨네요. 그게 끝나는 게 언제인가요?

이 88년 5월인가, 6월?

▶ 그럼 87년 이후에도 계속 수배 상태였어요?

이 하긴 그러니까 6.29 나고서도 안 풀렸어요. 왜냐하면 마누라하고 85년 6월에 결혼해서 86년 5월에 수배당했는데 처음에는 그냥 도망 다니다가 지리산도 갔다가, 이제 조그만 자취방도 갖고, 도망 다니고 뭐 그러다가 … 이거 혼자 도저히 못 다니겠어요. 그때 마누라가 약국 근무하는데, 당신도 나오라고 해서 마누라도 같이 도망 나왔고, 마누라하고 같이 도망 다니면서 산 거예요. 그러다 큰딸을 87년 8월에 낳았어요.

▶ 수배 중에요?

이 6.29가 났잖아요. 그런데 6.29가 났으면 돌아갈 줄 알았는데 전국적으로 9명, 수배자가 남았거든요. 거기에 내가 악질이라고 남은 거예요. 에이, 할 수 없지요. 대통령 선거에서 김영삼이나 김대중이 이기면 우리가 집으로 갈 줄 알았는데, 그 와중에 87년 8월에 우리 큰애를 수배 중에 낳았어요. 그 수배 중에 낳고 키운 거예요. 수배 중에 병원은 어떻게 갔냐면 그때 내가 아는 서울대 출신 서광태라고 있어요. 서광태라고 유신시대 때 의대 간첩단 사건으로 들어갔다가 구속돼서 징역 6년인가 5년 살다가 87년에 뒤늦게 의사가 된 사람이 있거든요. 68학번인가? 그 사람이 서울 어느 병원에 산부인과 인턴인가 레지던트로 근무할 때 그 병원에 가서 애 낳고 그 사람 근무한 후 이틀 동안인가 저거 하고 다시 집으로 와서 애 키우고 그랬거든요.

그러다가 우리 편이 이기면 풀릴 줄 알았는데 졌잖아요. 아, 그래 도망을 다니는데 이거 밑도 끝도 없지요. 그 소요죄가 기소 시효가

10년인가 뭐 얼마야? 그리고 이게 다 끝난 사건이다, 잡혀봐야 얼마 살겠어요. 그래서 김병상 신부한테 전화를 걸었어요. "아이고, 도망 다니기도 힘든데 자수하면 어떻게 될지 좀 알아봐 주고 얘기 좀 해주세요" 그랬더니, 알았다고 했죠. 뭐 다음에 전화 와서 "어떻게 됐어?" 했더니, "너는 자수해도 살아야 한다더라…." 뭐 어떡해? 그때 내가 같이 숨어다닌 게 5.3으로 같이 수배된 사람이 있어요. 같이 안 풀린 게, 전에 노태우 비자금 폭로했던 박계동이 국회의원 했던 그다음에 그 당시 민통련에 있었던 누구냐 하면 안희대라고 72학번인가 있어요 우리 부부하고 저기 화곡동에서 아파트 하나 빌려서 같이 살았거든요 그러다가 각자 찢어지기로 하고 나는 마누라 집으로 보내고, 시청 앞에서 낮술 먹고 지나가는데 누가 신분증 달라길래 가짜 보여줘야 하는데 진짜 줬지, 뭐. 그랬더니 잠시 가셔야 할 데가 있다고 해서 갔지, 뭐.

▶ 그게 88년이었나요?

이 88년 3월에 잡혔어요. 3개월 딱 1심에서 풀어주더라고, 집행유예로.

▶ 5.3 있고 나서 곧바로 수배 중이었는데, 수배 과정에서는 기존의 운동권 내지는 이제 87년 상황에서 많이 열려서 국면이 좀 바뀌게 되는데 그때 연락이나 이런 것들 계속하셨나요? 아니면 그냥 숨어 있었나요?

이 아니, 그래도 나는 인천하고 계속 연계를 가졌어요. 그래서 인사련 5.3을 준비할 때 나하고 홍성복은 구속될 거 각오하고, 나, 이호웅, 홍성복은 구속이니까 우리만 하고 나머지 다 뺐어요. 그리고 그 당시에 이제 안영근이 인사련 회원이었지요. 간부가 아니었는데 안영근이 보고, "우리가 이번에 아마 들어갈 테니까 네가 집행국장을 맡아라. 인사련을 이끌고 나가라." 그리고 권병기 개들은 이제 뒤로 빼놓고,

"권병기, 김중현이 자네들은 절대로 집회장에서 나오지 마라. 우리 가고 난 다음에 이끌어라" 그랬죠. 그러고 난 다음에 큰일 있을 때는 개들하고 같이 회의도 하고 그랬지요.

▶ 같이 간간이 만났다는 얘기네요.

이 만나고 회의도 했지요. 그게 뭐냐 하면 비판적 지지 결정에 영향을 내는 거예요. 그러니까 6월항쟁 과정에도 인천에 가서 보고 그랬어요. 그리고 개들이 "형이 나와서 한번 연설을 해요" 해서 "그래 나도 한번 하지 뭐" 했죠. 여건이 되면 나도 나가려고 집회 현장 가서 근처에서 대기도 하고 그랬어요. 그러다가 87년 대선을 앞두고 민통련에서 비판적 지지 결정을 10월인가 했잖아요. 근데 아무리 봐도 이건 아니야, 끝까지 어떻게든지 단일화 노력을 해야지요. '이건 너무 섣부른 판단이다.' 대통령 선거 12월인데, 내가 황선진을 만났어요. "선진 형, 이건 이의를 제기합시다, 민통련에서 다시 논의하자고." 그래서 이것이 받아들여져서 다시 토론이 붙었는데 또 비판적 지지 결정이 난 거예요. 주도한 게 누군지 알아요? 임채정, 이해찬이예요. 우리는 보통 그러잖아요? 우리가 그쪽에 파견한 사람들, 개들은 김대중이 우리한테 파견한 사람들이야. 민통련에서 그런 회의를 하거나 의견 주고받으면 누가 비판적 지지다, 누가 반대다, 누가 뭐 독자적 후보론이다, 이런 것들을 그날 저녁에 김대중한테 가서 보고해서 그 자리에서 대책 논의하고 그랬어요. 그런 프로들을 우리가 어떻게 당해? 또 결정 나서 그러면 이걸 받아들일 것이냐? 민통련은 더 이상 재논의를 붙이는 건 안 되는 거고, 우리한테 남은 건 받아들이면 그냥 실행하는 거고, 받아들이지 않으면 탈퇴하는 거지요. 선진 형하고 나는 이의제기까지 했는데 받아들이지 않자, 마음에 안 들었죠. 그래도 선진 형은 아니라고 생각해서 그걸 확대 회의를 해서 계산동성당, 호 신부님 통해서 계산동성당 지하실 빌려서 한

20명인가 주요 간부들 다 소집해서 확대 운영위 회의를 인사련 회원들이
모여서 했지요.

▶ 수배 중이었는데 가셨어요?

이 표 대결했어요. 그래서 내가 한 표 차이로 이겼어요. 이긴 쪽은 남아서
비판적 지지 결정을 수행하기로 했죠. 그때 황선진 쪽은 완전히 다
나가버린 거예요. 내가 집행국장으로 있을 때 선진 형이 인사련을
나가지는 않았거든요. 그냥 자기 직책을 안 맡았을 뿐이지요. 그때까지
남아 있다가 거기서 비판적 지지 결정 수용하기로 하면서 선진형 나가서
시민공동회 꾸리고 이렇게 민중연합으로 간 거고, 그렇게 된 거지요.

▶ 사실상 지역 활동에 중요한 국면에서는 결합을 하면서 수배 상태로 움직였다는
말씀이잖아요?

이 그러니까 인사련 비판적 지지 결정은 내 책임이죠. 내가 다 밀어붙였죠.
나는 비판적 지지 결정을 선도하지는 않았지만, 마지막에는 어쩔 수
없다, 받아들이자고 한 건 내가 그냥 밀어붙인 거니까. 아니 내가 그때
얘기할 때 말이 "여기는 중간 없어, 예스야? 노야? 네 입으로 분명히
얘기해. 여기 기권 안 돼." 그래서 기권하는 놈들이, 가만히 있었던
놈들이 다 나중에 찬성하더라고요. 그래서 내가 이겼어요.

▶ 87년에 사실 인사련은 그렇지만 지역은 그러니까 3개 노선이 심하게 대립을
했고, 비판적 지지는 일찌감치 그쪽으로 돼서 정리가 됐지만 후보 단일화
요구했던 부분들은 제일 어정쩡했고, 이제 독자 후보로는 또 아예 그쪽으로
활동들을 쭉 했죠. 그리고 대선이 끝났거든요.

이 근데 그 전에 하나 더 얘기할 거는 그때 6.29로 징역 살던 놈들 나왔잖아요.
그때 김성진이 나왔어요. 그런데 8월쯤 되니까 김성진이가 무슨 새로운

단체를 준비한다는 거예요. 내가 듣고, 이건 아니다 싶어서 김성진을 만났어요. 그러니까 수배 중에도 인사련의 주요 일정은 내가 다 했어요. 그리고 내가 잠수함을 한두 번 타봐요. 그거 저거 일도 아니지요. "필요한 거 있으면 얘기해라. 내가 인사련 문 얼마든지 열어주겠다. 뭘 또 새로 만드냐, 같이 하자" 그랬는데, 결국 만들었더군요. 나중에 뒷조사했더니 강희철하고 결합했더만.

▶ 그랬죠. 다들 그랬겠지만 아마 87년 12월에 대선 결과는 6월항쟁의 성과를 무로 돌리는 거라고 봤을 거 아닙니까? 그 좌절감이 컸을 건데, 이우재 선배님은 솔직히 어떠셨어요?

이 나만큼 더 처절하게 우리 편 이기길 기대하는 사람이 있겠어요? 나는 애도 키우고 있는데 언제까지 수배 생활할 거요? 언제까지요. 그때 위기의식을 가졌어요. 우리 운동도 전체가 이렇게 해서는 안 되고 인사련도 이렇게 해서는 안 된다. 그리고 인사련에 치명적인 게 대중운동과의 결합이 없잖아요? 노동운동과.

87년 이후 변화된 상황, 인사련 해산

▶ 그게 훨씬 더 약해지죠.

이 그게 이제 인부노회하고 결합을 추진하게 하는 한 가지 요인이었죠.

▶ 그러면 88년 정도 때 이제 그런 구상들을 하는가요?

이 88년에는 6월에 나와서 저는 그냥 사람들이 이렇게 움직이는 걸 보고만
있었지요. 처음에 나와서 그다음에 한두 달쯤에서부터 업무에 개입을
하기 시작하는데 그러다가 이제 제일 먼저 한 게 이제 홍성복을 의장으로
만든 거예요. 왜? 이호웅이 그때 의장이었는데 완전히 정치에 생각이
있어서 인사련 실무자들을 자기 선거도 아니고, (그때는 바로 선거는
못 나갔어요. 88년도 선거에 못 나갔는데) 그때 원혜영이 부천에서 선거하
는데 인사련 실무자를 거기에 파견시키고 그러더라고요. 그걸 또 권병기
가 같이하고 그러길래 내가 문제 제기해서 호웅 형한테 그랬지요.
"형, 이제 정치권으로 가. 인사련은 내가 알아서 움직일 테니까." 그래서
내쫓고, 권병기 징계 먹이고, "너, 의장 지시라고 전체 다른 사람들하고
협의도 없이 실무자를 그리로 보내냐?"고 했죠. 그래서 의장 새로 뽑기로
했는데 다 내가 할 줄 알았는데, '나야 하든 안 하든 뭐 내가 해? 홍성복이
는 고생만 했잖아.' 그래서 성복이 의장시키고 그렇게 쭉 간 거지요.
나는 그냥 부의장으로서 이것저것 그냥 프리랜서로 관여했지요. 근데
이미 변했잖아요, 정치권이 우리를 끌어들이기 시작했죠.

▶ 그러니까 정치권은 재야운동의 수혈이 필요했고 노동운동은 훨씬 더 이제
광범위해져서 합법화되는 부분들이 만들어지기 시작했지요.

이 더 중요한 거는 노동운동도 학출이 아니라 노동자들이 대세를 점해가기
시작했고, 그만큼 학출의 여지는 줄어들었죠.

▶ 그게 88년 상황이었습니다. 88년부터 쭉 인노협이 만들어졌죠. 그때 인시련은 새로운 길을 모색했던 건가요?

이 새로운 길을 모색한 게 민주시민교육인가, 이제 대놓고 강좌를 하면서 회원을 그냥 모집을 한 거예요.

▶ 그 강좌가 꽤 잘 됐지요? 그래서 실제로 노동자들도 많이 갔고, 일반 시민들도 이제 새로운 그리고 운동권이라는 걸 이제 제대로 이해하기 시작하면서 상당히 활성화됐던 것 아닙니까?

이 1년쯤 지나고 보니까 한 반 정도가 빵에 갔다 왔죠. 아는 애들인데 뭐, 새롭게 들어온 애들이 그렇게 하면서 새롭게 회원으로 받아들이고, 회원가입 원서 내면 그냥 회원으로 받아주고 그랬죠.

▶ 그러니까 대중운동의 토대가 확보되기 시작했다는 걸 확실하게 느끼기 시작하신 거죠?

이 근데 그게 뭐, 그게 몇 프로나 얼마나 된다고요?

▶ 그렇죠. 그 부분은 지속적인 관리를 안 하면 사실 쉽지는 않거든요.

이 관리를 해도 그렇죠. 그런데 제일 중요한 문제가 이거예요, 우선 제일 처음에 시도한 것.

▶ 그때도 사무실이 용동이었나요?

이 아니요, 그때는 저기 주안 제일시장 있는 쪽이었어요.

▶ 공실위도 같이 있었죠.

이 처음에 공실위 그때는 내가 없어, 수배 중이었을 때였죠. 거기 있을 때 저거 했는데, 인천이 너무 분열돼 있었잖아요. 그래서 민중연합하고 통합하자, 근데 끝까지 응하질 않더라고요.

▶ 민중연합은 황선진?

이 그러면 선진 형이 나하고 얘기해야 될 거 아니에요? 그걸 그 누구야
77학번 민중연합했던 누구야 여기도 관여했었잖아. 우리 김○○, 누구
야?

▶ 김창수?

이 얘기가 계속 겉돌더라고요. 그러길래 포기하고 그래서 인부노회하고
통합을 시도한 거예요. 왜냐하면 정치적인 부분에서는 비판적 지지를
같이하고 그랬으니까요. 우리는 이제 노동운동이, 노동자 회원들도
들어오긴 들어오겠지만 이제 인부노회하고 정치적으로 비슷하니까
좀 같이 좀 하자, 이런 얘기도 하고 했죠.

▶ 정서적으로는 유사하지요.

이 그런데 속의 핵심은 전혀 다르지요. 나는 이미 80년대 중반부터 북한은
아니다. 딱 이렇게 결론 내려버렸거든요. 그리고 레닌주의 이런 것도,
지금 소련도 아니라는 게 80년 두 번째 징역살이 때 결론 내렸어요.
왜냐하면 그때 후르시초프 회고록 이런 거 읽었는데 스탈린의 실체가
그대로 나오더라고. 스탈린이 죽고 나서 바로 발견되지 않았어요. 이틀
인가 3일 후에 발견됐어요. 스탈린의 침실은 누구도 못 들어가요. 스탈린
이 침실에서 안 나오니까 경호원들이 혼자 들어갔다가는 오인 받으니까
정치국 회의를 소집해서 스탈린이 안 나온다고 정치국원들이 다 같이
모여서 같이 들어갔더니 죽어 있었다는 거예요. 뭐 그러니 그런 사회
얘기할 게 뭐가 있어요. 그다음에 북한의 김일성이 항일무장 투쟁하고
한 거 그건 뻔하지만, 6.25는 북한의 남침으로 시작됐고, 그건 누가

봐도 뻔한 얘기죠. 우리만 부역자를 죽였어? 저기는 안 죽였어? 거기서 유일하게 내세워야 될 거는 항일 투쟁했다는 거지요. 그래도 뭐 그건 아니다 그런 생각 정도 갖고 있었죠. 그래도 뭐 대놓고 그 정도일 거는 몰라서 그래서 이제 통합을 했거든요. 그래서 이제 개들하고 그냥 의결구조도 반반씩 같이하고 뭐 그리고 홍성복 의장했다가 그다음에 재환이로 의장 넘기고 그랬는데 재환이가 대놓고 그걸 강요하는 거예요. 통합이 90년인가 91년인가? 어디 보자. 91년 1월 1월이네요. 통합을 했죠.

▶ 그렇죠. 인부노회도 조직 사건 이후에 기댈 때가 좀 필요했던 거죠.

이 그래서 그게 사건이, 그때 재환이가 그때 멀쩡히 살아있었어요. 안재환이 의장을 했거든요. 근데 권병기 이런 애들이 미치고 환장하겠다는 거예요. 대놓고, "그거 공부하라"고 막 그러고 그러니까. 내가 재환이에게 "그러지 마라. 그러지 마라" 그랬더니, "형도 공부해." 그러다가 이제 유재관이 사건이 난 거예요. 내가 그때 결혼하고 아직 살림이 분가가 안 돼서 주안 집에서 어머니, 아버지 모시고 같이 살 때였거든요. 근데 그 전날 술을 좀 먹고 들어갔는데 새벽에 전화가 온 거예요. 권병기한테 전화가 왔는데 누가 죽었대요. 그러길래 누가 죽은 모양이다. 그러면 내가 내일 문상 가면 되지 했는데, 한두 시간쯤 지나서 누가 죽었는데 왜 안 오고 지금 집에 있냐고 그러기에 문상 가면 되지 왜?" 내가 막 그랬는데 아, 우리 회원이 지금 어디서 떨어져 죽었다고 그래요. 그러면 그렇게 얘기해야지 어딨는데? 그래서 사랑병원을 간 거예요. 유재관이라 뭐 뭐 뭐라고 그 당시에 개 가명을 쓰는데 그런 사람이 없는 거야, 아무도 몰라요.

▶ 그렇지, 몰랐을 수도 있겠네.

이 인부노회 애들도 모르는 거예요.

▶ 그쪽은 알았을 텐데?

이 아니야. 거기도 그룹 같이하는 애들만 안 거예요. 다른 애들은 모른 거예요. 누구냐, 그랬죠.

▶ 안재환 형도 다 몰랐어요?

이 누구냐고 그러고, 그룹을 같이하던 애들만 안 거예요. 이거 얼마나 황당해? 근데 어떻게 죽었냐니까 경찰도 안 왔는데 떨어져 죽었던 거예요 뛰어내리다가 차양막 나오는 데 걸려서 떨어지면서. 내가 걔들한테 그랬거든요. 통합할 때 "우린 공개 운동 단체이기 때문에 도망다니지 마라. 경찰이 들어오면 압수수색 영장 내놓으라 그러고, 압수수색 영장 아닌 거는 집행하지 못하게 하고, 공개 운동은 그렇게 하는 거다. 도망 다니는 거 아니다, 지하로 다니는 그런 거 아니다, 경찰하고 대놓고 당당하게 묻는 게 공개 운동이다" 그랬거든요 근데 경찰 오지도 않은데 도망간 거 아니야? 근데 알아봤더니 더 황당한 게 어떤 거냐 하면, 경찰은 자기들은 출동할 생각도 없고 출동도 안 했다는 거죠.

▶ 오보를 받았다는 건가요?

이 자기들이 착각한 거예요, 걔들은 자기들 습격당하고 있다고 경찰 오지도 않았는데 튀었고, 실상 경찰은 그런 계획도 없었고 아직 가지도 않았거든요. 경찰은 자기들끼리 어떻게 잘못했다가 죽은 거라고, 이건 변사 사건이라고 부검하려고 했죠. 그거를 그때 김승묵이라고 인천 지역 출신, 판사하다가 변호사 하는 사람이 있어요 그분한테 물었더니 그렇더라고요 저녁에 부검한다던데 나한테 그러더라고요 근데 또 얼마나 기분 나쁘냐면 우리 인사련 출신 애들은 뭐 내가 직책이 없었던 때지만,

내가 지시하기 시작하면 다 따르고 그러는데 거기 애들은 "형이 뭔데 지시야?" 전부 그러고 있는 거예요. 그때 지시할 사람은 재환이나 홍성복이 비어 있어서 거기 아무도 없고… 환장하겠더라고요. 야, 내 말 듣는 애들만 와. 우리 집에 이렇게 저기 불러서 음식 대접해. 그리고 가게 이런 데 연락해서 초상나면 이렇게 하는 거 있잖아. 그 초상 치르게 음식 대접하고 내가 준비해서 했지요. 그리고 나는 김승묵 선배한테 전화 걸었지요. 내가 지금 "이렇게 이렇게 우리 쪽 사고인데 저희 잘못입니다. 그런데 저희가 부검은 못 받아들이겠습니다. 부검한다고 하면 이제 그냥 여기서 애들한테 화염병 만들게 해서 여기서 화염병 던지고 불을 거라고." 선배님이 말씀 잘해서 부검을 하지 않게 하고 우리가 장례할 때 노제를 치르는데 노제 정도까지 경찰이 좀 허가했으면 좋겠다고 그랬더니, 이 양반이 중간에 다리 놔서 그게 다 된 거예요.

그리고 수배 중인 사람들 초상 기간에 잡지 않기로 해서, 재환이하고 성복이 다 오더라고요. 그러면 너희들이 치루어라 하고 이제 나는 뒤로 빠졌거든요. 그거 끝나고 나서 그다음에 신부님한테 얘기해서 주안1동성당에서 장례미사도 치르게 하고, 그래서 내가 재환이한테 너 한 번만 이런 소리 더 들으면 가만 안 둔다고 그랬거든요. 그런데도 끝까지 그 얘기가 그냥 나오는 거예요. 주체사상, 그러면 해산하자고 내가 그랬지요. 그랬더니 걔들이 뭐라고 그러는 줄 알아요? "니가 무슨 권한인데 해산하니, 니는 직책이 없잖아? 안 그래?"

내가 뭐라고 그랬는 줄 알아요? 그때 우리 사무실 세 개였거든요. 본부하고, 남부지부, 북부지부, "그 사무실 세 개 전세 그거 다 내 이름이야. 내가 사무실은 회수할 테니까 니들 길거리로 나가. 사무실 보증금 다 회수할 테니까 너희들 다 길거리로 나가. 니들이 해산에 동의하면 하나 값은 니들 줄게. 후배들한테." 내가 그때 해산 시점에서 쓴 글이 있어요. "시대가 변했는데 우리는 시대를 못 맞추고 있다."

그게 어떤 거냐 하면 "집회가 허용되기 시작했잖아. 그런데도 집회하는데 화염병을 던졌잖아. 그리고 의미 없이 그냥 구속되고 이미 정치적 자유가 허용되고 그렇게 하는데 옛날 구닥다리 혁명이론 뭐 이런 데 잡혀서 그런 사이에 경실련 생겨나고 참여연대 생겨나고 막 그랬잖아. 그리고 공안 통치 끝나면서 혹독하게 당한 다음에 새롭게 변하기 시작하고, 동구권과 사회주의 이상 완전히 개꼴을 한 거 다 확인되고 새롭게 변신해라." 인사련 애들한테 뭐라고 그랬냐 하면, "새롭게 변신해라, 새로운 흐름에 맞춰서." 그런데 나는 지나가는 흐름을 대표하는 사람이니까 나는 거기 안 끼겠다, 니들끼리 해라. 그래서 사무실 3개 중에 제일 작은 사무실 값을 내가 인부노회에 주고 큰 거 2개를 니들이 이거 갖고 뭐든지 써라. 니들끼리 하고 나는 안 낀다고 그랬거든요. 걔들이 의논해서 생협인가 만든 게 그거예요. 한살림생협인가 뭔가 만든 게 남은 거지요. 인사련은 인사련 애들에게 돌려준 것이지요. 그다음에 그냥 집에 처박혀 버린 거지요. 인사련 내가 해산하면서 쓴 글이 있거든요. 그게 어디 갔는지 모르겠어요.

▶ 인사련의 마무리는, 그러니까 인사련의 시작과 마무리까지 한 8년 정도 되네요.
이 그러니까 92년, 84년부터 92년이니까 한 8년.

▶ 이우재 선배님은 사석에서는 인사련을 출범시킨 것도 맞지만 해산시킨 거는 내 인생에 제일 잘한 일이라고 말씀을 하셨는데 지금도 그러신가요?
이 그래요. 왜냐하면 이미 운동이 시대에 맞지 않게 갔는데 고집하면서 괜히 쓸데없이 감옥 들어가는 사람만 생긴 거예요. 쓸데없이 그럼 감옥 갔다 와서 뭐 할 거야? 새롭게 변신해야 되는데 변신하게 되면 나도 나 자체도 그 변신의 주체가 될 자신도 없고 능력도 없고 우리 자신이 너무 옛 저거에 물들었어요. 새 술은 새 부대에 담는 게 난 거예요. 난 그렇게 생각해요, 새 술은 새 부대에.

　지금도 대부분의 인사련 후배들이 형 그때 계산 깨끗하게 잘했다고 해요. 인천 단체 중에 공식적으로 해산 결의 딱 하고 해산한 데는 우리밖에 없잖아요. 말 많고 구질구질하지도 않고 그냥 그리고 재산 문제도 후배들 너네들이 알아서 해. 그랬더니 지들끼리 협동조합 만들어서 어떻게 하고….

▶ 인사련이 한 시대를 대표했던 사회운동 조직이었습니다. 그러니까 노동운동하고는 좀 결이 다르죠. 어떻게 보면 이제 시민운동의 전사 같기도 하고요.

이 지금 시민운동의 전사지요. 그런데 인천 지역에서는 당시 상황이 독재시대이기 때문에 정치투쟁이 주가 될 수밖에 없었고요.

▶ 그런데 그게 정당이나 전문적인 정치 조직들이 만들어지기 전이었으니까, 사회운동 차원에서 시작을 할 수밖에 없었는데 인천이 종교나 제 시민 조직들이 어우러진 것도 상당히 획기적이고 모범적인 거죠.

이 그러니까 가톨릭과 개신교가 인천에서 만난 거는 처음이죠. 동일방직으로 조화순 목사가 가톨릭회관에서 강연한 게 그게 처음이고, 그러기 전에 인사련 지도위원으로 만난 게 처음이죠.

▶ 이우재 선생, 그때 인사련 활동 과정에서 인천을 노동운동의 성지처럼 여기고, 그래서 많은 활동가가 인천에 내려왔다가 또 인천을 떠나지 않습니까? 인사련을 겪어서 간 사람들도 있을 거고 또 그렇지 않은 노동운동 조직들도 많았거든요. 그런 부분들에 대해서 지역에서 쭉 보면서 한 시대가 정리됐구나, 이런 생각도 하실 텐데 당시에 노동운동 내지는 변역 지향적인 어떤 부분들에 대해서 어떻게 평가하고 계시나요?

이 얼마나 코믹한 상황들이 있었냐면 내가 이제 복대위 위원장도 하고 그러니까 이제 후배들이 나를 알잖아요 근데 위장취업하려고 내려오는데 그러면 주민등록이나 이런 걸 어디다 둬야 될 거 아니예요? 두 놈인가 그랬어요. 85년, 86년에 우리 집에 자기 주민등록을 두자고 그러길래 너 미친놈 아니냐? 인마, 너 우리 집에 주민등록 두는 순간에 너한테 막 경찰 그냥 따라붙어. 그 정도로 당시 그게 열풍이었고, 한편으로는 뭐 그럴 수밖에 없는 시대적 상황도 있었지만, 글쎄 운동이라는 건 지금 보면 그래요. 꼭 현장이 다도 아니고 어디든 자기 자리에서 자기가 할 수 있는 걸 갖고 최대한을 하는 게 그게 최고예요. 그러니까 음악을 좋아하는 놈은 음악으로 운동을 하는 거고, 그림 그리길 좋아하면 그림을 운동으로 하는 거고, 그런 식으로 모두가 다 공장 갈 필요 없었던 건데 그게 정말로 한때 열풍이었죠.

▶ 사실은 그 사람들이 노동 현장에서 생활력을 갖는다는 게 그 젊은 나이에 뭔지 잘 몰랐을 거거든요. 그리고 대부분 떠나는 거죠.

이 그리고 당연한 게 또 그런 게 뭐냐 하면 노동자가 중심이 되니까 학출이 설 자리가 없는 거예요. 그리고 잘 알아야 되는 게, 우리가 그런 거를 일종의 조직 모델로 이렇게 삼았던 게 뭐 사회주의 운동했던 유럽에서 근거한 건데 그 대부분 지식인이었어요. 그 사람들 공장에 간 사람, 공장 현장에 처박힌 사람도 별로 없었어요 그리고 그 당시에는 노동자가 일정 부분에 조금은 지식분자예요. 제일 밑에 농민이었고, 노동자는 하다못해 공장 기계에 뭐 이렇게 써 있는 그거라도 읽을 줄 알아야 되는 사람이 노동자가 되는 거지요 우리나라도 마찬가지지요.

▶ 그렇죠. 우리나라도 마찬가지죠.

이 아까도 얘기했지만 인천 만석동에 동일방직 노동자보다 우리 동네

하인천의 어부들이 더 가난했다니까요.

▶ 제가 공장 가서 만난 제 친구들이 최하 중졸이었죠.

이 근데 어부는 중졸이 어디 있어요?

▶ 그렇죠. 60년대생들은 이미 초등학교는 의무적이었으니까. 잊을 수 없는 사람들, 김근태, 호인수, 서동만…. 이 사람들을 많이 겪지 않으셨습니까? 선생이 생각나시는 분들 말씀해 주셔도 좋고, 제가 물어보고 싶은 분들도 있거든요. 김근태 선생과 인천에서의 활동 또는 김근태 선생이 인천에서 하셨던 일들에 대해서는 어떻게 보시는지요?

이 나는 잘 몰라요. 나중에 기록이나 이런 걸 통해서 안 거고, 근태 형이 있었다는 것만 알지요. 근태 형하고 있었던 인천에서 에피소드 하나는 그것밖에 없어요. 김성복 목사 남동생이 김성일이라고 있는데 개가 인천대 학생인데 개가 82년인가 9월인가 쯤에 감옥에 갔죠. 그런데 근태 형이 산선에 계실 때 이게 데모한다고 근태 형한테 가서 의논을 한 거예요. 근데 난 이제 근태 형은 잘은 몰라도 이제 조금은 알고 그런데, 내가 이제 산선에 갔더니 근태 형을 보자, "너, 일로 좀 와봐" 그러더니 "넌 이 자식아, 일 좀 똑바로 하고 다녀" "어떡하라고?" 뭔 소리야 했더니, "야 인마, 네가 내가 보기에 인천 학생운동은 네가 대충 컨트롤하고 있는 걸로 아는데, 그 새끼가 나한테 와서 물어보면 어떡하냐"고 하는 거예요. 그거 물어보는데, "너, 어떻게 그렇게 내버려 두냐"고 그러는 거예요. 근태 형한테 날벼락 아니야? 개가 데모해 갖고 근태 형하고 의논했다 그러면 근태 형 끌려 들어가는 거 아니야 감옥에. "너 어떻게 막 개가 나한테까지 오게 만들어? 내가 놀래 갖고, 하~하~."

그리고 다른 에피소드는 이건 뭐 인천하고 관계된 건 아니지만 씨엔피 논쟁을 할 때 근태 형한테 느낀 거는 왜 이렇게 가르느냐(갈라

세우냐) 그랬거든요. 씨디, 엔디, 피디로 가르고, 근데 대선 끝나고 89년에 2월인가 다 풀어 줬잖아요? 89년 2월에 근태 형도 나오고 장기표 형도 나왔잖아요. 그 이후 만났는데 둘이 바뀐 거예요. 근태 형은 그런 구분을 안 하더라고요. 사람들 다 안으려고 그래요. 근데 장기표는 지금은 공부할 때다 그리고 책을 이런 거 읽으면 안 된다. 사사건건 토를 달면서 가르더라고요, 그전에는 안 그랬는데. 이 사람들, 둘 다 빵 살고 나서 완전히 서로 바뀌어서 나왔네, 그런 경험이 있어요 둘이 완전히 바뀌었더라고요.

▶ 김근태 선생한테 수학책 빼앗겼다는 얘기도 해주시죠.

이 민청련 만들 때 서울대 정지 작업을 끝내서 근태 형이 역곡에서 사실 때 역곡으로 보고 하러 갔어요. 그랬더니 근태 형이 "어, 수고했다. 술이나 한잔하자" 그래서 역곡시장 쪽에 가서 술 한 잔 먹는데 근태 형이, "너 맨날 무슨 책을 읽고 다니는데 무슨 책이냐?" 그래서 줬더니 쓰레기통에 확 버리는 거예요. 무슨 책이냐 하면 그때 핸드폰도 없고 그럴 때 아니에요. 그러니까 누구하고 전화 약속을 하는데 난 이제 사람들을 만나야 되고, 그러면 어떤 놈은 아침 11시에 만나게 되고, 다음 놈을 저녁 다섯 시에 만나기로 했다면, 중간에 벙 떠서 할 게 없는 거예요. 그러니까 그때 저기 종로3가인가? 그쪽에 가면 이제 허리우드, 낙원상가 그쪽에 무슨 파고다극장 동시상영하고 그러잖아요 그러니까 거기 들어가 그냥 자는 거예요. 그러다가 약속 시간 되면 나오고. 아, 근데 그때 자는데 어떤 새끼가 내 옆에 앉더라고, 자리 텅텅 비었는데. 그러다 보니 이게 허벅지를 만지는 거예요. 놀라서 내가 알아봤더니 거기가 호모 애들 본거지래요. 아, 그러니까 거기도 못 가겠어요.

이걸 어떻게 남는 시간을 보낼까 하다가 에이, 그래서 원래 내 수학 공부도 하고 싶었으니까 비유클리드 기하학 책을 사서 그다음에 노트 하나 들고 그냥 수학 공부한 거예요. 다방 같은 데서 이렇게 놓고 풀다가 시간 되면 가서 만나고, 저녁에 끝나고 술 먹고 집에 가고⋯. 근태 형이 유심히 봤던 모양이더라고요, 내가 무슨 책을 들고 다니면서 그러는 걸. "네가 수학 좋아하고 잘하고 그런 거 아는데" 정색을 하고 그렇게 말하더라고요, "우재야, 너 우리가 온 힘을 다해서 싸워서 전두환이 이길 수 있을 거라고 생각하냐?" "저 자신 없는데요" 그랬더니, "근데 네가 왜 이딴 짓에 신경 쓰냐?" 그러니 뭐라고 그래. 아 소리도 못 했지요. 내 수학책이 쓰레기통에 박혔어요. 그다음에 근태 형 돌아가시기 전에 마지막으로 만난 거예요. 호웅 형 아들이 결혼을 했어요. 인천 송도에 무슨 호텔에서 결혼을 했거든요. 호텔에서 결혼하니까.

근데 그런 데서 결혼하면 이렇게 둥그런 데다가 스테이크 하나하고 포도주 한 잔 이렇게 나오잖아요. 내가 제일 싫어하는 거거든요. 난 차라리 순댓국에 소주가 나오는 게 낫고, 뭐 그게 낫지요. 그냥 포도주를 마시다 이거 소주도 없네. 뭐 그러고 우리 동기들끼리 모여서 그러다 화장실을 가다가 내가 못 볼 걸 본 거예요. 축의금을 정리하고 있는데 엄청 많더라구요. 그걸 보면서 그냥 확 뚜껑이 열려버린 거예요. 눈이 뒤집어 버린 거예요. 돌아오며 딱 봤더니 저쪽 안쪽에 테이블 있는데 거기 근태 형하고 형수하고 딱 둘만 있더라고. 너무 대장이라고 아무도 안 갔는가? 내 친구들 포도주 잔 3개를 뺏어서 이렇게 손에 끼고 간 거예요. 형님 오랜만이라고 잔을 내려놓고는 조금 이따 "형님, 내 수학책 줘요. 형님이 쓰레기통에 처박았잖아?" 그랬더니 "야, 뭔 소리야", "형님이 내 수학책 처박았지? 내가 지금 가서 이런 거 봤는데 나 이런 꼴 보려고 운동한 거 아니야. 내가 수학이나 했으면 이런 꼴은 안 보고 살았지요. 내가 새빠지게 고생해서 이런 꼴 봐야 돼? 형, 내가 수학 좋아하는 거 알잖아? 책 돌려줘, 나 지금이라도 수학 공부하게."

근데 형이 가만히 계시더라고. 말도 안 하고. 근데 포도주 갑자기 두세 잔 마시니까 취하더라구, 이제 끝나고 가려고 그러는데 근태 형이 차가 없더라고, 마침 친구 한 놈이 차를 갖고 왔어요. 그래서 "야, 너 근태 형 모셔" 그러고 근태 형 부부 뒷자리에 내가 또 앞자리 타고 근태 형 내릴 때까지 같이 왔죠. 그때 술이 좀 취했어요. 내릴 때까지 그 소리 했거든요. 그리고 1년 반 후인가 근태 형 돌아가셨다고 부고 오더라고요. 그때 그 바람에 근태 형에게 마지막 술주정을 했지요.

▶ 호인수 신부님하고 인연이 오래되셨잖아요. 잠깐 말씀하셨는데 호 신부님한테 그러니까 물심양면으로 도움도 받고 그러셨는데 천주교 영세도 받으셨다고 들었어요.

이 (받았어요) 근데 냉담이에요? 그러니까 호 신부님하고 가까운 사람이 대부님이었는데 홍성훈이라고 제일시장에 홍정형외과 원장 하시는 분이 있는데 그 덕분에 받았죠. 아주 어려운 일에 돈도 많이 내주신 분인데 그분이 운동권에 호 신부님 근처에 있는 사람들을 다 가톨릭 신자로 만들려고 몇 차례에 걸쳐서 세례 교육하고 세례 주고 그랬어요. 마지막 타깃이 나였어요. 나보고 세례 좀 받지 않겠느냐 그러기에, 아 그걸 왜 받아요 그런 거 안 믿는다고 그랬더니, 조건이 뭐냐 하면 네가 사달라는 술은 내가 다 사준다. 그러니까 일단 세례만 받으래요. 근데 내가 어려울 때마다 손 벌릴 때 그 홍성훈 원장님도 그리고 호신부도 그냥 조건 없이 다 들어줬는데, 그래서 세례를 받았어요. 맨날 말 같지 않은 소리를 말이라고 하냐고 따져 묻다가 교육이 끝났어요. "너 세례 받을 거야, 안 받을 거야?" 제가 며칠 생각하고 답변할게요. 뭐 가톨릭 교리 그런 거 아무 생각도 없는데, 나는 불교 쪽에도 가깝고⋯
그런데 호 신부님과 홍성훈 원장이라 받기로 했어요. 어떻게 결정했어? 그래서 "받기로 했습니다" 그랬더니, "왜 받기로 했어?" 그러기에

"곰곰히 생각해 봤는데요. 전생의 인연인 것 같아요." 그때 조성교 신부님도 있었거든요. 조 신부님, 호 신부님이 깔깔. 그래 전생에 이런지도 모르지만 하여간 받자. 근데 애 이름은 뭘로 지어? 그러더니 조성교 신부님이 "쟤 토마지, 토마. 예수가 죽었냐 살았냐 옆구리 찔러보는 토마." 그래서 세례 받았어요. 세례 받고 갔더니 호 신부님이 여기 구월동 성당 계실 때예요. 일주일에 한 번씩 교육 좀 받으래요. 호 신부님이 나하고 신학대 박사 과정이나 박사학위 마치고 어디 직장 못 잡고 있는 애들을 불러서 고급 신학반 커리큘럼 만들어서 석 달인가 진행했어요. 근데 전부 다 한 달도 못 가고 갔지요, 내 질문을 못 견뎌서. 나중에 호 신부님도 포기했어요. 호 신부님이 구월동 성당 계실 때는 나하고 집이 가까우니까 매주 나갔어요. 일요일마다 대놓고 내 이름으로 얘기하는데 누가 안 왔어요? 그러면 난 "네, 여기 왔어요" 그러면, "왔네" 그러고 시작하거든요. 그다음에 이제 저기 멀리 가면 매주는 못 가고 일 년에 딱 두 번 가는 거예요. 크리스마스하고 부활절 때 가죠. 난 고해성사도 안 보거든요. 부활절엔 고해성사 안 본 사람들이 가지요. 전체 집단 고해성사 해줄 때가 있거든요. 신부님은 꼭 해줘요. 집단 고해성사 봐야 되는데, "단골 있는데, 단골 왔어요?" 그러면 "여기 왔어요" 그러면 "단골 앞에 와." 호 신부님 은퇴하기 전까지 일 년에 두 번 갔는데 지금은 일절 교회 얘기 안 하셔요.

▶ 자주 얘기하시는 친구 중에 서동만 선생, 돌아가셨는데 얘기 좀 해주시죠.
이 동만이하고 성격이 반대였어요. 그 친구는 같은 학번이고 정치학과, 집도 잘 살았고 서울 경기고 출신이었죠. 그런데 걔는 이렇게 배 속에 있는 얘기를 잘 못하는 성격이에요. 이렇게 좀 주저주저하고 근데 나는 딱 저거 하면 딱 대놓고 쏴버리거든요. 그게 걔하고 나하고 이렇게 서로 맞은 거예요. 나는 걔가 그냥 이렇게 진득하게 있는 게 좋아.

근데 좀 우유부단하고 그런 건 있지요. 하여간 강금실 그 사건 이후로 친해져서 술도 많이 먹고 그랬는데 그때는 소문이 어떤 소문도 났냐 하면 쟤네 둘이 호모 아니냐고 맨날 붙어 다닌다고 그런 소문도 났는데, 이거 걔도 술 잘 마셨지요. 걔네 집에서도 수없이 잤고. 근데 그놈이 나보다 술이 한참 세거든요. 근데 이게 우리 집에 와서 한 번 술 먹고 토한 적이 있어요. 재미난 얘긴데 이건 운동사는 아니고 내 결혼식 날 85년도 6월 9일 걔가 왔고 그때 근태 형도 오셨는데, 내가 결혼식을 가톨릭회관에서 했거든요. 그리고 이제 피로연을 하고 그다음에 이제 2차로 우리 집 주안역 뒤에 있을 때 동네 조그마한 마당도 있고 동네 골목도 있었고, 거기서 음식 준비해서 2차로 하는데 한 100여 명이 왔거든요. 우리 동네 슈퍼 두 개에 소주가 동이 났어요.

근태 형님이 이제 뒤늦게 오신 거야, 딴 일 있어서요. 그런데 근태 형이 내 마누라하고 짱깨뽀(가위 바위 보)를 하는데 이상한 내기를 하는 거예요. 우리 아버지 어머니가 다들 계시고 그런데 지는 사람 옷 벗기는 내기를 하는 거예요. 6월인데 아~. 그리고 마누라가 그래서 이렇게 브라자 차림으로 있겠더라고. 내가 형 지금 뭐하는 거냐고 내가 막 말리고 그랬거든요. 그리고 동만이 녀석이 일찍 자더라고 "나 좀 자면 안 돼?" 하길래, "아, 그러면 저 우리 신혼 방 거기 가서 좀 자" 그러고 자고 갔어요. 아침에 봤더니 천장에 오바이트가 붙어 있는 거예요. 거기 잔 사람이 동만이밖에 없잖아요. 오바이트 냄새, 화장대 뒤에까지 오바이트가 있는 거예요. 일주일 지나 전화해서 막 욕하고 그랬죠. 오바이트를 거기 하면 어떡하냐고. 그리고 열흘쯤 후 나하고 술 한잔 먹자고 서울로 부르더라고요. 그러더니 나 일본 유학 간다 그러더라고요. 이놈이 민청련 만들 때 회보 작업도 같이 했고 그랬거든요.

근데 나 여기다 놔두고 자기는 공부하러 일본 유학 가고 그러니까 미안하고 마음에 걸리고 그러는데 말은 못 하고 그러니까 이제 술 먹고 취해 그런 거예요. 걔가 그랬어요. 노무현 때 안기부 기조실장 했잖아요. 그때 잘리고 걔 후임으로 누가 임명됐냐 하면 김만복이라는 놈이 임명됐거든요. 김만복이라는 놈은 한나라당에서도 입당원서 냈는데 안 받아준 놈이잖아요.

▶ 중앙정보부 출신이잖아요?

이 그런데 그게 어떻게 된 거냐 하면 김만복이가 78년도에 서울대학교 총책이었어요. 걔가 데모한 학생 중에 여기까지 구속, 여기는 무기정학을 걔가 결정했어요. 그러니까 서동만이나 우리 처벌은 걔가 다 결정한 거예요. 근데 서동만이 후임을 어떻게 그 새끼 시키냐고? 그게 누구 작품인 줄 알아? 이광재 작품이야. 내가 다 뒤져봤어요. 이광재가 당시 국정상황실장인데 안기부에서 청와대에 1일 기밀보고서가 올라가요. 그건 비서실장도 못 봐요. 대통령 친전이죠. 딱 한 부 작성하고 대통령만 보는 건데 이광재가 자기도 달라고 그런 거예요. 이광재가 우리보다도 한참 후배 아니야, 게다가 그러니까 미친 새끼라고 내팽개쳤을 거 아니야. 근데 국정상황실에 김만복이가 안기부에서 파견직원으로 나간 새끼야. 김만복이가 이광재한테 온갖 코치 다 한 거예요. 대통령한테 보고서 쓰는 요령 뭐 이런 거 이렇게 하면서 자기가 한 게 계속해서 이광재 입김으로 서동만이 잘리고 기조실장으로 온 거예요. 나중에 안기부장까지 했지요. 노무현 때 내가 뚜껑이 확 열려버려서 연판장 돌리러 갔어요. 어떻게 우리를 구속시킨 총책임자를 그 후임으로 더군다나 노무현 정권에서….

　　동만이가 나를 부르더라고 그러더니 니 마음 아는데 자꾸 그러면 자기 이름이 오르락내리락거리니 자기는 그거 싫다는 거예요. "우재야, 그냥 나를 봐 참아달라"고 그러길래 그냥 내가 니 부탁이라 참는다고 그랬어요. 그래도 노무현하고 이 새끼들 언제 한번 봐라 내가 가만 안 둔다고 그랬는데 그리고 얼마 안 있어 서울시장 선거가 있어서 강금실이 서울시장 민주당 후보로 우리 75 동기들 모임이 있는데, 거기 지원해 달라고 강금실이가 오는데 그때 노무현 때 청와대 대변인 했던 이백만이라고 우리 동기 있어요. 매일신문 기자였던 개하고 같이 온 거예요. 그 얘길 하길래 내가 난 니들 꼴도 보기 싫고 노무현도 꼴도 보기 싫으니까 그냥 내쫓아버렸어요. 강금실이 만나도 그냥 내가 우리 동기들한테 도와달라고 그러면 나가 하고 내쫓아버렸으니까.

▶ 서동만 선생도 좀 일찍 돌아가셨잖아요?

이 일찍 죽었지요. 6시야, 이제 시간 다 됐어요.

▶ 이우재 선생, 더 혹시 기억나시는 뭐 얘기하실 건 없나요? 이우재 선생, 이게 인천사회운동사의 80년대 부분이거든요. 그걸 인사련의 태동과 마무리를 주제로 했지만, 사실은 80년대 전반에 쭉 짚은 겁니다. 간단히 소회를 한번 얘기해 주시고 마무리하도록 하겠습니다.

이 그냥 질풍노도의 시대였어요, 질풍노도의 시대. 그리고 우리가 다른 나라의 역사책이나 뭐 이런 걸 통해 봤지만, 우리의 길은 우리가 개척해 나가는 거죠. 다른 나라의 역사가 우리한테 참고 자료가 될 뿐이지 당연히 시행착오를 겪을 수밖에 없고, 그렇지만 큰길에서는 제대로 걸어갔다고 봐요. 시행착오도 많이 겪었고 그러길래 지금의 민주주의도 왔지만, 시행착오를 겪으면서 불완전하게 민주주의를 쟁취했기 때문에 지금의 여러 문제점도 노출되고 하여간 그 80년대 질풍노도의 시대를 살아왔을 때 서로 얼마만큼 참여하고 얼마만큼 자기희생을 하고 차이는 있겠지만 그 위에 다 같이 있었던 수많은 사람이 보이지 않는 이런 것들까지 다 있었기 때문에 이렇게 오지 않았는가 뭐 그런 생각입니다. 나 같은 경우는 어떻게 보면 이제 비교적 조금 뭐 이름빨이 난 사람인데 그런 투쟁에서 그러지 않은 많은 사람의 이야기 같은 것도 이렇게 사람들 이야기 속에 오르내릴 수 있고 그러면 참 좋을 것 같다는 생각이 듭니다.

▶ 오늘 말씀하신 부분 중에 좀 비속어나 이런 부분들은 좀 빼고 정리를 하도록 하겠습니다. 괜찮으시죠?

이 그리고 민감한 부분들은 좀 정리를 해요. 한 세대 정도 후에 내요, 한 세대 정도 후에….

노동조합운동에서 시작하여
환경운동에 이르기까지

장현자

대담 이형진이 묻고
장현자가 답하다

주요 약력

1951년　　　경북 상주 출생
1969년　　　부평 반도상사 입사
1974년 4월 15일　반도상사 노동조합 설립
1977년 3월 25일　반도상사 노동조합 2대 지부장으로 피선
1980년　　　성남여성노동자회 회장
1994년　　　대전 충남 우리밀살리기운동 이사
2002년　　　대전시 서구 구의원 역임

　　장현자 선생은 1970년대 인천의 부평 4공단 반도상사에서 노동조합 건설로 노동운동에 투신하여 유신정권에 맞서 여성 노동자들의 권익을 지키기 위해 투쟁하였으며, 80년대 전두환 군사정권에 의하여 정화 조치와 해고 등 고난을 겪어야 했습니다. 노동운동을 시작한 이후 80년대는 성남지역에서 탁아운동, 90년대에 대전 지역에서 환경운동과 시민운동으로 민주화를 통한 한국 사회의 발전을 위해 지금까지 노력하고 있습니다.

　　장현자 선생과의 인터뷰는 2023. 5. 26. 주안미디어센터에서 진행하였으며, 70년대 인천 지역의 노동 현장 실태와 민주노조 건설 및 조합 활동 과정, 공권력의 탄압에 초점을 맞추었습니다. 장현자 선생의 구술을 통하여 70년대 여성 노동자의 생활과 노동조합 건설 과정을 둘러싼 회사, 한국노총 및 공권력의 대응과 여성 노동자들의 지난했던 투쟁을 엿볼 수 있습니다. 또한 노동조합을 통한 노동자들의 권익 향상, 문화 활동, 민주화운동에 눈떠가는 성장 과정이 우리 사회의 민주화 과정에 토대가 되었다는 새삼스러운 사실을 이해할 수 있습니다.

▶ 오늘은 2023년 5월 26일 금요일입니다.

좀 멀리서 오셨는데요. 1970년대 반도상사 노동조합 투쟁을 이끌어 왔던 장현자 선생을 모시고 당시 민주노조 운동의 역할과 생생한 내용들을 들어보는 시간을 갖도록 하겠습니다. 반갑습니다.

장현자 네 반갑습니다.

▶ 세종서 아침에 부랴부랴 오셨을 텐데 여러 가지 생각이 드실 것 같아요.

장 7시 반 차를 타고 왔어요

▶ 1980년대에 떠나시고 나서 가끔은 인천에 오시죠?

장 우리 친정이기도 해요. 부평이니까 가끔 집안일로 오지요.

▶ 그런데 오면 옛날 생각이 많이 나죠?

장 많이 나지요.

경상도에서 가족들과 함께 인천으로 와서 정착하다

▶ 오늘은 그런 얘기들을 좀 편하게 털어놓을 수 있는 시간을 갖도록 하겠습니다. 장현자 선생은 1951년에 경북 상주에서 출생하셨어요. 그런데 인천으로 오셔서 반도상사에 입사하셨고, 그 이후에는 가족들도 다 오셨습니다. 그때까지 과정을 간단히 들려주시면 좋겠습니다.

장 내가 반도상사 들어오기 전에, 서울 남영동에 롯데껌 회사가 있었어요.
시골에서 열일곱 살에 올라왔는데, 근로기준법상 18세 이상이어야
하잖아요. 그런데 18세가 안 되니까 어디 마땅한 데 취직을 할 수가
없었어요. 그때 부평에 작은집이 있었어요. 그 작은어머니가 친정 쪽으
로 영등포에 아는 분이 계셔서 제가 처음 사회생활을 했던 곳, 그
첫발을 디딘 데가 바로 롯데껌 회사였어요. 그때는 나이가 어렸기
때문에 제 이름으로 들어갈 수가 없었어요. 그래서 시골에 두 살 더
먹은 선배 언니가 있었는데 그 언니 이름으로 들어갔거든요. 그러니까
장현자가 아닌 이말림이란 이름으로 들어갔던 거예요.

▶ 그게 그러면 1967년쯤 됐던 건가요? 롯데껌 공장의 생활은 좀 어땠습니까?
장 저는 일하면서 돈도 벌고, 배우지 못했던 공부도 하고, 그럴 마음으로
회사에 들어갔는데 굉장히 힘들었지요. 서서 일하며 껌을 하나하나
포장해서 싸는 그런 기계를 다루는 부서에서 일을 했거든요.

▶ 계속 공부를 하고 싶었다는 것은, 야간 학교 같은 데를 말씀하시는 건가요?
장 네, 들어가고 싶었죠.

▶ 고등학교 졸업도 하고요?
장 그렇게 하고 싶었어요.

▶ 원래 그런 계획이 있었던 거죠?
장 제 나름대로는요. 그런데 집안 얘기를 하자면, 우리 할아버지가 완고한
분이셨어요. 아버지는 일찍 돌아가셨거든요. 할아버지는 딸들은 절대
교육시켜서는 안 된다, 이런 사고가 강하셨어요. 그래서 집안은 그렇게
어렵지 않았는데도 할아버지 성화에 중학교를 못 갔지요.

▶ 롯데껌 공장은 영등포에 있지 않았습니까?

장 아니에요. 영등포에도 있었고, 끝부분만 중점적으로 만드는 건 남영동에 있었어요.

▶ 그러면 남영동에서 자취 생활을 하면서 출퇴근했나요?

장 구로동에서 친구하고 자취 생활을 했어요. 옛날엔 전차가 있었어요. 전차를 타고 왔다 갔다 했었죠.

▶ 그럼 인천으로 내려가게 되는 건 언제인가요?

장 몇 년 동안은 거기서 일을 했었죠. 작은아버지가 거기서 일을 하시니까요. 근로 조건이 굉장히 안 좋았어요. 고단했고요. 그런데 작은아버지가 부평에 반도상사 공장이 막 들어서고 있다면서, 거기서 사람을 모집한다고 그러시더라고요.

반도상사 시절

1969년, 부평 4공단의 반도상사에 입사하다

▶ 4공단이 그때 1970년에 조성할 당시였네요.

장 네, 4공단에요. 부평으로 내려와서 당장 지낼 데가 없어서 기숙사에 들어갔죠.

▶ 반도상사도 그때 시작하던 무렵이었죠?

장 어떻게 되어 있는가 하면요 반도상사 공장이 부평 4공단 안에 있으면서 디귿 자로 돼 있었거든요. 디귿 자였는데 규모가 컸어요. 그중 우선 한 공장만 오픈했어요. 다른 곳들은 막 건설 중이었죠. 막 건설 중이라 흙더미가 있었고 자재들도 있었고 그런 상황이었지요.

▶ 장현자 선생, 1969년에 반도상사에 입사하셨어요. 반도상사는 부평 4공단에 자리를 잡고 있었고요, 거기서 일을 하셨습니다. 개발부에서 작업을 하셨는데 그 과정에서 한순임 등을 만나서 모임을 하게 되었어요. 그 대목부터 다시 정리를 해볼게요. 한순임 씨는 검사반에 있었고, 장현자 선생은 당시 개발부에 있었어요. 이제 첫 모임에 대해, 그러니까 중국집에서 만나게 된 계기부터 들려주시겠어요?

장 우리 같은 과 내에 실이 두 개가 있었어요. 검사실과 개발실, 그 두 개를 과장이 전체적으로 관할하는 그런 반이었죠. 그런데 우리가 검사실이고 개발실이었기 때문에 평상시에 인간적으로 얘기를 많이 하거나 하지 않았어요. 여성들끼리도 그런 건 많지 않았어요.

▶ 일이 바쁘고 힘들었으니까 사적인 얘기를 나눌 시간이 없었겠어요.

장 이야기할 여유가 별로 없었고 각 실 안에 있는 사람들끼리 주로 얘기를 하고 그랬죠. 근데 어느 날 한순임이 내 가운 주머니에다 종이쪽지를 이렇게 집어넣어 줬어요. 그래서 제가 그 내용이 뭔가 하고 궁금해서 화장실에 가서 봤죠. 봤더니, 오늘 몇 시에 부평시장에 있는 중국집으로 와라, 오면 알게 될 거다. 이런 내용만 간단하게 되어 있더라고요. 그래서 궁금하니까, 퇴근하고 난 후에 그 중국집을 찾아갔어요. 시장에 있는 거기에 갔더니, 평상시 각 생산 부서에 있던 리더 급들, 조장, 반장, 검사원들 이런 사람들이 한 이십여 명 정도 와 있더라고요. 이십 명쯤 되는 사람 중 대부분은 많은 얘기를 나누지는 않았어도 안면은 다 있는 사람들이었죠. 그리고 그때 그 자리에 우리 나이하고 비슷한, 당시에 봤을 때 특색 있는 그런 아가씨가 있었어요.

(녹화 카메라의 문제로 잠깐 쉬고 다시 시작함)

1970년대 반도상사

4인 모임, 조화순 목사, 최영희 선생과 만나다

▶ 부평시장의 중국집에서 회사원들과 함께 만나셨잖아요? 한순임과 그리고 최영희라는 여대생, 다들 20대 중반이었어요. 그러니까 굉장히 어렸던 건데요. 공장 생활을 한 지 오래된 것도 아니고 그 첫 만남에서 서로 뭔가를 해야겠다는 생각이 들기 시작한 거 아닙니까? 지금은 선생이 이제 연세가 있어서 생각이 좀 다를 수도 있겠지만, 당시 감정으로 보면 무섭기도 하고 또 떨리기도 하고, 그랬을 것 같아요. 그 대목을 한번 얘기해 주시죠.

장 그때는 무서운 생각보다도, 만일에 우리를 위해서 그런 법이 있다고 하면 마땅히 지켜져야 할 법이고, 또 우리를 지켜주지 않는 법이라고 하면 어쨌든 우리를 지켜줄 수 있도록 해야 할 게 아닌가? 저는 개인적으로 그런 생각이 들었어요. 그래서 어쨌든 한순임으로 인해 그 자리가 만들어진 거니까, 그 후로도 한순임을 전폭적으로 신뢰했죠. 그 친구가 어쨌든 이런 사람을 데려다가 우리한테 이런 좋은 이야기를, 우리가 알지 못하는 근로기준법에 관한 이야기를 들을 수 있는 기회를 준 거니까요. 그래서 저는 그 후로 한순임이 두 번째 오라고 했을 때도 같은 사업장에서 일하고 신뢰하면서 동참하게 된 거죠.

▶ 한순임 씨는 검사하는 일이었고 현장을 여기저기 돌아다니기 때문에 사람들을 잘 파악할 수 있었겠네요. 최영희 선생이라는 분과 만나서는 어떤 대화를 나눴습니까?

장 그날 20명 정도 모였을 때는 근로기준법에 대해서 주로 얘기를 들은 걸로 기억이 나요. 어쨌든 저는 개인적으로 자주 만나서 얘기를 하지는 않았고요. 두 번째 만났을 때는 우리 네 사람 그리고 최영희 씨하고 조화순 목사 두 분이 그때 자리를 함께했어요. 그때 저는 다른 얘기는 잘 기억이 안 나는데 그 두 분이 하는 얘기 속에서 전태일 얘기가 나왔어요. 그리고 조화순 목사님 그분은 조금 있다가 그냥 나갔어요.

▶ 본인이 목사라고 밝히셨습니까?

장 나중에 얘기를 들었죠, 그 목사님이시라고 그래서 알게 됐고요 산업선
교회라는 건 처음 들어본 거니까, 거기서 교육받고 이런 적도 없었고요
그냥 성당에는 열심히 다녔지만, 저는 몰랐어요.

▶ 그러면 그분들 가시고 나서 회의를 했나요?

장 상의를 한 거지요. 나중에 우리가 요구사항 내걸었을 때의 여섯 가지
항목에 대해서요. 현재 우리가 받는 대우가 얼마나 부당한지 이런
걸 하나하나 세면서 얘기를 했지요. 이런저런 얘기를 하다가 초안을
한순임이가 잡아 오기로 했어요 그래서 아마 세 번째 만날 때 한순임이
초안 잡은 것을 토대로 해서 우리 네 명이 모두 다 공감을 했죠 내용을
너무 잘 잡았더라고요. 그래서 그 내용 잡은 것에 대해 '그래 맞아,
바로 이거야. 우리 이거 함께해야 해' 개인적으로 저는 그런 생각을
했었죠.*

---

* 장현자, 『그때 우리들은』(서울: 도서출판 한울사, 2002), 48. 당시 요구사항으로, "폭행사원
처벌하라, 중식 차별 문제 해결하라, 기숙사 시설 개선하라, 강제 잔업 철폐하라, 취업규칙
게시하라, 임금인상 60% 지급하라, 이 문제들은 사장이 직접 해결하라"는 7개 항목을 내걸었다.

1974년, 1차 투쟁

▶ 2월 26일 첫 투쟁을 벌이지 않습니까? 그 전날에 같이 모여 준비를 했고요.

(카메라 녹취에서 생략된 부분의 내용)
이후 각자 준비하여 한순임과 한 동료는 현장으로 들어가고, 다른 네 명은 두 사람씩 두 조를 짰다. 그렇게 장현자 조와 또 다른 조는 서울의 신문사를 찾아가 반도상사의 문제를 호소하기로 하고 새벽에 출발하였다. 부평역에서 고속버스를 타고 4공단을 지날 때, 현장에 불이 꺼져 있으면 파업이 성공한 줄 알라고 했던 한순임과의 약속을 떠올리며 둘은 속으로 만세를 불렀다. 각 조는 동아일보사와 한국일보사를 찾아갔다. 나이 든 기자들로부터 "일은 하지 않고 신문사를 찾아왔냐"며 꾸지람을 듣던 중 노동부를 찾아가면 해결해 줄 거라며 주소를 알려준 어느 기자 덕분에, 넷은 서울 시내서 다시 만나 부랴부랴 영등포의 노동사무소를 찾아갔다고 한다.

장 그래서 내가 호소문을 경비원한테 주면서, 우리 여기 이것 때문에 문제를 해결하려고 왔다고 했어요.

▶ 노동청에서는 무사히 통과했나요?
장 노동청 경비실에서 어딘가로 전화를 걸더라고요. 그랬더니 들여보내라고 해서, 우리는 그 경비원의 안내를 따라서 갔지요. 갔더니, 양쪽으로 한 열 명 정도 되는 근로감독관들인 것 같더라고요. 그때는 몰랐지만, 과장이 가운데 있고요. 그래서 과장인지 누군지도 모르겠지만 어쨌든 이쪽으로 오라고 해서 갔더니 막 눈물이 쏙 빠지도록 야단을 치더라고요. 너희들 지금 시대가 어떤 시대인데 일 안 하고 이렇게 돌아다니느냐고, 너 이러면 어떻게 되는 줄 알지? 그러면서 막 반말을 하며 야단을

1974년 노조 간부들과 함께

쳤어요. 그래서 우리 네 명이 그냥 울면서 우리 문제를 좀 해결해 달라고 막 빌다시피 했었지요. 그렇게 우리가 한 시간 정도를 야단을 맞다 보니, 점심시간이 되어서 점심 식사를 시켜주는데 우리가 그걸 먹을 수 있는 겨를이 있나, 아예 못 먹지요. 그래서 뭐 우리가 점심도 먹지 않고 울고 있었더니 나중에는 조금 누그러지면서 그분 하시는 말씀이 회사로 같이 가자, 그러시라고요. 그냥 너희들만 가면 안 되니까 같이 따라가서 문제를 알아보겠다는 것이었지요. 그래서 근로감독관들 과 함께 차를 타고 부평의 공장으로 갔어요. 우리가 배구를 좋아했거든 요. 평상시에도 쉬는 시간이면 배구하고 그랬거든요. 근데 그 배구장 체육실에 시커멓게 사람들이 몰려와 있는 거예요. 신사복 입은 남자들이 이렇게 쫙 까마귀 떼처럼 몰려와 있는 걸 보니, 정말.

▶ 경찰들이었나요?

장 경찰, 그렇죠. 관계기관들이 다 와서 있는 거죠. 직원들도 다 와서 있는 거지요. 안에는 몇 명만 들어가 있는 거고요. 그리고 들어가다 보면 총무과가 먼저 있고, 총무과 바로 옆에 공장장실이 있고, 또 공장장 실 옆에 우리 개발과가 있고, 이런 형태로 돼 있었어요. 그래서 제가 총무과를 통과해서 공장장실로 안내했어요. 그런데 공장장이 저한테 오더니, "미스 장, 왔어?" 그러면서 아주 고운 목소리로 이렇게 등을 치더라고요. 전에는 그런 말을 들어본 적이 없었고, 우리를 "야", "누구 야" 항상 그렇게 부르고, 야야 했던 사람이었거든요. 그런데 우리가 이렇게 하고 나타나니까 태도가 달라졌다고 볼 수 있었던 거지요. 거기서 근로감독관이 현장 농성 장소로 안내해 달라고 부탁해서, 제가 그 사람을 데리고 2층에 있는 우리 농성 장소, 그러니까 작업 현장으로 데리고 갔어요. 그리고 그 사람을 데리고 가서 본 분위기, 정말 그때의 소름 끼치는 그 분위기, 그건 어떻게 뭐라고 표현할 수가 없어요.

처음에는 막 오싹해지는 게, 우리 동료들이 구호를 외치면서 울고 막 그러는데, 보니까 같이 눈물이 막 나서 어떻게 할 수 없는 그런 분위기였죠. 그래서 저는 농성 대열로 가서 합세했고 근로감독관이 마이크를 자기가 잡을 수 있도록 해달라고 했어요. 그런데 우리 쪽 주도자들이 마이크를 잡게 해줄 수는 없다고 얘기해서 안 줬죠, 마이크 를. 사장님이 와서 이 문제를 해결해 준다고 하면 마이크를 줄 수 있다, 사장님한테만 마이크를 주겠다, 우리 내부적으로는 그렇게 얘기 가 되었어요. 그러면서 우리가 그때까지 계속 농성을 이어가면서 구호 외치고 노래 부르고 그러기를 다섯 시까지 갔어요. 점심도 굶고요. 그런데 저녁때가 되도록 사장이 안 오니까 해결이 될 수가 없었지요.

그래서 평상시라면 5시에 원래 쉬는 시간인데 그쪽에서 간식용으로 삼립빵 주거든요. 우리가 좋아하던 삼립빵을 관리자들이 던져주면, 우리가 다시 관리자들에게 던지면서 우린 이거 필요 없다고, 우리 문제를, 우리가 요구했던 여섯 가지 항목에 대해 사장님이 직접 와서 답변해 달라고 했어요. 그렇게 농성이 계속 이어졌지요. 저녁 시간이 되니까 저녁 먹으라고 또 관리자들은 약을 올리고, 우리는 또 계속 요구하고, 그러면서 점심, 저녁을 다 걸렀죠. 그렇게 밤 10시가 다 돼 갔어요.

▶ 한순임 씨가 계속 사회를 보았나요?

장 네, 혼자 노래 부르다 쉬고, 노래 부르고 쉬었다가 그쪽에서 뭐라도 반응이 있으면 또 하고, 그쪽에서 가만히 있으면 우리도 이제 좀 쉬어야 하는 거지요. 가만히 있다가 그쪽 상대방 관리자들이 뭐라고 하면 야유 놓고, 계속 그런 식으로 반복되면서 이어졌죠. 상무가 사장님 대신 해결해 줄 거다, 합의를 봤으면 좋겠다, 협의를 하자. 이런 제의가 들어와서 우리 노동자 대표 다섯 명과 회사 대표 다섯 명 그리고 참관인 두세 사람, 이렇게 해서 협의를 시작했어요. 그래서 합의하기로 했어요. 그 합의 내용이 임금 60 프로 인상, 폭행 사건 처벌, 기숙사 시설 보완 그리고 취업규칙을 게시하고 강제 전압 철폐하기로 한 거예요. 어쨌든 여섯 가지 항목 중에서 한다고 한 건데, 우리가 나중에 알게 된 거지만 그걸 너무 순진하게 합의해 줬다, 그런 생각이 들었어요. 우리가 너무 순박했다는 생각이 들어요.*

---

* 장현자, 『그때 우리들은』(서울: 도서출판 한울사, 2002), 58. 당시 합의 내용은 다음과 같다. "1974년 2월 26일 반도상사 주식회사 부평공장 총 1,324명의 근로조건 개선 요구사항에 대하여 근로자 대표와 사용자 대표 간에 다음과 같이 합의한다. 1) 노조는 근로자의 희망에 따라 즉석에서 가입할 수 있으며 근로자의 임금인상은 필연적인 것이나 그 인상율은 노사협의 하에 결정한다. 2) 강제잔업은 실시하지 아니함을 원칙으로 하나 필요할 시에는 희망자에 한하여 잔업이 가능하다. 3) 작업장 환경과 기숙사 시설을 개선함을 원칙으로 하나 그 시기는 해동 즉시로 한다. 4) 폭행사원은 사과로서 족하고 이후 이러한 일이 없도록 친절히 한다. 5) 오늘의 일은 없었던 것으로 하고 여하한 처벌 및 희생자는 내지 않기로 한다. 6) 취업규칙을

▶ 합의 내용에 이런 것도 있습니다. "합의 중 폭행 상황은 사과로서 족하고, 이후 이러한 일이 없도록 친절히 한다."

장 맞아요. 착하게 한 거지요, 아무것도 모르니까. 그래서 나중에 그걸 보고 우리가 얼마나 어리석고 순진하고 바보였으면 이렇게 합의했을까, 그 생각을 했지요. 아, 그래서 우리가 11시가 되어 합의 각서를, 농성하는 우리 전체 근로자들한테 다 알려줬죠, 그 합의 내용을. 그리고 우리가 현재 작업할 수 있는 시스템을 갖춰 놓자, 내일 아침에 출근해서 일을 해야 하니 자리도 그대로 다 정리해 두자, 이렇게 하고 11시 넘어서 각자 집으로 가는 걸로 했지요. 승리한 거지요, 우리가 합의했으니까요. 옛날에 겪어 보지도 않은 그런 상황에서, 어쨌든 높은 사람이 와서 도와줬고, 경찰서장 근로감독관 또 부평의 공단 본부장, 그런 사람들이랑 참관인이 있었고, 회사 대표와 노동자 대표가 다 합의를 한 결과니까요. 그때는 우리가 이겼다는, 그런 마음이었죠. 나중에 우리가 생각을 갖고 의식이 있을 때 보니, 그게 너무 형편없었다는 걸 알았지만요.

▶ 그 후로 열흘이 채 안 돼서 3월 5일에 또 농성을 하게 되네요. 그 열흘간의 과정은 어땠습니까?

현장에 게시할 것이며 명일 중으로 이를 인쇄하여 각 반별 1부씩 배부하여 책임 보관하게 한다. 7) 앞으로 여하한 집단행동으로 근로조건 개선요구를 하지 아니할 것이며 내일부터 전 근로자가 정상 작업에 임한다."

2차 농성 투쟁

장 그래서 우리가 어리석었다는 거예요. 우리가 농성할 때, 너희들 노동조합을 만들어 주겠다, 이렇게 합의됐어요. 이거 끝나고 나면 노동조합을 만들어서 너희들 근로조건, 요구사항 이런 것들을 잘 들어줄 수 있도록 근로기준법대로 해주겠다, 이렇게 얘기하길래 근로기준법대로 해준다고 하면 우리는 좋겠다, 이런 생각을 했어요. 노동조합을 만들면 회사랑 합의해서 만드는 걸로 그렇게 생각했죠.

그래서 그 이튿날부터 본격적으로 들어갔어요. 회사하고 합의를 본 거예요. 우리 근로자 대표 다섯 명과 회사 대표 공장장, 과장, 부장 이런 사람들하고 같이 거의 뭐 일주일에 한두 번씩 만나서 합의했어요. 아니지요, 협의를 해 나갔지요, 합의가 아니라. 협의를 계속 해 나가면서 3월 5일에 노동조합을 창립하자고, 같이 합의해서 그렇게 정한 날짜예요. 두 번째 농성에 들어가게 된 데는 이유가 있었어요. 그때 합의 과정이 섬유노조의 김상문 쟁의부장이라는 분이 일주일에 두세 번씩 와서 계속 회사랑만 얘기하고 우리 지도 그룹들하고는 "나 오늘 왔다 갑니다" 하고 그냥 갔어요. 어떻게 진행되는지는 우리는 모르지요. 공장장과 쟁의부장 사이에 어떤 얘기가 오가는지를 몰라요. 짜기 시작한 거죠. 어용 노동조합을 만들려고 한 거죠. 그러면서 회사에서는 경비원들 또 남자 노동자들 이런 사람들로 하여금 개별적으로 조직을 계속 벌려 나갔겠지요. 어용 지도부를 만들려고 하는데 우리는 그런 거 몰랐죠. 각 사업장이 다 틀리니까 자기 사업장에서 그냥 이튿날부터 일을 열심히 했지요.

일을 계속하고 있었는데 그때부터 아예 우리는 26일 농성한 이후로 다음 날 출근하자마자 분위기가 이미 싸늘해지는 거예요. 회사 분위기가요. 예를 들어서 우리 반장으로 있던 친구들을 생산 라인에 함께 투입시켜서 생산자들이랑 경쟁을 시켰어요. 작업량이 많이 나오지 않으면 야단치면서 "너, 왜 이거밖에 못 나왔어!" 그렇게 한눈을 못 팔게 했어요. 한눈 못 파는 정도가 아니라 자존심을 깔아뭉갠 거죠. 옛날에 조장, 반장이었으면 리더 급이었거든요. 한 반에 30명, 40명씩 되니까요. 그런데 그 사람들을 현장, 작업장으로 투입하도록 다 만들어 놓은 거예요. 다른 사람을 반장으로 앉히고요. 그러니까 다 직위 해제를 시킨 거죠. 그러면서 분위기가 싸늘해지는 거예요. 회사는 회사대로 어용 노동조합을 만들려고 본조하고 계획을 짜 나가고 있었고요. 그런데 우리는 그 상황을 몰랐지요. 퇴근 시간이 다섯 시였거든요. 합의대로 퇴근 시간에 우리는 회사 식당에 모인 것이지요. 회사 식당이 커요. 몇천 명이 식사하는 곳이기 때문에 굉장히 큰 장소인데, 거기서 총회를 하기로 했어요. 3월 5일에요. 그래서 우리는 그런 것도 모른 채 순진하게 그냥 다 협의해서 하는 거니까 순서대로 그 쟁의부장이라는 사람이 와서 사회도 보고 그런다고 하기에 그럼 그래, 그렇게 하라고 한 거죠. 우리는 회의 진행법도 제대로 몰랐고 아무것도 모르니까 그냥 하는 대로 쟁의부장 하는 대로 따라갔지요.

그런데 3월 5일 그날, 우리 몇백 명이 모여서 총회를 하는데 회의를 가능한 한 빨리 진행하기 위해서 전형 위원제로 하겠다고 얘기를 하더라고요. 그래서 그렇게 하자고 결정하고, 전형 위원으로 다섯 명을 뽑기로 했어요. 전형 위원을 다섯 명을 뽑는 걸로 했는데 대부분 회사에서 꼬드겨서 그 그룹에 속해 있는 남자들이었고, 여자는 전형 위원으로 한 명이 있었어요. 그런데 그 여자가 동명이인이었어요. 그 친구가 우리 쪽에 함께 같이 농성하고 우리 지지하고 우리 리더들을 믿고 신뢰하고 그런 친구로, 정정하였어요. 그래 그 앞자리, 총회장 앞에 앉았어요. "정정하, 앞으로" 그러자 얼른 이 친구가 뛰어나갔어요. 다섯 명 가운데 그 친구만 우리 쪽에 있는 사람이었던 거죠. 그래서 갔다 와서 보니 이상한 거예요. 지부장을 경비원 지부장을 만들어 놓고, 김상문 쟁의부장이라는, 본조에서 오신 분이 주머니에서 이미 명단을 다 작성해서 딱 내놓더라는 거지요. 경비원을 지부장 시키고 한순임을 부지부장 시키고, 다른 사람들로 거의 다 채우고 우리 쪽의 리더들은 세 명만 딱 들어가 있고요. 그 얘기를 전형 위원회 끝나고 난 다음에 한순임에게 그 친구가 와서 이야기를 해줬어요. 우리 지도자 그룹은 조합원들 가운데 있는데 그리로 와서 쟁의부장이라는 분이 꺼내놓고 이렇게 하더라고요. 그 명단을 칠판에다 적었거든요. 칠판에 지부장, 부지부장 이렇게 말이에요.

그래서 우린 다시 또 속았다, 우리가 더 이상 속을 수가 없다, 그래서 그때 아예 주저앉아 농성을 하게 된 거지요. 내가 그 자리에서 식당에 앉아서, 26일에 농성했을 때 구호 제창하고 우리가 불렀던 노래 부르고, 그날 밤샘을 했죠. 이제 7시 되면 식당이니까 저녁밥을 할 거 아니에요. 저녁밥을 하는데 우리는 배가 고프지요. 배고픈데 그 남자들, 회사 측에서 꼬드긴 회사 측 사람들 말이에요. 관리자들이 노동자들, 꼬드겨 놓은 남자들한테, 너네들 밥 먹고 농성하라고 하는 거예요. 너희들, 이 맛있는 밥을 안 먹느냐면서요. 그 회사 측 남자아이들이 우리 여성 노동자들한테 얘기하는 거지요. 그래서 우리는 밥 먹지 않는다, 우리는 이 문제를 해결해야 한다고 얘기했어요. 그런데 우리가 그렇게 하다 보니, 우리 조합원 중에도 성질 급한 친구들이 있잖아요. 성질 급한 여성 노동자들 세 명이 쓰러졌어요. 기절을 해버린 거예요. 기절해서 병원에 실려 가고, 또 남자들하고 막 실랑이가 벌어졌어요. 그러면서 꼬박 밤을 새웠는데, 우리 농성하는 주변에는 또 마찬가지로 공단 본부 사람들, 경찰서의 직원들, 형사들이 빽빽하게 있고 회사 간부직들 도 우리를 쫙 둘러싸고 있는 거죠.

▶ 김상문 쟁의부장은 어떻게 되었나요?

장 그때 그러고 난 다음 마지막에 우리가 파산하고 그럴 때 저 대머리 잡아 죽여야 한다고, 너무너무 악에 받쳤지요. 우리를 다시 속였다, 우리를 농락했다, 우리가 농락당했다 그러면서 막 얘기했어요 그러다 가 어쨌든 우리가 새벽에 5시쯤 밤새고 농성하고 있다가 주모자들이 다 드러난 거거든요. 26일에 이미 다 드러났어요. 누구누구라는 게. 그러니까 경찰서 형사들이 이미 회사하고 다 짠 것 같더라고요 그래서 조합원들 가운데 우리 지도자들이 있으니까 여성 조합원들이 새벽에 다섯 시쯤 돼서 바깥에서 들려오는 소리가 저벅저벅 하는 소리가 쫙 들려오는 거예요. 그렇죠? 저벅저벅 소리가 막 들려와서 우리는 무슨 소리야? 우리 잡으러 왔구나, 그런 생각이 들어서 팔짱을 꽉 끼고 스크럼을 짰지요 다들 가운데 지도부를 중심으로 두고 그냥 쫙 우리가 팔짱을 끼고 있었죠. 그리고 아우성을 치고 그러니까 청경들이 그때 어쨌든 한 100여 명이 왔나 어쨌든 많이 왔어요 이 사람들이 곤봉을 갖고 다니잖아요. 전경들이 곤봉을 가슴 속에 넣고 팔을 다 떼어놓는 거예요. 전부 다. 우리 여성들도 스크럼을 짜고 있으니까, 안에 못 들어가게 이제 짰으니까, 곤봉으로 막 다 떼는 거지요 여성들이 무슨 힘이 있어요? 곤봉으로 후려치는 것보다도 하나하나 떼어내 다 분산을 시키는 거죠 가운데 있는 지도자들을 끌어내기 위해서요 아우성치고, 그때부터 완전히 아수라장이 됐죠, 분위기가. 옥상으로 뛰어 올라가다 가 못에 찔린 사람, 뭐 별별 사람들이 다 있었던 거예요.

당시에 한순임은 검사 파트라 노란 가운을 입고 있었어요 검사들은 다 눈에 띄게 하려고 회사에서 분리를 시켰거든요. 그러니까 가운 자체를요. 생산직 사원들은 파란 가운이었고요. 그래서 어느 여성 조합원이 이걸 자기랑 바꿔치기해서 입혔던 거예요 한순임을 잡아가지 못하도록. 그 많은 사람 중에서 한순임이 누구라는 것을 그 속에 들어가

면 모르잖아요. 그리고 한순임은 한순임대로 바깥에 알려야 된다는 생각을 갖고 도망갔어요. 우리 지도자들도 다 뿔뿔이 흩어져 서로 숨고, 기숙사 옷장에 숨는 친구들, 별별 사람들이 다 있었어요. 못에 찔려서 피가 나는 사람들도 있었고요. 저도 도망가다가 회사 직원들이 다 알잖아요, 누구누구라는 걸요. 형사들은 몰라도 구천서라는 검사의 직장 관리자가 내 손을 딱 잡더니, "얘가 장현자입니다" 하고 잡았어요. 잡힌 사람 중에는 지도자 아닌 사람들도 잡혀 들어와서, 하나하나 조사하면서 리더들만 별도로 7, 8명을 따로 잡아뒀어요. 다 잡혀갔지요.

한순임은 옥상으로 막 올라가려고 하다가, 바깥에 알려야 된다는 생각으로 거기서 뛰어내렸어요. 뛰어내렸는데 거기가 보일러실의 슬레이트 지붕이었거든요. 지금 생각해도 아찔했어요. 거기에 떨어졌는데 다행히 보일러실 쪽으로 떨어졌어요. 슬레이트니까 깨지잖아요, 힘을 가하니까. 그래서 한쪽 지붕이 기울어지고 깨지고 그랬어요. 어쨌든 보일러실 중앙으로 떨어지지 않아서 망정이지요. 한순임도 그때 그런 상황이었죠. 다른 사람들은 바깥으로 뛰어나가서 알려주고 싶어도 이미 경비실 철문을 다 잠가놨으니까 나가지도 못하고, 영락없이 완전히 독 안에 든 쥐가 돼버린 거지요. 우리 모두 그렇게 갇혀버렸어요.

▶ 그 주동자들을 경찰서로 연행하였나요?

장 잡혀 들어갔어요. 우리가 잡혀 들어가니까 어떻게 해야 할지를 모르잖아요. 우리가 그중에서 7, 8명이 들어가서 조사를 받고 20여 명 중에서 아닌 사람들, 일반 조합원들 내보내고 주동자들만 별도로 수사를 받았죠. 그러니까 현장에 있는 노동자들은 주동자들을 내보내지 않으면 일 안 한다면서 태업을 했어요. 완전히 3월 6일까지 계속 태업을 했어요. 우리가 경찰서 2박 3일인가? 3박 4일인가? 어쨌든 그 정도 있었을 거예요. 내 생각에 2, 3일 정도 있었어요. 회사의 일은 많은데 태업을 하니까, 예를 들어서 작업을 하다가도 관리자가 오면 하는 척하다가 중지하고 나가면 안 하고요. 그러면 생산량이 나올 수가 없죠. 생산량이 안 나오니까 회사에도 손해가 막중하니까 그 애들을 내보내 줘야겠다고 그렇게 경찰서하고 합의를 봤던 것 같아요. 그때 오후에 다섯 시나 여섯 시쯤 우리가 나왔어요. 우리는 나와서 공장 안에 들어가면서 회사 업무는 해야 하니까 일은 했죠. 그때부터 서서히, 탄압이 끊임없이 이어지는 거예요. 사람들을 힘들게 해서 스스로 나가게끔 만드는 거죠. 당시 그렇게 해서 나간 사람들이 상당히 많았어요. 우리 주동자 중 한 사람은 반장 하다가 생산 라인에 투입된 경우였는데, 자기 자존심도 있고 얼마나 기가 막혔겠어요. 생산 부서에서 직위 해제되었지요. 간부에서 직위 해제하고 주동자로 있었던 검사들은 바깥에 외주로 보내서 아예 못 있게 만들고, 사내에서 일 못하게 만들고요. 저 같은 경우도 검사실에서 일 못하게 만들었어요. 개발과에서 일을 못 하게 만들어 생산 라인으로 올려보내고, 전부 다 그렇게 했어요.

남산으로 끌려가서

장 그렇게 계속하는데 3월 8일쯤 됐을 거예요. 친절하게 생산직 직장이 저한테 와서 저기 경비실에 네 친구가 와서 있으니까 나가보라는 거예요. 친절하게 얘기를 하더라고요. 그래서 친구가 뭐 이 시간에 면회 올 사람이 없는데 하고 제가 작업복 입은 채로 그냥 나갔지요. 경비실 쪽에는 사람이 없어요. 근데 경비실에서 나가서 조금 한 50m 정도 가면 코너가 있어요. 이쪽 나가는 대로가 있어요. 그러니까 공단 정문이 있어요. 공단 정문 쪽에 까만 세단이 두 대 있는 거예요. 그렇게 나가서 보니까 한순임도 나와, 옥판점도 나와, 김복순도 나와 우리 네 명 주도자가 다 나오는 거예요. 나처럼 그렇게 꼬셨겠지요, 친구 왔으니 면회하라고. 나오니까 그 형사들 수사관들이 아무런 얘기도 없어요. 아무런 얘기도 없고 우리 팔짱을 딱 두 사람이 끼고 차에 무조건 태우는 거예요. 그래서 나하고 옥판점이랑 같은 차에 탔고 김복순이하고 한순임이 다른 차에 탔고 이렇게 차를 나누어서 탔어요. 근데 우리는 가면서 이게 대체 무슨 일인가 얘기하지 않아도 알잖아요. 부들부들 몸이 다 떨렸죠. 떨면서 어디로 가는지도 모르게 그냥 끌려갔지요. 그랬더니 거기가 남산, 그 유명한 중앙정보부예요.

우리가 들어가니까 철문이 확 닫히는 거예요. 거기서 밤 10시 고속버스 마지막 차 탈 때까지 하루 종일 조사를 받았거든요. 조사 내용은 그거예요. 너희들 힘으로 이걸 했을 리 없다, 그러니까 너희 힘으로만 농성을 할 수 없었을 거다, 그 호소문도 작성 못 했을 거다, 그러는 거예요. 호소문 내용 중에 우리 모두 묵비권을 행사합시다, 앞에다가 이렇게 딱 그 구호를 만들었거든요. 이건 너희들이 만들지 못했을 테고, 누군가의 지시로, 누군가가 다 써줬을 거다, 그런 거죠. 그 문제를 가지고 몰아갔어요. 도시산업선교회 조 목사가 해줬지? 조화순 목사가 해줬지? 최영희가 해줬지? 산업선교회를 완전히 이적단체로 몰아가고 우리는 그 지시 받고 했다는 걸로, 조사 내용은 주로 그거였어요. 간첩으로 모는 거지요, 완전히. 그래서 우리는 우리가 했다, 사실 우리가 네 명이 앉아서 이걸 했잖아요? 길여관에서 만나서 우리가 만든 거다.

하루 종일 조사를 받고 밤 11시에 막차를 타고 오는 데까지 우리를 데려다주더라고요. 하루 만에 나왔어요, 조사받고. 나오고 난 다음에 그때부터 뭐 회사 탄압은 지속적으로 이어지는 거고, 이튿날도 계속적으로. 그러다 보니까 우리 주동자들이 하나하나 떨어져 나갔어요. 많은 사람이 몇 개월을 못 버티고 거의 다 그만두다시피 했어요.

▶ 노동조합 결성이 성공한 건 4월 15일이었고 3월 8일 이쯤에 조사를 받고 현장에서 탄압은 심하게 됐는데 한 달 정도의 기간 중에 탄압을 이겨내고 노동조합 결성까지 가지 않습니까? 그쯤에서 혹시 성당에서 최영희 선생과 만난 기억은 없으신가요? 최영희 선생 회고에 나오거든요.

장 그때 저는 만난 적 없어요. 한순임이 개별적으로 만났는지 모르겠지만요. 그런 관심이 나쁜 건 아니지요. 우리 마음속으로 그 사람들이 참 훌륭한 거 아닌가 이런 생각을 했었죠. 그리고 저는 그때 남산에 갔다 오고 난 다음에는 제가 기관에 끌려가지 않았어요. 그 후로 한순임은 인천의 중앙정보부 산하에 있는 그 기관에 끌려가서 고생을 이틀인가 했어요. 2~3일 동안 했을 거예요. 그때 한순임도 고생을 많이 한 걸로 내가 알고 있어요. 남산에 갈 때는 물론 때리고 하는 거는 일반적이지만요.

▶ 남산에서 혹시 맞으셨어요?

장 이렇게, 이렇게 때리지요, 손으로. 손으로 때리면서 이실직고하라는 거지요. 그래서 우리가 봤을 때 우리는 우리가 만들었다. 내가 만든 건 사실이니까 우리가 같이 그 얘기만 계속했지요. 누구한테 지시받은

적 없다고요. 한순임이 지시를 그쪽에서 받았는지 모르겠지만 우리
네 명은 받은 적이 없거든. 한참 동안 그러다가 옥판점이 그만뒀어요.
옥판점이가 봉제공으로 이쪽으로 왔는데 그 친구도 부산 친구인데
똑똑했거든요 기장 일하고 이러다가 그 친구도 얼마 못 버티고 그만뒀
고 저도 현장에 계속 여기 가라 저기 가라 하고, 개발실에서 이제
일 못하게 하고, 어떤 때는 화장실 청소까지 시켰어요 근데 저는 오기가
있어요. 어쨌든 당신이 이런 식으로 하게 되면 난 절대 청소를 매일
시킨다고 해도, 화장실 청소를 매일 시킨다 해도 난 못 나간다. 내
마음속으로 스스로 다짐을 한 거죠. 그래 얼마든지 시켜보시라, 내가
안 나간다, 그렇게 전 계속 버텼죠.

　그래서 끝나고 난 다음에 우리끼리 매일 같이 만나다시피 했죠.
한순임 방에서 만나고 또 부녀부장 자취방에서 만나고 그때 자취하는
사람들이 많이 있었으니까 나는 그 당시 우리 집에서 다녔지만 매일
만났어요 만나서 그럼 우리가 어쨌든 산별노조들이 많으니까 여기저기

한번 가보자. 개인 휴가를 내서 가보자. 그래서 두 명씩 짝을 지어서 연합도 가보고 아는 사람 있으면 정말 끄집어내서 때리고 싶더라고요 근데 우리가 가면 절대 얼굴을 안 보였어요. 김상문 씨가 그때 우리 조합원들이 3월 5일에 그러고 난 다음에 대머리 잡아 죽인다고 막 뛰쳐나가고 잡으러 다니고 막 그랬거든요. 우리를 그렇게 속인다는 자체에… 그러면서 우리가 쫓아다녀 보다가 그래도 섬유노조가 제일 크다, 크고 그래도 낫겠다는 생각이 들어서 우리가 섬유노조를 하는 걸로 하고, 어쨌든 부장들 만나서 사정하고 빨리 노동조합을 만들어 달라 얘기를 했지요 그랬더니 그때 우리가 상대했던 분이 저기 표응삼 부장님이라고 전문가로 들어가신 분이죠. 그분이 교선부장님이었는데 참 선하셨어요. 그리고 항상 이 사람이 우리를 대해줬죠 근데 말씀하시는 것도 선하시고 우리를 진정으로 도와주려고 그랬어요. 이제 우리끼리 날짜를 잡았어요. 4월 15일 날로 일단 날짜를 잡고 그때 섬유노동조합에 와서 사회를 보시고 그렇게 해줘라… 그때 우리가 한 번씩 어쨌든 조회를 자주 한다고 그랬잖아요?

조회 시간을 총회로, 노동조합 결성

장 조회 시간이었어요. 우리가 조회를 할 거다. 조회하는 그때 오셔서
사회를 보시면 우리가 요청할 테니까 긴급동의를 해서 사회를 봐주시면
좋겠다, 그렇게 우리끼리 작전을 짰어요. 그래서 이제 표응삼 부장이
사회를 보기로 했어요. 조회 시간에 사회를 봤어요. 근무 시간에 조회하
잖아요. 그래서 운동장에서 다 모였어요. 모여서 긴급동의를 해서 어쨌
든 표응삼 부장님이 그날 오셔서 사회를 보고 우리가 긴급동의를 해서
우리가 암암리에 전체 조합원이 아니라 여종업원들한테 쫙 돌리고
난 다음에 총회를 긴급동의로 지부장만 먼저 뽑자고 했어요. 다른
안건은 다 제쳐두고요. 그래서 한순임을 지부장으로 선출했죠, 거의
100%로. 회사 측 사람들 외에는 전체 종업원들이, 예를 들어서 천
명이 있다고 했을 때 한 10 프로 정도만 반대했고 우린 전부 다 동의해서
박수로 통과시켰죠. 무조건 박수로 통과시켰죠. 통과시키고 난 다음에
한순임이 지부장이 됐으니까.

마이크를 한순임이 잡았을 거 아니에요. 한순임이 사회를 보면서
간부들은 노동조합 임원진들 이름을 칠판에 적어줄 테니 O, X로 하자,
좋으면 동그라미 나쁘면 엑스로 하자고요. 우리 한순임 지지했던 사람
들 모두가 다 'O'를 했지요. 그래서 그 당시 임원이 다 선출이 된
거예요. 그렇게 창립총회가 그때 마무리됐지요. 저는 그때 부지부장이
됐고요. 이경희하고 나, 옥판점이요. 사무장 하다가 옥판점이 그만뒀지
요, 나중에.

▶ 그렇게 해서 일단 집행부가 완성되고 총회를 끝냈습니다.
장 그래서 끝냈죠. 어쨌든 다들 환호였죠. 80%가 좋아해서 한 거니까
우리끼리는 손뼉을 치고 웃고 우리 세상 만난 것처럼 노동조합 결성했다

는 것 자체가 너무 좋았죠. 그러고 난 후에 우리가 회의록 정리해서 신고필증을 받도록 해야 할 거 아니에요? 임원 명단 올려서요. 임원진들이 뽑혔잖아요. 뽑혔는데도 불구하고 회사에서는 탄압은 계속 이어졌고 노동조합도 사무실이 있어야 할 거 아니에요. 사무실 안 주지요. 이 사람들이 너희 신고필증이 나와야 주는 거지, 신고필증도 안 나오는데 뭔 사무실을 주느냐 이렇게 나오는 거지요. 그러고 난 후에 신고필증이 한 달 동안 안 나왔어요. 신고필증이 내 생각에 한 달가량인가 두 달인가 어쨌든 아주 늦게 나왔어요. 다른 데 같이 한 곳들은 빨리 나왔다고 들었는데 우리가 너무 늦게 나와서 왜 빨리 안 해주느냐고 우리가 찾아가고 얘기도 하고 막 그런 적이 있었거든요. 노동청에 가서 빨리 내달라고 해서 필증이 나왔어요. 한순임하고 김복순을 지부장, 사무장 상근하게 만들어 주고, 조그마한 창고가 있었는데 그 창고에 사무실을 하나 내줬어요. 이제 명실공히 노동조합 사무실이 되었고 그 공간이 우리들이 끝날 때까지 있었던 그런 공간이죠. 옛날 창고였는데 그 창고 건물 2층에 조그마한 걸 준 거예요.

▶ 가끔 경비실 2층에서 집회를 한 적이 있나요? 예전 사진을 본 적이 있거든요.
장 네, 많이 했죠. 무슨 일 있으면 잘 보이죠. 그리고 회사에서는 조회할 때 나는 지금도 잘 이해가 안 가는데 우리가 공장이 크잖아요? 공장이 커서 그 옥상도 굉장히 넓어요. 공장이 크니까 옥상 전체가 더 넓겠죠. 다른 기물들이 없으니까 거기서 조회를 많이 했어요. 운동장은 나무도 묘목도 있고 이러니까 좀 좁아서 그랬는지 어떤 이유에서인지 옥상에서 조회를 많이 했어요. 우리 회사가 어쨌든 큰 회사잖아요. 반도 주변에는 회사들이 다 적은 회사였어요. 큰 회사가 없었어요. 그래서 나는 전에 생각하기로는, 거기서 하게 되면 자기네 종업원 많다고 자랑하느라고 그러는지, 무엇 때문에 옥상에서 회의를 하나, 나중에 이런저런 생각이 들기도 했거든요.

▶ 회사는 노동조합에 대한 반대 조직 같은 걸 만들어서 계속 방해를 했나요?
장 네, 그럼요. 그래서 노동조합을 우리가 만들고 난 다음에 한두 달
있다가 회사에서는 그 반대파 남자들 있잖아요. 반대파 남자들 봉제
파트가 부산에서 한 30~40명이 왔어요. 또 부산 반도에서 청바지 이런
것들이 전체 파트가 아예 내려왔어요. 그러니까 그 사람들은 기숙사에
있었고 이 사람들을 회사에서 꼬신 거지요. 남자들도 있었고 여자들도
있었고 다 꼬셨어요. 그리고 회사에서는 크게 장미회라는 조직을 만들었
어요. 말하자면 구사대 같은 조직으로 회사에서 장미회를 지도했어요.
한 달에 한두 번씩은 계속 바깥에 나가서 회식시켜 주고 그때 삼겹살
먹기도 쉽지 않잖아요. 그때 회사에서 음식 먹여주고 또 평상시에
시간 내 달라면 시간도 내주고 이 사람들한테 극진히 대접하고 하니까
이 사람들이 노동조합에 대한 반대를 맨날 그냥 와서 책상을 치고
항상 그런 역할을 이 사람들이 했지요. 75년도 노동조합 그거 하고
난 다음에 75년도에 그때 대의원대회 있을 때 조합비 일괄 공제한다고
해서 이 사람들이 민사로 소송까지 하고 본사와 본조에 왜 이거 1프로씩
떼냐 조합은 하고 싶은 사람만 하게끔 해야지 왜 일괄적으로 노동조합
조합비를 떼게 하느냐고 억지 아닌 억지를 계속 부렸었죠. 그러면서
그때 이 사람들이 노노 싸움 붙인 게, 왜 가발 하는 사람만 임원 하냐?
자기네들 청바지 업종 하는 사람들도 임원이 되어야 하는 거 아니냐?
그랬어요. 이것이 다 회사 작전이라고 저는 보거든요. 이 사람들 스스로
가 그런 건 못 했을 거예요.

그래서 이 사람들이 계속 그러면서 우리한테 쉬는 시간 점심시간
때마다 항상 와서 책상을 두드리면서 조합 사무실에 와서 막 그러는
거예요. 그리고 한순임이 자취했으니까 그냥 밤에 집에 가려고 하면

아주 나쁜 남자애들이 억압적으로 한다거나 이런 사례도 한두 번 있었고 그래서 굉장히 힘이 세고 좀 억센 우리 조합 조직부장이 있었는데 그 친구를 아예 보디가드로 붙이고 그랬어요. 이 사람들이 나중에 제안을 하더라고요. 우리끼리 합의해서, 그렇다면 부지부장 자리를 주는 걸로 하자, 사무실에 인원이 많으면 많을수록 좋은 거니까 받는 걸로 하자, 그렇게 해서 체육부장과 상집 간부 두세 자리를 줬어요. 남자 경비원 한 사람도 집어넣어 주고 그래서 우리가 당시 75년에 이 제의가 들어왔는데 대의원대회에다 안건으로 붙이면 분명히 우리 쪽 사람들이 대다수인데 대의원들이 부결시키지요. 그러니까 이제 사정을 하는 거예요. 대의원대회 부치지 말고 그냥 임원 회의에서 해줬으면 좋겠다 그러는 거예요.

그래서 우리가 고민하다 그러면 안건으로 부치진 않겠다고 해서 이 사람들 상집은 우리가 그냥 수용해서 받았지요. 회의를 임원과 상집 간부들이 하잖아요. 그래서 회의를 항상 두 번씩 했어요 우리끼리 내일 우리가 안건으로 올릴 거면 별도로 한순임 자취방에서 1차로 얘기하고 공식적인 자리에 얘기가 들어가도 괜찮을 사항만 공식적으로 회의를 하는 거지요. 이 사람들과 회의만 하면 회사에 가서 얘기할 거니까, 정보가 다 들어갈 거니까 그래서 그러기를 일 년 가까이 했을 거예요.

그다음에 박찬식이라는 친구가 여자인데 나이가 우리랑 같아요. 근데 이 친구가 그동안 공장장배 쟁탈 배구대회, 회사에서 체육대회를 일 년에 한 번씩 했거든요. 이 친구가 인기가 얼마나 좋은지 몰라요. 배구를 잘해요 장미회 출신이지 회사 쪽에 있는 사람을 우리 부지부장 으로 집어넣어 달라고 했으니까요. 그런데 이 친구가 평상시는 회사 내에서 인기가 굉장히 좋은 친구였어요 여자애들한테도 인기가 좋았고 남자애들한테 인기가 좋았어요 배구를 잘하니까요 이 친구가 상근을 했어요. 그래서 상근을 하면 뭔가 일자리를 줘야 할 거 아니에요. 그래서 사무장하고 지부장은 하는 역할이 있고 부지부장한테는 도서 관리를 하라고, 조합 사무실에서 도서 관리할 수 있도록 그걸 임무를 맡겼죠 그런데 우리 조합원들이 도서를 안 빌리는 거예요. 다 우리한테 와서 얘기하는 거예요. 그러니까 이 친구가 사람인지라 소외감을 안 느끼겠습니까? 그래서 이 친구가 9개월인가 얼마 하다가 자기 건강이 안 좋다고 해서 사퇴를 했어요. 사퇴하고 난 다음에 제가 76년도에 상근으로 들어갔지요. 부지부장이니까 내가 거기 자연스럽게 앉게 된 거예요. 그래 그때부터 우리가 같이 일을 했던 거죠. 그러고 난 후에는 이제 이중으로 회의해야 할 필요가 없었죠.

▶ 회사하고 75년부터 교섭을 했습니까?

장 항상 노사협의를 하지요 노사협의는 항상 하고, 단체협약은 신고필증 나오고 난 다음에 서울 본사에 있는 총무과장이 와서 우리랑 했어요. 단체 교섭을 했죠. 단체협약도 만들고 그 협약 내용에는 주로 우리 럭키 그룹 내에 그 노동조합이 다 있어요. 금성사 뭐 이런 데 전부 있으니까 그 기준에 벗어나지 않는 선에서 협약을 맺었지.

▶ 단체 협약이나 협상을 할 때 섬유노조에서는 지원했나요?

장 그거는 전혀. 섬유노조에서는 아예 교육이라는 건 없었어요. 우리가 개별적으로 했고 우리가 찾아가죠. 무슨 일 있으면 찾아가고 우리 노조는 유일하게 통로가 표응삼 그 사람이었지요 그러기 전에 어쨌든 섬유노조에서 한순임이 됐을 때도 처음에 도산이라고 해서 좋게 안 봤지요. 우리를 좋게 안 봤어요. 그냥 따돌림당하다시피 했었지요. 근데 한순임이 나중에 서서히 도시산업선교회에 가지 말자고 했어요 회사에서도 도시산업선교만 안 가면 요구 조건 다 들어주겠다고 했고요

▶ 한순임 씨도 그런 얘기를 하기 시작한 건가요?

장 그런 제의가 오니까 우리가 도시산업선교회에서 특별히 받을 게 없었어
요. 우리가 처음에는 한순임이 가서 교육받고 왔겠지만 이제 그런다고
하면 계속 싸움이 일어나니까요. 한순임이 어쨌든 1977년까지 일을
했잖아요. 그래서 초기에는 점심시간에 순회하면서 현장 교육을 했어
요. 노동조합이 뭔가? 우리 조합원들한테 쭉 오늘은 무슨 파트, 내일은
무슨 파트, 해서 돌아가면서 교육을 했거든요. 그래서 어쨌든 우리
조합원들은 노동조합이라고 그러면 끔찍이 위했고 이건 우리 것이다,
이건 바로 내 것이다, 하는 생각으로 똘똘 뭉쳤죠. 예를 들어 지부장이
현장 순회를 하게 되면 그 전에 (관리자들이) "한순임" 할 때 완성반의
반장으로 있던 우리 주동자 중에서 한 사람은 지부장만 오면 조합원들
다 이렇게(손짓으로 모아서) "우리 지부장님 오셨습니다. 인사하세요"
하면 "지부장님 오셨습니까?" 하고 인사하고, 옆에 생산관리과 사무실
바로 옆에 있었는데 거기 가서 문 딱 열어주면서 "지부장님 들어가세요"
하고 우리가 그렇게 위했어요.

이것은 바로 지부장 개인 한순임이 아니라 내가 대우를 받는 거다,
지부장이 대우받음으로써 내가 대우를 받는 거다, 이런 게 철저했지요.
우리가 그렇게 서로가 위하는 그런 마음이 아주 강한 것이었죠. 74년,
75년 그 무렵에는 도시산업선교회에도 나가지 않았어요. 원래 저 같은
경우는 개인적으로 나간 적이 별로 없었으니까요.

회사와 경찰의 방해에 맞서 노동조합을 사수하다

▶ 노동조합은 성공했습니다. 그리고 한순임과 장현자 선생이 상근을 하면서 제대로 노동조합 활동을 하게 되었어요. 그전에 한 가지 물어보고 싶은 것이 있습니다. 가족들하고 같이 사셨잖아요. 그러면 남산에 끌려갔다 올 때쯤에는 가족들이 다 알기 시작했을 텐데 그리고 조합 활동한다고 돌아다니시면 경찰들이 집에 와서 들쑤시고 그래서 힘드셨지 않았나요? 애환이 있었을 것 같아요.

장 애환이 분명히 있었지요. 그래서 우리 반도 같은 경우는 우리 노동조합 지도자로 있는 사람들은 나이가 많고 우리 밑에 보통 다섯 살 아래 있는 사람들이 거의 대부분이었죠. 20대 초반 20대 중반, 우리 밑에 후배 여성 노동자들은 언니들이 있으니까, 우리가 있으니까 자기네들 나이 먹은 것도 모르고 그냥 지낸 거고 우리 같은 경우도 우리 어머니가 참 걱정을 많이 했어요. 나이가 시집갈 나이 됐는데 시집은 안 가고 도대체 맨날 밤낮으로 이렇게 다니면서 형사들 미행하게 만들고 그래 동네 사람들 부끄럽다고, 동네 사람들한테 부끄럽다고 나만 앉으면 밥 먹을 때면 항상 저를 놓고 얘기를 했지요. 그래서 버텼지요. 그래 걱정하지 말고 내일은 내가 알아서 할 테니까 걱정하지 말라 그러고 이제 달래지요. 집에 할아버지 계셨고, 오빠 있었고 동생 그때 오빠도 여기 이주해서 마이크로 다녔어요. 내 동생도 지금 이제 수녀님으로 있는데 그 당시 마이크로 다녔어요. 우리 오빠도 동생이 조합 때문에 형사들 왔다 갔다 하고 이러고 회사 간부들이 불러다 동생 이런 거 하는데, 다음에 당신도 이런 거 할 거야! 이런 얘기도 묻고 이 사람들이 나를 미행할 때가 많았거든요. 경찰들이 미행하다가 동생이 나오면 장현자 있냐? 확인하고 내 동생도 이런 것보다도 이제 안쓰러워하는 마음이 더 많았죠. 제가 돌아다니면서 나쁜 일은 안 하는데 계속 형사들 왔다 갔다 하고 미행하고 이러니까. 믿었지요, 나쁜 짓은 안 한다는 거 아니까요.

그리고 우리 한순임이 저쪽 도시산업선교회 깨뜨리는 강의하고 다니고 이럴 때 우리 집에 와서도 많이 모였지요. 마땅히 의논할 장소가 없잖아요. 그 당시 때 우리 집에 와서 방에서 하고, 마루에서 하고 한순임이 강의도 하고 그랬어요. 우리 집을 활용했어요.

▶ 회사에서 그렇게 멀지는 않았나요?

장 아니, 고니샘 마을은 멀었지. 멀었지만 퇴근하고 난 후에 우리 집에 걸어 오려면 대로에서 집까지 걸어가면 한 15분 정도 아마 걸릴 거예요. 지금 부천 상동 근처인데 예전에 고니샘 마을이라고 그랬어요. 그때 우리 집이 그냥 일반 주택이었는데 집이 좀 터가 넓었어요. 그리고 옆에 텃밭도 있었고 옛날 시골집 말하자면 그런 집이었거든요.

▶ 동료들이 와서 있으면 어머니가 밥해다가 내고 그랬나요?

장 밥은 해주는지 내 기억은 안 나는데 우리 집에 여러 번 와서 선생 모셔서 강의도 듣고 밤에 잠도 자고 그랬던 기억이 나거든요.

2기 집행부, 지부장으로 취임하고

▶ 두 번째 노동조합 개편이 이루어지지 않습니까? 77년이네요.

장 77년, 3월 25일 2기 들어갔지요. 아, 그래서 참 그 과정 이야기하면 나도 안타깝고 그런데 어쨌든 우린 처음에 우리가 노동조합 하면서 이 사회 구성을 알게 됐고, 세상을 보는 눈이 달라진 거죠. 달라졌는데 그 당시 어쨌든 세상을 몰랐어요. 우리가 나중에 알고 보니까 74년 농성하고 이럴 때 계엄령 상황에서 우리 권리 우리가 찾아야지, 우리가 법에 있는 것을 왜 보장을 못 받아? 단순한 그 마음만으로 우리가 했던 거 아닌가 하는 생각이 들어서 우리가 똘똘 뭉쳐서 그렇게 했던 거라고 저는 생각을 하고요.

조금 전에도 얘기했지만, 한순임 같은 경우가 도시산업선교회에 나가지 않고 또 이춘섭 섬유노조 위원장들이라든가 우종환 국장, 그런 사람들이 대부분 어용노동조합이거든요. 그런 사람들하고 어울리게 될 수 밖에 없었지요. 그리고 경기도협의회 의장 지용택 씨 그런 분들하고 잘 어울리고 그래서 그 사람 이름을 기억하잖아요. 우리가 노동조합을 할 무렵에는 회의 진행법도 모르잖아요. 대우자동차 이진엽 선생이 와서 회의 진행법을 알려줬어요. 참 그분이 진솔하고 좋은 분이었거든요. 그분들이 우리보다 몇 개월 앞서서 73년 후반기에 노동조합을 만들었더라고요. 그러니까 우리가 74년 4월에 했으니까 몇 개월 앞서서 신진자동차 노동조합이 만들어진 거죠. 그래서 어쨌든 그분들 도움을 초기에 받았죠. 75년도에 우리가 이제 지엠코리아 거기하고 우리하고 또 콘트롤데이터 3개 지부가 모여서 임원들끼리 영흥도 가서 합숙 훈련도 했잖아요. 75년도에 노동조합에 대해서 쭉 얘기하고 사례 발표하고, 강의를 한 기억은 안 나는데 서로 토의하고 그랬지요.

크리스챤아카데미 활동으로 강좌를 개설했는데 제가 정말 떼를 쓰다시피 해서 갔거든요. 우리 반도상사에서 초기에 섬유노조에서 공문이 날아왔어요. 그래서 아카데미 교육이 언제 언제인데 여기를 가라고 공문이 왔는데 조금분이 총무 맡았으니까 그때 제가 회사에 얘기해서 허락받았어요. 유급으로 안 된다고 그러는데 해달라고 막 떼를 썼지. 유급으로 4박 5일 동안 크리스챤아카데미 교육을 받았거든 요. 75년도니까 우리 노동조합에 제일 먼저 제가 크리스챤아카데미 교육을 갔다 왔어요. 저는 그때 갔다 오고 난 다음에 정말 180도 변했어 요. 세상을 환히 알게 된 거죠.

▶ 강의를 맡은 선생들은 어떤 분들이었나요?

장 선생 중에서는 그때 방용석 원풍 지부장도 참석했고, 그 당시에 철도노조 간부들, 금융노조 간부들 대부분이 노동조합 간부들이 많았죠. 신인령 선생이 산업사회 프로그램 담당자였고, 그다음에 한명숙 선생이 보조해 주셨고, 대학생 중에 서울대 출신 김근태 선생도 있었습니다. 홍영표 씨는 그때 대학생 4학년으로 참석을 했던 걸로 알고 있고, 김근태 선생은 대학원 다닌다고 그랬어요. 그리고 학생들이 4명인가 다섯 명 그 정도 왔어요. 그래서 노동조합 중간 집단 프로그램에 조합 간부들 이 왔는데 제가 유일하게 홍일점이었어요. 여자는 하나밖에 없었어요. 전부 남자들이었죠. 그때 4박 5일 동안 고려대학교 백재봉 교수 강의가 있었고 또 이문영 선생 강의가 있었습니다. 저는 그때 강의도 좋았고, 강원룡 목사님이 아주 굉장히 카리스마가 있잖아요. 그 원장님이 강의하 면 쏙 빠질 정도로 저는 그 교육을 받고 내가 새로운 사람이 된 거죠. 난 앞으로 이렇게 살아야 된다, 살아야 되겠고 노동조합도 이렇게 만들어야겠다, 그런 생각을 제가 그때 확실하게 했죠.

그러고 난 후에 이제 우리가 그 기수마다 우리 동네 간부들을 한두 사람 계속 보내기 시작했죠. 첫 번째 테이프를 끊고 그러고 난 다음에 때로는 3명도 보내고 휴가 내고 이제 유급으로 안 됐고 처음부터 자기 휴가 내고 교육을 갔다 왔죠. 그러고 난 후에는 우리 노동자 교육을 하러 나가고 앞으로 이런 문제는 이렇게 하자고 해서, 정말 교육을 그때 받고 그 교육대로 우리가 조합 활동을 했었어요.

그때 제가 상근으로 일할 때 한순임이 교육인가 어디 갔었을 거예요. 근데 김복순 사무장이 책상 정리를 하는데 이상한 게 있는 거예요. 우리가 74년 첫 번째 임금 인상이 있었고 75년도에 임금 인상 투쟁을 하잖아요. 75년도에 임금 인상 투쟁이 있는데, 대부분 상근간부들이 추동하지요. 조합원들을 작업실마다 나도 내가 일하고 있는 작업실에서 나가라고, 그러니까 우리가 파업을 하는 게 아니라 정식으로 강제 잔업을 하지 않도록 다섯 시 땡! 하면 나가라고 사람들을 내보내죠. 잔업이 필요한 시간인데 우리가 그런 것을 못 하게 하고 근로기준법대로 우리가 일을 하겠다고 하면서 강제 잔업을 더 이상 수용하지 못하겠다고 하니까 회사에서는 시간만 되면 더 일을 시켜야 하는데 일을 할 수 없으니까 야단이었죠. 그래서 우리가 며칠 동안을 임금 인상 투쟁을 했을 거예요.

그렇게 반복적으로 준법 투쟁을 했어요. 하다 보니까 우리 간부들이 다들 이제 작업실마다 설치니까 그때 공장장이 한순임한테 제의를 했겠지요. 누구누구 몇 명 이거 제명시켜라, 그렇게 했겠지요. 그러니까 거기에 다섯 명을 제명시키겠다고 거기다 우리 직인, 그러니까 지부장 직인을 한순임 이름 자리에 찍어서 거기 있는 거예요. 김옥순이가 "아, 이거 보세요. 이런 게 있어요" 하더라고요. 그래서 "어머, 이거 큰일 났네!" 그래 우리가 긴급하게 상집 간부들을 부녀부장 자취방에서 만나서 상의했어요. 한순임은 없으니 자료를 확인했고 이런 문제가 있다, 어떡하면 좋겠느냐고 했더니 다들 펄펄 뛰죠. 그러면 노동조합 할 사람이 누가 있겠느냐 이렇게 다 제명하고, 해고하고, 그런다고 하면 아무도 일할 사람 없다. 그래서 자문을 이제 구했더니만 그 얘기를 하더라고요. 어쨌든 한순임이 어떤 생각으로 이렇게 했는지 모르겠는데, 한순임한테 기회를 한 번 더 주자. 그러니까 우리가 이 문제를 먼저 얘기하지 말고 한순임이 이걸 했느냐 안 했느냐 먼저 묻고 그러고 난 다음에 이거를 잡아떼면 이 자료를 내밀고 얘기를 하자고 했죠. 그것도 참 좋은 생각이라는 생각이 들어서 우리가 간부들 모인 데서 한순임에게 오라고 해서 얘기를 했지요. 이런 일이 있냐? 우리가 소문을 들었는데 얘기를 했더니만 딱 잡아떼더라고요. 하다 못해서 정말 없느냐 하니 정말 없대요. 그래서 내가 그 자료를 내놨지요. 이건 뭐냐? 이건 무슨 자료냐, 회사하고 이렇게 해서 제명하겠다고 하는 이것이 무슨 자료냐? 그랬더니 그땐 증거가 있으니까 꼼짝 못 하지요. 그래서 그때 얘기를 했어요. 그 당시 간부들 임원 회의를 우리 상집 간부들이 없을 때 이런 문제로 한순임을 제명하는 걸로 대의원들 사인을 다 받아놨어요. 우리가 이렇게 지금 했는데 네가 이 문제를 앞서서 공장장이랑 얘기하든지 사장하고 얘기를 하든지 해서 문제를 바로 잡아라, 이 문제 바로잡지 않으면 우린 지부장으로서 인정할 수 없다, 그렇게 얘기를 했지요. 그러고 난 다음에 이런저런 아무런 소리가 없어요. 그냥 묻혀버리게 된 거죠. 그냥 없는 걸로 우리도 알고 말을 안 했지요. 애한테 기회를 준 거지.

또 한 가지 중요한 문제는 우리가 1년에 한 번씩 건강검진을 의무적으로 하게끔 돼 있잖아요. 근로기준법에 항상 건강검진을 하게 되면 의사들이 병원에서 와서 식당이 넓으니까, 식당에서 건강검진을 했어요. 노동조합을 하기 전에는 폐결핵 환자라든가 환자가 나오면 개별적으로 관리자들이 환자들과 얘기해서 다 자동으로 그만뒀어요. 다 퇴사시켰어요. 근데 이제 그 결과를 지부장한테 가져와서 사람들을 내보내야 하는데 지부장 서명이 필요하다면서 폐결핵 환자가 몇 명, 뭐 쭉 나온 자료가 있을 거 아니에요. 그걸 가지고 사인을 받으러 온 거예요, 지부장한테요. 근데 그런 중대한 문제가 있으면 우리 상집회의를 해서 이 문제를 어떻게 할 것인가 얘기를 해야 하는데 그냥 아무렇지도 않게 사인을 해주더라고. 그래서 내가 그거 그냥 해주면 안 되지 않느냐? 내가 부지부장으로 옆에 있으니까 이거 그냥 해주면 안 되지 하고 얘기를 하니까 "아, 그거 이미 나온 거고 어떡해" 그리고 그냥 사인을 해줬어요. 당시에 간부 허석례가 후생부장이었어요. 후생부장이 펄쩍 뛴 거지요. 이거 그냥 보내버리면 어떡하냐? 후생부장으로서 그냥 있을 수 없다며, 도시산업선교회 찾아가고 여기저기 허석례 씨가 앞장 서서 여론을 형성시켰죠.

그때 「시민의 신문」이라고 나왔어요. 「시민의 신문」이라고 인천에서 나왔는지 아마 그랬을 거예요. 인천서 오희숙인가 옛날 김세균 선생 부인이던 친구가 성교육도 하고 그랬죠. 그 친구가 「시민의 신문」 기자로 있었어요. 그래서 그 기사를 써서 신문에 나고 그랬거든요. 그래서 오희숙과 열심히 같이 투쟁했던 환자 당사자가 오갈 데도 없잖아요. 내보내게 되면 어디로 갑니까? 집이 시골인데 동생들 데리고 있고 그런 상황을 얘기해도 들어주지 않았어요. 그것 때문에 싸움을 엄청나게 했어요. 회사에서는 내보내려고 하고 기숙사 짐을 사감이 다 싸서 경비실 앞에 놓고 나가라고 아예 차단하고 그러면 우리 노동조합 조합원들은 막 밀고 당기고, 자빠지고 야단났지요. 그 싸움을 여러 번 했어요. 그래서 우리 노동조합 사무실에 출근하라고 그랬지요. 그래서 이 친구가 조합 사무실에 출근하게 돼요. 그럼 경비 총무과에서 시켜서 경비원들이 끄집어내는 거죠. 이 층에 있는 걸 일 층으로, 그러면 우리는 못 간다고 잡아당기고 그러기를 며칠 동안 계속했어요. 우리가 막 떠들고 돌아다니면서 노동조합에서 지원해 주고 그런 역할을 했죠. 그러고 난 후에는 함부로 못 했지만, 그때 어쨌든 그런 커다란 싸움이 있었어요. 그러면서 조합원들이 옛날에 그 한순임이라면 추앙을 하고 그렇게 깊이 좋아했던 사람이 자기도 모르게 그렇게 실망시키는 일이 점점 많아진 거죠.

그래서 77년도에 이제 임기가 다 돼서 새로 임원 선출을 해야 되는데 그때 자기 한 번 더 하겠다고, 상집회의 때 자기 다시 나오겠다고 얘기를 했고, 회사에서도 그냥 있지 않잖아요. 회사에서 남자 사원이 나오게끔 만들고 그랬는데 조합 측에 지지하는 사람들 대의원 간부들 같은 경우는 한순임을 또 시켜서는 안 된다는 여론이 팽배했어요. 근데 이제 한순임이 한번 더 하겠다고 하는 거죠. 우리가 삼 년 동안을 봤잖아요. 부지부장 중에서 누구든지 나와야 한다고 했고, 그때 김분겸하고 나하고 아마 부지부장 했을 거예요. 김분겸 부지부장 했던 친구였는데 내가 상근도 하고 있고 그러니까 이제 해야 한다는 거죠. 그래서 마지막에 한순임이 본조에 가서 얘기했겠죠. 섬유 본조에 가서 부지부장이 나오려고 하는 것 같다. 이런 얘기를 했겠죠. 그러니까 마지막 등록하고 난 후인가 전인가 한 번 우종환 국장이 내려왔어요. 본조 우종환 그 사람이 부산 어느 쪽에 사업장이었는데 그분이 내려와 저한테 어쨌든 이번에 한순임을 한 번 더 밀어주라고 해요. 저는 뭐 같이 일했던 사람 입장이니까 좋다고 생각한다. 모든 것은 조합원들에게 맡기고 있고 얘기를 했죠.

근데 이제 마지막 등록하는 날, 내가 등록해야 한다고 지부장 후보로 나와야 한다고 부녀부장하고 간부들 몇 명이 다섯 시까지 마감이니까 3시에 쉬는 시간 10분 있잖아요. 그때 와서 나한테 빨리 도장 찍으라고 압력을 주는 거예요. 그래서 마지못해서 제가 등록을 했어요. 그러다 보니까 이제 회사 측, 한순임, 나 이렇게 세 사람 싸움이 됐죠. 그리고 등록하고 난 후에 그 이튿날인가 또 우종환이 하고 두세 사람이 내려왔어요. 제발 한 번만 이번에 한순임을 밀어줘라, 한순임을 이번에 지부장

을 해주면 장현자 부지부장이 직무대리로 일을 하면 될 거 아니냐,
자기네들이 한순임을 본조 부녀부장으로 시킬 거다, 이렇게 나한테
얘기를 하더라고요. 그래서 나는 이건 내 맘대로 할 수 없다, 내가
자발적으로 등록을 한 것도 아니고 조합원들에 의해서 내가 끌려가서
등록을 한 사람인데 조합원들 의견을 다 받아야 하고 조합원들 뜻에
따르겠다, 되든 안 되든 후회하지 않고 조합원들 뜻에 따르겠다, 그러면
서 그분들을 보냈죠. 그리고 그 선거가 치러졌던 거죠. 유세 같은
거 별로 없었어요.

▶ 대의원대회에서 선출했나요?
장 아니에요 조합원 총회요 우리는 그 지부장은 직선제를 하게끔 이렇게
　 우리가 규정을 만들어 놨어요.

▶ 그때 당시 노동조합들이 직선제를 하던 곳이 많지 않았을 텐데요?
장 없었죠 그런데 우리가 초기에 김상문 씨가 작당을 하는 바람에 한순임이 이렇게 써서 이렇게 쫙 돌리고서 총회를 통한 직선제로 했거든요. 그래서 우리가 우리 규정도 반도상사 노동조합 규정도 직선제로 정해놨어요. 맞아요. 조금분까지 그렇게 했어요.

▶ 투표 당일 하루 만에 투표를 다 진행했나요?

장 그때 총회를 선거관리위원회에서 돌아다니면서 선거를 했죠. 휴식시간에 돌아가면서 그렇게 했을 거예요, 모여서.

▶ 내빈들도 참석해서 총회를 진행한 것이지요?

장 내빈도 왔지. 그러니까 이제 섬유노조에서도 오시고 또 우리 럭키그룹 내에서 지부장도 오시고 했지요. 그 기억은 잘 안 나는데 어쨌든 우리가 총회를 해서 공표를 한 건지 내가 그 기억은 잘 안 나네요.

▶ 대의원대회 때 이 취임식을 하신 거죠?

장 바로 넘겨주고 하는 거죠. 이취임식을 별도로 두는 건 아니었고 자연스럽게 물러나고 받고요.

▶ 선거 끝나고 어땠습니까?

장 한순임 지지하는 사람들이 있었잖아요. 투표수를 보면, 책에도 썼지만, 한순임을 지지하는 쪽은 제가 현장을 순회해도 날 본 체도 안 했고 그랬지요. 한순임이 곧 지팡이회라는 걸 만들었어요. 자기 지지하는 사람들을 중심으로 한 달에 한 번씩 이 사람들끼리 모여서 야외에도 나가고요.

▶ 유우병 38표, 한순임 155표, 장현자 405표 득표했습니다. 그러니까 압도적 다수로 판단되는건데 한순임은 성공을 못 했네요.

장 못했지요 그러고 난 후에 이제 한순임이 현장으로 검사일로 돌아갔어요 돌아갔는데 회사에서 시간을 내주고 도시산업선교회 깨뜨리는 일을 공단 내에 노무 담당자 오면 강의 나가고 그랬지요.

▶ 그래서 결국 섬유노조 부녀부장으로 갔나요?

장 그랬죠. 나중에 몇 개월 있다 갔지요.

▶ 솔직히 소감이 어땠습니까?

장 그때 지부장 되면서 사실 걱정 많이 됐지요 내가 한순임처럼 불신임받아서는 안 되지 않겠는가 하는 그런 감이 굉장히 강했고 그래서 정말 조합원들을 위해서 잘해야지 하는 게 굉장히 많이 있었죠. 저한테는 책임감 이런 것도 많이 있었고요 그리고 한편으로는 너무 안타까워요

반도상사 노동조합, 여성 조합원들의 대학

▶ 지부장은 장현자 그리고 부지부장 김분겸 그리고 총무부장 조금분 그러면
이제 상근은 이렇게 세 분이 하신 거죠?
장 아니, 허석례가 부지부장을 했어요. 조금분 사무장이랑 그렇게 셋이
노동조합을 이끌어 갔지요.

▶ 섬유노조에서는 인정을 했나요?
장 섬유노조에서는 싫어했죠. 제가 가서 인사하면 뭐 한쪽으로 외면하다시
피 했고 한순임을 떨어뜨렸다고 해서요. 어쨌든 섬유노조에서 한순임을
좋아했는데 새로 잡았다고 해서 또 다른 사람이 되니까 별로 좋아하지
않았죠.

▶ 총무부장이었던 조금분 씨가 총무 그리고 회계 이런 것들을 다 처리했나요?
장 사무장이 원래 다 했죠.

▶ 결심을 새롭게 하고 회사와 다시 투쟁을 시작하게 되는데 어땠습니까?
장 어쨌든 우리는 되고 난 후에부터 회사가 끊임없이 끈질기게 우리를
방해했다는 거는 그건 기정사실이고, 항상 어떤 꼬투리를 잡았으니까
요. 현장 순회를 하게 되면, 내가 작업하는데 힘들지 않냐? 그러면
내가 갔다 온 뒤로 조합원들 붙들고 장현자가 뭐라 그랬어? 얘기를
하고, 우리가 상집회의 했다가 잠깐 1~2분이라도 늦으면 불러다 꼬투리
잡고 이런 것들은 일상적이었죠.

▶ 간부들이 부서 이동을 당한다든지 불이익받는 부분들이 계속 있었네요.
장 회사에서는 초기에는 직위 해제 같은 이런 게 심했는데 나중에는 다

현장 조합원들이었으니까 뭐 반장이고, 현장에 일하는 사람 중 우리가 열심히 노동조합에 관여하는 사람들을 간부로 뽑았으니까, 자기 임무에 충실히 하는 사람들이니까 뭐 직위 해제라든가 이런 건 이제 별로 없었지요.

▶ 가명으로 입사한 조합원들 문제도 있었죠?

장 그럼요. 그래서 당시에 사실 가명으로 들어간 사람이 상당히 많았었어요. 나이는 어리고 일은 해야겠고 집안일은 도와야 하는데 일자리를 마땅하게 찾을 수가 없었죠. 나이가 어리다는 이유로 15세 아이의 나이를 올려서 남의 이름으로요. 여기 부지부장 김분겸 같은 경우도 옛날 김옥희였어요. 옛날에 가명으로 했다가 이번에 가명이 아닌 김분겸으로 바뀌게 된 거지요. 원래 이름으로 바뀌게 된 거죠. 그런 사람들이 예상외로 많았어요. 전체가 한 100여 명 넘었어요. 가명으로 온 사람들을 해고하지는 못했어요. 노동조합이 있으면 해고자가 안 나오는 거지요. 우리가 노동조합이 만들어지면 청와대에 조사가 나왔잖아요. 대그룹에서 이렇게 노동자들을 착취하고 그렇다는 소문이 있으니까 조사관을 내보냈어요. 그래서 노동조합 단체협약 맺으면서 노동조합의 근로기준법에 대해서 어떤 것들을 안 지켰는지 조사 나왔어요. 몇 명이 조사하러 와서 하나하나 보니까 다 안 지켜졌잖아요? 강제 잔업, 연소자들 함부로 쫓아냈지. 폭행 사건이 있었지요. 근로기준법에 미달되는 것들이 너무 너무 많았으니까요.

노동조합 되자마자 우리가 싹 바뀌었어요. 뭐가 바뀌었느냐 옛날에 퇴직금 하나도 못 받고 갔잖아요. 몇 년 동안 일해도 퇴직금 못 받고 나간 사람들을, 주소를 다 알아내서 오라고 공문 보냈어요. 개별적으로 시집 간 사람도 있고, 다른 회사 다니는 사람도 있고 이 사람들이 뭔지 영문도 모르고 경비실 바깥에 줄을 쫙 서 있었어요. 퇴직금 받으러 회사 나간 조합원들이 그렇게 쫙 서 있었고 어떤 사람, 임신해서 온 사람들, 이 사람들 공돈이 생긴 거지요. 말하자면 아무것도 모르고 왔는데 경비실 바깥에서 누구누구 해서 쫙 쳤으니까요. 그것뿐만 아니라 우리가 옛날에 불이 나서 보상 제대로 못 받은 거 있었어요. 그때 공장장이 옥상 조회 시간에 하는 소리가 "우리 사장님이 마음이 착하고 선하신 분이기 때문에 이 돈도 주는 거다"라고 해요. 그러니까 사장님한테 고마워해야 한다고요. 이렇게 옥상에 전체 조합원들 앉혀놓고 얘기를 했거든요. 그런데 나중에 알고 보니까 재해 보험이라는 게 있었는데 재해 보험을 다 떼어먹은 거죠. 그래서 1차로 쥐꼬리만큼 주고 그래서 나중에 다 떼어먹었는데 이것도 되찾아 줬어요. 그러니까 당시 피해자들 그것도 다 주고요. 그리고 폭행한 사람들 이런 사람들도 그때 징계 주고 근기법에 대해서 모자란 부분은 그때 다 해줬어요. 조사관이 나와서 그렇게 노동조합이 있어서 좋다는 것을 많은 사람한테 알려줬지요. 조합원들한테는 대폭 지지받을 수 있는 계기가 되었지요.

▶ 장현자 선생, 2기 집행부에서 제대로 한번 조합 활동을 하신 거예요. 물론 회사의 끊임없는 방해가 있었지만. 그중에 대표적으로 제가 한번 자세히 말씀을 듣고 싶은 거는 협동조합 운영에 대한 것입니다.

장 네, 맞아요.

▶ 협동조합이 있는 곳도 대기업들이죠, 그러니까 현대제철 같은 데도 있습니다. 독자적으로 노동조합이 아닌 협동조합 운영을 할 역량이 있었나요?

장 신용협동조합, 그 얘기를 하자면 정말 우리한테 귀중한 법이라고 생각해요. 우리가 그때 다들 목돈이 없잖아요. 그리고 공단 주변에 자취를 하고 있었는데 목돈이 있으면 사글세로 다 나가요. 전세를 못 하니까 월세로 돈이 월급을 받으면 다 나간다는 거죠. 그래서 이거를 해결할 수 있는 방법을 찾았지요. 제가 성당에 다니다 보니까 제가 다니고 있는 성당에 신용조합을 그 당시 때 막 초기에 설립하면서 제가 신용조합 교육을 받았어요. 거기서 조합원들 전체 우리 성당 교우들한테 해주는 걸 받으니까 어, 이거 너무 좋은 거예요. 만인은 일인을 위하고 일인은 만인을 위한다. 그래서 성당에서 교육받고 아, 우리도 이거 해야겠다, 이런 마음을 먹고 제가 알고 있는 선배 언니가 이교순 언니라고 참 좋은 분인데 그 언니하고 우리 성당에서 일하고 있는 신용조합을 우리 노동조합에서 만들었으면 참 좋겠네요. 얘기를 했어요. 그래서 제가 한순임 지부장한테 얘기해서 영흥도에 수련회 갔어요. 민박집 장소는 특별하게 없었지만, 여름이니까 어쨌든 빌려서 우리가 몇 번 정도 간 적이 있었거든요. 그때 우리가 대의원 수련회에 가서 신용협동조합 창립총회를 합니다. 평상시 대의원 교육 같은 경우는 우리가 크리스찬아 카데미 강사들을 주로 불렀어요. 그러니까 신인령 선생도 강사로 부르고 그분들 중심으로 우리가 교육을 많이 했어요. 그런데 신용조합 창립을 제가 부평2동성당에서 하는 걸 봤기 때문에 조직 구도라든가 이런 것들 뭐 뭐 하면 좋겠다는 걸 다 대부분 아니까 우선은 어설프게 총회를 정식으로 했어요. 창립 후 이교순 언니가 이사장님을 하게 했죠. 그러니까 지부장이 다 갖고 있으면 안 된다, 이거는 분할을 해서 나눠야 한다, 그랬어요. 이교순 언니를 또 사람들이 많이 따랐고 그래서 이사장 님이 시키고 부지부장을 부이사장으로 시키고 간부들이 몇 사람 들어가고 이렇게 해서 저는 아예 안 들어가고 총회를 했죠. 총회를 해서 처음에 우리 상집 간부들이 조금씩 걷었어요. 우선 처음에 작은 자금이 있어야 되잖아요. 5천 원을 모았어요. 이게 이제 자금줄이 된 거죠.

▶ 한 사람의 한 달 월급은 됐나요?

장 아마 그 정도 됐죠. 조금 많을 수도 있고, 내가 처음에 월급 탈 때

5천 원 됐다고 그랬잖아요. 그러니까 한 5, 6천 원 정도 됐겠지요. 그걸 가지고 우리 조합원들 하나하나 가입을 시켰지요. 처음에 한 번 지원해 주고 나면 이게 자금줄이 되니까 이제 돈 갚는 걸 어떤 식으로 했는가 하면 예를 들어서 내가 삼천 원을 전세를 노동조합하고 가정집 주인하고 맺는 거예요. 계약을 당사자가 하는 게 아니라 우리 노동조합하고 주인하고 계약을 맺어요. 이걸 매달 월급을 타니까 이 월급으로 이자하고 원금을 갚아나가는 거예요. 그러면 예를 들어 내가 2년 동안 삼천만 원을 대출했다 생각하면, 나중에 가서 3천만 원이 자기 돈이 되는 거예요. 목돈이 되는 거지요.

▶ 노동조합에 갚아나가고?

장 신용조합과 노동조합은 별개예요. 그러니까 당사자들이 반도상사 노동조합 신용협동조합이라는 이름으로 계약을 주인하고 직접 계약을 해서 이제 갚아가는 거지요. 누구 이름으로 대출이 됐으니까, 예를 들어 전순옥이다 하면 전순옥 이름으로 대출이 됐으니까 그때 대출금을 갚는 거죠. 처음에 초기에 조금분이 사람을 둘 수도 없으니까 총무 역할을 했어요. 사실상 은행 기능을 했어요. 그러니까 초기에는 단순하게 그래서 그 기능도 우리가 초기에 만들면서 공부를 많이 했어요. 신용협동조합 본부에 가서 경리 보는 거 이런 것도 저도 가서 배워서 했던 거죠. 그래서 우리가 부평1동성당 직원들한테도 처음에 잘 모르니까 배우면 대부분 할 수 있잖아요.

하다가 점차적으로 커지면서 쉬는 시간마다 할 수가 없는 입장이 돼서 정식 직원을 뒀죠. 신용협동조합만 하는 사람을 뒀어요. 작업시간에는 사람이 안 오고 점심시간 쉬는 시간에 이용을 하는 거니까 그렇게 해서 크게 자금도 모여지고 또 우리 조합원들이 너무너무 좋아했고 그 당시 결혼 적령기가 되니까 또 물건 살 것도 있잖아요. 결혼 준비물

같은 경우도 예를 들어서 수놓은 병풍, 그릇 같은 것도 공동 구매하고요 우리 조합원들에게 가장 인기 있었던 게 우선 큰 목돈을 자기가 가질 수 있다는 거 너무 사람들이 좋아했고 정말 노동조합이 신용협동조합하고 하니까 정말 똘똘 뭉쳐지는 거죠. 어느 하나 바늘로 찌를 수가 없을 정도로 단단해졌죠. 회사 말은 아예 콧등으로 흘려들어도 노동조합에 대한 신뢰는 강해졌죠. 노동조합이 탄탄해질 수가 있었고 경제활동하고 또 자기의 권리를 찾을 수 있는 것이 노동조합이랑 같이 이렇게 접맥되니까 사람들한테 많은 신뢰를 얻었죠. 나중에 회사에서 이걸 뺏으려고 얼마나 애를 쓰는지 몰라요. 끊임없이 신용조합을 뺏으려고 자기네들이 얼마큼 돈을 지원하겠다 그러니까 우리가 그때 출자금에 따라서 일 년에 이익금이 나오잖아요. 이익금 당 10 프로씩 줬으니까 상당히 많잖아요. 우리 신용조합에 협동조합연합회에서 상까지 줬어요, 운영을 잘했다고 아주 모범이라고. 그때 이후 저는 신용조합을 지금도 이용하고 있거든요. 지역에서 하고 있지만 옛날에 그때 그것이 너무 좋았던 모습이라 이거는 잘만 운영하면 조합원들한테 너무 좋은 경제운동이라고 생각하는 거예요.

▶ 다시 투쟁으로 돌아가겠습니다. 반도 상사는 이제 내부적인 단결과 투쟁을 거쳐 비교적 회사와의 갈등도 잘 극복하고 있었는데 동일방직 같은 경우에 비슷한 시점이었습니다. 장현자 지부장님 일을 하셨을 그때부터 엄청난 탄압을 받기 시작했거든요. 똥물 사건 같은 노조 탄압이 있었는데 당시 일상적인 연대가 이루어졌나요?

민주노조 탄압에 맞서, 연대투쟁

장 우리 섬유노동조합 산하에는 여성 지부장이 많지 않았어요. 전부 남자들이었고 이총각과 저와 와이에이치 딱 그 정도였어요. 그리고 원풍모방 방용석이 있었지. 거의 똑같이 설립해서 우리에게 방문 오고 막 그랬거든요. 동일방직이 78년도에 깨졌잖아요. 당시 우리도 가서 같이 협력했지요. 몇 번 우리 대의원들 데리고 정문 앞에서 같이 투쟁도 했고 그랬지요. 참 속상하죠. 당시 들리는 소문에, 항상 그런 얘기가 있었어요. 동일방직 도산이기 때문에 먼저 깨고 두 번째는 민주노조 하는 쪽을 한꺼번에 깨면 힘드니까 하나하나 깨뜨리겠다. 이런 얘기들이 돌고 들어왔거든요. 그래서 1차로 동일방직 깨고 두 번째 와이에이치, 세 번째 우리가 깨지는 거예요. 그 말 떠도는 대로 우리가 깨졌어요. 원풍이 마지막에 깨졌고 그래서 그때 그런 얘기들이 돌았어요. 그래서 우리가 같은 심정으로 함께 동조했지요. 우리도 이렇게 깨지면 안 된다. 우리가 더 다져야 한다는 그런 마음들이 우리 간부들도 아주 많이 있었죠. 그래서 지부장들끼리 섬유노조에서 동일방직 징계 올리고 그럴 때 우리는 와이에이치 원풍과 아주 똘똘 뭉쳐 어용 쪽 이춘섭 라인하고 계속 싸웠잖아요. 정말 분위기 살벌했어요. 섬유노조 회의하러 가면 동일방직 징계한다는 안건이 올라오면 들어가지도 못하게 했으니까요.

대의원대회 때 회의장에도 못 들어가게 했어요. 부산에서 할 때, 김영태, 이춘섭 할 때도 마찬가지로 들어가면 완전히 살벌하게 만드는 거예요. 분위기 자체에 아주 주눅이 들릴 정도로 아주 삼엄했고 김영태 때 더욱더 강했지만, 그 분위기에 계속 우리는 따돌림을 당했지요. 동일방직 124명 해고하고 그럴 당시에는요. 책에도 잠깐 언급했지만, 대회 프로그램 끝날 때까지 아무런 얘기가 없어요. 거기에 대해서는 언급도 없어요. 저도 지부장으로 참석하고 있는데 그래서 제가 보다

못해서 마지막에 그때 정동호가 노총 위원장 할 때였어요. 대회 종료시키기 전에 제가 얘기를 했죠. 현재 우리 동일방직 여성 노동자들이 길거리 헤매고 있다, 그런데 어떻게 언급을 한마디도 안 하느냐, 토론자도 그렇고 어떻게 이럴 수가 있느냐고 제가 얘기를 했어요. 그랬더니 제가 얘기하고 난 뒤에 분위기가 완전히 착 가라앉으면서 나를 이상한 눈으로 쳐다보면서 얼른 폐회를 선언하더라고요. 나중에 그 정동호 그 양반이 나오면서 "장현자, 아주 세게 얘기하는데" 그러면서 쫙 째려보면서 나가더라고요. 내가 참 세상이 험악해도 이럴 수 있는 건가, 그런 생각이 들었어요.

▶ 현장에서 조합원들과 같이 투쟁하는 과정에서 외부의 투쟁 같은 게 있지 않습니까? 그런 과정들을 와서 이렇게 알려주잖아요. 조합원들은 어떻게 반응했습니까? 함께 투쟁하는 부분이 좀 이루어졌는지?

장 대의원들까지는 우리가 항상 연대해서 나갔지요. 예를 들어 YH 터졌을 때도 신민당사에 우리 조합원과 같이 갔다가 우리가 간식이라도 먹을 수 있도록 돈을 조금 지원해 줬지요. 서울이니까 버스를 타고 가야잖아요. 격려 방문하고 오면 이걸 우리 조합원들한테 막 알리죠. 현재 와이에이치는 이렇게 하고 있는데 우리도 함께 동조하자, 그러면 호응하지요. 작업 현장의 일하는 시간이니까 가지는 못하지만, 휴가를 내서 간다거나 이럴 때는 동료들과 함께 행동을 같이했지요.

청계피복 같은 경우도 같이 가서 분위기도 보고 조합원들이 어떻게 하고 있는 건지, 그런 것도 보고 당시에 어쨌든 끈끈했어요. 그리고 누구한테 얘기할 데가 없으니까 우리들 그때 민주노조 했던 멤버들끼리는 그냥 만나면 친형제, 친자매처럼 말은 없어도 그냥 서로 힘이 나는 거죠. 그런 분위기였어요.

▶ 노동조합 활동 중에 탈반이라든가 연극반 활동 이런 것도 있었더라구요. 내용은 좀 어땠습니까? 반도 노동조합에서 한국의 노동운동사 같은 걸 연극으로 만들어서 발표하기도 했다고 하더라고요.

장 75년도부터 노동조합의 소식지 「한마음」 회지가 나왔어요. 그런데 우리가 좀 더 조합원들의 단계를 높이기 위해서 문화 프로그램을 해야 되겠다는 생각이 들어서 1년에 한 번씩 조합원 잔치 행사를 12월이면 꼭 했어요. 우리가 전문적인 기능은 없는 사람들이니까 아시는 분들 부탁해서 연극반 대학생들이 그때 당시 탈춤 이런 거 많이 하고 있는 걸로 알고 있어요. 그래서 탈춤반 동아리 모임을 열댓 명 꾸리고 또 연극반도 14명 정도 꾸리고, 합창단도 한 30~40명 정도 합창단 만들어 조합원들의 끼와 예능을 여기다 쏟아부을 수 있도록 프로그램을 계속했 었죠.

▶ 도와주신 분들은 어떤 분들이었나요?

장 그 당시 때 우리가 야학을 했어요. 계산동 쪽인가 갈산동이었나, 성당인 데 지하에 신부님이 내줘서 장소를 빌려 조합원들이 거기서 야학을 운영했어요. 야학을 통해서 활동가들과 만나기도 하고, 우리가 나름 사회운동을 하다 보니까 제가 어디 가서 이렇게 얘기했어요. 우리 문화 활동 이런 거 해야 되는데 좋은 사람 좀 보내줬으면 좋겠다고 하니까 여기저기서 도움을 주었어요. 산업선교회 옛날 실무자로 있었던 걸로 알고 있는데 김은혜 씨 같은 경우는 그때 전통춤 이런 걸 가르쳐주 는 사람을 데리고 와서 소개한 걸로 제가 알고 있고, 연극반도 우리가 민주노조를 하다 보니까 이런저런 그런 뜻있는 대학생들도 좀 많이 드나들고 그랬어요. 그래서 박우섭 씨가 연극반을 담당했어요.

▶ 〈공장의 불빛〉 같은 연극 대본도 같이 만들고 했다고 하던데요?

장 대본은 우리가 만드는 정도는 아니고 어쨌든 연극반 14명이 <아리랑>이
랑 또 뭐 한 가지 또 중요한 게 뭐 있더라, 어쨌든 몇 가지를 했어요
그 박우섭 씨가 주로 연극을 담당해서 지도해 줬어요 그리고 합창단도
노래를 잘하는 선생이 와서 합창반도 지도해 주고, 뭐 옛날에 <회심곡>
같은 경우도 또 그런 것을 잘하는 사람 불러다 또 하고 또 우리 조합원
중에서도 옛날에 어릴 때 배웠다는 사람이 있어서 춤도 추고 어쨌든
다양한 그런 것들을 우리가 조합원 잔치 때면 마음껏 끼를 발휘했어요
조합원들의 숨어 있던 잠재된 능력이 문화 프로그램들에 다 녹아나는
거죠 제가 3년 동안 집행을 하고 있을 때 지속적으로 했거든요 연말이
면 십이월에 장소가 없어서 우리가 산업선교회니 어쩌니 바깥에서
그런 소문이 많이 도니까 장소도 마땅한 데가 없었어요 부평 공보관을
빌려서 했는데 공보관도 안 내주려고 그래서 최종선 중앙정보부 요원이
얘기해서 빌려주게 만들고 그랬어요 어쨌든 공보관을 주로 이용했어
요. 잔치할 때는 회사 직원들도 와서 보고 그랬는데 한 번 회사에서

떡을 해줬어요. 사회적인 부분이나 문화적인 모든 것을 이 행사에서 녹여냈잖아요. 그러다 보니까 조합원들이 정말 자부심을 갖고 임했고, 반도 이후 다른 회사 생활도 해보면서 근로조건이나 여타를 비교해 보면서 많이 느낀 거죠.

우리가 대부분이 학교를 많이 안 나왔잖아요. 그래서 저도 방송대 행정학과를 나중에 다녔는데 대학을 나와도 뭐 사회적으로 부족한 것을 채운 것이 별로 없어요. 우리가 오히려 더 많이 사회적으로 성장한 것은 공장에서 노동조합을 통해 몇 년 동안 배운 것이죠. 우리 노동조합이 반도대학이었다, 나도 그렇게 이야기합니다. 정말 우리 몇 년 동안 반도 대학을 운영했다고요. 성장한 거죠. 그래서 우리 조합원들과 가끔 만나면 그것의 긍지를 갖고 지금도 살아가는 거라고 얘기합니다. 아주 긍정적으로. 이 사회를 보는 비판과 올바름, 이런 것들을 생활 속에서 실천하고 살지요.

80년 노동조합 사수 투쟁

▶ 이제 후반부 마무리 단계로 넘어가 보겠습니다. 그러니까 79년에 와이에이치
　(YH)사건이 있었어요. 노동조합 입장에서는 직접 이제 폭격을 맞는구나 생각이
　드셨을 거예요. 그리고 거기서 김경숙 동지의 죽음이 있었고 곧바로 10.26
　박정희의 죽음 그리고 이제 80년으로 넘어가거든요. 80년 5월까지 팽팽하고
　위험한 상황에서 어떻게 활동하셨나요?

장 80년도에는 우리가 임금 인상 투쟁을 본격적으로 잘해보자, 그렇게
　작정했어요. 저의 임기가 마무리되었는데 이번에 나는 안 나오겠다고
　얘기를 했고 우리 임원진들끼리 조금분을 지부장으로 내보내는 걸로
　정리를 했어요. 그러니까 대의원대회 끝나자마자 조금분은 지부장으로
　곧바로 농성 투쟁에 들어갔어요. 저는 이제 지도위원으로서 같이 합세했
　지요. 그때 조금분이 조합 사무실에서 단식 농성을 했고 간부들은
　공장장실 바로 옆의 회사 사무실로 가서 단식 농성을 했어요. 노사협의
　를 통해서 해결하자고 얘기를 해도 회사에서 아무런 답이 없었거든요.
　들어준다, 못 들어 준다, 하는 말도 없고 그래서 농성을 진행하면서
　아침저녁으로 꽹과리 치면서 옥상에 올라갔다 내려갔다 우리 조합원들
　쉬는 시간마다 시끌벅적하게 투쟁했거든요. 그리고 노사 협상을 한다고
　해서 갔는데 노사 협상장에 나온 공장장이 굉장히 다혈질이었어요.
　노사 협상하면서 이 사람이 넘어간 거예요. 병원에 실려 갔어요. 그러고
　나서 협상이 깨졌지요. 그리고 회사에서는 아예 해줄 생각을 안 했어요.
　거의 한 달 동안이나 그랬을 거예요.

▶ 80년 5월 전이었으니까 전반적인 사회 분위기가 나쁘진 않았지요?

장 그때 좋아진 상태니까 우리 임금 인상을 좀 제대로 해보자, 하고 나섰던
　거죠. 그랬는데 5월이 되면서, 사월 이십팔일인가 우리가 대의원대회를

했으니까 4월 말경부터 5.17까지 2주 정도 그렇게 농성을 해 나갔죠. 그때까지 회사는 답변이 없었고 그런데 계엄령이 5.17 떨어졌잖아요. 계엄령 선포되면서 농성하고 있었는데 더 지속하면 몽땅 다 데리고 간다는 거지. 더 이상 어떻게 할 수가 없는 그런 분위기였었어요 그래서 간부들끼리 서로 얘기해서 경기도 노동위원회에 조정신청을 하는 것으로 하고 농성은 접었죠.

당시 한국노총에서 민주노조 동지들이 점거 농성을 들어갔어요. 우리 노조 대의원들하고 아마 20여 명이 여의도로 농성하러 갔던 생각이 납니다. 한국노총에서 동일방직 해고노동자들이 복직 투쟁하면서 "섬유 본조 김영태 물러가라"는 구호를 외쳤어요 그때 내가 조합원들과 거기를 지지 방문하러 갔어요. 그 당시 때 정양숙 언니라고 JOC 활동했던 언니가 있었어요. 언니를 그때 만나서 학생들 데모할 때 언니랑 같이 손잡고 어깨동무하면서 서울 시내를 돌아다니던 생각이 나거든요 지금도 그때 생각이 눈에 선하게 떠오르는데 그러고 오면서 이제 완전히 풀이 죽고 우리는 그때 수배령이 떨어졌어요.

▶ 5월 18일이었나요?

장 네, 수배와 그리고 정화 조치 이렇게 진행되었어요. 80년 5월 중반에 정화 조치가 떨어졌고 조금분이랑 나랑 둘이 수배가 되니까 회사는 해고 절차로 들어갔지요. 형사들 두 사람이 저한테 붙어서 얘네들 어디로 가는 건가 하며 따라다녔고 YH는 간부들 일고여덟 명한테 두 사람씩 붙었다고 들었어요. 형사들 감시를 이십일 가까이 당했을 거예요. 내가 아침 출근하는 여덟 시면 새벽부터 집에 와서 나 출근할 때 같이 가고 계속 그러기를 반복했거든요. 그때 형사들이 나를 계속 따라다니면서 우리 회사에 와서 상주하다시피 하는데 경찰 수사관 중에 단골로 매일 출근하는 사람이 있었거든요. 노 형사, 김 형사 잊어버

리지도 않아요. 두 사람이 그랬는데 바깥이 너무 궁금했어요. 원풍은
어떻게 하고 있는지가요. 5.18 때 그래서 제가 서울을 가보자고 이
두 사람을 따돌렸어요. 경찰을 뺑글뺑글 시장에 돌아다니다가 따돌리고
난 다음에 내가 전철 타고 노량진 가톨릭 노동사목 본부가 있던 그
집으로 찾아갔어요. 깜깜하게 불이 꺼졌는데 한 사람이 그 집을 지키고
있더라고요. 누군지 모르겠는데 제가 그분한테 궁금해서 왔다고 지금
어떻게 돌아가고 있느냐고 물었는데 자기가 고향이 광주인데 지금
전화선도 끊고 다 차단되어 알 길이 없다는 거예요. 막 울더라고요.
거기서 내가 그 여성하고 밤을 새웠나, 그러고 이튿날 돌아왔는데
회사가 발칵 뒤집어졌어요. 경찰서에서 나를 잃어버려 놓쳤다고요.

그리고 6월인가 민주노조 간부들한테 수배령이 내렸다는 소리를 들었어요. 형사들이 내 얼굴을 모르잖아요. 여기 장현자가 누구예요? 그러면서 얘기를 하는 거예요. 그래서 아차 올 것이 왔구나, 하는 생각이 들었어요. 그래서 제가 그 슬리퍼 신은 채로 아무 소리 없이 경비실을 지나 택시를 타고 사촌 오빠가 부평시장에서 가구 장사를 했는데 거기로 도망을 갔지요. 거기서 하루 이틀 있다 보니 너무 답답한 거예요. 우리 조합원들 어떻게 되어 있는지 사람을 만날 수도 없지. 너무너무 답답해서 저녁에 유점례라고, 오길성하고 결혼했던 친구가 백마장 어느 쪽에서 자취를 하고 있었어요. 그 친구 집이 골목 안쪽인데다가 방이 골방이었어요. 완전히 숨통 막힐 정도로 조그마한 방 하나 얻어 있는데 그 집에 가서 반도 회사 얘기 듣고 있었는데 여름이니까 그때 7, 8월에 너무 덥잖아요. 샤워도 못 하고 아주 미치겠는 거예요. 근데 또 골목에 우리 김분겸이 자취하는 집이 있었어요. 그래서 김분겸이 유점례 집에 와서 같이 얘기하고 있다가 너무 더우니까 우리 집에 와서 샤워나 해 그러더라고요. 그래서 내가 샤워하러 간다고 김분겸하고 나왔어요. 골목으로 나왔는데 앞에서 이렇게 남자 두 사람이 걸어오더라고요. 근데 이 사람들도 예감이 이상했을 거예요. 그러니까 유점례 담당 형사인 거예요. 형사가 딱 지나가는데 "너 장현자지?" 하고 딱 얘기를 하는 거예요. 그래서 아이고, 하며 막 뛰었지요. 그때 슬리퍼 신은 채로 뛰니까 내가 감당이나 할 수 있습니까. 백마장 입구 쪽에서 그 벽이 쳐진 가로막 집인 거야. 결국은 남자 두 사람한테 잡히고 말았지요. 부평경찰서에 유치장으로 들어갔어요. 거기 잡혀있는데 우리 식구들은 난리가 났지요.

   그래 거기서 열흘인가 있었는데 그때 나중에 조금분하고 김분겸 둘이 잡혀 들어왔어요. 두 사람 들어오고 난 다음에 난 거기서 열흘인가 있다가 셋이 서울중앙경찰청인가 뭐 어쨌든 그쪽 기관으로 끌려간

전국섬유노조 반도상사지부 해산총회(1983. 3. 13.)

거예요. 서대문 형무소 쪽 부근이었는데, 가자마자 벽에다 손대라고, 그러고 난 다음에 수사관이 절대 뒤돌아보지 말라고, 그러고 있는 거죠. 거기서 수사를 받았는데, 두 사람은 하룻밤인가 자고 나서 가고 모든 책임을 지고 내가 서대문 형무소로 끌려간 거죠. 형무소로 넘어가기 전에 서대문 경찰서 유치장인가 그때 가니까 정말 끌려온 사람들이 바글바글했어요. 장사하다 끌려온 사람, 공무원에다 전두환 반대하고 조금 말만 해도 술 먹다가 끌려갔다는 그 시대잖아요. 보니까 별의별 사람들이 다 끌려온 거예요. '아, 이거 노동자만 끌려온 게 아니네'

그런 생각을 했죠. 그래서 거기서 일주일 있다가 이제 서대문 형무소로 넘어갔어요. 서대문 형무소 들어가니까 방에 이대 총학생회장인가 젊은 여자친구가 와서 있더라고요.

제가 서울이 아니라 경기도니까 안양으로 보냈어요. 그러니까 죄명이 포고령 위반이었어요. 포고령으로 들어간 거예요. 그래서 안양교도소로 넘어간 거예요. 안양교도소 여자 방이 있고 또 남자 방이 있잖아요? 거기 갔는데 막 들어가는데 진짜 옷을 다 벗어라, 뭐 어쩌라 저는 수치심 때문에 막 들어가면서 울었어요. 제가 들어가니까 거기 여자 방에 롯데 공장에서 일했다고 그러는데 나는 모르지만 자기네 롯데에서 왔다고 세 사람이 한방에서 생활하는 거예요. 다른 잡범들 있고 거기서 수사를 받았죠. 군 수사본부에 가서 수사받은 거예요. 포고령 위반이니까 계엄군한테 끌려간 거지요.

▶ 혹시 어머니가 면회 오셨나요?

장 엄마 오셨을 때 애들 잘 있느냐고 내가 얘기를 했어요. 그랬더니 오빠가 애들을 데리고 면회를 왔어요. 애들이 면회 와서 속상하니까 나도 울지요. 오빠도 노동조합 하다가 끌려갔으니 눈물 흘리고, 나중에 지나가던 다른 사람들이 보고 "아휴, 애 엄마가 뭘 얼마나 잘못했으면 죄를 지어서 감방에 갔느냐"고 오빠한테 그러더라는 거예요.

▶ 기소 유예로 감방 생활은 한 달 남짓 하시고 나와서, 포고령 위반 그러니까 정화 조치로 노조에서 제명되고 회사에서 해고되었습니다. 두 분 그러니까 장현자 선생하고 조금분이 해고됐죠. 회사 내부에서는 본격적으로 탄압이 진행되었나요?

장 김분겸이 직무대리를 했었고 어쨌든 전직과 현직 지부장이 아예 회사로 들어가지 못하니까 바깥에서 조직을 하자고 해서, 바깥에 조합원들

퇴근하고 교육했죠. 교육하는데 회사에서 교육 참석했던 친구들을 또 어떤 식으로 회유하여 반공법 위반으로 저를 고발했어요. 교육 내용이 반공법 위반 내용이라는 거죠. 그래서 다시 또 들어갔잖아요. 반공법으로 들어가니까 그냥 시위로 들어간 것도 아니고 당시 반공법이 무서운 법이었으니까 80년 11월 초인가 10월 말쯤인가 그때였어요. 제가 반공법으로 부평경찰서 두 번째 들어갈 때는 여자 혼자였는데 또 마찬가지로 남자 방에다 집어다 놓고 사람을 완전히 괴롭히더라고요 거기서 정말 씻지도 못하고 너무 엉망이었죠. 뭐 정말 거기에 그러고 있었는데 우리 간부들을 그때 한 일고여덟 명을 몽땅 또 데리고 왔어요 이 친구들이 오니까 나랑 합세를 해서 서빙고 분실로 끌려갔죠. 서빙고 분실에 군 수사관들이 방마다 따로따로 조사했어요. 방에다 집어넣어 놓고 그때도 무서웠지요. 반공법하고 집시법 위반과 병합이 되었어요 우리가 들어갔을 때 군 수사관들 여군들이 속옷까지 군복을 다 쳤어요 조사를 방마다 따로따로 진행했는데 우리가 밥을 먹는지 안 먹는지 조사해 가더라고. 그러기를 일주일인가 열흘인가 그렇게 따로따로 하다가 나중에 합세했지만 사실 얘기를 하라고 얘기할 게 뭐가 있습니 까? 우리가 뭐 죄가 있어요? 농성하고 우리 요구 조건 해달라고 얘기했던 건데요. 그래서 저를 반공법으로 집어넣으면서 자기들 요구하는 대로 답변을 듣고 싶은 거였지요. 쥐도 새도 모르게 간다고 그러면서 서빙고 분실에 고문방이 있어요, 완전히 빨개요 빨간 고문실로 데리고 가니까 딱 가운데 의자 하나만 있어요, 그러면서 수사관이 이렇게 얘기하더라고 요.

"너 여기 가서 죽고 싶냐? 너는 내가 여기 스위치만 누르면 쥐도 새도 모르게 한강 물에 그대로 빠질 거야. 그러면 나는 모른다. 그러면 끝나는 거야. 누가 너 알아주는 줄 알아." 반공법 위반인데 조사를 내가 다 했다, 회사 공장장 와서 조사도 했고, 조합원도 불러다 얘기를

다 들었다, 얘기를 들으니까 반공법은 아닌 것 같더라, 그래서 반공법이
풀어졌어요. 그러고 난 다음에 좋은 목사님을 소개해 줄 테니까 그
목사님한테 얘길 들어라. 그래서 한 시간인가 수사 기간 동안에 목사를
만나서 얘기하도록 사람을 이렇게 순화 교육 비슷하게 하는 그런 걸
하더라고요. 목사가 얘기하는 거는 앞으로 이런 일을 절대 하지 말고
회사에서 시키면 시키는 대로 곱게 있다가 결혼이나 하라고 그런 얘기를
하는 거죠. 내가 그 사람한테 할 얘기도 없는 거고, 알았다고 그렇게
했죠. 그러고 난 후에 방을 따로따로 줬던 방을 두 사람씩 있게끔
만들어 줬어요. 보름인가 20일인가 있었을 거예요. 마지막 날인가
너희들 좀 보여줄 게 있다며 구경하러 데리고 가는 거지요 어딘데요
했더니 김재규가 여기서 수사받던 곳이에요 그러면서 김재규가 수사받
던 곳을 우리한테 안내해 주더라고요. 방도 넓고 조그마한 목욕탕도
있고 수사실이 굉장히 넓더라고요. 그런 데가 있더라고요. 그러고
난 다음에 마지막 나올 무렵에 오늘은 사람을 만나게 해주겠다, 좋은
사람들 만나게 해주겠다고 얘기를 하더라고요. 가보니까 청계 노조
식구들, 배옥병 이런 친구들 몇 명 아는 친구들이 있는 거예요 그래서
아, 이 친구들도 조사받았구나, 하는 생각을 했죠. 군인들이 우리가
그때 마지막 날이라고 생각했는지 점심밥을 해줬어요. 점심을 먹고
저녁에 나왔지요.

▶ 결국 그 과정에서 노동조합을 지키기로 했던 분들도 한 번 타격을 받은 거네요.
노조 해산 결의는 81년 3월이었네요.

장 81년 3월, 조금분 지부장은 지부장이 되자마자 일은 하나도 하지 못한
채 철퇴를 맞았죠.

▶ 어쨌건 80년과 81년 과정까지 겪으면서 노동조합의 마무리까지 보면 그

시절은 선생으로서는 청춘이었지 않습니까? 74년부터 24살 그리고 이제 마무리되는 때가 31살까지 활짝 펴서 천천히 온갖 세상의 어려움을 맛본 거죠. 반도대학에서 대학원까지 다니신 겁니다. 선생께서 직접 집필하신 『그때 우리가』라는 책자를 보면서 많은 것들을 생각하게 됐는데 참 꼼꼼하게 당시 과정들을 잘 재현해 놨습니다. 그 이후에 훌쩍 40년이 지나지 않았습니까? 그런데 장현자 선생은 80년대 이후에도 지금까지 계속 활발한 활동들을 하셨어요. 그러니까 7년간의 반도상사에서 활동은 선생의 인생을 바꾸는 계기가 되었다고 볼 수 있을 것 같습니다. 혹시 생각나는 사람 한두 분 정도 말씀을 해주시면 기록으로 남기는 게 좋을 것 같거든요.

장 제가 좀 마음이 아프고 한 거는 어쨌든 조금분 지부장이 열심히 일을 했던 친군데 세상을 먼저 가버리니까 이런 걸 좀 먼저 풀고 갔으면 좋았는데 그게 항상 아쉬움이 남아요. 또 한순임도 같이 처음에 손잡고 일하다가 길을 반대 방향으로 간 것이 너무 안타깝고 때로는 속상하기도 하고 그것이 지속됐더라면 얼마나 좋을까 이제 그런 아쉬움이 많아요.

▶ 지켜봤던 가족들도 참 어려운 시절이었습니다.

장 힘들었죠. 그래서 어머니가 우리 집에 경찰들이 하도 드나들었으니까, 또 크리스찬아카데미 사건 났을 79년도에 3월에 가택 수사를 했거든요. 우리 집에 날 데리고 와서 수사관들 두 명이 그때 엄마 입장에서 딸이 끌려가는 걸 봤을 때 얼마나 마음이 아팠을까 그런 생각도 들고 그 이후 80년도부터 81년도까지는 계속 그랬지요. 2년 동안을 그냥 끌려다 녔지요. 그때 우리 어머니가 너무 힘드시니까 신부님이 할아버지 영성체 하러 오시는 날, 신부님을 형사로 생각해서 엄마가 당신이 왜 또 왔느냐고 막 내보냈어요. 당장 나가라고 당신이 뭔데 또 왔느냐고요. 우리 엄마가 그때는 완전히 보이는 게 없었겠지요. 신부님이라 안 본 거지요. 형사라고 본 거지요. 그래서 신부님이 "할머니, 접니다. 저 신부입니다"

하고, 엄마가 정신을 차리니까 신부님이시구나 하고 다시 마음을 가다듬
었다고요. 그런 후일담도 제가 나중에 어머니한테 들었거든요. 저는
엄마 고생을 너무 많이 시켰어요.

▶ 장현자 선생은 80년 이후에 결혼하시고, 그리고 성남 지역에서 10년간 쭉
활동하시다가 이후에는 대전으로 내려가서서 지금까지 시민운동과 환경운동으
로 바쁜 나날을 보내고 계십니다. 오늘 귀한 시간을 내주셔서 감사합니다.
장 지나간 이야기를 되살리려니까 힘드네요.

1976년 3월 10일 근로자의 날, 노동부장관상 받을 때